U0750989

国家出版基金项目
NATIONAL PUBLICATION FOUNDATION

陈钰祥 著

海氛扬波：清代环东亚海域上的海盗

厦门大学出版社
XIAMEN UNIVERSITY PRESS

国家一级出版社
全国百佳图书出版单位

图书在版编目(CIP)数据

海氛扬波:清代环东亚海域上的海盗/陈钰祥著.—厦门:厦门大学出版社,2018.11
(海上丝绸之路研究丛书)
ISBN 978-7-5615-6857-6

Ⅰ.①海… Ⅱ.①陈… Ⅲ.①海盗—研究—东亚—清代 Ⅳ.①D731.088

中国版本图书馆 CIP 数据核字(2017)第 320648 号

出 版 人	郑文礼
责任编辑	薛鹏志
封面设计	夏 林
技术编辑	朱 楷

出版发行 厦门大学出版社

社 址	厦门市软件园二期望海路 39 号
邮政编码	361008
总 编 办	0592-2182177 0592-2181406(传真)
营销中心	0592-2184458 0592-2181365
网 址	http://www.xmupress.com
邮 箱	xmup@xmupress.com
印 刷	厦门集大印刷厂

开本	720 mm×1 000 mm 1/16
印张	29.75
插页	2
字数	500 千字
印数	1～3 000 册
版次	2018 年 11 月第 1 版
印次	2018 年 11 月第 1 次印刷
定价	90.00 元

本书如有印装质量问题请直接寄承印厂调换

厦门大学出版社
微信二维码

厦门大学出版社
微博二维码

海上丝绸之路研究丛书

总　　序

　　海上丝绸之路是自汉代起直至鸦片战争前中国与世界进行政治、经济、文化联络的海上通道,主要包括由中国通往朝鲜半岛及日本列岛的东海航线和由中国通往东南亚及印度洋地区的南海航线。海上丝绸之路涉及港口、造船、航海技术、航线、货品贸易、外贸管理体制、人员往来、民俗信仰等诸多内容,成为以往中外关系史、航运史、华侨史乃至社会史研究的热点领域。

　　当然所谓"热点",也随时代的变化而呈现出冷热变化。鸦片战争前后,林则徐、姚莹、魏源、徐继畬、梁廷枏、夏燮等已开始思索有关中国与世界的海上关系问题,力图从历史的梳理中寻找走向未来的路。此时,中国开辟的和平、平等的海上丝绸之路何以被西方殖民、霸权的大航海之路所取代?中国是否应该建立起代表官方意志的海军力量,用于捍卫自己的国家利益,保证中国海商贸易的利益?

　　随着20世纪中外海上交通史学科的建立,张星烺、冯承钧、向达等对海上丝绸之路进行了诸多开拓性的研究。泉州后渚港宋代沉船的出土再度掀起了海上丝绸之路的又一股研究热潮,庄为玑、韩振华、吴文良等学者在这方面表现显著。20世纪80年代之后,海上丝绸之路研究又获得了国家改革开放的政策支持,呈现出"百花齐放,百家争鸣"的活跃局面。学者们对中国古代海外贸易制度演变、私人海上贸易、中国与东南亚海上交通路线、贸易商品和贸易范围等问题进行了更加深入的探讨。

　　进入21世纪,海上丝绸之路建设与研究逐渐明显地被纳入到"海洋强国"战略之中,先是有包括广州、漳州、泉州、福州、宁波、扬州、南京、登州、北海在内的诸多沿海港口的联合申请世界文化遗产项目的启动,继而有海洋考古内容丰富的挖掘成果，接着是建设海洋大国、海洋强国的政策引导，建设 21 世纪海上丝绸之路成为该领域研究更强劲的动员令。

从海上丝绸之路百年研究史中，我们能清晰地体会到其间反复经历着认同中华文明与认同西方文明的历史转换，亦反复经历着接受中国与孤立中国的话语变迁。

从经济贸易角度看，海上丝绸之路打通了中国与沿线国家之间的物资交流通道，中国的丝绸、陶瓷、茶叶和铜铁器纷纷输出到海外各国，海外各国的珍奇异兽等亦纷纷输入中国。在海上丝绸之路上活跃的人群频有变幻，阿拉伯人、波斯商人是截至南宋为止海上丝绸之路上的主角，时至明代，中国的大商帮如徽商、晋商、闽商、粤商乃至宁波商人、山东商人等等都纷纷走进利厚的海贸领域，他们不仅主导着中外货品的贸易，而且还多次与早先进入东亚海域的西班牙、葡萄牙、荷兰直至日本的海上拓殖势力展开了针锋相对的斗争，或收复台湾，或主导着澳门的早期开发。时至清代，中西海上力量在亚洲海域互有竞争与合作，冲突有时也会特别地激烈。中国的海上贸易力量在西方先进的轮船面前日益失去优势，走向了被动挨打的境地，但民间小股的海商、海盗乃至渔民仍然延续着哪怕是处于地下状态的海洋贸易，推动着世界范围内的物资交流与汇通。从文化交流角度看，货物的流动本身已是文化交流的重要载体，东亚邻国日本对"唐物"充满敬佩与崇拜，走出中世纪的欧洲亦痴迷中国历代的书画及各种工艺，因此，伴随着丝绸、陶瓷等的向外输出，优秀的中华文化亦反复掀起一波又一波的中国热。

在既往的海上丝绸之路研究中，或着眼于国际间的经贸往来，或着眼于港口地名的考辨、航海技术的使用与进步，或着眼于各朝海疆疆域、海洋主权的维护等内容，这些或被纳入中外关系史学科，或被定义为边疆史地研究，缺乏整体系统的全面把握。

重建 21 世纪海上丝绸之路战略的提出是在建设海洋强国的国策下的具体而微，这标志着中国将重启与海上丝绸之路沿线各国之间业已悠久存在的平等的国与国之间的政治关系、和谐的文化交流与融合互摄关系以及国与国之间友好的民间交往等等，历史的梳理便于唤起人们对共同文化理念的笃信，便于彼此重温既往共同精神纽带之缔结的机理，历史传统可以历经岁月的淘洗而显得清晰，亦势必将主宰人们的心理倾向和处世态度。

因此抓住重建 21 世纪海上丝绸之路的时代契机，认真开展历史上海上丝绸之路的人文思索和挖掘,其学术意义与社会意义都是不可小视的。借着国家"一带一路"策略的东风,海上丝绸之路研究进入了新的再出发阶段。与中国综合国力的迅速提升相比,中国当下的文化建设似未得到足够的重视。我们理应回归到更加理性的层面,思索在海上丝绸之路早期阶段中国话语权的树立,思索海上丝绸之路顿挫时期中国海洋话语权的失落,思索当今建设海上丝绸之路时我们在文化上、历史中可以寻找到的本土资源,形成具有中国风格、中国气派、中国特色的话语体系,弘扬儒家"仁"、"和"、"协同万方"思想,为新时期人类和谐、和平、合作开发利用和开发海洋做出我们自己的理论贡献。

如今,包括广州、漳州、泉州、福州、宁波、扬州、南京、登州、北海在内的九个港口城市联合申请世界文化遗产,这些城市的港口史研究均能被称为申遗的重要佐证。

如今,海洋考古取得了长足的发展,诸多的沉船考古新发现为我们拓展海上丝绸之路的研究提供了丰赡翔实的资料来源。

如今,若干新理论、新方法和新史料的调查、汇集与整理为我们开展专题性的研究提供了更好的平台。

我们有充分的理由相信,海上丝绸之路系列丛书的面世将能够向世人充分展示海上丝绸之路更加丰富的历史面貌,揭示以中国为主导的海上丝绸之路时代贸易的实态、参与人群及其生活方式、海洋贸易及其制度管理状况等,从而使中国海上丝绸之路文化有更进一步的呈现,为新时期海上丝绸之路建设提供一份资鉴。

王日根

2016 年 12 月

目　　录

第一章　绪　　论 …………………………………………………………… 3

　第一节　研究动机与目的 ……………………………………… 6

　第二节　研究成果的回顾 ……………………………………… 11

　第三节　研究方法与架构 ……………………………………… 23

第二章　黄金胜百战:清中叶前海上之非法活动 ……………… 27

　第一节　清初海上武装势力 …………………………………… 28

　　一、明末的倭寇与海寇 ……………………………………… 29

　　二、"亦商亦盗":郑氏海上武装集团 …………………… 34

　　三、康熙时期的海防建置 …………………………………… 41

　第二节　闽浙海盗与中琉船舶遇盗情形 ………………… 47

　　一、海贼啸聚:闽浙海盗的发展 ………………………… 48

　　二、不成事体:中琉封贡船队遇盗事件 ………………… 51

　　三、怀柔远人:地方官员对琉球遇盗船只的协助 …… 58

　第三节　粤洋海盗联盟(1805—1810) ………………… 62

　　一、粤洋海盗的剧增 ………………………………………… 63

　　二、粤洋海盗联盟的成立 …………………………………… 67

　　三、粤洋海盗联盟的瓦解 …………………………………… 75

第三章　在洋之盗,十犯九广:清中叶后华南海盗滋生背景 …… 83

　第一节　华南的水上世界与经济因素 …………………… 86

　　一、华南的水上世界 ………………………………………… 86

　　二、华南海域的经济因素 …………………………………… 94

　第二节　华南海盗的组成与收入 ………………………… 99

　　一、华南海盗的组成 ………………………………………… 99

　　二、华南海盗的收入 ………………………………………… 111

　第三节　华南海盗案难戢之因 ………………………………… 118

　　一、人事的问题 …………………………………………… 118

　　二、盗案难诘 ……………………………………………… 119

　　三、海盗刑罚的矛盾 ……………………………………… 120

　　四、海盗病故狱中之弊端 ………………………………… 123

　第四节　政府剿盗政策的得失 ………………………………… 124

　　一、海盗巢外的特性 ……………………………………… 124

　　二、水师官兵的疲弱及损伤 ……………………………… 125

　　三、缉捕海盗的经费 ……………………………………… 134

　　四、剿盗和招抚的实际效益 ……………………………… 136

　第五节　粤洋世界的特殊习性 ………………………………… 155

　　一、高利贷盛行 …………………………………………… 155

　　二、赌风甲天下 …………………………………………… 157

　　三、宗教信仰 ……………………………………………… 160

第四章　清越一体,联疆永绥:清朝与越南边境的海盗 ……… 166

　第一节　清越海疆上之水上世界 ……………………………… 169

　　一、粤洋西路及江坪 ……………………………………… 170

　　二、越南三圻洋面 ………………………………………… 175

　第二节　1810年前清越沿海的海盗 …………………………… 179

　第三节　清越官方缉捕及移送海盗 …………………………… 192

　　一、清越合作缉捕海盗 …………………………………… 199

　　二、清越互助移送海盗 …………………………………… 211

　第四节　清人助越缉捕海盗 …………………………………… 217

　第五节　清越海防检讨 ………………………………………… 225

第五章　海盗·水师·护航业:咸同年间广艇海盗问题 ……… 230

　第一节　扬帆聚劫:艇盗与水师的接仗 ……………………… 236

　第二节　诡谲多变:布兴有投诚的过程 ……………………… 240

　第三节　巩固帮众:艇盗的武装、广艇与籍贯年龄结构 …… 250

　　一、艇盗的武装 …………………………………………… 250

二、被历史忽略的中国船舶——广艇 ⋯⋯⋯⋯⋯⋯⋯⋯ 254

三、艇盗籍贯和年龄结构 ⋯⋯⋯⋯⋯⋯⋯⋯⋯⋯ 258

第四节 官盗合一:布兴有的双重角色 ⋯⋯⋯⋯⋯⋯⋯⋯ 265

第五节 护航火轮:护航业与宝顺轮 ⋯⋯⋯⋯⋯⋯⋯⋯ 279

第六章 大门口内外的敌人:殖民者处理海盗问题实况 ⋯⋯⋯⋯ 294

第一节 帮同捕盗:澳葡政府助清朝剿抚海盗 ⋯⋯⋯⋯⋯ 298

一、澳葡助清剿抚乾嘉年间的海盗 ⋯⋯⋯⋯⋯⋯⋯ 299

二、澳葡武装护航船队 ⋯⋯⋯⋯⋯⋯⋯⋯⋯⋯ 321

三、清末林瓜四与海盗攻占路环案 ⋯⋯⋯⋯⋯⋯⋯ 326

第二节 大炮打鸟:英国皇家海军与东亚海盗的海上博弈 ⋯⋯ 343

一、漠不关心:1848年以前英国的海盗政策 ⋯⋯⋯⋯ 345

二、"海盗大猎捕"行动 ⋯⋯⋯⋯⋯⋯⋯⋯⋯⋯ 353

第三节 汉奸与海盗:法国与清越海盗之关系 ⋯⋯⋯⋯⋯ 374

一、东京捕盗:中法战争前法国与海盗 ⋯⋯⋯⋯⋯⋯ 376

二、越南安世海盗——黄花探 ⋯⋯⋯⋯⋯⋯⋯⋯ 384

第四节 海贼取缔:日据初期台湾海峡的海盗活动 ⋯⋯⋯⋯ 392

一、台湾海峡上的海盗活动 ⋯⋯⋯⋯⋯⋯⋯⋯⋯ 393

二、台湾海峡海盗的特色 ⋯⋯⋯⋯⋯⋯⋯⋯⋯ 397

三、浙江海盗王项永恩 ⋯⋯⋯⋯⋯⋯⋯⋯⋯⋯ 404

第五节 西方殖民国家处理东亚海域海盗问题 ⋯⋯⋯⋯⋯ 414

一、美国与海盗的关系 ⋯⋯⋯⋯⋯⋯⋯⋯⋯⋯ 416

二、德国欲助征剿海盗案 ⋯⋯⋯⋯⋯⋯⋯⋯⋯ 420

三、菲律宾与马来海盗 ⋯⋯⋯⋯⋯⋯⋯⋯⋯⋯ 421

四、罗伯特·包恩号事件 ⋯⋯⋯⋯⋯⋯⋯⋯⋯⋯ 429

第七章 结 论 ⋯⋯⋯⋯⋯⋯⋯⋯⋯⋯⋯⋯⋯⋯ 436

参考文献 ⋯⋯⋯⋯⋯⋯⋯⋯⋯⋯⋯⋯⋯⋯⋯⋯ 444

后 记 ⋯⋯⋯⋯⋯⋯⋯⋯⋯⋯⋯⋯⋯⋯⋯⋯ 460

图表目次

图 1-1　觉罗吉庆等奏折附片 ⋯⋯⋯⋯⋯⋯⋯⋯⋯⋯ 8

图 2-1　粤东名盗张保仔画像 ⋯⋯⋯⋯⋯⋯⋯⋯⋯⋯ 72

图 2-2　《点石斋画报》刊登之《绿林奇迹》 ⋯⋯⋯⋯ 79

图 3-1　清代粤洋东路南澳海防示意图 ⋯⋯⋯⋯⋯⋯ 88

图 3-2　广东水师统辖关系图 ⋯⋯⋯⋯⋯⋯⋯⋯⋯⋯ 90

图 3-3　道光皇帝忧心洋盗情形的朱批(局部) ⋯⋯⋯ 91

图 3-4　清代粤洋中路虎门寨(上)、香山城(下)海防示意图 ⋯ 93

表 3-1　自愿与非自愿的华南海盗统计 ⋯⋯⋯⋯⋯⋯ 105

图 3-5　华南海盗与秘密社会图章 ⋯⋯⋯⋯⋯⋯⋯⋯ 108

表 3-2　1780 年至 1911 年华南海盗职业统计 ⋯⋯⋯ 110

图 3-6　清代解饷炮船 ⋯⋯⋯⋯⋯⋯⋯⋯⋯⋯⋯⋯ 113

图 3-7　《点石斋画报》的"宦舟被劫" ⋯⋯⋯⋯⋯⋯ 115

图 3-8　清代官船画 ⋯⋯⋯⋯⋯⋯⋯⋯⋯⋯⋯⋯⋯ 116

表 3-3　1810 年至 1911 年海盗的结局统计 ⋯⋯⋯⋯ 122

图 3-9　李长庚相关文物照片 ⋯⋯⋯⋯⋯⋯⋯⋯⋯⋯ 133

表 3-4　清代官兵出洋遇难事例 ⋯⋯⋯⋯⋯⋯⋯⋯⋯ 140

表 3-5　清代出洋淹毙被戕官员统计 ⋯⋯⋯⋯⋯⋯⋯ 154

表 3-6　广东重要府治当押铺数量统计 ⋯⋯⋯⋯⋯⋯ 156

图 3-10　讨海人所用之"雷霆都司"符咒 ⋯⋯⋯⋯⋯ 161

图 3-11　19 世纪中叶英国皇家海军缴获之海盗旗帜 ⋯ 165

图 4-1　18 世纪清越疆域示意图(局部) ⋯⋯⋯⋯⋯ 174

图 4-2　清越边境之江坪界示意图 ⋯⋯⋯⋯⋯⋯⋯⋯ 174

表 4-1　越南全圻港口一览 ⋯⋯⋯⋯⋯⋯⋯⋯⋯⋯⋯ 176

图 4-3　广南大占屿海域示意图 ⋯⋯⋯⋯⋯⋯⋯⋯⋯ 177

图 4-4　19 世纪越南沿海海港航道示意图 ⋯⋯⋯⋯⋯ 178

表 4-2　支持南明的海盗人物简历 ⋯⋯⋯⋯⋯⋯⋯⋯ 179

表 4-3　粤洋海盗受封西山朝廷官爵 ⋯⋯⋯⋯⋯⋯⋯ 185

海氛扬波：清代环东亚海域上的海盗

表 4-4 嘉庆十年(1810 年)粤洋海盗联盟组织 ……………………… 191

图 4-5 阮朝嗣德皇帝之宝、皇太子宝座及龙袍 …………………… 193

表 4-5 清越海盗侵扰越南领海事件 ………………………………… 194

表 4-6 清越相互照会围剿海盗事例 ………………………………… 200

表 4-7 清越阮保海盗集团组织 ……………………………………… 204

图 4-6 照会越南国王咨文 …………………………………………… 207

图 4-7 越南国王呈覆照会公文(局部) …………………………… 210

表 4-8 清越相互移送海盗事例 ……………………………………… 214

表 4-9 1848 年至 1883 年越南船只遇风盗失事统计 ……………… 218

表 4-10 清人协助越南捕剿海盗事例 ……………………………… 220

表 5-1 布兴有年表 …………………………………………………… 233

图 5-1 水师黄富兴雇用的广东米艇示意模型 ……………………… 241

图 5-2 清代外销画——广东水师用的捕盗米艇 …………………… 242

图 5-3 浙江巡抚常大淳咨文 ………………………………………… 249

图 5-4 投首广艇海盗呈缴船只炮械清单 …………………………… 251

表 5-2 艇盗呈缴的兵器 ……………………………………………… 252

图 5-5 清代水师与海盗船对仗画 …………………………………… 253

图 5-6 钦差大臣林则徐麾下的炮艇画 ……………………………… 254

图 5-7 1856 年航行于珠江上的商用广艇 ………………………… 256

图 5-8 19 世纪运载鸦片的中国广艇模型 ………………………… 257

图 5-9 中西混合式的广艇画 ………………………………………… 258

图 5-10 中西混合式的广艇模型 …………………………………… 259

图 5-11 投首广艇盗匪籍贯、年龄清册 …………………………… 261

表 5-3 1810—1885 年粤洋海盗集团籍贯分布 …………………… 261

表 5-4 咸丰元年(1851 年)广艇海盗投首籍贯分布 …………… 262

表 5-5 咸丰元年(1851 年)广艇海盗投首年龄 ………………… 263

表 5-6 《申报》记载广勇滋事要览 ……………………………… 269

图 5-12 潘仕成出资仿制的西洋战船图 …………………………… 285

图 5-13 广州知府易长华出资仿制的西洋战船图 ………………… 286

图 5-14 浙江巡抚何桂清奏折 ……………………………………… 289

图 5-15 清代同治年间船照 ………………………………………… 290

图 5-16 上海商人欲购火轮船何桂清奏折附片 …………………… 293

图 6-1　清代海盗与国际关系图　⋯⋯⋯⋯⋯⋯⋯⋯⋯⋯⋯⋯⋯⋯　297

表 6-1　乾嘉时期华洋船舶在澳门洋面遇盗事例　⋯⋯⋯⋯⋯⋯　306

表 6-2　澳葡诬良为盗、误击水师战船事例　⋯⋯⋯⋯⋯⋯⋯⋯　311

图 6-2　匪徒勒索函、匪徒堂号名单　⋯⋯⋯⋯⋯⋯⋯⋯⋯⋯⋯　329

图 6-3　岑春煊开列之三十一名广东著匪名单　⋯⋯⋯⋯⋯⋯⋯　331

图 6-4　著匪林瓜四海盗集团通缉名单　⋯⋯⋯⋯⋯⋯⋯⋯⋯⋯　333

图 6-5　林瓜四党羽犯罪案由及证人名单　⋯⋯⋯⋯⋯⋯⋯⋯⋯　335

表 6-3　光绪三十三年(1907)金生隆货船劫案悬赏奖金　⋯⋯⋯　339

图 6-6　路环"打海盗纪念碑"　⋯⋯⋯⋯⋯⋯⋯⋯⋯⋯⋯⋯⋯　342

图 6-7　1910 年葡兵捕获之路环海盗　⋯⋯⋯⋯⋯⋯⋯⋯⋯⋯　342

图 6-8　20 世纪初著名澳门女海盗赖财山手持葡制之毛瑟枪　⋯　343

图 6-9　1835 年至 1869 年中国舰队巡弋之海域范围　⋯⋯⋯⋯　344

图 6-10　1842 年英国皇家海军德鲁伊号船上小艇,遭受

　　　　三艘中国海盗船夹击　⋯⋯⋯⋯⋯⋯⋯⋯⋯⋯⋯⋯⋯　349

图 6-11　香港海盗受审及押送处刑　⋯⋯⋯⋯⋯⋯⋯⋯⋯⋯⋯　351

图 6-12　海盗徐亚保及英军的通缉画像　⋯⋯⋯⋯⋯⋯⋯⋯⋯　354

图 6-13　英国皇家海军炮击徐亚保海盗船队画作　⋯⋯⋯⋯⋯　356

图 6-14　英国皇家海军重创张十五仔海盗船队画作　⋯⋯⋯⋯　357

表 6-4　1840 年至 1850 年皇家海军剿获海盗及发放奖金　⋯⋯　359

图 6-15　一整船被英军俘虏的海盗无赖　⋯⋯⋯⋯⋯⋯⋯⋯⋯　360

图 6-16　九龙域大鹏协副将方裕处决劫持南武号轮船的海盗　⋯　362

图 6-17　香港海盗项目报告　⋯⋯⋯⋯⋯⋯⋯⋯⋯⋯⋯⋯⋯⋯　366

表 6-5　《遐迩贯珍》刊载中国海盗事件　⋯⋯⋯⋯⋯⋯⋯⋯⋯　366

表 6-6　《伦敦画报》刊登中国舰队剿除海盗事件　⋯⋯⋯⋯⋯　368

图 6-18　东京捕盗行动——处决海盗　⋯⋯⋯⋯⋯⋯⋯⋯⋯⋯　379

图 6-19　越南东京村落遭逮捕的海盗头目并处决　⋯⋯⋯⋯⋯　380

图 6-20　东京捕盗行动——审判并处决海盗　⋯⋯⋯⋯⋯⋯⋯　380

图 6-21　于东京湾被法国驱逐舰击沉之华人海盗船和海盗　⋯　380

图 6-22　海盗于法属印度支那东京枭首示众　⋯⋯⋯⋯⋯⋯⋯　381

图 6-23　越南布店宣传单——法军搜剿东京地区海盗　⋯⋯⋯　385

图 6-24　海盗巨魁黄花探及安世海盗集团　⋯⋯⋯⋯⋯⋯⋯⋯　391

图 6-25　越南海贼女王邓夫人　⋯⋯⋯⋯⋯⋯⋯⋯⋯⋯⋯⋯⋯　392

图 6-26 疑似中国海盗的"兰重兴号"照片 ·········· 398

表 6-7 中国沿海各种戎克船形态 ·········· 399

图 6-27 中国海盗船构造 ·········· 400

图 6-28 澎湖西屿商船振成利号在南日岛附近遭劫示意图 ·········· 401

图 6-29 "项星虎"海盗集团发出的各项文件 ·········· 407

表 6-8 海盗劫掠事例表 ·········· 408

图 6-30 臭名昭彰的两名美国籍海盗 ·········· 419

图 6-31 南中国海海上非法活动航线 ·········· 423

表 6-9 英国皇家海军打击婆罗洲海盗事件 ·········· 424

图 6-32 八重山石垣市唐人墓 ·········· 435

图 7-1 闽浙同安船与广东乌艚船图画 ·········· 439

图 7-2 《法国邮报》刊载的中国海盗图像 ·········· 441

图 7-3 德国画家笔下的 19 世纪香港海盗街景 ·········· 442

我等露宿风餐，飘泊海面，
正如浮萍断梗，浮沉莫定。^①

张　保

We others are like vapours dispersed by the wind; we are like waves of the sea, roused up by a whirlwind; like broken bamboo sticks on the sea we are floating and sinking alternately, without enjoying.^②

Chang Paou

---

① 袁永纶:《靖海氛记》上卷，碧萝山房藏板，道光十年（1830 年）刊本，法国国家图书馆藏，第 8 页。

② Charles Fried Neumann, *History of the pirates who infested the China Sea from 1807—1810*, London：Printed for the Oriental Translation Fund，1831，p. 19.

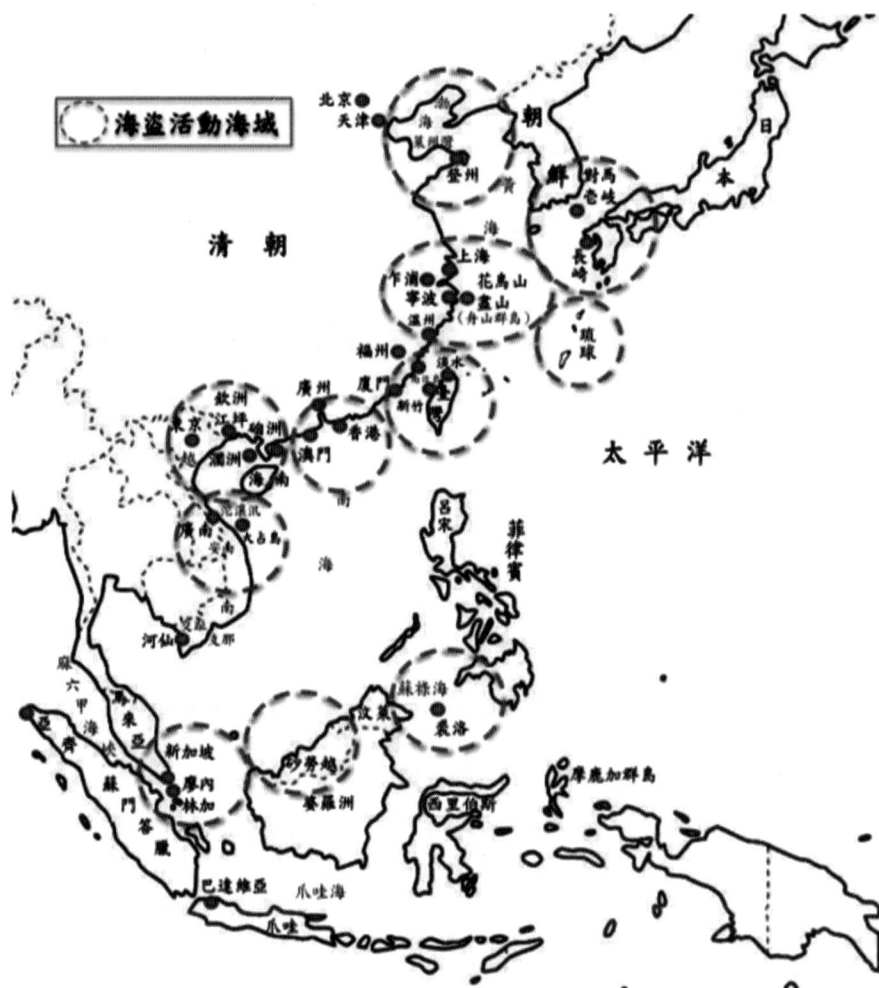

清代环东亚海域示意图

第一章

绪　　论

　　有清一代,"环东亚海域"[①]的海氛可说是从未平静,在此片汪洋大海中,自古以来多是利用船舶航行的方式,与世界诸国进行商业贸易和文化交流。不过,在海上航行之际,存在着各种阻碍的因素,除大自然的风涛袭击外,更有海盗的侵扰,让整个海域,处处充满着危机。该海域所产生的海盗问题,并非仅有清朝政府需要面对,应是与当时以中国为核心的东亚传统国际秩序下之朝贡贸易、册封体系息息相关。然而,到了19世纪中晚期,全球规模的近代世界形成,在此之前所形成的独立历史世界——"东亚世界"也不可避免地被解体、吸收了。[②] 虽然传统东亚国际秩序已逐渐崩溃瓦解,海盗却仍然活跃于此海域上。因此,清代海盗的研究如同明代的倭寇研究,应将"环东亚海域史"当作研究区域和角度出发,重新建构海盗的历史,不能只以东亚国际秩序为中心的明清统治者对抗倭寇、海盗之面向来书写。

　　在中国的官书典籍和档案记载中,从事海上劫掠活动的人被称为"海

---

　　① 刘序枫《清代档案与环东亚海域的海难事件研究——兼论海难民遣返网络的形成》《故宫学术季刊》2006年第3期)第92页提到:"'环东亚海域'主要是指被中国大陆、朝鲜半岛、日本列岛、琉球群岛、台湾、菲律宾群岛、婆罗洲、印度尼西亚群岛、马来半岛及中南半岛所围绕的广大海域,其间又包括了日本海、东海、南海三个主要海域,就如同为欧、非大陆所包围的地中海般,自古以来就是东亚及东南亚人民交通往来的主要舞台,自成一东亚的地中海世界。"松浦章著,卞凤奎译《东亚海域与台湾的海盗》(台北:博扬文化出版社,2008年)第2页提到:"所谓的'东亚',乃指中国大陆和朝鲜半岛、日本的九州岛、西南诸岛、台湾等区域,此区域包含有渤海黄海东中国海台湾海峡等海洋。"但是,广义的"东亚",除了东北亚以外,地理上属于东南亚的越南,由于文化上属于东亚文化圈(汉字文化圈),亦被列为东亚的范围。

　　② 曹永和:《环中国海域交流史上的台湾和日本》,收于曹永和:《台湾早期历史研究续集》,台北:联经出版事业公司,2000年,第34页。

盗"、"洋盗"、"海贼"、"海寇"、"洋匪"、"岛寇"、"澳贼"、"西贼"、"珠贼"、"艚贼"、"沙贼"、"艇盗"、"艇匪"、"内河土盗"及"竹筏仔贼"等,这些名词的命名,是依据其劫掠的范围、目的与使用船只的不同来分门别类。但主要用意是说明这些名词是横行海洋的盗贼。《大辞典》中为"海盗"所下的定义是:"在海上抢劫的人。"并提到公元1958年《日内瓦公海分约》第十五条之规定,海盗指下列任何行为:

一、私有船舶或私有航空器之船员或乘客为私人目的,对下列之人或物实施任何不法之强暴行为,扣留行为或任何掠夺行为。

(一)公海上另一船舶或航空器或其上之人或财物;

(二)不属任何国家管辖之处所内之船舶、航空器、人或财物;

二、明知使船舶或航空器成为海盗船舶或航空器之事实而自愿参加其活动。

三、教唆或故意便利本条第一款或是第二款所称之行为。①

另外,台湾地区刑法第三百三十三条"海盗罪、准海盗罪"对于"海盗"的定义为:"未受交战国之允准或不属于各国之海军,而驾驶船舰,意图施强暴,胁迫于他船或他船之人或物者,为海盗罪。"又:"船员或乘客意图掠夺财物,施强暴,胁迫于他船或乘客,而驾驶或指挥船舰者,以海盗论。"②本书以广义的"海盗"来统称之。

不过在中国海盗史研究中,海盗活动的问题不能单以解释名词就可以解决。事实上,历史中的海盗是一种多样又复杂之人群,从事各式各样的行为,并非只有从事海洋上暴力劫掠,例如明朝嘉靖年间,海商与海盗角色结合为一,明人指出商人本无"为寇之心",是海禁使以前的"商舶"都变为"寇舶","寇与商同是人,市通则寇转为商,市禁则商转为寇;始之禁禁商,后之禁禁寇。禁越严而寇愈盛,片板不许下海,艨艟巨舰反蔽江而来;寸货不许入番,子女玉帛恒满载而去。……"③像是汪直、洪迪彦、吴平等,在入海为寇之前本来是商人身份,上述之"海寇商人"在劫掠与走私货品的同时,仍进

---

① 《大辞典》,台北:三民书局,1985年,第2652页,"海盗"条。

② 《最新实用六法全书》,台南:世一文化事业股份有限公司,2002年,第333条,第486页。

③ 谢杰:《虔台倭纂》,《北京图书馆古籍珍本丛刊》,北京:书目文献出版社,1990年,第231页。

行合法的海上贸易。此时期的海盗特色是"商寇身份的双重性和可转换性"①。1640年代开始,郑氏家族建立起海上帝国,控制整个东南沿海的贸易。明亡后,郑芝龙归顺于清廷,其弟郑鸿逵与子郑成功仍打着"反清复明"的旗帜,与清朝分庭抗礼,许多海上武装集团纷纷以海盗身份支持着南明的残余势力,让明末清初的"海寇商人"也带着"反清复明"的政治色彩。不过到了清代乾嘉之交,小股海盗因安南西山政权的崛起,逐渐形成汪洋大盗,嘉庆《海防志》载:

> 海盗,非别有种类,即商渔船。是商渔,非盗也,而盗在其中,我有备则欲为海盗者,不得不勉为商渔;我无备则勉为商渔者,难保不阳为商渔,而阴为海盗。久之而潜滋暗长,啸聚既多,遂立帮名,抗官军,居然自别于商渔,而濒海居民乃大受其扰。粤洋分三路,高、廉、雷、琼为西路,雷又为高、廉、琼之卫。自来蜃氛难靖,皆随起随伏,守土者不甚加之意,因循日久,骇浪复兴。②

从方志记载中可知,海盗原从事商、渔业,一旦沿海防事无备,就会啸聚匪徒,并且成立帮派,"自别于商渔",成为拥有"专业性"的海盗集团。如19世纪初期,闽浙海盗集团的"水澳"、"凤尾"、"箬横"、"补网"、"卖油"、"百面"、"朱渍"、"蔡牵"帮和粤洋海盗集团以"红旗郑一"为主的旗帮。清代中晚期的海盗,不再像明代中期到清初那样,拥有"海寇商人"的双重身份,此时的海盗组织或是海盗首领,几乎是由贫穷的农、渔民,破产的商人,或是革职的兵丁所构成。他们以海盗业为生,建立起专业的人事、财务、劫掠等模式。另外海盗的抢夺行为,造成了许多刑事案件,清代的法律并非参加海盗集团就得处以死刑,而是依照情节轻重,从法治立场来定义其属自愿性或是被逼迫,抢夺来之赃物的多寡与不同,判刑皆有所差异。

海盗随着世界贸易航线之延伸与拓展,便此起彼伏,直至今日,海盗的问题依然存在。日前,索马利亚海盗活动猖獗,引起各国的重视,为防止海盗活动的蔓延,于是先后派遣军舰进行护航,保护往来亚丁湾的商船和货船,使海盗事件演变成国际性问题。回顾清代文献,可知海盗的问题,对于当时的中国、日本、朝鲜、越南等地区而言,确实亦为极重要的议题。1980

---

① 古鸿廷:《论明清海寇》,《海交史研究》2002年第1期,第22页。

② 雷学海修:《雷州府志》卷十三,《海防上》,嘉庆十六年刊本,收录于《广东历代方志集成》第2册,广州:岭南美术出版社,2009年,第339页。

年代以前,中国海洋发展史的研究较少,主题多偏重于制度史中的海关、市舶司,或是着眼于海外华人社会、华侨史上。近年来,中国大陆和台湾,以及西方的学术界逐渐对中国海盗史研究专题予以重视。[①] 据此,本书拟将研究时代聚焦在整个清代(1644—1911),将活动于"环东亚海域"的海盗作为研究对象,摆脱过去海盗研究只集中于乾嘉之交粤洋与闽浙海盗之上,试着突破官方记载的偏见与缺陷,不再着重于讨论海盗与清政府的关系;用"从下往上看"的历史观,从海盗"供单"、文人笔记、报章杂志或西方档案等文献里,试着"趋近"海盗原本的社会组织、经济来源、生活特性及信仰等面貌。

第一节　研究动机与目的

闽南俗语说:"做十三年海洋,看一出断机教,流眼泪。"[②]多么令人充满想象画面的一句台湾梨园谚语,即使是纵横海上十三年的海盗,一旦看到孟母断机教子的戏曲,也会思忆亲恩而潸然泪下。此句闽南文本中的海盗(闽南话的"海洋",却是意指"海贼"),由于良心未泯,因而感动地流下眼泪,就像是有血有肉的写实人物。今日,我们无法亲自与清代海盗面对面,去谈论他们的内心想法,仅能从中外官方、非官方的文献记载中,抽丝剥茧,来了解海盗的世界。

嘉庆五年(1800 年)夏六月,安南艇匪潜约凤尾帮、水澳帮及蔡牵海盗集团,近三百艘船舰停泊于今浙江省椒江口外,部分海盗登岸"伪充乡勇,刺听官兵虚实",企图大举劫掠台州。时浙江巡抚阮元命温州、定海、黄岩三镇水师前往迎击,并亲赴前线督师。双方于松门洋面,准备进行海战的前夕,

---

　　① 近年来对于清代偷渡、走私、封贡及航运等海洋史研究,皆提及"海盗"对于该范围之影响。

　　② 台湾梨园谚语,转引自林茂贤:《传统戏曲的社会功能》,《传艺》第 78 期,2008 年,第72～73 页。另外根据台湾史学者翁佳音表示:海洋,在闽南话通常讲成"大海";闽南话的"海洋",却是意指"海贼"! 又例如现在很喜欢用"鲸鱼"当海洋精神象征,可是在中国传统古籍中,"鲸鲵"是指为患海上、穷凶极恶的海盗。http://teldapblog.blogspot.tw/2012/08/blog-post_29.html(访问时间:2016 年 1 月 6 日)。

"风雨狂烈,独注龙王堂。雨中有火,蓺入贼艇,皆破"①。嘉庆皇帝认为"诚感神应",敕建天后宫、龙王庙丁松门。尔后,阮元的幕宾焦循更撰写《神风荡寇记》以纪念此事。来年,嘉庆六年(1801年)八月十五日中秋佳节,广东省电白县外洋,安南"大盗首"郑七派人化装成商人小贩,潜入城中刺探情报,得知电白县城垣日久失修,倾圮多处,且防守松懈,大批海盗浮现于洋面之上,"欲乘过节之期,潜谋抢劫城内居民"准备进城掳掠。当晚,海盗们祭祀天后毕,正准备待命进攻之时,"飓风大起,沉没盗船,歼获盗匪",②郑七船队遭受灭顶之灾。嘉庆皇帝于是特颁"大藏香五支,小藏香五支",命两广总督觉罗吉庆赴省城天后宫"敬谨上香,祀谢"。③ 如此,水师获胜了吗? 海盗失败了吗?

生活于同样海域中的海盗、水师和百姓,拥有同样的海上信仰,却遭受到相异的结局,④他们的成败与否,从官方或半官方的记载中,是否真的能够分析出来,确实是个难题。国外的海盗传奇总是使人着迷,⑤海盗与西方文化紧紧地结合,并被视为光荣事业,但在中国传统儒家社会中,或统治者的立场,海盗却被当成匪类。清代福建巡抚汪志伊曾说:"夫民非生而盗者也,食不继则民流为盗。"⑥在中国士大夫的眼中,百姓入海为盗多因"生计"

---

① 焦循:《神风荡寇记》,《雕菰集》卷十九,台北:商务印书馆,1966年,第307～314页。

② 《宫中档嘉庆朝奏折》,台北故宫博物院藏,档号404007209,嘉庆七年一月十九日,协办大学士两广总督觉罗吉庆奏折附片。

③ 《宫中档嘉庆朝奏折》,档号404006377,嘉庆六年十月十二日,协办大学士两广总督觉罗吉庆、署广东巡抚瑚图礼奏折。

④ 海盗若是在海上顺利劫掠,会归功于天后、龙王的保佑。同样的,水师成功剿除海盗,也会认为是神明的垂佑。海盗的例子可见:《宫中档咸丰朝奏折》,台北故宫博物院藏,档号406001269,咸丰元年九月十八日,调任成都将军福州将军暂署闽浙总督裕瑞奏折。载:咸丰年间"广艇海盗"肆掠于整个东南沿海,咸丰元年(1851年)闰八月初五日,广艇盗船成功于浙江黄花岗外一带洋面劫掠,至九月十六日时,海盗竟然于沙埕洋面上岸,带着戏班在"山脚边九使宫庙内焚香演戏","又至该处天后宫内建醮"庆祝。

⑤ 如拜伦《海盗生涯》诗云:"在暗蓝色的海上,海水在欢快地泼溅,我们的心灵是自由的,我们的思想无边……量一量我们的版图,看一看我们的家乡,这全是我们的帝国。它的权力到处通行,我们的旗帜就是王笏,谁碰到都得服从……在红色的酒杯中旋起我们的记忆,呵,在危险的日子那简短的墓志铭。当胜利的伙伴终于把财物平分,谁不落泪? 当回忆暗淡了每人的前额,现在,如若不死,勇士该会怎样地欢欣!"拜伦著,华业政译:《拜伦诗选》,台北:五洲出版社,1976年,第136～138页。

⑥ 汪志伊:《议海口情形疏》,陈忠倚辑《皇朝经世文编三编》,台北:国风出版社,1963年,第2199页。

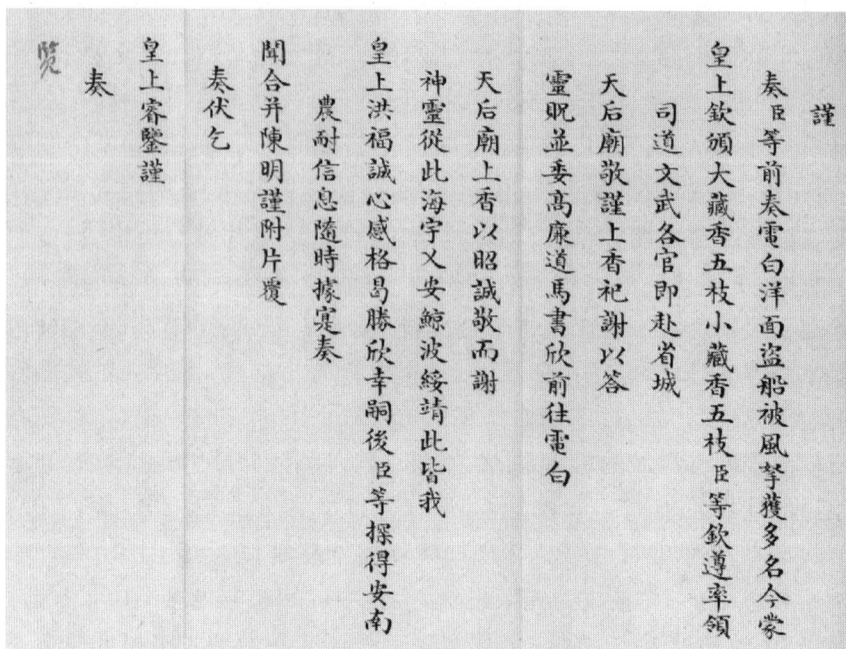

图 1-1　觉罗吉庆等奏折附片

资料来源：《宫中档嘉庆朝奏折》，档号 404006377，嘉庆六年十月十二日，协办大学士两广总督觉罗吉庆、署广东巡抚瑚图礼奏折附片。粤洋西路的电白县自古以来即为海盗的大本营，明代洪武二十三年（1390 年），为预防海盗而在此地建城。清代中叶，张十五仔（张开平）拥有七十艘海盗船队，其大本营位就位于电白县。1849 年，在英军和清政府的打击下，十五仔最终获清政府招降为军官，官至韶州守备，并于咸丰七年（1857 年），与太平天国作战中，伤重不治。

和"贫苦"等问题，进而破坏沿海社会秩序。但是若从海盗的角度来看，非法的海盗活动就同渔民捕取渔获一样，是一种最适合且自然的生存方式。况且人类的海洋特性，理应也该考虑到，学者安乐博（Robert Antony）曾说："在西方，对许多平民来说，海盗船只代表着在陆地上寻找不到的自由和公正。海盗是一种自愿选择的生活，对于绝大部分要逃离压迫和剥削的人来说是梦寐以求的。"①中国海盗生活在模拟传统儒家规范之中，建立起亡命

---

① Robert Antony, *Like Froth Floating on the Sea：The World of Pirates and Seafarers in Late Imperial South China*, China Research Monograph, Institute of East Asia Studies, University of California, Berkeley, 2003, p. 169.

之徒的秩序和纪律,或许不能保障成员的生命与财产。不过,海盗浮沉于高深莫测的海洋,自由地在海上乘风破浪,不受统治者的剥削及束缚,相信这才是海盗所在意的。

清代海盗之研究,首先面临着是"海盗"的定义问题。康熙五十年(1711年),在康熙皇帝的眼中,"海贼易治,陆盗难治,十分留心,以安百姓",[①]以及"大洋内并无海贼之巢穴,海贼即是陆贼,冬月必要上岸,地方官留心在陆路,即可以防海之要论"[②]。从上述可知,清初并不重视沿海岛屿的防守,沿海海盗(清政府认为这些多属南明复国救乡的海上力量或是郑氏集团的武装船队)也会到陆上抢夺,甚至攻城略地,拥有陆寇与海盗的双重身份。[③]

18世纪末,中国海盗被安南新阮政权招募为水师,授权在"环东亚海域"肆行劫掠,他们大部分的时间是在海洋及沿海进行非法活动,无论是核心(自愿)或非核心(被掳)海盗,《大清律例》中皆属海洋匪类。19世纪中期,由英、葡私人出资成立的护航组织兴起,他们的武装船队进行船只保护及收取护航费。时中国广艇海盗亦停泊于闽浙洋面,一方面与清水师周旋或投诚,另一方面则使护航业更加复杂化,形成海盗集水师和护航业于一身。由于海盗会因统治者的立场、法律的差异、劫掠的程度、上岸后的身份转换以及投诚与否等情事,而出现不同的时代特色。因此,厘清与界定出"海盗"的定义,成为本书主要目标。

统治者将海盗视为"海疆丑类",以今日的角度来看,海盗仍属非法性质,但是探究其动机,还是能从官方或半官方资料中,窥探出海盗是因生计受到压迫或剥削及非自愿被掳上船等,另外亦有劫富济贫的现象和海洋冒险的特性。如此的做法,即可摆脱过去政府与海盗的关系研究,转向"从下往上看"海盗史,并针对前人学者的看法,对海盗的社会背景更深入了解,提出新的海盗研究视野。乾隆皇帝曾说:"广东现无紧要事件,其海洋盗匪,节经福康安搜拿整顿,渐已敛迹。"[④]海盗从原本的"小打小闹",演变成具有规

---

① 《宫中档康熙朝奏折》第3辑,台北故宫博物院,1976年,档号401002015,康熙五十年九月,浙江巡抚王度昭奏折,第336页。

② 《宫中档康熙朝奏折》第4辑,台北故宫博物院,1976年,档号401002038-1,康熙五十一年五月三十日,浙江巡抚王度昭奏折,第809页。

③ 海寇的定义,参见古鸿廷:《论明清海寇》,《海交史研究》2002年第1期,第28页,注2。

④ 《清高宗实录》卷一千四百三十四,乾隆五十八年八月辛未日,第173页。

模的海盗联盟。因此,大部分的清代海盗研究,都将焦点集中在乾嘉海盗为何剧增之问题,并认为张保仔投诚后,海氛自此平息或忽略不再叙述。事实上,检视各方档案时,能发现中国的海盗问题依旧严重,尤其是鸦片战争后,整个"环东亚海域"处处可见海盗踪影,且水师形同虚设,"近日洋盗充斥,水师望风先逃,行旅往往失事"①。19 世纪开始,由于"洋盗充斥",使东亚的海洋贸易受到严重影响。所以,海盗史研究时代界限与范围,不能只集中在乾嘉年间和沿海各省,海盗的问题属跨国性质。故要讨论整个清代的"环东亚海域"之海盗活动,除带着弥补空白意义外,更想厘清出海盗与国际之间的关系,进而拓展海洋发展史的新面向,做出对于海盗史全盘性的了解。

本书除研究上述界定"海盗"的定义及时代特色,突破官方档案,以"从下往上看"海盗史以及突破传统清代海盗史研究时代界限与范围外,还要探讨三项议题:第一项是清政府面对西方人的挑战,于海防守备方面,总是显得不堪一击,理论上在与海盗长期对抗中,清朝水师及防务应该有足量的茁壮与成长,但却"一旦投入战斗,清朝军队便迅速土崩瓦解。看来清朝官员从海盗那里什么教训也未曾得到"②。过去的清代海防史研究,多以水师内部组织、政府规定和士大夫保守的观念来讨论,而本书即想借由海盗史研究来看清代的海防。

第二项,中国自古以来的海盗活动范围,本无固定界线,横行于整个环东亚海域之上,故衍生许多传统东亚的秩序中心与宗属国处理海盗问题的事件。不过,洋人来叩中国大门后,除瓦解中国在东亚秩序的领先地位外,"共同缉捕及械送海盗"、"领海管辖权"、"公文往来"等国际问题相继浮现。原本"环东亚海域"的水上世界中多出了英国、葡萄牙、法国等势力,使得海盗、清政府、外国势力,彼此形成一错综复杂的国际关系,则是本书研究的另一重点。

第三项为清代海盗案件为何难以灭绝,也是本书须厘清的问题。若从政策面来阐述,明清的海禁政策和朝贡贸易制定与执行,应是促成走私及海盗崛起的主因。不过,清代中晚期后,沿海澳甲或禁令已不复存在,清政府

---

① 何冠英:《奏闽浙商船多雇英轮护送英人并枪伤幼孩片》,《筹办夷务始末(咸丰朝)》卷三,台北:国风出版社,1972 年,第 95 页。

② (美)穆黛安(Dian Murray)著,刘平译:《华南海盗(1790—1810)》,北京:中国社会科学出版社,1997 年,第 166 页。

亦失去东亚海域的领袖位置。另外,"环东亚海域"的自然地理、经济学上的"供需法则"、沿海"人义环境"、"海盗巢外的特性"、"缉捕海盗的经费"、"剿盗的实质效益"、"海盗案件难诘"、"海盗易病,故狱中之弊端"及"水师人员的损伤"等项目,属于不同的解释方向。相信清代海盗滋生之因唯有从多方角度下着手,才能够得到一个客观性的答案。

第二节　研究成果的回顾

"环东亚海域"的海盗,破坏海洋秩序的行动一波接着一波,高低起伏的情形如马鞍形的线性图形,随着时间而更趋激烈。中国海盗从先秦时代持续发展到今日,海盗活动的背景及基础,随着朝代的更迭有着相异的历史意义。有清一代,东南环海,万里汪洋,舟船往来于其间,此为沿海民生利益之所在,其中广州港更有"金山珠海,天子南库"①之称。由于清代海上贸易量增加,以劫掠商、渔船为生的海盗也随之滋长。清朝乾嘉年间,有三大威胁统治的势力,分别为"黔楚苗乱"、"川陕教匪"与"东南海事",其中"东南海事"持续蔓延到清末,可说是影响甚大。嘉庆皇帝曾针对海盗滋扰一事,提出他的见解:"盗匪在洋肆劫,最为商民之害。"②海盗为生存而劫掠,将东南沿海社会秩序被破坏殆尽外,海商因贸易减少所造成的损失就更难以计算。所以海盗的祸乱,不可等闲视之。

民国建立后,关于清代海盗史的研究,首见于萧一山在 1924 年出版的《清代通史(中卷)》中的第六章《教民之变乱与沿海之扰攘》。③ 虽然该文篇幅不长,但将乾嘉年间的"东南海事"做出基本之叙述,而内容主要是用清代内阁档案、④《圣武记》⑤及士大夫笔记当材料,对于海盗的观点仍沿用官方及士大夫的看法,甚至认为 19 世纪初期的海盗集团瓦解后,"三省海疆之巨

---

① 屈大均:《广东新语》卷十五,北京:中华书局,1997 年,第 433 页。
② 《清仁宗实录》卷六十,嘉庆五年二月丙午日,第 795 页。
③ 萧一山:《清代通史》,北京:中华书局,1985 年。
④ 萧一山:《叙例》,《清代通史》,北京:中华书局,1985 年。
⑤ 魏源:《嘉庆东南靖海记》,《圣武记》卷八,北京:中华书局,1962 年,第 243 页。

患,始告肃清云"①。此论点确实值得再商榷。接着海盗史研究沉寂了一段时间,②海盗研究在中国起步甚晚,西方的中国史学者,从 1970 年代开始,便将焦点转向被忽视、遗忘的下层民众,注意力放在中国秘密社会、土匪和海盗等。中国学者虽然重视所谓的"农民起义",但是研究者害怕划不清匪盗与真正"农民起义"间的界限,故多视其为禁区。1978 年,中国实行改革开放,庋藏众多清代海盗史料的第一历史档案馆开始提供给中外人士查阅,激起一片海盗研究热潮。又以 1974 年于福建省泉州外海发现的古沉船为契机,从 1978 年起,泉州海外交通史博物馆更发行《海交史研究》期刊,提供学者对于海洋交通史研究的平台。随着近几年来海洋史研究的持续升温,在大陆方面,新成立的海洋史研究中心、研究所等举办的专门期刊、研究项目不断推陈出新。除上述由泉州海外交通史博物馆主办之《海交史研究》外,尚有广东海洋史研究中心主办之《海洋史研究》,另有海洋史研究平台的新秀——是由大陆第一个国家级的国家航海博物馆(上海)主办之《国家航海》期刊,以航海文史与航海博物研究为重点关注对象的学术刊物,并收录台湾、大陆及西方学者的海洋史文章。③ 论文以中外航海文史研究为主,涉及海洋史、海上和港口贸易、海盗史研究专题、交通航路、古代造船、水下考古、航海文物等,同时亦关注海洋领域的书评信息与学术动态,对于中外航海史研究的重大发现及研究热点,皆有所收录。

台湾方面,由于社会史及海洋史逐渐受到重视,所以从 1984 年开始,广邀国内外学者专家参与,并集合发表论文,出版《中国海洋发展史论文集》共十辑,其中对于"海外贸易"、"海外移民"、"海盗活动"、"海外交通"、"海洋经济"、"海洋航运"及"海防建设"都有相当程度的讨论,成果丰硕。中国海洋

---

① 萧一山:《清代通史》,北京:中华书局,1985 年,第 343 页。

② 此时期的清代海盗研究相当少,仅见有:Charles Grey, *Pirates of the Eastern Seas*, 1618—1723: *A Lurid Page of History*, London: S. Low, Marston, & Co., Ltd., 1933.(该书以荷兰、英国资料完成,为少见明末至清代康熙年间的海盗研究。)姚楠:《海盗之蔓延南洋》,《南洋华侨通史》,重庆:商务印书馆,1943 年,第 143~155 页。黄典权:《蔡牵朱濆海盗之研究》,《台南文化》1958 年第 1 期,第 74~102 页。

③ 笔者就曾经参与该馆合作特展、国际研讨及期刊投稿。陈钰祥:《清朝与越南边境的海盗情形》,"航海——文明之迹"——上海中国航海博物馆第二届国际学术研讨会,2011 年 7 月 26—28 日,收录于中国航海博物馆(上海)编:《航海——文明之迹》,上海:上海古籍出版社,2011 年,第 1~14 页;陈钰祥:《清代华南海盗的滋生背景》,上海国家航海博物馆:《国家航海》第 13 辑,2015 年,第 32~50 页。

发展史出现新的展望。不过,多年来清代海盗史的研究,仍旧局限在乾嘉之际的蔡牵、张保仔等海盗集团,论点也大同小异,多延续学者穆黛安、安乐博或松浦章的研究视野。① 所以,季士家在《近八十年来清代海盗史研究状况述评》中,②认为清代海盗史研究偏重于乾嘉之际的海盗活动,并冀望借由该文推动学界重视其他的海盗史议题。③

———————————

　　① 重要著作有:Dian Murray, *Pirates on the South China Coast*,1790—1810, Stanford University, 1987. 中译本:(美)穆黛安著,刘平译:《华南海盗(1790—1810)》,北京:中国社会科学出版社,1997 年。Robert Antony, *Like Froth Floating on the Sea:The World of Pirates and Seafarers in Late Imperial South China*, China Research Monograph, Institute of East Asia Studies, University of California (Berkeley), 2003. 相关文章有安乐博(Robert Antony)著:《罪犯或受害者:试析 1795 年至 1810 年广东省海盗集团之成因及其成员之社会背景》,《中国海洋发展史论文集》,第 7 辑,台北:"中央研究院"人文社会科学研究中心,1999 年,第 439~451 页。松浦章:《中国の海賊》,东京:东方书店,1995年。Chang Chung-Shen(张中训,Thomas), Tsa'ai Ch'ien, The Pirate King Who Dominates The Sesa:A Studay of Coastal Piracy in China. (1795—1810),Ph. D. Dissertation , The University of Arizona,1983. 张中训依其博士论文改写为《清嘉庆年间闽浙海盗组织研究》,《中国海洋发展史论文集》第 2 辑,台北:"中央研究院"三民主义研究所,1986 年,第 161~198 页。

　　② 季士家:《近八十年来清代海盗史研究状况述评》,《学海》1994 年第 5 期,第 84~88 页。

　　③ 另有张代春:《三十年来清代广东海盗研究综述》,《广州航海高等专科学校学报》2010 年第 2 期,第 47~49 页;张雅娟:《近十五年来清代乾嘉年间海盗问题的研究》,《中国史研究动态》2012 年第 2 期,第 42~49 页。二者提到之相关研究皆以乾嘉之际的广东海盗活动为主。

一、穆黛安①的清代海盗研究

关于中国和台湾对于海盗史的忽视,穆氏讲:"在中国,无论是小孩还是大人,似乎对他们自己历史上曾经活跃过的海盗不甚了了。具有讽刺意味的是,郑一嫂在西方的名声远比在东方要响,尽管有关其事迹的叙述都不怎么精确。结果,西方的小说家和历史学家便经常创作一些与历史真实相去甚远的海盗形象,大肆渲染,以迎合读者的口味。反之,中国的文人学士对于海盗现象则完全无动于衷。"②在此情况下,中文版的《华南海盗》于1997年9月由中国社会科学出版社出版,就格外有意义。穆氏原将主题定为南中国海(South China Coast)的海盗,所谓的南中国海即为南海,系指广东、广西以南的海域。书中将乾隆五十五年(1790年)到嘉庆十五年(1810年)间,于华南活动的海盗做出史诗般的描绘,把乾嘉时期粤洋海盗猖獗之因,归给安南西山政权的兴灭,为这段海盗的黄金时期做出一个总结:清朝在肃清华南海盗后,并未对其海防弱点进行检讨。清朝的官僚们粉饰太平在一

---

① 穆黛安(Dian Hechtner Murray)于1949年5月出生在美国爱荷华州的一处从来没见过海洋的内陆农场,与笔者从小向往海洋的心情相同。在她的博士论文中曾提到:"After coming into this world on May Day, 1949 and surviving the innumerable skinned knees of childhood."可见穆氏幼年时就充满着活力,为未来的研究道路奠定一个健康基础。1967年从当地的索克(Sac)高中毕业后,原本准备进入特洛伊玉米公司(Trojan Corn Company)担任一位收割机(Detassler)的驾驶员,不过她选择到蒙大拿州大学(Montana State University)学习地质学,尽管对史前的三叶虫和腕足类动物起不了兴趣,但因此认识到四年后成为穆氏丈夫的Thomas Murray。1971年获得美国爱荷华州康奈尔学院(Cornell College, Iowa)的学士学位,在学期间主修亚洲史。1974年、1979年,分别取得纽约州康奈尔大学(Cornell University, New York)的硕士和博士学位,主修中国近代史,博士学位论文题目为《海上的盗匪——19世纪初中国的海盗行为研究》(Sea Bandits: A Study of Piracy in Early 19th Century China)。1984年1月,获聘进入圣母大学(University of Notre Dame)历史系任助理教授,1988年5月升等副教授,1994年5月升等为教授,并在1991年8月至2001年8月间,担任人文学院的副教务长(Associate Dean)。她现今的研究计划主题是"基督教会与中国",主要在寻求"中国与西方是否有类似情形"的问题解答。Dian Murray, *Pirates of the South China Coast*, 1790—1810, Stanford University, 1987, p. 2.

② (美)穆黛安著,刘平译:《华南海盗(1790—1810)》,北京:中国社会科学出版社,1997年,第7页。

种虚假的安全感中度过,[1]过了不久,清政府将发现除了内部压力外,洋人扩张的压力逐渐增大,清廷一旦投入战斗(鸦片战争),清军便迅速土崩瓦解。看来清朝官员从粤洋海盗联盟那里什么教训也未得到。

书中除讲述乾嘉海盗滋长的因果关系外,也谈到海盗的社会背景。首先是"同乡结合观念",此点在海盗组织中是影响甚深。根据穆氏的研究,19世纪初,不同海域间的海盗,曾经短暂合作过,闽浙海盗想借加入安南西山政权的粤洋海盗合作,来取得安南强大的船舰与武装;粤洋海盗则趁此机会,得到从闽浙沿海往上到达天津外海的劫掠航线。但因水师在闽浙水域的严密防守以及西山政权覆灭(1802年)而告一段落。穆氏认为在同乡海盗集团中,多为同省籍。另根据张中训的闽浙海盗研究,在 26 名籍贯可稽的朱濆帮众中,23 人为福建籍,仅 3 人为广东籍;在 73 名籍贯可稽的蔡牵帮中,67 人属福建籍,4 人属浙江籍,2 人原籍广东。[2] 以此观点为出发点,笔者也针对清代的华南海域的海盗做出研究,发现同样是属于广东省籍的海盗就占了 97.45%,非广东省籍的只占 2.55%。[3] "同乡结合观念"虽占多数,但集团中仍会有非同省籍人员,而这些人员在海盗船队中担任的角色,则是未来可研究之方向。

从事海盗的年龄,穆书载领导粤洋海盗联盟的张保仔只是个 20 岁出头的年轻人,而安乐博的研究,其"核心海盗"(hard-core pirates)年龄约为 32岁。[4] 笔者从咸丰元年(1851 年)《浙江巡抚常大淳投首广艇盗匪籍贯年龄清册》[5]中分析,有 91.51%的海盗年龄是在黄金时期的 16~39 岁间。从统计资料可知,海盗并非是一群老弱残兵,而是平均约 29 岁的精壮集团。另

---

① 《清仁宗实录》卷二百三十一,嘉庆十五年六月壬子日,第 110 页载:"粤洋著名大股盗匪,除投首外均已悉数歼除。全省洋面,一律荡平。"事实上,海氛平静只维持相当短暂的时间,从嘉庆十九年(1814 年)起,海盗再度寇发情形逐渐严重。

② 张中训:《清嘉庆年间闽浙海盗组织研究》,《中国海洋发展史论文集》第 2 辑,台北:"中央研究院"三民主义研究所,1986 年,第 175 页。

③ 陈钰祥:《清代粤洋与越南的海盗问题研究》,东海大学历史研究所硕士学位论文,2005 年,第 90 页。

④ 安乐博著:《罪犯或受害者:试析 1795 年至 1810 年广东省海盗集团之成因及其成员之社会背景》,《中国海洋发展史论文集》第 7 辑,台北:"中央研究院"人文社会科学研究中心,1999 年,第 439~451 页。

⑤ 《军机处档·月折包》,台北故宫博物院藏,档号 082783,咸丰元年十二月十六日,浙江巡抚常大淳投首广艇盗匪籍贯年龄清册。

外,海盗入盗前的职业,根据穆氏和安氏的研究,几乎都靠海维生。而本书第三章中,职业可考者共 576 名,其中以水手、革职的水师兵丁、舵水、渔夫、撑艇等航海专业性高的职业为多数,占 82.76%。他们大部分都具备了航海技术,所以比较可以适应海盗生涯。另外在这些资料中,并没有发现农夫这项职业,推测是农民重视安土重迁,不愿出海飘浮,而且缺乏海上谋生能力,不易于海上生存。由于清代档案的海盗口供有许多海盗的社会背景资料,是值得更深入研究。与穆著关注同时代之研究论文有许多,①但多偏重于乾嘉海盗大帮之上,对于清代嘉庆、道光以后的海盗活动,则有所忽略。而刘平之《清中叶广东海盗问题探索》②以及《乾嘉之交广东海盗与西山政权的关系》,③这两篇文章基本上是以《华南海盗(1790—1810)》一书的内容架构所完成,重心也是放在乾嘉之际海盗的研究。乾嘉海盗是否即代表整个清代环东亚海域之海盗史,这点值得再去商榷。本书除弥补空白外,针对不同时段的海盗,将朝各时期之海盗特色去研究。

---

① 例如:刘平:《论嘉庆年间广东海盗的联合与演变》,《江苏教育学院学报》1998 年第 3 期,第 105~111 页;刘平:《关于嘉庆年间广东海盗的几个问题》,《学术研究》1998 年第 9 期,第 78~84 页;关文发:《清代中叶蔡牵海上武装集团性质辨析》,《中国史研究》1994 年第 1 期,第 93~100 页;松浦章著,刘序枫译:《清代的海上贸易与海盗》,《史联杂志》第 30、第 31 期合刊(1997 年),第 89~96 页;李金明:《清嘉庆年间的海盗及其性质试析》,《南洋问题研究》1995 年第 2 期,第 54~58 页;刘佐泉:《清嘉庆年间雷州海盗初探》,《湛江师范学院学报》1999 年第 2 期,第 25~29 页;吴建华:《海上丝绸之路与粤洋西路之海盗》,《湛江师范学院学报》2002 年第 2 期,第 24~28 页;都重万:《嘉庆年间广东社会不安与团练之发展》,《清史研究》1998 年第 1 期,第 50~61 页;曾小全:《清代嘉庆时期的海盗与广东沿海社会》,《史林》2004 年第 2 期,第 57~68 页;曾小全:《清代前期的海防体系与广东海盗》,《社会科学》2006 年第 8 期,第 144~156 页;林延清:《嘉庆朝借西方国家之力镇压广东"海盗"》,《南开学报》1989 年第 6 期,第 65~71 页;谭世宝、刘冉冉:《张保仔海盗集团投诚原因新探》,《广东社会科学》2007 年第 2 期,第 110~116 页;薛卜滋:《清嘉庆年间海盗蔡牵犯台之研究》,台南师范大学乡土文化研究所硕士学位论文,2003 年;苏信维:《闽浙地区海盗集团之研究——以蔡牵集团为例(1795—1810)》,成功大学历史学研究所硕士学位论文,2007 年。

② 刘平:《清中叶广东海盗问题探索》,《清史研究》2002 年第 1 期,第 19~35 页。

③ 刘平:《乾嘉之交广东海盗与西山政权的关系》,《江海学刊》1997 年第 6 期,第 117~123 页。

二、清代海盗社会成分研究

热爱中国文化的安乐博撰写之《漂浮在海上的泡沫：中华帝国晚期南部的水手和海盗世界》(*Like Froth Floating on the Sea：The World of Pirates and Seafarers in Late Imperial South China*)一书,[①]可以说是分析清代海盗社会的代表作。全书由八章构成,共 20 万余言,作者试图从三大面向来构筑其研究框架。

一是把明清时期的海盗活动分成三个阶段:明朝中期的倭寇、明清交替时期的海寇和清朝中期的洋盗。利用全景式画面的介绍,让读者了解明清时期海盗活动的演变,并分析 18 世纪末至 19 世纪初华南社会繁荣和贫穷之间的关系和矛盾,提供海盗生存的经济背景分析。

二是作者分析 1780 年至 1810 年间广东和福建海盗集团的社会成分,并于相关的论文中做进一步的假设:"这个为患沿海地区十余年的海盗集团,事实上是核心海盗和他们所掳获的受害者集合而成的,两者分别为 32%、68%。"[②]此点与穆著相异,穆氏认为海盗走向大规模的契机是与越南西山政权有关,况且这也是自清代中期以来,论者传统的解释,所以作者的观点提供出新的看法。

三是作者利用"由下往上看海洋历史",用普通水手和海盗自身的术语,还原其日常生活。实际上,海盗的社会关系非常复杂,其活动结果也具多重影响。例如海盗劫掠的活动让港岸货物和服务的重划,有助于贫困而偏僻的海岸小区合并成大规模的商业经济区,客观上刺激了贸易和地方经济。在穆黛安书中也提出过类似的观点,安氏则提出更具系统完善的描述。

---

① Robert Antony, *Like Froth Floating on the Sea：The World of Pirates and Seafarers in Late Imperial South China*, Berkeley：Institute of East Astan Studies.

② 安乐博:《罪犯或受害者:试析 1795 年至 1810 年广东省海盗集团之成因及其成员之社会背景》,《中国海洋发展史论文集》第 7 辑,台北:"中央研究院"人文社会科学研究中心,1999 年,第 446～447 页。另请参阅安乐博最新著作《海上风云:南中国海的海盗及其不法活动》(简体版,北京:中国社会科学出版社,2013 年;繁体版为《南中国海:海盗风云》,香港:香港三联书店,2014 年)。该书以南中国海的海盗着手,试图还原中国及东南亚地区的海上原貌,但内容仍以往的研究为主轴。

作者以大量清代宫中档案为基础,整理出 1795 年至 1810 年间 9600 名于闽粤洋面活动的海盗资料,揭示出海盗的社会背景、活动方式、对内对外关系和文化世界,并以美式书写方式,运笔自如,从人类、心理及宗教等学科角度来透视海盗内幕,视野独特。但是作者部分所使用的资料,例如郭士立(Karl Friedrich Gutzlaff)之《航行记》及今日船民的调查,均与 19 世纪初的海盗相去甚远,似乎可再讨论。此外,虽然书中将研究范围从粤洋扩展到福建,不过可说是与福建海盗分不开的浙江海盗却少见于书中,且时间断限由19 世纪初扩展到明清阶段,实际论述只是浮光掠影,全书着墨的重点依旧是乾嘉之交的广东海盗。

三、清代海盗的特性研究

师从陶晋生的张中训,其所著之博士论文《控制海洋的海盗王蔡牵:中国海洋的海盗行为研究(1795—1810)》(Tsa'ai Ch'ien, The Pirate King Who Dominates The Sea: A Study of Coastal Piracy in China. 1795—1810),可说是对于研究清代海盗特性的重要著作。而由博士论文浓缩精华来完成的《清嘉庆年间闽浙海盗组织研究》,[①]非常具有参考价值,作者对于嘉庆年间蔡牵与朱渍海盗集团的特色,建立起扎实的基础研究。作者由《宫中档嘉庆朝奏折》的档案来分析"主从互惠"、"家族组织"、"乡土地域"、"民间信仰"、"反清意识"、"财务管理"、"内陆接济"和"盗帮组织"等海盗的特性,借以来鸟瞰整个闽浙海盗的社会,并且从奏折档案统计中,否定官方的招抚是提供海盗非正途的升迁机会,文中提到:"闽浙海盗共计 7043 名接受招降,仅 718 人为水师任用,只有 13 名获低阶军官职,其中最高仅陈琴升任至参将。"[②]但是在海盗中,多数为"非心海盗"(被掳及胁迫而成海盗),与真正"核心海盗"相较下,"核心成员"就如士大夫占总人口中极少数,位在金字塔的顶端,又古代士大夫"析圭儋爵"是带着神圣且稀少性。所以,清政府的"招抚"仅提供给"核心海盗"进入统治阶级的机会。

---

① 张中训:《清嘉庆年间闽浙海盗组织研究》,《中国海洋发展论文集》第 2 辑,台北:"中央研究院"三民主义研究所,1986 年,第 161～198 页。

② 张中训:《清嘉庆年间闽浙海盗组织研究》,《中国海洋发展史论文集》第 2 辑,台北:"中央研究院"三民主义研究所,1986 年,第 161～198 页。

古鸿廷的《论明清的海寇》,①为明清的海盗特性做出通论的概述。作者先以政策面提出明清的海禁政策和朝贡制度,是促成海上走私以及海盗出现的主要原因。再以闽粤地区地瘠不利农耕,拥有众多自古以来中国主要的港口(泉州、厦门、广州),继承唐宋以来的造船航海技术等,分别以自然地理、人文环境及经济学上供需法则的面向,来解释东南沿海为何是明清海盗集团主要发展地区。最后是探讨海盗的人员组织及其心理因素,以及海盗的"巢外"特性。作者提出官方因征剿海盗,使得海上水师战线拉长,让地方劳民伤财,造成国家昂贵的成本,更让东南沿海动荡不安。朝廷对海盗及海外活动压制只为本身带来负面的影响,也阻碍华人于海外发展新势力的可能性。此文对于研究明清海盗的特性具有通论性的参考价值,但事实上,明清时期各阶段衍生出的海盗,在背景、特性及内部组织等因素大相径庭。

林仁川撰写的《明末清初私人海上贸易》,②把明末清初海盗所扮演的角色,描述得相当详尽。作者主要是以"亦商"的角度来看海盗集团,且分为"江浙皖海商集团"、"闽广海商集团"和"郑氏海商集团"。书中提出一值得注意的观点,"海商集团"并非完全是纯粹以贸易来取得利益,仍多为使用暴力强夺的非法手段来达成目标,所以"亦盗"的成分还是占了相当多的。

四、以史料见长的松浦章之清代海盗研究

松浦章教授系日本关西大学文学部教授、东西学术研究所研究员,是当代日本史学界中研究中国海洋史的翘楚者。松浦章教授在 1990 年代穿梭于海峡两岸进行实地考察与访问,从中国明清档案、文献、近代报刊及博物馆收藏展品之中,努力搜集中国学者较少涉猎的港埠、船舶、海运、海贸、海关、海盗和移民的资料,将研究的地域扩大到东中国海、南中国海周边国家的海域之上。对于中国沿岸与日本、朝鲜半岛、琉球、南洋,乃至中国南北港口、台湾海峡两岸的贸易经营形态,商品、资金、人口的流动,船舶、海商、海盗的社会组织等,均有涉猎,出版许多著名专书。③ 另外,松浦氏亦对明代

①　古鸿廷:《论明清海寇》,《海交史研究》2002 年第 1 期,第 19～35 页。

②　林仁川:《明末清初私人海上贸易》,上海:华东师范大学出版社,1987 年。

③　松浦章:《中国の海商と海贼》,东京:山川出版社,2003 年;松浦章:《中国の海贼》,东京:东方书店,1995 年;松浦章:《东アジア海域の海贼と琉球》,东京:榕树书林,2005 年;松浦章:《清代帆船东亚航运与中国海商海盗研究》,上海:上海辞书出版社,2009 年。

东亚海域兴起的海盗有所关注。[①] 松浦章教授的中国海洋史研究具有几个特点。

第一点，跳脱传统的中外关系史研究方式，以海洋活动的海域和海上社会群体为研究对象，进行跨国研究。关于这点是笔者需学习的地方，本书中第四章"清越一体，联疆永绥：清朝与越南边境的海盗"，即以松浦氏的观点作为出发点，进行清、越跨国性的海盗研究。以西人角度来看清代海盗的问题，在葡萄牙有《明清时期澳门问题档案文献汇编》、[②]《中葡关系史资料集》，[③]美国有马士（Hosea Ballou Morse）的《东印度公司对华贸易编年史（1635—1834）》，[④]与法国相关的有《中法越南交涉档》等。[⑤] 这些档案文件，对于清代海盗研究帮助颇多。此外马士的《中华帝国对外关系史》、[⑥]恒慕义的《清代名人传略》、[⑦]费正清的《剑桥中国晚清史（1800—1911）》、[⑧]孔飞力的《中华帝国晚期的叛乱及其敌人》[⑨]等西方学者的论著，皆提供西方世界对中国海盗的看法。

第二点，以海洋衍生的经济活动为主，但又不忽视海洋社会人群和组织的探究。海盗的经济收入，主要是靠着抢夺他人财物，或是从事打单勒索，另外地方上的土豪商人，由于商业利益的关系，也会出资支持海盗。如此，海盗行为与经济活动密不可分，让海盗"亦盗亦商"的特色显而易见。

第三点，充分利用中外官方档案、民间资料及新闻报道等，不能只偏重

---

① 松浦章著，汪凤奎译：《明代东亚海域海盗史料汇编》，台北：乐学书局，2009年。

② 中国第一历史档案馆、澳门基金会、暨南大学古籍研究所合编：《明清时期澳门问题档案文献汇编》，北京：人民出版社，1999年。

③ 葡萄牙国家档案馆，收录于张海鹏主编：《中葡关系史资料集》，成都：四川人民出版社，1999年。

④ 马士（Hosea Ballou Morse）著，区宗华译：《东印度公司对华贸易编年史（1635—1834）》，广州：中山大学出版社，1991年。

⑤ "中央研究院"近代史研究所编：《中法越南交涉档》，台北："中央研究院"近代史研究所，1959年。

⑥ 马士著，张汇文等译：《中华帝国对外关系史》，上海：上海书店，2000年。

⑦ 恒慕义（Arthur W. Hummel）著，中国人民大学清史研究所清代名人传略翻译组译：《清代名人传略》，西宁：青海人民出版社，1990年。

⑧ 费正清（John K. Fairbank）著，刘广京编，中国社会科学院历史研究所编译室译：《剑桥中国晚清史（1800—1911）》，北京：中国社会科学出版社，1993年。

⑨ 孔飞力（Philip A. Kuhn）著，谢亮生等译：《中华帝国晚期的叛乱及其敌人》，北京：中国社会科学出版社，2002年。

于一方的说法。这种研究方法,对中国学者或是笔者而言,具有相当程度的参考价值。关于此点,也是笔者计划需努力的方向。总体而言,松浦氏的众多论述确实提供了本书许多的参考要点。不过,这些内容也不完全准确和全面,较少分析和概括性的结论,常是史料堆砌的刊载(例如《中国の海商と海贼》这本简明的小册子,与1995年所著《中国的海贼》的内容大致相同,多为史料搜集的记述。关于此点,虽然有所争议,但是也提供给海洋史研究者难以碰触到的史料)。上述讲到的不足之处,都相当值得笔者再进一步深入研究,且提供清代环东亚海盗史研究的思考方向及空间。

五、文献探讨

"没有史料,便没有史学"①。在清代的史料中,以海盗为立场的记载,可说是付之阙如。由于海盗多出身于贫困家庭,教育程度低,未能留下相关记录。研究清代海盗,就须靠官方或是半官方之文献。② 故宫典藏之清代文书档案中含有丰富的海盗资料,能够反映出官方对于海盗的认识及态度,而官方的记载虽带着偏见与缺陷,但以此资料来了解海盗的社会和内部组织仍有其参考价值。而本书之目的,就是希望利用清宫档案,为海盗及官府间作一平衡之研究。台北"故宫博物院"所度藏的《宫中档》与《军机处档》,多属于上行文书,含有丰富的地方史料。《宫中档》,主要是清朝历代皇帝亲

---

① 庄吉发:《清代台湾自然灾害及赈灾措施》,《清史论集》第六辑,台北:文史哲出版社,2000年,第255页。

② 笔者当初会追寻海盗的踪迹,主要受到一份史料吸引,即袁永纶的《靖海氛记》。该书为嘉庆十五年(1810年),当两广总督百龄降伏粤洋海盗张保仔后,命其幕僚袁永纶所撰写。而在众多清代海盗研究中,多有引用该书记载,但都仅是片段,后来深入探讨才知,只是引用地方志的资料。也就是说,地方志引用《靖海氛记》的部分内容,像叶灵凤在《张保仔的传说和真相》文中,表示未见其书,只是转引自地方志。此后笔者转向请教时任教于东海大学的曾一民教授,曾教授告知该书在中国已逸,目前存放在大英博物馆,而他的同学萧国健教授曾经到英国影印。所以透过曾教授的联系,终于取得于台海皆已佚失的《靖海氛记》。但是看过内容后,大失所望,其实现今的学者对于清代海盗史研究,多为雷同,即集中在18世纪末到19世纪初,关于闽浙、粤洋海盗集团上,他们的开始即为清代海盗史的开始,他们的结束便为清代海盗活动画下句点。事实上,清代的海洋学者或是督抚(那彦成、百龄、阮元、焦循、魏源等),早将该时代海盗做出了一个总结,而且直至今日,学者研究清代海盗的焦点仍集中在18世纪末到19世纪初之黄金时代。

手御批或是军机大臣奉旨代批的奏折。奏折一方面可以说是皇帝刺探外事的工具,另一方面则为文武官员向皇帝密奏的文书。康熙皇帝在位期间,奏折奉御批发还原奏人后,尚无缴回内廷的规定。雍正皇帝即位后,始命内外臣工将御批奏折查收回缴,嗣后缴回御批奏折遂成定例。御批奏折缴回宫中后,则存放在懋勤殿等处,因这批档案原先是存放在宫中,所以称为《宫中档》。目前台北故宫博物院所藏的《宫中档》共十五万余件,是研究清史的第一手资料,具有极高的史料价值。台北故宫博物院所藏《军机处档》共十九万余件,主要分为月折包和档册两大类,其中月折包主要为《宫中档》奏折录副存查的手抄件及原折的附件(例如地方粮饷清单、海盗口供、海盗名册、地图表格等件),并且记录了批谕的日期,内容较《宫中档》丰富。目前台北故宫博物院现藏月折包始自乾隆十一年(1746 年)十一月,迄宣统二年(1910年)七月。除月折包外,还包括了清宫收藏之档册,依其性质可分为"目录"、"谕旨"、"项目"、"奏事"、"记事"、"电报"等六大类,主要为军机处分类汇抄经办文移的档册。

有关清、越边境海盗活动的史料记录,越南有阮朝(广南旧阮)官修史书《大南实录》。[①] 此书系日本庆应大学于昭和三十六年(1951 年)至昭和五十六年(1981 年)之间陆续出版,全书共二十册。此外由台北"中央研究院"东南亚区域研究计划许文堂、谢奇懿主编,采庆应大学本,搜集《大南实录》内与中国相关史料共一千五百二十八条,汇集成《大南实录清越关系史料汇编》[②]一书,对于 17 世纪到 19 世纪中越关系的研究工作有相当大的贡献。此书记载了越南阮朝兴起至灭亡的历史,时间涵盖了 16 世纪末到整个 19世纪,关于清代广东沿海与越南海域海盗活动的史料,如清、越双方水师"共同缉捕海盗"、"械送海盗"、"公文往来"等资料,皆记载完整,对于清、越海盗史研究,具有高度的史料价值。除了官方档案外,琉球国的《历代宝案》,[③]

① 张登桂等:《大南实录》,东京:庆应义塾大学语学研究所,1961 年。此书原名《大南寔录》,记载文字为华文。"实录"写成"寔录",是为避越南明命帝皇后之名讳。

② 许文堂、谢奇懿:台北:"中央研究院"东南亚区域研究计划,2000 年。

③ 《历代宝案》为琉球国的首里王府的外交文件,后经琉球王室委由当地学者加以整理编纂而成,为一部琉球汉文文献。蔡铎等:《历代宝案》,台北:台湾大学,1972 年。

朝鲜的《备边司誊录》，[①]中国商人到长崎贸易所写的日记《丰利船日记备查》、[②]《遐迩贯珍》、[③]《六合丛刊》，[④]上海《中报》[⑤]、《台湾口口新报》及各种画报[⑥]等，皆有详细描述记载环东亚海域海盗的案件，可供海盗史研究使用的文献资料。

第三节　研究方法与架构

本书主要是以传统历史研究法来分析史料，同时辅以社会学理论、实地考察及统计学的方法分析（计量史学）来协助研究的进行。"史料是人类活动的纪录，它记载了人类社会生活的发展过程。大致而言，史料可以分为直接史料与间接史料……以档案资料与官书方志为例，档案资料是属于直接史料，而官书方志则为间接史料。充分掌握间接史料，努力发掘直接史料，比较公私记载，进行有系统的论述与分析，使记载的历史，尽可能符合历史事实，始可称为信史。没有史料，便没有史学"[⑦]。研究者对于还原历史一事，只能"趋近"而无法完整地呈现历史事实，是因为历史是由当时复杂的情境脉络所建构出来。通常史学的研究结果是由研究者"上穷碧落下黄泉，动手动脚找东西"，包括原始文献、二手资料、图像，以及研究者本身所处的社

①　见松浦章、卞凤奎：《清代帆船东亚航运史料汇编》，台北：乐学书局，2007 年，第 1～188 页。

②　根据记载，丰利船于咸丰元年十一月二十日（1852 年 1 月 10 日）从浙江乍浦（即嘉兴港）出航，于十二月六日（26 日）进入长崎港。丰利船从浙江出发航行至长崎港需要十五日航程，余咸丰二年四月十九日（6 月 6 日）返航，在长崎港停留 133 天。见松浦章、卞凤奎：《清代帆船东亚航运史料汇编》，台北：乐学书局，2007 年，第 189～216 页。

③　松浦章、内田庆市、沈国威编著：《遐迩贯珍（附解题·索引）》，上海：上海辞书出版社，2005 年。

④　沈国威编著：《六合丛谈（附题解·索引）》，上海：上海辞书出版社，2006 年。

⑤　上海申报馆：《申报》，台北：学生书局，1965 年。

⑥　例如《人镜画报》（天津：时务印字馆编辑人镜画报社，1967 年）、吴友如《点石斋画报》（上海：上海画报出版社，2001 年）等，都曾经以图文刊载清代晚期东南沿海的重大海盗事件。

⑦　庄吉发：《清代台湾自然灾害及赈灾措施》，《清史论集》第六辑，台北：文史哲出版社，2000 年，第 255 页。

会情境脉络等,共同交互影响而产生。而研究者不能将所处脉络置身于事外,真正重回研究时代的时空。所以清代海盗史的研究,必定借由研究者的联想及判断,将得到的资料加以系统化的重建,提出对于海盗现象的合理诠释。

本书偏重于官方史料问题,因此,将进行传统的史料考证及分析。由于清代宫中档案多属第一手史料,最接近历史发生的时间,未受到别人的再诠释或更改,可说是相当接近地反映出海盗活动的实况,这可算是史料初步的价值确认。至于史料的内部分析,在清代官员于上奏皇帝海盗相关情事时,通常会吹嘘战功而有所虚构,或是担心朝廷的责罚而有所掩饰。关于此点,研究者是可忽略,而必须将焦点放在海盗的口供(籍贯、年龄、入海为盗的动机等),水师及海盗的接仗(海洋武备、船只特性、战术等),对外关系(传统士大夫对于洋人助剿的观点对于宗属国海盗案件的处理等),海洋的特殊文化(海盗旗色、信仰、鸡奸案件等),海洋案件分析(海盗中的主从关系,不同程度的海盗行为罚责等)。以上皆能够由官方机构及传统士大夫的奏折、档案或笔记之内发现,为海盗史研究者解读官方史料必须要有的视野。早期的历史研究多以统治阶级、社会精英作为对象,近来下层社会、海洋史、家庭史、妇女史及城市史等专门研究兴起,相信与计量史学的发展有关。本书将搭配计量史学,透过此方法进而重构海盗历史的特色与社会,来揭示出海盗发展的律动性,使海盗研究更进一步精确化。其中海盗地域及海域的统计、年龄和同乡结合的分析、俵分与各项刑责的讨论等项目,皆可运用该方法来进行。

本书除“绪论”及“结论”外,共分为五大主题。第一是“黄金胜百战:清中叶前海上之非法活动”。清朝初年,东南沿海以及西南一带尚未平定,明郑据有台湾,隔海观望,再加上以海盗身份参与南明的残余势力,仍漂浮在东南沿海打劫自存,使得清军疲于追剿。凌雪感叹地说:“嗟呼!明臣愧海盗者众矣。”[①]在这风云际会中,海盗于军事与政治上崭露头角,占有一定重要地位。另外,康熙对于“海贼”的认定,亦为本章的重点。再者,琉球的封贡船队除遭受风暴的侵袭外,经常受到清政府的优厚待遇,遂成了海盗劫掠的目标。清代档案记载许多此类的劫掠事件,乾隆六十年(1795 年),琉球

---

① 凌雪:《南天痕》卷二十四,台北:台湾银行经济研究室,1987 年,第 416 页。

船只在闽浙海域遇到海盗劫掠,乾隆皇帝深感愤怒,认为"不成事体",于是谕令水师剿捕海盗,以靖海氛,并对琉球难民给予赔偿和安抚。乾嘉之际,可以说是海盗的黄金时期。关于此时发生于东南海域之海盗活动,将从以往学者未注意的方向,并从《神风荡寇记》《靖海氛记》及文人笔记等资料,重新建构华南海盗的历史,了解海盗从此开始转变成为控制海上世界的一种力量,超越国家和地方精英,甚至是外国殖民势力。

第二是"在洋之盗,十犯九广:清中叶后华南海盗滋生背景"。清代蓝鼎元说:"在洋之盗,十犯九广。"[①]将中国东南海疆洋氛大炽的矛头,指向广东一省。又嘉庆时的两广总督那彦成,曾于奏折中云:"粤东(广东)之患,莫大于洋盗。"[②]可知清代乾嘉时期的"东南海事"多由海盗所引起,而海盗又是多出自于位处边陲、海疆辽阔、岛屿众多的广东省,再加上安南西山政权(1771—1802)吸收中国海盗来筹措军费的影响,更让整个华南沿海的海盗动乱一发不可收拾。本节将从"制贼"与"防夷":广东海防的分析、广东水师与剿盗政策的症结来探讨海盗多来自广东省之原因。此外,本书还要讨论海盗的文化世界,与陆地上的主流文化比较。海盗组织的内部存在着与正统儒家对立之色彩,而且被士大夫视为"社会和文化的背弃者"。由于贫苦、积习及偏见,海盗创造出一种以负面为基础的生存文化,带着渎神、麻醉、赌博、嫖妓和性混乱等明显特点,以上皆可以说是海洋文化中的另类观点。另外,关于海盗的地方性文学作品、《大清律例》中的海盗案件分析、海盗的信仰(摩利支天菩萨、海龙王、伏羲)等,也是焦点之一。

第三是"清越一体,联疆永绥:清朝与越南边境的海盗"。清朝统治中国时,清、越两国亦面临着跨国性的海盗问题,尤其是嘉道以后,海盗活动更加严重。海盗的活动范围并无明显的界线,于是海盗飘浮在华南海域上,有时也会据岛为巢。追缉飘忽不定的海盗,就需依靠两国水师合作,以致海盗问题成为两国之间必须经常交涉的公务。本书主要使用的史料为《大南实录》。而在《大南实录》中,涵盖着16世纪末到整个19世纪的阮朝兴灭历史,其中关

---

① 蓝鼎元:《论海洋弭捕盗贼书》,贺长龄辑:《皇朝经世文编》卷八十五,台北:国风出版社,1963年,第2189页。

② 容安:《那文毅公(彦成)奏议》卷十二,台北:文海出版社,1968年,第1616页。时海盗为患,担任两广总督的那彦成以赦免或奖赏之法招抚海盗五千余人,但因过分宽容而遭弹劾革职,发配伊犁。

于清、越海域之海盗活动的史料，像是清、越水师"共同缉捕海盗"、"械送海盗"、"公文往来"、"清人助越剿盗"及"清船遇风盗"等记载，皆相当完整，对于清、越海盗史研究，具有高度的史料价值。此外，亦可利用越南的官修史书，从越南主政者的角度来看两国对于处理海盗问题的态度和情况。

第四是"海盗·水师·护航业：咸同年间广艇海盗问题"。广东艇盗横行于浙江宁波洋面，一边与清朝水师周旋，另一边则跟外国人竞争激烈的护航业，形成三种职业集于一身的现象。

第五是"大门口内外的敌人：殖民者处理海盗问题实况"。1860年代，是中国近代海防萌芽阶段。在鸦片战争以前，清朝海防武装仍然是旧式水师，并且已经衰弱、废弛到极点，勉强能够与海盗对抗。但是面对前所未有的各殖民者国家的海上挑战，则突显出清朝水师的无能为力。

第二章

黄金胜百战：

清中叶前海上之非法活动

　　"人们远行是为了寻找黄金"，[①]此段文字是记载在一块为了纪念掠夺财富而在远征中战死的瑞典人石碑上。寻找黄金，掠夺财富，成为世界上所有海盗的主要目标。中国海盗的历史源远流长，他们长时期在整个中国沿海活动，甚至影响东南亚海域，威胁到西方贸易船队。然而中国海盗的事迹并未受到应有的重视。在西方世界中，海盗的传奇故事，例如德瑞克爵士（Sir Francis Drake，1540—1596）、苏格兰的海盗基德（William Kidd，1645—1701）、黑胡子船长（Black beard）爱德华·蒂奇（Edward Teach，1680—1718）以及巴沙洛缪·罗伯茨（Bartholomew Roberts，1681—1722）。上述航行海上的海盗故事，都深深刻划在西方人的脑海里，海盗已经与西方文化整个紧紧地结合在一起，从美国宇宙飞船、职业球队的命名，好莱坞出版的电影里都有着海盗的影子。虽然中国海盗在历史上一直被遗忘，但是他们确实曾经活跃在整个中国海域上，借此研究能重现清代海盗的活动与当时社会问题的探索。

　　明末清初大海寇郑芝龙曾云："世无君子，天下皆可货取耳！陈平之闲项也，黄金胜百战矣。"[②]"黄金"（海贸利益）与"货取天下"是官、盗、商三种名分集于一身的郑芝龙所奉行之信条。中国海盗航行海上为的就是寻求"黄金"，而"黄金"也是海盗生存的后盾，随着贸易航线的延伸与拓展，中国海盗便此起彼伏，祸害不断。嘉庆年间三大威胁国家的乱事，分别为"黔楚

[①]　美国时代生活图书公司编，刘庆平译：《巨舰横行——北欧海盗：公元 800—1100》，济南：山东画报出版社，2003 年，第 8 页。

[②]　沈云：《台湾郑氏始末》，收录于《台湾文献史料丛刊》，台北：大通书局，1968 年，第 6 辑，第 5 页。

苗乱"、"川陕教匪"与"东南海事",其中"东南海事"可说是从清初持续蔓延到清末,影响甚大,嘉庆皇帝曾说:"盗匪在洋肆劫,最为商民之害。"①有清一代,海盗为维持生计,除将东南沿海社会秩序破坏殆尽外,海商因贸易损失就更难以计算。故海盗的祸乱,是不可以将其等闲视之。

第一节　清初海上武装势力

明代中期以后,沿海居民经济状况不佳,住民对往海外的发展更显热络,因此具备海洋相关知识者越来越多,这也造就了贸易的兴盛。又因嘉靖皇帝的一意孤行,不仅重申旧禁,而且执意实施更严厉的海禁。② 而此时日本战国时代结束,国内政治重整,许多无业之武士入海为寇,并且与朝鲜及中国无业之民合作,劫掠商船与沿海地区。崇祯元年(1628 年),郑芝龙降明,掌管起明朝水师,沿海的海寇问题稍有平缓。郑芝龙的势力亦逐渐壮大。清廷入关之后,尚无法完全掌握陆上情势,浙江以南地区尚有南明势力。至于海上掌控权方面,清廷领有台湾之前,根本无法掌握制海权,主要是八旗军不熟稔海战,因此海上秩序的皆掌控在郑氏集团成员手上。

清初海盗之研究,首先面临着是"海盗"的定义问题。康熙五十年(1711 年),在康熙皇帝的眼中,"海贼易治,陆盗难治,十分留心,以安百姓",③以及"大洋内并无海贼之巢穴,海贼即是陆贼,冬月必要上岸,地方官留心在陆路,即可以防海之要论"④。从上述可知,清初并不重视沿海岛屿的防守,沿海海盗(清政府认为多属是南明复国救乡的海上力量或是郑氏的武装船队)也会到陆上抢夺,甚至攻城略地,一方面是政治因素造成的海上势力,另一

① 《清仁宗实录》卷六十,嘉庆五年二月丙午日,第 795 页。除海盗危害商民外,嘉庆皇帝亦深恐水师提镇等属下员弁,或将商船认作盗船,查拿禀报,希图邀功,亦未可定。

② 安乐博(Robert Antony)著,王绍祥译:《中国海盗的黄金时代:1520—1810》,《东南学术》2002 年第 1 期,第 34～41 页。

③ 《宫中档康熙朝奏折》第 3 辑,台北故宫博物院,1976 年,档号 401002015,康熙五十年九月,浙江巡抚王度昭奏折,第 336 页。

④ 《宫中档康熙朝奏折》第 4 辑,台北:台北故宫博物院,1976 年,档号 401002038－1,康熙五十一年五月三十日,浙江巡抚王度昭奏折,第 809 页。

方面则是拥有陆寇与海盗的双重身份。[1]

一、明末的倭寇与海寇

明朝嘉靖以后,华南海域的非法活动开始炽盛,初期主要由日本人联合朝鲜及中国沿海居民进行掠夺财物为主的倭寇事件。倭寇包括日本人、马来人、暹罗人,葡萄牙人、西班牙人以及非洲人。倭寇首领大部分是中国人,而倭船大都是中国船。[2] 尔后日本人、朝鲜人逐渐退出武装劫掠活动,继续进行海盗事情者,则以中国沿海居民为主。因为沿海居民生活压力加剧,故而到了嘉靖朝以后,倭寇问题加剧。再者,倭寇与海盗合作的情形增加,势力更显庞大,这将影响沿海经济的正常活动。学者张彬村认为,这些亦寇亦商的海上走私势力,压缩了陆上私商的力量,两者冲突之后,陆上私商力量剧降。如此一来,海上私商又刺激警力,使警力剧增。但时间一久,官方的力量还是占上风,海寇力量自然受到压制。[3] 虽然海寇不像政府有强大的力量做后盾,一旦海寇内部出现问题,其势力自然削弱。

明朝设置近一百五十年的卫所制度及海防设施,在此阶段已濒临瓦解。以至尔后平定海寇的兵丁都是来自他处,而不是原处的卫所兵。隆庆朝之后,海防军队组织由卫所改为营哨制,招募新的士兵,同时整建沿海防卫设施。海防重新规划之后,面对海寇的袭扰,尚能维持抗衡力量,但却无法有效的防止海寇入侵。为了加强沿海防务,明廷在局部地区设置游兵,[4]以增

---

① 海寇的定义,参见古鸿廷:《论明清海寇》,《海交史研究》2002 年第 1 期,第 28 页,注2。

② 聂洪萍:《"东西洋航海图"与明代中国》,牛津:牛津大学,2014 年,第 24 页。

③ 张彬村:《十六世纪舟山群岛的走私贸易》,中国海洋发展史论文集编辑委员会主编:《中国海洋发展史论文集》第 1 辑,台北:"中央研究院"三民主义研究所,1984 年,第 76 页。

④ 浙江地区设置的游兵分为,杭嘉湖区、宁绍区、温处区、台金严区,每区设一参将,其下再设把总;福建地区则有台山、嵛山、五虎、海坛、湄洲、浯铜、鸿江、澎湖、南澳、玄钟、礵山、海澄,12 处游兵;广东地区的游兵与浙江、福建不同,这里的游兵,仅是位于水寨之下,由哨官带领的游哨,并非是一个新的机构。参见黄中青:《明代海防的水寨与游兵:浙闽粤沿海岛屿防卫的建置与解体》,宜兰:学术奖助基金,2001 年,第 42 页、第 103~105、第 137~138 页。另外可参见李其霖:《见风转舵:清代前期沿海的水师与战船》,台北:五南书局,2014 年。

加当地的防守力量。但游兵在浙江为海防巡弋的主力，福建及广东仍是以水寨为主。① 在地方官员的派任制度上，亦有重大的变革，在文官方面，设置总督、巡抚；武官方面，设置总兵、副总兵、参将等职。这些新设的职务，或是职务的改变，皆是代替原来的卫所体系，因此在文、武官员的权责上，无论统兵权或是各种决策权都超越以往，权力更大。② 在此一时期所派遣的官员，大部分素质佳，亦勇于任事，所以海疆的防卫都能达到良好的效果。

嘉靖中期开始，倭患问题渐起，始设巡抚浙江兼管福建海道提督军务都御史，朱纨（1494—1550）于嘉靖二十五年（1546 年）出任浙江巡抚。朱纨就任浙江巡抚两年多的时间，与卢镗（1505—1577）、柯乔继合作，着手整顿军备，并稳固的掌握浙、闽两地兵权，将以往各省各行其是的陋习，改由巡抚统一指挥调动，如此更能运筹帷幄，便宜行事。朱纨首先剿灭了伪千总李光头、许二、许六及葡萄牙等海寇，③但最终因压迫到既得利益者，并且得罪了许多当地奸商，最后在朝廷的压力之下，自杀身亡。在检讨朱纨的事件中，朝廷众臣皆认为朱纨的权力过大，才会导致与地方争议不断。因此为了平衡地方权力，降低巡抚权利，故将改巡抚为巡视。然而这样的改制，并没有带来安定的权力平衡，再加上倭寇问题严峻，此时朝廷只能增加当地驻军，增设金山参将，分守苏、松海防。旋改为副总兵，调募江南等地官、民兵充当战守兵，而杭、嘉、湖地区于此时增设参将及兵备道。④ 但增加的这些兵士，因缺乏训练，缓不济急，追究原因，则主要是朱纨时期所筹设的海防设施已荡然无存，新增的兵力并无法取代当时所建立之海防系统，来对付倭寇及海寇。

---

① 黄中青：《明代海防的水寨与游兵：浙闽粤沿海岛屿防卫的建置与解体》，宜兰：学术奖助基金，2001 年，第 42 页。

② 总督、巡抚、总兵，本为一临时性的官职，通常在战时设置总督、巡抚统领战地所有事宜，总兵则专责带兵打仗。战事一旦结束，这些人再回任原单位，职务即解除。太祖朝，总兵形同主帅，以总兵主帅称呼。《明太祖实录》卷二，乙未岁正月戊酉，第 22 页。明朝总兵的设置始于洪武二年（1369 年），但为一临时性；宣德年间，在山、陕设立二镇总兵，此后在要害处设之。嘉靖中，倭患渐起，始设巡抚浙江兼管辖福建海道提督军务都御史，总兵官亦成为地方的镇戍官，以后巡抚也成为常设官，驻在各地。景泰以后，若涉及数镇或数省以上用兵的场合则令派重臣前往处理，称总督。许雪姬：《清代台湾的绿营》，台北："中央研究院"近代史研究所，1987 年，第 131～132 页。

③ 《明世宗实录》卷三百四十七，嘉靖二十八年四月庚戌日，第 6284 页。

④ （清）张廷玉：《明史》卷九十一，《海防江防》，第 2244 页。

嘉靖三十一年（1552年）七月，王忬（1507—1560）被派任巡视浙江。这时候的东南地区之官制已稍有变动，明廷在浙江、福建设置总兵、副总兵、参将等武职，取代了旧有的卫、所体制。亦设置浙江、南直隶，参将各一员，以俞大猷（1503—1579）及汤克宽担任。[①] 此后于嘉靖三十四年（1555年）设浙江、南直隶总兵官，以刘远担任，总理浙、直海防军务。[②] 至此，总督、巡抚及总兵的权力又更大，也更容易掌握地方的军事大权。嘉靖三十三年（1554年），张经（？—1555）担任总督节制各省军务之后，向朝廷建议调拨山东民兵，及青州水陆枪手千人，赴淮、扬等处。[③] 此外，亦调来他在两广地区的军队，进驻浙江防务，这些各有所长的军队统称客兵（系外地征调之兵）。此时期的剿寇任务，也就由客兵取代卫所，成为主要的剿寇部队。张经担任总督期间，妥善地运用客兵的机动性，剿灭了许多海寇，稳定了当地治安。[④] 然而张经的情况与朱纨不相上下，最终换来被杀之命运，江浙海域的整顿，又再度的受到了考验。张经去职之后，由周珫继任，但一个月后去职，再由杨宜担任，半年之后亦去职。嘉靖三十五年（1556年）二月，胡宗宪（1512—1565）担任总督，全权负责处理再度炽热的海寇问题。胡宗宪没有带来属于自己的亲军，但他却是一个擅谋略之人，他利用离间之计，使海寇徐海与陈东反目，最后将他们一网打尽。此外，面对有智略、实力强大的汪直（？—1559），胡宗宪则小心应对，先挟持汪直母亲及妻子，再令其儿子写信给汪直，陈述其祖母希冀归顺之意。[⑤] 汪直在亲情的呼唤之下，与胡宗宪达成协议，答应免其一死，并可谋得一官半职。但最后事与愿违，于杭州问斩。

汪直被杀后，海疆稍有平静，但倭寇与海盗并非完全被歼灭，反而转向浙江南部以及福建一带劫掠。嘉靖四十年（1561年）四月，海寇犯马岙沙岐

① 《明世宗实录》卷三百八十七，嘉靖三十一年七月壬酉日，第6818页。

② 《明世宗实录》卷四百二十八，嘉靖三十四年十一月戊申日，第7403页。

③ （清）张廷玉：《明史》卷九十一，《海防江防》，第2244页。

④ "客兵"，见（明）郑若曾：《筹海图编》卷十一《客兵》（收录于《中国兵书集成》第16册，北京：解放军出版社，1990年，第963页）载："客兵各负所长，其或败者，不闲吴越地利，又多堂堂之阵，罕用饵伏。若原领头目得人，调皆精选，严节制，慎冲突，用谋用哨，不徒恃乎骁猛，庶可暂为海防之一助。"其种类有狼兵、土兵、毛葫芦兵、矿夫、角脑兵、打手、箭手、僧兵、边兵、福兵、漳兵、坑兵。

⑤ （明）郑若曾：《筹海图编》卷九，《大捷考》，收录于《中国兵书集成》第16册，北京：解放军出版社，1990年，第746页。

（定海小沙镇）、新河、台州，但皆为官兵所败。台州一役，戚继光（1528—1588）九战皆捷，俘斩千余人。[①] 戚继光用兵神准，常让海寇丧胆。因此，浙江的海寇在戚继光的剿灭之下，到处流窜，部分转往福建。嘉靖四十一年（1562年），海寇攻陷兴化府，[②] 戚继光带领浙江军队入闽平倭，在福建巡抚谭纶（1520—1577）、俞大猷、刘显的共同合作下，成功打击了欲进攻平海的海寇。同年十月，海寇二万多人大举入侵福建仙游，[③] 此时官兵人数明显比海寇少，但最终还是被戚继光歼灭。遂此，谭纶认为：

> 五寨守扼外洋，法甚周悉，宜复旧。以烽火门、南日、浯屿三㟍为正兵，铜山、小埕二㟍为游兵。寨设把总，分汛地，明斥堠，严会哨。改三路参将为守备，分新募浙兵为二班，各九千人，春秋番上。各县民壮皆补用精悍，每府领以武职一人，兵备使者以时阅视。[④]

虽然此次海寇大举入侵，但所幸得以平定，唯动用了不少人力，在各水寨相互合作之下才得以歼灭海寇。有了前车之鉴，明廷才了解到建立一个完整海防体系的重要性，而烽堠、水寨、游兵等设施，即成为海防的重要防线。此外，广东地区的倭乱始于嘉靖三十三年（1554年），海寇何亚八等引倭入寇，被提督鲍象贤、总兵定西侯蒋传讨平，斩擒海寇一千二百余人，何亚八亦被斩。[⑤] 嘉靖三十七年（1558年）正月，海寇入蓬州，十月攻占黄岗城；嘉靖三十八年（1559年）二月，海寇围困揭阳，十一月攻海门。[⑥] 嘉靖四十二年（1563年），海寇往潮阳及揭阳海滨劫掠，众号一万。嘉靖四十三年（1564年），海寇到处杀掠，惨不忍睹。[⑦] 海寇之所以全无忌惮的到处横行，是因为当地兵源不足，无法吓阻海寇。此时，俞大猷得知伍端有众万余，便率其众

---

① （明）郑若曾：《筹海图编》卷五，《浙江倭变纪》，收录于《中国兵书集成》第16册，北京：解放军出版社，1990年，第447页。

② 《明世宗实录》卷五百一十七，嘉靖四十二年正月壬寅日，第8487页。

③ （明）谭纶：《谭襄敏奏议》卷二，《水陆官兵剿灭重大倭寇分别殿最请行赏罚以励人心疏》，台北：商务印书馆，1983年，第17b页。

④ （清）张廷玉：《明史》卷九十一，《海防江防》，第2246页。

⑤ （明）郑若曾：《筹海图编》卷三，《广东倭变纪》，收录于《中国兵书集成》第16册，北京：解放军出版社，1990年，第308页。

⑥ （明）郑若曾：《筹海图编》卷三，《广东倭变纪》，收录于《中国兵书集成》第16册，北京：解放军出版社，1990年，第308～309页。

⑦ （明）谢杰：《虔台倭纂》下卷，《倭绩》，收录于《北京图书馆古籍珍本丛刊》第10册，北京：书目文献出版社，2000年，第41a页。

二千征讨倭寇。[①] 俞大猷遣伍端部众剿灭海寇,原本让人有所质疑,因为伍端的部众皆为山贼,这如何与海寇对抗,但俞人猷认为以贼攻贼,则为兵法所贵,[②]这样不但能防止他们相互合作,也能让伍端等山贼弃恶从良。伍端的部众在招抚前虽然军纪松散,但招抚之后,军纪严明,士气高涨,最终俞大猷借伍端之众击灭了骚扰广东的海寇。

隆庆以后,海寇问题稍有平静,这与朱纨、谭纶、俞大猷、戚继光等人的重新整备海防措施有很大的关系。无论在兵制的改革、海防设施的革新、将领的选用,都有不错的成果。嘉靖朝因海寇问题,暴露出了海防漏洞,但也因为如此,才能利用此一机会重新整建。事实证明,此次海防设施的重新建构,使得隆庆到万历中期的海疆得以有短暂的安定。万历中期以后,朝鲜、女真问题越显棘手,皆让明廷付出不少代价。万历二十年(1592 年),日本进攻朝鲜,在朝鲜的求援之下,明廷派军支持朝鲜。但此次战争开打后长达七年,这让明朝的国库透支不少。后金女真方面,从万历十一年(1583 年)努尔哈赤以十三副盔甲起兵开始,明廷在九边地区亦花费了不少钱粮。在军事开销庞大之下,国家的钱粮屡有不足,自然压缩到沿海防御海寇的军费支出。

福建方面,万历二十六年(1598 年)因兵饷问题裁去一游兵,海坛、南日、南澳三处的哨船不再巡洋,"现今仅剩鸟船二十只,官兵八百五十人"。[③]在各处兵力陆续的裁减之下,使得兵源不足以对抗海寇。浙江方面的情况亦同,不管陆路或水师,兵源都是减少的。广东方面的情况也如出一辙,北津水寨原有水师二千二百余人,万历七年(1579 年)后战船屡有裁减,至万历十五年(1587 年)只剩九百九十人。[④] 于此情况之下,沉寂许久的海寇问题又再度燃起。万历二十九年(1601 年),倭寇再度入侵福建,被浯屿把总沈有容击退。[⑤] 福建总兵朱文达等亦擒斩倭贼,击沉或夺取倭船二十五只,

① (明)俞大猷:《正气堂集》卷十五,《议以贼首伍端征倭》,第 10a 页。
② (明)俞大猷:《正气堂集》卷十五,《款吴平用伍端以大杀倭寇》,第 11b 页。
③ (清)顾炎武:《天下郡国利病书》卷九十三,《漳州府彭湖游兵》,台北:广文书局,1979 年,第 48b 页。
④ (清)顾炎武:《天下郡国利病书》卷九十九,《海防》,台北:广文书局,1979 年,第 20b ～21a 页。
⑤ (明)王在晋:《海防纂要》卷十,《漳泉之捷》,收录于《续修四库全书》第 740 册,上海:上海古籍出版社,1997 年,第 192 页。

擒斩一百三十二人。[1] 其他地区诸如北直隶、山东、江苏等地亦有海寇乱边的情况发生。但此阶段的海防设施已明显崩坏，要应付海寇问题显然力有不足。海寇问题虽然在万历中期再度重来，但早在万历初期就有林凤的袭扰事件，林凤在惠州的时候，其党羽不过五六百人，官方无法发动大规模兵力予以痛击，因此难以歼灭他们，所以林凤海寇集团时常出没在福建、广东一带。[2] 虽然林凤袭扰沿海地区，但威胁性远不及先前的海寇。尔后，屡被官兵追讨。由此事件得知，海寇问题有死灰复燃的迹象，唯明廷在此时并没有做好防范措施。紧接而来的郑芝龙海寇集团，带给明廷更大的压力，于是招抚郑芝龙，缓和沿海的海寇问题，让明廷得以稍加喘息。

二、"亦商亦盗"：郑氏海上武装集团

郑氏家族的崛起正处在航海时代的前期，这个时代无论在西洋（今东南亚）或东亚海域，贸易之兴盛可想而知，帆樯林立，好不热闹。我们可以从各大城市或地区的贸易数字得到验证，这是一个海上贸易的时代。[3] 郑氏家族即运用此一机会，累积经济与政治实力，掌控了东亚海域的大部分航权。郑芝龙（1592？—1661），小名一官，字曰甲，号飞黄，西洋人称尼古拉·一官（Nicolas Iquan）。[4] 郑家先祖于唐朝光启年间（885—887）由河南光州固始县，辗转移居到福建南安县石井。[5] 郑氏家族移居福建之后，到了明代晚期，郑芝龙祖父郑瑢时期，即有郑氏族人往海外发展，[6] 展开海外贸易。郑芝龙十多岁就到了澳门，尔后又到了菲律宾及日本。这段时间郑芝龙凭着他的商业手腕，结识了不少人士，为他往后的发展帮助不少。其中到日本认识了李旦（？—1625），即是他人生的转折点，在李旦的推荐之下，又到台湾

① 《明神宗实录》卷三百九十六，万历三十二年五月壬申日，第 7453 页。

② 《明穆宗实录》卷四，隆庆六年八月庚辰日，第 180 页。

③ Anthony Reid, *Charting the shape of early morden Southeast Asia*, Thailand: Silkworm Books，1999，pp. 85-99.

④ 在荷兰联合东印度公司的文书上称郑芝龙为"Iquan"。江树生译注：《荷兰联合东印度公司台湾长官致巴达维亚总督书信集》第 2 册，南投：台湾文献馆，2010 年，第 3 页。

⑤ （明）郑芝龙：《石井本郑氏宗族谱·序》，郑克塽：《先王父墓志》，收录于《台湾诗荟杂文钞》，《台湾文献丛刊》，南投：台湾省文献委员会，1992 年，第 17～20 页。

⑥ 汤锦台：《开启台湾第一人——郑芝龙》，台北：果实出版社，2002 年，第 37 页。

担任荷兰人的翻译。① 在当时的情势之下,可以到葡萄牙、西班牙及荷兰的殖民区从事相关工作,这也让他对这些国家的状况有了较清楚的了解。在往后与这些国家的交往过程当中,郑芝龙大部分处于上风,也能妥善运用其交际手腕,纵横在这些强权环绕的东亚海域。

天启六年(1626 年),郑芝龙成为东亚海域的大海商,并从福建延揽家乡子弟共同参与,使得郑芝龙的势力更加强大,两年间成为东亚海域最强大的海寇集团。明廷为了沿海治安稳定,开始拉拢郑芝龙,给予许多优惠条件。崇祯元年(1628 年),工部给事中颜继祖招降郑芝龙。② 投降后的郑芝龙控制了沿海水师,东南沿海一带的商贸利益,便掌控在郑芝龙手上,③荷兰认为一官已可说是中国海的霸主了。但长期跟随他的部属李魁奇与钟斌反叛,逃离漳州,重新出海抢劫。④ 明廷委由郑芝龙自行解决,在得不到朝廷的支持之下,只能凭借自己的力量,妥善运用谋略。郑芝龙一方面寻求荷兰人帮忙,一方面让李魁奇及钟斌产生矛盾、嫌隙,再逐一歼灭。崇祯二年(1629 年)夏四月,郑芝龙攻杀李魁奇于辽罗,⑤取其首祭陈德等,尽降其众。六月,遂斩海盗商人杨六(杨禄,? —1629)、杨七于浯洲港,平定了李魁奇之乱。紧接着窜起的海寇刘香危乱东南沿海,损及郑芝龙利益。⑥ 崇祯八年(1635 年),郑芝龙于广东田尾洋击灭刘香,刘香自焚溺死。⑦ 因平定刘香有功,朝廷升任郑芝龙署总兵。⑧ 荷兰人了解到郑芝龙掌握了明朝水师:"他们知道一官独霸海上贸易,对驶往大员的船只横加敲诈、勒索……我们断

---

① 林伟盛:《荷据时期东印度公司在台湾的贸易(1622—1662)》,台湾大学历史研究所博士学位论文,1998 年,第 133 页。

② 《明思宗实录》卷一,崇祯元年辛未日,第 36 页。

③ (清)邵廷采:《东南纪事》卷十一,上海:上海书店出版社,1982 年,第 282 页。

④ 江树生译注:《荷兰联合东印度公司台湾长官致巴达维亚总督书信集》第 2 册,南投:台湾文献馆,2010 年,第 81、181 页。

⑤ 关于海盗李魁奇,可参见何孟兴:《诡谲的闽海(1628—1630 年):由"李魁奇叛抚事件"看明政府、荷兰人、海盗李魁奇和郑芝龙的四角关系》,《兴大历史学报》2001 年第 12 期,第 133~156 页。

⑥ (清)沈云:《台湾郑氏始末》卷一,南投:台湾省文献委员会,1995 年,第 5 页。

⑦ 《明思宗实录》卷八,崇祯八年四月丁亥日,第 8a~8b 页。

⑧ (明)王世贞:《明朝通纪会纂》卷五,台北:"中研院"傅斯年图书馆,善本全文影像数据库,第 30a 页。

定,那个国家的贸易完全由一官控制。"①荷兰人认为要到中国贸易就必须与郑芝龙接洽,因为郑一官已经掌控东南沿海的贸易权。

　　清军进入北京城之后,南明诸王陆续成立政权,郑芝龙以及他的部众首先拥立福王朱由崧(1607—1646)。弘光元年(1645年)三月,福王命平夷侯郑芝龙端理水师、户、工部事务,②郑芝龙可谓是福王最大的海上军事力量。同年五月初八日,清军驻扎瓜洲(江苏瓜洲镇),准备向南明进军,八旗部队数组于江岸,沿江渡河而来。唯总兵官郑鸿逵(1613—1657)、郑彩(1605—1659)率水师抵御,③清军无法冲破防线,福王部众靠着郑军之力,暂时阻挡了清军渡江。然而待郑芝龙与其友好之水师部队离开福王之后,福王再也没有军事力量与清军对抗,因此,福王不久即为清廷所俘。④ 显见如果没有郑军的水师作为后盾,福王想与清军抗衡,实是力有不逮。而那时清廷为了加强水师防卫,浙江总督张存仁(? —1652)疏请钱塘一带紧要地方应设水师五千以防海寇,⑤尔后更再增设浙江水师三千名。⑥ 南明隆武元年(1646年)闰六月,福建巡抚张肯堂(? —1651)、巡按吴春枝、礼部尚书黄道周(1585—1646)及南安伯郑芝龙等人拥立唐王朱聿键(1602—1646)于福州建立政权,⑦郑氏家族成员郑鸿逵、郑芝豹等人亦支持。唐王封南安伯郑芝龙为平虏侯,镇海将军郑鸿逵为定虏侯,郑芝豹为澄济伯。⑧ 两年后,在博洛贝勒(1613—1652)的利诱之下,郑芝龙欲献福州降清,当时郑鸿逵和郑成功(1624—1662)都极力阻止。⑨ 但郑芝龙不为所动,与博洛贝勒畅饮三日后,却被挟持到北京。⑩ 然而郑芝龙降清后,一些水师将领并没有跟随,这与清

---

　　① 程绍刚译注:《荷兰人在台湾》,台北:联经出版事业公司,2000年,第10页;1639年12月18日、1640年1月8日《东印度事务报告》,第216页、第222页。

　　② (明)陈燕翼:《思文大纪》卷五,《笔记小说大观》,台北:新兴书局,1975年,第1498页。

　　③ (清)计六奇:《明季南略》卷五,《弘光元年》,北京:中华书局,2006年,第211~212页。

　　④ (清)赵尔巽:《清史稿·本纪四》,北京:中华书局,2006年,第96页。

　　⑤ 《清世祖实录》卷二十九,顺治三年十一月戊午日,第241b页。

　　⑥ 《清世祖实录》卷四十,顺治五年九月丙戌日,第323a页。

　　⑦ (明)彭孙贻:《流寇志》卷十四,《续修四库全书》第442册,第10b页。

　　⑧ (清)夏琳:《闽海纪要》卷上,南投:台湾省文献委员会,1995年,第1页。

　　⑨ (明)瞿共美:《天南逸史》,《续修四库全书》第444册,第21a页。

　　⑩ (清)邵廷采:《东南纪事》卷十一,上海:上海书店出版社,1982年,第284页。

廷之理想规划尚有一段差距,因此清廷并没有重用郑芝龙,而将其软禁。郑芝龙降清前,曾密谕郑成功欲与贝勒一见,但郑成功不从。郑鸿逵也因此离开,率所部入海,郑芝豹独自侍奉母亲居住于安平镇,郑彩率水师至舟山,迎接监国鲁王(朱以海)南下。鲁王册封郑彩为建威侯,再晋升建国公;其弟郑联为定远伯,再晋升定远侯。[①] 郑氏家族已是各拥其主,各自行事了。此间,郑成功开始召集未投降清廷之郑芝龙旧部,但在初期实力有限,只能屯兵于鼓浪屿,厦门地区为建国公郑彩及弟定远侯郑联所盘踞,[②]郑成功无法立寨于此。然而郑成功颇能掌握先机,先后兼并相关势力,掌有闽南一带的郑芝龙旧部,形成另一股强大的反抗势力。虽然郑芝龙数度写信给郑成功,希望他能降清,但却不被接受。清廷遂于顺治十八年(1661年)十月,将无利用价值的郑芝龙与其子郑世恩、郑世荫等,依谋反罪全族皆诛;郑芝豹因投向清廷,与其子免死。[③] 清廷此时尚无法掌控东南沿海。

后来清廷转向对郑成功部属的招抚,如黄梧(1618—1674)、施琅(1621—1696)等人。施琅本为郑芝龙左冲锋,后随郑芝龙一起降清,尔后又跟随郑成功。但因处理下属曾德问题,迁怒了郑成功,遂被抓,其父亲与弟弟却惨遭杀害。[④] 施琅逃脱后,于顺治十三年(1656年)再度降清,授封为同安副将。[⑤] 黄梧初为郑成功辖下总兵,但于顺治十三年斩郑成功部将华栋等人,以海澄降清,清廷封海澄公。[⑥] 清廷拥有此二将后,水师力量增加不少。运用这些降将来对抗郑成功,也不失为良策。这策略也达到一定的离间效果,虽然无法歼灭郑成功,但至少已经瓦解郑氏集团的力量。郑成功死后,郑氏集团内部分裂,转而投降清廷的郑军越来越多,如遵义侯郑鸣骏、慕恩伯郑缵绪、慕仁伯陈辉,总兵杨富、何义、郭义、蔡禄、杨学皋等人,投降官兵共有二万四千余名,战船近五百余只,而且投诚的官兵皆是具有海战经验的水师。[⑦] 清廷得到部分郑氏亦商亦盗的海上武装集团助力,在水师的发

---

① (清)彭孙贻:《靖海志》卷一,南投:台湾省文献委员会,1995年,第8页。
② (清)夏琳:《闽海纪要》卷上,南投:台湾省文献委员会,1995年,第5页。
③ 《清圣祖实录》卷五,顺治十八年十月己酉日,第91a页。
④ (清)徐珂:《清稗类钞》,北京:中华书局,1984年,第938页。
⑤ 《内阁大库档案》,"中央研究院"历史语言研究所藏,档号153263—001。
⑥ 《清国史馆传稿》,台北故宫博物院藏,档号701005653。
⑦ (清)杨捷:《平闽纪》卷四,《微臣报国心切启》,南投:台湾省文献委员会,1995年,第111页。

展上又往前迈一大步。

郑芝龙之子郑成功,字明俨,本名森,字大木,南明隆武元年(1645 年),唐王赐姓朱,改名成功,时年二十一岁。郑芝龙降清后,郑成功不遵父命,与叔父郑鸿逵继续抗清。郑鸿逵攻泉州时,郑成功引兵于福建洋面相助,破溜石炮城,杀参将鲜应龙,军声大振。① 战后,前来投靠的沿海居民越来越多,声势更显浩大。清廷无法在短时间使用武力击灭郑氏海上势力,只好恩威并施,一方面让郑芝龙动之以情,另一方面由清廷出面招抚。隆武二年(顺治三年,1646 年),郑芝龙与部将施琅降于清。施琅,本名郎,投诚后改今名琅。② 后又效力郑成功。永历五年五月(顺治八年,1651 年),施琅因亲兵曾德问题与郑成功有隙,遂再度降清。③ 永历七年(顺治十年,1653 年),谕浙江福建总督刘清泰,招抚郑成功、郑鸿逵之后,"今特差满洲章京硕色,赍赐郑成功海澄公印一颗,敕谕一道;郑鸿逵奉化伯印一颗,敕谕一道"。④ 清廷给予封爵,希望他们接受招抚,但郑成功等人不为所动。同年,桂王封郑成功为延平王,永历九年(1655 年)四月,始受延平王册印。接受册封后的郑成功招徕更多的部众,实力更上一层楼,屡屡破敌,但与部将的相处时有摩擦,导致部分将领投清。

初期的清政府便用以盗制盗的政策来对付郑氏和南名残存的海上集团,而原为郑氏亦商亦盗的海上武装力量向清廷投降后,即成为清朝重要的水师将领,并用他们来对抗郑成功。永历十年五月(顺治十三年,1656 年),因败战之责,郑成功杀左先锋苏茂,与苏茂同时必须接受惩处的黄梧,即利用郑成功督师北上的机会,以海澄降清,受封海澄公。⑤ 施琅与黄梧两位重要的水师将领投降之后,受到清廷的重用,即使郑氏海上王朝亡,施、黄两家亦主导福建水师数十年之久。但在北伐期间并没有因为此二人降敌而受挫,永历十年(顺治十三年,1656 年)八月二十六日,水师大小五百余船,进犯舟山,大败清军,⑥将控制的区域延伸至浙江。郑成功控有福建的这段时

---

① (清)邵廷采:《东南纪事》卷十一,上海:上海书店出版社,1982 年,第 285 页。

② (清)徐鼒:《小腆纪年附考》卷十七,《续修四库全书》第 368 册,第 8b 页。

③ 施伟青:《施琅将军传》,长沙:岳麓书社,2006 年,第 11~12 页。

④ 《清世祖实录》卷七十五,顺治十年五月壬午日,第 588b 页。

⑤ (清)夏琳:《闽海纪要》卷上,南投:台湾省文献委员会,1995 年,第 10 页。

⑥ (明)杨英:《从征实录》,南投:台湾省文献委员会,1995 年,第 103 页。

间,沿海地区的贸易持续进行,吸引了许多不同阶层的人来投靠,①即使荷兰人欲到此地贸易,亦须和郑成功沟通。永历十一年(1657 年)六月,荷兰驻台湾总督揆一(Frederick Coyett,1615—1687)派遣何斌,送给郑成功外国珍宝,请求通商,并愿每年纳饷银五千两,箭坯十万支,硫磺一千担,郑成功允准。② 可见此时的贸易权掌握在郑成功手上,清廷此刻尚无法掌控海权,故荷兰人才与郑成功交涉。尔后,郑成功利用其优势水师,配合陆师,挥军北上,攻陷镇江,直抵南京。永历十三年(1659 年),江南总督郎廷佐(? —1676)奏报海寇自陷镇江,势愈猖獗。

> 六月二十六日,逼犯江宁。城大兵单,难于守御。幸贵州凯旋,梅勒章京噶褚哈、马尔赛等,统满兵从荆州乘船回京。闻贼犯江宁,星夜疾抵江宁,臣同驻防昂邦章京喀喀木、梅勒章京噶褚哈等密商,乘贼船尚未齐集,当先击其先到之船。喀喀木、噶褚哈等发满兵,乘船八十艘,于六月三十日,两路出剿。击败贼众,斩级颇多,获船二十艘,印二颗。至七月十二日,逆渠郑成功亲拥战舰数千,贼众十余万登陆,攻犯江宁,城外连下八十三营。③

从清廷掌握的消息可以知道,郑成功军队倾巢而出,水陆进逼南京。此刻郑成功的声望及兵力达到最高峰,士气也高涨,郑军进攻各处如入无人之境,所向披靡,攻陷南京指日可待。在南京一役,郑成功相信郎廷佐守城三十日后,开城献降之说,④选择了围城。失去了制敌先机,待清军南下支持后,郑军优势不在,清军再利用奇袭战术,让郑军损失十之七八,重要将领几乎都在此役阵亡。在局势逆转的情况之下,郑成功只能带领残部,扬帆出海,退回福建。⑤ 经过此役,郑成功部队遭到重创,除了人员损失之外,亦有投降清廷者,此后郑成功已无力再行反攻。

随着清军即将进入福建,郑成功也必须未雨绸缪,寻找退路。台湾则是他们最佳的选择地点。永历十五年(1661 年)三月,郑成功移师金门,并委

---

① 白蒂(Patrizia Carioti)著,庄国土等译:《远东国际舞台上的风云人物——郑成功》,南宁:广西人民出版社,1997 年,第 58 页。

② (清)夏琳:《闽海纪要》卷上,南投:台湾省文献委员会,1995 年,第 12 页。

③ 《清世祖实录》卷一百二十七,顺治十六年七月己丑日,第 985b 页。

④ 钱海岳:《南明史》卷七十五,《列传》,北京:中华书局,2006 年,第 3566 页。

⑤ (清)邵廷采:《东南纪事》卷十一,上海:上海书店出版社,1982 年,第 293~294 页。

派洪旭、黄廷留守厦门,郑泰守金门,传令各种船只及官兵至料罗湾集结。①
同年四月,郑成功率军至鹿耳门外海。此后,兵分二部,分别攻击普罗民遮
城(Provintia)及热兰遮城(Zeelandia)。五月,防守普罗民遮城之荷兰人开
城投降,②但进攻热兰遮城并不顺利,遇到的阻力较多,在围城八个多月之
后,荷兰人才与郑成功签订投降书,退出热兰遮城。③ 郑成功虽领有台湾,
但对于沿海五省土地陆续丧失,心有感触,他认为:"举五省数万里鱼盐之地
无故而弃之,涂炭生民,岂得计哉! 清之技亦穷矣。吾养兵蓄锐,天下事未
可知也。"④短暂停留台湾的郑成功,于康熙元年(1662 年)五月初八日薨。
郑成功死后,由郑经继任为延平郡王。郑经,字式天,成功长子。郑成功来
台时,郑经奉命驻守金、厦地区。⑤ 郑成功薨后,郑袭(郑成功弟)与郑经皆
欲自立,尔后双方相互争斗。郑经入台后,斩杀郑袭部将黄昭、曹从龙等人,
郑经控有台湾。⑥ 郑氏王朝因继位问题发生内讧,在金、厦二岛兵力尚存,
以郑泰统领之。唯郑经细数郑泰之罪后,郑泰自缢身亡,内地部众降清者
众,加以清廷联系荷兰进攻金、厦二岛,在人心思变之下,郑经部队退守铜
山。⑦ 康熙三年(1664 年),周全斌自镇海降清,毛兴、毛玉等自铜山降清,张
尧天自金门降清后,郑氏集团于是退出中国沿海。⑧

　　郑经据守台澎后,清廷厉行海禁与迁界,加强在沿海地区设置烽燧预
警。康熙十二年(1673 年),郑经乘三藩为乱之际进攻福建、浙江一带,至康
熙十九年(1680 年),郑氏王朝时有控制福建沿海岛屿。⑨ 其间,清廷运用议

---

① 杨彦杰:《荷据时代台湾史》,台北:联经出版事业公司,2000 年,第 282 页。

② 村上直次郎译:《バタヴィア城日志》第 3 册,东京:平凡社,1975 年,第 290 页。

③ C. Imbauel-Huart 著,黎烈文译:《台湾岛之历史与地志》,台北:台湾银行经济研究
室,1958 年,第 33 页。

④ (清)夏琳:《闽海纪要》卷上,南投:台湾省文献委员会,1995 年,第 29 页。

⑤ (清)温睿临:《南疆逸史》卷五十四,《续修四库全书》第 332 册,第 17a 页。

⑥ 钱海岳:《南明史》卷七十五,《列传》,北京:中华书局,2006 年,第 3572 页。

⑦ (清)温睿临:《南疆逸史》卷五十四,《续修四库全书》第 332 册,第 17b~18a 页。郑
泰(1612—1663),郑芝龙的堂侄,郑成功的堂兄。长期担任户官,管理财务及对外贸易。郑
泰在郑成功北伐失败之后,对郑氏事业失去信心,开始将资金汇到日本长崎唐通事办事处。
郑泰死后,郑经派人细查账册才发现。1663 年开始,郑经多次派人到日本要求归还这笔钱,
然而郑泰的弟弟郑鸣骏也派人到日本要求归还,而且还持有存银勘合。

⑧ 钱海岳:《南明史》卷七十五,《列传》,北京:中华书局,2006 年,第 3573 页。

⑨ 钱海岳:《南明史》卷七十五,《列传》,北京:中华书局,2006 年,第 3573~3583 页。

合、禁海、迁界等措施,时与荷兰联合,借助荷兰军队,夹剿郑氏。[1] 然而清、荷的合作亦无法击灭郑经,反观郑经于康熙十五年(1676 年),由刘国轩统领的部队曾经攻占福建南部五府城邑。显见清廷虽控有中国,但对于东南沿海的防御力量并不稳定。康熙二十年(1681 年)正月,郑经薨,由年仅十二岁的郑克塽继任。郑克塽为冯锡范女婿,冯锡范始专政。[2] 二年后,施琅攻陷台湾,郑克塽降清。郑氏集团滥觞于郑芝龙,郑芝龙初至澳门做生意,算是正当之商人,尔后追随李旦至日本后,成为了亦寇亦商的海寇。无论是在李旦麾下做事,或者到热兰遮城担任荷兰人通事期间,郑芝龙与东南沿海的商船或海盗势力都有密切关系。一般认为郑芝龙即是海盗,其手下李魁奇、钟斌皆是当下赫赫有名的海盗头子。郑芝龙未降清之前,亦寇亦盗,是东亚海域最有实力者。郑芝龙崛起前后,先败漳州河系统的许心素,其后清理同帮惠安人李魁奇。公元 1635 年再败海澄人,原为颜思齐集团的刘香,[3]使得其成称霸东亚海域。清廷入关以后,郑氏集团等中国海盗已经对清王朝构成了真正的威胁。顺治九年(1652 年)起,清廷就颁行海禁,其目的在于切断海盗的陆上供给,坐困海盗。[4] 郑芝龙投降明朝之后,虽然其辖下的海盗追随他一同投降,但尔后,相关的海盗因无法适应官宦生活,乃至许多海盗再度入海为盗。

三、康熙时期的海防建置

清朝初年,满人入关后占领了大部分的中国土地,唯有东南沿海以及西南一带尚未完全平定,郑成功驱走荷兰人后统治台湾,明郑势力隔海观望。再加上以海盗身份参与南明的残余武装势力,仍漂浮在华南洋面上打劫自存,使得清军疲于追剿。《南天痕》作者凌雪曾感叹说:"嗟呼!明臣愧海盗者众矣。"[5]拥护南明政权的海盗集团纪律虽然不严,行伍不整,无法为南明势力带来有效地建树,但是在这个风云际会中,海盗在军事与政治上崭露头

---

① (清)杨捷:《平闽纪》卷四,南投:台湾省文献委员会,1995 年,第 92~93 页。
② (清)温睿临:《南疆逸史》卷五十四,《续修四库全书》第 332 册,第 19b~20a 页。
③ 翁佳音:《十七世纪的福佬海商》,《中国海洋发展史论文集》第 7 辑,台北:"中央研究院"中山人文社会科学研究所,1999 年,第 80 页。
④ 安乐博:《中国海盗的黄金时代:1520—1810》,《东南学术》2002 年第 1 期,第 34 页。
⑤ 凌雪:《南天痕》卷二十四,台北:台湾银行经济研究室,1987 年,第 416 页。

角,占有一定重要地位。由此可见,清初海盗活动的骤增,与局势动乱有相当密切的关系。明清之际,在南京、浙江、福建、两广和台湾等地建立起的南明弘光、鲁王监国、隆武、绍武、永历政权及台湾明郑王朝与清军,于中国东南沿海进行三十余年的"浮海观望,打劫自存"的持久战。台湾与粤洋西路环东京湾海域,成为南明维系联络的海上桥梁和抗清据点。在海上反清武装势力中,以杨彦迪(亦称为杨二)为代表,"联合邓耀、冼彪、杨三等纵横粤海,曾经盘踞廉州龙门多年,并奉郑经之命,保护郑氏往来南洋的船只。同时确保广东沿海之若干岛屿,以为明郑向大陆进攻的跳板,或扰乱闽海沿岸的基地"。① 残存的南明势力持续以海洋作为依托来抗清的武装势力,清朝统治者称之为"海寇"或"西贼"。

康熙二年(1663 年),海贼杨彦迪被平南王尚可喜击败。② 康熙五年(1666 年)五月,于是谕令安南防堵杨彦迪:"今特此敕谕,尔其只遵,即察出杨二、杨三、黄明标并其家口及冼彪妻子等,解送两广督臣处交收。且察处潘辅国助逆抗拒情罪。如不将贼犯拿解,不处分尔之属官,恐生兵端。"③十六年(1677 年)五月,杨彦迪从台湾率领船只八十余艘出发,再度占据龙门岛作乱。此后,杨彦迪为其副将王进所杀。④ 而杨彦迪原本在广南嘉定的根据地,则由余部继续屯垦和贸易。康熙二十二年(1683 年)八月,郑克塽降清,结束了明郑王朝在台湾的二十二年统治,而支持南明政权的海上武装势力,也持续溃散。清朝在完成统一全国后,康熙皇帝开始松弛海禁政策。让中国东南沿海的"鲸鲵海氛"一度稍作平息,并没有大规模的海盗集团活动,反抗官府事件。明朝在沿海各处设置卫所,其敌人主要以海寇为主;清初设置海防目的,主要是针对南明及郑氏集团。郑克塽降清后,清廷对海防的设置地点重新规划,因为海防的假想敌已不是郑氏,而是海盗,海防的设置必须再统筹规划。因此,将不紧要处兵丁归并到紧要处,重新调整,新设的战略地点有别于以往,例如南澳一地,康熙二十二年(1683 年)以前,并未

① 陈荆和:《清初郑成功残部之移殖南圻(上)》,《新亚学报》1968 年第 1 期,第 451～454 页。

② 周硕勋修:《廉州府志》卷五,《世纪》,收录于《故宫珍本丛刊》第 204 册,第 60～61 页。

③ 《清圣祖实录》卷一九,康熙五年五月乙未日,第 270 页。

④ 周硕勋修:《廉州府志》卷五,《世纪》,收录于《故宫珍本丛刊》第 204 册,第 63 页。

设置水师,但海防重新统筹之后,即设置总兵。① 清初平定浙江后,沿袭明朝制度,重视海防,顺治五年(1648 年),浙江始定兵制,设置水师,②同年再增设水师 3000 名。③ 顺治八年(1651 年),令宁波、温州、台州三府沿海居民内徙,以杜绝海盗之踪。④ 浙江省在水师设置后的变化较福建省来得少,主要在康熙元年(1662 年)及康熙十四年(1675 年),两次设置水师提督职,标下设五营。⑤ 清政府吸汲明朝的经验,了解浙江海域为海寇劫掠最严重之省份,故在初期的海防建置当中,设置水师提督,专责水师防务。然而在郑氏势力退出浙江之后,浙江省即裁编水师提督职缺,所有浙省水师委由陆路提督统辖。

福建方面,康熙元年(1662 年)六月,于福建设水师提督一员,总兵两员。⑥ 此时靖南王耿继茂亦建言,漳州水师经制兵三千,原设游击二员,分为二营,恐兵多不便约束,请增游击一员,改为中、左、右三营。⑦ 改福建闽安水师总兵官韩尚亮为福建水师左路总兵官,⑧再以随征左都督杜永和为福建右路水师总兵官。裁福建海澄总兵官,命福建水师提督带兵四千,驻扎海澄县。左路水师总兵官带兵三千驻扎闽安县,右路水师总兵官带兵三千驻扎同安县。⑨ 升原任福州水师副将李长荣为福建水师左路总兵官。⑩ 广东地区的海防是在明朝的架构下继续推行,并没有多大改变。顺治七年

① (清)杜臻:《粤闽巡视纪略》卷五,台北:文海出版社,1983 年,第 68a 页。
② (清)昆冈:《钦定大清会典事例·光绪朝》卷五百五十一,《浙江绿营》,第 127a～128a 页。
③ 《清世祖实录》卷四十,顺治五年九月丙戌日,第 323a 页。
④ (清)赵尔巽:《清史稿》卷一百三十八,北京:中华书局,2006 年,第 4109 页。
⑤ (清)伊桑阿:《大清会典·康熙朝》卷九十一,台北:文海出版社,1992 年,第 4637 页。
⑥ 《清圣祖实录》卷六,康熙元年七月乙丑日,第 115b 页。载:福建水师亦应设提督一员、总兵二员。此水师官兵应驻何处? 每处宜设官兵船若干? 尔部会同大学士苏纳海、尚书车克,速议奏闻。
⑦ 《清圣祖实录》卷六,康熙元年七月壬午日,第 116b 页。
⑧ 《清圣祖实录》卷七,康熙元年八月庚戌日,第 119a 页。
⑨ 《清圣祖实录》卷七,康熙元年十二月丙寅日,第 130b 页。
⑩ 《清圣祖实录》卷九,康熙二年四月甲子日,第 145b 页。

（1650 年），特置平南王①镇戍广东，以重兵防海。② 顺治八年（1651 年），广东始定兵制，设广东提督，潮州、碣石、高州总兵，惠州、雷州设副将，廉州设参将，各县、卫、所设游击、守备等官防守。③ 康熙元年（1662 年），镶黄旗蒙古副都统觉罗科尔坤奉旨定海疆，"自闽界分水关，西抵防城，并将明代所设之卫所及游汛弃置，另设置防汛。五里一墩，十里一台，墩置五兵，台置六兵，并禁止居民外出"。④

初期清朝水师的成立，与明朝未设专统水师的官员兵制不同，学者约翰·罗林森（John Rawlinson）即指出清朝的水师有两套系统，不相互管辖。⑤ 其所指为八旗和绿营水师。清朝在中央虽然没有一专统官员，地方则有专职的"水师提督"⑥负责每个直省的指挥与管理。依规定："提督负责统辖本标官兵及分防营汛，节制各镇，阅军实，修武备，课其殿最，以听于总督。"⑦提督成为一省中最高的绿营兵长官。清朝每一个直省虽然都设有提督，但水师提督一职，并不是所有直省皆设立，即使设置之后，也有中止或中断的情形。有清一代，只在浙江、福建、广东三省设置水师提督。康熙元年（1662 年）设置浙江与福建水师提督，浙江水师提督于康熙十八年（1679 年）裁撤后即不再设置。广东水师提督于康熙三年（1664 年）设置，康熙六年（1667 年）裁撤后，直到嘉庆十四年（1809 年）才复设，驻扎于虎门。海权专家马汉（Alfred Thayer Mahan，1840—1914）认为：海疆若要安全，要替国家建立一支海军。这支海军即使不能到远处去，至少也应能使自己的国家的一些航道保持畅通。⑧ 清初建立的水师，虽然是在打击郑氏与南明海上武

---

① 顺治六年五月，尚可喜（1604—1676）以军功改封平南王。康熙十四年，晋封平南亲王。来年，被其子尚之信所幽禁。10 月，薨，谥曰敬。见（清）赵尔巽：《清史稿》卷一百六十八，《表》，北京：中华书局，2006 年，第 5349 页。

② （清）杜臻：《粤闽巡视纪略》卷一，台北：文海出版社，1983 年，第 9b～10a 页。

③ （清）昆冈：《钦定大清会典事例·光绪朝》卷五百五十四，《广东绿营》，第 180a 页。

④ （清）杜臻：《粤闽巡视纪略》卷一，台北：文海出版社，1983 年，第 10a 页。

⑤ John Rawlinson, *China's struggle for naval development* 1839—1895, Cambridge, Mass：Harvard University Press，1967. p. 7.

⑥ 水师提督全名为"水师提督军务总兵官"，见《最新清国文武官制表》卷二，《续修四库全书》第 753 册，上海：上海古籍出版社，1997 年，南京图书馆藏清末石印本，第 71a 页。

⑦ （清）永瑢：《历代职官表》卷五十六，台北：中华书局，1966 年，第 11a 页。

⑧ Alfred Thayer Mahan 著，安常容、成忠勤译：《海权对历史的影响》，北京：解放军出版社，2006 年，第 111 页。本书是"海权论"的代表作，在全世界产生过广泛而深远的影响。

装力量的背景情况之下设置,但却能够设计出一套新的领导制度,由地方统兵将领全权土导和长期间在地经营,熟稔军队状况,对于清代海防则更有保障。

清廷设置水师提督的目的,主要是在直省能够有一位可以统一指挥的将领,有别于明代由中央派员管理之制。如《康熙会典》镇戍载:"凡天下要害地方,皆设官兵镇戍。其统驭官军者,曰提督总兵官;其总镇一方者,曰镇守总兵官;其协守地方者,曰副将"①。水师提督的设置由清初至清末皆设置,唯光绪朝以后,因新设新制海军,故设以专官统率,②其官制名称亦有别于旧式水师。但旧式水师并非因新式水师的设置而裁撤,而是彼此共存,相辅相成。康熙元年(1662年)设置福建水师提督,施琅为首任水师提督。③管辖六位水师总兵官(左路—闽安水师总兵官,右路—同安营、海澄、福宁、海坛、南澳)。稍后裁海澄镇总兵官,命福建水师提督带兵四千,驻扎海澄县。左路水师总兵官带兵三千,驻扎闽安县;右路水师总兵官带兵三千,驻扎同安县。④ 设漳州水师副将一人,游击二人,改漳州水师二营为中、左、右三营。康熙二年(1663年),裁泉州水师参将等官,裁漳州水师副将及三营游击等官。⑤ 前两年所设置的水师制度尚不健全,为因应各地战事,时而调动,时而裁撤,都属自然现象,只能说是因时制宜。清廷设置水师的目的,初期是针对南明残余势力,郑氏覆灭之后则首重海疆安全。此时无论在浙江或福建,水师的兵源相当有限,例如浙江总督赵廷臣、水师提督张杰(?—1668)建议浙江水师必须扩大编制的提议,其认为:

> 水师提标,应设五营,中、左二营,各设水战兵一千名;右、前、后三营,各设水手八百。左、右二路镇标各设四营。中营各设水战兵一千名,前、左、右三营各设水手八百。应设各标将备,坐名题补从之。⑥

重新整建后的浙江水师提督,下辖总兵两员(即为定海镇、温州镇),共十三营兵力,总兵额近一万二千名,以浙江海域的编制来看,已粗具规模。

---

① (清)伊桑阿:《大清会典·康熙朝》卷八十六,《兵部·镇戍》,台北:文海出版社,1992年,第2a页。

② (清)赵尔巽:《清史稿》卷一百三十五,《水师》,北京:中华书局,2006年,第3981页。

③ 《清圣祖实录》卷六,康熙元年七月戊戌日,第118a页。

④ 《清圣祖实录》卷七,康熙元年八月丁卯日,第130b页。

⑤ (清)昆冈:《钦定大清会典事例·光绪朝》卷五百五十,第118b~119a页。

⑥ 《清圣祖实录》卷八,康熙二年八月丙申日,第153b页。

然而福建水师提督却在康熙七年（1668年）遭到裁撤，主要原因是施琅攻台失败，被调任内大臣，一时间没有适合担任水师提督人选，加以福建地区战情多变，中央政策已由武攻改为协调、谈判，故而裁撤。康熙八年（1669年），福建水师设总兵官及镇标官，改以水师右路总兵官为兴化总兵官，管辖福州城守协，泉州、邵武、长乐、福清、同安等营。复设连江营，复设汀州城守协副将，裁撤海澄营副将及中营游击等官、水师左路总兵官。[①]

此时期的福建水师，又呈现多头马车领导之状，在危险之区实施反而不合适，如无法有效控管指挥权，则难以掌握通盘局势。因此，康熙十六年（1677年），以海澄公管水师提督事务。[②] 康熙十七年（1678年），裁水师总兵官，改设水师提督和改海澄总兵官为漳州总兵官，并增设同安、漳浦总兵官。[③] 福建水师提督复设后，其所管辖的各地水师部队则依各个时期维安状况不同时有变动，其编制时而扩大时而缩减，扩大的原因主要是因应海盗问题，如蔡牵、朱濆之乱。但到清末光绪年间，传统水师提督所辖官兵人数及规模已降至最低，水师提督辖下仅有水师总兵官二人，内兼水师陆路一人，水师副将四人，参将五人，游击九人，都司八人，守备十七人，千总八十四人，把总一百七十九人，外委三百二十三人，额外外委二百二十二人。[④] 与清朝初期所管辖的金门镇、海坛镇、台湾镇、南澳镇与福宁镇相比，不可同日而语。

关于水师战船制造方面，康熙年间与顺治朝的战船修造制度改变不大，定十年为战船拆造时间，此后战船修造制度即依循此例。[⑤] 而在水师人员的配置上，乾隆十六年（1751年）担任福建水师提督的林君升（1688—1755）认为：“古者舟师之制，首捕盗，次舵工。跪听中军发放毕，本船甲长、兵丁，各听捕盗发放，非以假其威，实以重其事也。”[⑥] 林君升出身行伍，经过多年的磨炼，于乾隆五十六年（1791年）担任水师提督一职，虽然担任水师提督

---

① （清）昆冈：《钦定大清会典事例·光绪朝》卷五百五十，第119a～119b页。

② （清）伊桑阿：《大清会典·康熙朝》卷九十二，《兵部》，台北：文海出版社，1992年，第9b页。

③ （清）昆冈：《钦定大清会典事例·光绪朝》卷五百五十，第119b页。

④ （清）昆冈：《钦定大清会典事例·光绪朝》卷五百五十，第117a页。最后一任福建水师提督为洪永安于光绪三十一年（1905年），升任福建水陆提督。

⑤ （清）昆冈：《钦定大清会典事例·光绪朝》卷七百一十二，《兵部》，第858b页。

⑥ （清）林君升：《舟师绳墨》，第8a页。

时间只有五个月,却凭借他多年的经验,在水师方面的阅历相当丰富。他斩钉截铁地说,设水师的目的即是要捕盗,这盗当然是指海寇,也就是劫掠沿海一带,骚扰治安之人。清朝水师设置于浙江、福建、广东三省,主要是因为这三省沿海地区往来船只频繁,海寇觊觎船货,伺机而盗,最需要设置水师。除了建置水师员额外,亦设置统领水师的提督一职,三省担任首任提督者皆为东南沿海出身的汉人,显见在康熙时期的水师重要将领还是得倚赖汉将。水师制度的设置由顺治年间至宣统三年(1911年),达二百余年之久(唯宣统三年,仅剩广东水师提督李准)。分析清朝水师状况,可以了解的是,水师防务重点在维护沿海安全,因时制宜。然而清朝的水师观念过于保守,无法超越明代,反而有不及之现象。学者布鲁斯·斯旺森(Bruce Swanson)认为:中国海军的发展还是不平衡的,中国人有相当的能力派遣海军到东亚之外的海洋。有影响力的中国人,设法降低对发展海军的重视,直到远洋海军实质消失。[①] 说明了当初清廷所设置的水师,只是为防卫海疆,并没有扩张海洋发展之想法。

第二节　闽浙海盗与中琉船舶遇盗情形

环东亚海域之上,琉球国是位于日本九州和台湾的中间地带,共由三十六个岛屿组成,与中国东南的浙江省、福建省隔海相望。自古以来,中国与琉球在海洋贸易上即持续有所接触,两国之间建立起良好的关系。明朝以后,中琉两国的关系变得日益繁盛,此时琉球国与多数东亚国家一样,接受明、清两朝皇帝的册封。17世纪初,萨摩藩岛津氏入侵琉球后,琉球亦向萨摩藩、德川江户幕府朝贡。琉球属于中国的藩属关系,直到光绪五年(1879年),日本明治政府将琉球国改设成冲绳县为止,中琉的朝贡关系已先后长达五个世纪之久。而琉球不同于朝鲜、安南走陆路贡道,其地处海隅,四面环海,与各国间的往来仅能取道海路,依靠帆船来进行。加上琉球与清政府朝贡贸易日渐稳定,来往中琉海域之间的船只逐渐增多,使得琉球在对外交

---

① 　Bruce Swanson, *Eighth Voyage of the Dragon*: *A History of China's Quest for Seapower*, Annapolis: Naval Institute Press, 1982, p. 54.

流的过程中，除在海上遭遇巨浪风涛外，更大的威胁是闽浙海盗的危害。琉球船在海上航行之时，如遭遇海盗或是风难，多数会漂流至中国的沿海，倚靠中国官方的协助。在汤熙勇、刘序枫、松浦章主编的《近世环中国海的海难资料集成：以中国、日本、朝鲜、琉球为中心》（共 23 册）和中国第一历史档案馆编的《清代中琉关系档案选编》①中，就有大量的中琉遭遇海盗和海难救助的相关史料记载。清代档案的史料当中，中琉两国之间的海事关系大致分为四种情形：一是清政府对琉球国的册封活动；二是琉球国对清政府的朝贡活动；三是琉球漂流海难船问题；四为清政府派遣水师巡缉沿海劫掠琉球国船只的海盗情况。前三者是以官方为主体的册封及朝贡使船队纪录，还有中琉两国官府和民间相互救助海上难民的过程。上述的档案数量，多过于琉球船遭遇海盗的记录，不过中琉双方在处理海盗问题时，有很多地方值得再进一步去探讨，故有关于中琉海域发生的海盗事件就显得格外宝贵。

一、海贼啸聚：闽浙海盗的发展

乾嘉时期海盗猖獗，蔡牵、张保仔和朱濆等海盗首领活跃于浙、闽、粤洋面，②其中又以蔡牵（1761—1809）声名最著，众人称其为大出海。蔡牵是福建泉州府同安县人，幼年以缝补破渔网和弹棉花为生，曾于台湾沪尾建立短

---

① 中国第一历史档案馆编：《清代中琉关系档案选编》，北京：中华书局，1993 年。

② 闽浙海盗蔡牵、朱濆研究请参见李若文：《海贼王蔡牵的世界》，台北：稻乡书局，2011 年；松浦章：《海盗蔡牵一族の坟墓》，《关西大学博物馆纪要》1997 年第 3 号，第 163～168 页；王世庆：《蔡牵》，《台北文献》直字第 61、第 62 合刊，1983 年，第 1～19 页；吴彦儒：《从亡命到归降：朱濆、朱渥海盗集团的起落》，《故宫文物月刊》第 365 期。2013 年，第 58～67 页；刘平：《嘉庆时期的浙江海盗与政府对策》，《社会科学》2013 年第 4 期，第 150～160 页；季士家：《略论蔡牵的反清斗争》，《南京大学学报》1982 年第 1 期，第 117～121 页；张中训：《清嘉庆年间闽浙海盗组织研究》，《中国海洋发展史论文集》第 2 辑，台北："中央研究院"三民主义研究所，1986 年，第 161～198 页；陈孔立：《蔡牵集团及其海上活动的性质问题》，《中国古代史论丛》第 2 辑，1981 年，第 420～430 页；陈启汉：《清代乾嘉时期朱濆海上起事考辨》，《广东社会科学》2010 年第 3 期，第 109～115 页；黄典权：《蔡牵朱濆海盗之研究》，《台南文化》1958 年第 1 期，第 74～102 页；叶志如：《试析蔡牵集团的成分及其反清斗争实质》，《学术研究》1986 年第 1 期，第 84～89 页；关文发：《清代中叶蔡牵海上武装集团性质辨析》，《中国史研究》1994 年第 1 期，第 93～100 页；苏同炳：《海盗蔡牵始末》（上、下），《台湾文献》1974 年第 4 期，第 1～24 页；1975 年第 1 期，第 1～16 页；吴建升：《嘉庆十年（1805 年）海盗蔡牵攻台行动之研究》，《昆山科技大学学报》2007 年第 4 期，第 143～166 页。

暂政权,年号光明,自号镇海威武王,并持有"光明正大"玉玺。嘉庆十二年(1807年)十二月,蔡牵狙杀总统闽浙水师李长庚。蔡牵最终于嘉庆十四年(1809年)被王得禄、邱良功围攻。因寡不敌众,开炮自炸座船,与蔡牵妈及部众二百五十余人沉海而死。闽南语俗谚"蔡牵造炮炸自己",即为此事,意谓"自作自受"。朱濆(?—1808),福建漳州人,家饶富,好结纳,与盗通。乡里欲首之,乃挈妻子浮海去,自称"海南王"。嘉庆十三年(1808年),与金门总兵许松年战于长汕尾洋,中炮身亡。其弟朱渥于嘉庆十四年(1809年)向闽浙总督方维甸投降。关于海盗蔡牵、朱濆,相关研究论述众多,本书不再赘述。

闽浙两省沿海地区岛屿星罗棋布,为海盗最佳的藏身处,浙江重要的岛屿就有舟山、台州群岛,并因有杭州、宁波、温州三处海上贸易繁荣港口,遂成为重点防御海盗的水师军事据点。而福建的海岸线凡一千余公里,当中的海坛、金门、厦门洋面皆是海盗劫掠的场所。又有闽粤交界的南澳,及处于台湾居中位置的澎湖岛屿,也是海盗船停泊之地点,水师掌控闽粤台水道的冲要处。[①] 郑氏降清后,18世纪初期,其残余部众及南明势力仍在海上打劫自存,康熙时期海盗事件发生频繁,蔓延整个闽浙,甚至到山东近海,而且有愈演愈烈之势。康熙皇帝谕令:

> 山东地方称有海贼坐鸟船二只行劫,朕思山东不能造鸟船,必从福建、浙江、江南造成而来。历年福建商船于六月内到天津,候十月北风始回。朕因欲明晰海道,令人坐商船前往,将地方所经之路,绘图以进,知之甚悉。今欲知海贼之源,但令往福建、浙江及江南崇明等处察访,即得之。若在山东察访,必不能得。目下冬令将届,正值北风,海贼不能久留于直隶山东,必已向浙闽路去。俟明岁船只可行时,令有水师海船之省,入各海岛搜剿。[②]

此外,康熙皇帝也认为:"沿海防汛,果能严肃,贼一登陆,便成擒矣。此防海之策,惟陆路守御,为最要也!"[③]闽浙海盗受到清军海盗搜剿和严密的

---

① 闽浙洋面沿海介绍可参见(清)陈伦炯:《海国见闻录》,南投:台湾省文献委员会,1996年,第1~3页;李其霖:《见风转舵:清代前期沿海的水师与战船》,台北:五南书局,2014年,第70~77页。

② 《清圣祖实录》卷二百一十三,康熙四十二年九月戊午日,第161页。

③ 《清圣祖实录》卷二百五十三,康熙五十二年正月辛丑日,第503页。

陆路防御,相继被捕及率众投诚。如海盗基地浙江尽山、花鸟山的陈尚义,横行于福建洋面的浙江宁波府籍海盗郑尽心、浙江海盗蔡元良和山东海盗张景龙等,①陈尚义和部众更被归并于盛京金州地方,着设立水师营。② 康熙皇帝亦认为海盗郑尽心不过迫于饥寒,抢夺财物,并未抗拒官兵,且俱系熟谙水性之人,决定将他们发往黑龙江、宁古塔等处,充水手当差。若有能远视、善水、善舞藤牌挑刀者,则择选四五名,送至热河当差。③ 康熙皇帝对于缉拿归案的海盗都宽大处理,量才而用,值得借鉴。

乾隆末年,台湾发生林爽文叛乱,多数闽浙水师奉调入台平叛,造成闽浙海防空虚,土盗、洋盗乘时而起,安南夷盗亦乘机闯入,三股势力交织联合,与清军水师抗衡达二十余年。林爽文被镇压后,清廷开始查缉天地会十余年,造成闽粤沿海众多会匪更和海盗勾结。乾隆五十九年(1794 年),闽浙总督魁伦奏:"闽省洋盗充斥,并勾结安南夷船等因。查闽省近来洋盗充斥,兼漳泉被水后,失业贫民,出洋为匪。但此等匪徒,随聚随散。而粤省匪船,遂有假装服饰,称为安南夷人,乘风入闽。"④另外,闽浙海盗多来自:"有冤抑难伸,愤而流于寇者;有货殖失计,困而营于寇者;有功名沦落,傲而放于寇者;有佣赁作息,贫而食于寇者;有知识风水,能而诱于寇者;有亲属被拘,爱而牵于寇者"⑤等,成分复杂。此时,除了蔡牵、朱濆及张保仔外,乾隆五十三年(1788 年),更有浙江天台县人胡一雷自称"平波大王",率众于粤洋为盗,甚至胆敢在香港东澳岛上题写"万海平波"。⑥ 后被两广总督福康安所消灭。

嘉庆五年(1800 年)六月,神风荡寇事件之后,侯齐添收拾凤尾帮、水澳帮残余 30 多条船,自为一帮。蔡牵帮自侥幸逃离松门之后,修整夷艇装备,吞并凤尾帮余众。后侯齐添被诱杀,蔡牵遂一举成为闽浙沿海实力最强的

---

① 《清圣祖实录》卷二百五十三,康熙五十二年正月辛丑日,第 503 页。

② 《清圣祖实录》卷二百五十五,康熙五十二年闰五月乙卯日,第 523 页。

③ 《清圣祖实录》卷二百四十六,康熙五十年五月己酉日,第 443 页。

④ 《清仁宗实录》卷二,嘉庆元年二月丙午日,第 90 页。

⑤ 孙尔准等修:《道光重纂福建通志》卷八十七,《事宜》,南京:凤凰出版社,2011 年,第 219 页。

⑥ 珠海市文物管理委员会编:《珠海市文物志》,广州:广东人民出版社,1994 年,第 89 页。

海盗匪帮。① 然而嘉庆十三年(1808年)朱濆中炮身亡,嘉庆十四年(1809年)蔡牵被清朝水师围攻,开炮自炸座船,沉海而死。朱濆、蔡牵帮的覆灭,亦象征着闽浙沿海海盗的末日。②

二、不成事体:中琉封贡船队遇盗事件

康熙二年(1663年),清廷册封琉球王世子尚质为中山王,派遣册封使张学礼前往。途中除天候不佳外,封舟也会遭遇海盗。封舟刚至白洋,一艘海盗船即前来袭击,张学礼命护航游击郑洪发炮攻击,"击碎贼船,杀贼百余",使海道顺畅。十一月回程,到达浙江定海洋面时,忽见贼船四只,扬帆从东北来,张学礼急令全体各备弓箭、铳炮、手枪,其余水手搬取压舱石,准备迎战海盗。"忽天际云雾荟蔚,垂蔽我舟。有顷复霁,贼帆灭迹矣"。夜晚航行至福宁洋面,舟人曰:"悉是贼窝,不可近! 此去闽安,只有两潮;再出大洋,可以直进。"于是沿着海岸线航行,远望山上隐隐有火光,山下船桅如林,疑似是海盗船队,因而不敢接近。二十四日,平安抵达闽安镇五虎门入海口。③ 受到册封的尚质王为向康熙皇帝谢恩,当年即遣向国用出使清朝。来年,又派英常春前往,表贺康熙皇帝的登基。船队航行至梅花津(今福建长乐市梅花镇洋面),遭海盗袭击,金壶等贡品被劫。《球阳》载:"然而实非中国盗贼,球人打扮贼貌,皆持干戈而来,要盗货物。"④事后,琉球贡使向清

① 刘平:《嘉庆时期的浙江海盗与政府对策》,《社会科学》2013年第4期,第155页。

② 焦循:《神风荡寇后记》,收录于李桓:《国朝耆献类征选编》,台北:文海出版社,1985年,第1362~1369页。

③ 球阳研究会编:《球阳》卷六,《尚质王》,东京:角川书店,1972年,第222页。张学礼:《使琉球纪》(东京:榕树书林,1998年,第36~56页)载:顺治十一年(1654年)七月,学礼与副使王垓实膺是选。召对太和殿,正副使俱赐一品麒麟服、玉带、东珠顶……敕印,差官护送前往。十二年(1655年)三月,入闽造船,藩司详称:"旧例,舵木用铁力。其木产于广西,由海道运;今游氛未靖,未可计程至也。敢请缓期!"因留闽四载。新补天文生黄道隆又故,仍请补。奉旨:"入闽造船,藩司详称:旧例,舵木用铁力。其木产于广西,由海道运。海氛未靖,钦差官暂行掣回,俟平定之日,另行差遣。"册封船队直到康熙二年(1663年)四月,才正式启程。

④ 球阳研究会编:《球阳》附卷一,《尚质王》,东京:角川书店,1972年,第591页。蔡温:《中山世谱》附卷一,《尚质王》(那霸:冲绳县教育委员会,1987年,第24页)则载:"去甲辰年(康熙三年),庆贺船搁破梅花津。此时有人盗金壶,恐将败露,竟以毒害人命。至丙午年春(康熙五年),令进贡使审问其事,略知犯法。"

廷谎报船队是遭风漂失金银器皿等贡品,康熙皇帝于是谕旨免其补进。①此为"北谷·惠祖事件"。②

康熙九年(1670年),琉球人宿蓝田随朝贡使团入闽赴京时,贡船行至宿迁县猫儿村过夜时,半夜遇海盗手执兵刃,欲谋害琉球人以夺贡物。宿蓝田在危急之中,上岸点燃岸边杂草,引来救火之人,海盗只好仓皇而逃,贡船因此无恙。③ 十一月,琉球进贡的小唐船于福建海塘山洋面受到海盗攻击,船上人员半数被杀。经查,犯人属于明郑一方,后透过萨摩藩投诉日本幕府,遂在长崎扣押东宁船队,要求赔偿银三百贯。④ 康熙十一年(1672年),琉球尚质王遣吴美德、蔡彬奉表入贡,朝贡船"将到定海,贼船十三只自西南而来,前后围拥,放炮矢如雨。贡船员役奋力血战,自辰时至申时,不敢少怯。贼兵大败,解围走去,贡船得免其解,而到闽安镇,即查死其战者共计六人,稍被伤者共计二十四人"。此战,那霸人士张沂始终持长刀,立于船头示威,海盗用铁铳狙击张沂。后张沂伤重不治,临终前仍不忘询问是否击退海盗。⑤ 可知清初时期,东南沿海局势不稳,琉球护贡船队随时会遭到海盗的攻击。康熙二十二年(1683年),施琅率清军攻占澎湖,郑克塽向清朝投降后,海氛逐渐平静。然而到了乾隆末年,在安南海盗的触发之下,海盗再次横行于环东亚海域之上。

乾隆六十年(1795年)四月,署闽浙总督长麟奏报:据署福州府海防同知张映斗称,琉球通事蔡世彦去年租用的货船随同二艘琉球朝贡船回闽还船,在浙江温州南杞山附近洋面,突然被数十只海盗船围住,七八十名海盗"带万挺枪"登船后,立即先抢夺琉球武装。海盗以打刀背击伤蔡世彦等人,

---

① 张廷玉:《清朝文献通考》卷二百九十五,《四裔考·琉球》,台北:新兴书局,1963年,第7442页。

② 1665年,谢恩使与庆贺使团归国后,向日本萨摩藩报告贡品被海盗劫走一事。1666年6月至10月,萨摩藩将相关人员带至鹿儿岛城审讯,查出是琉球人假冒中国海盗劫掠贡船的真相。盗取金壶者为谢恩使向国用(北谷亲方朝畅)的家臣,并引发黑吃黑的情事。归航途中,向国用得知此事,为避免惹祸上身,向国用将参与者全部灭口。萨摩藩最终判决,向国用纵容下属盗窃金壶,英常春遇盗胆怯逃亡,皆予以斩首。其他相关人员被处以流放外岛或处决。

③ 球阳研究会编:《球阳》卷七,《尚贞王》,东京:角川书店,1972年,第231~232页。

④ 林春胜等编:《华夷变态》卷二,《康熙十三年》,东京:东洋文库,1958年,第72~73页。

⑤ 球阳研究会编:《球阳》卷七,《尚贞王》,东京:角川书店,1972年,第233页。

并劫走海参、衣箱、食物、牛皮及银子四百一十五两。针对琉球朝贡船队在中国海盗抢劫一事,损及国家颜面,乾隆皇帝对于此案件则在奏折上朱批:"不成事体!"[①]并谕令署闽浙总督长麟等:

> 琉球国货船在浙江温州洋面被劫一折,实属不成事体。各省附近洋面地方,近年屡有劫盗之案,节经严饬督抚等董率将弁实力查拿,乃盗风仍未尽熄,竟至外国货船亦被抢劫。可见地方文武于捕盗并未认真办理,以致洋面劫盗肆行无忌。现据长麟等奏,查照该国通事开报失单,着落地方官赔补,所办尚未允协。目下该国通事如尚未回棹,即着长麟等传谕该通事宣示朕旨:以中国洋面盗风未戢,该国货船竟有被劫之事,朕亦引以为愧。所有该国被劫货价,即着落失事地方官加一倍赔偿。此案盗犯并严饬地方文武躧缉务获,勿令远扬。向来办理洋盗,罪止斩枭,此等行劫外国船只盗犯拿获之日,竟当凌迟处死,庶盗匪共知畏惧,洋面可期宁谧。其该管督抚及疏防各员并着查明,交部严加议处。[②]

就在乾隆皇帝的震怒之下,闽浙全体官员及水师便进行大规模的海盗缉捕行动。先是浙江巡抚吉庆奏报拿获在浙江洋面抢夺官米的海盗林玉顶等,"供出盗首为林发枝、蔡大等,曾在温州南麂山外洋行劫。并于所获盗船内,起出番衣、番布旗等物,是琉球货船",此案必为林发枝等劫去无疑。[③]九月初七日,长麟上奏在漳浦县逮捕被水师投掷火药罐伤及左脚,因而上岸躲藏的海盗首领张初郎。[④] 又于苏澳钟门洋面撞翻海盗船只,逮捕连大进、张晋晋等二十一名海盗,起获黄布旗一面,上书嘉兴县押运闽米字样;三角布旗一面,乃琉球布镶边,及牛皮四张。经琉球货事主指认,三角旗和牛皮均系原赃。张晋晋、连大进等供称:乾隆六十年(1795年)五月初三日,于浙

---

① 中国第一历史档案馆编:《清代中琉关系档案选编》,北京:中华书局,1993年,第272~273页;蔡温:《中山世谱》卷十,《尚穆王》,那霸:冲绳县教育委员会,1987年,第142~143页。后通事可能因为被海盗用大刀背击伤之故而病故,载:"世彦请候正副使之令,照各可得之数清算交给。且因世彦发病身故,将贡船大通事林家椿代理其职。"

② 《清高宗实录》卷一千四百八十三,乾隆六十年七月癸酉日,第822~823页。

③ 《清高宗实录》卷一千四百八十四,乾隆六十年八月己丑日,第837页。

④ 中国第一历史档案馆编:《清代中琉关系档案选编》,北京:中华书局,1993年,第279~280页。张初郎自幼孤身游荡,于乾隆五十四年出洋为盗。乾隆五十九年,甚至胆敢拆损台湾镇道折匣。

江三盘下洋面遇见琉球货船一只，林发枝即同另船盗首蔡大等各船驶拢围住，劫得财物后分赃各散。五月二十一日，张初郎、连大进等驶抵石浦洋面，会合林发枝盗船共三十多只，围抢浙江运米官船。最终张初郎、连大进、张晋晋等海盗被"绑赴市曹，传同留馆夷人看视斩决"。① 事后，关于赔偿琉球货船款项，乾隆皇帝再次谕旨："失事地方官照数加一倍赔偿，委员解交闽省，给与该夷人收领等语。并着长麟等于给发时，即令通事传知该夷人等，以此系大皇帝念伊远来被劫，格外体恤，特加一倍给还……回国告知该国王，自必倍深感激也。"② 此案琉球货船损失四百一十五两，加倍赔偿为八百三十两，兑换成库平纹银，合计是四千四百余两，偿还给琉球方面。③ 事后，琉球针对朝贡船队的护送人数及防卫能力进行检讨，《中山世谱》载叶世彦之事：

> 送还雇船之时，只有大通事一员，率带直库水梢共二十人，载兵器并铁鎗二十根，以为遣发，当时遭海贼掠夺货物。至今海贼愈繁，若人数军器，遵照旧例遣发，则不虞之时，不能防御。由是加增员役，并五主格者六人，及跟伴者共十六人。援照上届酉年接回王舅之例，加载人数军器，以入闽省。内洋驾驶之时，偶有贼船三只，放炮驶近。通船人数皆尽精力，以致防御，该贼退去。④

乾嘉时期，因海盗横行，琉球贡船决定依照前例，增加人数军器，始能击退海盗。

嘉庆元年（1796年），浙江水师再捕获漏网的海盗缪亚富、胡亚卯二人，审明后即将二犯"凌迟处死，并传首各海口示众，以昭法戒"。⑤ 为维护清朝的体面，除案犯的父兄受到牵连处罚外，温州官府亦得加倍赔偿，闽浙总督长麟及疏于防范之相关官员则分别被革职和交部议处。来年，接任闽浙总督的魁伦奏：海洋著名盗首李发枝即林发枝，经水师围拿紧急，遂带领盗伙、

---

① 中国第一历史档案馆编：《清代中琉关系档案选编》，北京：中华书局，1993年，第279～283页。

② 《清高宗实录》卷一千四百八十四，乾隆六十年八月己丑日，第838页。

③ 冲绳县立图书馆编：《历代宝案（校订本）》第7册，那霸：冲绳县教育委员会，1992年，第300页。

④ 蔡温：《中山世谱》卷十，《尚成王》，那霸：冲绳县教育委员会，1987年，第158页。

⑤ 中国第一历史档案馆编：《清代中琉关系档案选编》，北京：中华书局，1993年，第286页。

船只、炮械穷蹙投诚。① 嘉庆皇帝赏洋盗林发枝七品官衔,命来京安置。伙盗一百五十三名,则分别安插如例。② 与劫夺琉球贡船海盗的结局相较之下,简直是天壤之别。同年,琉球帆马舰一只,全船共二十一人,驶往八重山岛,装载年贡时,突遇飓风,随风漂流,途中遭遇三艘海盗船"放铜炮,打铳枪"的追击。海盗六十余人登上贡船,其中一名翁长,慌乱之间,落死海中。海盗掠抢簪子、衣服和贡物等。海盗临走前还给琉球人白米、饮用水,并指引如何入港。到达浙江温州后,由于贡船凌乱,语言不通,琉球人又因被海盗夺走头上簪子而乱发异样,被温州府乐清县官府错认为"安南海贼,速即以索绑着",将处以死刑。所幸福州有琉球通事阿口前来确认是琉球国人,无违法情事,详禀县官,遂发给银两及物资,协助归还琉球。此批浙江海盗后被逮捕,准备就斩时,首领供出当中尚有一位琉球桃林寺僧走中是被掳劫上船,僧走中随即被释放,转交福州琉球馆,逃过死劫。③

嘉庆三年(1798 年)八月,琉球国王世孙尚温遣使表请袭封。④ 清廷后派遣册封正使赵文楷及副使李鼎元赴琉球册封尚温为中山王。嘉庆五年(1800 年)五月初一日,两使者及嘉庆皇帝御赐右旋定风白螺登舟,初七日得有顺风,即自闽省之竿塘放洋。航程一帆风顺,十三日就抵达琉球。⑤ 七月初三日,护送清朝册封使团来琉球的闽安镇都司陈瑞芳,因水土不服而病亡,回程保卫使团的重担就落到守备王得禄(1770—1842)的身上。⑥ 十月

---

① 《宫中档嘉庆朝奏折》,档号 404002851,嘉庆二年闰七月初七日,闽浙总督魁伦奏折。另在奏折中提及:"惟查土盗内尚有蔡牵一帮不甚著名,现在窜匿浙洋,踪迹无定。"然而嘉庆五年(1800 年)六月,神风荡寇事件之后,侯齐添收拾凤尾帮、水澳帮残余 30 多条船,自为一帮。蔡牵侥幸逃离松门,修整夷艇装备,吞并凤尾帮余众,诱杀侯齐添,蔡牵遂一举成为闽浙沿海实力最强的海盗匪帮。

② 《清仁宗实录》卷二十,嘉庆二年七月庚寅日,第 264 页。

③ 蔡温:《中山世谱》卷十,《尚温王》,那霸:冲绳县教育委员会,1987 年,第 146～147 页。

④ 李鼎元:《使琉球记》卷一,西安:陕西师范大学出版社,1992 年,第 6 页。

⑤ 中国第一历史档案馆编:《清代中琉关系档案选编》,北京:中华书局,1993 年,第 324～325 页。

⑥ 李鼎元:《使琉球记》卷四,西安:陕西师范大学出版社,1992 年,第 104～105 页。《清史稿》卷三百五《王得禄传》(北京:中华书局,2006 年,第 11257 页)载:王得禄,字玉峰,福建嘉义人。林爽文倡乱……助官军复之,授把总。……贼渠庄大田就擒。……迁千总。嘉庆元年,巡洋至獭窟,遇贼,得禄先登,擒吴兴信等。历年出洋捕海盗,号勇敢,累擢金门营游击。

二十九日,使团在返航途中,遭遇海盗袭击,并展开海战。

> 见北杞山,有船数十只泊焉。舟人皆喜曰:"此必迎护船也!"……守备(王得禄)登后艄以望,惊报曰:"泊者,贼船也!"余曰:"舟已至此,戒兵无哗!快餐,备器械!"余亦饱食。守备又报贼船皆扬帆矣。与介山衣冠出,先祷于天后,饬吐者、病者悉归舱。登战台,誓众曰:"贼众我寡,尔等未免胆怯。然贼船小,我船大,彼络绎开帆,纵善驾驶,不能并集,犹一与一之势也。且既已遇之,惧亦无益!惟有以死相拼,可望死中求活。此我与汝致命之秋也,生死共之!"众兵勇气顿振,皆曰"惟命"!乃下令曰:"贼船未及三百步,不得放子母炮;未及八十步,不得放鎗;未及四十步,不得放箭。如果近,始用长枪相拼。有能毙贼者,重赏;违者,按以军法。"……贼船十六只吆喝而来,第一只已入三百步。余举旗麾之,吴得进从杞门放子母炮,立毙四人,击喝者堕海;贼退不及入百步,枪并发,又毙六人。一只乃退。二只又入三百步,复以炮击之,毙五人。稍进,又击之,复毙四人,乃退去。其时,三只贼船已占上风,暗移子母炮至柁右舷边,连毙贼十二人,焚其头蓬,皆转柁而退。中二船较大,复鼓噪,由上风飞至。余曰:"此必贼首也!"密令柁工将船稍横,俟大炮准对贼船,即施放一发,中之。炮响后,烟迷里许。既散,则贼船已尽退。是役也,王得禄首先士卒,兵丁吴得进……等枪炮俱无虚发,幸免于危。①

后于嘉庆十四年(1809年),击毙"镇海威武王大出海"蔡牵的台湾嘉义籍王得禄,借由护送册封使赵文楷、李鼎元来往中琉海域的机会,与海盗的英勇作战中,崭露头角,被时任闽浙总督玉德看出其具备卓越的军事能力。已调任乌什(新疆)办事大臣的玉德,后于嘉庆十三年(1808年)保荐王得禄接任闽浙水师总统李长庚剿灭海盗的任务:

> 嘉庆五年,赵文楷、李鼎元奉命册封琉球国王,奴才即派王得禄带兵护送往还,弹压兵丁,甚属安静。回归时,封舟一只在洋遇盗,王得禄

---

① 李鼎元:《使琉球记》卷六,陕西:陕西师范大学出版社,1992年,第181~184页。另载:"十一月朔日己卯,阴。……总兵何定江来,云奉制军命迎护。……(十一月)初二日庚辰,晴。总兵倪定德来,始知七月间神风暴起,击碎艇船百余只,并没海贼蔡谦(牵)船四十余只。皇上遣发藏香恭祭天后,并有廷寄令致祭官默祝臣等封舟早得回闽。"王得禄与属下水师兵丁于遭遇海盗时,弹无虚发,可见其高度的训练素质。

并不惊慌,仍前驾驶,令兵丁等将枪炮装足。迨贼船围裹逼近,始令枪炮齐发,打死贼匪多名,四散逃窜,是以奴才知其颇能调度。[①]

李长庚阵亡后,嘉庆皇帝即属意从护送琉球册封使任务中崛起的王得禄,接下水师总统李长庚打击蔡牵的重要使命。据载:

> 李长庚此次究因猛于攻敌,猝然被害。阿林保等仍当密谕王得禄等于勇猛之中加以慎重,不可轻易冒险,致涉疏虞。但亦不得因李长庚受害,稍形气馁。至水师现无总统之员,阿林保现已前往厦门、漳州一带,即着阿林保择要驻扎调度一切。再现讯蔡三来、郑昌,所供蔡逆本船所挂牛皮网纱多层,于接仗时,汲取海水淋湿,炮火不能骤入。必须兵船四面围拢,先用长柄钩镰,将网纱牛皮拉去,再用炮火一轰,全船贼众可以歼获等语。此时王得禄等兵船,自应多备长柄钩镰,以便应用,将此谕令知之。……蔡、朱二逆均已势极穷蹙,逃窜粤洋,去闽已远,逆匪自不能折窜回闽,台湾地方早经宁谧。……以闽粤南澳镇总兵官王得禄为浙江提督。[②]

册封琉球的艰巨使命,让许多人在任务中付出生命。例如都司陈瑞芳、李鼎元从客寄尘和尚皆患病而亡。李鼎元本人则于五年后,嘉庆十年(1805年)病逝。册封正使赵文楷因受到风涛之险、海盗之惊,让其身心俱疲,于嘉庆十三年(1808年)卒于山西雁平兵备道署山西按察使任上,年仅48岁。他的学生汤金钊认为赵文楷原本"气体素壮",怎料自琉球归国后,"心往往而悸,言笑异于他日。盖风波危险,夺人神髓,调养猝难平复也"![③]康熙年间,琉球朝贡使程顺则(1663—1734),一生共四度护贡进京,其父亲为琉球王世臣,亦曾经在护贡来华的海上航程中和海盗对阵后受到重创,后于中国过世,葬在江苏省苏州府。康熙三十七年(1698年),程顺则以朝贡使身份

———————

① 《宫中档嘉庆朝奏折》,档号404010099,嘉庆十三年二月二十八日,乌什办事大臣玉德奏折。

② 《清仁宗实录》卷一百九十一,嘉庆十三年正月戊午日,第528页。历史吊诡的是,先前李长庚、浙江巡抚阮元与代表闽省官员的福建巡抚玉德之间,于剿抚海盗政策上有所矛盾,让海盗蔡牵、朱濆集团得以借此在海上苟且偷安,所以也有李长庚推荐王得禄担任护送琉球船队职务的说法,而非处处制肘李长庚的玉德所为。参见:《王得禄行述》,收录于台湾银行经济研究室编:《台案汇录辛集》,台北:台湾银行经济研究室,1964年,第293页;李若文:《海贼王蔡牵的世界》,台北:稻香出版社,2011年,第126~160页。

③ 赵宝初:《太湖赵氏家集丛刻》第1册,台北:成文书局,1970年,第320~321页。

来华,顺道祭父,乃作《姑苏省墓》诗云:

> 劳劳王事饱艰辛,万里海天生死隔。
>
> 山花遥映啼鹃血,依恋孤坟频恸哭。
>
> 赢得荒碑记故臣,一时父子梦魂亲。
>
> 野蔓犹牵过马身,路旁樵客亦沾巾。①

明清两朝五百余年间的中琉封贡航行历史,程顺则之诗令人感到不胜唏嘘。

三、怀柔远人:地方官员对琉球遇盗船只的协助

有清一代,政府即用"怀柔远人,待以宽和"的外交政策,尤其是对于琉球国遭风难船的救护。康熙皇帝曾经谕令:"滨海外国王等,各饬该管地方,凡有船只漂至者,令收养解送。"由于统治者的关注,所以清朝沿海各省均能全力救护,安置琉球国难船。但有时亦会出现处理失当,失职的地方官员受到严惩之情事。嘉庆五年(1800年)四月初,海坛镇麦鹰扬水师战船护送琉球那霸府难船至闽,当航行到三沙外洋时吹起暴风,难船独自漂流到罗湖外洋抛锚停泊,却遇上海盗船三艘,被劫去随身行李。船上因找不到银两财物,海盗遂掳走船主名城,水手等三人,向官府打单勒银取赎。闽浙总督玉德即派遣海坛镇许廷进前往剿捕,解救人质行动并未成功。于是奏请将麦、许革职留任,命其"自备资斧,勒限三个月,随同兵船协缉。如逾限不能拿获掳劫夷船盗匪,即奏明请旨,一并发往新疆效力赎罪,以示惩儆"。琉球难民最终得救,玉德责令二人仍须赔偿难船九百八十两银之损失,但保住其顶戴,"出洋圆功报效"。②

嘉庆十二年(1807年)九月,琉球国王世孙尚灏为恭迎册封使及接回贡使,派出蔡邦锦等一百零五人接贡使团赴闽。十月初三日,贡船遭遇风难,

---

① 福建师范大学文学院编:《学术史视野中的华文文学——第十七届世界华文文学国际学术研讨会论文集》,福州:海峡文艺出版社,2014年,第740页。此外,清代藩属国中,以朝鲜、安南、琉球为常制。但是朝鲜、安南与清朝陆地疆域接壤,故以陆路朝贡。反观琉球四面环海,仅能以海道来进行封贡。

② 中国第一历史档案馆编:《清代中琉关系档案选编》,北京:中华书局,1993年,第310页。

漂流至平潭观音澳口获救。蔡邦锦先由署平潭同知于天泽陪同进省,其余人则留船等待接护。时海氛不靖,此前才发生蔡牵之了蔡二来在浙江普陀寺烧香,盗船竟胆敢停泊于港口达二十日之久,闽浙水师却惧怕贼势而从未曾前往剿捕之事。[1] 福建巡抚张师诚遂札委闽安协副将徐涌前往护航,推测徐涌担心蔡牵袭击,以所管带兵船仅七艘当借口,推诿不前。琉球贡船此时亦不听官员劝阻,不待清朝水师前来接护,径自起锚,导致船只于钟门洋面撞礁击碎,船上仅三十人生还,琉球人六十三名及中国舵工一名被淹毙。闽浙总督阿林保上奏嘉庆皇帝,请旨将闽安协副将徐涌革职,以示警诫。嘉庆皇帝为此发下谕旨:"试思以兵船七只护一夷船,有何不敷?尚如此饰词推诿,若令其出洋捕盗,必更迁延躲避。似此怯懦无能,实属有负职守,仅予革职,尚属轻纵。徐涌着革职发往乌噜木齐效力赎罪。"[2]可见清政府对防护不力的地方官员惩处是非常严厉。

关于清朝地方官员对于受到海盗袭击的琉球难民协助,透过《中山世谱》纪录的几则案例中,不难看出乾嘉年间,地方官员在处理遭遇海盗之琉球难民问题,已经逐渐制度化,并有效地保护琉球难民自身的权益,也确保清朝统治者"怀柔远人"政策的落实及维护天朝大国之颜面。乾隆五十五年(1790年),搭载十六人的琉球船,遭风漂流到台湾,[3]琉球难民未受到救助却被后山原住民用弓矢殴打,夺取物品,[4]大伙因此逃散。其中四名躲入山林的琉球难民被四五十名盗匪夺取衣物,更胁迫他们成为奴仆,一人则病

---

① 《清仁宗实录》卷一百八十八,嘉庆十二年十一月乙丑日,第488~489页;《清仁宗实录》卷一百九十四,嘉庆十三年四月辛卯日,第568页。载:闽浙总督阿林保奏拿获蔡二来,赏署知府直隶州知州徐汝澜知府衔。

② 中国第一历史档案馆编:《清代中琉关系档案选编》,北京:中华书局,1993年,第376页;《清实录》卷一百八十八,嘉庆十二年十一月乙丑日,第489页。

③ 蔡温:《中山世谱》卷十,《尚穆王》,那霸:冲绳县教育委员会,1987年,第138页;台湾银行经济研究室编:《筹办夷务始末选辑》,南投:台湾省文献委员会,1997年,第396~397页。

④ 台湾西海岸沿海居民历来就有"抢船恶习"。嘉庆十五年(1810年)时,台湾彰化沿海匪徒分驾渔船二只,抢掠日本难番货物之匪徒一案,闽浙总督臣方维甸经查:"台湾沿海匪徒,凡遇商船遭风撞坏,即乘危急之时抢夺货物,连船板亦悉拆去,并不救溺水之人,恶习最为可恨!今外夷遭风船坏,胆敢抢掠一空,更非内地商船可比,必应严拿究办。……台湾盗劫之案,罪应斩决者,照江洋大盗例斩决枭示。"而此时生活在台湾东边的原住民,似乎亦有抢夺难船之习俗。

故。后来被当地官员查知,并派员将他们解救而出,每人赐给绫袍、裤子和番钱三块,接送到台湾府。台湾府官员则发给每人白米、豚肉、羊肉和老酎,再用船只运载难民前往福州。最后由福建布政司下令探询在台湾离散琉球难民的下落及配给三名难民钱粮一个月份,准许他们附搭头号船归返琉球。

乾隆六十年(1795 年),琉球八重山春立地船一只,船上有四十八人,从那霸开船。遭风难漂流到澳门洋面,被分乘海盗船二艘,约四五十名海盗所劫夺货物,掳走西表仁也一人,琉球人多方摇手告求,海盗仍不放回人质。后来船只抵达澳门港口,地方官乃提供恤养,船只因已残破,于是告官变价。地方官员在将琉球难民经广东省转送到福州时,难民途中受到传染疱疮,发病身故者共计有三十八人。沿途地方官员则提供难民医疗协助与给棺埋葬,使难民不至于颠沛流离。最终仅剩下九名琉球船员,由福建布政司发给钱粮及配搭琉球船,历经千辛万苦,才得以返国。[①]

嘉庆三年(1798 年),有搭载三十二名船员的琉球船,准备驶往八重山岛装载年贡。回国之时,在海上遇到风暴,砍掉桅杆及丢弃贡品后,漂流至山东省燕兔岛。山东清朝地方官员则协助修理船只,并装设樯帆等船具,派兵护送到闽。要和未回国的琉球贡船一同返航,后请封蒙准的公文和报国文书发下后,福建官员考虑到其时海贼甚多,难以行船,所以派发水师兵船予以护送。出洋后,怎奈又遇风波猛起,琉球船队决定一齐驶回福州五虎门停泊。到达罗湖洋面时,前导的水师战船兵船先行驶过,突然有海盗船三艘急驶追来,海盗们登上琉球年贡船,劫走船上衣服、簪子、小器等货物,并掳走通事陈有宪、船主及两名水手,共四人到贼船上。且向琉球人放话说:"若有投纳银子五千两,则可以释放;若无银子,当该通事到福州,营求银两,带来三砂旧阵。"就将通事放回筹措赎银,其余三名人质则续掳留盗船。琉球难民向海盗哀求:"许多银数,何以营求?请将本船送与,则该掳过三人释放。"海盗拒绝以船换人之条件,但同意赎金降至二千五百两。琉球难民回到福州后,遂向地方官员禀告此事。官府随即派兵前往取赎之处查拿海盗,然而海盗担心拿不到解救人质的银两,反而会被水师通缉,于是将人质释回海坛镇水师营,水师即护送人质到福州。关于整起案件,福建布政司下令,赔偿琉球年贡船被劫损失,共约纹银九百八十拾五两。嘉庆五年(1800 年)

---

① 蔡温:《中山世谱》卷十,《尚穆王》,那霸:冲绳县教育委员会,1987 年,第 142 页。

五月,奉海防官宪令,始由总兵官郑世杰护送琉球难民坐驾本船归国。①

嘉庆十五年(1810年),有八重山装载年贡船一艘,船上共计四十二人,预备运纳回国。于回棹之时,在洋中遇到风难,漂流至台湾,并于高山之下的港湾下锚停泊。当地居民未伸出援手,却"结伙成群,俱为异粉,携带武器,登来船上。所有货物及诸器等件,尽行夺取,而至本船被风波吹流。当此之时,幸有中国人来到,告知此地台湾府四浮蛮,随求其救助性命,由此该人率到村中养赡。既而该中国人及该处人民等,要解送官府衙门,一齐起程。奈到半途忽起逆心,不肯护送。由此,不得已,自觅道步行之时,又遇着带武器者七八人,抢去衣裳簪子等类。而又山中失路,三四日之间,采食树实。仍归到中国人所居村落,又请养赡,并不肯听从。由是转到噶玛兰地方,请求送到官员衙门。该处人要俟翌年三月护送,犹为养赡。但因日食缺乏,辞其养赡。由此,各丐食。聊延性命之时,幸有华船飘到彼处,随求搭送。奈因人数甚多,不许搭送。由是,其多人数留居彼地方。只将伊是名仁屋及其跟件,附搭彼船,先去凤山县,转到台湾府城。至其余人数,亦禀请解送。即蒙该地方官亲往率来,妥为养赡之外,又蒙该地方官并凤山县、枋寮县、厦门等处官员发赐衣服并着物番钱等项。彼人数内,一十六名病故,其六人被生番戕害。其四人山中逃去之时,身体疲病,不能跑走,留居山中。由此,台湾府特遣官员查访,不知下落。其三人渡溪之时失足淹毙。其余人数,解送福州,配搭接贡船回国"。琉球难民原先漂流至正在开发的兰阳平原,然而因为当地物资缺乏,地方官员无法提供养赡,使得难民只能乞讨为生,直到台湾府官员亲自前往后协助,仅剩的十三名难民才得以存活,踏回故土。②

嘉庆十七年(1812年),琉球久志郡安部村人三名搭乘船只,"飘到兴化府南日,偶逢贼船,其所坐船只及货物、衣服等件,尽被抢夺。正在赤体,幸华人目击其危,带到衙门。蒙地方官妥为赡养,每人给与袄裤各一领,蒲团二个,铜钱二千文,送到福州"③。当难民留闽之际,福建布政司除了发给钱

① 蔡温:《中山世谱》卷十《尚温王》(那霸:冲绳县教育委员会,1987年,第149页)载:"时该贼人心思,难人等不能求来银两,就把该掳过三人释放海坛镇,该地方官移送福州。奉有布政司宪令,被劫货物记价估报……随给纹银玖百捌拾伍两九钱余。……当先捧高脚传牌归国等因,遵着总兵郑世杰为之飞船使,坐驾本船归国。"
② 蔡温:《中山世谱》卷十一,《尚灏王》,那霸:冲绳县教育委员会,1987年,第167页。
③ 蔡温:《中山世谱》卷十一,《尚灏王》,那霸:冲绳县教育委员会,1987年,第168页。

粮外，并协助将旧船就地变卖，安排分搭琉球马舰、进贡船回国。从案例中可知，由于清朝地方官员担心在处理遇盗的琉球难民过程中，救助不力，或者遣返不当，遭到上级惩处，所以特别予以重视。

第三节　粤洋海盗联盟(1805—1810)

清朝乾隆至嘉庆年间，华南沿海的海盗活动非常受中、外学者所重视。穆黛安(Dian Murray)所著的《华南海盗：1790—1810》，[①]可说是清代乾嘉华南海盗研究的代表作。作者认为这时期中国南方海上海盗人数猛增和活动猖獗有三方面的原因：其一，广东特殊地理环境，数百年来沿海渔民靠打渔与劫掠为生，他们是海盗的基本成员，由于地方上存在生存危机，人民饥寒交迫，于是纷纷出海为盗；其二，境外越南政局发生了变化，刚夺得越南政权的安南国王阮文惠(后改名为阮光平)为克服财政问题，于是招募中国籍海盗为国家水军，出洋剽劫中国东南沿海，补充日益艰难的财政，造成南中国海洋面，海盗活动频繁；其三，中国海盗中出现了一群黠慧的首领，例如郑一嫂(原名石阳，乳名香姑，又称郑石氏，1775—1844)，协助丈夫郑一将原本零散的海盗群，组织成粤洋海盗联盟。

然而，穆氏不认为海盗是社会的叛逆，提出较正面的观点：海盗虽然以劫掠为生，一旦有了钱财，便放弃了海盗生涯。关于此论点，是穆氏未进一步研究中国政府实际招抚海盗的情形。当时官方招抚大致分成三种方式，即"真正的招抚"、"诱杀"和"借力打力"。现实中，真正受招抚而晋升为士大夫阶级，往往仅是金字塔顶端的海盗首领，况且，官员经常多用"诱杀"和"借力打力"的方式来对付海盗。像汪直上岸商谈，随即被捕处死，[②]明末朝廷借海盗郑芝龙的力量来消灭李魁奇、钟斌等事迹。金字塔底下的众多海盗，

---

① (美)穆黛安著，刘平译：《华南海盗(1790—1810)》，北京：中国社会科学出版社，1997 年；Dian Murray, *Sea Bandits：A study of Piracy in Early Nineteenth Century China*, Ph. D. Dissertation, Cornell University, 1979.

② 关于明朝廷命总督胡宗宪"设谋擒剿"汪直的过程，见郑广南：《中国海盗史》，上海：华东理工大学出版社，1999 年，第 183~195 页。

往往只是暂时转化,回原本的居民或渔民等身份,等待再起横行洋面的时机。清代海盗的活动,严重破坏了海上秩序,扰乱沿海民众的生计,更由于朝廷在征剿海盗政策上,浪费了许多经济学所谓的社会成本,最终使海盗的活动愈演愈烈,不能杜绝。本节将探讨粤洋海盗如何从乾隆皇帝所说:"广东现无紧要事件,其海洋盗匪,节经福康安搜拏整顿,渐已敛迹。"[1]从小打小闹,演变成一个强大的粤洋海域上海盗联盟,并以百龄幕宾袁永纶所著之《靖海氛记》[2]为史料,对已经脱离或是半脱离陆上活动、没有明确的政治目标、以暴力的手段来破坏社会经济秩序、抢劫勒索收取保护费为主要活动的粤洋海盗做出补充。

一、粤洋海盗的剧增

清中叶时,中国田地的拓展无法应付人口之增长,以广东省为例,乾隆三十二年(1767 年),广东人口仅约七百万,至嘉庆十七年(1812 年),已经增加到近二千万。[3] 再者,广东地区有几个贫瘠的特色,山丘多,平原少,地瘠不利农耕,因此大多数居民都住在滨海地区,以航运补渔为生。另外,东南沿海的宁波、福州、泉州、厦门、广州等地,自古以来便是中国主要的海上贸易港口,所以在造船业及航海技术上,都占有一定的优势。又华南沿海的潮汐涨落以及配合季节吹起的季风,让海盗集团能够来去迁移,粤洋遂成为海盗眼中的"水上世界"。[4] 失去土地的人们便转向海洋求生存,地方人民反抗活动日益增加,清政府愈来愈难掌控海上非法力量,尽管统治者相当程度的重视该问题,然而浙闽粤沿海海盗集团持续涌现,数量庞大,装备精良,横

---

① 《清高宗实录》卷一千四百三十四,乾隆五十八年八月辛未日,第 173 页。

② 袁永纶:《靖海氛记》,碧萝山房藏板,道光十年(1830 年)刊本,法国国家图书馆藏。嘉庆十五年(1810 年),两广总督百龄命幕宾袁永纶撰写这本书。在众多清代广东地方志乘中,多有片段引用该书之记载。叶灵凤在《张保仔的传说和真相》(第 136~139 页)书中,表示未见《靖海氛记》,引以为憾。笔者透过东海大学教授地方志研究的曾一民教授,向香港萧国健教授取得《靖海氛记》一书复印件。

③ 梁方仲编著:《中国历代户口、田地、田赋统计》,上海:上海人民出版社,1980 年,第 272 页。

④ (美)穆黛安著,刘平译:《华南海盗(1790—1810)》,北京:中国社会科学出版社,1997 年,第 31 页。

行在东南海面上,传统的清朝水师已是难以招架。

乾隆二十二年(1757年),清政府以英人洪任辉(James Flint,1720—?)不遵守中国通商规定为由,谕令:"本年来,船虽已照上年则例办理,而明岁赴浙之船,必当严行禁绝……此地向非洋船聚集之所,将来只许在广东收泊交易,不得再赴宁波。如或再来,必令原船返棹至广,不准入浙江海口。谕令粤关传谕该商等知悉……令行文该国番商,遍谕番商。嗣后口岸定于广东,不得再赴浙省。"①于是清朝与西洋贸易商务集中于广州港,是谓"一口通商"体制。同时,对输出货物的品种和数量也作了种种限制,除了禁止货船载运军械、军火(硝磺)外,也将粮食(米、谷、麦、豆、杂粮)跟五金(金、银、铜、铁、铅)列入禁止贸易名单之中,丝、茶和大黄则被限制出口数量。②然而欧洲、东南亚各国对中国商品的需求,加上为解决中国华南粮食缺乏、米价腾贵的问题,康雍年间,已有相关鼓励进口粮食的规定。乾隆八年(1743年),更是谕令采取进口安南、暹罗等地大米的关税减免措施。

上年九月间,暹罗商人运米至闽,朕曾降旨免征货船税银。闻今岁仍复带米来闽贸易,似此源源而来,其加恩之处,自当着为常例。着自乾隆八年为始,嗣后凡遇外洋货船,来闽粤等省贸易,带米万石以上者,着免其船货税银十分之五;带米五千石以上者,免其十分之三。其米听照市价,公平发粜。若民间米多,不需籴买,即着官为收买,以补常社等仓,或散给沿海各标营兵粮之用,俾外洋商人得沾实惠,不致有粜卖之艰。③

上述的规定,除触发华南小股海盗从事走私活动外,清政府优惠措施也推动海南及越南之间大米贸易的兴盛,④但在贸易过程中,难免会产生以合法运载米粮来掩护非法走私的情事,尤其是鸦片的走私。再者,珠江三角洲出海口外的香港、大屿山,雷州硇洲洋面和附近星罗棋布之岛屿,皆为海盗

---

① 《清高宗实录》卷五百五十,乾隆二十二年十一月戊戌日,第1023~1024页。《夷氛闻记》卷一载:"洪任辉(James Flint)以市浙非便,此后势必就粤市……囚澳门三载,始释回国。"

② 程浩:《广州港史·近代部分》,北京:海洋出版社,1985年,第12页。

③ 昆冈等修:《钦定大清会典事例》卷五百一十,《礼部·朝贡》,收录于《续修四库全书》第806册,上海:上海古籍出版社,1995年,第132页。

④ 张一平、邢寒冬:《清朝前期海南与越南之的大米贸易》,《南洋问题研究》2011年第3期,第87~92页。

巢穴,提供给从事走私活动的小股海盗一个不错的巢外基地。

雍正年间,清代前期具备海洋意识的观念的蓝鼎元,他曾谈及东南环海海盗。

> 原贼之起,其初甚微,止一二人,密约三五人潜至港口,窥伺小艇附岸,径跃登舟,露刀胁人,驾出外港。遇有略大之渔船,则诈称买鱼,又跃而上,再集匪类至十余人,便敢公然行劫。此粤东所谓"踏斗"者也。出遇商船,则乱流以截之,稍近则大呼落帆。商自度无炮火军械,不能御敌,又船身重滞,难以走脱,闻声落帆,惟恐稍缓。日久日多,遂分为一二船,其势以大。[①]

到了乾隆五十五年(1790 年),温亚常纠结蜑家二在粤洋行抢,后来在崖山老虎头山海面遭遇"参将钱邦彦巡船,疑系商船,扰近图劫,官兵施放枪炮,将盗伙黄亚六、李廷彩击毙"。[②] 盗船逃逸,官船追击却触礁搁浅,参将钱邦彦等官被海盗杀害。乾隆皇帝闻报后,立即谕令两广总督福康安前往严缉洋盗。福康安增派兵力搜剿洋盗,温亚常及蜑家二于是纷纷落网。[③]对此,乾隆皇帝竟乐观地认为:"广东现无紧要事件,其海洋盗匪,节经福康安搜挐整顿,渐已敛迹。"[④]此乾隆晚年"小打小闹"的海盗与雍正的"甚微海盗"情形互相比较,可见清朝海洋控制权逐渐衰弱的迹象已经萌芽。中国华南的生存空间受到压迫,愈来愈多人投入粤洋海面为盗,再加上安南政权更替的问题,使得粤洋海疆陷入混沌不清的局面。

穆黛安认为刺激中国粤洋海盗活动转型的因素,乃安南西山政权(1778—1802)的兴起,从 1780 年代开始,新阮西山政权招募中国海盗为其海军,除授予官职外,并且提供贫苦的广东沿海人民往上攀爬的契机,让原本只是临时求取生存的海盗生涯,转变成专职的非法活动。的确,"西山起事"为乾嘉之际粤洋海盗带来崛起的契机,当时的安南黎氏王朝衰微,阮文吕、阮文岳、阮文惠三兄弟在其生活所在地西山邑起兵叛乱。乾隆三十八年

---

① 蓝鼎元:《论海洋弭盗书》,贺长龄、魏源编:《清经世文编》卷八十,《海防》,北京:中华书局,1992 年,第 2112 页。

② "中央研究院"历史语言研究所:《明清史料·庚篇》,北京:中华书局,1987 年,第394~395 页。

③ "中央研究院"历史语言研究所:《明清史料·庚篇》,北京:中华书局,1987 年,第385 页。

④ 《清高宗实录》卷一千四百三十四,乾隆五十八年八月辛未日,第 173 页。

（1773 年），击败广南王阮福淳，占领归仁。乾隆皇帝命两广总督孙士毅等率军干涉，反而遭受惨败。阮文惠立国后（后改名为阮光平），向清廷上书请求册封，乾隆皇帝谕旨："安南以黎维祁庸愦无能，天厌其德，天祚告终……朕顺天而行，有废有兴，悉归大公至正……用是特颁恩纶，封尔为安南国王。"①尽管西山政权建立起新的朝代，但却未替安南带来和平，相反，阮福淳从子阮福映在法国人的支持下，在南越（西贡）、暹罗积极从事广南的复国运动，沿途亦有"明乡"华侨在陆战和海事的协助，②让旧阮能够得以与新阮政权展开十几年的战争。

安南于光中、景盛年间，面对后黎朝与阮福映的袭击，庞大的军事开支造成国家财政的艰困，为解决此危机，转而招募中国华南海盗来补充国库的空虚。萧一山载："光平父子以连年战争，国用缺乏之故，乃奖励海贼，四出剽掠，遂酿成嘉庆朝海疆之巨患。"③针对此情况，时人程含章的《上百制军筹办海匪书》讲："阮光平父子篡立，兵革不息，国内空虚。招致亡命，崇其官爵，资以兵船，使其劫掠我商渔，以充兵饷，名曰采办，实为粤东海寇之始。"④魏源《圣武记》则认为新阮政权"师老财匮，乃招滨海亡命，资以兵船，诱以官爵，令劫内洋商舶以济兵饷。夏至秋归，踪迹飘忽，大为患粤地"⑤。西山政权除授予华南海盗高官俸禄外，也提供了精良的武器装备，使得在"神风荡寇事件"后，⑥脱离西山政权的粤洋海盗能够与清朝水师对阵时取得有利的地位。例如嘉庆十二年十月两广总督吴熊光奏水师战船夺获盗船十四只内，"起获五千斤大炮二位，二千斤大炮一位，一千斤至一二百斤铁炮五十余位，并火药三千余斤，及群子鸟枪各项器械，为数甚夥。"

关于此次海盗事件，嘉庆皇帝感到十分惊讶且不可思议，随后谕军机大

---

① 《清高宗实录》卷一千三百三十三，乾隆五十四年六月丙子日，第 1049 页。

② 吕士朋：《二千年来华人对越南开发的贡献》，《华侨问题论文集》第 13 辑，1966 年，第 6～10 页。

③ 萧一山：《清代通史》第 2 册，北京：中华书局，1986 年，第 140 页。

④ 程含章：《上百制军筹办海匪书》，贺长龄辑：《皇朝经世文编》卷八十五，《海防》，台北：国风出版社，1963 年，第 2189 页。

⑤ 魏源：《圣武记》卷八，《嘉庆东南靖海记》，收录于《续修四库全书》第 402 册，第 346～347 页。

⑥ 焦循：《神风荡寇记》，《雕菰集》卷十九，台北：商务印书馆，1966 年，第 307～314 页。嘉庆五年（1800 年）夏六月，"风雨狂烈，独注龙王堂，雨中有火，爇入贼艇，（安南艇匪）皆破。"

臣等：

　　贼匪在洋行劫，连樯接踵。匪船多则百余只，少亦数十只。此次所获十余船内，起出炮械火药已如此之多，则其余各船以此类推，更不可数计。且船内除起获各项外，其用去、沉失者仍复不少。从前尚有安南为之接济，今自越南效顺以来，洋匪久与外域声气断绝。此项炮械火药，非在内地营汛劫取，即系滨海岛屿、村庄另有私行铸给，及出洋商贩有通盗济匪之人。可见伊等平日所奏：严防口岸及查拿接济，俱属纸上空谈，全不足信。着即于现在拿获各盗犯，严切根究，讯明此项炮械火药究系得自何处？如系海口营汛失去，该管员弁讳匿不报，抑或兵丁私行盗卖，即指名严参治罪。若系沿海奸民设有窝巢私铸炮位及奸商私贩火药出洋，一经究出地址、姓名，即密速查拿，按律严办。嗣后该督抚等，益当通饬文武员弁实力巡缉，毋得徒托空文，有名无实。①

　　两个月后，吴熊光查办后复奏：“前次钱梦虎追捕匪船，起获五千斤大炮……系盗首乌石二等从前在安南得来。”②由该奏折可知粤洋海盗与西山政权兴衰息息相关，嘉庆七年（1802 年），阮福映掳获西山阮光缵（阮光平之子），结束西山政权的统治。阮福映受清廷册封为王，是为嘉隆帝，为展现效忠顺从清朝之意，便着手扫荡境内华南海盗，海盗受到严重创伤，让粤洋海氛得到短暂的平静。

二、粤洋海盗联盟的成立

　　海盗的“粤南大老板”阮光平建立之政权覆灭后，③海盗失去西山政权的庇护，加上越南嘉隆帝的扫荡，无法于越南洋面立足，海盗们亦无法回归

---

　　① 《清仁宗实录》卷一百八十六，嘉庆十二年十月辛巳日，第 455～456 页。
　　② 《清仁宗实录》卷一百八十九，嘉庆十二年十二月己巳日，第 495 页。
　　③ 容安：《那文毅公奏议》卷十三，台北：文海出版社，1968 年，第 1802 页。提到：阮光平造乱之始……粤、闽、浙各洋小盗，称为“粤南大老板”。掳掠所获，阮光平抽分销赃，各帮均皆获利。

原来的陆上生活，又原本的粤洋海盗领袖，例如郑七、①陈添保、②莫观扶、樊文才和梁文庚等，不是被越南水师缉拿逮捕送回北京受审，抑或向清廷投诚，或在海上阵亡。所以剩余的粤洋海盗便发展出一个最简单的道理——"集体合作"。粤洋海盗回到中国后，原先为了财富地盘，相互攻击，但是海盗慢慢发现，互相残杀的结果只是会让自己更加衰弱，他们意识到最佳的生存局面，于是在嘉庆十年（1805年），七名海盗头目：郑文显（郑一）、乌石二、郭婆带、郑流唐、吴智青、李相清及梁保，便共同签订了一份《广东海上武装麦有金等公约单》，载云：

> 窃闻令不严不足以儆众，弊不革不足以通商，今我等合众出单，诚为美举。然必始末清佳，方能遐迩取信，凡我各支快艇，良恶不齐，妍强各异，苟非约束有方，势必抗行弗愿。兹议后开款条，各宜遵守，矢志如一，无论权势高低，总以不阿为尚。倘有持强不恤，抗行例约者，合众究办。今恐无凭，立合约七纸，每头船各执一张为照。计议款条开列于后：
>
> 一议通海大小船只，编作天、地、玄、黄、宇、宙、洪七支。各支将行纲花名，登簿列号，每快艇于鲤尖书某字若干号，头梳亦依本支旗号。如鲤尖无字号，以及头梳旗色不符者，即将船艇、炮火充公，并将行纲处决。
>
> 一议某支原有某支旗号，如有假冒别支旗号色者，一经察出，将其船艇、炮火归众。行纲立心不轨，候众处决。
>
> 一议快艇不遵例禁，阻截有单之船，甚至毁卖船货，以及抢夺银两、衣裳，计赃填偿，船艇、炮火一概充公，行纲分别轻重议处。如赃重填赔不起者，则照本支分子扣除。

---

① 袁永纶：《靖海氛记》上卷载：郑七频年海面，乍据安南港，颇骄矜自得，驭众渐无纪律。其众遂恃势凌弱居民，分住民房，据其妻女。居民怒，潜约福影……大战。郑七首尾不能相顾，居民复从中杀人。郑七大败，几尽歼焉。郑七为巨炮击死。其从弟郑一偕景盛及其侄邦昌等奔回。郑一遂领其军，与其党日在洋面肆劫，由是海氛日炽。

② 《清仁宗实录》卷九十（嘉庆六年十一月丁亥日，第200页）提到：洋盗陈添保携眷内投并将缴出安南印敕进呈。据折内称，陈添保因捕鱼遭风，于乾隆四十八年，经阮光平掳去，封为总兵等语。可见积年洋盗滋扰，皆由安南窝留所致。即阮光平在日，已将内地民人掳去，加封伪号，纵令在洋劫掠。后来陈添保被安插于海洋较远之南雄府地方，并未授予顶戴。

一议打货船,所有船艇货物,系某先到者应得。倘有恃强冒占,计其所夺赃物多寡,加倍赔偿。如有不遵者,合众攻之。

一议不拘何支快艇牵取有单之船,旁观出首拿捉者,赏银一百大员。对打兄弟被伤者,系众议医调治。另听公议酌偿。从旁坐视不首者,以串同论罪。

一议有私自驶往各港口海面劫掠顺投贩卖之小船,以及带银领照之商客者,一经各支巡哨之船拿获,将船烧毁,炮火、器械归众,该老板处死。

一议不拘水陆客商,平日于海内有大仇者来,有不潜踪远遁及其放胆出入买卖者,虽略有口气亦可相忘,不得恃势架端扳害,以及借以同乡亲属被连,拿酷赎水。如违察出真情,则以诬陷议罪。

一议头船遇通海有事酌议,则于大桅树旗,各支大老板宜齐集会议。倘有话致嘱本支快艇,则于三桅树旗,本支行纲宜进船听令。如有不到者,以藐法议处。

奉主公命,抄发各船,以示遵守。天运乙丑年六月日(有金记号印)吴尚德执。①

该份合约中的条款大致分为三种类型:第一种类型是协调各帮海盗行动的规范和准则;第二种是订定各帮于海上的奖惩方式;第三种是在劫掠后的赃物分配与内陆交易的程序。粤洋海盗联盟中的各船只必须造册登记,不得私自擅改旗号,其中赃款分配也相当的明确,若联盟成员没有缴交罚款,将会在下次的分赃中予以扣除。而接收堂兄郑七海盗部众的郑一,此时遂成为各旗帮的共主。时两广总督那彦成称此公立合约单上尾注"奉主公命传谕"和"天运乙丑"狂悖字样。② 粤洋海盗联盟与闽浙海盗中自号"镇海威武王"的福建同安蔡牵跟"南海王"的漳州朱濆,互相呼应。

闽浙水师有名将李长庚,在粤洋则有广东左翼镇总兵,总统巡洋水师的黄标,可惜在嘉庆八年(1803年),黄标卒于任内。关于此事,《靖海氛记》载:

王标为帅,提督水师,屡败强寇……自王标没后,则有红、黄、青、

---

① 叶志如:《嘉庆十年广东海上武装公立约单》,《历史档案》1989年第4期,第19页。

② 容安辑:《那文毅公奏议》卷十三,《剿抚洋盗》,台北:文海出版社,1968年,第450~451页。

蓝、黑、白旗之伙，蜂起海面，曰郑一、吴知青、麦有金、郭婆带、梁宝、李尚青，共六大伙。其余又有小伙以分附各旗焉。吴知青统黄旗，李宗潮附之。麦有金，乌石人，统蓝旗，其兄麦有贵、弟有吉附之，以海康附生黄鹤为之谋士。郭婆带，统黑旗，冯用发、张日高、郭就喜附之。梁宝，统白旗；李尚青，统青旗。郑一则红旗也。各立旗号，分统部落。时又有闽贼蔡骞牵为之声援，而海寇愈盛而不可制矣。惟张保后出，最劲。自张保出，复有萧稽兰、梁皮保、萧步鳌等伙。然皆统属于张保，而张保又属于郑一嫂。红旗遂独雄于诸部矣。[①]

粤洋海盗联盟的组织中，签订合约的旗帮帮主共有七位，其中郑流唐因为在一次与内部的海盗发生争斗，因而半边脸毁容，遂带领部众向清廷投降，[②]所以实际上海盗联盟组织中只有六个帮众。在所有相关史料记载中，并没有像合约里提到以"天、地、玄、黄、宇、宙、洪"来区分船队，而是以各帮所用的旗色来划分。

嘉庆十二年（1807 年）十月十七日，郑一遭遇飓风而落海溺死。[③] 在联盟群龙无首的状况之下，郑一嫂（1775—1844，石阳，又称郑石氏、石香姑）"遂分一军以委保，而自统其全部，世所称郑一嫂者是也"[④]。文中的"保"即是张保仔（1786—1822），籍新会县江门。[⑤] 张保仔十五岁跟随其父亲在舟中捕鱼时，被郑一所掳，"郑一见之，甚悦，令给事左右。保聪慧，有口辨，且

---

① 袁永纶：《靖海氛记》上卷，道光十年（1830 年）刊本，法国国家图书馆藏，第 2～3 页。赵尔巽：《清史稿》卷三百五十《黄标传》（北京：中华书局，2006 年，第 11262 页）载：偕孙全谋出海捕贼……全谋虑持久有风涛患，乃分兵，贼得突围……寻坐师久无功……未几，卒。一史馆：《朱批奏折》，档号 3166897834。郭婆带口供：自己乃广州府番禺县人，乾隆五十年（1785 年），同父母兄弟全被郑一所掳，并被逼迫而全家都成为海盗。十五年后，张保仔亦被郑一所掳。

② 刘平：《清中叶广东海盗问题探索》，《清史研究》1998 年第 1 期，第 42 页；（清）卢坤、（清）邓廷桢主编，王宏斌等点校：《广东海防汇览》卷四十二，《事纪》，石家庄：河北人民出版社，2009 年，第 1035 页。

③ 袁永纶：《靖海氛记》上卷，碧萝山房藏板，道光十年（1830 年）刊本，法国国家图书馆藏，第 5 页。

④ 袁永纶：《靖海氛记》上卷，碧萝山房藏板，道光十年（1830 年）刊本，法国国家图书馆藏，第 5 页。郑一嫂原名石阳，乳名香姑，又称郑石氏。

⑤ 子羽：《香港掌故二集》，广州：广东人民出版社，1985 年，第 98 页。广东名字后面加个仔字，是为昵称。

年少色美,郑一嬖之。未几升为头目"①。不久后,张保仔旗下伙党渐众,船只日多,于是自立令三条:

一私逃上岸者谓之反关,捉回,插耳刑示各船,遍游后,立杀。

一凡抢夺货物,不得私留寸缕,必尽出众点阅。以二分归抢者,以八分归库,归库后谓之公项,有私窃公项者立杀。

一到村落掳掠妇女,下船后,一概不许污辱……有犯强奸私合者,立杀。

另外,考虑到官府断其粮食接济,故凡乡民提供酒米货物者,必定给之数倍之利益。强夺私毫者,立杀。蓝鼎元曾说:"匪类逃藏外洋,非能不食而操舟,徒手而行劫,由内地奸人接济之也。济以粮米物食,然后能久延;济以火药军器,然后敢敌杀。论者多归咎渔船……每猪十只,价近百金;米十石,价五六十金。火药、鸟枪、藤牌军器,价皆十倍。潮人谓坐港之利,胜于通番。"②所以粤洋海盗所用物资皆不会匮乏。帮内事务每事必先禀告郑一嫂而后行,且赏罚分明,凡打单勒索等收入,即令随库登记清楚。海上劫杀抢夺,海盗只听张保仔指挥,犯令者,立斩不赦,让他得以"威行海面"。又红旗主要活动的海域是在香港大屿山赤沥角洋面,其根据地则是在孤悬海外的硇洲岛(今属广东省湛江市,位于东京湾上,为一火山形成之岛屿,海盗占据此岛可控管整个南中国海水域)和涠洲岛(东望雷州半岛,南与海南岛隔海相望,西面面向越南,能掌控航行往来粤洋中、东路之商船)。③

张保仔亦以宗教信仰来领导海盗部众,不同于水师和海盗的天后信仰,

---

① 袁永纶:《靖海氛记》上卷,碧萝山房藏板,道光十年(1830年)刊本,法国国家图书馆藏,第5页;第一历史档案馆:《朱批奏折》,档号3166897834。

② 袁永纶:《靖海氛记》上卷,碧萝山房藏板,道光十年(1830年)刊本,法国国家图书馆藏,第5~6页。蓝鼎元《论镇守南澳事宜书》(贺长龄辑:《皇朝经世文编》卷八十五,《兵政》,台北:国风出版社,1963年,第5页)并提到:"民船犯禁,官兵可缉;官船作弊,孰敢撄锋。"才是重点。

③ 袁永纶:《靖海氛记》上卷,碧萝山房藏板,道光十年(1830年)刊本,法国国家图书馆藏,第4页。载:可容洋舶数百号。……以为巢穴,凡装船造器,皆聚于此。

而是信奉"三婆神"，并多次出现神迹，让群贼得以近似疯狂行径来作战。[①]《靖海氛记》载：

> 惠州有庙曰三婆神者，在海旁，数著灵异，贼舟过，必虔祀。稍不尽诚，祸咎立至，贼事之甚谨。一日，各头领齐诣罗拜，欲捧其像以归，俾朝夕求问，皆持之不动。张保一扶而起，遂奉之以归舟，如有风送到船者。凡往来出没，抢劫打仗，皆取决于神。每有祈祷，休咎悉验……保立阵前，良（林国良）发巨炮击保，烟焰所指，直达保前，其弹子及保身而泻。人见之，群意其必死。须臾烟散，而保端立如故，众惊以为神……商船环列而观，见贼每战，以炮药沃酒，各饮一碗而后进。未几，面红眼赤，愈战愈奋，观者皆吐舌。[②]

图 2-1　粤东名盗张保仔画像

资料来源：袁永纶：《靖海氛记·张保仔投降新书·内附载郭婆带呈词》，道光十年（1830 年）刊本，法国国家图书馆藏，插图三。

又嘉庆十四年（1809 年）年底，水师提督孙全谋率领六十艘水师米艇，配备一千二百门火炮和近两万名水师官兵至赤沥角海域围剿张保仔。

> 保惧，问筊于三婆神，卜战，不吉；卜速逸，则吉；卜明日决围可否，三筊皆吉。及二十二日晨，南风微起，樯旗转动。贼喜，预备奔逸。午后，南风大作，浪卷涛奔。近暝，贼扬帆鼓噪，顺风破围而出，数百舟势如山倒。官军不意其遽逸，不能抵当。夷船放炮，贼以数十烂船遮之，

---

① 澳门近代文学学会：《镜海钩沉》，澳门：澳门近代文学学会，第 1997 页。张卓夫《三婆与三婆庙》（第 47～48 页）提到：三婆神的信仰传自惠州，以能助剿击贼，打退来犯海盗，保护地方安宁见称。……三婆是天后的第三姊，三婆诞在农历三月廿三日天后诞的前一天。……三婆可能最初是惠州一带巫婆施行法术时声称能附于人体说话的默娘之姐三娘，因三娘死时年纪较默娘大（默娘死时只有廿八岁），而巫婆一般年纪也较大，另外亦为了表示尊敬而不直呼其名，因而将三娘称为三婆。三婆庙现存的一副楹联"灵昭海国，慈阴江乡"，亦显示三婆是沿海居民信奉的女神，是与天后类似的海神。

② 袁永纶：《靖海氛记》上卷，碧萝山房藏板，道光十年（1830 年）刊本，法国国家图书馆藏，第 6～12 页。

不能伤贼。贼遂弃烂船而逃,直出仰船州外洋。①

张保仔将惠州三婆神像请上船,遇海战或水师围剿时,则向三婆神"博笅"请示作战方向,借以向旗帮海盗发号施令,加强张保仔和郑一嫂对旗帮的统率。

根据朱程万的《己巳平寇》记载:"张保居郑一部下,事郑一佴安邦。安邦软弱不能驭众,侍张保左右之。保每劫掠,不前者手转之,得财瓜分不私蓄,虏人不妄杀,赏罚仍请命于郑一妻石氏。或云张与石阳主仆,实夫妇也。"②于是在郑一嫂及张保仔的领导下,红旗帮取得了前所未有的规模,并开始采取大规模的海盗集团行动,粤洋上海盗活动日益猖獗,海盗联盟组织成为与当时闽浙海盗蔡牵集团齐名的海盗势力。此前,自嘉庆十年(1805年)开始,广东海盗便和陆地上的土匪、会党等,③采取联合行动。同年9月1日,英国东印度公司致两广总督信函中称:

> 澳门及其周围和通至虎门的河道已被为数众多的可怕的海盗船艇骚扰,没有任何一个买办或中国人敢于将供应品运给伶仃的皇家战船或其他地方,因为恐怕被这些海盗所掳掠,丧失的不仅是财物而且是性命。④

随着清水师不断地在海上失利,且嘉庆十三年(1808年)虎门总兵林国良、⑤嘉庆十四年(1809年)护理虎门总兵许廷桂相继被海盗杀害,⑥加上广东水师提督孙全谋对张保仔围剿失利,致使海盗气焰嚣张,更兵分三路,入

---

① 袁永纶:《靖海氛记》下卷,碧萝山房藏板,道光十年(1830年)刊本,法国国家图书馆藏,第6~7页。

② 朱程万:《己巳平寇》,郑梦玉修:《南海县志》卷十四,台北:成文出版社,1989年,第262~264页。

③ 会党即天地会(或称三合会),关于粤洋海盗联盟与会党之间的关系,请参见郑广南:《中国海盗史》,上海:华东理工大学出版社,1999年,第310~315页。

④ 马士著,区宗华译:《东印度公司对华贸易编年史(1635—1834)》第3卷,广州:中山大学出版社,1991年,第19页。

⑤ 《清仁宗实录》卷二百,嘉庆十三年八月丙午日,第654~655页。另外,袁永纶《靖海氛记》上卷(第8页)载:保本无杀国良意,其手下遽以刃刺之……保怒曰:"我等露宿风餐,漂泊海面,正如浮萍断梗,浮沉莫定。幸借一战之威,暂免诸官之捕。厚待镇军,送之回港,以通来往,然后徐图归正,我等方可无事也。乃不奉我命而无故杀之,意欲何为!且彼既轻败师徒,失舟被获,杀之于我何加?纵之或归就戮。今徒使我有杀协镇之名,后虽欲投降。其可得乎!"遂亦杀刺国良者。

⑥ 《清仁宗实录》卷二百一十五,嘉庆十四年七月戊辰日,第890页。

第二章 黄金胜百战:清中叶前海上之非法活动

073

寇珠江口一带。郑一嫂掠新会等处,张保仔往东莞等处,郭婆带则掠番禺、顺德等处。① 八月间,张保仔率船队从蕉门闯入,沿河居民再遭荼毒。② 同时,郭婆带攻击珠江三角洲腹地顺德县沿岸村庄,其中三善庄的男丁自 16 岁以上,60 岁以下,群起组成团练来抵抗,"乡人与战良久,贼将退,婆带再令分两路而入。村后山上,皆为贼兵。乡人怯,阵乱。贼乘势追杀,斩八十余级,悬其首于海傍榕树上。当其未战也,乡勇惧妇女喧扰,先尽驱于祠中,反而锁之。及败,贼开门,拥之下船去"③。海盗联盟的肆掠对于珠江下游地区的社会经济发展造成了相当程度的破坏,约三十年后,于道光二十年(1840 年),钦差大臣林则徐提到:"张保红旗帮等,盗伙数万人,劫掠商民,戕伤将士。⋯⋯粤省滨海村庄,受其荼毒之惨,至今间巷传闻,痛心切骨。"④

粤洋海盗除了劫掠城镇外,也会绑票勒索,并且向西方人挑战,行劫西洋船舶,洋人也经常成为海盗绑票的对象。嘉庆十三年(1808 年),夺取自安南、东京载货返航的英国籍"鹏发"号货船,更将此船当成其旗舰。嘉庆十四年(1809 年)9 月 21 日,张保仔绑架英国"艾利侯爵号"(Marquis of Ely)的四副理查德·格拉斯普尔(Richard Glasspoole)及小艇水手六人。经过谈判后,从海盗原本要求的 100000 银元赎金,最后付出总价 7654 银元。其中有 332 银元用在谈判出力的船员与中国海关官员,24 银元支付鸦片税捐,张保仔取得 4220 银元现款,以及价值 2427 银元的鸦片和 651 银元两捆鲜红色细致布料,两桶火药,一副望远镜。但是张保仔认为此望远镜品相老

① 袁永纶:《靖海氛记》上卷,碧萝山房藏板,道光十年(1830 年)刊本,法国国家图书馆藏,第 14~15 页。

② 朱程万:《己巳平寇》,郑梦玉修:《南海县志》卷十四,台北:成文出版社,1989 年,第 262~264 页。

③ 袁永纶:《靖海氛记》上卷,碧萝山房藏板,道光十年(1830 年)刊本,法国国家图书馆藏,第 16~17 页。

④ 中山大学历史系中国近代现代史教研组:《林则徐集·奏稿》,北京:中华书局,1965 年,第 3 页。

旧,所以要求折现 100 银元。^① 粤洋海盗的行动愈来愈胆大妄为,嘉庆皇帝收起等闲视之的态度,开始用强硬的手段来对抗粤洋海盗联盟。

三、粤洋海盗联盟的瓦解

嘉庆九年(1804 年),那彦成担任两广总督。那彦成,章佳氏,隶属于满洲正白旗,他在清朝的官僚等级制中擢升迅速,先任内阁大学士兼军机大臣,1799 年任钦差大臣,赴陕西督办军务,镇压白莲教,开始了其办理平叛事务的生涯。1802 年,他镇压异端的视野更加开阔,当年皇帝派他前往广东查办该省东部的一起会党起义事件,由于办理迅速,善后得当。两年后任陕甘总督,办理白莲教善后事宜。^② 上述政绩在嘉庆皇帝眼里,那彦成就是担任两广总督来缉捕海盗的最佳人选。

那彦成在嘉庆十年(1805 年)春上任后,先行在兵力部署、地方团练、海上作战等方面进行一番整顿。该年的九月,那彦成首次尝试动员全广东水师来清剿粤洋海盗,总计共击毙、擒获海盗二千余名,击毁海盗船只近百艘,并杀郑一之弟郑三以及红旗头目郑国华等数十名。^③ 那彦成对此战果却感到失望,因为对于要肃清整个数万人的粤洋海盗联盟来言,该成绩非常微不足道。那彦成遂改变对抗海盗联盟的方法,反而投入招抚海盗的计划上。那彦成在广东沿海各城乡张贴"通谕口岸接济自首免罪"、"通谕里胁难民杀贼投诚立功赎罪"^④等告示,规定一名海匪来投,可免其罪并赏银 10 两,其中海盗头目更能够得到水师官衔。当年共有 3175 名海盗投诚,数十名匪首

① 袁永纶:《靖海氛记》上卷,碧萝山房藏板,道光十年(1830 年)刊本,法国国家图书馆藏,第 9～10 页;马士著,区宗华译:《东印度公司对华贸易编年史(1635—1834)》第 3 卷,广州:中山大学出版社,1991 年,第 119 页。另外,第 31 页、第 60 页载:曾被张保仔俘虏的"泰号(Tay)"主任大班特纳(John Turner)其赎金为 2500 元、2 箱鸦片和 5000 张草席。Charles Neumann, *History of the pirates who infested the China Sea from 1807—1810*, London:Lincoln's Inn Fields,1831, p. 125. (翻译自袁永纶:《靖海氛记》)

② 恒慕义(Arthur W. Hummel)著,中国人民大学清史研究所清代名人传略翻译组译:《清代名人传略》,西宁:青海人民出版社,1990 年,第 584～585 页。

③ 容安辑:《那文毅公奏议》卷十二,《剿抚洋盗》,台北:文海出版社,1968 年,第 89～95 页。

④ 容安辑:《那文毅公奏议》卷十三,《剿抚洋盗·告示》,台北:文海出版社,1968 年,第 78～82 页。

当上千总、把总、外委等官。① 不过,广东巡抚孙玉庭持相当反对的态度,于是上奏称那彦成:"办理投首盗匪,酌赏顶戴,并每名赏银十两。计海盗不下数万,若尽行招抚,经费为难,其杀贼投首之人,未可尽信。且此等盗犯罪皆凌迟斩枭,今准其投首,概置不问,荣以顶戴,加以重赏,以致民间有为民不如为盗之谣。"②那彦成的招抚政策与嘉庆皇帝的剿灭政策,截然不同,那彦成故而被解职,改由直隶总督吴熊光前往查办,并要求"投诚之事,势难却而不受,必须慎重办理。除其中本系裹胁者照例散遣外,其曾经为盗及著名之犯,即应查明。如果此时实在杀贼立功,方可加以收恤。此后招致之说,亟行截止,以免盗匪等源源而来"。③ 然而直到嘉庆十四年(1809 年),接任的吴熊光仍无法扑灭海盗,加上英国欲侵占澳门事件,于是改由汉军正黄旗人称"百青天"的百龄来担任。百龄上任后,即坚决采取"断贼粮食,杜绝接济,禁船出海,盐转陆运,俾无所掠,令其自毙"之政策。④

随着粤洋海盗在珠江下游区域的势力愈来愈强大,东印度公司的大班在一份报告中称:"我们很遗憾的宣布,由于拉德龙斯海盗势力的增强,我们的鸦片还有其他商品的贸易很有可能遭到更大的损失。在过去三四个月时间,海盗势力大增,不断四出袭击,其情况比我们目前所目睹的更加严重。"⑤澳门的葡萄牙人面对粤洋海盗的威胁,首当其冲,故率先提出租借六艘军舰给粤省的协议。双方在嘉庆十四年(1809 年)十一月二十三日签订协议,条文中规定六艘葡萄牙军舰加入清朝水师在虎门及澳门之间巡逻的任务,中国官方必须支付八万两白银给葡萄牙人当作费用,并且葡萄牙人取得统治澳门的权力。签订合约后,葡萄牙人立即组成一支由 6 艘军舰,730名水军,118 门大炮的舰队。⑥ 随后,百龄暗查得知郑一嫂即将分娩以及红旗辎重全在大屿山基地,清葡舰队于是进击大屿山赤沥角洋面,最终虽让张

① 容安辑:《那文毅公奏议》卷十三,《剿抚洋盗》,台北:文海出版社,1968 年,第 31~37 页;《清仁宗实录》卷一百五十一,嘉庆十年十月辛丑日,第 1080 页。
② 《清仁宗实录》卷一百五十一,嘉庆十年十月辛丑日,第 1080 页。
③ 《清仁宗实录》卷一百五十二,嘉庆十年十一月庚申日,第 1094~1097 页。
④ 袁永纶:《靖海氛记》上卷,碧萝山房藏板,道光十年(1830 年)刊本,法国国家图书馆藏,第 13~14 页。
⑤ (美)穆黛安著,刘平译:《华南海盗(1790—1810)》,北京:中国社会科学出版社,1997 年,第 137~138 页。
⑥ 黄鸿钊:《嘉庆澳门葡人助剿海盗初探》,《文化杂志》第 39 期,1999 年,第 93~97 页。

保仔脱逃,但有 2400 名海盗被歼擒,张保仔兄长张生仔和 34 名头目被轰毙,[①]加上澳葡船舰发现张保仔安置三婆神像的船乃是海盗信仰中心,以猛烈的炮火将之击沉,[②]彻底瓦解他的统领威信。此战郭婆带并未出兵救援张保仔,双方终于在年底决裂,郭婆带更于虎门外洋打败张保仔。郭婆带借此转而向清廷投首,遂委托澳门判事官眉额带历递送投降文书:

> 窃惟英雄之创业,原出处之不同;官吏之居心,有仁忍之各异。故梁山三劫城邑,蒙恩赦而竟作栋梁;瓦岗屡抗天兵,荷不诛而终为柱石。他若孔明七纵孟获,关公三放曹操;马援之穷寇莫追,岳飞之降人不杀。是以四海豪杰,效命归心;天下英雄,远来近悦。事非一辙,愿实相同。今蚁等生逢盛世,本乃良民,或因结交不慎而陷入萑苻,或因俯仰无资而充投逆侣,或因贸易而被掳江湖,或因负罪而潜身泽国。其始不过三五成群,其后遂至盈千累万。加以年岁荒歉,民不聊生。于是日积月累,愈出愈奇,非劫夺无以延生,不抗师无以保命。此得罪朝廷,摧残商贾,势所必然也。然而别井离乡,谁无家室之? 随风逐浪,每深萍梗之忧。倘遇官兵巡截,则炮火矢石,魄丧魂飞;若逢河伯行威,则风雨波涛,心惊胆落。东奔西走,时防战舰之追;露宿风飱,受尽穷洋之苦。斯时也,欲脱身归故里而乡党不容,欲结伴投诚而官威莫测,不得不逶逦海岛,观望徘徊。嗟嗟! 罪固当诛,梗化难逃国典;情殊可悯,超生所赖仁人。欣际大人重临东粤,节制南邦,处己如水,爱民若赤。恭承屡出示谕,劝令归降。怜下民获罪之由,道在宽严互用;体上天好生之德,义惟剿抚兼施。鸟思静于飞尘,鱼岂安于沸水。用是纠合全帮,联名呈叩。伏恳悯蚁之余生,拯斯民于水火;赦从前冒犯之愆,许今日自新之路。将见卖刀买牛,共作躬耕于陇亩;焚香顶祝,咸歌化日于駢襟。敢有二

---

① 《嘉庆朝上谕档》,档号 601001193—1,嘉庆十四年十一月十九日,字寄上谕孙全谋革职拏问。

② (葡)徐萨斯(Montalto de Jesus)著,黄鸿钊等译:《历史上的澳门》,澳门:澳门基金会,2000 年,第 151~162 页;高美士:《张保仔船队的毁灭》,《文化杂志》1987 年第 3 期,第 15 页;澳门虚拟图书馆 http://www.macaudata.com,"大屿山海战"条,访问时间:2016 年 1 月 6 日。

心，即祈诛戮。①

郭婆带后在归善县平海偕同黄旗冯超群向百龄投诚，共计有 5578 名海盗投首，缴出 100 余艘船，火炮 500 余门，军械 5600 件，被俘 321 名红旗海盗和 800 余名被掳之妇女及幼童。原籍广东省番禺县，年龄 39 岁的郭婆带，改名为郭学显，并得到水师把总头衔。② 后向百龄辞官居住在广州城内，延师教其子，朴如农村，最终活至同治年间，以 90 余岁于家善终。③

嘉庆十五年（1810 年）年初，清代海盗的黄金时代接近了尾声。张保仔眼见情势已不利于其发展，适巧两广总督百龄请托澳葡判事官眉额带历出面招安张保仔，④更派于澳门执医有胆识、知贼情的周飞熊前往说服。然而张保仔内心仍是犹豫不决，又原本问事之三婆神像已被葡萄牙人击毁，于是张保仔转向求祷于大王公，"乃附童子作呓语，其早投诚，否将不利"。⑤ 张保仔遂委请郑一嫂亲自出马，带着副手香山二与两广总督百龄进行谈判，得以请降获准。三月，张保仔率众一万七千余人投诚，缴出船两百余艘，火炮一千三百余门，刀枪器械数千件，张保仔被授予千总官衔。⑥

张保仔更向百龄请求去除"仔"字，称单名，百制军于是说："若然，则我故张姓子，尔名张保，殆欲我保天禄也。"⑦四到五月间，百龄继续围剿残余之海盗势力，以张保为前锋，亦檄命越南设兵于两国交界江坪截击海盗，"约定提臣童镇升、碣石镇臣黄飞鹏……分带师船一百三十号，兵壮一万余名

---

① （美）穆黛安著，刘平译：《华南海盗（1790—1810）》，北京：中国社会科学出版社，1997 年，第 145～146 页；袁永纶：《靖海氛记》下卷，碧萝山房藏板，道光十年（1830 年）刊本，法国国家图书馆藏，第 10～13 页。

② 袁永纶：《靖海氛记》下卷，碧萝山房藏板，道光十年（1830 年）刊本，法国国家图书馆藏，第 13 页；第一历史档案馆：《朱批奏折》，档号 3166897834。

③ 邱德馨：《菽园赘谈》，转引自曹小曙：《话说海盗》，广州：广东经济出版社，2011 年，第 51 页；戴肇辰：《广州府志》卷一百六十二，《杂录》，早稻田大学藏光绪五年刊本，第 34 页。

④ 《判事官受托招安盗首张保仔事呈两广总督百龄禀》，刘芳、章文钦主编：《葡萄牙东波塔档案馆藏清代澳门中文档案汇编》（以下行文简称《葡萄牙东波塔档案》）上册，澳门：澳门基金会，1999 年，第 512 页。

⑤ （清）卢坤、（清）邓廷桢主编，王宏斌等点校：《广东海防汇览》卷四十二，《事纪》，石家庄：河北人民出版社，2009 年，第 1052 页。

⑥ 袁永纶：《靖海氛记》下卷，碧萝山房藏板，道光十年（1830 年）刊本，法国国家图书馆藏，第 15～18 页。

⑦ （清）卢坤、（清）邓廷桢主编，王宏斌等点校：《广东海防汇览》卷四十二，《事纪》，石家庄：河北人民出版社，2009 年，第 1052 页。

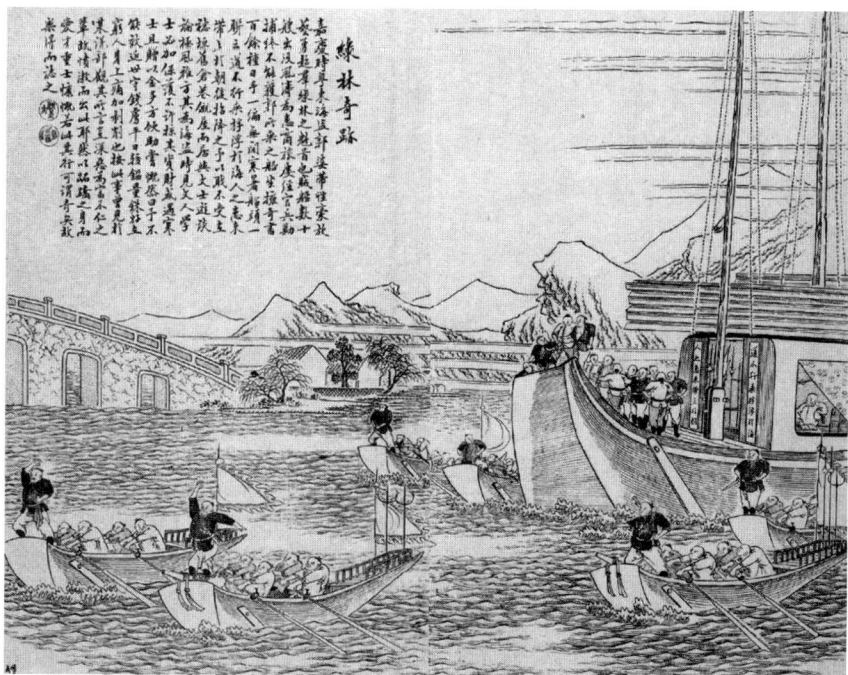

图 2-2　《点石斋画报》刊登之《绿林奇迹》

资料来源:《点石斋画报·金集》,上海:上海画报出版社,映雪斋主人藏本,第5页。郭婆带(1770—?)身为黑旗海盗首领,却坐拥奇书百余种,日手一编。遇到文人学士或寒士,必加以保护,给予多金资助。郭婆带还在船头挂一副对联,"道不行,乘桴浮于海;人之患,束带立于朝。"

……并饬原派巡缉西路之署游击杜茂达等所带师船三十号,在彼会合兜追"。五月三十日,水师遭遇乌石二船队,童镇升等"挥令船奋力赶上,四面围攻,用大炮连环轰击……贼匪落海淹毙者无数,该匪等仍抵死拒敌。时有白底开波船一只,直前扑敌。首民张保认系乌石二坐船,立即奋勇逼扰,首先跳过,杀死贼匪数人,将盗首乌石二即麦有金擒获。……彼时另帮盗首东海霸即吴知青带领匪船二十四只,头目游国勒等男妇大小四百三十名口……驶来乞降"[1]。海盗联盟自此瓦解,百龄志得意满,先筑大王公庙于虎

---

① 《明清史料·庚篇》上册,第485～487页。

门,奏请嘉庆皇帝褒封,称之为"靖海之神"。^① 接着命香山知县筑台于大涌海旁,题匾"大德曰生",并记录此事绩于上,^②而部属温承志编纂《平海记略》,幕僚袁永纶撰写《靖海氛记》来吹捧百龄招抚海盗之功。另外,更绘制有一幅全长 18 米的《靖海全图》,画上共有廿个剿抚海盗的主题场景,用以宣扬百龄平定粤洋海盗的功绩。

嘉庆十五年(1810 年)六月,百龄奏:"生擒积年巨寇乌石二等首伙各犯,并帮匪带船投诚及盗首东海霸等,悉数乞降,海洋肃清……粤海著名大股盗匪除投首外,均已悉数歼除,全省洋面一律荡平……百龄着加太子少保衔,赏戴双眼花翎,给予二等轻车都尉世职……千总顶戴张保,着赏戴花翎,以守备超升。"^③旁观者英国人却认为张保仔大规模投诚并非是好事:"可以预料会恢复他们的老习惯,我们这个看法,不幸被听到的无数劫掠事件所证实,它是那些在岸上的所谓归顺的海盗干的。……离广州不远的河上,海盗所干的猖狂暴行,更加证实这些疑虑!"^④并讽刺地说:"总督的白银比葡萄牙人的铁弹力量更大。"^⑤嘉庆皇帝亦提出质疑:"现在张保仔等大股贼匪,亦率其伙党,前来乞降。在伊等来降之意,仍不过为谋食起见,并非真知大义,自悔前愆。"^⑥百龄于是回复关于投首海盗的情况及巡洋规划。

盗首东海坝即吴知青,自蒙恩旨赦免戍罪之后,即押令回雷州府遂溪县原籍,并未居住省城,人所共知。该匪年已五十九岁,闻其回籍甚属安分……至张保仔投诚后,力图报效,奴才因其在粤洋诸寇中素称强悍,年甫二十七岁,是以稍假词色,随时驾驭……把总郭景(学)显、外委萧闻进(俊)、樊立勋等,虽皆以投诚立功擢用,且伊等亦远逊于张保之强,近日亦均知巴结当差,似可相安无事。……奴才前于粤洋肃清后,

① (清)卢坤、(清)邓廷桢主编,王宏斌等点校:《广东海防汇览》卷四十二,《事纪》,石家庄:河北人民出版社,2009 年,第 1054 页。

② (清)田明耀:《重修香山县志》卷二十二,《纪事》,上海:上海书店出版社,2003 年,光绪五年刊本,第 40 页。

③ 《嘉庆朝上谕档》,档号 601001200-2,嘉庆十五年六月二十九日,内阁奉上谕分别懋赏事。

④ 马士著,区宗华译:《东印度公司对华贸易编年史(1635—1834)》第 3 卷,广州:中山大学出版社,1991 年,第 141 页。

⑤ 马士著,区宗华译:《东印度公司对华贸易编年史(1635—1834)》第 3 卷,广州:中山大学出版社,1991 年,第 120 页。

⑥ 《清仁宗实录》卷二百二十七,嘉庆十五年三月丁丑日,第 52 页。

即筹议奏定东、中、西三路舟师一百四十号,分段梭巡,声势极为联络威严。……防海当防于无事之时,弭盗当弭于甫兴之候。常存不可姑息、不肯怠懈之心,自能永靖瀛壖,上纾圣廑。①

原推行"招抚海盗"政策,是想"俾收以盗攻盗之效",然投诚海盗无法获取统治者的信任,使得他们被安插原籍后,处处受到限制,不久多回到海上重操旧业。顺德县龙廷槐云:"洋盗于是全平,而回籍安插之党,未能改辙,而内地匪案亦渐起矣。"②

嘉庆十九年(1814年),张保成为水师将领后,亦未尽心于洋面巡缉,反而因为熟稔鸦片买卖,于是做起了黑吃黑的生意,胁迫鸦片烟商缴交总额高达80000银元的规费。若不从,就将之监禁于监狱,并加以严刑拷打,逼供自认买卖鸦片。③ 嘉庆二十四年(1819年)四月,张保补授福建省澎湖协从二品副将。嘉庆二十五年(1820年)二月,林则徐对于张保投诚未届十年,却能在水师营里官位扶摇直上的情形大表不满,奏请往后投诚的海盗,最高只能担任至副将。④ 嘉庆皇帝接受此议,并下旨查办:

上谕:福建澎湖协水师副将,前经该省以张保题升。张保系由海盗投诚之人,澎湖孤悬海外,地方险要,副将统辖舟师责任綦重,张保在彼究属非宜。国家立贤无方,如桂涵、罗思举皆由乡勇出身,用至总兵,均能称职。该二员本系良民,由军功洊擢,所属将弁兵丁无不翕服。若张保系盗贼出身,从前聚众至一万七千余人之多,戕害生灵无算,恐其旧性未驯。且朕闻该员常食鸦片烟,不知礼节,诸多任性,所属舟师亦不能约束,时有赌博、奸淫、讹诈、逼吓之事。若在任日久,恐所属备弁,心怀不服,别生枝节。着董教增接奉此旨,即密行访查张保在任有何恣纵劣迹,即他无确据,其服食鸦片烟已属有玷官箴。一面以商办公事为

① 百龄:《奏报张保等人尚属安静英国撤换在粤办事大班等情片》,嘉庆十六年正月二十三日,见中国第一历史档案馆、澳门基金会、暨南大学古籍研究所合编:《明清时期澳门问题档案文献汇编》第2册,北京:人民出版社,1999年,第3~6页。

② 龙廷槐:《敬学轩文集》,收录于郭汝诚:《顺德县志》卷三十一,《前事略》,台北:成文出版社,1967年,咸丰三年刊本,第2801页。

③ 马士著,区宗华译:《东印度公司对华贸易编年史(1635—1834)》第3卷,广州:中山大学出版社,1991年,第206~207页。

④ 林则徐:《副将张保不宜驻守澎湖并请限制投诚人员品位折》,《林则徐全集》第1册,福州:海峡文艺出版社,2002年,第2页。

名,先将该员调至省城,再行具折劾参。彼时朕核其情节,将该员降补微职,改调内地,较为易于钤束也。①

此项建议尚未实行,张保随即于道光二年(1822 年)病故,最高官位仅至副将。道光三年(1823 年),两广总督阮元接着奏请撤除张保仔之子——张玉麟(1813—1840)的"荫生"②。不过,道光皇帝念及张保昔日率众投诚之事,反而赐他千总一职。道光二十年(1840 年),林则徐再次奏请追夺张石氏(郑一嫂)的命妇诰封,并追查张玉麟未到营报到和聚众赌博一案。③可知士大夫阶级相当反对海盗因"投首"而封官之情形。

---

① 《嘉庆朝上谕档》,档号 601001321,嘉庆二十五年二月二十七日,字寄上谕董教增密查张保一事。

② 《清宣宗实录》卷五十(道光三年三月甲申日,第 895 页)载:官员子孙,仰蒙予荫,原系非常旷典,岂容漫无区别。查故闽安协副将张保,原系粤洋大盗,经官兵剿捕,于嘉庆十五年投诚。其子嗣若一体子荫,殊不足以重名器,应请撤除。

③ 林则徐:《追夺张保继室石氏诰封折》,《林则徐全集》第 3 册,福州:海峡文艺出版社,2002 年,第 383～384 页。

第三章

在洋之盗,十犯九广:

清中叶后华南海盗滋生背景

　　中国从汉代出现"海上丝绸之路"①开始,随着航线的延伸与贸易的拓展,海盗便此起彼伏,祸害不断。海盗为了获取大量的财物,采取非法手段来横行海上,不仅商人和船员的生命财产受到极大的威胁,贸易航线亦产生相当大的危险性,对于整个沿海的社会秩序及经济带来严重的影响。而有清一代,东南环海,万里汪洋,舟船往来于其间,此为沿海民生利益之所在,其中广州港更有"金山珠海,天子南库"②之称。由于清代海上贸易量增加,以劫掠商、渔船为生的海盗也随之滋长。清代学者蓝鼎元提到:"在洋之盗,十犯九广。"③将中国东南海疆洋氛大炽的矛头,指向广东一省。又嘉庆年间的两广总督那彦成,曾于奏折中云:"粤东之患,莫大于洋盗。"④可知清代乾嘉时期的"东南海事"多由海盗所引起,而海盗又是多出自于位处边陲、海疆辽阔、岛屿众多的广东省,再加上安南西山政权(1771—1802)吸收中国海盗来筹措军费的影响,更让整个华南沿海的海盗动乱,一发不可收拾。

　　海盗活动的背景为滋长海盗背后一只看不见的手。粤洋三路这个错综复杂的水上世界,成为海盗的"逋逃渊薮",加上海盗的寇发必须伴随着季风的助力,所以要选对季风与洋流,在天时、地利之下,让华南海盗成为一种靠着海洋地理与季节性的职业。此外,由于19世纪中国爆发了人口膨胀的问

---

① 清代的广东"海上丝绸之路"共计有:一是广州至北美洲航线,二是广州至大洋洲航线,三是广州至俄罗斯航线,四是香港至各大洲航线。黄启臣:《广东海上丝绸之路史》,广州:广东经济出版社,2003年,第491~498页。

② 屈大均:《广东新语》卷十五,北京:中华书局,1997年,第433页。

③ 蓝鼎元:《论海洋弭捕盗贼书》,贺长龄辑:《皇朝经世文编》卷八十五,台北:国风出版社,1963年,第2189页。

④ 容安:《那文毅公(彦成)奏议》卷十二,台北:文海出版社,1968年,第1616页。

题,广东省人口在嘉庆十七年(1812年)飙升至18900608人,引发出许多的社会经济问题。米粮缺少,所以价格攀升,从越南走私稻米可获倍利,让走私商船兴起,同时海盗的目标也投向这些走私商船,使得缺粮、走私与海盗,彼此关系密切。还有海南商船往越南所缴税钱低廉,使清朝他省商人多假冒海南船航向越南,让整个19世纪从琼州海峡到越南广安的航线,洋盗充斥。19世纪中期,单是在广州附近水面就生活着大约8万名船上居民,这只是广州的资料而已,整个广东洋面上有更多的船上居民,他们过着穷困潦倒的生活,生活不济是他们入海为盗的主因,官商勾结的高利贷放款、广东的赌风炽盛,还有以宗教信仰为号召的推波助澜之下,让19世纪的广东海疆洋氛大炽。上述因素都让清朝统治者大伤脑筋,无力阻断海盗的滋长。

18世纪末到整个19世纪是中国东南沿海海盗盛行的时代,从天津外海延伸到越南南圻的海岸线,海盗活动日趋上升,这个情况是否能够将海盗视为单一团体?显而易见,海盗活动并不能够将之混为一谈,操着粤语的粤洋海盗和使用浙江话、闽南话的闽浙海盗有着相当大的差异。再者,粤洋与越南海盗主要目标在于广州、澳门、琼州、越南沿海海岸线,闽浙海盗的眼光则放在台湾、琉球群岛周围的海域,这些现象让中国东南沿海的海盗活动不能再被等同视之。

然而,在清代海盗活动历史上,粤洋与闽浙海盗集团在安南西山政权动乱期间,曾经短暂合作过。根据嘉庆三年(1798年)浙江巡抚玉德的两件奏折中,可以发现安南匪船(亦被称为安南艇匪,即为被西山政权吸收的广东籍活动于粤洋的海盗)由粤东窜入闽浙海域,并且由当地的盗匪作向导。因此玉德随即咨文给定海镇总兵李长庚,并联合温州镇总兵林起凤及黄岩镇总兵岳玺所属水师,共同迎击安南海盗,在一次于普陀外洋和海盗作战时,从被击毙的红衣盗首邱扶(福建晋江县人)身上搜出安南伪印照票三张,获利分股单一纸,遭捕的海盗供称:“嘉庆二年正月内,邱扶等同帮六船,从广东起身,驶至安南,即与该处艇船议定,照依船只大小派定股份,如伙同劫得银钱,按股均分,其余股份仍送安南大艇船收用。立有合同议单一张。”①

到了嘉庆五年(1800年)接任浙江巡抚的阮元奏报,因为积极围剿艇

---

① 《宫中档嘉庆朝奏折》,档号404004104,嘉庆三年七月五日,浙江巡抚玉德奏折;档号404004217,嘉庆三年九月初四日,浙江巡抚玉德奏折。玉德奏报:前岁安南匪船窜入浙洋面,海道沙水线路,均系内地土盗附和导引。

匪,使得艇船匪徒损伤过多,现今已离开浙江省水域,并且"遭水师追赶到闽缘"。阮元也在奏折中为两人海盗集团合作的原因做出一个解释,他认为:

> 台州将近日拿获漏米济匪及在洋掳人勒赎之土盗潘允侯、黄胖三等,就近亲提严审后……查上半年艇匪来浙,似与往年不同,往年夏来秋去,至迟不过冬初;上年则八月始来,腊尽未去。往年艇匪与土盗为仇,近来则土盗恃艇匪为倚靠,艇匪以土盗为向导。艇匪船大炮大足以牵制兵船,兵船不能更有余力追捕土盗,土盗乃得肆出抢劫,艇船坐分其肥。[①]

而升任为闽浙总督的玉德在同年二月间上奏,艇匪由于被李长庚率领的闽浙水师追剿,现已窜回粤洋的南澳镇。[②] 由此可知,闽浙海盗想借着与加入安南西山政权的粤洋海盗合作,来取得安南强大的船舰与武装;粤洋海盗则趁这个机会,得到从闽浙沿海往上到达天津外海的劫掠航线。但是此次的合作,因为清朝水师在闽浙水域的防守战获得胜利以及安南西山政权覆灭(1802 年)而告一段落。从上述可以粗略地得知,广东、越南沿海独特的地理环境与先进的航海技术和造船业,为海盗造就了一个良好的舞台,复杂的历史背景与经济因素让广东到越南沿海居民纷纷投入海盗的事业,并且从省籍、目标的不同得知海盗活动是必须有所区隔。

对于清政府来说,华南海域并不是一个主权明确、疆界清楚的区块,相反,这个没有确切界线的海域极具争议性,它的水域相当辽阔,汪洋一片,无法使用标志来划定界线。从 15 世纪地理大发现以来,这片海域成为欧洲到亚洲来贸易的最快速捷径,并成为环东亚海域中国际往来通商的主要航道。而华南海域的海运便利、贸易繁荣之下,也产生出众多非法经济活动、法律边缘的利益冲突,清朝官方记载中的"西贼"、"海贼"、"海寇"、"洋盗"、"洋匪"、"土盗"以及"海盗"的名称,可以说是史不绝书。清朝的海上非法活动,大致分为三波高峰:第一波是明清政权交替之际,第二波是清中叶时期,第三波则为 1840 年之后。成千上万的贫穷、破产的人民,为了生存而从事海

---

① 《宫中档嘉庆朝奏折》,档号 404004765,嘉庆五年一月十五日,署浙江巡抚阮元奏折。

② 《宫中档嘉庆朝奏折》,档号 404005108,嘉庆五年二月十九日,闽浙总督玉德奏折。嘉庆皇帝朱批:李长庚(此人甚好)实为水师中杰出之员,总宜用于要处,莫令彼往返奔波,徒劳无益也。

盗活动,其中就以华南海域海盗最为多。

第一节　华南的水上世界与经济因素

一、华南的水上世界

中国华南沿海独特的地理环境与先进的航海技术和造船业,为海盗造就出良好的舞台,复杂的历史背景与经济因素更让沿海居民纷纷投入海盗勾当。学者穆黛安认为中国面临的广大洋面,至少包含三个"水上世界",[①]其中一个即为"南中国海的广东水上世界",此水上世界从广东中部一直延伸到越南沿海的海域。海盗最适合滋生的环境是一片汪洋大海、众多天然的海港和无数的岛屿,而清代华南的海岸线,就是最佳的海盗藏身之处。这一条支离破碎的海岸线相当长,呈"S"形,沿海拥有大大小小的岛屿。根据统计,广东大陆与岛屿的海岸线总长为 7840.24 公里(包含现今的广西与海南岛海岸线)。[②] 自古其洋面可分为三路:东路为潮、惠州洋面,中路为广州洋面,西路则为高、雷、琼、廉州洋面。

(一)粤洋东路

广东洋面东路为潮、惠州洋面,属于韩江三角洲冲积的海岸,东路洋面为琉球、日本等国商船由福建进入广东的航道,其中闽浙与粤洋海盗则窝藏

---

① 穆黛安认为中国从南到北,第一个"水上世界",包含江苏、浙江两省的沿海地区,以及从淮河河口与长江口,往南延伸到杭州和宁波的陆上地区。在这里,人们的出海活动,主要趋向日本和琉球。第二个"水上世界",从浙江温州往南延伸,通过整个福建,包含广东东部的韩江流域和台湾岛。第三个亦即"南中国海的广东水上世界",从广东中部的东江盆地(刚好位于汕头和韩江—闽江水系的闽语族群以西的地区),往西延伸到越南沿海。穆黛安著,张彬村译:《广东的水上世界——它的生态和经济》,《中国海洋发展史论文集》第 7 辑,台北:"中央研究院"人文社会科学研究中心,1999 年,第 145 页。

② 司徒尚纪:《岭南海洋国土》,广州:广东人民出版社,1996 年,第 10 页。另外,广东省海洋面积为 419000 平方公里。清代,廉州府钦洲洋面尚属于广西省所管辖。

于潮州府的南澳岛屿附近,对商船进行截击,蓝鼎元在《论镇守南澳事宜书》中提到:

> 南澳为闽广要冲,贼艘上下所必经之地。三四月东南风盛,粤中奸民哨聚驾驶,从南澳入闽,纵横洋面,截劫商船,由外浯屿、料罗、乌纱而上,出烽火、流江而入于浙。八九月西北风起,则卷帆顺溜,剽掠而下,由南澳入粤。劫获金钱货物多者,各回家营运卒岁,谓之"散斗"。劫少无所利者,则汛舟顺流,避风于高州、海南等处。来岁二三月,土婆涌起,南方不能容,则仍驾驶北上,由南澳入闽。所以南澳一镇为天南第一重地,是闽粤两省门户也。[1]

康熙五十六年(1717年),南澳总兵周士元在查勘闽粤沿海炮台并陈亲笔书写奏折一事的折子里头,康熙皇帝的朱批:"南澳一镇,乃闽、广咽喉,海贼必由之路,须时时留心。"[2]关于闽粤战略重镇南澳的重要性(参见图3-1"清代粤洋东路南澳海防示意图"),甚至在百年之后仍是如此,道光十三年(1833年),两广总督卢坤在奏报南澳洋面情形的奏折中,就清楚地指出南澳是粤洋东路监控闽粤往来船只的重镇。

> 南澳洋面乃闽粤交衔,四通八达,港汛纷歧,往来商渔船只式样不一,奸良易混,巡防尤关紧要……臣查南澳,闽粤咽喉,最为重镇。[3]

由此可见,南澳是粤洋东路水师与海盗的重点目标,根据《钦定大清会典事例》对于南澳防守编制的记载:

> (分别受闽浙及两广总督节制)南澳镇总兵官一人,驻扎南澳城,分管闽粤二省,统辖本标左右二营,兼辖澄海、海门、达濠三营。其左营属福建水师提督节制。右营外海水师游击一人,中军守备一人,千总二人,把总四人,外委九人,额外外委二人,兵七百三十六名。[4]

---

① 蓝鼎元:《论镇守南澳事宜书》,贺长龄辑:《皇朝经世文编》,台北:国风出版社,1963年,第2189页。

② 《宫中档康熙朝奏折》第7辑,档号401001823,康熙五十六年八月十二日,南澳总兵官周士元奏折,第188页。此外,徐珂《清稗类钞》第6册(北京:中华书局,2010年,第2958页)载:自广东附帆船北行,行数日,过南澳,舟人言更前有海盗窟,日过午未可行。

③ 《军机处档·月折包》,档号065132,道光十三年七月二十三日,两广总督卢坤奏折。

④ 昆冈等修:《钦定大清会典事例》卷五百九十五,《兵部·绿旗营制》,收录于《续修四库全书》第807册,上海:上海古籍出版社,1995年,第299页。

粤洋东路的岛屿地形为海盗提供了一个良好的抢劫地点,往来船只因此大受其害,清朝水师也因此将重点放在南澳岛屿附近。南澳镇除了左营为福建水师提督节制外,加上澄海、海门、达濠三营的兵丁,共有两千五百十一名,在粤省水师的编制上,算是相当具有规模的部署。台湾府诸罗县籍的名将王得禄也曾在嘉庆十二到十三年(1807—1808)间,担任闽粤南澳镇总兵官一职。[①]

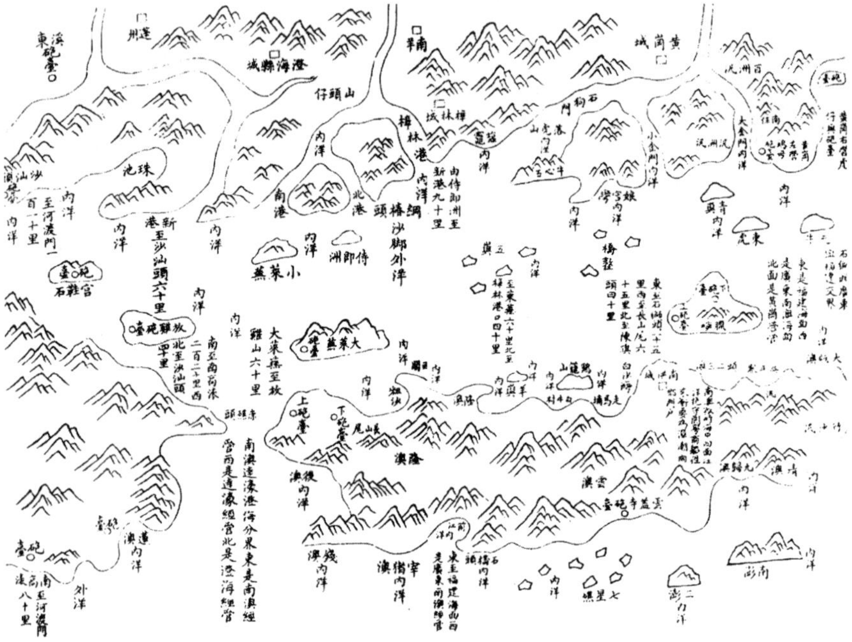

图 3-1　清代粤洋东路南澳海防示意图

资料来源:阮元:《广东通志》卷一百二十四,《海防略二》,台北:中华丛书编审委员会,1959 年,同治三年刊本,第 2394～2395 页。

(二)粤洋中路

粤洋中路为广州洋面,属珠江三角洲冲积的海岸,岭南地区由于海岸曲折,内陆河流众多,海水深入陆地或是河流出海口,形成许多"Π"字形的天

---

① 《清国史馆传稿》,台北故宫博物院藏,编号 778。此外,康熙年间的福建漳州籍的蓝廷珍、道光年间的广东惠州府的曾逢年以及抗法名将广西钦州的刘永福皆担任过此职。

然海湾,其中以广州洋面港湾最为重要。广州地处于珠江下游,使其成为内河运输的中心,对外则有虎门、横门、磨刀门、崖门、蕉门、洪奇沥、鸡啼门、虎跳门等八门,成为建设港口、布置海防的自然环境。广州是广东省的省会,自古就有中国南边大门之称,得天独厚的自然地理让广州成为贸易船只往来不绝的航运中心。

由于清代华南海盗猖獗,因此广州府底下所辖的临海县治,如南海、番禺、顺德、东莞、新安、香山、新宁、新会等县,都成为海盗窝藏之地。例如新安县的大屿山岛上的东涌口、大澳,就曾经是粤洋红旗大帮张保仔船队的补给站,道光二十五年(1845 年),海盗张十五仔也是以此地区为基地。所以在珠江口外,虎门寨和香山城就成为扼守广州的重要地点。陈伦炯在《天下沿海形势录》中就提到:

> 虎门而入粤省,外自小星、笔管、沱泞、福建头、大崿山、小崿山、伶仃山、旗纛屿、九州岛洋而至老万,岛屿不可胜数。处处可以樵汲,在在可以湾泊。粤之贼艘,不但缯艍海舶此处可以伺劫,而内河桨船橹船渔舟,皆可出海,群聚剽掠。粤海之藏垢纳污者,莫此为甚。广省左捍虎门,右扼香山。而香山虽外护顺德、新会,实为省会之要地。不但外海捕盗,内河缉贼,港汊四通,奸匪殊甚,且共域澳门,外防蕃舶。与虎门为犄角,有心者岂可泛视哉![1]

虎门的战略地位实在重要,清代广东水师提督即驻防在此处(参见图 3-2"广东水师统辖关系图"),并且有直辖水师兵丁共一千八十一名。[2]

清代档案中屡屡发现海盗为了入侵广州湾,对商船进行抢劫,而与广东水师提督所率领的虎门寨水师发生冲突。道光元年(1821 年),两广总督署粤海官监督阮元奏报兼署粤海关事务日期一事中,就已透露出清代统治者对于虎门的战略性,予以相当重视。道光皇帝于奏折后朱批(图 3-3):

> 知道了。朕闻广东水师提督驻扎虎门,控制外洋、内河最关紧要。近来洋面虽属清肃,而沿海沙地打单匪犯丛集,其间纵弛日久,即为洋盗。是宵小随地潜藏,不可不防其渐,必赖水师提督勇敢练达,整饬戎

---

① 陈伦炯:《天下沿海形势录》,贺长龄辑:《皇朝经世文编》,台北:国风出版社,1963年,第 2110 页。

② 昆冈等修:《钦定大清会典事例》卷五百九十五,《兵部·绿旗营制》,第 297~298页。

两广总督

节制二巡抚，三提督，九镇。统辖本标五营，兼辖本标水师绥猺二营

本标官兵（直辖）	广东巡抚（节制）	广西巡抚（节制）	水师提督（节制）	分防营兵（兼辖）

节制五镇，统辖本标五营，香山、顺德、大鹏、赤溪四协，新会、前山二营

广东水师官兵总数2万，战船约180艘，型制：米艇、艍船、拖风船、赶缯船，水师提督调遣……

本标官兵（直辖）	高州镇总兵官（节制）	碣石镇总兵官（节制）	琼州镇总兵官（节制）	北海镇总兵官（节制）	南澳镇总兵官（节制）	分防营兵（兼辖）

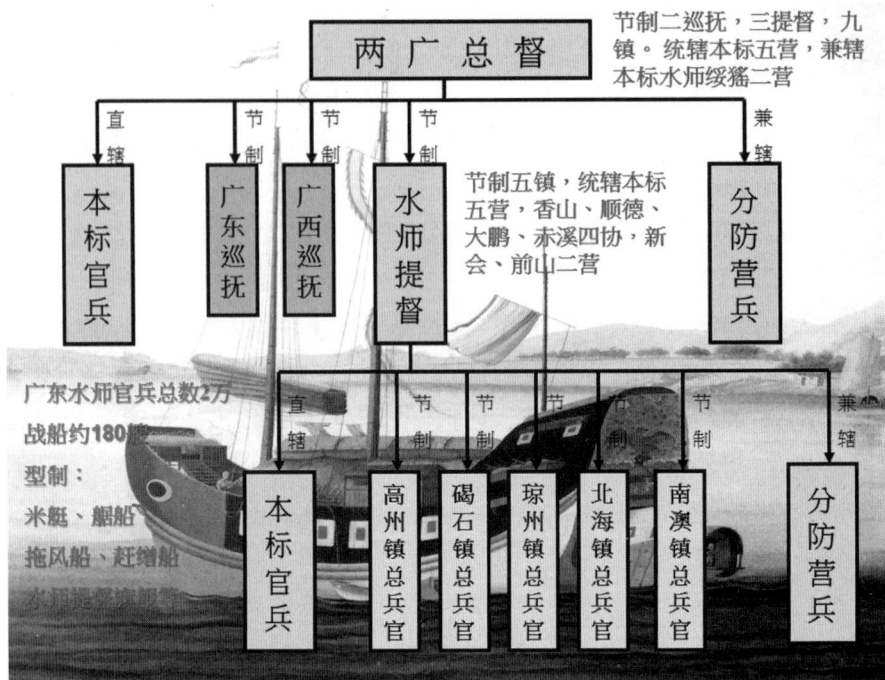

图 3-2　广东水师统辖关系图

资料来源：昆冈等修：《钦定大清会典事例》卷五百九十五，《兵部·绿旗营制》，第297～300 页；《清朝文献通考》卷一百八十九，《兵考》，台北：新兴书局，1963 年，第6511～6515 页。

行，率属严明，认真巡缉，方足以振声威而资弹压。现任提督沈烜，虽无大不称职之处，恐其年近衰迈，不能振作，有误海疆重任。卿可留心察看，据实奏闻，慎勿稍为徇隐，以副朕安益求安、绥靖海疆之至意。①

又香山县北通广州，南达港澳，是蕃舶往来的要道（参见图 3-4 下）。城外的磨刀湾更是扼控澳门至广州的门户，与虎门寨（参见图 3-4 上）共同防御广州港，为粤洋中路防卫海盗最重要的地理位置。曾担任过香山县令的张甄陶在《澳门图说》中认为：

凡蕃舶入广，望老万山为会归，西洋夷舶由老万山而西，至香山十

————————

① 《宫中档道光朝奏折》，档号 405000102，道光元年十月二十日，两广总督署粤海关监督阮元奏折。原本道光皇帝期待水师提督沈烜能够认真巡缉，但来年沈烜即以年老休致。

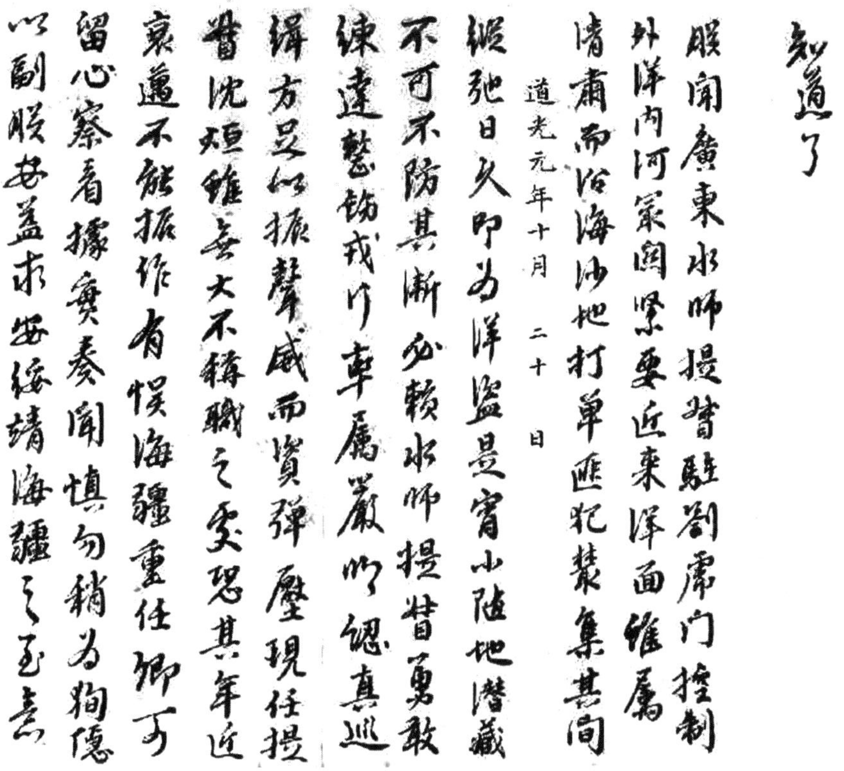

朕闻广东水师提督驻劄虎门控制
外洋内河家喻户晓要区来洋面维属
清肃而沿海沙地打单匪犯丛集其间
驰弛日久即为洋盗是宵小陆地潜藏
不可不防其渐必赖水师提督勇敢
练达整饬戎行率属严明认真巡
缉方足以振声威而资弹压现任提
督沈烦雏妄大不称职之变恐其年近
衰遒不能振作有惧海疆重任卿方
留心察看擦臂奏闻慎勿稍为狗隐
以副朕毋盖求安绥靖海疆之至意

道光元年十月 二十 日

知道了

图 3-3　道光皇帝忧心洋盗情形的朱批(局部)

资料来源:《宫中档道光朝奏折》,档号 405000102,道光元年十月二十日,两广总督粤海关监督阮元奏折。道光皇帝期盼水师提督勇敢练达,整饬戎行,率属严明,认真巡缉,方足以振声威而资弹压。

字门入口;诸番国夷舶由老万山以东,由东莞县虎门入口。泊于省城之黄埔。其西洋舶既入十字门者,又须由小十字门折而至南环,又折而至娘妈角,然后抵于澳。其水路至香山,须易小艇,夷舶不可到,陆路惟关闸一径,两限大海,无他岐也。……又以澳门形胜论之,远隔关闸,孤悬海外,计其地在香山,仅如黑子着面。守老万山则凡诸蕃舶皆不得入内港,守十字门则西夷船不得至澳地。其由澳而内入香山,有山屿星罗棋布,非易小舟、乘潮汐不能出入。制夷之法,但闭关闸则无所得食,断小艇则穷而无所往,禁工匠则船杇不可用,非有丛菁幽篁可狡而匿,重关设险可闭而守,洛仓郿坞可坚而待。[①]

由于澳门经香山十字门到广州的航道,岛屿星罗棋布,需要更换小船和配合着潮汐,才能够出入此洋面。这样的岛屿地形,虽然阻挡住西洋的大型帆船,却让船只速度快、体形小的广艇海盗能够横行在此海域。在此地的水师编制如下:

> 香山协外海水师副将一人,驻扎香山县城,统辖本标左右二营。左营兼中军都司一人,中军守备一人,千总二人,把总三人,外委七人,额外外委四人,兵五百九十二名;右营都司一人,驻扎香山县黄梁土城。中军守备一人,驻扎香山县城,千总二人,把总四人,外委七人,额外外委二人,兵五百九十名。[②]

自从葡萄牙人于1553年进入和租居澳门之后,澳门主权地位特殊,清承明制,于康熙三年(1664年)委派从二品的副将前往澳门进一步加强管理,并增置了左右营都司、守备、千总、把总等水师军职,共有水师官兵一千二百二十一名。

至于粤洋西路则为高、雷、琼、廉州所属的海域,也是海上商业繁荣、海盗猖獗之处,内容则并入下章《清越海疆上之水上世界》一节中记述。[③]

---

① 张甄陶:《澳门图说》,贺长龄辑:《皇朝经世文编》,台北:国风出版社,1963年,第2136页。

② 昆冈等修:《钦定大清会典事例》卷五百九十五,《兵部·绿旗营制》,第298页。属于广东水师提督统辖的四协之一,其他为顺德、大鹏、赤溪,其中大鹏也是华南海盗寇发出没的海域。

③ 广东省辖下的高、雷、琼、廉四府,为清王朝的边远府治,管辖力薄弱,又粤洋西路为西洋诸国驶往中国,以及中国航向南洋各国的主要海洋通道,让这个中越交接的洋面,成为海盗觊觎目标。

图 3-4　清代粤洋中路虎门寨(上)、香山城(下)海防示意图

资料来源:阮元:《广东通志》卷一百二十四,《海防略二》,台北:中华丛书编审

委员会,1959 年,同治三年刊本,上册,第 2410~2411 页;下册,第 2412~2413 页。

二、华南海域的经济因素

19 世纪是中国海盗发展史上的鼎盛时期,此时活动于广东与越南洋面的海盗,无论在组织规模上、活动的范围,都颇具规模。嘉庆年间的海盗甚至提出"红(蓝)旗飘飘,好汉任招。海外天子,不怕天朝"的口号,[①]由此可见海盗已经从乾隆年间的"小打小闹",演变成危及东南沿海安全的势力。越南到广东这条海上贸易路线,因为它的繁荣和丰盛,海盗于是得以滋长,他们从不同的海域出击,海上的商、渔船,无不受其侵扰。

(一)海禁的松弛

为了解决海盗问题,明清时期皆实行海禁政策,尤其是明朝,为了除尽海盗,明太祖朱元璋下令"海禁",尽罢沿海市舶,规定"片板不许入海",[②]民间若有敢私下出海与诸番互市者,必置之重罚。清顺治十七年(1660 年),清朝政府下"迁海令",强迫从山东到广东沿海居民"内迁三十五至五十里",不准商船渔舟片帆出海,"若将人口军器出境及下海者绞,因而走泄事情者斩,其该拘束官司及守把之人,通同夹带。或知而故纵者,与犯人同罪。失觉察者,官减三等,罪止仗一百,军兵又减一等"[③]。康熙元年(1662 年),清朝政府重申"海禁",清廷敕令广东沿海的钦州、合浦、石城、遂溪、海康、徐闻、吴川、茂名、电白、阳江、恩平、开平、新宁、新会、香山、东莞、新安、归善、海丰、惠来、潮阳、揭阳、澄海、饶平等二十四州县的居民"内迁五十里",并所有附近海岛洲港(澳门除外)皆迁。[④] 在界外地区不准人民居住,房屋全部

---

① 吴建华:《海上丝绸之路与粤洋西路之海盗》,《湛江师范学院学报》2002 年第 2 期,第 26 页。另据庄吉发《清代秘密会党史研究》(台北:文史哲出版社,1994 年,第 175 页)提及曾大名是广东天地会党,曾抄有秘密书本……又授以会本内歌句……"红旗飘飘,英雄尽招。海外天子,来附明朝。"由于两首口号字句雷同,可以推知清代华南海盗与秘密社会的关系,也是密不可分。

② 张廷玉:《明史》卷二百五,《朱纨传》,北京:中华书局,1997 年,第 1396 页。

③ 三泰:《大清律例》卷二十,《私出境及违禁下海条》,台北:商务印书馆,1983 年,第 676 页。

④ 杜臻:《粤闽巡视纪略》,资料转引自蒋祖缘:《简明广东史》,广州:广东人民出版社,1987 年,第 330 页。

拆毁,田地不准耕种,不准出海捕鱼,凡越出界外者立斩。"海禁"的实行,虽令海盗活动有所平息,却让广东省居民无家可归,怨声载道。康熙四年(1665年),广东前总督李率泰上疏请求放宽边界的约束,疏曰:"臣先在粤,粤民尚有资生。近因迁移,以致渐渐亡十不存七八。为今之计,虽不复其家室,第乞边界稍宽,则耕者自耕,渔者自渔,可以缓须臾死濒。"[①]不过"海禁"要等到康熙二十三年(1684年),"是时始开江、浙、闽、广海禁",设立粤海关、闽海关、浙海关、江海关,管理对外贸易,各"关设监督,满、汉各一笔帖式,期年而代,定海税则例"[②]。"海禁"的解除,虽然使得商人、商船可以自由到各地贸易,让广东沿海港口林立,整个海运得以复苏,但是海盗活动却以强悍之势卷土重来,清代海盗的性质也跟着有所转变,海盗不再像是明朝时的汪直、洪迪珍等这样拥有合法商业以及海寇的双重身份组织,而是如蔡牵、郭婆带与张保等,将海盗进一步的职业化。除了海禁松弛的影响外,人口增长也是重要因素之一,此问题则是下文所要探讨的。

(二)人口与耕地

人口统计学是一门统治者的管理学问,在18世纪与19世纪时中国就面临了人口问题。人口作为社会生活和生产的主体,是社会生产力构成的要素,一定的质量和数量人口,是社会环境必要的条件,更会促进经济的发展。回顾广东人口发展史,从清顺治十八年(1661年)的4271264人,到乾隆三十四年(1769年)的6839907人,增加了一倍。到了嘉庆十七年(1812年),人口更是飙升到18900608人。[③] 由于人口的增加,造成每人平均耕地减少,广东的田地总量由雍正二年(1724年)约31247464亩上升到嘉庆十七年(1812年)的约32043835亩。虽说田地增加了约796371亩,但是田地的增加有其极限性,终归无法适应人口增加的速度,学者梁方仲认为,广东人此时平均耕地约为1.6亩。[④] 而清代人口学家洪亮吉根据当时的社会状

---

① 陈伯陶等纂:《东莞县志》,收录于《中国地方志集成·广东府县志辑》第19册,上海:上海书店,2003年,民国十六年铅本,第275页。

② 赵尔巽:《清史稿》卷一百二十五,《食货志》,台北:商务印书馆,1999年,第3594页。

③ 《广东省通志·人口志》,广州:广东人民出版社,1995年,第40～41页。

④ 梁方仲:《中国历代户口、田地、田赋统计》,上海:上海人民出版社,1980年,第393～400页。

况,估计维持生存及支付赋税、购置生产农具,"每人四亩即可得生计矣"。①平均一人4亩可以维生,但是嘉庆年间却只有1.6亩,人民因此无法生存,人口膨胀的问题给广东社会经济带来严重的影响,所以洪亮吉感慨地认为:

> 试以一家计之,高曾之时,有屋十间,有田一顷,身一人,娶妇后不过二人。以二人居屋十间,食田十顷,宽然有余矣。以一人生三计之,至子之世而父子四人,各娶妇即有八人,八人即不能无佣作之助,是不下十人矣。以十人而居屋十间,食田一顷,吾知其居仅仅足,食亦仅仅足也。子又生孙,孙又娶妇,其间衰老者或有代谢,然已不下二十余人。以二十余人而居屋十间,食田一顷,即量腹而食,度足而居,吾以知其必不敷矣。又自此而曾焉,自此而玄焉,视高曾时,口已不下五六十倍,是高曾时为一户者,至曾玄时不分至十户不止。……或者曰高曾之时,隙地未尽辟,闲廛未尽居也,然亦不过增一倍而止矣,或增三倍、五倍而止矣,而户口则增至十倍、二十倍。是田与屋之数常处其不足,而户与口之数常处其有余也。②

人口压力造成粮食的短缺,直接影响到人们的生计,屈大均在《广东新语》中就有提到因为顺德、香山县的土豪势力以"承饷"为理由,驾船侵占民田的海盗行为:"粤之田,其濒海者,或数年,或数十年,辄有浮生。势豪家名为承饷,而影占他人已熟之田为己物者,往往而有,是谓占沙。秋稼将登,则统率打手,驾大船,列刃张旗以往,多所伤杀,是谓抢割。斯二者,大为民害。顺德、香山为甚。"③

越南也是有人口增长现象,不过却没有广东省严重,每人平均耕地有达到维持生计的4亩左右。④ 越南有三大平原区,北部以红河三角洲为主,再加上清化、义安、河静平原(面积6800平方公里);中部以广南到潘切一带的平原(面积6100平方公里);南部则以湄公河到中部广平、广治、承天地区平原(面积2000平方公里)。因为越南比广东拥有更多的耕地面积,因此稻米生产发达,再加上越南长期处在分裂状态,对于海洋缺乏兴趣和抱持着谨慎态度,造成越南海洋开发多委由邻近的广东水手来开发,越南人民将心思集

---

① 田彤:《清代的人口危机及对近代社会经济的影响》,《史学月刊》1994年第3期,第52页。

② 洪亮吉:《洪亮吉集》卷一,《治平篇》,北京:中华书局,2001年,第14~15页。

③ 屈大均:《广东新语》卷二,《沙田》,北京:中华书局,1997年,第52~53页。

④ 岩村成允著,许云樵译:《安南通史》,新加坡:世界书局,1957年。

中在发展农业上。

广东的山地丘陵居多,限制了粮食耕作的面积,加上 19 世纪人口膨胀的压力,使得清代粤洋西路产生了缺粮问题。在广东稻米的需求大于供给,稻米价格势必上涨。《大南实录》就记载着越南明命五年(1824 年),清朝广东发生米价昂贵一事。

> 清广东钦、廉二州饥米,一石直银四五两。帝闻之,谓户部曰:北城与钦、廉接壤,而今城辖米价颇贱,猾贾细民不免盗卖以趋利。其谕令城臣,凡水陆可运载者,严饬盘诘之。[①]

此时越南是采取严禁盗卖大米,若要运米则需"凭证其行商所载米数,明着单内,由所在批许,及到所往地方"[②]。由于稻米在越南价格低廉,若能运往广东贩卖,可获倍利。因此引来许多走私商前往越南私运盗米,同时海盗也锁定这些走私米船进行劫掠,再到岸上销赃。缺粮、走私与海盗,彼此关系密切。

(三)越南的税率

19 世纪清代中越两国之间的经济往来,主要是靠着朝贡贸易与边境民间的海陆贸易两种,越南的官方朝贡贸易路线主要是以陆路为主,民间贸易则不受到官方朝贡方式约束,可以行走海上。明永乐初年,商议开通安南道路时,鉴于广西瘴疠毒甚,官员建议改由广东钦州进入安南,以免瘴疠,且便往来。而当时安南中坼"广南国"的会安,也是西洋针路必经之处,海上交通畅旺。[③] 到了康熙年间,安南认为陆路交通不便,曾提出改由海路来贡的请求,但是没有结果。道光九年(1829 年),越南依旧希望贡道能够改由海

---

① 《大南实录》正编第二纪,卷二十九,第 12 页。关于道光四年(1824 年),粤米奇缺,米价扰民的情形,在《清宣宗实录》卷三百(道光四年三月戊辰日,第 39～40 页)载:"阮元等奏请定洋米易货之例一折。广东粤海关,向准洋米进口粜卖,免输船钞,粜竣回国,不准装载货物。近年以来,该夷等因回空时无货压舱,难御风涛,且无多利可图。是以米船来粤者少,自应将成例量为变通。……嗣后各国夷船来粤,如有专运米石,并无夹带别项货物者,进口时照旧其免丈输船钞。"阮元所奏请的是让外国米船回程时,能够装载货物出口,而且粤海关能够征收货物的出口税。一方面让洋船有货压舱避免风浪过大翻船,另一方面免税米进口可以平抑本省米价,关税也不会减少,道光皇帝于是下诏允许。

② 《大南实录》正编第二纪,卷六十一,第 5 页。

③ 陈荆和:《十七、十八世纪之会安唐人街及其商业》,《新亚学报》第 3 卷,1958 年,第 273～322 页。

路进行,《清实录》载:

> 谕内阁:外夷各国进贡,或由水路,或由陆路,定制遵行,未可轻言改易。越南国遣使来京进贡,自康熙年间议定由陆路行走。今该国陪臣于进表后,在礼部呈递禀启,欲改由广东水路。该部以事涉更张,实不可行,议驳甚是。所有该陪臣禀请改由水路以省劳费之处,着毋庸议。①

不过被清朝礼部考虑到越南从前贡道,在康熙四年(1665 年),原本是定由广西太平府进入;到了雍正二年(1724 年),议准改由广西水路,再由镇南关陆路进入中国。此次越南使臣因为自阮福映建国后(1803 年),国都迁到富春城(顺化),认为旧都升龙(河内)进关路途遥远,所以奏请改由国都富春出发到达广东,沿水路航行,不由镇南关入。又加上当时海路贡道上洋面海盗充斥,而且自古以来,以及当时的道光皇帝对于海路而来的"西洋外夷"颇有忌惮和顾虑。因此,统治者和礼部都同意驳回越南的要求。不过,清越双方的民间海上贸易没有限制,所以越南到广东的贸易仍旧兴盛。

在清越海上经济贸易中,广东海南商船是值得一提的,琼州与越南地理位置接近,联系密切,因此越南给予减税的优惠。越南嘉隆十年(1811 年),规定清商船港税礼例中提到:"海南港税钱六百五十缗……潮州港税钱一千二百缗……广东港税钱三千三百缗。"②优惠港税维持了二十八年,直到嘉隆十六年(1817 年),负责管理艚务的阮德川上奏曰:"海南商船税稍轻,常搭载别省人货以规厚利,请嗣后清船来商,有广东、福建人货者,照二省船税征之。如所载人货闲杂,据其省人多者定其税。"③可见海南船优惠的税钱,借着搭载其他各省人货,从中获利不少。明命十二年(1831 年),再度修改海南船港税优惠的条件:"帝闻清船来商,多自广州出口,所载皆广东货物,而诈称琼州,希图减税。命户部行咨诸城镇,今后商船如有多载货物,非琼州些小之比者,即照从广州税例征之。"④虽然越南官方这次调整了搭载省

---

① 《清宣宗实录》卷一百五十八,道光九年七月丁巳日,第 443 页。

② 《大南实录》正编第一纪,卷四,第 2 页。

③ 《大南实录》正编第一纪,卷五十五,第 9 页。海南岛粮食短缺问题严重,不得不仰赖雷州、廉州等地入口,自海外大宗进口就属越南。米粮成为琼越边贸中最重要的商品,形成"南南"合作模式。

④ 《大南实录》正编第二纪,卷七十三,第 16 页。

籍、货品数量等条件，不过对于"海南船"征收税钱依旧保有优待，使得琼州这条到越南的航道，商船往来频繁。而 19 世纪越南广安到琼州海峡这整个海域，海盗劫掠次数很多，相信与南海船税钱低廉，让许多其他省份商船纷纷冒充南海船，航行在琼州的航道上有关。

第二节　华南海盗的组成与收入

华南海盗虽在嘉庆十五年（1810 年）被两广总督百龄招抚后，暂时平息。不过等到中英鸦片战争过后（1842），在秘密会党、护航业、走私鸦片与太平天国运动的盛行下，海盗再度猖獗于海面之上，更引发出中越两国水师疲弱的问题，华南海盗集团成员的组成更形复杂。此外，清朝政府消极的剿抚政策，更是影响到日后整个东南沿海的发展。出兵征讨海盗，则往往因为战线拉长或是海盗"巢外"的特性，并未能收到剿灭的成效；招抚海盗，则对于投诚的海盗处处限制，造成"以盗制盗"的策略无法发挥出其功效。海盗虽是历史上的渣滓，但是"前事不忘，后事之师"，[1]重新检讨华南海域上的海盗滋生成因及问题，并不能说是无益的。

一、华南海盗的组成

华南海盗可以说是来自各个不同的环境和背景，多数是以靠海维生的普通人，他们可能是为了生存、致富、刺激心理、被逼迫，或是想借由加入海盗集团，能够取得一个"入仕"的资格。但是这绝对是极少数人才能有此机会。所以当最底部的劳动阶层，他们原本赖以维生的职业已经无法维持其生活，便会加入海盗，逾越所谓的国家法治和礼仪规范，只会求三餐温饱。而海盗的组织中，以任用家人和亲戚担任重要的岗位，来巩固海盗帮众的领导权。若海盗首领身旁无法找到任何血缘关系的人，往往会以"人为"的方式，来代替亲属关系，例如以收养义子、义女和歃血结拜等方式来达到强化

---

① 　王宗曾：《论防海》，邵之棠辑：《皇朝经世文统编》，台北：文海出版社，1980 年，第3309 页。并提到国家的改革方向：及今不图，恐后日之患其数倍于今。

海盗组织。

（一）《大清律例》对于自愿及非自愿性质海盗的认定

在清代嘉庆朝的两份奏折中，即把一个华南海盗组成的特色，记载得非常清楚。嘉庆五年（1800 年），广东左翼镇总兵黄标和碣石镇总兵钱梦虎，在追捕海盗的过程中，用箭射伤摇旗盗匪张观兴，并将其逮捕归案。张观兴供称，他是广东省惠州府归善县籍人，于乾隆五十四年（1789 年）间投靠盗首陈亚保（即安南统善艚道各支大总督保才侯陈添保），在其船内入伙，并拜陈亚保为义父，被安南国封为总兵。后来，陈亚保给船一只，让他做老板（海盗小头目）。张观兴的伙伴李亚兴，他是新安县人，嘉庆三年（1798 年）七月，被盗首莫观扶掳捉而入伙，此后莫观扶将劫得船一只，派令李亚兴管驾，成为莫观扶底下的一个小头目。本案件中，被捕的十三名犯人，供认被掳诱骗，逼胁入伙不从，而被押令服役。林亚略一名供认被掳逼胁鸡奸，还有十一人犯讯系被掳，逼胁入伙不从，被押禁舱底，其中有一位妇人郭氏，是被盗首莫观扶掳捉后，许配给李亚兴做妻子，两人生有一名女儿，名叫李亚长，尚未足岁。而张观兴船上火力颇强，设有炮位，供称是从夷地买来，并没有凿刻清朝水师字号。① 最后，小头目张观兴和李亚兴等主要海盗被处以极刑，有在海盗船上服役者，则发配边疆；只有关禁在舱底，没有在海盗船上服役者，还有郭氏及未足岁女儿，以无罪释放。

另一件案例是，两广总督百龄上奏的《为审明杀贼头首之被掳服役难民分别办理折》中提及：李斗奉是广东省海丰县人，嘉庆十四年（1809 年）二月十五日在该县鸡笼山外洋捕鱼，被盗首郑一嫂辖下的老板逢亚祝掳捉到海盗船上，押令戽水（舀水再泼出）。后来，与船上难民林期成等，暗中商议，合力将海盗小头目逢亚祝铲除，并向官府投首。原本被关禁在舱底，没有在海盗船上服役的难民林期成等，被赏赐八品顶戴，要入营担任军官的侍从，或是只愿顶戴荣身亦听其便。而原本也有机会入伍从军的李斗奉，却因为协

---

① 《宫中档嘉庆朝奏折》，档号 404005050，嘉庆五年二月十五日，两广总督觉罗吉庆奏折。"鸡奸"，在当时海盗间是一种极为普遍的现象，通常是加强组织关系和强迫加入海盗帮派的象征手段。

助过海盗船上的事务,只有三十两的赏赐。①

由第一件张观兴案例可知,海盗吸收无血缘的下层海盗作为义子,来扩张其帮众的势力,像嘉庆十四年(1809 年),两广总督百龄就提到,合浦县郑亚十系已故盗首郑一继子,后来被派做老板,新增旗帮下的小帮众。② 在海盗集团的成员中,又多经由以下两种方式而成为海盗:一是自愿参加的性质,另一则为非自愿性质的海盗。自愿性质海盗的形成,如两件案例中的张观兴、逄亚祝,没有受到任何胁迫等方式入伙。其模式通常为发起者召集亲友到船中谈及"贫苦"或是"鱼汛不旺"的情形,众人于是起意行抢,例如嘉庆十九年(1814 年)八月初八日,隶籍英德县的沈亚爵与同受雇在范言昌盐船上,充当水手的沈有光、罗亚受,因为范言昌的盐船遭风撞破,范言昌只好"往报埠商",三人于是和范言昌之子范耀佐在船上看守。二十七日夜,沈亚爵等谈及"贫苦",因此共伙十八人当起了海盗。③ 道光十八年(1838 年)三月初五日,何大然等在吴川县外洋捕鱼,因为谈及"鱼汛不旺,难以获利",所以纠结十七人,在吴川县洋面劫掠新会监生陈德盛的财物。④ 从档案中发现,有许多海盗皆以"贫苦"与"鱼汛不旺"为由,萌生抢劫意念,可知此两项原因是自愿性海盗主要的犯罪动机,同时也作为判处最重的凌迟处死或是枭首示众等罪的依据。⑤

另外,非自愿性的海盗可以分成三种:"被威胁加入者",像这两案中的李亚兴、李斗奉;"被鸡奸者",如林亚略;"被掳押禁船舱者",如林成期。"被威胁加入者",通常是被自愿性或是核心海盗用恐吓的手法所逼迫,嘉庆二十二年(1817 年)二月二十二日,船户万亚眉与他船上雇请来的彭亚尾、谭亚祥、陈亚有、钟亚继、黄亚阻、宋九通因鱼汛不旺,于是共同商议驾艇行抢,但是钟亚继和黄亚阻不允从,万亚眉恐吓他们如果不允从,就会将他们杀

---

① 《宫中档嘉庆朝奏折》,档号 404015316,嘉庆十四年九月初三日,两广总督百龄奏折。

② 《宫中档嘉庆朝奏折》,档号 404015315,嘉庆十四年九月初三日,二品顶戴两广总督奴才百龄、护理广东巡抚布政使衡龄奏折。

③ 《宫中档嘉庆朝奏折》,档号 404017067,嘉庆十九年十一月二十八日,广东巡抚董增教奏折。

④ 《宫中档道光朝奏折》,档号 405003287,道光十九年四月二十五日,两广总督邓廷桢、广东巡抚怡良奏折。

⑤ 关于海盗动机事例,请参见陈钰祥:《清代广东与越南的海盗问题研究(1810—1885)》,东海大学历史学研究所硕士学位论文,2005 年,第 86～88 页。

害,然后丢入海中。钟、黄二人畏惧被害,于是勉强答应,黄亚阻被命令在艇尾煮饭,钟亚继则负责在船上接赃,①因此他们在大清律法上就构成了非自愿性的海盗罪。

关于自愿和非自愿海盗的罪行及定义,在嘉庆五年(1800年)十二月初六日,刑部的《为内阁抄出福建水师提督兼管台湾镇总兵爱新泰奏》移会中,②议拟在船接赃之洋盗李恒茂等发黑龙江为奴的海盗案件内容里,记载得非常清楚。

案由:盗首黄胜长一犯,于乾隆五十八年(1793年)被夷匪黄阿贵掳去,投入黎姓后裔。因与安南国打仗有功,封受"总戎将军"伪职,给予伪印,屡次带领匪船,在闽、粤、浙江等省洋面行劫拒捕不计次数。各海盗所犯罪行及被掳难民情形如下:

1. 此次在淡水洋面行劫,焚烧林元益商船。贼目张阿来、沈缎、林阿扁、林宜等四犯,各管一船,随同黄胜长在洋迭劫拒捕,次数多寡不等。此次杀死林元益商船水手七人。

2. 伙盗梁益利、黎帛二犯,在黄胜长船上充当炮手,迭次拒捕。此次在淡水八里岔口开炮,伤毙官兵二名。

3. 伙盗李胜友、罗绍芳、陈容、沈裁猷、温摄、陈老二、郑芝之、高阿饱、李任朝、李法、林阿亲、郭大名、刘阿满、陈崇二、陈闾、蔡阿有、李阿尾、董亚玉、邹斌、陈海、陈亚勇、李亚束、严亚建、林亚宁、沈叶、黄阿保、杨官福、林经万、郑权、王意、杨亚乌、陈同、刘阿营、卓卯等三十六犯,各据供认,随同黄胜长在洋迭劫搜赃,拿人服役,禁压舱底各情不讳。

4. 李恒茂、苏阿九、张阿盐、梁仕才、陈榜、马均娘、张亚贵等七名,仅止在船接递赃物。

5. 陈阿武、徐阿章、徐生、傅恒盛、陈合、陈狮、林光盛、王伍、吕万兴等九名,系逼胁在船服役,并无行劫接赃情事。

6. 陈皆、徐二桂、高硕、杨亚祖、李亚二、邓东宝、范木、李发、黄亚班等九名,系不甘服役,乘间逃回投首。

---

① 《宫中档嘉庆朝奏折》,档号 404019263,嘉庆二十年七月初六日,两广总督蒋攸铦、广东巡抚董增教奏折。

② 台湾银行经济研究室:《台案汇录辛集》,南投:台湾省文献委员会,1997年,第1~6页。

7. 王阿保、吕佑、陈寻、陈论、许横、黄宽谅、吕圭、沈添成、李旺、陈春、方祥友、难妇林月娥等十二名口，称系被掳难民，船破被获。

8. 黄瑞姚、黄罗氏、黄洗氏、黄阿清、黄部狗、妹仔、黄二娘、阮阿二等八名口，称系盗首黄胜长家属。

福建水师提督兼管台湾镇总兵爱新泰亲自审讯后，以照《大清律例》中各项关于洋盗犯罪的条文，做出以下有无罪刑的判决，并清楚了解海盗的性质和定义。

1. 叛逆凌迟处死。又例载：江洋行劫大盗，立斩枭示。又乾隆六十年(1795年)钦奉上谕：盗犯林诣胆敢拒捕，核其情罪，即当问拟凌迟。嗣后遇有此等案件，一体严惩等因。钦此。此案除蓄发受封伪职，屡次行劫拒捕，照叛逆律凌迟处死之盗首黄胜长，应钦遵谕旨，即在台湾凌迟处死；海盗小头目张阿来、沈缎、林阿扁、林宜，海盗梁益利、黎帛等六犯，俱拟判决凌迟处死。

2. 依江洋大盗例斩决枭示，在洋行劫的李胜友等三十六犯均依例拟斩立决，并将各首级分发到各海港口岸悬竿示众。

3. 又例载：洋盗案内，仅止接递赃物，并无助势搜赃情事者，发配边疆为奴。李恒茂等七犯，俱照接递赃物拟遣例，改发黑龙江给打牲索伦达呼尔为奴，照例在脸上刺字。另根据嘉庆八年(1803年)六月，浙江巡抚阮元奏报拿获在洋肆劫拒捕盗犯郭妈一案中，接赃二次以上，均合依江洋大盗例斩决枭示。此外，黄胜长一案内提到改发黑龙江，此原因在阮元的报告中有提到，同年的五月二十五日，臣部议覆伊犁将军松奏伊犁遣犯过多，请将暂发伊犁洋盗案内遣犯，仍照旧例发往黑龙江给打牲索伦达呼尔为奴，奏准通行在案。①

4. 又被胁服役之犯，如系投首及逃回者，免罪。拿获者杖一百，徒三年。陈阿武等九犯均照被胁服役，杖徒例杖一百，徒三年。陈皆等九名，均系不甘服役，逃回投首，应照新例免罪，递回各原籍安插。

5. 又大逆缘坐人犯，俱着发黑龙江给索伦达呼尔为奴。又律载：大逆人犯父母、妻妾、子女，给功臣之家为奴各等语。黄瑞姚系黄胜长之父，应行缘坐，亦应如所奏，将黄瑞姚照例发往黑龙江给索伦达呼尔为

---

① 台湾银行经济研究室：《台案汇录辛集》，南投：台湾省文献委员会，1997年，第12～15页。

奴,虽年逾七十,照律不准收赎。① 该镇道奏称黄胜长之母黄罗氏、妻黄洗氏,子黄阿清、黄阿狗,养媳妹仔、侄女黄二娘、婢女阮阿二等七名口,应照律给付功臣之家为奴等语,应令该镇、道转报督、抚,即将黄罗氏等解京,分给功臣为奴。

6. 王阿宝等十二名,系被掳难民,分别释放及给予口粮,护送回籍。捞获海盗炮械则交给水师营配用,各盗犯父兄牌保,移行原籍查拘发落,仍咨粤省查明黄胜长家有无财产及各犯盗产资财,查抄充公。

再者,海盗以"鸡奸"作为一种胁迫加入海盗集团的男同性恋行为,自明朝开始,即有记载海盗收男宠事由。沈德符在《敝帚斋余谈》书中提到:"闽人酷重男色,无论贵贱妍媸,各以其类相结。……近有称契儿者,则壮夫好淫,辄以多资聚丰姿韵秀者,与讲衾绸之好,以父自居,列诸少年于子舍,最为逆乱之尤。闻其事肇于海寇云,大海中禁妇人在师中,有之辄遭覆溺,故以男宠代之。而酋豪则遂称契父,因思孙恩在晋以诸妓妾随军,岂海神好尚,亦随今古变改耶?"②受到"鸡奸"方式而被胁迫入伙,除了上述的林亚略外,像清代嘉庆二十年(1815 年),原本在潘和美渔船上工作的巫亚舜,在一次海盗掠夺行动中遭掳走。海盗欧亚四胁迫巫亚舜入伙,巫亚舜不允从,于是被欧亚四"鸡奸",然后在船上服役。③ 清政府对于男性同性犯罪的判决处理,并未因为其属于特殊性质而加以隐讳不言,相反,中央政府制定律法与地方官员判决上,是将鸡奸行为视为存在于社会群众之间的问题。最后是"被掳押禁在船舱者",通常是海盗认为有用处者,才会被囚禁起来,其中有些被押禁在舱底的人,是为海盗掳来等待赎金,只要家属愿意付出赎款,这些人就立即被释放。另外海盗也将人质视为潜在的人力,例如嘉庆年间,被革职兵丁林勇纠结水师兵勇与盗匪,在洋面劫掠一案。林勇对于俘虏的

---

① 刘统勋:《大清律例》卷五,《名例律下》,提到:"凡年七十以上,十五以下,及废疾(瞎一目,折一肢之类),犯流罪以下,收赎。其犯死罪,及犯谋反、逆、叛缘坐应流,若造畜蛊毒、采生折割人、杀一家三人,家口会赦犹流者,不用此律。"收录于《文津阁四库全书》第 672 册,北京:商务印书馆,2006 年,第 449 页。此外,台湾银行经济研究室《台案汇录辛集》(南投:台湾省文献委员会,1997 年,第 15 页)载:被鸡奸之李阿卢因年未及岁,准以收赎。

② (明)沈德符:《敝帚斋余谈》,收录于《丛书集成续编》第 214 册,台北:新文丰出版公司,1989 年,第 296 页。认为明代福建海贸繁荣,海盗出入如麻,船上忌讳有妇人同船而遭覆溺,爱同性恋由此产生。

③ 《宫中档嘉庆朝奏折》,档号 404019588,嘉庆二十年八月十六日,两广总督蒋攸铦、广东巡抚董教增奏折。

目标,皆放在拥有专业技术的"舵水"身上。林勇海盗集团分别在四艘盗船上,总共押禁了三十四名"舵水",一般船上的普通水手则任其逃脱。[①] 被林勇掳捉而来,强迫在海盗船上服役的"舵水",在清代法律认定上成为"被胁迫服役"者,属于非自愿性质海盗,也是要受到清朝律法的惩处。

表 3-1　自愿与非自愿的华南海盗统计

年　　份	自愿性海盗	非自愿性海盗	被掳押禁船舱者	总　　　计
1795—1810	2803 (29.20%)	5020 (52.29%)	1777 (18.51%)	9600 (100%)
1810—1911	5362 (63.59%)	2913 (34.55%)	157 (1.86%)	8432 (100%)
1795—1911	8165 (45.28%)	7933 (44.00%)	1934 (10.72%)	18032 (100%)

资料来源:(美)安乐博著,张兰馨译:《海上风云:南中国海的海盗及其不法活动》,北京:中国社会科学出版社,2013 年,第 143 页;安乐博:《罪犯或受害者:试析 1795 年至 1810 年广东省海盗集团之成因及其成员之社会背景》,《中国海洋发展史论文集》第 7 辑,台北:"中央研究院"人文社会科学研究中心,1999 年,第 440 页;陈钰祥:《清代广东与越南的海盗问题研究(1810—1885)》,东海大学历史学研究所硕士学位论文,2005 年,第 87 页。使用的档案有《宫中档嘉庆朝奏折》《宫中档咸丰朝奏折》《军机处档·月折包》等,统计数字以确切数字为准,奏折中载五六十人、百余人等数字则不予以记载,因此实际海盗数量较此表为多。这些官方资料虽带着偏见与缺陷,不具有实质的统计意义,但以此资料来了解海盗的内部组织仍有参考价值。

　　学者安乐博在分析海盗骚乱的巅峰时期,自 1795 年至 1810 年间,广东省海盗集团之成因及其成员之社会背景中,认为被留滞在海盗船上的俘虏与海盗相比为 3∶1。因与海盗案件有关而被捕的人有 9600,其中 2803 人(29.20%)是实际参与非法劫掠的"正盗"(其实有不少正盗原来是俘虏,如

---

　　① 《宫中档嘉庆朝奏折》,档号 404019588,嘉庆二十年八月十六日,两广总督蒋攸铦、广东巡抚董教增奏折。

张保），剩下的 6797 人（70.80％）则是俘虏。① 从张保仔七旗海盗联盟瓦解后直至清末，自愿性质的海盗占海盗总数的 63.59％，与 1795 年至 1810 年的 29.2％相比，增加了 1 倍。意味着海盗的发展到了清代中晚期，生存环境的压迫以及海盗逐渐的专业化，使得华南沿海居民自愿入海为盗的人数持续增加，其中是有相当程度的关联性（参见表 3-1）。

在 1810 年至 1911 年的非自愿性海盗总数中，发现被"鸡奸"胁迫成为海盗的有 23 名，只占总数的 0.28％。又学者穆黛安在《华南海盗（1790—1810）》一书中，统计于华南海盗的黄金时期中，清宫档案内共仅有 50 笔"鸡奸"胁迫的行为，②若放在安乐博统计的 9600 名海盗中，也只占总数约 0.52％。笔者推测，可能是被逮捕的海盗当事者在被清朝官员讯问时，羞于启齿，以致大多数海盗不愿向官府坦白，或是处于社会下层的海盗知识不足，不懂得《大清律例》之相关规定。其实若从清代法律制度上可以发现，海盗愿意坦承被"鸡奸"者，属于被胁迫入伙服役，是有减轻罪刑的机会。③

（二）华南海盗的社会背景

华南海盗的组成，通常带有秘密社会的背景，并且通过复杂、寓意隐密的"歃血结拜"仪式来完成海盗成员的加入。代表着随即拥有牢不可破的结拜关系，强化了海盗组织结构。堂（halls）是华南对秘密社会组织的一个通称，流传在香港民间的传说显示，张保仔在广东惠州靠近淡水（墟镇）的地方建立起"二龙山堂"，可知海盗与会匪关系密切。其中嘉庆七年（1802 年）惠州一带天地会匪陈烂屐四、陈亚本（自称大王蔡步云）等陆续起事，后来失败后，许多天地会的党羽窜入洋中，加入了海盗集团。④ 被嘉庆皇帝钦命为总

---

① （美）安乐博著，张兰馨译：《海上风云：南中国海的海盗及其不法活动》，北京：中国社会科学出版社，2013 年，第 143 页。安乐博文中并未记载 1795—1810 年间，海盗被"鸡奸"胁迫入伙人数。

② （美）穆黛安著，刘平译：《华南海盗（1790—1810）》，北京：中国社会科学出版社，1997 年，第 200 页。

③ 薛允升：《读例存疑》卷二十六，台北：成文出版社，1970 年，第 620 页。载："被胁鸡奸，并未随行上盗者，自行投首，照律免罪。如被拿获，均杖一百，徒三年。"

④ （韩）都重万：《嘉庆年间广东社会不安与团练之发展》，《清史研究》1998 年第 1 期，第 50～61 页。都重万认为：乾隆末年以降，广东一省天地会党蔓延内地，海盗势力纵横洋面，水陆两面均出现混乱，动荡局面。于是该省绅民输财出力，自行团练，保卫家乡，抵抗海盗和会匪。可见华南海盗与广东团练的发展息息相关。

统巡洋水师的广东左翼镇总兵、身负肃清海盗重任的黄标就曾经奏称："差线人赴雷州洋面招安,丁盗船拾获贼匪传单逆词,并抄录呈览。"此事让嘉庆皇帝特别重视,并且谕令两广总督觉罗吉庆:

> 粤东洋面,为盗匪出没之所。近闻陆路奸民,亦有天地会匪拜盟纠结等事。今于盗船内拾获传单,语多悖逆,在盗匪等自因官兵追捕严紧,是以编造逆词,希图煽惑愚氓,乘机劫掠。其单内既有高溪字样,谅必实有其人,从中勾结,不可不速行查究。该督等务须饬拿务获,严办示惩,并详细察访有无勾通内地会匪之事。但当不动声色,密之又密,以消萌蘗而靖人心。仍于各海口整配兵船,随时防范,毋少疏懈。至雷州三面环海,陆路稍觉兵单,吉庆等自应酌量添拨官兵,严饬将弁,认真巡缉,以清洋面。[①]

最后,觉罗吉庆因攻剿会匪处理不当,被罢协办大学士,解任两广总督后,自戕。

嘉庆十五年(1810年),张保仔率领大批海盗投诚后,许多其过去的手下,纷纷改投澳门、香港和珠江三角洲一带的秘密社会。1842年11月,香港警方在香港岛维多利亚港附近的中国市集(Chinese Bazaar)破获一起利用民宅进行不法勾当的集团。这个集团的组成分子,有在海上和陆地上活动的窃匪和强盗。在这个民宅中,警方还发现了三本记录,其中两本是有关该组织卖给船家有关行船安全的"引票"(自长洲启程)。第三个本子,则是有关贩卖"引票"的三个堂号记录,三个堂号分别是慈心堂(Che Sum Thong)、善心堂(Seem Sum Thong)和义安堂(Eaon Thong)。另外,1908年12月,澳门有关当局报道了一则在澳门附近海域的海盗事件,一艘渔船在澳门附近被海盗袭劫,警方逮捕了4名歹徒。在歹徒所乘的船上,发现了各式武器枪支弹药,14本账册记录以及盖有章戳的海上航行安全"引票"。[②]1864年,一艘英国军舰扣押一艘海上进行非法活动的船只,并搜查出一纸合约,上面记载有灵义堂三艘船,同兴堂两艘船,约定共同进行海上劫掠,所

---

① 《清仁宗实录》卷九十七,嘉庆七年四月戊午日,第296页。

② (美)安乐博著,张兰馨译:《海上风云:南中国海的海盗及其不法活动》,北京:中国社会科学出版社,2013年,第130～131页。

得利润以五五分账的方式。①

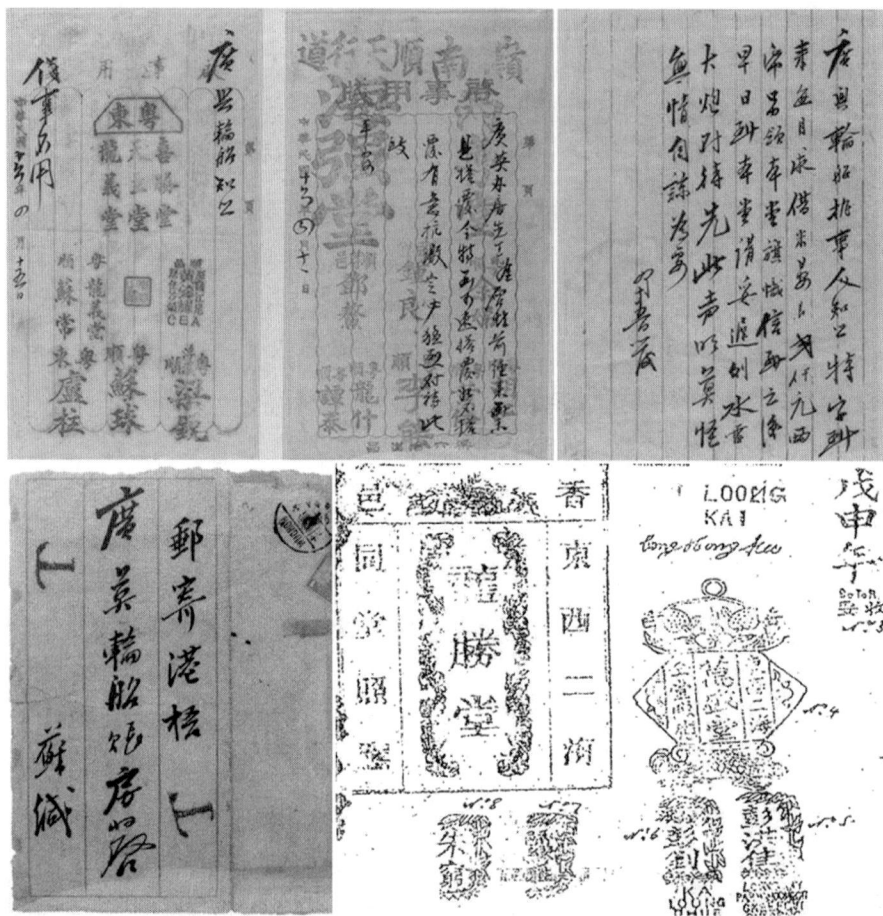

图 3-5　华南海盗与秘密社会图章

资料来源：(美)安乐博著，张兰馨译：《海上风云：南中国海的海盗及其不法活动》，北京：中国社会科学出版社，2013 年，第 132 页；理查德·普莱特(Richard Platt)著，郑一奇、李剑锋译：《目击者家庭图书馆：海盗》，北京：电子工业出版社，2009 年，第 54 页。

---

① (美)安乐博著，张兰馨译：《海上风云：南中国海的海盗及其不法活动》，北京：中国社会科学出版社，2013 年，第 131 页。

在图 3-5 中,右下图是澳门海盗发给的"引票",上头有三合会所用的图章,除了有"龙胜堂"和"万盛堂"的章戳外,还有"东西二海同堂照应"和数个堂主的印章。"龙胜堂"上还注明有"香山邑",可知其海盗基地在香山县。又图上为海盗寄给广兴轮船公司的威胁信,上头有"岭南两粤堂"、"顺天行道海强堂",粤东的"喜胜堂"、"天主堂"和"龙兴堂",并有各堂口的堂主称号,名目颇多。信件内容为广东海盗向广兴轮船公司勒索钱财,如果不从,若海上相遇,就"莫怪无情"了。

19 世纪初期,闽浙海盗集团的"水澳"、"凤尾"、"箬横"、"补网"、"卖油"、"百面"、"朱濆"、"蔡牵"帮和粤洋海盗集团都是以"红旗郑一"为主的旗帮。海盗也常用首领姓名或是绰号来命名其帮名,如盖海老(阮保)、张十五仔(张开平)、阿伯(布兴有)等;有些盗帮则用地名为其帮号,如"黄圃"、①"榄"、②"开平"、③"东莞"④帮等。此外,海盗帮众也会设置职官名目,并且发给印信,利用主从关系来巩固本身盗帮。例如越南明命五年(1824 年),广东潮州人黄其忠(白齿)受到越南北宁慈山人阮廷蛊惑,称其相为真人出世,于是其忠便联合清海盗,出没于越南海阳洋面之上。"白齿帮"私自铸造印信(篆刻白齿兴师四字),黄其忠自称为"太师",底下置"五军统领"与"督职参谋"。越南水师出洋进剿,"白齿帮"便望东逃窜。⑤ 越南嗣德八年(1855年),越南水师在巡缉海盗时,捕获两艘异样的清海盗船,被捕首领声称其为"汉大明参赞军机文雄镇"黄耿功,另一首领为许天赏,两船皆为"大将"黄国立标下所有。后经查证,"清国有朱天德贼,自称明后,以复明为名,故号汉大明国。立乃其党也,辰被清兵剿逐,故窜往我海分"⑥。尔后越南水师又查出"复明兵船",有"忠义王"林天文、"大明帅将"黄朱盛等船只在"海外惹事"。⑦ 越南嗣德十八年(1865 年),广安海盗联合粤洋海盗群起作乱,计有

---

① (清)田明耀:《重修香山县志》卷二十二,《纪事》,上海:上海书店出版社,2003 年,光绪五年刊本,第 1891 页。

② (清)田明耀:《重修香山县志》卷二十二,《纪事》,上海:上海书店出版社,2003 年,光绪五年刊本,第 1891 页。

③ 陈伯陶:《东莞县志》,卷三十五,第 1249 页。

④ 何福海:《新宁县志》卷十四,《事纪略》,台北:台湾学生书局,1968 年,第 606 页。

⑤ 《大南实录》正编第二纪,卷二十八,第 18 页。

⑥ 《大南实录》正编第四纪,卷十二,第 26 页。

⑦ 《大南实录》正编第四纪,卷十六,第 2 页。

"凤"、"约"、"合"、"瑟"、"莹"等五帮,清国帮船在越南领海助剿海盗,共计逮捕有"都统"潘文姜、"统领"名莹、"右军"才琴、"盟主"凤、"中军"约、"左军"德、"师父"阮文年、"领兵"名、"提督"阮文监等伪官,并获枪炮无数,印篆、金银、锦丝、衣服各项。① 海盗伪职官名目甚多,看似组织严密,但是事实上多为乌合之众。

被清政府视为"贫不守分"的海盗,其所来自的社会背景,从他入盗前所从事的职业,最能够看得出来。从 1780 年到 1911 年间,华南海域上因海盗罪而被判刑者共有 696 名(参见表 3-2),其中以水手、水师兵丁、舵水、渔夫、撑艇等,不为社会所看重,但航海专业性高的职业为多数,占 82.76%,而非海上行业占 17.24%。若是具备航海技术,比较能够适应海盗生涯。另外在这些资料中,并没有发现农夫这项职业,也许是农民重视安土重迁,不愿出海飘浮,而且缺乏海上谋生能力,不易于海上生存。

表 3-2 1780 年至 1911 年华南海盗职业统计

海上职业	人 数	非海上职业	人 数
渔 夫	245	雇 工	34
水 手	186	挑 夫	20
水师兵丁	57	樵 夫	18
舵 水	40	小 贩	15
撑 艇	29	散兵游勇	19
割水草工	19	商 人	14
总 数	576 (82.76%)	总 数	120 (17.24%)

资料来源:同表 3-1。

---

① 《大南实录》正编第四纪,卷三十二,第 22、37 页;卷三十三,第 5 页。此外,关于会党帮派可参见庄吉发:《地下社会:青帮和红帮的源流》,《清史讲义》,台北:实学社出版公司,2002 年,第 253~279 页。

二、华南海盗的收入

海盗的经费收入,主要是靠着抢夺他人财物,或是从事打单勒索,另外地方上的土豪商人,由于商业利益的关系,也会出资支持海盗。英国欧内斯特·阿拉巴斯特(Ernest Alabaster)如此描述华南海盗:"多数海盗成员,只是住在海边或沿海岛上的人。因天高皇帝远,平日里除了捕鱼和一些农活外,干些偷鸡摸狗的事情来营生。他们的主活是正当营生,另外干些不法行当,如临时起意抢劫遇上的小船或邻镇的当铺。"①

(一)海盗的俵分

在清代档案记载中,将海盗分赃的行为称之为"俵分","俵分"是海盗最传统的分派财物的方式。嘉庆十七年(1812年),罗发贵海盗集团在蓝夹嘴南边洋面劫掠往来船只,在一次成功的行动后,海盗船艇上载着赃物,驶至偏僻的地方进行"俵分"。海盗查点,共劫得布衫两件、布夹被一床,鱼干二十篓,海盗于是将赃物分别带往市场贩卖,卖得番银十六两四钱,分派为八股俵分,罗亚贵是盗首,可以得到双股。其余海盗各分得番银二两,剩下的番银四钱就拿来买酒肉庆功。②

嘉庆十九年(1814年),郑亚粒仔海盗集团在白藤南边外洋,临时起意抢夺运稻谷船,共劫得稻谷一百七十一石,运往市场贩卖,卖得番银一百七十一两,分派为十七股俵分。郑亚粒仔因为是盗首,又出船艇,所以可以得三股。另外邓憬光也有出艇一艘,可以得到两股。其余海盗各得单股,每股分番银十两,剩余的番银一两,则用来买酒肉来庆功。③ 由这两件传统的海盗"俵分"案子中,可以知道海盗"俵分"以股为单位,若是"盗首"可得双股,又出艇者也可以多得一股。其余的海盗,无论是登船劫掠或是在船接赃者,

---

① (美)安乐博著,张兰馨译:《海上风云:南中国海的海盗及其不法活动》,北京:中国社会科学出版社,2013年,第136页。

② 《宫中档嘉庆朝奏折》,档号404019014,嘉庆二十年六月二十一日,两广总督蒋攸铦奏折、广东巡抚董教增奏折。

③ 《宫中档嘉庆朝奏折》,档号404019587,嘉庆二十年八月十六日,两广总督蒋攸铦奏折、广东巡抚董教增奏折。

都只得到单股。"俵分"剩下的银两,则拿来当作庆功用。

海盗抢夺的目标,除了民间私有的商、渔船外,有时也将目标锁定在官银之上。嘉庆十九年(1814年)正月二十五日,广西凌云县知县张其禄,报解地丁银等项银,共二千三百三十两,分成四个桶子装运。曾保荣为首的海盗集团得知大黄江河下泊有凌云县饷船,于是起意纠劫,趁二十八日黎明上船行抢,共抢得饷银一千六百余两。按股俵分,每股约分得一百十一余两。① 海盗这次大胆冒险抢夺官饷船的行动,让每名海盗赚进一百十一余两,超出海盗平时劫掠行动的收入数倍。另外,道光二十年(1840年)五月十五日,广东英德县籍盗首邓亚裕混名为瓦荷包,起意纠结伙犯共二十三名,俱乘船艇于广西苍梧线鸭儿坡河面,伺劫过往船只。刚好广西兴业县批解地丁银两船只,是夜泊于该处,因为当时下着大雨,所以没有高挂灯笼旗帜。海盗不知是饷船,于是持械上船,押解地丁银两之兵丁惊,声称此船为饷船,喝令海盗退散。邓亚裕见此船为饷船,于是强行掠夺官船,共劫饷银二千八百六十二两,又碎银一百六十八两,番银九十三两,铜钱八千文等。② 清朝官饷炮船由于有派遣兵丁守护,海盗抢夺不易,风险性非常之高,但一旦成功劫掠饷船(图3-6),其收入就会颇为丰富,表明海盗的收入随着风险高低而有所不同。

---

① 《宫中档嘉庆朝奏折》,档号404015927,嘉庆十九年七月初六日,广西巡抚台斐音奏折。

② 林则徐:《林则徐全集》第3册,福州:海峡文艺出版社,2002年,第402～403页。另据林则徐《请开复始兴知县莫春晖顶戴折》中载:道光十九年(1839年)九月,安徽婺源县生员余莲炬在始兴县河面上,被劫五千余两。可知两广除了洋面有海盗外,内河劫掠情形也相当严重。林则徐:《林则徐全集》第3册,福州:海峡文艺出版社,2002年,第411～412页。

图3-6 清代解饷炮船（*Gunboat for transporting salaries*）

资料来源：王次澄编著：《大英图书馆特藏中国清代外销画精华》第1卷，广州：广东人民出版社，2011年，第110页。画作年代：1800—1805年，尺寸：41.6cm×53.6cm。

所谓的"解饷"，即是官方运送公务人员薪饷之意。图3-6中呈现的是一款二桅的艍船,船尾建有小旗楼,可作为瞭望之用,上插有三角形官旗,下方的船尾横板上有象征性的双龙抢珠的图案。船首有一双长形的黑瞳眼,与中国船的圆形龙目相异(据说:渔船眼向下,意谓能看见海里渔获;商船眼略朝上,象征能观天候;水师战船眼向前,代表着注视敌船)。解饷炮船上有三位穿着清代一般长袍服装的工作人员,甲板上未见水师兵丁和长、短冷热兵器,不知是否为伪装作用,兵丁与武器隐藏在船舱内或是船尾的舱篷之下。双桅支柱间有一间如房舍的建筑,应为其放置饷银之处。

清朝晚期的浙江塘栖一地附近的水域成了不安之地,尤其是在同治年间,太平天国失败后,江苏、浙江两省的人口锐减,增加此地域的社会复杂性。图3-7《点石斋画报》中的"宦舟被劫"就载着晚清塘栖水道的官船劫案:

> 浙省之塘栖镇,距省垣之艮山门约四十里。近镇有地名五港博陆者,亦一小小集市,当大河之冲,盐枭枪匪时有出没。故上宪派两跑船以镇压之。前月三十夜,有某官坐船过此。时已四鼓,突有四五小艇,疾若飞猱,剪波而至,一声胡哨,登跃宦舟。舟中人咸股栗,不敢声张,遂任其搜刮一空而去。天明诣县报案,闻为数甚巨。噫!居今日而以廉洁责人,固不免迂腐气,非圣人之徒,未易言操守也。顾何囊橐充盈,讵不可倩人汇兑者,而必挟巨金走夜路,生宵小之心,则其来路亦自可疑。慢藏诲盗,易固早为垂戒哉。[①]

案发地点塘栖,距离省城杭州不远,附近的五杭、博陆虽是小型市镇,但是属于运河的要冲,水陆盗匪经常出没。时浙江巡抚命令两艘巡逻艇,为进行来往船家护航。某个夜晚,有个政府官员的官船航行经过此流域,突然一声哨响,边上四五艘快速小艇,劈浪飞驶而来,海盗船上的人迅速跳上官船。船上人员顿时吓得闭口噤声,接下来船上财物被洗劫一空。隔天,官员立即报案,听说被劫的财产巨大。图片中官船高大,显得气派威严。盗船前后包抄围住目标,其中一小艇上还有疑似海盗头目挥动着令旗,指挥海盗舞刀枪攀上官府用船(见图3-7),可见清末政府的海上公权力荡然无存。

洋面与内河除了有海盗抢夺之外,守汛的绿营兵丁也从事起海盗的勾当。道光二十年(1840年)二月,南海县民林裕利,用竹篓装贮计大小共一百零四篓铁钉,要运往佛山地区贩卖,委托伙伴曾显扬运送。大燕汛外委欧

---

① 陈平原、夏晓虹编著:《图像晚清:点石斋画报》,香港:中和出版社,2015年,第147页。

图 3-7　《点石斋画报》的"宦舟被劫"

资料来源:陈平原、夏晓虹编著《图像晚清:点石斋画报》,香港:中和出版社,2015 年,第 147 页。

国泰、把总黎祥光起意趁机抢夺分赃,于是纠结弁兵十一人,分驾两艘巡船,赶上林裕利的运铁钉船,守汛兵丁声称查拿私铁,要将铁钉七十二篓搬回,把总黎祥光担心被控告,令林裕利的伙伴曾显扬"写立失水字据,希图寝事"。大塘汛的水师弁兵得知此事,也共伙十八人,驾船至三水县胥江河面守候。曾显扬船只经过,大塘汛弁黄安邦指其为走私,将铁钉三十二篓搬回,大塘汛弁黄安邦亦担心被控告,令其照写失水字据。汛兵夺取铁钉的事情,被已经革职的卢廷彪与范邦成闻知,卢廷彪就向欧国泰盘诘,欧国泰与黄安邦于是分给卢廷彪两篓铁钉,嘱勿将此事声张。此案后因事主向三水与清远二营控告,抢夺铁钉之弁兵才全数被捕。估计铁钉七十二篓,重五千

图 3-8　清代官船画

资料来源：江滢河：《清代洋画与广州口岸》，北京：中华书局，2007 年，第 352 页。庭呱画室，纸本水粉画，画作年代：1850—1860 年，尺寸：19.2 cm×21.8cm。

五百斤，值库平纹银一百一十两；铁钉三十二篓，重二千五百斤，值库平纹银五十两。① 分开计算铁钉之价值，是因为抢夺财物价值的高低，罪刑则有所不同。奏折记录着海盗的"俵分"过程，从中可以知道一些商品当时的市价，或是钱币间的换算。像是守汛营兵驾船抢夺铁钉一案，记载着道光年间铁钉的售价，约五十斤的铁钉值库平纹银一两；嘉庆年间，鱼干一篓可卖番银八钱四分；② 道光二十二年（1842 年），番银一圆折实纹银六钱三分等。③ 都是在海盗的"俵分"过程中，能够发现的资料。

（二）海盗的掳人勒赎

海盗的掳人勒赎行动，也是主要的收入之一。王锡振在《拟办粤西贼匪

---

① 《宫中档道光朝奏折》，档号 405003777，道光二十一年七月二十九日，两广总督祁填、广东巡抚怡良奏折。

② 《宫中档嘉庆朝奏折》，档号 404019014，嘉庆二十年六月二十一日，两广总督蒋攸铦奏折、广东巡抚董增教奏折。

③ 《宫中档道光朝奏折》，档号 405003777，道光二十二年九月二十四日，两广总督祁填、广东巡抚怡良奏折。

策》一文中提到："勒索多银，号曰打单（粤俗语）。"[1]意即海盗以信件向肉票家属的勒索钱财，这在海盗活动中，可说是屡见不鲜。不过在海盗的掳人勒赎行动中，也有不以勒索钱财的特殊情形。嘉庆二十年（1815 年），郑高海盗集团在钱澳南边外洋打劫潘和美渔船，因为船内并无任何值钱之物，于是掳走船上赖亚四、巫亚粦、潘妹仔、黄亚狗等四人，逼迫他们在船上服役。[2]海盗可能是因为视其船只并无银物，推测船上的渔民并非富裕之人，因此掳捉四人到船上，主要是逼胁他们在船上"服役"为目的。另外航海之专业人才也是海盗掳抓的对象之一，例如革职兵丁林勇纠结水师兵勇与盗匪，在洋面劫掠一案，对于俘虏肉票的目标，都将目标放在拥有专业技术的"舵水"身上。林勇海盗集团分别在四次海上劫掠之中，共押禁了三十四名"舵水"，至于船上的普通水手则任其逃脱。海盗针对特定的掳人情形，其重点应该是放在对于"专业人才"的需求之上，而非单纯只为了钱财。海盗船上的俘虏有时也是海盗与官方谈判的"筹码"。海盗最终的结局以投诚居多，但若想向官府投诚，就必须带着些许功劳，拥有谈判的"筹码"，就能和官府谈判有利的投诚条件，才不会重蹈明朝的海寇商人汪直被总督胡宗宪诱骗捕杀的覆辙。[3]像张保仔带领广东水师，歼灭乌石二的广东蓝旗盗帮，张保仔由千总一职，超升为守备并且赏戴花翎。[4]咸丰年间，横行在山东到越南洋面的广艇海盗，四处劫掠，清朝水师全面出动围剿，其中广艇里势力强大的布兴有帮，担心成为水师全力剿除的对象，因此特向闽浙总督常大淳投诚。双方谈判的"筹码"，主要是山东水师兵船、载勇商船共二十一艘，还有被海盗掳走的守备黄富兴等共二百余名水师弁兵，商船船户及水手共一百八十余名。这些被掳的人员，自然而然成为保障海盗投诚的"筹码"，咸丰皇帝谕令：

> 向来办理盗匪，间有实心悔罪，缴械投首，亦姑网开一面，以示法外之仁。……所有该匪等六百二十四名，着加恩，一概免其治罪。其恩请递回原籍之陈亚福五百六十余名……由海道解回广东。[5]

---

[1] 王锡振：《拟办粤西贼匪策》，饶玉成辑：《皇朝经世文编续编》，台北：国风出版社，1963 年，第 19 页。

[2] 《宫中档嘉庆朝奏折》，档号 404019588，嘉庆二十年八月十六日，两广总督蒋攸铦、广东巡抚董教增奏折。

[3] 古鸿廷：《论明清海寇》，《海交史研究》2002 年第 1 期，第 25 页。

[4] 《清仁宗实录》卷二百三十一，嘉庆十五年六月壬子日，第 109～110 页。

[5] 《清文宗实录》卷五十，咸丰元年十二月己酉日，第 678～679 页。

于是广艇盗首布兴有等五十余名，被分拨各营安插，得到入伍立功的机会。

第三节　华南海盗案难戢之因

一、人事的问题

清代广东海盗案件日益增加之因，除了安南阮光平父子豢养海盗外，若是以广东的地理、经济、特殊习性等因素，来了解此海域海盗的活动背景，这是属于以自然地理、经济学上的"供需法则"、人文环境为解释方向。再者，以政策面来阐述，明清的海禁政策和朝贡贸易，则是促成海上走私活动以及海盗崛起的主因，这也是大部分学者所能接受和认同的。[①] 但是仔细研究清代中晚期的海盗活动，海盗的兴起，"人事"亦不可忽视。清代学者程含章曾云：

> 其时太平日久，将吏怯懦，缉捕不力。地方亦不能实行保甲，守口员弁，因缘为奸，而接济销赃诸弊作矣。海贼绵延，至于今日，愈无忌惮。焚村庄劫炮台者，岁且再三告也。皇上轸念沿海商渔，严旨责问，大宪非无肃清海峤之心。而将官无一果锐忠勇之人，责以畏葸不前，则曰贼众我寡也，风色不顺也。间有一二差强人意者，亦止搜罗小丑，聊以塞责，若大帮洋盗，不敢过而问也。迩来参革将弁，不为少矣，而泄泄者如故。即添船添兵以畀之，亦属无济于事，每岁获盗，多不过千余名。而无赖奸民，受贼雇募入海者，尚不止此。所诛者少，所添者多，劳费伊于何底耶。由是观之，海盗之不平，非法足累人，乃人不奉法。[②]

由于沿海地方的"保甲制"日渐松懈，官兵"因缘为奸"，在上位者并非不存肃清之心，但是底下所属的将弁因循苟且，就算是新建兵船或是增添水师兵员，用以出洋围剿海盗，每年往往只能逮捕到"千余人"。但是"无赖奸民"

---

① 古鸿廷：《论明清海寇》，《海交史研究》2002 年第 1 期，第 19 页。

② 程含章：《复林若洲言时务书》，贺长龄辑：《皇朝经世文编》，台北：国风出版社，1963 年，第 319 页。

加入海盗的数量，通常大于被捕海盗的数量，因此显得无济于事。所以程含章总结为何"海盗之不平"，乃是"人不奉法"。"人事"确实是清代中晚期海盗兴起之因素中最重要的一环。

二、盗案难诘

在道光二十年（1840年）两广总督林则徐、广东巡抚怡良共同上奏《议复叶绍本条陈捕盗事宜》一折中，针对广东盗贼寇发的情形较为他省严重，盗案难诘的情形，归纳出五点原因。两位督抚认为：

1."良盗难分"。广东平时耕种之民，遇有"黍夜纠劫"，就以"发财去"的口号，沿路号召。故伙同为盗之人，往往彼此并不相识，人数亦无所可稽。甚至地方豪强也乐于一试，所以潮、惠二州，竟然有以盗业起家的。由于党羽牵涉过广，有通族、通乡皆为盗者，于是百姓不敢出面指认，官员则担心捉拿会引发滋事，故广东盗风并不容易止息。

2."互劫难防"。广东以外省份的劫夺案件，通常只图钱财，但广东之盗案，往往伴随着仇恨，村与村、县与县，彼此互相劫掠。为盗者并非为了钱财，则是为了挟怨抱负。因此"案情变幻，歧之又歧"，故广东盗情并不容易查办。

3."原赃难起"。古代盗案是以赃物为证据，故查盗案必先以查赃为先。但是在广东"盗赃移赴墟场，无不立时卖尽"，经过辗转买卖，买卖赃物者大都不识对方姓名。故广东盗案获赃者少，无起获者多，让官府无法提出证据起诉盗犯。这是旧式查案方法难改之处。

4."伙党难究"。广东巨盗每每"密结亲信匪党，发誓拜盟"，所以当巨盗遭到逮捕时，彼此各自忍受酷刑，并不互相指认，就算供出同伙，也都谎称是富裕人家或是仇人。这是查缉过程中不容易得到实情之处。

5."花红难继"。广东官兵欲捕捉盗匪，必先出资"花红"（线人奖金），盗匪越是著名，"花红"就越重。若关系到官员受处分者，盗匪的家属亲邻更是"居为奇货"。况且"花红"外，"解犯办罪"所费亦多，若地方官员遇到多起盗案时，便要"赔累多端"，日后恐有贪渎之嫌。此为经费不易筹措的困难。①

除上述五项官府难以查办盗案外,在海盗案件诉讼过程中,也是充满着弊端。广东海盗一经拿获到案,为了脱罪,则有下列之情形。

1.谎报与事主有仇相互诉讼,用以掩饰盗情。

2.贿赂所属监生联名公保,用以淆惑耳目。

3.营求阍役到处散播谣言,用以假称冤屈。②

由于广东各地方官员无法当机立断,让海盗虽"囹圄暂系",不久就"旋踵而保释逍遥"。③ 广东盗风盛行,除了"人事"的因素外,官府在查办盗案时,所遇到种种的复杂问题,使得海盗案情无法有效突破,甚至造成海盗日益猖獗的情形。

三、海盗刑罚的矛盾

乾隆五年(1740 年)制定《大清律例》以后,不再修改"律文"本身,而以"例"作为"律文"的补充,并且规定"例"五年一小修,十年一大修。《大清律例》对于处罚方式规定有"五刑",分别为"笞"、"杖"、"徒"、"流"、"死"。"笞刑",笞者,击也,又训为耻,用小竹板,有一十、二十、三十、四十、五十下之分;"杖刑",杖重于笞,用大竹板,有六十、七十、八十、九十、一百下之分;"徒刑",徒者,奴也,盖奴辱之,有一年加杖六十、一年半加杖七十、二年加杖八十、二年半加杖九十、三年加杖一百之分;"流刑",不忍刑杀,流之远方,有二千里加杖一百、二千五百里加杖一百、三千里加杖一百之分;"死刑",凡律中不注监斩、立决字样者,皆为立决。凡例中不注监候、立决字样者,皆为监候。有绞与斩之分,内外死罪人犯,除应决不待时外,余俱监固,候秋审、朝审,分别情实、缓决、矜疑,奏请定夺。④

海盗被捕后所受到的处罚,主要是《大清律例》中规定的"五刑",不过也

---

① 林则徐:《林则徐全集》第 3 册,福州:海峡文艺出版社,2002 年,第 430~431 页。

② 徐赓陛:《筹议缉捕海盗禀》,盛康辑:《皇朝经世文续编》,台北:文海出版社,1972 年,第 3301~3303 页。

③ 徐赓陛:《筹议缉捕海盗禀》(盛康辑:《皇朝经世文续编》,台北:文海出版社,1972 年,第 3302 页)又提到:或者甫经报官,经亲族调处赔赃,相率私和。事主递具悔状,州县幸其无事,亦姑置之。是以杀越之风习为恒事也。

④ 薛允升:《读例存疑》卷一,台北:成文出版社,1970 年,第 1 页。

有罪刑重大到要"凌迟"处死的案件。例如《宫中档嘉庆朝奏折》编号414019588,《军机处档·月折包》编号065132,这两起海盗拒捕且杀伤水师兵丁案件中,均提到"乾隆六十年(1795年)七月内钦奉上谕,盗犯林诰胆敢拒捕,核其情罪,即当问拟凌迟。嗣后遇有此等案件,一体严惩,钦此"①。清代盗匪若于内河或是在外洋进行劫掠,两种刑责又有所区分。外洋劫掠的案件,像道光二十年(1840年)五月二十五日,两广总督林则徐、广东巡抚怡良审拟赵欢洪纠结二十六人于江湾外洋,迭次行劫一案,查例:"江洋行劫大盗,立斩枭示。"又:"洋盗案内接赃二次以上,斩决枭示""被胁接赃仅止一次者,发新疆给官兵为奴"。所以此案盗首赵欢洪等十六犯,接赃四次的何亚华即何公华一犯,照例立斩枭首。洋盗除了被枭首以外,头颅还得"悬竿示众,以昭炯戒"。另外被胁迫在船服役,接赃仅一次的朱士馨、陈亚壬则照例发新疆,给官兵为奴,左、右脸分刺满、汉文"强盗外遣"字样。②

内河劫掠的案件,如咸丰十年(1860年)十一月二十六日,两广总督劳崇光、广东巡抚觉罗耆龄审拟吕渼洸共伙五十一人,于内河驾艇行劫一案,依粤东内河盗劫之案,行劫三次以上,各犯应行斩决,并且要"传首犯事地方,悬竿示众,以昭炯戒"。吕渼洸等五人,因于内河行劫三次以上,均应斩决加以枭示,不过其中四人因已病故,所以必须要戮尸,一并传首。另外若是行劫三次以下,则依"强盗已行,而但得财者,不分首从皆斩。律拟斩立决,先于左面刺强盗二字"。③ 不过在内河行劫的案件中,也有法外开恩之情形,例如内河行劫三次以上的林亚有、钟水佑据供"亲老丁单",因此未立即斩决,须再另行审明。④ 若是共伙为盗,临时因病无法行动,但是事后仍参与"俵分"者,则依例:"共谋为强盗伙犯,临时患病不行,事后分赃者,杖一

<hr>

① 《宫中档嘉庆朝奏折》,档号404019588,嘉庆二十年八月十六日,两广总督蒋攸铦、广东巡抚董增教奏折。此外,道光二十八年(1848年),余继畬奏:已于拒捕时被官兵格杀尸身落海沉没,应毋庸议。若海盗被官兵格伤于获案后因伤身死,应请照例锉尸,传首示众。《余继畬全集》第3册,第246~250页。

② 林则徐:《林则徐全集》第3册,福州:海峡文艺出版社,2002年,第397~398页。

③ 《宫中档咸丰朝奏折》,档号406014933,咸丰十一年十二月初七日,两广总督劳崇光、广东巡抚觉罗耆龄奏折。

④ 《宫中档咸丰朝奏折》,档号406013541,咸丰十一年三月二十七日,两广总督劳崇光、广东巡抚觉罗耆龄奏折。

百,流三千里。"①此情属于内河行劫刑案中,较为特殊的判例。

表 3-3　1810 年至 1911 年海盗的结局统计

结　　局	人　　数	累　　计
凌　　迟	76(1.84%)	76
枭　　首	265(6.40%)	341
与水师作战溺毙	1342(32.38%)	1683
自　　尽	8(0.02%)	1691
于狱中病故	357(8.62%)	2048
杖、流、刺	462(11.15%)	2510
投　　诚	1635(39.45%)	4145(100%)

海盗遭实际逮捕结局

结　　局	人　　数	累　　计
凌　　迟	76(10.76%)	76
枭　　首	265(37.53%)	341
自　　尽	8(1.14%)	349
于狱中病故	357(50.57%)	706(100%)

资料来源:同表 3-1。

　　在清代法律的规定中,无论是自愿或被迫、内河或是外洋的海盗,一旦遭到逮捕,刑责都是相当严重。相反,对于海盗的"投首",清廷却展现出宽大为怀的态度。嘉庆五年(1800 年),两广总督觉罗吉庆等,奏报在三沙洋面海盗情形时,嘉庆皇帝认为:"投首之人,既免其死罪,自应妥为安插。但该匪等一时改悔投诚,难保其日久不萌故智,总宜加意防范,勿令复滋事端为要。"②又:"盗匪等既经悔罪投诚,自当许其自新,复为良善。然遽行赏给外委、把总顶戴,或至为数日多,与营官不相上下。则伊等究系曾经为匪之人,于名器不无冒滥。"③可知海盗"投首"无罪以外,可得到外委或把总等进

① 林则徐:《林则徐全集》,福州:海峡文艺出版社,2002 年,第 3 册,第 483 页。
② 《清仁宗实录》卷六十,嘉庆五年二月丙午日,第 795 页。
③ 《清仁宗实录》卷六十四,嘉庆五年四月壬子日,第 865 页。

入仕途的机会官位，"投首"似乎是海盗的最佳选择。再从表3-3"1810年至1911年海盗的结局表"之中，统计出投诚者占所有总人数的39.45％，位居第一位。"投首"者除了能够免除刑责外，又可以"荣以顶戴，加以重赏"，故广东民间遂有"为民不如为盗之谣"。[①]

四、海盗病故狱中之弊端

在海盗案件中，海盗容易病死于监牢里，似乎也是海盗案件难以平息的因素之一。同治二年（1863年），两广总督毛鸿宾在《变通办理盗案片》中提到："粤东山海交错，匪类窝藏，到处皆是。兼以民情犷悍，重利轻生，劫盗重案远甚他省。"广东盗匪充斥的原因，毛鸿宾主要认为：

> 臣等抵任后，各州县详报抢劫之案，日常数起。查阅旧卷，盗案获犯过半者，已寥寥无几，甚至经年杳无弋获。而申报获犯辄先声明带病进监，旋即报称病故，如是者不一而足。推原其故，皆由地方官捕务久弛，加以近年办理军务，缉捕一事往往视为缓图，而盗案处分綦重，不得不以获盗搪塞。其所称在监病故之盗，难保无将无作，有以少报多之弊。且或距省窎远，长途解讯，恐有疏虞，必须多派差役护送弹压，为费不赀。故方其弋获之时，即存一监毙之计，是盗而被获者十之二，获而伏法者十之一也。窃思此等凶盗罪恶贯盈，仅听其瘐毙狱中，幸逃显戮，已不足以昭炯戒。[②]

由于捕务的废弛，让地方官员多以"获盗搪塞"，并且先声明盗犯"带病进监"，最后再报称已在狱中病故，使得真正的盗犯仍然逍遥法外。另外被逮捕的要犯须解至省城公开处决，因沿途押解的费用不赀，所以地方官员故意使盗犯因饥寒而病于狱中，无法在公开的场所枭首，让百姓"以昭炯戒"。此一弊病主要是使得刑罚不足以昭彰，让入海为盗者"愍不畏法"，不能得到有效的惩戒，于是"盗而被获者十之二，获而伏法者十之一也"。从《宫中档》、《军机处档・月折包》中，确实也可以发现海盗时常病故于狱中的现象，例如道光二十二年（1842年）海盗彭亚高一案，经广东番禺等县的缉拿，共

---

① 《清仁宗实录》卷一百五十一，嘉庆十年十月辛丑日，第1080页。
② 毛鸿宾：《变通办理盗案片》，毛承霖编：《毛尚书奏稿》，台北：文海出版社，1972年，第1085～1086页。

有六十八名海盗落网。不过广东按察使孔继尹,却声明此案有二十名海盗带病进监而病故。① 由表 3-3 中可知,若是扣除了"与水师作战溺毙"、"受杖、流、刺处罚"、"投诚"等三项非遭逮捕判处死刑或遭逮捕,但情节不至于死的情形之外,海盗"于狱中病故"一项就占了 50.57%。故从此统计资料不难了解到,海盗于狱中病故所产生的弊端相当严重。

第四节　政府剿盗政策的得失

一、海盗巢外的特性

海盗"踪迹在水,其精神未尝顷刻不在陆;精神在陆,而其巢穴又未尝顷刻敢离水"②,这是明人周之夔对于海盗巢外特性的描述。清代的海盗也是如此,为了躲避官府的追缉,因此窝藏于海外岛屿之上,作为屯积粮食、武器、财宝、暂时休憩之地。例如浙江的花鸟山、福建的马祖列岛、香港的大屿山、钦州洋面的狗头山以及越南的大占屿,都是当时海盗的巢穴。越南明命帝则认为海盗会"窃发掠商",就是因为海盗习性于"巢外",并且能够成为海盗的海上基地。

> 近海诸岛为窝藏之窟……岛屿迂回,可以潜泊,土肥衍可以营生。现在清人居聚至数百余家,栽植至五百余亩,且捡有盗赃、劫器,事状昭然。若不早图剿逐,递年渔船千百纠合成帮,实为逋逃之一大渊薮。营火蚊雷,势必日滋月长,何能静帖海氛。③

海盗窝藏于海外诸岛,由于岛屿的海道迂回,错综复杂,又有肥沃的土地可以栽种,于是能够聚集众多的海盗,在岛屿上销赃,并且进行船只补给。所以非常关心越南海洋发展的明命帝认为海外诸岛乃是"逋逃之一大渊

① 《宫中档道光朝奏折》,档号 405006764,道光二十二年九月二十四日,两广总督祁墳、广东巡抚怡梁宝常奏折。
② 周之夔:《弃草集》卷一,《闽海剿略序》,扬州:广陵古籍刻印社,1997 年,第 9 页。
③ 《大南实录》正编第三纪,卷一百九十七,第 2 页。

薮"。

学者古鸿廷认为这种筑巢穴于外海而以内侵中国沿岸为目的海盗,其所建立的经营方式,似可称为"巢外而内犯"模式。因为中国人传统社会的"安土重迁"、"衣锦还乡"观念,在海盗的心中占有一定地位,接受政府的招抚,可以不受到中国出身条件的限制下,晋升到官员阶级。[①] 但是摆脱海盗的身份者,往往只有少数的海盗头目,像陈琴、张保仔、张开平(张十五仔)、布兴有等,其最高官阶也只有张保仔曾经升任至副将。因此对于为数众多的低层海盗,接受政府的招抚,实质意义并不大。不过海盗巢穴的特性,却让水师围剿的战线拉长,增添了许多征剿的经费,地方官员为了筹措这些军饷和防御海盗的入侵,使得人民的赋税加倍,并且还要参加地方团练来抵抗海盗。这些负担是成为劳民伤财的主因,可知海盗巢外的特性对于沿海社会的影响。

二、水师官兵的疲弱及损伤

(一)华南水师疲弱的症结

曾经在嘉庆年间担任过两广总督的那彦成,[②]眼见道光年间东南沿海海氛再度不靖,于是上奏给道光皇帝,认为水师日渐松懈,以致闽粤等省"在洋行劫盗案渐多于前"。那彦成并且总结他在嘉庆年间对付海盗的经验,认为广东与闽浙的洋面广阔,水道处处皆通,海盗因此能够"朝闽暮粤",来去飘忽不定,不像在陆地有险可扼,有径可以截击,或是有巢穴可以围攻。因此对付海盗必须"有犯即捕",才能够达到防微杜渐的效果。奏折的最后则是希望道光皇帝能够命令沿海各省督抚,严督水师镇将带领水师兵船,在所辖洋面实力巡缉,加强海中各岛屿的搜查,让海盗无法隐遁,并且严禁内陆奸民的接济销赃,以期圣上慎重海疆安益求安之至意。[③] 那彦成对于水师的理想化建议,似乎已不能套用在清代中叶后的绿营水师体制上。绿营水

---

① 古鸿廷:《论明清海寇》,《海交史研究》2002 年第 1 期,第 25 页。

② 《清国史馆传稿》,台北故宫博物院藏,编号 5686。那彦成,字绎堂,章佳氏,满洲正白旗人,大学士阿桂孙。

③ 《宫中档道光朝奏折》,档号 405000132,那彦成奏折。

师因积弊相沿,日趋严重,甚至水师中有人与海盗相互勾结为害,"其父为洋盗,其子为水师,是所恒有"①。自从以英国为首的鸦片贩子向中国走私鸦片以后,水师也兼有查禁烟毒之责任。道光年间,广东水师广州协副将韩肇庆,因查禁鸦片有功,所以升官至湖南永州镇总兵。可是他所建立的"功绩"却是同鸦片贩子合谋,"约每万箱,许送数百箱",条件是以水师兵船帮忙运输鸦片,然后再将收到的"数百箱"鸦片往上向督抚呈报绩效,借以得到官职晋升的机会。②

嘉庆年间订定的"分船巡缉洋面章程",将广东水师巡洋区域分为中路、东上、东下、西上、西下凡五路,并且定以统巡、总巡、分巡、会哨等名目,责成各镇水师军官,亲率水师船队,按照各路界限实力搜捕。而水师提督春季必须亲往西路,秋季亲往东路,分查洋面校阅水师。③ 不过由于洋面波涛汹涌,加上不稳定的季风气候,让出洋巡缉海盗变成一种相当危险的任务,所以通常应该亲自出巡的水师高级将领,常常是由千总以下等微员代为出巡。道光二十三年(1843 年)十一月,广东水师提督吴建勋因操防不能得力,在办理洋盗时,迁延观望,特旨被降为副将。④ 也因为这件事情,御史江鸿升奏请严饬水师提镇出洋巡缉,道光皇帝闻知此事后于是谕令:

> 据奏,近日广东洋面不靖,闽浙各洋时有匪徒出没,沿海奸民恃海洋为后路,必宜认真巡缉,遏绝奸萌等语。近年沿海水师不能得力,兵丁将备但利水师之速于升转,而于海防一切机宜,平时既不讲求,临事率多避就。总由各该提镇养尊处优,不知以身作则,将领以下相率效尤。每届出洋巡缉之时,托故不行,转相推诿,甚或畏避风潮,逗留近岛,诿匪盗案,捏报虚词言之。⋯⋯嗣后沿海水师各提镇着于每岁出洋时具奏一次,俟出洋往返事毕,洋面如何情形,据实具奏。其实在因公不能出洋,即着自行奏明,均令咨禀该省总督以凭查覆,并责成各该总督破除情面,密访明查。倘敢偷安畏避及奏报不实,随时分别参办。各

---

① 张集馨:《道咸宦海见闻录》,北京:中华书局,1999 年,第 63 页。

② 《清宣宗实录》卷三百二十四,道光十九年七月丙午日,第 1092 页;魏源:《道光洋艘征抚记》,《圣武记》,第 314 页。

③ 《宫中档嘉庆朝奏折》,档号 404016193,嘉庆十九年八月初二日,两广总督蒋攸铦、广东巡抚董教增奏折附片。

④ 《清宣宗实录》卷三百九十九,道光二十三年十一月癸酉日,第 1139 页;《清宣宗实录》卷三百九十九,道光二十三年十一月乙亥日,第 1140 页。

该总督皆系朕特简大员,受恩深重。如稍存瞻顾之私,扶同徇隐,经朕别有访闻,将该提镇严行惩处外,必将各该总督一并严惩不贷。特此通谕知之。①

谕令中明白地表示沿海水师提督与总兵官,须亲自出洋巡缉并具奏一次,俟返航时再将海上情形据实禀报。但是水师的败坏让巡哨的任务不能够确实地执行,海防思想家魏源也提出关于水师阳奉阴违之情形。

中国之师船,苟无海贼之警,即终年停泊,虽有出巡会哨之文,皆潜泊于近吞内岛无人之地,别遣小舟,携公文往邻界交易而还。其实两省哨船,相去数百里,从未谋面也。②

道光皇帝的痛声疾呼,已挽回不了清朝水师的颓势。

道光三十年(1850年),御史王本梧奏报"水师废弛已极",水师兵丁怠惰,将领则因循推诿,在洋面遇到大帮海盗,竟然不敢加以过问。③ 另外,陈庆偕奏洋面防捕情形一折中讲到:"水师四散分巡,习成怯惰,以致船炮废弃,劫掠横行。"④到了同治年间,水师的情形更加败坏,"兵丁苟失教练,不特风涛沙线,非所夙谙,即遇巨浪长风,动欲眩吐。以此捕贼,何以胜之"⑤。从中英鸦片战争爆发以后,水师兵丁久未训练,船炮任其废弃,此时的清朝水师已是徒具虚名,无法与西方海上力量相抗衡。与此同时,美国传教士亦目睹清朝水师的疲弱:

当我们在舟山港停留,等待朝汛改变走向时,我们看见有十五艘海盗的平底帆船从眼前经过,并向停泊在港口里的一些清军兵船开了几枪,以示藐视。后者装模作样地起锚前去追赶,但很快就又回到了停

---

① 《嘉庆道光两朝上谕档》,道光二十三年十一月初七日,第570页。

② 魏源:《军政篇》,《圣武记》,第391页。

③ 刘锦藻:《清朝续文献通考》卷二百二十四,《兵考》,杭州:浙江古籍出版社,2000年,第9708页。

④ 刘锦藻:《清朝续文献通考》卷二百二十四,《兵考》,杭州:浙江古籍出版社,2000年,第9708页。

⑤ 徐赓陛:《筹议缉捕海盗禀》,盛康辑:《皇朝经世文续编》,台北:文海出版社,1972年,第3307页。

泊处。①

嘉庆十九年(1814年)十二月十三日,此时的清朝虽是已经进入火兵器时代,两广总督蒋攸铦奏报巡阅粤东水师各营情形时,就提到:"鸟枪中靶六成、七成以上,步箭撒放得法中数五六成以上,均堪列为上等。"②水师兵丁的火枪与弓箭的静态射击,只要达到六七成命中率,就能够列为上等。此资料代表着水师兵丁的射击仍未纯熟,若在实际作战中,面对海盗的攻击时,其命中率更会降低许多。而且枪炮容易膛炸,水师兵丁都喜用弓箭,而恶用枪炮,况且借口演习弓箭还可登岸居用,于是连一二百年前的旧制枪炮也不能娴熟了。③ 然而,清朝水师经常使用的旧式抬炮、子母炮、劈山炮等各种长距离火兵器,名目不同,但在制作、构造、效果都差不多,泥模铁铸。制作过程粗糙,使用的火药也极不安全,很容易产生膛炸,炮弹由前膛装填,炮管内无膛线,发射无准确度,射程也不远,约在一百到一百一十丈左右,且炮弹多是实心弹,因此实际作战中威力并不大。至于近距离火兵器方面,有鸟枪、抬枪、铳枪之分,也是形异实同,其点放方法与火炮类似,由前膛装填弹药,后膛点燃火绳用以引爆,装一次放一枪,需要重新装填,辗转费时。④ 水师武装设备的落后,亦为无法有效打击海盗原因之一。

清朝水师的衰败也表现在水师船只上,清代的战船承袭明制,造船技术长期因循守旧,船只的功能逐渐退化,型制越造越小,以致"各省水师战船向照部颁定式,只能在海边巡查,不能放洋远出"⑤。而且船只笨重,难于操驾,非但不及海盗船的迅速,甚至比民间商渔船还不如,加上水师战船多数腐朽不堪使用,于是出洋缉拿海盗,多雇用民船。上述魏源已经提到清朝的

---

① (美)丁韪良(William Martin)著,沈弘等译:《花甲记忆:位美国传教士眼中的晚清帝国》,桂林:广西师范大学出版社,2004年,第82页。1855年,十五艘海盗的平底帆船为广东籍海盗,并在舟山群岛附近一个岛上的渔村里搭台演戏,祭祀菩萨,以庆祝他们抢夺到一艘载有蔗糖的平底帆船。

② 《宫中档嘉庆朝奏折》,档号404017203,嘉庆十九年十二月十三日,两广总督蒋攸铦奏折。

③ 吴杰章等编:《中国近代海军史》,北京:解放军出版社,1989年,第14～15页。

④ 李天鸣:《兵不可一日不备:清代军事文献特展导览手册》,台北:故宫博物院,2002年,第33～47页;(美)穆黛安著,刘平译:《华南海盗(1790—1810)》,北京:中国社会科学出版社,1997年,第100～101页。

⑤ 刘锦藻:《清朝续文献通考》卷二百二十四,《兵考》,杭州:浙江古籍出版社,2000年,第9774页。

水师战船,平时若没有海盗情事,就终年停泊在港边。出巡会哨的交接公文,仅使用小舟携带公文至辖区界线交换,两省水师战船却从未谋面过。另外,水师战船更是"窳漏,断不可以涉大洋。嘉庆中剿海盗,皆先雇同安商艘,继造米艇霆船,未有即用水师之船者"①。同治三年(1864 年)正月十七日,两广总督毛鸿宾在《派员巡缉洋盗片》中道:"(广东)各营师船多因年久破坏失修,遇有出洋捕盗,皆须添雇海船充用。"②久任广东省地方官的徐赓陛则提到:"至水师无船,已非一日。即近来间有一二补设者,要皆因陋就简,以民商船只改造而成,非复从前拖罾、红单可比。"③虽然雇用民间船只,能够在修造水师战船的期间内,有现成的船只可以航行洋面捕盗,但是"民船又不能一呼即至,势须移行州县,辗转需时。比至雇有船只,而盗已遁去。以至盗风日炽,捕务日弛"。④ 故清政府征招使用民船来缉捕海盗,仍有其缺点。

　　水师在洋面上与海盗作战,会因海盗性质的不同而面临不同的困难。嘉庆十五年(1810 年)以后,广东的海盗案件不曾停息,其中海盗主要的来源有三种:一是"本地海盗",二是"澳门海盗",三是"华越交界海盗"。⑤ "本地海盗"不是水师难以剿捕,而是在于人事难治。澳葡殖民当局为拓展财源,遂招募"澳门海盗",提供船炮资金,令其在秋夏之季,伺劫于高、廉、琼、雷洋面。这批海盗的配备相当精良,船坚炮利,水师若是单以帆船迎击,而没有铁轮船随行者,势不能敌。就算是以铁轮船前往剿捕,海盗船驶赴浅沙港口,铁轮船就只能在外洋观望,派出小舢板船搭载水师兵丁前去缉捕,但又不敌海盗火力,反受其制。⑥ 这是水师无法在装备上与"澳门海盗"相抗衡之困难。至于"华越交界海盗",自乾嘉期间,就横行于中越边界的狗头

---

　　① 魏源,《军政篇》,《圣武记》,第 391～392 页。

　　② 毛鸿宾,《派员巡缉洋盗片》,毛承霖编:《毛尚书奏稿》,台北:文海出版社,1972 年,第 1181 页。

　　③ 徐赓陛:《筹议缉捕海盗禀》,盛康辑:《皇朝经世文续编》,台北:文海出版社,1972 年,第 3307 页。

　　④ 吴俊:《请建米艇状》,贺长龄辑:《皇朝经世文编》,台北:国风出版社,1963 年,第 2207 页。

　　⑤ 徐赓陛:《筹议缉捕海盗禀》,盛康辑:《皇朝经世文续编》,台北:文海出版社,1972 年,第 3301 页。

　　⑥ 徐赓陛:《筹议缉捕海盗禀》,盛康辑:《皇朝经世文续编》,台北:文海出版社,1972 年,第 3301～3305 页。

山、阿婆万洋面。同治年间,经遭捕海盗供称,海盗巢穴多设在海上岛屿之中,海盗船只以百余艘或是数十艘为单位,有单一头目统率数船者,也有单一头目只统率一船者。当中最凶悍者,就属陈大(阳江大)、邓大仔、朱槐、高老青等四帮,每遇出洋劫掠之期,均由海盗头目召集流亡之人,其中钦州地处中越交界,两广游民多漂流当地,听到海盗招募的消息,无不"蝇聚蚁附"的,钦州居民亦多半以盗为生。因此清朝水师时常联合越南水师,大举在此海域进行剿捕海盗的行动,虽有所擒获,不过由于"水程纡徊,径路险固,该匪等闻风窜匿,要不能净绝根株。迨官兵既回,贼迹旋聚。现在春秋之交,动皆扬帆内来行劫。摽括既饱,旋又扬去"①。这是水师无法在中越交界的洋面取得与海盗作战要领之困难。清朝水师面对"海盗难治"、"武备难敌"、"战略难成"的困境,让围剿海盗的行动受到限制。

(二)水师官兵的损伤

清代中晚期以后,政府为了断绝沿海居民对于海盗的接济,于是有条件的规定海禁,并且防范人民移民海外,成为海盗的后援。清朝每年在海防上花费庞大的军事费用,虽然并不能完全消灭海盗,只能在剿灭海盗行动上取到有限的成效,但却阻挡了百姓移民海外发展。这些海上防御措施,例如每年各水师的巡洋会哨规定,江南巡洋水师,以三月为一班。广东巡洋水师,以六月为一班,每年分上下两班。福建巡洋水师,每年自二月起至五月止为上班,六月起至九月止为下班,十月起至次年正月,按双、单月轮流换班巡哨。浙江巡洋水师,每年二月起至九月,以两个月为一班,十月至次年正月,以一个月为一班。山东登州水师,每年三月内出洋巡哨,在九月时返回。且俱令须由总兵统率将备兵弁,亲身出洋巡哨。若在洋面失事,则要"分析开参,照例议处"②。从制度面来看,水师巡洋的规定是相当严格的。但事实上水师例行的巡哨军务已经无法落实,于波涛汹涌的海面上冒着生命危险的巡哨,只是徒增人员的损失与伤害(参见表3-4、表3-5)。同治十三年(1874年),于香山洋面巡逻,遭到海洋吞噬的人员共计有参将陈步云、都司

---

① 徐赓陛:《筹议缉捕海盗禀》,盛康辑:《皇朝经世文续编》,台北:文海出版社,1972年,第3304页。前于同治年间,曾经前督宪瑞,饬派轮船大举,前往搜捕。当时虽有擒斩……应责成管带轮船及水师洋巡各员变通尽善,设法整顿者也。

② 《大清会典事例》卷六百三十二,《兵部》,第1190页。

梁遇春、云骑尉饶锡祺、守备沈锡章、千总卓增元、把总梁荣高、巡检恩龄等优秀的水师将弁。[①]另外，雍正到光绪年间，于广东沿海附近出洋缉捕海盗，被清代档案明确纪录者有3691名基层的水师兵丁，因风难、捕盗被戕或是其他因素而溺毙，[②]可知洋面失事率相当高。

道光十九年（1839年）九月，林则徐奏报正在虎门驻扎时，广东遭遇台风，琼州镇总兵鲍起豹于巡洋中，落海抱扶船篷而获救折中提到：

> 该总兵轮值下班统巡，坐驾海口营第二号大米艇一只，带领管驾把总戴文忠，于九月初一日由文昌县属铺前洋面开行，巡抵琼山县属大林洋面。初二日自大林开行，忽见天色变异，陡起西北狂风，登即驶回大林洋面寄碇，以避骇浪。讵交申刻以后，风雨交作，遂成飓风，随饬配船弁兵极力保护，无如疯狂浪大，人力难施。延至亥刻，风转东南，更加猛烈，兼之倾盆大雨，浪涌如山，舵牙旋被击碎，正副碇缆相继冲断，头桅摆折，船身灰路顿松，渗漏飘摇。船无主宰，随风飘至小英洋面，全船撞礁击碎，板片四散漂流，药弹炮械等件，均被沉失。该总兵先当危险之际，已将印信背负在身。迨至船只将沉，即与配船各弁兵忙扶篷板，纷纷落海，随波上下，生死听之。飘泊多时，得近沙岸。虽筋力不无危殆，而性命幸获生全。……查该总兵驾船巡缉，亲历重洋，于万分危急之时，犹能申系印信，扶篷浮海，得保全生，惊险之情，殊堪怜悯。[③]

总兵鲍起豹此次巡洋遭遇台风的情形，可说是惊险万分，把旧式水师战船在洋面巡缉时的危险性，表露出来。林则徐于虎门时，目睹热带气旋台风的威力，眼前"飘篷拔树，屋瓦欲飞"，并认为陆地如此，"外海情形，更可想见"。

由于清代水师出洋巡缉，责任重大且危险，除了旧式木造水师战船，材质和稳固性较差，再加上时人对海上气象与天候环境等无法充分掌握，水师兵丁即便只是驾船执行巡航会哨等例行性的公务，都可能遭遇到海难，更毋庸提及危险度更高的剿灭海盗任务。所以一旦出洋发生意外，明清两代皇

---

① 《清穆宗实录》卷三百七十二，同治十三年十月庚辰日。
② 参见表3-4、表3-5，资料统计自《清实录》。因档案记载不全，实际数据应该更高。
③ 林则徐：《林则徐全集》第3册，福州：海峡文艺出版社，2002年，第214～215页。林则徐尚记得在折后，把琼州镇水师总兵鲍起豹未沦为波臣之功，归功于嘉庆皇帝的圣主洪福。

帝和地方政府多会从优抚恤，甚至建立祠堂来纪念。由于统治者对于水师人员损伤的重视，除水师大员为国捐躯能"钦赐祭葬"外，基层兵丁或义勇于御贼阵亡后，其英灵也会被入庙祭祀来宣扬其英勇事迹。例如：明代建立两处纪念对抗海贼李魁奇的陈李总爷庙："陈李总爷庙……祀明总兵陈琪、应袭指挥李树绩。陈琪与海贼李魁奇战败，赴水死。时魁奇势甚张，欲犯县城。李树绩单舸，说贼退去，土人感之为立庙。"乾隆末年，安南海寇伪装成水师提督军船进入电白放鸡洋面，廉州籍把总傅君彰率军前往迎接，却被海盗袭击杀害。时人以为是遭风遇难，唯隐身海盗船尾舵的兵丁吴汉勇脱逃具述此事，守备王应诏和、把总邵隆光于乾隆六十年（1795 年），倡建广恤祠来纪念傅君彰及水师兵丁三十一人。但直到嘉庆四年（1799 年）十二月，清政府仍以出洋淹毙之例来赏恤（参见表 3-4）。嘉庆六年（1801 年），郑一和东海八率领安南海盗船四十号，登岸劫掠电白博茂盐场，义勇何阿六挺刀御贼，却身中十七枪后阵亡，博茂大使杨星耀将何阿六英灵从祀于镇东庙西庑下，来"悯其死，而报之祭，以告后之捍水东（今电白县水东镇）者"，有其宣扬抵抗海盗的教育意义。[①]

嘉庆十三年（1808 年）正月，水师"超人总统大员"李长庚于海上阵亡的战报奏上时，嘉庆皇帝除"览奏为之心摇手战，震悼之至"外，更提到：

> 朕于李长庚素未识面，因其在洋出力，迭经降旨襄嘉，并许以奏报擒获巨魁之时，优予世职。李长庚感激朕恩，倍矢忠荩，不意其功届垂成之际，临阵捐躯。朕披阅奏章，不禁为之堕泪。李长庚办贼有年，所向克捷，必能擒获巨憝。朕原欲俟捷音奏到，将伊封授伯爵。此时李长庚虽已身故，而贼匪经伊连年痛剿之后，残败已极，势不能再延残喘，指日舟师紧捕，自当缚致渠魁。况李长庚以提督大员，总统各路舟师，今殁于王事，必当优加懋奖，用示酬庸。李长庚着加恩追封伯爵，赏银一千两经理丧事，并着于伊原籍同安县地方官为建立祠宇，春秋祭祀。其灵枢护送到日，着派巡抚张师诚亲往同安，代朕赐奠。[②]

---

① （清）孙铸修：《电白县志》卷五，《建置》，广州：岭南美术出版社，2009 年，第 445～446 页。

② 《清仁宗实录》卷一百九十一，嘉庆十三年正月戊午日，第 527 页。

图 3-9　李长庚相关文物照片

资料来源：上图左是清代的李长庚神像，因遭回禄，面目模糊。今仍
被福建厦门市翔安区后滨村李长庚后代子孙珍藏。上图右为重塑之李长
庚神像，"忠毅公"被误写成"忠义公"。图中为嘉庆皇帝钦赐之"总统闽
浙"匾。下图为李长庚墓道石坊牌匾，正面题字"钦赐祭葬"，背面是"追封
伯爵"字样。李长庚相关文物照片由集美大学黄绍坚教授提供。

李长庚被嘉庆皇帝追封为三等壮烈伯,谥号"忠毅",并指派福建巡抚张师诚前往代行御祭。同时,谕令在同安县城内建立李长庚祠,于每年春秋祭祀。英国人则赞许他:"是统率军队清剿海盗的官员中,对于自己的职责具有勇气和决心的突出人物。"①

三、缉捕海盗的经费

缉捕海盗最重要的工具就是水师战船,因此船只的维修费用,在所有剿盗的经费之中,所占比例最大。经过了嘉庆初年广东旗帮海盗的肆掠,让许多水师船因风或是接仗而有所损坏,于是两广总督蒋攸铦与广东巡抚韩崶共同制定了"粤东省出洋捕盗各师船报销章程",其规定为:"嘉庆十五年(1810年)岁底为限,所有十五年以前,修过各师船,无论年限及被风接仗等项事故,俱仍一律造册题销。十六年(1811年)正月以后,出海各项师船,则自修好驾出之日起核计,三年小修,再三年大修,再三年拆造。如有被风等事,仍随时专折。"②因为水师船只维修费用过于庞大,所以地方政府就出现了希望裁减水师船的声音。

嘉庆二十年(1815年)二月二十一日,两广总督蒋攸铦与广东巡抚董教增奏称,广东至旗帮海盗平定后,前总督百龄将广东水师船数量设定为大、中、小号米艇共一百四十只,经水师提督童镇升体察洋面情形后,认为大号米艇仍应照旧巡洋,以期有备无患。中、小号米艇由于不堪使用,因此"应量为裁改以归实用,而节糜费"。折中也提到一艘中号米艇拆造费用需工料银三千六百二十两七钱六分零,小号米艇拆造费用需工料银二千六百七十七两八钱七分零。若是拆造中、小号米艇各十只,则需银六万二千九百八十六两三钱八分。这些水师船的空缺,改以较实用的捞缯船,共三十四艘,每年就可以省下六七千两的米艇维修费用。③ 除了船只维修费用庞大外,剿捕

---

① 马士著,区宗华译:《东印度公司对华贸易编年史(1635—1834)》第3卷,广州:中山大学出版社,1991年,第64页。

② 《宫中档嘉庆朝奏折》,档号404015587,嘉庆十九年四月十六日,广东巡抚董教增奏折。

③ 《宫中档嘉庆朝奏折》,档号404017893,嘉庆二十年二月二十一日,两广总督蒋攸铦等奏折。

海盗的所衍生之相关费用也是相当惊人,嘉庆二十年(1815年)五月十二日,两广总督蒋攸铦与广东巡抚董教增就曾奏报核销相关费用之金额。

> 查办积年剿捕洋匪经费……嘉庆十五年设局查办,凡修造米艇,铸办炮械暨贴防兵丁、雇募壮勇,并赏给首民衣履盘费,各案卷帙繁多,共应报销银三百余万两。又各州县垫用捕费、解费,奏准扣廉摊补及勒限追赔银九十余万两。①

剿捕广东旗帮海盗的费用名目繁杂,修造船只费用外,还有"铸办炮械"、"贴防兵丁"、"雇募壮勇"、"赏给首民衣履盘费"等,大约共需四百万两。② 然而庞大的经费支出,实质的效益却未成正比,清朝剿捕海盗的方针确实有待斟酌。清朝官府为对付海盗,经常苦于经费庞大,便会向沿海各省商人寻求捐输军费。除了建造、维修水师战船外,也需要提供水师官兵的粮饷、修筑防御工事以抵制海盗的活动,以协助水师官兵的巡洋任务。其中从嘉庆九年(1804年)到十五年(1810年),仅在此中记录的两广盐商向朝廷捐赠的用于修造米艇、剿捕洋盗的费用就达821100两之多。③ 嘉庆十年(1805年),由于打击海盗经费筹措困难,因此嘉庆皇帝在上谕中提到:"据玉德等奏,厦门大担门外及镇海、料罗一带洋面,商船来往经行。近因洋匪乘间肆劫,该处行商呈请捐造巡船二十只,添募兵八百名。各行商每年公捐番银四万元,以为兵丁月饷、米折、出洋口粮及燀洗船只、修换篷索之资等语。大担门等处洋面,商贾船只络绎往来,该商等捐造巡船,借资保护,其事尚属可行。即燀洗船只,更换篷索,一并捐资修整,亦无不可。"④意思是商人若要捐款保护其商船,此方法是可行的。

① 《宫中档嘉庆朝奏折》,档号404018638,嘉庆二十年五月十二日,两广总督蒋攸铦、广东巡抚董教增奏折。

② 乾隆五十五年(1790年),广东关税达一百一十万两。到鸦片战争之前,税银近一百八十万两,是广东地方财政收入的60%,清政府年关税收入的百分之40%。

③ 周璐:《清代广东盐商捐输流向分析》,《盐业史研究》2007年第3期,第22页。

④ 《嘉庆道光两朝上谕档》,嘉庆十年十二月十六日,第793页。另外,水师战船的燀洗是相当重要的,木造帆船若不勤加燀洗,则船底长苔草,水底生物附着船身,辄致驾驶缓慢或是不前。

四、剿盗和招抚的实际效益

(一)剿盗

清剿海盗的行动,从早期两广总督那彦成攻剿海盗中,就可以知道官兵全力出击,所得到的成绩并不会因此而成正比。那彦成在嘉庆十年(1805年),集结了八十艘炮艇与水师精英,共同组成一只强大的舰队,准备一举消灭广东海盗。但是最后只击毙海盗约六百名,焚毁海盗船共二十六艘,俘获海盗二百六十二名及海盗船八只。① 这些数目从当时广东海盗的规模看来,是相当微不足道的,以致那彦成由原本积极剿盗最后转变成以招抚海盗为主,也因为如此,被嘉庆皇帝下旨查办。

道光二十九年(1849年),道光皇帝谕令中越水师共同进行大规模的剿捕海盗行动,越南在广安布政使阮星昱督军下,击毁海盗船只七十余艘,共捕获海盗首领陈晚等一百六十四名。② 在广东方面,由两广总督徐广缙、广东巡抚叶名琛共同率领水师官兵,扫荡广东洋面的海盗,"奸毙、淹毙及生擒应正法者,计共一千数百余名"③。这次中越大规模的剿捕行动,海盗的损失约"一千数百余名",其数目仍只是广东海盗的一小部分,清剿海盗的速度往往小于"无赖奸民"加入海盗的速度。程含章就提到出洋围剿海盗,每年平均只能逮捕到"千余人",可见出洋缉捕海盗的实际效益不大。

(二)招抚

从嘉庆元年(1796年)开始,广东海盗的组织与规模逐渐扩大,行为也越来越胆大妄为。清政府面对东南沿海崛起的扰乱势力,不再采取等闲视之的态度。清政府一方面在制定严厉的刑罚与海战政策来对付海盗,另一方也对海盗们树起"投首"的招抚旗帜。嘉庆皇帝推行"招抚"的用意,主要

---

① (美)穆黛安著,刘平译:《华南海盗(1790—1810)》,北京:中国社会科学出版社,1997年,第116~118页。

② 《大南实录》正编第四纪,卷四,第38页。

③ 《宫中档道光朝奏折》,档号 409000048,道光三十年五月二十六日,军机大臣字寄徐广缙叶名琛奏盗犯悔罪投诚酌拟安插并拨归营伍等事。

是想"俾收以盗攻盗之效"。① 最初,与嘉庆元年(1796年)闽浙总督魁伦奏报:海盗首领张表(獭窟舵)、庄麟和纪培(乌烟),因投首分别被授予守备及赏戴蓝翎、千总与外委等职务。② 接着在嘉庆二年(1797年)二月初七日,两广总督觉罗吉庆、广东巡抚张诚基奏称:

> 民人陈子言等十人被掳,诱杀洋盗十三名,自行投首,尚为畏法出力。陈子言着赏给把总,随营出力。……将陈子言不甘从盗杀贼投首,现已奏蒙圣恩,赏给把总缘由,明白出示,在于沿海口岸,并各处岛屿,遍贴晓谕。令各被掳民人仿照陈子言缚贼投献,一体奖赏,俾使盗匪咸知惊惧。③

当海盗得知"投首"能够得到赦免,或是戴罪立功者可以获得赏赐,自然无不踊跃向官府投诚。嘉庆十年(1805年)春,接任两广总督的那彦成,眼见围捕海盗的行动无法获得肃清海盗的目标,于是大开海盗投诚之门,却也让海盗投诚的情形泛滥。广东巡抚孙玉庭向嘉庆皇帝参奏那彦成《办理投首洋盗未臻妥善》提到:那彦成向投诚海盗滥赏顶戴、银两之举是开了一个恶例,根据统计,海盗不下数万。若是全数招抚,则两广将"经费为难"。④嘉庆皇帝谕令:"此后洋盗必须力为缉捕,断不可轻信投诚。……那彦成、广厚俱着解任,交吴熊光传旨质讯。……调直隶总督吴熊光为两广总督。"⑤那彦成遭撤换后,嘉庆皇帝仍主张对付海盗须尽力缉捕,不可轻信海盗率众投首的情形,却又在嘉庆十五年(1810年),嘉庆皇帝同意两广总督百龄接受张保仔带领约近两万名海盗的投诚,似乎海盗"投首"较符合主政者的经济效益,于是"招抚"遂成为清政府对付海盗的主要措施。

嘉庆十五年(1810年)四月二十日,张保仔投首当天,英国人认为海盗大规模的投降并非是一件好事,表达了他们的看法:"可以预料会恢复他们

---

① 《清仁宗实录》卷八,嘉庆元年十月辛巳日,第144页。嘉庆皇帝认为:"伊等在洋日久,熟悉水道情形,自可得力。惟当随时留心,倍加慎重,又不可明示以疑彼之心,于密为防范之中。"

② 《宫中档嘉庆朝奏折》,档号404000948,嘉庆元年七月二十一日,闽浙总督魁伦折。

③ 《宫中档嘉庆朝奏折》,档号404001967,嘉庆二年二月七日,两广总督觉罗吉庆奏折。

④ 《清仁宗实录》卷一百五十一,嘉庆十年十月辛丑日,第1080页。

⑤ 《清仁宗实录》卷一百五十一,嘉庆十年十月辛丑日,第1082页。

的老习惯,我们这个看法,不幸被听到的无数劫掠事件所证实。"①嘉庆皇帝对于这次海盗投首也表示出本身的怀疑:"现在张保仔等大股贼匪,亦率其伙党,前来乞降。在伊等来降之意,仍不过为谋食起见,并非真知大义,自悔前愆。"②于是嘉庆皇帝谕旨下令:

> 百龄知道此张保仔、东海坝二人,现在省城,因汝宠待过优,行为骄纵,百姓曾遭其焚劫,积怨方深。今见寇仇得志,莫可如何,未免心含悲愤。此亦人情之常,不可以王法惩治也。此二人系匪帮盗首,拥资既厚,旧党当多,又自恃熟悉海洋情形,纵之日益不驯,绳之又虞激变,积久终不能相安,恐又生枝节矣。着各调往他省,勿露形迹,消患于未萌,息事于未起,民情大定,而二人亦不致又犯刑章,岂非两得乎。再此二帮余匪除被掳胁从者,已回籍安业。其余党伙尚不下数千人,虽交州县官分投安插,此辈皆游手好闲之徒,所给赏需,随手辄尽。此外别无生计,无恒产焉有恒心哉。闻已有乘间逃逸,或仍窜海洋者,若辗转勾连,必蹈故辙,岂非前功尽弃乎?何如择其年力少壮者,分拨各营伍当差,其老弱者,散给各衙门充役,文武员弁严加约束,有犯必惩,既得养赡,以全其余生,且便稽查,以防其滋事。已经逃窜者搜缉务获,加倍治罪,切勿姑息。③

由于海盗无法获取嘉庆皇帝的信任,让原本推行"招抚"的用意,是想

---

① 马士著,区宗华译:《东印度公司对华贸易编年史(1635—1834)》第3卷,广州:中山大学出版社,1991年,第141页。

② 《清仁宗实录》卷二百二十七,嘉庆十五年三月丁丑日,第52页。

③ 《清仁宗实录》卷二百三十五,嘉庆十五年十月辛亥日,第173～174页。另外,中国第一历史档案馆、澳门基金会、暨南大学古籍研究所合编《明清时期澳门问题档案文献汇编》第2册(北京:人民出版社,1999年,第3～6页)收录嘉庆十六年正月二十三日,百龄《奏报张保等人尚属安静英国撤换在粤办事大班等情片》(军机处录副奏折),载:百龄平息海盗联盟后,志得意满,嘉庆皇帝告诫他:但汝成功之后,当思受宠若惊,切忌自满,自招物议也。勉之!慎之!百龄于是闻命惊心回复投首海盗的情况及巡洋规划:盗首东海坝即吴知青,自蒙恩旨赦免戍罪之后,即押令回雷州府遂溪县原籍,并未居住省城,人所共知。该匪年已五十九岁,闻其回籍甚属安分……至张保仔投诚后,力图报效,奴才因其在粤洋诸寇中素称强悍,年甫二十七岁,是以稍假词色,随时驾驭……把总郭景(学)显,外委萧闻进、樊立勋等,虽皆以投诚立功擢用,且伊等亦远逊于张保之强,近日亦均知巴结当差,似可相安无事……奴才前于粤洋肃清后,即筹议奏定东、中、西三路舟师一百四十号,分段梭巡,声势极为联络威严……防海当防于无事之时,弭盗当弭于甫兴之候。常存不可姑息、不肯息懈之心,自能永靖瀛壖,上纾圣廑。

"俾收以盗攻盗之效",但是因为海盗受到招安后再度举起反旗,使得主政者对于海盗的投诚开始加以限制。虽然清政府无法像当时的欧洲国家,协助与鼓励私人力量向海外发展,反而压抑沿海居民向外发展的活力,减少了华族建立海外帝国的可能性。① 不过若是能够充分利用这些海盗力量,至少可以建构出一支防卫中国的海军力量。可惜政府对于投诚的海盗过多限制,以致无法得到有效的发展。嘉庆二十五年(1820 年),林则徐对于张保仔在水师营里,官位扶摇直上的情形大表不满,所以请求往后投诚的海盗,最高只能担任至副将,并且提出限制投诚海盗的四项原因。

1. 武职之提镇,与文职之督抚系属一体,其位分重且仪制尊,苟非清白出身,则有损国体。

2. 给投诚的海盗手握兵权,在缉捕海盗的过程中,设遇旧日海盗帮众,投诚的海盗可能会再次入海为盗,不利于水师围剿海盗的行动。

3. 众多的水师官员都是科甲出身,然而要他们听命于以前所要捉拿的海盗,这会导致议论纷纷,士鲜甘心,不利于水师营规。

4. 海盗本无纪律,习惯者未易更改,以投诚的海盗为统率,恐将会影响水师的风气,并且将带动水师营赌博的风潮,不利于水师军律。②

林则徐此项建议尚未实行,张保就于道光二年(1822 年)病故,其官位仅至副将。道光三年(1823 年),两广总督阮元更奏请撤除张保仔之子的"荫生":"官员子孙仰蒙予荫,原系非常旷典,岂容漫无区别?查故闽安协副将张保,原系粤洋大盗,经官兵剿捕,于嘉庆十五年投诚。其子嗣若一体子荫,殊不足以重名器,应请撤除。"③不过,道光皇帝念在张保昔日率众投诚的事,谕令不必撤除"荫生",还赏给张保的儿子张玉麟千总一职。道光二十年(1840 年)五月十五日,林则徐再次上奏请求追夺张石氏(郑一嫂)的诰封,并且查办张玉麟未到营报到和聚众赌博一案。④ 从林则徐与阮元的奏折中,可知清代士大夫阶级相当反对海盗因"投首"而封官情形。

---

① 古鸿廷:《论明清海寇》,《海交史研究》2002 年第 1 期,第 28 页。

② 林则徐:《副将张保不宜驻守澎湖并请限制投诚人员品位折》,《林则徐全集》第 1 册,福州:海峡文艺出版社,2002 年,第 2 页。

③ 《清宣宗实录》卷五十,道光三年三月甲申日,第 895 页。

④ 林则徐:《林则徐全集》第 3 册,福州:海峡文艺出版社,2002 年,第 383~384 页。

　　咸丰元年(1851年)十二月十六日,广艇海盗集团首盗布兴有率众投诚一事,[①]咸丰皇帝延续了嘉庆朝招抚海盗政策,予以投诚者免除刑责。但刚开始仍只以"收营吃粮",处处加以限制,并未运用其在海上特殊的角色,来达到"以盗制盗"的目的。费正清(John K. Fairbank)就曾经指出:"不幸,中国地方当局未能使这些广东海盗与葡萄牙人互相火并而同归于尽,局势依然没有被控制住。"[②]尔后布兴有才由私人出资,助其组织海上力量,让布兴有组织一个半官方且地位模糊的军事单位,一方面可以继续在宁波洋面讹诈护航费,另一方则借由剿除海盗的理由,击倒其他护航事业的竞争对手。看来清政府对于海盗"投首"的政策,似乎只是一种暂时性的羁縻措施,让布兴有能够纵横黑白两道,失去了原本嘉庆皇帝接纳海盗"投首"的意义。

表 3-4　清代官兵出洋遇难事例

时间	遇难摘要	资料出处
雍正十二年(1734年)六月	浙江海洋巡哨,遇风淹毙瑞安营都司金书林逢春及弁兵等,银两有差。	《清宪宗实录》(雍正十二年六月乙丑日)(144:804)
乾隆元年(1736年)二月	恤赏浙省海洋巡哨遭风淹毙,额外外委李虎臣、兵丁刘承恩等一十二人,浮水得生兵丁鲁文忠等七人,应恤赏如例。	《清高宗实录》(乾隆元年二月甲申日)(13:380)
乾隆三年(1738年)十一月	广东雷州协巡海,遭风淹毙之兵丁何进,应照阵亡步兵例,减半给予祭葬银两。	《清高宗实录》(乾隆三年十一月辛未日)(81:274)
乾隆十三年(1748年)十二月	赏恤福建金门镇标催粮被风淹毙之外委林华,及溺水得生之外委欧部、兵丁许菊等三名、如例。	《清高宗实录》(乾隆十三年十二月己丑日)(330:485)

---

　　① 《清文宗实录》卷四十九,咸丰元年十二月丙戌日,第659页。
　　② (美)费正清著,刘广京编,中国社会科学院历史研究所编译室译:《剑桥中国晚清史(1800—1911)》,北京:中国社会科学出版社,1993年,第261页。

时间	遇难摘要	资料出处
乾隆二十年（1755 年）十二月	黄岩镇遭风淹毙,兵丁冯殿扬等六名。	《清高宗实录》(乾隆二十年十二月壬子日)(502:339)
乾隆二十一年（1756 年)四月	浙江防洋被飓淹毙之定海标右营兵丁许邦珍、南承敬、沈士贵、虞全等,赏恤如例。	《清高宗实录》(乾隆二十一年四月甲辰日)(510:443)
乾隆二十一年（1756 年)四月	福建澎湖遭风淹毙之金门镇左营兵丁唐祈、王吉、吴真、方程等,赏恤如例。	《清高宗实录》(乾隆二十一年四月丁卯日)(510:462)
乾隆二十三年（1758 年)十月	据登州总兵吴士胜奏:登字一号战船,于八月二十一日夜,被飓风击碎。目兵三十九人,扶傍小船及板片,随潮飘至江南泰州地方。遇渔船捞救,淹毙兵丁一名等语。此奏殊非情理所有,明系该目兵等,一见大船被风,遂齐上小船,而置战舰于不顾。不然,山东距江省,道里甚远,随潮飘流,当需几日。何以同船三十九人,而淹毙者仅此一人乎。伊等盖恐据实供出,必致议处追赔,是以捏称扶傍小船板片,随风飘流,则不惟可以免罪,且可希图赏恤矣。使该目兵等,实系在洋遇风,或毙或淹,自当加以优恤。若掩饰捏词,为绿营自来恶习,其渐断不可长。着传谕阿尔泰,令将登字一号战船被风及该兵目等确实情事,逐一详悉查明,据实覆奏,毋得稍为徇隐。	《清高宗实录》(乾隆十三年十二月甲子日)(572:270)
乾隆三十三年（1768 年)七月	予广东崖州营出洋遭风淹毙外委金魁、兵丁陈可荣等,赏恤如例。	《清高宗实录》(乾隆三十三年七月己丑日)(814:997)
乾隆三十三年（1768 年)九月	予福建台湾水师营遭风淹毙兵陈御等,赏恤如例。	《清高宗实录》(乾隆三十三年七月戊子日)(818:1088)

续表

时间	遇难摘要	资料出处
乾隆三十三年（1768年）十一月	予福建出洋被淹毙外委李贵盛、兵丁谢恩、杨科、叶安国、林注、徐必捷等，赏恤如例。	《清高宗实录》（乾隆三十三年十一月丙戌日）（822:1157）
乾隆三十三年（1768年）十二月	予福建出洋巡缉遭风淹毙外委吕梅、兵丁柯国凤等八名，赏恤如例。	《清高宗实录》（乾隆三十三年十二月丁卯日）（824:1198）
乾隆三十五年（1770年）九月	游击吴其雄、把总童升，巡洋船只于七月二十三日，在小羊山海面，遇东北风大作，飘至浙江地，船身击碎，军械尽皆沉没。淹毙兵丁三名，碰伤兵丁十六名。	《清高宗实录》（乾隆三十五年九月丙午日）（868:640）
乾隆三十五年（1770年）十月	兵部议驳李侍尧，请将巡洋船只遭风淹毙，递减恤当等因一本，所驳甚是。官兵出洋巡查，俱系因公差委，猝遇台飑击损船只，更非人力所能施。不特漂溺毙命者，死事宜旌。即落水而幸获生命者，亦属命恳呼吸，较诸冲锋冒镝之人，其死伤本无区别。是以向例照军功分别给以荫赠赏赉，诚为允协。至于捏报遭风，定例处分极重，只在督抚等实力确查，随时惩儆，自不致冒滥滋弊。若因偶有捏报之案，即欲将恤赏成例，遽事停减，未免因噎废食。李侍尧所见非是，应如兵部所议行。至奉调考验官兵遭风淹毙，及受困幸全者，该督请将旧定恤赏之例，一概删除，兵部照议覆准。此等虽与巡洋出哨者不同，但奉调究属因公，情亦可悯。嗣后着照旧例减半给赏，以昭平允。	《清高宗实录》（乾隆三十五年十月戊寅日）（870:663）
乾隆三十五年（1770年）十月	广东龙门协水师营，遭风淹毙兵林毓琏等，赏恤如例。	《清高宗实录》（乾隆三十五年十月壬寅日）（871:692）

时间	遇难摘要	资料出处
乾隆三十五年 （1770 年） 十一月	广东雷州营出洋遭风淹毙千总王居仁、兵何旺等，赏恤如例。	《清高宗实录》(乾隆三十五年十一月戊午日)(873:704)
乾隆三十七年 （1772 年）六月	巡海遭风淹毙苏松镇标把总董启麟、兵金洪义等，赏恤如例。	《清高宗实录》(乾隆三十七年六月丁丑日)(910:189)
乾隆三十七年 （1772 年）六月	出师遭风淹毙海坛镇右营把总曾元龙、兵詹荣等，赏恤如例。	《清高宗实录》(乾隆三十七年六月壬辰日)(910:192)
乾隆三十七年 （1772 年）六月	巡海遭风淹毙浙江玉环左营千总郑茂、兵罗得顺等，赏恤如例	《清高宗实录》(乾隆三十七年六月癸未日)(911:196)
乾隆三十七年 （1772 年）六月	台湾水师营遭风淹毙，建宁镇标右营把总陈朝麟、兵许宣等，赏恤如例。	《清高宗实录》(乾隆三十七年六月庚寅日)(910:204)
乾隆四十三年 （1778 年）七月	广东出洋遭风淹毙崖州营外委王仕宦、兵丁周纯章等十六名，恤赏如例。	《清高宗实录》(乾隆四十三年七月壬辰日)(1062:193)
乾隆四十三年 （1778 年）七月	福建出洋遭风淹毙，闽安水师左营兵林季，赏恤如例。	《清高宗实录》(乾隆四十三年七月丙申日)(1062:199)
乾隆四十三年 （1778 年）九月	福建出洋遭风淹毙澎湖右营把总俞文贵、兵丁黎志亮等四名，恤赏如例。	《清高宗实录》(乾隆四十三年九月乙未日)(1066:259)
乾隆四十六年 （1781 年）八月	福建淡水营巡洋遭风淹毙，外委陈仕永，赏恤如例。	《清高宗实录》(乾隆四十六年八月丁丑日)(1138:228)
乾隆四十六年 （1781 年） 十一月	广东大鹏营巡洋，遇风淹毙兵丁，赏恤如例。	《清高宗实录》(乾隆四十六年十一月乙丑日)(1145:352)
乾隆四十七年 （1782 年）九月	浙江定海镇标左营巡洋遭风淹毙，把总董秉孝，赏恤如例。	《清高宗实录》(乾隆四十七年九月庚子日)(1164:593)
乾隆四十七年 （1782 年）九月	福建南澳镇标左营出洋，遭风淹毙兵谢有章等，赏恤如例。	《清高宗实录》(乾隆四十七年九月壬戌日)(1165:624)
乾隆五十年 （1785 年）九月	广东出洋遭风淹毙，吴川营把总傅君召、兵丁郑国荃等十六名，恤赏如例。	《清高宗实录》(乾隆五十年九月丁巳日)(1238:654)

续表

时间	遇难摘要	资料出处
乾隆五十一年 （1786 年） 十一月	因公淹毙江苏吴淞营，外委王懋功，赏恤如例。	《清高宗实录》（乾隆五十一年十一月丙子日）（1268:1110）
乾隆五十二年 （1787 年）五月	福建因公出洋遭风淹毙之游击林朝绅、守备王泽浩、把总陈开桂，外委洪海、沈赞、武周明、黄正栋及兵丁陈闻等二十一名，分别祭葬，荫恤如例。	《清高宗实录》（乾隆五十二年五月丙戌日）（1281:165）
乾隆五十二年 （1787 年）七月	出洋遭风淹毙之福建南澳镇标左营把总林廷贵祭葬及兵丁三名，赏恤如例。	《清高宗实录》（乾隆五十二年七月乙亥日）（1284:207）
乾隆五十三年 （1788 年）二月	向来官兵巡洋遇风淹毙，俱照阵亡例议恤。今都司朱化英、千总陈汝志及随行兵丁等。调赴台湾，征剿逆匪，渡洋遇风，以致淹毙多人。尤堪悯恻，着交部，俱照阵亡例，从优议恤。	《清高宗实录》（乾隆五十三年二月戊戌日）（1298:447）
乾隆五十四年 （1789 年）七月	署参将张殿魁，乘驾小舟，追拿盗匪。手执腰刀，随势过船，连杀三盗，复擒拿杀伤十余犯。因盗匪有四十余名，拼命拒捕。张殿魁致被杀伤，落海身毙。……张殿魁出洋巡哨，遇有盗船，即驾小舟追赶，并持刀过船，连杀三盗，又擒拿杀伤十余犯，甚属奋勇出力。因盗匪众多，致被戕害，殊为可悯。张殿魁着照参将阵亡例议恤。	《清高宗实录》（乾隆五十四年七月有癸卯日）（1335:1090）
乾隆五十四年 （1789 年）七月	广东出汛巡缉遭风淹毙，千总沈君华，赏恤如例。	《清高宗实录》（乾隆五十四年七月甲辰日）（1335:1091）

时间	遇难摘要	资料出处
乾隆五十四年(1789年)十月	守备董秉玉缉捕洋盗,生获伤毙多名。因见余盗漂浮水面,复坐小船追捕,致被覆溺等语。董秉玉生擒洋盗,并伤毙多名,殊为奋勇。复因追捕余盗,遭风沉溺,深堪悯恻。董秉玉着交该部,照例议恤。	《清高宗实录》(乾隆五十四年十月辛酉日)(1340:1173)
乾隆五十五年(1790年)四月	福建澎湖协左营因公出洋,遭风淹毙水兵陈良兴,恤赏如例。	《清高宗实录》(乾隆五十五年四月庚午日)(1438:221)
乾隆五十七年(1792年)四月	浙江巡洋漂没,署黄岩右营游击夏扳周等,并淹毙兵丁罗元升等三十二名,分别赏恤如例。	《清高宗实录》(乾隆五十七年四月丁未日)(1400:800)
乾隆五十七年(1792年)五月	江南巡江落水得生狼山镇左营外委顾禹珍,并淹毙兵丁吴有德等十三名,分别赏恤如例。	《清高宗实录》(乾隆五十七年五月壬子日)(1404:871)
乾隆五十七年(1792年)十月	广东电白等营出洋哨捕,遭风淹毙之把总李大猷等三员,外委吴瑞川等三员,恤赏如例。	《清高宗实录》(乾隆五十七年十月丁丑日)(1414:1025)
乾隆五十七年(1792年)十一月	广东平海营因公出洋,遭风淹毙之兵丁林旺等三名,恤赏如例。	《清高宗实录》(乾隆五十七年十一月丁巳日)(1416:1050)
乾隆五十八年(1793年)正月	澎湖水兵自台领驾哨船回营,在洋击碎一折内称:澎湖右营绥字十八号哨船一只,赴台领驾,于九月十七日在洋突遇狂风,船身击碎,除捞救得生外,尚有百总薛兴及兵丁陈禄生等十八名,不知下落等语。	《清高宗实录》(乾隆五十八年正月庚子日)(1420:4)
乾隆五十八年(1793年)七月	广东出洋捕盗,遭风淹毙之香山协左营千总陈志勇、兵丁梁廷汉等二十八名,恤赏如例。	《清高宗实录》(乾隆五十八年七月壬辰日)(1433:154)
乾隆五十八年(1793年)九月	福建在洋遭风淹毙,闽安协水师右营外委方上玉,赏恤如例。	《清高宗实录》(乾隆五十八年九月壬辰日)(1436:197)

续表

时间	遇难摘要	资料出处
乾隆五十八年（1793年）十一月	福建澎湖协左营因公出洋，遭风淹毙水兵阮世爵等三名，恤赏如例。	《清高宗实录》（乾隆五十八年十一月甲辰日）（1440:241）
乾隆五十九年（1794年）五月	广东出洋巡缉，遭风淹毙香山协兵李瑞英，恤赏如例。	《清高宗实录》（乾隆五十九年五月庚子日）（1452:360）
乾隆五十九年（1794年）六月	福建渡台遭风淹毙，闽安协右营兵陈朝泰等三十二名，恤赏如例。	《清高宗实录》（乾隆五十九年六月癸亥日）（1454:379）
乾隆五十九年（1794年）六月	福建渡台遭风淹毙，建宁镇标右营兵杨朝恩等二名，恤赏如例。	《清高宗实录》（乾隆五十九年六月丙寅日）（1454:381）
乾隆五十九年（1794年）九月	福建台湾水师左营巡海兵丁，遭风淹毙林斗生、落水得生李贵等十八。澎湖水师左营内渡兵丁遭风漂没陈天生、落水得生潘日光等二十二名。赏恤如例。	《清高宗实录》（乾隆五十九年九月丙戌日）（1460:462）
乾隆五十九年（1794年）十一月	故福建烽火营因公出洋遭风淹毙兵丁余得等四名，恤赏如例。	《清高宗实录》（乾隆五十九年十一月丙午日）（1465:571）
乾隆六十年（1795年）五月	福建水师营出洋遭风淹毙，外委周录等二员，马兵范天养等十二名，战兵胡章等七十九名，各恤赏如例。	《清高宗实录》（乾隆六十年五月辛未日）（1479:758）
乾隆六十年（1795年）七月	出洋遭风淹毙，福建汀州镇外委周禄，赏恤如例。	《清高宗实录》（乾隆六十年七月壬戌日）（1482:813）
嘉庆元年（1796年）三月	台湾出洋淹毙把总林朝选祭葬世职，兵丁王禄等三十九名，赏恤如例。	《清仁宗实录》（嘉庆元年三月庚午日）（3:97）
嘉庆元年（1796年）十二月	福建出洋淹毙外委洪廷魁等祭葬，兵丁黄天佑等四十二名，赏恤如例。	《清仁宗实录》（嘉庆元年十二月己丑日）（12:185）

时间	遇难摘要	资料出处
嘉庆元年 (1796年)四月	福建出洋淹毙,兵丁吴仕良等五名,赏恤如例。	《清仁宗实录》(嘉庆元年四月己亥日)(4:107)
嘉庆元年 (1796年)十月	福建出洋淹毙守备曾攀鹤祭葬恤荫,兵丁陈太和等三名,赏恤如例。	《清仁宗实录》(嘉庆元年十月丙辰日)(10:156)
嘉庆元年 (1796年)十月	予浙江出洋淹毙把总袁国宝祭葬恤荫,兵丁林正恒等二十三名,赏恤如例。	《清仁宗实录》(嘉庆元年十月甲午日)(10:164)
嘉庆元年 (1796年) 十二月	福建出洋淹毙外委洪廷魁等祭葬,兵丁黄天佑等四十二名,赏恤如例。	《清仁宗实录》(嘉庆元年十二月己丑日)(12:185)
嘉庆二年 (1797年)三月	福建出洋淹毙把总钟祥林、外委薛廷勇祭葬恤荫,兵丁危国安等一百一十五名,赏恤如例。	《清仁宗实录》(嘉庆二年三月壬寅日)(15:259)
嘉庆二年 (1797年)七月	福建捕盗淹毙守备谢德明、把总张端章、外委刘光升祭葬世职,兵丁林应光等八十名,赏恤如例。	《清仁宗实录》(嘉庆二年七月丁丑日)(20:260)
嘉庆二年 (1797年)八月	浙江被风淹毙缉盗兵丁王喜等三名,赏恤如例。	《清仁宗实录》(嘉庆二年八月庚戌日)(21:272)
嘉庆二年 (1797年)十月	广东出洋淹毙,参将王国泰、钟光耀,千总徐泰来,祭葬世职。	《清仁宗实录》(嘉庆二年十月丙辰日)(23:290)
嘉庆三年 (1798年)七月	浙江出洋淹毙兵丁李振耀等五十一名,赏恤如例。	《清仁宗实录》(嘉庆三年七月庚辰日)(32:368)
嘉庆四年 (1799年)六月	福建浙江出洋捕盗淹毙副将庄锡舍,外委曾国宝、王大泰,祭葬恤荫如例。	《清仁宗实录》(嘉庆四年六月庚戌日)(47:580)
嘉庆四年 (1799年) 十二月	广东出洋淹毙外委傅君彰,兵丁吴建鹏等三十一名,赏恤如例。	《清仁宗实录》(嘉庆四年十二月丁亥日)(56:724)

续表

时间	遇难摘要	资料出处
嘉庆五年 （1800 年）二月	江苏捕盗淹毙把总雷震、姜林，祭葬世职。	《清仁宗实录》（嘉庆五年二月壬子日）（60:803）
嘉庆五年 （1800 年）八月	福建出洋淹毙兵丁赵廷材等三十名，赏恤如例。	《清仁宗实录》（嘉庆五年八月癸酉日）（73:967）
嘉庆六年 （1801 年）三月	福建出洋淹毙外委薛国珍、许得荣，祭葬恤荫如例。	《清仁宗实录》（嘉庆六年三月庚子日）（81:48）
嘉庆六年 （1801 年）六月	福建出洋淹毙兵勇水手张河清等六十名，赏恤如例。	《清仁宗实录》（嘉庆六年六月甲戌日）（84:109）
嘉庆八年 （1803 年）三月	广东出洋淹毙兵丁林凤等一百二十三名，赏恤如例。	《清仁宗实录》（嘉庆八年三月癸卯日）（110:464）
嘉庆八年 （1803 年）六月	福建出洋淹毙把总李如彪，祭葬恤荫如例。	《清仁宗实录》（嘉庆八年六月癸亥日）（115:522）
嘉庆八年 （1803 年） 十二月	山东出洋淹毙守备王再门祭葬恤荫，兵丁李光弼等三十二名，赏恤如例。	《清仁宗实录》（嘉庆八年十二月己卯日）（124:673）
嘉庆九年 （1804 年）二月	广东出洋淹毙外委郑勇、郑国威、周应泰，福建出洋淹毙把总陈家驹、外委王升、李文耀，祭葬恤荫。兵丁温永裕等二百三十四名，赏恤如例。	《清仁宗实录》（嘉庆九年二月壬戌日）（126:693）
嘉庆九年 （1804 年）三月	广东出洋淹毙把总王瑞凤，祭葬世职如例。	《清仁宗实录》（嘉庆九年三月乙巳日）（127:715）
嘉庆九年 （1804 年）六月	温州镇总兵胡振声在洋捕盗被害，殊可矜悯。着加恩，照提督阵亡例赐恤。查明伊如有子嗣，着于服阕后送部引见。	《清仁宗实录》（嘉庆九年六月甲申日）（130:768）
嘉庆十年 （1805 年）六月	福建出洋淹毙把总林黄生、崔发，外委黄际昌，祭葬世职如例。	《清仁宗实录》（嘉庆十年六月壬戌日）（145:984）

时间	遇难摘要	资料出处
嘉庆十年 (1805 年)八月	兵部议叙总兵罗江太等拿获盗船一案,已降旨照军功给予加级纪录矣。外省海疆地方官员,出洋巡哨,擒捕盗匪,与带兵打仗无异。其被戕者,既照阵亡例赐恤,遇有奋勉出力之员,自应一体优加甄叙。嗣后闽、粤等省官员,有在外海捕盗,着有劳绩,特旨交部议叙者,该部核议时,均着给予军功加级纪录,以示奖励。	《清仁宗实录》(嘉庆十年八月己丑日)(148:1031)
嘉庆十一年 (1806 年)八月	福建出洋淹毙把总曾元章,外委陈廷高、陈邦桂、郑国雄;浙江出洋淹毙外委李永誉,祭葬世职。兵丁许仁等二百三十五名,赏恤如例。	《清仁宗实录》(嘉庆十一年八月丁亥日)(165:148)
嘉庆十三年 (1808 年)正月	李长庚于上年十二月二十四日……李长庚奋勇攻捕,被贼船炮子中伤咽喉额角,竟于二十五日未时身故……朕原欲俟捷音奏到,将伊封授伯爵。此时李长庚虽已身故,而贼匪经伊连年痛剿之后,残败已极,势不能再延残喘,指日舟师紧捕,自当缚致渠魁。况李长庚以提督大员,总统各路舟师,今殁于王事,必当优加懋奖,用示酬庸。李长庚着加恩追封伯爵,赏银一千两,经理丧事,并于伊原籍同安县地方官为建立祠宇,春秋祭祀。其灵柩护送到日,着派巡抚张师诚亲往同安,代朕赐奠,并查明伊子现有几人,其应袭封爵。	《清仁宗实录》(嘉庆十三年正月戊午日)(191:526)
嘉庆十三年 (1808 年)四月	福建出洋遭风淹毙把总黄鼎、外委苏荣宗祭葬恤荫,兵丁郑国宝等五十一名,赏恤如例。	《清仁宗实录》(嘉庆十三年四月己卯日)(194:561)

续表

时间	遇难摘要	资料出处
嘉庆十三年（1808年）八月	将戕害（广东左翼镇）总兵林国良之伙盗陈亚长擒获。	《清仁宗实录》（嘉庆十三年八月丙午日）（200：654）
嘉庆十四年（1809年）七月	护总兵许廷桂带领师船，在磨刀洋面见盗首总兵宝匪船数十只驶至，奋勉攻击，虽将贼船击沉三只，贼匪漂没多名，并将该盗首用炮轰毙。旋因盗首张保仔匪船三百余只蜂拥前来，帮同抵拒。贼多兵少，被盗船占据上风，乘势下压，以致许廷桂身受多伤，被戕落海。……护总兵参将许廷桂奋勇剿贼……着加恩，即照总兵阵亡例给予恤典。……阵亡署守备陈大德、署千总叶荣高，外委叶连魁、陈见阳、万国年、何新兴，被戕落海之都司严高、未入流施鸣皋，均着施恩加等赐恤。此外查无下落之署千总卢大升等十六员，同许廷桂之第三子许成福，即着赶紧查寻。如查无踪迹，应即与阵亡漂没之官弁兵丁等，一体优恤。	《清仁宗实录》（嘉庆十四年七月戊辰日）（215：888）
嘉庆十四年（1809年）八月	福建出洋捕盗被戕守备涂钟玺，祭葬世职如都司例。	《清仁宗实录》（嘉庆十四年八月甲寅日）（217：922）
嘉庆十五年（1810年）三月	广东捕盗被戕县丞余俊、署守备叶遇高，千总苏明扬、梁韬，把总苏国梁，外委惠连升、严有信，武举何定鳌，祭葬世职。	《清仁宗实录》（嘉庆十五年三月己卯日）（227：54）
嘉庆十五年（1810年）九月	浙江出洋捕盗淹毙额外外委连国宝，兵丁俞继范等七十三名，赏恤如例。	《清仁宗实录》（嘉庆十五年九月壬戌日）（234：10）

时间	遇难摘要	资料出处
嘉庆十五年（1810 年）九月	福建出洋淹毙兵丁朱水等七十名，赏恤如例。	《清仁宗实录》（嘉庆十五年九月乙丑日）（234：150）
嘉庆十六年（1811 年）四月	广东出洋淹毙都司黄勇、把总刘炳洪、外委陈国宁祭葬世职，兵丁李青彪等七十三名，赏恤如例。	《清仁宗实录》（嘉庆十六年四月丙辰日）（242：259）
嘉庆十六年（1811 年）七月	予广东追贼淹毙千总彭朝胜祭葬荫，兵丁马士龙等六十一名，赏恤如例。	《清仁宗实录》（嘉庆十六年七月丙戌日）（246：323）
嘉庆十六年（1811 年）十一月	予福建、广东捕盗被戕千总何定鳌、翟超汉，外委徐廷爵祭葬世职，兵丁廖明亮等一百七十一名，赏恤如例。	《清仁宗实录》（嘉庆十六年十一月庚辰日）（250：374）
嘉庆十七年（1812 年）二月	予广东、浙江出洋剿贼被戕外委殷胜发、姚魁元祭葬世职，额外外委李占魁，步兵徐兆鸿等一百十六名，赏恤如例。福建出洋淹毙外委刘元得、浙江内河淹毙外委金朝泰，祭葬如例。	《清仁宗实录》（嘉庆十七年二月丙辰日）（254：430）
嘉庆十七年（1812 年）四月	予广东捕盗淹毙外委林超选、向秀邦祭葬世职，兵丁黄友华等七十三名，赏恤如阵亡例。	《清仁宗实录》（嘉庆十七年四月甲寅日）（256：460）
嘉庆十七年（1812 年）七月	福建出洋淹毙外委王国材祭葬恤荫，兵丁张士达等一百二十六名，赏恤如例。	《清仁宗实录》（嘉庆十七年七月庚子日）（259：515）
嘉庆十八年（1813 年）九月	福建阵亡千总郑嘉惠、外委张朝龙、伤亡千总陈际唐祭葬世职，额外外委王大中等二名，兵丁范金爵等七百六十六名，赏恤如例。……出洋淹毙千总许法，把总全绅，外委周国龙、吕国魁，祭葬恤荫如例。	《清仁宗实录》（嘉庆十八年九月癸未日）（274：730）

续表

时间	遇难摘要	资料出处
嘉庆二十年 （1815 年）四月	予出洋淹毙广东参将曾荣……祭葬世职。	《清仁宗实录》（嘉庆二十年四月己未日）(305：45)
嘉庆二十二年 （1817 年） 十二月	予福建、广东出洋淹毙署千总叶逢珠、蔡攀龙，把总林得升祭葬世职，兵丁何连登等一百五十三名，赏恤如例。	《清仁宗实录》（嘉庆二十二年十二月甲申日）(344：451)
嘉庆二十三年 （1818 年）五月	福建出洋淹毙外委谢得高祭葬世职，额外升委李新荣，兵丁刘高等七十一名，赏恤如例。	《清仁宗实录》（嘉庆二十三年五月庚戌日）(342：521)
道光元年 （1821 年）七月	福建出洋捕盗伤亡千总郑嘉惠祭葬恤荫，兵丁王日修等二十三名，赏恤如例。予广东巡洋淹毙署把总林一枝，外委邵隆、蔡馥香祭葬恤荫，兵丁林奇升等七十二名，赏恤如例。	《清宣宗实录》（道光元年七月壬子日）(21：375)
道光元年 （1821 年） 十二月	予广东出洋淹毙署把总詹茂山、外委傅权等祭葬恤荫，兵丁郑天进等二百十六名，赏恤如例。	《清宣宗实录》（道光元年十二月丁亥日）(27：483)
道光二年 （1822 年）五月	予广东出洋淹毙兵丁李荣光……赏恤如阵亡例。	《清宣宗实录》（道光二年五月甲午日）(36：637)
道光五年 （1825 年）六月	予广东因公淹毙兵丁林得成等三名，赏恤如例。	《清宣宗实录》（道光五年六月辛酉日）(83：337)
道光六年 （1826 年）十月	予广东巡洋淹毙参将杜茂达、把总张萧汉，祭葬恤荫如例。	《清宣宗实录》（道光六年十月丁丑日）(108：806)
道光八年 （1828 年） 十一月	予广东巡洋淹毙把总卢鸿逵，祭葬恤荫。……兵丁徐得龙等一百三十八名，赏恤有差。	《清宣宗实录》（道光八年十一月丁巳日）(147：252)
道光九年 （1829 年） 十二月	予广东巡洋淹毙外委温安，祭葬恤荫如例。	《清宣宗实录》（道光九年十二月丙子日）(163：529)

时间	遇难摘要	资料出处
道光十二年 （1832 年）九月	予广东出洋淹毙总兵官黄建功,祭葬恤荫。	《清宣宗实录》(道光十二年九月庚午日)(220:289)
道光十二年 （1832 年） 十一月	予广东出洋淹毙守备潘恩祭葬恤荫,兵丁郑焕高等二十六名,赏恤有差。	《清宣宗实录》(道光十二年十一月己卯日)(225:362)
道光十二年 （1832 年） 十一月	剿办福建台匪阵亡……(安平协)护副将周承恩、守备张荣森(另有:守备李高然、余国章),祭葬加等世职如例。	《清宣宗实录》(道光十二年十一月丙戌日)(225:366)(道光十三年五月丙申日)(237:555)
道光十三年 （1833 年）六月	福建出洋淹毙外委谢得高等五员、兵一百三名入祀。	《清宣宗实录》(道光十三年六月壬戌日)(239:577)
道光十四年 （1834 年） 十二月	予广东出洋淹毙把总傅文韬等,祭葬恤荫。	《清宣宗实录》(道光十四年十二月己酉日)(261:987)
道光二十四年 （1844 年） 十二月	予广东……淹毙兵丁姬连桂,赏恤如例。	《清宣宗实录》(道光二十四年十二月丁未日)412:171
道光二十七年 （1847 年） 十二月	会哨淹毙广东兵丁屈安邦,赏恤如例。	《清宣宗实录》(道光二十七年十二月己未日)450:671
咸丰四年 （1854 年） 十一月	叶名琛奏:南澳总兵韩嘉谟与十余艘海盗船作战,身受重伤落海阵亡。	《遐迩贯珍》,1855.11 第 11 号。
同治元年 （1862 年） 十二月	戴潮春事件中,来援的澎湖镇水师协副将陈国诠于安溪寮阵死,林向荣与安平水师协副将王国忠于斗六门阵亡。……复福建台湾阵亡已革总兵官林向荣原官暨副将王国忠、游击颜常春……均予祭葬世职。	《清穆宗实录》(同治元年十二月壬戌日)(53:1446)

续表

时间	遇难摘要	资料出处
同治十三年（1874年）十月	予广东香山等处淹殁参将陈步云、都司梁遇春、云骑尉饶锡祺、守备沈锡章、千总卓增元、把总梁荣高、巡检恩龄等，祭葬恤荫。	《清穆宗实录》（同治十三年十月庚辰日）（372：923）
光绪八年（1882年）五月	遭风淹毙浙江都司罗云镶等议恤。	《清德宗实录》（光绪八年五月乙未日）（146：64）
光绪十年（1884年）六月	巡洋遭风淹毙闽浙尽先副将潘叶飞等优恤。	《清德宗实录》（光绪十年六月甲午日）（188：630）
光绪十年（1884年）十二月	追予覆舟淹毙记名总兵蔺福升，被贼攒毙六品军功吴士珍，分别议恤。	《清德宗实录》（光绪十年十二月甲戌日）（199：824）

资料来源：《大清会典事例》卷六百四十一，《兵部》，第54～55页。载嘉庆十七年："汪志伊等奏台湾换回弁兵在洋遭风淹毙一折，据称此次台湾换回之督标五营四起弁兵伍得喜等配坐商船，于二月初七日夜在澎湖洋面陡遇暴风，至外洋小金屿地方冲礁击碎，淹毙弁兵及水手人等一百余人等语。可悯之极，不忍览视！向来官兵因公差委遭风飘没者，系照巡洋官兵淹毙之例办理。此次淹毙弁兵九十余员名内，如有曾经出兵打仗及杀贼受伤者，着该督、抚查明，加恩照阵亡例赐恤。该弁兵等均有名册可稽，即据实查核，毋稍冒滥。其未经出兵受伤，仍着照巡洋例议恤。嗣后弁兵设遇遭风淹毙，均着照此例分别核办。至其余淹毙水手及凫水得生兵丁，仍照例恤赏。沉失官制军械，均查明照例咨部办理。再海洋风涛危险，官兵远涉，亦应加以慎重。着该督、抚饬知各将领于往来配渡时，均宜察看风汛，诹吉开行，俾资顺利。毋得冒险轻涉，致有疏虞，钦此"……巡洋官兵遭风淹毙，如有曾经出兵打仗及杀贼受伤者，照阵亡例议恤。其未经出兵受伤，仍照巡洋例议恤。

表 3-5 清代出洋淹毙被戕官员统计

官阶	提督	总兵	副将	参将	游击	都司
人数	1	7	5	6	3	5
官阶	守备	千总	把总	外委	其他	兵丁
人数	11	36	33	69	2	3,691

资料来源：同表3-4。清代水师高阶将领中，与海盗征战或是出洋巡哨遇害名单有嘉庆年间的浙江提督、总统闽浙水师李长庚，浙江温州镇总兵官吴振声，广东左翼镇总兵官林国良，广东护理左翼镇总兵官许廷桂，道光年间的广东琼州镇总兵官黄建功，同治年间的台湾镇总兵官统辖台湾澎湖水师二协林向荣，咸丰年间南澳镇总兵韩嘉谟，光绪年间的记名总兵官蔺福升。

第五节　粤洋世界的特殊习性

越南位处于中国南方,在东南亚各国中,与中国渊源最深,历史与文化上拥有许多共同的地方。越南与广东、广西、云南相连,自古就是华人竞相前往垦殖之地,到了满清入关后,更有许多华人因为政治、社会、经济等各种因素,迁移到越南居住。而当时广东因为是对外贸易的重要港口,相对也就形成与世界文化交流的窗口。因此越南能够吸收大量的中华文化,无论是在政治制度、生活习惯、宗教文字上都与华人文化相当接近。越南于乾嘉时期,将海上经营多委由航海事业发达的广东人所承揽(包含水师及海盗),而这些粤人特殊习性又相当多,加上清中叶,单是在广州附近水面就生活着大约 8 万名船上居民,[①]他们过着穷途潦倒的生活,经济不济,是什么其他的特殊因素让他们铤而走险,入海为盗,则是本节所要厘清的重点。

一、高利贷盛行

粤洋广大的渔民群,主要是靠着出海捕捞渔获,才能够挣钱糊口,而且又经常受到季风气候所限制。船舶在洋面若是遇风触礁,则需要一笔庞大的维修经费,再加上船上雇水手的费用,这些都使得渔民得依靠所谓的"汇款放债"系统。这个古老的"汇款放债"系统在今日称之为高利贷。广东的高利贷资本崛起于清代,嘉庆之后,广东的地方典税收入,经常列为首位(参见表 3—6)。

高利贷资本的来源,主要是由地主与商人的集资或是政府的出资。地主和商人的投资,是高利贷资本的主要款项,他们也相当愿意借给这些渔民。不过到了 19 世纪,中国人口暴增,渔民的生计产生了困难,无法有效地周转资金,所以得不断借款来弥补缺口,让整个借贷市场失去了平衡。借款

---

① (美)穆黛安著,刘平译:《华南海盗(1790—1810)》,北京:中国社会科学出版社,1997 年,第 15 页。

的需求大于贷款的供给,于是渔民必须透过一种叫"鱼栏"①的组织,才能够借到贷款。渔民返航后必须将渔获卖给"鱼栏",使得"鱼栏"垄断了广东省的渔获市场,操控价格,并且兼发放钱债,坐享利息之利。事实上"鱼栏"经常诈欺渔民,让渔民无法偿清负债,让粤洋广大的渔民群,长期背负着债务,生活十分艰苦。

表 3-6　广东重要府治当押铺数量统计

府治	广州府	韶州府	惠州府	潮州府	肇庆府	高州府	廉州府	雷州府	琼州府
铺数	1243	25	280	781	315	182	20	26	27
税银	6215	125	1400	3905	1575	910	100	130	135

资料来源:阮元:《广东通志》卷一百六十七,《经政略》,台北:中华丛书编审委员会,1959 年,同治三年刊本,第 3035～3053 页。

清代从中央与地方拨出来的帑库银,也是高利贷的来源之一。从乾隆年间胡蛟龄的《推广辟荒疏》一文里,可以看出清代前期放款是一为民着想的德政:"富民放债起利,贪得无厌,穷民被其盘剥,终年力作,所获无几。乾隆四年(1739 年),经前任督臣奏明,每年酌动官银,借给穷民,令于秋收照时价还粮。"②由于穷民被富民剥削,因此政府才主动借款给人民,让他们得以生存。不过事实并非如此,政府拨出款项来借予人民收取利息,始于康熙年间,在当时担任刑科给事中的刘荫枢曾上疏说:"京师放债,六七当十,半年不偿,即行转票,以子为母。数年之间,累万盈千。是朝廷职官,竟为债主厮养。乞敕严立科条,照实贷银数三分起息。"③这种情形到了乾隆期间更为风行,各级政府纷纷效法,将库银投入高利贷来放债收息,以补地方财政之不足。因为有利可图,地方官员开始与地主富商相互勾结,鱼肉乡民,例如乾隆五年(1740 年)两广总督马尔泰弹劾琼州知府袁安煜放债病民,十四年(1749 年)总兵杨刚之弟向土司岑宜栋进行高利放债,光绪二十五年(1899 年)万州营把总许赞庭擅自挪用公款来放债图利,以及宣统三年

---

① 丁仁长:《番禺县续志》卷十二,《实业志》,第 698～699 页。屈大均《广东新语》(卷十四,《食语》,北京:中华书局,1997 年,第 395 页)提到:"广州凡食物所聚,皆命曰栏。贩者从栏中买取……栏之称惟两粤有之。"

② 胡蛟龄,《推广辟荒疏》,贺长龄辑:《皇朝经世文编》,台北:国风出版社,1963 年,第 886 页。

③ 《清史稿》卷二百七十六,《刘荫枢传》,第 8679 页。

(1911年)御史胡思敬奏两广总督袁树勋任上海道台时,以官款放债,获取私利岁获七八十万。[①] 高利贷盛行的风气,让借债的渔民无力偿还,因而海上抢夺成为他们唯一的希望。

二、赌风甲天下

光绪年间两广总督张树声曾经上奏说:"广东赌风甲于天下,粤人好赌,出于天性。"[②]广东赌博的名目众多,记有"番摊"、"闱姓"、"白鸽票"、"花会"、"牛牌"、"骰本"等,其中以"闱姓"为广东各种赌局中规模最大的一种。"闱姓"又称为"卜榜",是利用科举考试来进行赌博的一种方式,关于"闱姓"的赌博方法,在同治十三年(1874年)浙江道监察御史邓承修的奏折中,可以清楚了解。

> 广东赌风最炽,向有闱姓、番摊、白鸽票、花会等名。……闱姓之赌,起自机房小民,渐而相率效尤。……每届乡会科期及岁科两试之先,设局投票,每票限写二十姓,以中姓多少为赢输。其投票之资则自一分一钱以至盈千累万,其投票之处则自省会以及各府州县……其投票之人则自搢绅士夫以及农工商贾、妇孺走卒,莫不凿其所有,各存幸心,希图一掷,以致倾家破产,歇业潜逃,甚而服毒投缳,卖妻鬻子。凡此之类,难以悉数。[③]

这种赌博方式是从乡、会、岁、科等国家考试中,从入闱应试者的姓氏中,挑选二十个来投买一票,每张票面值大约为一分或是一钱。但是总彩金却可以累积到上千上万,广东省各地只要有钱都可以投买得到。邓承修将"希图一掷"的后果叙述得相当严重,但由于投票面值低,是否会造成如此惨淡的下场,有待商榷。不过广东赌博盛行,确实会让地方上产生流弊、沿海居民无法安心于海洋相关工作岗位之上,如此一来必会造成许多社会问题,

---

① 《清史稿》卷三百二十三,《鄂弥达传》,第9421页;《军机处档·月折包》,档号004771,两广总督硕色折;《清德宗实录》卷四百四十九。《清德宗实录·(附)宣统政纪》卷三十八。

② 何嗣焜:《张靖达公(树声)奏议》,台北:文海出版社,1968年,第205~210页。

③ 《军机处档·月折包》,档号113460,同治十三年正月十二日,浙江道监察御史邓承修奏折。

更严重者则入海为盗。

"闱姓"与科举制度有密切的关系,参加考试者和考试出来的结果,直接影响到整个投买票者的利益。赌徒们为了控制考试结果,因此有"场内授卷"、"招覆顶替"等舞弊情事,并且有虚报假名,暗中以枪手代考,作弊者甚多。另外赌商从中舞弊,手法还有"扛鸡"、"擒蟹"①等名目,"扛鸡"即收受贿赂和运用贿赂,抬某人中举人或进士。而又根据赌注的需要,把某位可能中举的人擒下去,叫作"擒蟹"。于是光绪皇帝谕旨叶大焯前往广东查明各种弊端,整顿科举考试。光绪十一年(1885年),广东学政叶大焯因患病,请贡生戴罗俊、萨庭荫校阅试卷。两人勾结票局,纯粹以"姓"取人,专取小姓,事后收取谢礼,两广总督张之洞将此案汇报朝廷。朝廷将两人革去贡生,仗一百,流三千里,叶大焯则被革去学政,总彩金七十万银元全部被清政府充当军费。② 中国自古以来,士人眼中神圣的科举考试被"闱姓"给破坏殆尽。

"闱姓"对于广东吏治败坏也有相当程度的影响,其中最有名的就是广东候补道的刘学询,"其经年闱姓,侵吞捐项,私抽经费,并有借端生事,鱼肉乡里各情"③。工科掌印给事中文郁就曾奏刘学询结匪充差误公一事,提到:"已革在籍候补道刘学询声名甚劣,久为乡里所不齿。……前充闱商时,欠饷吞赈,亏匿国帑数甚巨。"④在"闱姓"赌金中,有一部分是用来打点各衙门的官吏、差役、兵丁等,称之为规费。于是衙门官吏与闱商相互勾结,兵丁收规庇赌,甚至公然保护赌场,有所谓"奉旨赌博"之说,⑤使得广东的赌风越演越烈。"闱姓"败坏广东的社会风气,所谓的赌为盗源,赌不禁则盗不止。生活在粤洋困苦的海上居民,"莫不罄其所有",以致倾家荡产,在这个愈赌愈贫的循环下,终究生活不济,因而入海为盗。

清朝中叶以后,鸦片与赌博流毒于广东,而以下层社会人民受害最深,穷苦百姓辄因经济压迫,生计困难,乃铤而走险,所谓的"搏命"者是。广东赌风与华南海盗之间的关系,何良栋在《敉盗策》中提到:

① 《清德宗实录》卷一百五十七,光绪八年十二月壬午日,第205页。
② 《清德宗实录》卷二百二十二,光绪十一年十二月戊子日。
③ 刘体智:《异辞录》卷二,北京:中华书局,1997年,第105页。
④ 《军机处档·月折包》,档号140683,光绪二十三年七月十九日,工科掌印给事中文郁奏折。
⑤ 俞勇嫔:《清末广东"闱姓"考略》,《岭南论坛》1995年第1期,第19页。

盗风甚炽,劫掠之案层叠如山,甚至白昼操刀掳人勒赎。官役苟认真追捕,则即逃至香港,借以藏身……香港赌风之盛,甲于通商各埠头。其为赌也,类皆广厦高堂曲房邃室,输赢之巨,一掷千金,达旦通宵,流连忘返门外。……苟能厉禁高悬犯者,必究举赌场赌窟一扫而空,则盗党无所容身,不亦易于破获。①

由这段策论之中,可知广东赌场盛行也是滋生盗贼的原因之一。另外道光以后,广东地方官员以贪渎为能事,吏治不修,使得广东水陆盗贼遍地。朱琦针对广东治安败坏,做出一个解决方法,以"禁赌博以净盗之根由"为原则,他认为从广东赌博之中,衍生出的"票艇",对于治安构成严重威胁,为害甚深。

一乡开厂,则各乡并设收票处,其带票者名曰票艇……下至游手无赖之民,亦得分润。故该乡既乐其开厂,而各乡亦乐为票艇。但该厂夜集晓散,每于附近地面雇贸匪徒数十人,执持器械,或在沿岸,或驾小船,彻底巡绕,名曰护票巡拦。内四乡不逞之徒,亦复联党多人,托名截票,夜伺路口,该处绅耆习见为常,不复究诘。匪类乘机劫掠,以致酿成巨案,不可胜穷。……伏思劣绅既利其分肥,即一二守正绅士,亦因该处巡游子弟借护票巡拦等事,稍得分润,相与优容,互为回护。此票厂所以得设之由也。况其中贿赂施行,在官胥吏及营中弁兵,无不受其笼络,转为该厂耳目,甚有蠹役包揽,自行开厂者。间经告发,地方官方欲亲往查究,而消息先通,早经鼠窜。迨查验后,仍复开设如故。②

由朱琦一折中可知,广东的赌博风气盛行,只要一个乡村开了"票厂",其他的乡村就会设置"收票处",让粤省各地都能买到"赌票"。"票厂"为了运送"赌票",于是产生了护票的"票艇"。但是这些村里所雇请的护票人员,其本质皆为无赖匪徒,所以他们会借着护票的任务对往来船只盘查,并且有盗匪"托名截票",乘机抢劫,因为绅耆习以为常,不加以究诘,于是往往"酿成巨案",其行径如同海盗。赌博的风行,使得社会游离分子、官绅及弁兵与赌博相结合,成为广东当时的普遍现象。

---

① 《敉盗策》,何良栋辑:《皇朝经世文编四编》,台北:文海出版社,1972年,第722~723页。

② 《军机处档·月折档》,档号603000260,咸丰十年七月初四日,朱琦奏折。

三、宗教信仰

海盗研究有一个难以厘清的盲点，主要是因为海盗属于秘密组织、犯罪集团，一切以秘密行动为主。又海盗多属于下层社会的贫苦百姓，教育程度不高，无法自行书写记事，因此对于海上犯罪劫掠、内部组织、日常生活等，很少留下相关的记载。偶尔有称霸海上的海盗发布宣言，或是有海盗之间的签约照票，这些文件可能多毁于跟水师的海战之中，或是海盗被捕后官府结案后销毁。所以要研究广东与越南的海盗习俗就必须要从清代奏折档案、清越官方实录、参与征讨海盗的官员笔记文集以及地方志乘等文献中找寻。由于这些官方或是半官方的资料，都是站在统治者立场来描述海盗，对于海盗的社会并不予以重视，所以关于海盗的信仰记载不多。若是要探讨关于海盗的宗教信仰，大概只能从广东、越南沿海的传统信仰以及用宗教为号召的动乱事件中，来加以了解。华南水上世界的"讨海人"，无论是海盗、水手、渔夫、蜑民，抑或是水师，都对于海洋的自然变化极为敏感。在他们的认知中，大自然的力量与神明是密不可分的，虽然与陆地居民所崇拜的神祇一样，但是对于以海为生的人来说，是有不同的祈祷需求的。例如图3-10，"讨海人"以符咒来祈求道教掌管雷部的"雷霆都司元命真君"，能够在海上航行时，可以避免遭遇海盗的劫掠。

广东与越南社会所信仰的宗教是中国传统的儒、释、道三宗。故越人亦如华人一样，既拜神圣同时也拜祖先。华南沿海主要的信仰有"雷神"、"飓风神"、"海神"、"南海神"、"南海之帝"、"伏波神"（东汉新息侯马援）、"天妃（后）"、"龙母"、"绥远侯"及"关圣帝君"等神明，祈求护佑航行。其中以天后女神为航海者、蜑户、海盗或是水师所共同信仰着。天后信仰始于福建，相传为宋代福建莆田湄洲林氏女，生而灵异，殁而为神，屡屡显应在海上，庇护航行，救人出险，遂成为航海人所信奉。海盗若是在海上劫掠顺利，会归功于天后的保佑。咸丰年间"广艇海盗"肆掠于整个东南沿海，咸丰元年（1851年）闰八月初五日，有广艇十四艘在浙江黄花岗外一带洋面劫掠，到了九月十六日时，海盗竟然于沙埕洋面上岸，带着戏班在"山脚边九使宫庙内焚香

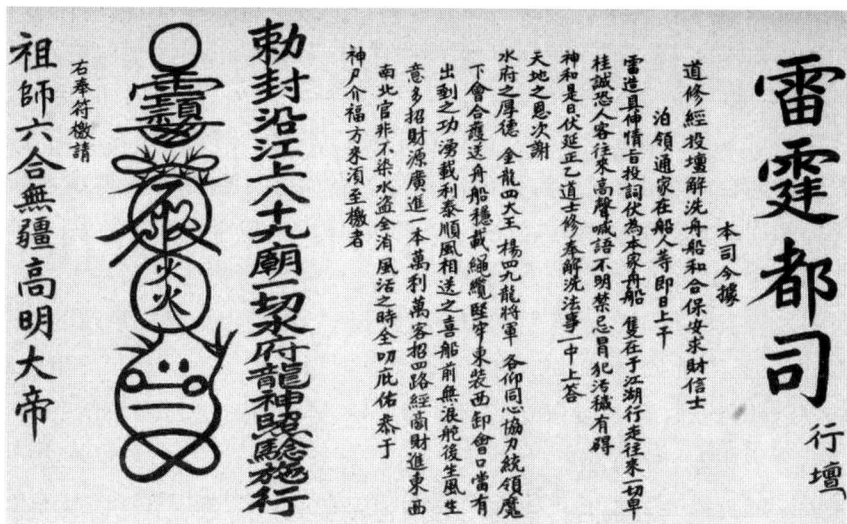

图 3-10　讨海人所用之"雷霆都司"符咒

资料来源：Henry Doré, *Researches into Chinese superstitions*, Vol.2, Shanghai：Túsewei Printing Press，1915，p. 220. 符咒中提到：金龙四大王、杨四九龙将军，各仰同心协力，统领魔下，会合护送。舟船稳载，绳缆坚牢，东装西卸，会口当有出劲之功。永载利泰，顺风相送之喜。船前无浪，舵后生风，生意多招，财源广进，一本万利。万客招四路经商，财进东西南北，官非不染，水盗全消。

演戏"，"又至该处天后宫内建醮"庆祝，①闽浙总督裕瑞认为海盗往来自如的情形，可说是胆大包天。咸丰五年（1855 年），美国传教士丁韪良（William Martin，1827—1916）曾经记录："我们在普陀岛的度假因海盗的出现而提前结束。舟山群岛总是或多或少地受到海盗的侵扰，就在我们坐船离开那儿的时候，还看见一伙海盗在附近一个岛上的渔村里搭台演戏，祭祀'菩萨'，以庆祝他们捕获一艘运载蔗糖的平底帆船。"②

　　水师剿灭海盗，同样会认为是神明的垂佑，例如嘉庆年间，海盗搜劫广

---

① 《宫中档咸丰朝奏折》，档号 406001269，咸丰元年九月十八日，调任成都将军福州将军暂署闽浙总督裕瑞奏折。

② （美）丁韪良著，沈弘等译：《花甲记忆：位美国传教士眼中的晚清帝国》，桂林：广西师范大学出版社，2004 年，第 81 页。

东省东莞县大汾乡,海盗传说遭关帝击退并惊语:"不怕大汾人,总怕大汾神。"①嘉庆五年(1800 年)夏六月,安南艇匪潜约凤尾帮、水澳帮及蔡牵海盗集团,集结近三百艘海盗船舰,准备大举劫掠浙江台州,浙省温州、定海、黄岩三镇水师船队,整装出发迎击,双方于松门洋面上对峙,准备进行海战。双方皆遭遇台风袭击,但是海盗船队却遭到台风一举扫灭。此事更被浙江巡抚阮元的幕宾焦循更撰写在《神风荡寇记》内,来纪念此事。嘉庆皇帝并敕建天后宫、龙王庙于松门。② 嘉庆六年(1801 年),罗吉庆奏报在电白洋面拏获多名海盗一事,认为"海宇乂安,鲸波绥靖",皆是因为嘉庆皇帝的"诚心感格"天后圣母所致,所以飓风能帮助水师覆没盗船。③ 嘉庆十四年(1809 年)七月,海盗张保仔入侵东莞县的塘厦乡,乡民整晚在天后庙祈佑卜珓,天后指示全力御寇,乡民恃有神助,奋力击退海盗,其间出现海盗点燃大炮而无法击发的神迹。当地士绅于庙内题匾"义固苞桑"、"乡井干城"来纪念此事。④ 嘉庆十五年(1810 年)八月,为感谢上天协助平定粤洋各股海盗,嘉庆皇帝特敕封虎门新建成的海神庙为"佑民普惠海神",并颁给"福佑环瀛"的匾额。⑤

郑和下西洋时,曾经施印《佛说摩利支天经》,祈求摩利支天具有的避敌护身之法,以祈航程平安。⑥ 以摩利支天菩萨为本尊的修法,称之为"摩利支天法"。此法在密教中为隐形法,具有不可思议的隐身法力,故极受日本倭寇、浪人所信仰。屈大均在《广东新语》中提到摩利支天菩萨的形象:"斗姥像,在肇庆七星岩,名摩利支天菩萨,亦名天后。花冠璎珞、赤足,两手合

---

① 陈伯陶纂:《东莞县志》卷三十三,《前事略五》,台北:学生书局,1968 年,第 1181～1182 页。据称当时的海盗从此不复至东莞,反而让海盗流往番禺、顺德、香山等县劫掠,这是东莞风俗强悍之因。

② 焦循:《神风荡寇记》,《雕菰集》卷十九,台北:商务印书馆,1966 年,第 307～314 页。提到:风雨狂烈,独注龙王堂。雨中有火,爇入贼艇,皆破。

③ 《宫中档嘉庆朝奏折》,档号 404006377,嘉庆六年十月十二日,两广总督觉罗吉庆奏折附片。

④ 陈伯陶纂:《东莞县志》卷三十三,《前事略五》,台北:学生书局,1968 年,第 1180～1181 页。

⑤ 陈伯陶纂:《东莞县志》卷三十三,《前事略五》,台北:学生书局,1968 年,第 1187～1188 页。

⑥ 陈信雄、陈玉女主编:《郑和下西洋国际学术研讨会》,台北:稻乡出版社,2003 年,第 161～200 页。

掌。两手擎日月,两手握剑。天女二,捧盘在左右,盘一羊头,一兔头。"①广东肇庆府的七星岩水月宫中,立有一座斗姥(玄女)像,为崇祯十年(1637年)两广总督熊文灿花费"十余万金钱"所造,为纪念"文灿招抚郑芝龙时,使芝龙与海寇刘香大战,菩萨见形空中,香因败灭。文灿以为菩萨即玄女,蚩尤为暴时,黄帝仰天而叹,天遣玄女下,授黄帝兵符,伏蚩尤……古圣人用兵,皆以神女为助"②。此菩萨即为摩利支天菩萨,但熊文灿以为菩萨是助黄帝击败蚩尤的玄女,雕造出佛道混合之斗姥像,让信徒前来参拜。郑芝龙在同年四月,于七星岩上题诗:"偶缘开府抵嵩台,奇石清泉洒绿苔。群玉山头迎佛相,恍疑身已在蓬莱。"③从郑和、熊文灿和郑芝龙等人的信仰可知,摩利支天菩萨也是航海人所崇拜的神明之一,祈求摩利支天菩萨能够守护战士,平安航行。又在英国伦敦格林威治区的国家海事博物馆(National Maritime Museum)文物库房之中静静躺着一面清代的中国海盗旗(图 3-11)。鸦片战争后,太平天国起事,清朝政府处在内忧外患之中,已失去对沿海的控制能力,且危及英国在远东的贸易航线,因此英国皇家海军便展开"海盗大猎捕"(Piracy Hunting)。行动中,从击沉的中国盗船上,起获广东籍海盗首领张十五仔(张开平,Shap-ng-tsai)座驾之旗。该馆说明旗面神像是道教张天师,但据笔者推测,应为手持八卦的伏羲,旁边则是他的坐骑——青龙神兽。在中国古老传说中,伏羲聪慧过人,人首蛇身,与其妹女娲成婚,生儿育女,成为人类的始祖。伏羲据天地阴阳变化之理,创造八卦,还模仿起蜘蛛结网而制成网罟,用于捕鱼打猎。广东海盗多出身于蜑(蛇的异体字)民,蜑民又自认是龙蛇族(伏羲女娲)后裔。因此,海盗张十五仔曾扬起此面上书有"天后圣母"字样的海盗旗,并以伏羲、女娲后裔自居,横行于华南海域之上。此外,南越海洋民族亦信仰传闻于南北朝时,促使中原和海南黎族融合的冼夫人。道光二十九年(1849 年),张十五仔大举入侵琼州,崖州水师副将吴元猷与当地居民,借着冼夫人的神威击退海盗。咸丰四

---

① 屈大均:《广东新语》卷六,《斗姥》,北京:中华书局,1997 年,第 213 页。
② 屈大均:《广东新语》卷六,《斗姥》,北京:中华书局,1997 年,第 213 页。
③ 转引自汤锦台:《开启台湾第一人——郑芝龙》,台北:果实出版社,2002 年,第 199 页。

年(1854 年),于打败海盗之处——"得胜沙"建立冼太夫人庙来纪念此事迹。[1]

　　海盗冒险于海上,在其内心之中均有渴望能够得到神明的护佑,但相关信仰缺少"末日劫难"、"救世主"等观念,所以海盗起事极少是以宗教作为号召。咸丰四年(1854 年),在太平天国与天地会的推波助澜之下,整个粤洋海盗蔓延整个环东亚海域及阑入中国内河与土盗勾结。(内河信仰,参见图 3-11)乾隆晚年以降,广东内地有天地会骚扰,洋面则有海盗侵袭,海陆互通气息;再加上白莲教、太平天国的动乱,皆使统治者大伤脑筋。19 世纪的广东海疆洋氛大炽,两广总督那彦成就曾经提到:"粤东之患,莫大于洋盗。"[2]粤洋海盗的崛起,虽然不以宗教信仰为其本源,但却同用宗教为其号召的团体相互合作,进而得到于环东亚海域叛乱的契机。

　　① 徐淦:《民国琼山县志》,卷五《建置》,第 386 页;卷十一《海防》,第 502～503 页;卷二十三《官师》,第 952 页。载:张十五仔犯海口,趁水师二十余艘兵船出洋巡哨时,驾船数十乘潮突入海口港,水师吴元猷(1803—1871,字敬圃)、黄开广和许颖升带领海口城军民击退海盗。吴元猷后又肃清黄豆白、刘文楷、李亚快、林谭保和冯瓜四等海上强寇,遂升任广东水师提督。

　　② 容安:《那文毅公(彦成)奏议》卷十二,台北:文海出版社,1968 年,第 1616 页。

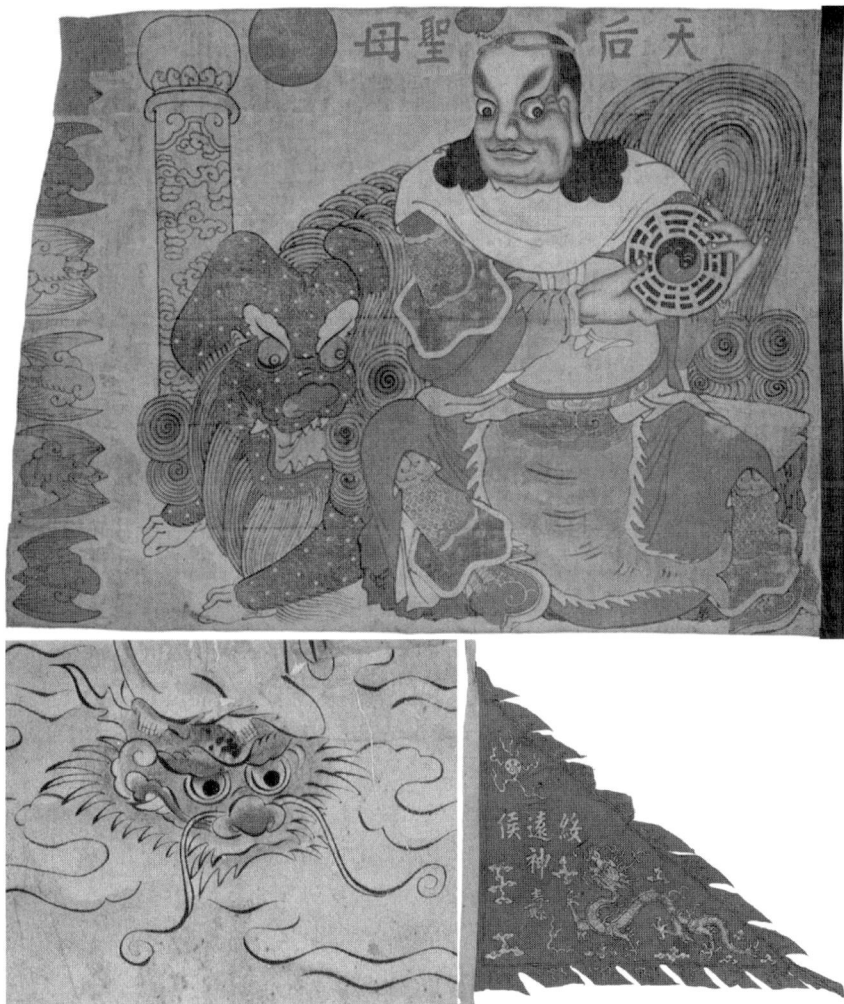

图 3-11　19 世纪中叶英国皇家海军缴获之海盗旗帜

资料来源:上图为张十五仔海盗旗舰之主旗。英国海事博物馆藏,编号:L0187,尺寸:221×284.5厘米。该馆说明认为旗中的神像为张道陵(34—156),根据研究,应为伏羲,而非张天师张道陵。下图左为张十五仔海盗旗舰装饰的碎片,推测应该为"骑龙观音"像。Edward Cree, *The Cree Journals*, p. 201. 下图右为广东内河起获之"绥远侯神纛"。英国海事博物馆藏,编号:L0159,尺寸:187.5×173.7厘米。绥远侯为保佑水上人平安的河神。宋代杨漱三兄弟平苗有功,嘉庆二年(1797年)敕封"宣威助顺靖远、绥远、镇远侯",咸丰六年(1856年),加封"绥江、靖江、镇江王爵",此旗在 1839—1842 年间所缴获。

第四章

清越一体，联疆永绥：

清朝与越南边境的海盗

随着世界贸易航线之延伸与拓展，海盗便此起彼伏，直至今日，海盗的问题依然存在。近几年来，东非红海口印度洋海域，索马利亚海盗日益猖獗，引起各国的重视。为防止海盗活动的蔓延，北约成员国及其他国家联合派出海军舰艇，组成保安护航部队，保护进出亚丁湾及苏伊士运河的商船和货船。如此情形，使得海盗事件产生出国际性的问题。清朝统治中国时，清廷和越南两国亦面临着跨国性的海盗问题，尤其是嘉庆、道光以后，海盗活动更加严重。而且海盗的活动范围，并无明显的界线，于是海盗漂浮在华南海域的水上世界，有时会变身为商渔船以及上岸据岛为巢，隐藏其海盗身份。所以追缉并打击飘忽不定的海盗，就需要两国官府常态性照会公文往来和依靠水师的合作，以致海盗问题成为两国之间必须经常交涉的公务。

明朝末年，发生甲申（1644 年）之变，李自成攻进北京城，崇祯皇帝自缢于煤山。时中国政局纷乱，许多明朝遗民和苦于战乱的中国人，于是移居到越南发展。加上越南长期处于南北分裂状态，急需强而有力的开发，阮福凋（第七代广南国主，1691—1725）于是在 1694 年，命阮有镜经略流民及清商开发建制之事，《大南实录》载：

> 初置嘉定府命。统率阮有镜经略真腊，分东浦地，以鹿野处为福隆县，建镇边；营柴棍处为新平县，建藩镇营。营各设留守、该簿、记录及奇队船水手、步精兵属兵。斥地千里，得户逾四万，乃招募布政以南流民以实之。设立社村坊邑，区别界分开垦田土；定租庸税例，攒修丁田簿籍。又以清人来商居镇边者立为清河社，居藩者立为明香社。于是清商、居人悉为编户矣。①

---

① 《大南实录》前编，卷七，第 14 页。

当时北郑与南阮相互对峙,双方皆须充实国力,所以将流民与清商纳入编户,借此增强财政与军事力量。越南长期处于分裂局面,[①]先有后黎朝与莫氏之南北分裂,后有广南阮氏与大越郑氏的争雄。18世纪的西山起事,更形成新旧阮之争,最终由旧阮的阮福映统一越南。此时,越南各政权只着重于陆面上的拓展领土,故海洋的经营权与管辖并不受重视,而多委由航海事业发达的广东人负责。明朝遗民之中以莫玖为首批开垦的侨民,并且被任命为河仙镇总兵,负责南方地区的沿海贸易。

> 玖,广东雷州人。明亡,留发而南投于真腊,为屋牙(地方长官,府尹)。……又得坑银致富,因招流民于富国、芹渤、架溪、陇棋、香澳、哥毛等处(上述等地今属越南河仙),[②]立七社村。居地相传以仙人出没

---

① 公元1644年以后,清朝与属国越南的封贡体制,由于其内部长期陷入南北纷争的局面,清廷于是陆续和高平莫氏、安南后黎朝与郑氏、西山朝建立起"天朝"与"藩属"的关系。1802年,阮福映统一安南,扫除所有势力,建国称帝。1804年,嘉庆皇帝赐予阮朝国名"越南"。1804年,派齐布森册封阮福映为越南国王,双方正式确立宗藩关系。此后,越南按两年一贡、四年一朝按期朝贡。1839年后,改为四年一贡。1428年,黎利(后黎太祖,1428—1433年在位)建立起后黎朝,国号"大越",明朝册封黎利为"安南国王"及承认其政权,两国订立黎氏向明三年一贡之例,明朝不干涉其内政,保持和好。但至16世纪初,政局混乱,越南陷入所谓的南北纷争的状态。其中莫登庸(莫太祖,1527—1529年在位)于1527年,篡取后黎朝帝位,建立莫朝,势力范围主要在高平地区(近中国广西)。莫氏夺位引发原本效忠黎氏的部属反弹,于1533年,改拥立后黎朝后裔为帝,恢复后黎朝政权。莫黎双方往后南北对峙,后世将统治清化以南的黎氏朝廷称为南朝,统治山海以北的莫氏朝廷称为北朝。此一历史时期于是被称为南北朝(1527—1592)。莫登庸并于1540年,上书明朝,称愿意割让全境领土,向明朝投降,明廷因此更改安南国为"安南都统使司",封莫登庸担任"都统使",名义上是由莫氏来统治安南。1592年,后黎朝权臣郑松,北伐大破莫军,对内掌控后黎朝政,更自封为"都元帅总国政尚父平安王"。后世史家以"黎氏为皇,郑氏执政"来形容此一局面。后黎朝大臣阮潢眼见郑氏弄权,便在顺化积极经营,此时越南南部由阮氏家族控制,中国称之为"广南国"。而郑阮双方在17世纪中交战数回,最后以和局收场,彼此各辖一方。此时,明清交替,清朝仍视后黎朝为正统。因此,广南阮氏多次持国书贡物至广东官府求封,但都被驳回。直到18世纪中后期,广南阮氏政治败坏,1771年,归仁发生阮岳、阮惠、阮侣的"西山起事",史称"新阮",后颠覆了被称为"旧阮"的广南阮氏,并北征大败郑氏,后黎朝国主黎维祁逃入中国。1778年,自立微光中皇帝的阮惠,遣使入清请求册封,乾隆皇帝册封他为"安南国王"。不过,残存的"旧阮"阮福映,在嘉定重新整顿,于1802年,消灭了新阮西山政权,并于1803年被嘉庆皇帝,册封为"越南国王"。让清越两国的宗藩关系又接续建立。陈重金著,戴可来译:《越南通史》,北京:商务印书馆,1992年,第180~187页;《明史·外国列传·安南》;《清史稿·属国二·越南》。

② 河仙旧称为芳城,芳城为柬埔寨音译,意思为港口之意。

河上，因名河仙（今越南南部，与柬埔寨相邻）。至是玖委其属张求、李舍上书，求为河仙长。上许之，授总兵。玖建立营伍，驻于芳城，民日归聚。①

广东人莫玖移居河仙后，致力招徕四方商旅，吸引海外诸国帆樯络绎而来，使得河仙成为繁盛一时的港口。不仅拥有军事武装力量，还兼有开采银矿权，展现出华人对于当地的控管能力。对于越南人民航海至其他国家进行买卖，如同中国政府做法相似，越南多以立法来加以严厉禁止，而且一般认为越南人不是善于航海和从事海外贸易的民族。英国克劳佛（John Crawfurd）就曾经说过："安南的对外贸易，全由中国人完成。他们包括商人、水手和航海家，安南本地人很少冒险越出海岸。"②直到阮朝第二位君主明命帝（阮福晈，1791—1841）即位后，就十分重视越南领海权问题，对于上千个大小岛屿，即采取许多行使主权、管辖与开发的措施。明命帝也对海盗政策以强力镇压为主要方针，尤其是对来自广东、越南的大占海口、广义及广安的海盗，更是严加控管。保障各国往来商船的安全，且保护清、越渔民的捕捞活动。

明命帝除关心越南的海疆安宁和海防防御外，他在位期间，更积极打造各式越南战船、建设完整的水师制度，来打击中越海盗"站洋"之情形，并颁布维护商船航行的巡洋相关规定、罚则和章程等。明命帝曾说：

> 治国要审远图，朕自亲政以来，思建国家长久之策，修长城于广平，砌雄关于海云、顺安、思容。沿海冲要之处，莫不设立炮台。因山川之险，以壮邦畿之卫。至于诸镇城池，亦皆次第兴筑，又多贮西洋火炮，以备临事之用。诚以居安思危，此意不可忽也。今兆姓又安，四陲宁晏。然劲兵咸聚于京师，恐非所以壮藩翰之势，当一番规划，用措天下于万世之安……有国修德、设险，二者皆不可缺。今朕制造铜舰，欲据沿海诸要害……外人纵有窥伺之心，亦莫如之何矣，况我能据险以资舟舰之力乎。③

---

① 《大南实录》前编，卷八，第 4 页。

② 陈希育：《中国帆船与海外贸易》，厦门：厦门大学出版社，1991 年，第 250 页。提到：中国商船返程的货物，很多也是由华侨或当地商人提供的……（荷兰）没有垄断的商物品，全操于中国人之手。

③ 《大南实录》正编第二纪，卷五十三，第 2138 页。

明命帝希望以越南海疆和山川之险,修建城墙炮台,并制造"裹铜船",购置西洋火炮等军事措施,来保护越南海域安全。此外,他面对西洋势力及中越海盗的威胁,还有对于领海事务的关注,可说是在当时中越两朝的统治者中的一个"典范"。

第一节　清越海疆上之水上世界

在整个环东亚海域之上,万里汪洋,商渔船往来穿梭于其间,此为东南沿海民生利益之所在。中国东南沿海的宁波、泉州、厦门、广州等地,自古以来便是主要的海上贸易港口,所以在此区域的贸易量、造船业及航海技术,都占有一定的优势。由于海上贸易量增加,以劫掠商船为生的海盗也随之产生。而且清代广东与越南在地理上水陆"密迩毗连",两国于政治、贸易、文化、移民等方面,往来不断。从华南延伸至越南海域的海盗活动,日益蔓延,除航线贸易增加之原因外,地理环境也是不可忽略的事实。从粤东韩江流域向着粤西延伸,经过珠江三角洲出海口的洋面,雷州半岛与琼州府间的琼州海峡,最后到东京湾(中国、越南现称为北部湾,下龙湾位于北部湾西侧)及整个越南沿海。此条海岸线上拥有无数纵横交错的水道,可以藏身的岛屿星罗棋布,良港众多,遂成为清、越水师"下洋缉捕"与海盗"逋逃渊薮"的水上世界。

1770 年代开始,粤洋与越南洋面的海盗,受到新阮西山政权的光中帝阮光平(粤南大老板)[①]的指挥,在清、越沿海进行劫掠,号称并且参与对抗阮福映政权的战争,使得中国东南沿海到越南洋面海盗充斥。再加上海盗最适合生存的环境是一片汪洋大海、众多天然的海港和无数的岛屿,而清代广东与越南的海岸线,就是最佳的海盗藏身之处。这一条支离破碎的海岸线相当长,呈现出"S"形状,沿海拥有大小岛屿。根据统计,广东大陆与岛

---

① 容安:《那文毅公奏议》卷十三,台北:文海出版社,1968 年,第 1802 页。提到:阮光平造乱之始……粤、闽、浙各洋小盗,称为"粤南大老板"。掳掠所获,阮光平抽分销赃,各帮均皆获利。

屿的海岸线总长为 7840.24 公里（包含现今的广西与海南岛海岸线），①越南东部与南部的海岸线为 3260 公里。② 广东洋面可分为三路：东路为潮、惠州洋面，中路为广州洋面，西路为高、雷、琼、廉州洋面。越南明命十五年（1834 年），明命帝将越南划分为三圻，北方宁平省以北的各省统称为北圻，北圻以南至今日地图坐标北纬 20 度之间的各省称为中圻，南部地区包括边和、嘉定、定祥、永隆、昭笃、河仙六省称为南圻。以下即针对粤洋西路和越南三圻洋面予以介绍。

一、粤洋西路及江坪

包含了高、雷、琼、廉州府所临之洋面，为清朝两广的边远府治，管辖权非常薄弱。又粤西洋面为西洋诸国驶往中国，以及中国航向南洋各国的主要海洋通道，使得该航道成为海盗觊觎的目标。陈伦炯在《天下沿海形势录》中，对粤西洋面情形做了一个简单清楚的介绍。

> 高郡之电白，外有大小放鸡，吴川外有硇州，下邻雷州白鸽锦囊，南至海安。自放鸡而南，至于海安，中悬硇州，暗礁暗沙，难以悉载，非深谙者莫敢内行。而高郡地方，实借沙礁之庇也。雷州一郡，自遂溪、海康、徐闻、向南干出四百余里而至海安，三面滨海，幅阔百里，对峙琼州。渡海百二十里，自海安绕西北至合浦、钦州、防城而及交趾之江平、万宁州，延长一千七百里。③

文中提到钦州防城与万宁州之间有一重要海港，名为"江平（坪）"。《粤中见闻》曾载其水陆位置："防城水路三日，可至交趾万宁州管下之江坪。防城水路两日，可至钦州管下，如昔司巡检所辖之东兴街汛，有钦州州判与龙门协左营一千总驻扎东兴街，至江坪陆路止五十里，隔一小河耳。江坪各省商贾辐辏，多有婚娶安居者。计钦州东兴街至安南国城，海道约六七日，陆

---

① 司徒尚纪：《岭南海洋国土》，广州：广东人民出版社，1996 年，第 10 页。
② 梁锦文：《越南简史》，南投：台湾暨南国际大学东南亚研究中心，2001 年，第 2 页。
③ 陈伦炯：《天下沿海形势录》，贺长龄辑：《皇朝经世文编》卷八十五，《兵政》，台北：国风出版社，1963 年，第 2110 页。

路约一十一二日也。"①另外,关于粤洋西路洋面的重要性,嘉庆九年(1804年)两广总督倭什布曾上奏《筹办洋匪疏》:

> 臣等伏查粤东十府三州,幅员辽阔。其中广、惠、潮、肇、高、雷、廉七府,俱系滨海之区。琼州孤悬海中,绝无依傍,海道自东至西,绵亘三千余里。东与闽省连疆,西与越南接壤,形势险要广远甲于他省。自古迄今,无不以防海捕寇为要务。溯查乾隆五十四年以前,沿海穷渔贫蛋,什伍纠结,伺劫商盐船只,并无大伙联,敢与官兵抗拒之事。迨安南阮光平父子有国,惯以养贼为能,招集内地亡命,给予火、米粮、器械、船只,俾其至闽、粤洋面,肆行劫掠。盗匪出有经年累月之粮,归有销赃窝顿之所,纠聚日多,声势遂甚。其自安南驾船而来也,一由白龙尾而入廉、雷各洋面。缘白龙尾附近江坪,江坪其销赃之所也。一由顺化港而入琼州洋面,缘顺化港为安南富春门户,富春其国都也。此两路盗船驶入粤洋,非百号即数十号。其志总在直趋福建、浙江,及其饱掠而归,仍由原船驶入江坪、富春,沿途虽有剽掠,并不近岸登岸。各营水师,全用米艇配兵,东西邀击,岁有擒歼,船多则力敌。而沿海口岸村庄,亦赖以安堵。此数十年来安南养贼,及官兵在大洋击贼之情形也。今自阮光缵失国之后,新藩阮福映晓知大义,驱逐奸匪。尚目之为旧阮,勾结窝者,已被芟夷。其余党则仍窜回内洋,复图纠结,出没为奸。该匪等远行已缺资粮,退归又无巢穴,因常在粤东洋面,游弋伺劫。而大帮水师兵船,常行在海缉捕,匪船站脚不住,又无从得食。于是分驾船只,各于所在港汊,潜驶登岸,劫掠村庄。官兵分则势单,合则顾此失彼,往往闻信追拿,匪船已扬帆而逸。此近日贼船猝聚猝散,不时登陆,官兵大艘在洋,难期得力之情形也。查筹海捕盗,原无一定之规,就目前盗情而论,以千百无借之徒,久占沧波,米粮乏绝,又不能退入越南,除登岸劫掠之外,别无生计。查东省自东至西,沿海台一百座,额设兵丁止三千七百四十余名,而水师出海官兵,终年有数千名在船,既不便更番替换,

---

① 魏源:《海国图志》卷五,收录于《续修四库全书》第743册,第309页。另外也记载其他中越航路:由广东入交趾海道,自钦州南,大海扬帆一日至西南岸,即交趾潮阳镇。又自廉州冠山前海发舟,北风顺利,一二日可抵交趾海东府。若沿海岸而行乌雷岭,一日至白龙尾,又二日至玉山门,又一日至万宁州,又二日至庙山,又三日可抵交趾海东府。自钦州天涯驿,经猫儿港,由万宁州抵交趾国城,陆路止二百九十一里。又钦州城下登舟,两日至涌沦,自涌沦至防城,陆路十五里。防城有廉州府同知,龙门协左营一守备驻扎。

又不能增戍添防。所有在洋在岸，缉捕防堵事宜，必须亟行变通，妥密规画，务为彼劳而我逸，勿任彼逸而我劳，方可绥靖疆隅，翦除凶丑。[①]

继任觉罗吉庆的两广总督倭什布进一步查明，点出安南阮光平父子执政时期，清、越海盗的主要巢穴和劫掠活动的总基地，就是在"顺化"和"江坪"。

江坪在公元1897年以前，是属于越南广安河万宁州的辖区，[②]而且聚集了许多广东和越南籍的商人、渔民、水手、苦力、挑夫、破产的市井小民和罪犯等，在化外之地——江坪上活动，并成为不法分子、海盗的避难所。而且在越南新旧阮之争时，这些人都成为越南各政权吸收新血，成为海盗的最佳人选。但不论是新旧阮任何一方，受到清政府的压力时，还是会和清军共同清剿江坪周围的海盗以及摧毁其根据地。嘉庆二年（1797年），广东巡抚张诚基提到：

> 督臣吉庆前赴广西，所有海洋缉捕事宜，交臣督率办理。臣查提臣孙全谋统带兵船，赴廉州府交界洋面，查拿各盗。其安南国王阮光缵亦遵督臣照会，派有兵船，赴交界截拿。业经督臣奏闻在案，伏思洋盗窝聚，多在夷地之江坪、白龙尾一带。该国王预感圣恩，派兵协拿，是东西两面兜擒，于海洋缉盗实为得力。臣当即飞饬廉州府张增，就近确查情形。……安南夷官丁公雪等，带领兵船随路歼毙盗匪，生擒多名，并将江坪地方盗匪房屋拆毁。三月二十五日，请该府等亲至江坪查看，已拆盗房一百余间。二十六日，将所擒盗犯六十三名，解送交界之天南桥地方，交该府接收。[③]

18世纪末到19世纪初，可以想象当时的江坪，因为要提供往来海盗航行所需之食物、饮用水、武器、船只维护及其他生活必需品，必然街市繁荣，充斥着商铺、客栈、妓院和赌场，以迎合海盗的需求，成为一个海盗在陆地上的落脚处。而在江坪的海盗成员，学者穆黛安曾经统计嘉庆元年至七年间

---

① 倭什布：《筹办洋匪疏》，贺长龄辑：《皇朝经世文编》卷八十五，《兵政》，台北：国风出版社，1963年，第2194～2195页。

② 刘锦藻撰：《清朝续文献通考》卷三百四十六，《外交考十》，台北：新兴书局，1965年，第10889页。载：中国广东边界，除现在勘界大臣画定之外，所有白龙尾及江平、黄竹一带地方……均归中国管辖。

③ 《宫中档嘉庆朝奏折》，档号404002368，道光十三年三月二十五日，广东巡抚张诚基奏折。

（1796—1802），被清政府以海盗罪名逮捕的230人中，有199人与安南有关系。在这199人里头，则有127人和江坪有直接的关系。这些海盗多来自广东西路的府县，少数人是来自安南或闽浙省份。[①]

江坪在海洋地理上占有相当重要的位置，因其处在通往广东最适中的位置，是航向廉州、白龙尾的必经之路，大多数发生在清、越边界的海盗劫掠，就是发生在江坪驶向白龙尾的航道之上。更由于清越两国水师在巡洋捕盗的过程中，担心产生越界的敏感问题，使得江坪成为边界治安的真空地带。基于以上几项因素，让江坪变为广东与越南海盗活动、销赃的主要海港，同时也是黑市交易地。如在17世纪，马达加斯加群岛（Madagascar）的圣玛利岛（St. Marie Island），是块欧洲海盗啸聚的地域，[②]各国海盗齐聚于此，与岛上居民和平共处，以及英国在牙买加东南海岸的皇家港（Port Royal）一般，成为海盗"逋逃渊薮"的水上世界（参见图4-1、图4-2）。江坪处于越南北路进入广东的航道上，此条航道上海盗猖獗，清、越双方水师官员在执行巡逻捕盗的勤务时，因为惧怕逾越管辖界线，所以不敢冒进，相对之下江坪就成为海盗聚居之处。各国贸易商船为了避开这条危险的路线，往往改由越南中圻地区的海港出航，往琼州东南方下绕过，形成另一条海上贸易之路。

---

① （美）穆黛安著，刘平译：《华南海盗（1790—1810）》，北京：中国社会科学出版社，1997年，第167~172页；陈钰祥：《清代中叶广东海盗之研究（1810—1885）》，《成功大学历史学报》第34号，2008年，第101页。提到：境外海盗极可能是海盗的领航员。

② （美）安乐博著，张兰馨译：《海上风云：南中国海的海盗及其不法活动》，北京：中国社会科学出版社，2013年，第185页。提到：江坪，对中国或安南而言，都是个边陲小镇。"边境"意指一个离中央极远的边陲地区，有两种或几种不同文化混居一处的共存关系。

图 4-1　18 世纪清越疆域示意图（局部）

资料来源：于清越交界处，法国传教士杜·阿尔德（B. d'Anville）标示出清、越边境海域上的海盗群岛（Isles des Pirates，今日越南广宁省下龙湾处）。长荣海事博物馆藏，编号：000153。

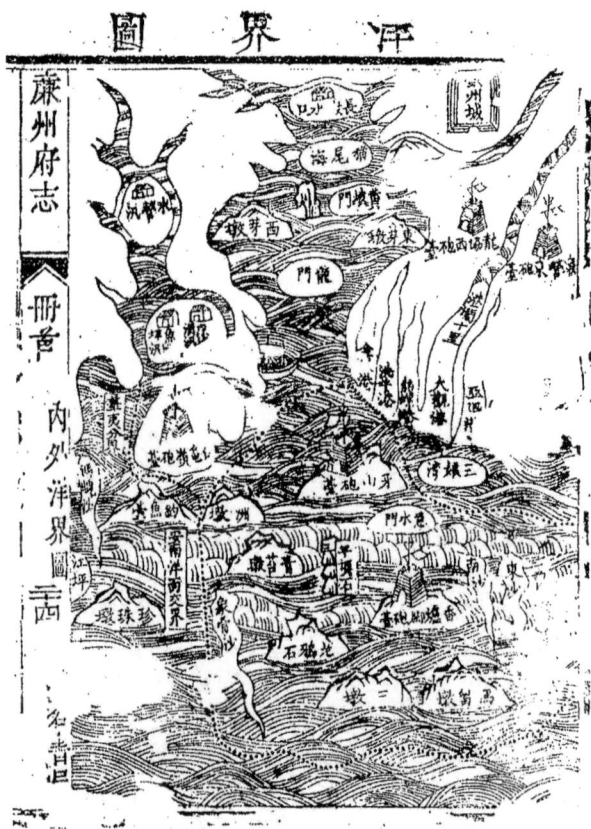

图 4-2　清越边境之江坪界示意图

资料来源：（清）周硕勋修：《廉州府志》，乾隆二十一年刊本，卷首《内外洋界图》，收录于《故宫珍本丛刊》第 204 册，海口：海南出版社，2001 年，第 13 页。《故宫珍本丛刊》为北京故宫博物院和海南出版社联合编辑的，将历代皇室典藏的书籍，如民间散佚的地方志、医疗丛书、皇室教科本等珍贵的图书重新再版。该图虽然没有经纬度，但却标出清越边界的海盗巢穴—"江坪"的位置，以及注明"华夷分界"、"安南洋面交界"，格外显示珍贵。

二、越南三圻洋面

越南在 19 世纪初由阮福映所领导的广南国,统一整个越南,境内秩序逐渐恢复,商贸也渐渐复苏。越南的地理南北狭长,版图南北长约 1600 公里,北圻东西最宽约 600 公里,中圻最窄处仅有 50 公里,总面积约 32.9 万余平方公里。越南国土内,北边有红河三角洲,南方则是湄公河三角洲,这两块农业、商业之经济区域。东部与南部面临着海洋,这条海岸线自古以来就是交趾、暹罗、真腊等国商船航向中国的贸易路线。其中越南分为三圻①(参见表 4-1),在北圻主要的贸易路线是由陆路进入广西,然后再前往广州,或者从广安、清化、义安、海防等港口启航,经过中国的廉、高、琼、雷州四府进入广州。另外越南中、南圻的贸易航路,则分别由中圻的广南,南圻的嘉定出发,从琼州东南方绕到珠江口,成为中越航运上固定的一条航线。越南过往发展史中,行政中心多在北圻红河下游处——升龙(河内),阮福映建国后,则建都在中圻地区的顺化,并仿照北京紫禁城的格局,建立起属于越南的紫禁城,受中国文化影响深远。对于清朝政府,越南为维持本身正统封建王朝的名分,从嘉隆皇帝开始就十分重视继承和发展与中国的传统宗藩关系,始终视清朝为"天朝上邦"。与此同时,越南在整个东南亚亦以"中华汉土"自居,也把西洋各势力归为"远夷",并学习清朝以"华夷"观念来处理近代西方国家的事务,并把宗藩制度应用到邻邦,如真腊(柬埔寨)、万象(属今寮国)、南掌(属今寮国)、暹罗(泰国)、缅甸等国的政治关系之中,形成东南亚第二层天朝体系下的宗藩关系。然而,越南对于中越两国之疆域认定,却是认为主权有别,不能混淆。

清代广东与越南的海盗,对于为数众多的越南港口中,多以中圻的广南洋面上的大占屿作为基地,广南附近的茶山澳、大占汛、沱灢汛等海港,遂成为海盗的主要目标。由于过去从康熙初年,清廷对抗往来台湾、越南间的南明海上武装力量的经验上,乾隆皇帝即知此海域是海盗啸聚之处,提到:"台湾与广南海道可通。"②由于暹罗要到中国朝贡或是贸易的船舶、西洋商船,以及从越南南圻出航的运米船,途中皆以广南作为补给港或是寄碇之港口。

---

① 法国人称北圻为东京(Tonkin),中圻为安南(Annam),南圻为交趾支那(Cochin-chine)。
② 《清高宗实录》卷一千三百二十四,乾隆五十四年三月甲子日,第 926 页。

这些停泊港边，载满着货物的贸易商船，自然而然就成为海盗眼中觊觎的对象。越南明命二十一年（1840 年），即加派十艘战船至沱灢汛防守，并谕令："我国接连清界，向来外国船艘亦常于广南茶山澳暂泊，要当先事，加心巡检，用固海防。可传谕省臣飞饬梁文柳并沱灢汛员，量派妥人，日常携千里镜，坐快船，出洋瞭望。如见有西洋船样，只一二艘，必亲往问明情形，遵依向例办理。觉战船至三四艘以外者，立即报省臣，飞章入奏。"①绍治三年（1843 年），清朝的海盗率领二十余艘船只，入侵广南海域，并且占领大占屿，《大南实录》载：

> 有清匪船二十余艘，泊广南大占屿。省派副管奇黎休巡洋与之遇，众寡不敌，引去。副领兵阮义闻报，即发兵船往剿。帝闻而诇之曰："清匪惯于洋面出没，为商船往来之梗，今乃敢越入占屿至数十艘，不过乘间掠食延生耳。"……立命南省整饬铜船一艘，派出署鋈驾卫卫尉尊室能、兵部署郎中黎国香速往配坐，再增派水师署掌卫段恪、神机副卫尉阮贵分乘平海、巡海号船，复飞咨巡洋兵船一齐驶到南义洋面会剿。②

表 4-1　越南全圻港口一览

越南地区	省份	港口
北圻 东京（Tonkin）	南开、谅山、宣光、太原、北宁、广安、海防、海阳、兴安、河内、兴化、南定、宁平、山西、清化、义安、河静	广安、海防、清化、义安、河静
中圻 安南（Annam）	广平、广治、承天、广南、广义	洞海、广治、沱灢、广南、广义、归仁（富春）
南圻 交趾支那 （Cochin-chine）	富安、平顺、边和、嘉定、定祥、安江、河仙、永隆、平和、平定	泷沭、庆和、潘郎、潘切、嘉定、河仙

资料来源：资料整理自高春育：《大南一统志》，东京：日本印度支那研究会，1941 年，圻字为疆域之意。1884 年，法越签订第二次《顺化条约》，南圻沦为法国殖民地，中圻各省成为空有皇权的保护国。北圻虽形式上主权在于越南国王，但实由法国官员管辖。

---

① 《大南实录》正编第二纪，卷二百一十五，第 14 页。
② 《大南实录》正编第三纪，卷三十，第 5 页。

广东和越南的海盗时常劫掠此处商船,并且与越南水师发生冲突,广南又接近越南国政治中心承天府,在越南的战略地位中,广南海域就显得特别重要(参见图4-3)。

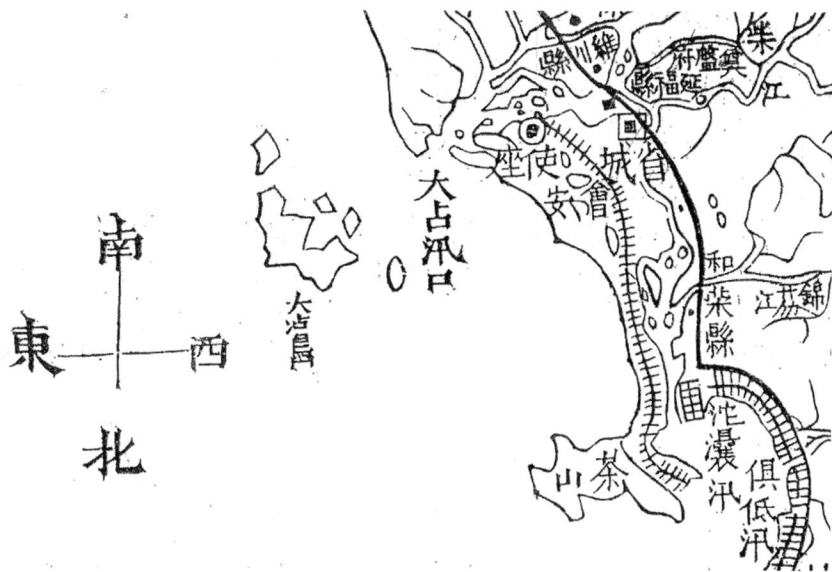

图4-3 广南大占屿海域示意图

资料来源:高春育:《大南一统志》,东京:日本印度支那研究会,1941年,第37~38页。另外,图中的沱瀼乃19世纪越南中部对外贸易港口,法属印度支那时期改称为土伦(Tourane),今岘港。

此外,清、越海盗的寇发必须利用风的助力,所以要选对季风与洋流。[①]中国南海海域的洋流方向和速度深受季风的影响,发生季节性变化,每年十月至翌年三月,东北季风盛行,此时南海海域出现明显的往西南方的洋流,而每年五月到八月西南风季风盛行,在南海海域产生往东北方的'是越南与广东的海上商、渔船自粤洋启航,要往闽浙、舟山、天津'捕捞,须趁夏季五六月间的西南风,东南风或南风,配合西南

---

① 季风是指风向随着季节而变化的风,主要是由海陆热力差异所致'风。海水水平和垂直流动统称洋流,这是海水运动的主要形式之一。此外,根据科学研究,横行于印度洋、红海处的索马利亚海盗,其活动也是会跟随着季风而变化。炎热的夏天,亚丁湾上吹起了从东非到印度的风。在强风中,索马利亚海盗劫掠的成功率会大幅降低。海盗们于是等至秋天,待风力减弱的再行活动。

177

流向北航行。当要返回广东、越南时，则要利用冬季十、十一月间的东北风，西北风或北风，加上东北往西南向的洋流往南航行。广东与越南的海盗也是如此，每年于春夏之交，乘南风窜入粤洋以北的海域，于秋冬之间，乘着北风返回广东与越南洋面。其从越南到粤洋主要有两条路线，一是由江坪或白龙尾而入廉、雷州洋面，另一条则由越南顺化港驶往琼州洋面（图4-4），由于季风与洋流的关系，让海盗成为一种季节性的职业。

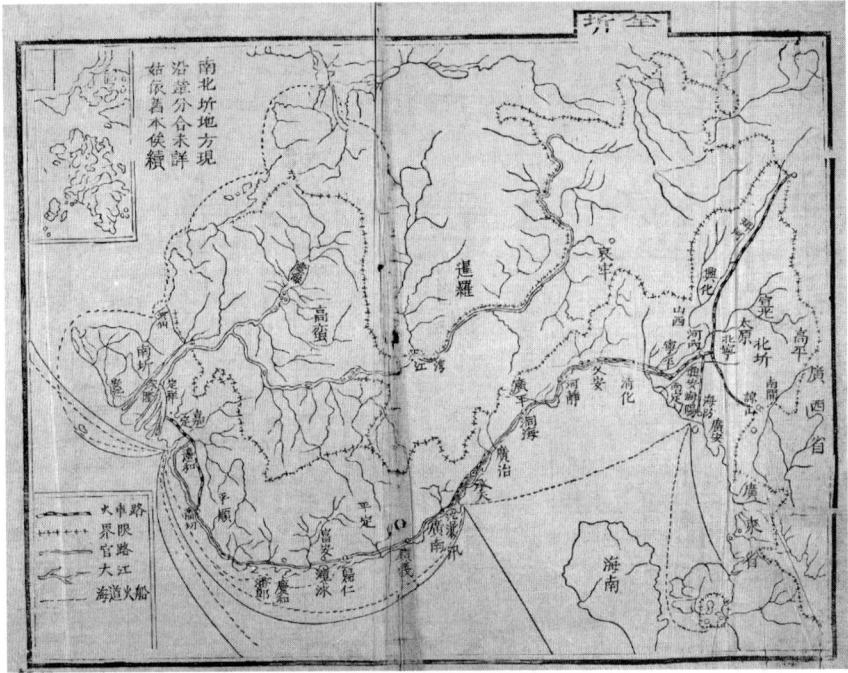

图 4-4　19 世纪越南沿海海港航道示意图

资料来源：越南全圻图取自高春育：《大南一统志》，东京：日本印度支那研究会，1941 年，第 37～38 页。《大南一统志》是一本记载阮朝版图的地志。翼宗嗣德十八年（1865 年）敕令国史馆仿清朝《大清一统志》进行编述，于嗣德三十五年（1882 年）完成。成泰十八年（1906 年）重修，维新三年（1909 年）刊刻。本书共十七卷，列目二十三条，载录各省的疆界和沿革，及府县的分辖、形势、气候、城池、学校、户口、田赋、山川、古迹、祠庙、陵墓、寺观、关汛、驿站、桥梁、市铺、人物、僧释、土产等，提供了大量有关 19 世纪末年越南地理的贵重资料，可以作为历史研究的参考。1941 年日本印度支那研究会松元信广将本书分两册影印出版。

第二节　1810 年前清越沿海的海盗

　　清朝初年,满人入关后占领了大部分的中国土地,唯有东南沿海以及西南一带尚未完全平定,郑成功驱走荷兰人后统治台湾,明郑势力隔海观望。再加上以海盗身份参与南明的残余武装势力(参见表 4-2),仍漂浮在华南洋面上打劫自存,使得清军疲于追剿。《南天痕》一书作者凌雪相当感叹地说:"嗟呼!明臣愧海盗者众矣。"[①]此话确实将南明政权的问题显现出来,虽然海盗集团纪律不严,行伍不整,无法为南明势力带来有效地建树,但是在这个风云际会中,海盗在军事与政治上崭露头角,占有一定重要地位。由此可见,清初海盗活动的骤增,与局势动乱有相当密切的关系。

表 4-2　支持南明的海盗人物简历

姓　名	从属政权	官　爵	结　　果
顾　荣	南明弘光帝	把总	顺治十三年(1656 年),势穷归顺清朝
周鹤芝	南明弘光帝后附鲁王	水军都督,镇舟山,平海将军(南明弘光帝)平夷侯(鲁王)	顺治四年(1647 年),兵败于福州
郑石马徐四姓海盗	南明绍武帝	总兵	顺治四年(1647 年),进攻广东香山县兵败,因而船队解散
刘公显	南明隆武帝并拥益王朱由榛监国	九军都督,镇国将军	顺治八年(1651 年),乞降被杀
邓　耀	南明永历帝	靖氛将军	顺治十七年(1660 年),于龙门岛兵败被杀

---

　　① 凌雪:《南天痕》卷二十四,台北:台湾银行经济研究室,1987 年,第 416 页。

续表

姓 名	从属政权	官 爵	结 果
周 玉 李 荣	南明永历帝	恢粤将军	康熙三年（1664 年），于广东大鹏湾洋面上，被张国勋击败
杨彦迪	延平王郑经	总兵	康熙十七年（1678 年），进攻钦州城兵败，退至安南南圻，并率众返回龙门岛。二十七年（1688 年），被龙门副将黄进所杀
蔡 寅	延平王郑经	自称朱三太子	康熙十七年（1678 年），于安溪被李光地击败，后投靠郑经。

资料来源：《清圣祖实录》卷二，顺治十八年五月乙丑日，第 66 页；《清史稿》卷二百六十九，《李光地传》，第 8539 页；（清）计六奇：《明季南略》卷十五至卷十八，北京：中华书局，2006年，第 447～512 页；郑广南：《中国海盗史》，上海：华东理工大学出版社，1999 年，第 275～296 页，《大南实录》前编，卷五，第 6 页。

　　明清之际，在南京、浙江、福建、两广和台湾等地建立起的南明弘光、鲁王监国、隆武、绍武、永历政权及台湾明郑王朝与清军，于中国东南沿海进行三十余年的"浮海观望，打劫自存"持久战。台湾与粤洋西路环东京湾海域，成为南明维系联络的海上桥梁和抗清据点。在海上反清武装势力中，以杨彦迪（亦称为杨二）为代表，"联合邓耀、冼彪、杨三等纵横粤海，曾经盘踞廉州龙门多年，并奉郑经之命，保护郑氏往来南洋的船只。同时确保广东沿海之若干岛屿，以为明郑向大陆进攻的跳板，或扰乱闽海沿岸的基地"①。这些持续以海洋作为依托来抗清的武装势力，清朝统治者称之为"海寇"或"西贼"。顺治十八年（1661 年），曾记载海贼邓耀的余孽杨彦迪、杨三占据钦州外洋上的龙门岛。该岛与安南万宁州的中越交接处，——"江坪"仅仅一潮之隔，但在康熙二年（1663 年）被平南王尚可喜督师击败。② 杨彦迪于是退

---

　　① 陈荆和：《清初郑成功残部之移殖南圻（上）》，《新亚学报》第 5 卷第 1 期，1968 年，第451～454 页。另外，根据陈荆和考证，杨二即是后来投靠安南的明朝广东镇龙门水陆等处地方总兵官杨彦迪。

　　② 周硕勋修：《廉州府志》卷五，《世纪》，收录于《故宫珍本丛刊》第 204 册，第 60～61页。

据越南海域,加入安南国政权,成为台湾与越南往来的中间人。

> (康熙四年,1665 年)广东总督卢崇峻疏报:海贼杨二余党黄明标,来自交趾,踞西海黄占三旧巢,煽诱迁民。地方官弁水陆夹剿,前后斩获九百余名。见在穷追搜捕,务尽根株。下部知之。[①]

又五年(1666 年)五月,针对杨彦迪滋扰沿海一事,清政府于是谕令。

> 敕谕安南国黎维禧:自尔父输诚进贡以来,朕遣使锡赉恩礼有加。兹海寇杨二、杨三、黄明标等,久逭天诛,在尔亦应同仇。近两广督臣卢兴祖奏至,云此数贼并冼彪妻子等,俱藏匿尔所属海牙州官潘辅国处,一切船只、器用皆其资给。曾差官往索,乃闭栅开炮,若敌国然。朕览之,殊为骇异。念系边吏所为,或尔未与知。今特此敕谕,尔其祗遵,即察出杨二、杨三、黄明标,并其家口及冼彪妻子等解送两广督臣处交收。且察处潘辅国助逆抗拒情罪,如不将贼犯拿解,不处分尔之属官,恐生兵端。尔其筹之,特谕。[②]

康熙十六年(1677 年)五月,杨彦迪从台湾率领船只八十余艘出发,再度占据龙门岛作乱。二十年(1681 年),"广东巡抚金儁疏报:海贼杨二等攻犯琼州,据海口所城,又攻陷澄迈、定安二县。总兵官蔡璋等于三月十五日督舟师渡琼,贼分兵迎敌,我兵奋勇夹击。于十六日克复县所三城,杨二等势穷逃窜。擒斩伪总督周胜、伪总兵陈曾等,焚毁贼船一百余只,见获三十余只"[③]。此后,杨彦迪为副将黄进所杀。[④] 而杨彦迪原本在广南嘉定(今胡志明市)的根据地,则由余部继续屯垦和贸易。

康熙二十二年(1683 年)八月,郑克塽降清,结束了明郑王朝在台湾的二十二年统治,而支持南明政权的海上武装势力,也持续溃散。清朝在完成统一全国后,康熙皇帝开始松弛海禁政策,让中国东南沿海的"鲸鲵海氛"一度稍作平息,并没有大规模的海盗集团活动,反抗官府事件。经过长时间的休养生息,虽然东南沿海的经济发展,日益繁荣,不过,广东却面临着社会与人口的压力,如此情形也冲击到邻近的越南。19 世纪中国爆发了人口膨胀的问题,广东省人口在嘉庆十七年(1812 年)就飙升至 18900608 人,引发出

---

① 《清圣祖实录》卷十四,康熙四年三月戊戌日,第 219 页。
② 《清圣祖实录》卷十九,康熙五年五月乙未日,第 270 页。
③ 《清圣祖实录》卷九十六,康熙二十年五月丙寅日,第 1209 页。
④ 张登桂:《大南实录》前编,卷五,第 6 页。

许多的社会经济等问题。米粮缺少，所以价格攀升，从越南走私稻米可获倍利，让走私商船兴起。海盗的目标也投向这些走私商船，使得缺粮、走私与海盗，彼此关系更加密切。同时间，越南政局出现剧烈的变化，使得广东及环东京湾的海盗活动再度兴起。程含章在给百龄筹办海盗的建议中认为：

> 查粤东滨海滋，蛋猺杂处，为从古盗贼充斥之地。自我朝定鼎，痛加剿戮，山海巨盗，以次平定。百数十年来，休养生息，民物滋丰。诸番来朝，货贝云集，鱼盐蜃蛤之利，甲于天下，洵海上之乐土也。逮乾隆五十四五年后，盗贼复起，祸缘安南夷主黎氏衰微，阮光平父子篡立。兵革不息，国内空虚，招致亡命，崇其官爵，资以兵船，使其劫掠我商渔，以充兵饷，名曰"采办"，实为粤东海寇之始。①

学者郑瑞明认为乾隆末期，中国由于人口膨胀，人民生活陷于困境，闽粤人民又多有铤而走险，入海为盗者，整个东南沿海及越南沿岸，都有他们的足迹。浙闽粤督抚见其日益扩大，于是屡次派兵出剿，因此海盗四处逃窜。正逢越南新旧阮之争，因此有许多中国海盗加入了新、旧阮集团，并且被授予官爵，这对无路可走的中国海盗，无异是一极好的栖身之处。②

乾隆三十六年(1771年)到嘉庆七年(1802年)间，越南新、旧阮之间，为争夺越南政权，展开起数年的战争。为了增强本身军事力量，筹措军饷，双方吸收大量的粤洋海盗，任其出洋抄掠，并提供船只、火药及水师身份，使海盗从清政府口中的"土盗"晋升为"洋盗"。③ 越南的新旧阮战争至最后，胜者为王，败者为寇，支持旧阮的海盗升格而成建国功臣，④另一方西山朝人马则打回原来的海盗角色，支持新阮的海盗则受到越南水师严重的打击，只能继续踪迹不定地飘浮在粤洋与越南洋面之上，受清越水师的围剿(参见表

---

① 程含章：《上百制军筹办海匪书》，贺长龄辑：《皇朝经世文编》，台北：国风出版社，1963年，第2201页。

② 郑瑞明：《讨论越南华人在新旧阮之争中所扮演的角色》，《越南、中国与台湾关系的转变》，台北："中央研究院"东南亚区域研究计划，2001年，第1～36页。

③ "土盗"为东南沿海省份内河打劫的零星盗匪，"洋盗"则是拥有强大的船只炮械的海盗集团。

④ 嘉庆二年(1797年)于粤闽浙海域被捕获的海盗身上搜出，镌刻"嘉兴王"、"昭光王"所发之印信图章、执照等，并供称此二"王"是农耐与镇宁地方的"土匪魁首"，即以农耐为根据地的阮福映。见《宫中档嘉庆朝奏折》，档号404001848，嘉庆二年正月十六日，两广总督觉罗吉庆闽浙总督魁伦奏折；档号404002051，嘉庆二年二月二十日，闽浙总督魁伦奏折。

4—3)。乾隆四十五年(1780年)粤洋之上,首见有广东潮州人李阿集、李阿智接受新阮西山官职,聚众劫掠于海上。

> 谕军机大臣等:今日钟音等奏到李阿集伙犯在安南,听受阮翁衮伪职,逞兵滋事一案。据拿获自安南回闽之欧盛祖、王四海等供称安南黎姓驻扎东京,本受我朝封号。其西南一带,向为阮姓占据。近因阮王身故,庶子继立,有阮岳即阮翁衮,自称西山王。以除奸立嫡为名,招集内地民人李阿集、李阿智,分管兵马船只,争得地方,并索诈民番,受职役使。嗣有东京王,遣国老带兵攻击,阮岳败走。李阿智、李阿集等,始各分头逃窜等语。此案前据李侍尧节次奏报,拿获各犯讯供,止称阮岳招集民番,构兵滋事。旋因兵败人散,并无东京王遣国老带兵击败之语。今闽省欧盛祖等所供,此一节情事,与粤省原供不符。黎阮二姓,素来不睦。今阮姓自相构衅,与黎姓本无干涉,黎姓之王,自不值为其发兵攻击,或系黎姓欲乘阮姓内讧,借兴兵靖乱为名,希图吞并其地,以除后患,亦未可定。此案李阿集等各犯,现在广东,着传谕李侍尧,即速详加审讯,务得确实情节,录供奏闻。再前据该督奏,查抄李阿集在船抢劫各物,得有平定玉符一件呈进。此外有无珍宝之物,合计资财,共有若干。未据奏及,着李侍尧,再行查明李阿集所有财物,内如金珠等项,即奏明解京。其银两即存该省,入官充用,粗重什物及田产等项,变价归公。[①]

虽然在旧阮朝所修的官方史书中,看不出旧阮政权如何利用中国海盗的情形,不过在清代档案中,却可以看出些许端倪。与新阮的西山军一样,旧阮统治者阮福映也招募中国海盗组织武装战船,从嘉庆二年(1797年)两份地方督抚大臣的奏折中得到进一步印证。在当时于粤闽浙海域被捕获的海盗身上搜出,镌刻着"嘉兴王"、"昭光王"所给的印信图章、执照等。据海盗供称,这两个王是农耐与镇宁地方的"土匪魁首",[②]而农耐又是当时阮福映的根据地。因此可以得知无论是新阮或是旧阮,都与海盗有着密切的关系。其中被旧阮视为建国功臣的海盗中,以清朝四川籍的何喜文最为著名,

---

① 《清高宗实录》卷九百九十八,乾隆四十年十二月壬子日,第360~361页。
② 《宫中档嘉庆朝奏折》,档号404001848,嘉庆二年正月十六日,两广总督觉罗吉庆闽浙总督魁伦奏折;《宫中档嘉庆朝奏折》,档号404002051,嘉庆二年二月二十日,闽浙总督魁伦奏折。

并在越南史书中立传记录他的事迹。

何喜文,清四川人,白莲教余党也。初聚众海外,号为天地会,抄掠闽粤间。丙午(1786年)春,喜文泊昆仑岛,闻帝(阮福映)驻跸望阁,意欲效顺,乃令其属梁文英、周远权、黄忠同等投款,帝嘉纳之。丁未(1787年)秋,帝自暹回銮,至古骨岛,遣阮文诚、阮太元等往招之。喜文以兵船归附,授巡海督营,其属梁文英等授统兵、总兵、飞骑尉有差。美湫之战,官军失利,喜文退泊昆仑。戊申(1788年),召诣行在,赐之钱一百缗、米二百万、绢布二十余匹。喜文率兵船从军讨贼。乙酉年(1789年),乘战船越归仁,历顺化北河,打探贼情。寻往廉州,诏谕齐桅海匪船二十三艘归顺。庚戌(1790年),从阮文诚守角鱼堡。壬子(1792年)夏,从驾进攻归仁。喜文善水战,管率唐兵,常从征伐,历着战功。辛酉(1801年)冬,病卒于军。帝悼惜不已,厚赐官衾殡葬。嘉隆三年(1804年),列祀嘉定显忠祠。六年(1807年),赠昭毅将军、水军统制、上护军,定望阁列在二等,给墓夫。子二,杨荫授该府艚,养荫该队,杨子福荫恩骑尉。①

何喜文善于水战,持续跟随阮福映对抗新阮西山政权,在旧阮军中战功彪炳。1801年因病死于军中。越南建国后,阮福映命将何喜文入祀嘉定的显忠祠,并追赠昭毅将军、水军统制、上护军,列为望阁二等开国功臣,甚至差官守墓。其原本的部属梁文英、周远权、黄忠同等三人,在明命期间,都被任命为正巡海督营官,领三等俸禄。何喜文在越南新旧阮之争中,可以说是以一介原本在闽粤洋面的海盗身份,转变成为统治阶层的成功案例。此外,后黎朝亦曾招募中国海盗组织武装战船。嘉庆五年(1800年),根据福建台湾镇总兵爱新泰上奏称:

查王信章,即盗首黄胜长,因闽粤口音"黄胜长"三字与"王信章"音同字异。……据署鹿港同知叶宝书拿获盗首黄胜长一名(朱批:好),并于该犯身上搜出"总戎将军"伪印一颗。又获贼目沈缎、伙盗李胜友等十一名,九节鞭炮三尊,刀械四件。……盗首黄胜长一犯,于乾隆五十八年被夷匪黄阿贵掳去,投入黎姓后裔。因与安南国打仗有功,封受"总戎将军"伪职,给予伪印,屡次带领匪船,在于闽、粤、浙江等省洋面

---

① 《大南实录》正编列传初集,卷二十八,第75~77页。

行劫拒捕,不计次数。此次在淡水洋面行劫,焚烧林元益商船。贼目张阿来、沈缎、林阿扁、林宜等四犯,各管一船,随同黄胜长在洋选劫拒捕,次数多寡不等。①

黄胜长参与后黎朝政权,因和安南国(西山政权)打仗有功,受封"总戎将军"一职。中国籍海盗因参与不同的越南势力,有时也会出现相互攻击或合作之情形,新阮西山"齐桅艇盗东海王"莫观扶就曾大败后黎朝的黄胜长,但新阮的黄文海亦曾加入黄胜长的海盗集团之中。在海盗的世界中,可说是全无信义可言。最终,盗首黄胜长于台湾遭到逮捕,因为蓄发受封伪职,屡次行劫拒捕,被依照叛逆律法,凌迟处死。

表 4-3　粤洋海盗受封西山朝廷官爵

姓　名	籍贯	受封官爵	摘　要
李阿集	潮州	开国公,携有平定玉符	原私越至顺化,娶番妇。1775 年被海口营巡检刘毓琇拿获
李阿智	潮州	管兵马船只	1775 年与李阿集分头逃亡
集　亭		忠义军将军	清商,1775 年为阮岳所忌,逃往广东被捕,两广总督李侍尧下令正法
李　才		和义军将军	清商,1776 年向广南旧阮投诚,后为旧阮部将所杀
陈添保	新会	保才侯,统善艚道各支大总督	1801 年携眷潜回内地投诚
莫观扶	遂溪	总兵、齐桅艇盗、东海王	1802 年旧阮送之回清,凌迟处死
梁文庚	新会	千总、总兵	1801 年同莫观扶被旧阮军所获。1802 年送之回清,凌迟处死
樊文才	陵水	指挥、总兵	1801 年同莫观扶被旧阮军所获。1802 年送之回清,凌迟处死

---

① 台湾银行经济研究室:《台案汇录辛集》,南投:台湾省文献委员会,1997 年,第 1～5 页。可知在粤洋和越南政局日异月殊情形下,中国海盗获得一个发展的平台。

续表

姓　名	籍贯	受封官爵	摘　要
冯联贵	广东	都督	1807 年被清水师围捕时落海被捕,凌迟处死
郑七	新安	总兵、大司马	1803 年遭旧阮军捕杀
郑维丰	新安	金玉侯	1805 年郑七之子,时年 17 岁
麦有金	海康	清海大将军	1810 年被张保仔所捕
伦贵利	澄海	差艚队大统兵进禄侯	1801 年于浙江被水师逮捕处死
梁保	广东	总兵	1809 年被清水师击毙
梁贵兴	广东	合德侯	不明
郑流唐	广东	都督	1805 年向清投诚

资料来源:《宫中档》、《军机处档·月折包》、《清实录》、《大南实录》、《明清史料》、《己巳平寇》,郑梦玉修:《南海县志》卷十四,台北:成文出版社,1989 年,第 262～264 页。《大南实录》内提到当时西山政权的官制:"惠既得志,偃然以帝制自居。……按伪西官制不可考,其散见于野史、杂记,则有三公、三少、大冢宰、大司徒、大司寇、大司马、大司空、大司会、大司隶、太尉、御尉、大总管、大董理、大都护、大都督、督内侯、护驾点检指挥使、都司、都尉、中尉、卫尉……名类繁多,不能尽举。……两广乌艚海匪为清人驱逐,势迫投归惠,收其头目,授以总兵。又纳天地会匪党,乘间出没,海道为之不通。"《大南实录》前编列传,卷三十,第 18～40 页。

　　乾隆三十六至四十七年(1771—1782)间,越南广东交界的廉州府、钦州等地,发生一连串的大水、大旱、地震、蝗虫等灾害,尤其是四十二年(1777年)整个廉州府"饥死者枕藉于路"。[1] 到了乾嘉之交,土地兼并日益严重,除了农民生活困顿外,沿海地区的渔民、蜑户、盐商、舵工及商贩等等职业,处境皆非常艰难。嘉庆十五年(1810 年),嘉庆皇帝也了解,"洋盗本系内地民人,不过因糊口缺乏,无计谋生。遂相率下洋,往来掠食。伊等愚蠢无知,但知趁此营生,亦不知干犯王法。岁月既久,愈聚愈多,甚至不服擒拿,冒死

---

　　① (清)张堉春修:《道光廉州府志》卷二十一,《事纪》,收录于《广东历代方志集成》第 3 册,广州:岭南美术出版社,2009 年,第 529 页。

抗拒"①。大多数海盗,本来就是因为生活不济而被逼上绝路。再者,阮光平(本名阮惠)于乾隆五十五年(1790年),夺得政权后,清廷册封为"安南国王",更因安南内战,财政困难,于是乎采纳陈天保、莫观扶的建议,吸收更多海盗成为安南的海上军事力量,并派遣12位总兵官,率领乌艚船百余艘,以筹办军饷为名,入寇闽、粤、浙、江洋面劫掠,造成所谓的"艇盗之扰"。乾隆五十六年(1791年),饬令阮光平要搜捕所辖的海域上的海盗,阮光平接到搜捕洋盗咨会后,即"饬该国沿海各屯,上紧巡哨,并令吴文楚为水军都督,分布巡缉。至此案盗匪,前在广南短棉、农耐地方窜匿,因令该国协同缉拿。今据该国王咨称:该国辖内,并无此等地名。应再照会阮光平,令其复行确查办理等语。阮光平接到咨会,派令吴文楚统率海艘战兵,分屯游徼,实属恭顺可嘉。吴文楚为该国王心腹得力之人,特令为水师都督,搜拿洋匪。足见阮光平为内地除盗安良,出于感激悃忱……并非视为海捕具文,以一咨塞责"②。另外,击败西山政权的旧阮越南官方档案则是提到:

> 两广乌艚为清人驱逐,势迫投归。惠(阮光平)收其头目,授以总兵,又纳天地会匪党,乘间出没,海道为之不通。③

此时,整个环东亚海域上,可说是风起云涌,除了西山朝从广东吸收来的武装海盗集团外,更有粤洋的郑一、张保、金姑养,闽浙洋面则有蔡牵、朱濆、水澳和凤尾等帮,海氛可说是为之沸腾。《清史稿·属国二·越南》里提到:

> 嘉庆元年(1796年),福州将军魁伦、两广总督吉庆先后奏言,获乌艚船海盗,有安南总兵及封爵敕命、印信等物。初,阮氏据广南,以顺化港为门户,与占城、真腊、暹罗皆接壤,西南濒海。有商舶飘入海者,阮氏辄没入其货,即中国商船,亦倍税没其半。故红毛、占腊、暹罗诸国商船,皆以近广南湾为戒。阮光平父子既以兵篡国,国用虚耗,商船不至,乃遣乌艚船百余、总兵十二人,假采办军饷,多招中国沿海亡命,啖以官爵,资以器械船只,使向导入寇闽、粤、江、浙各省。时浙师御海盗,值大风雨,雨中有火爇入贼舟,悉破损。参将李成隆率兵涉水取贼炮,并搜获安南敕文、总兵铜印各四。敕称"差艚队大统兵进禄侯伦贵利",而敕

---

① 《清仁宗实录》卷二百二十七,嘉庆十五年三月子丑日,第52页。

② 《清高宗实录》卷一千三百三十,乾隆五十五年六月丁未日,第517页。

③ 《大南实录》,正编,列传初集,卷三十,第28~29页。

谕王鸣珂获三贼，一诡为喑者，一名王贵利，讯云即伦贵利也。同时闽中获艇贼安南总兵范光喜，供述：阮光平既代黎氏，光平死，传子光缵。时与旧阮构兵，而军费又苦不给，其总督陈宝玉招集粤艇肆掠于洋。继而安南总兵黄文海与贼官伍存七有隙，以二艇投诚于闽，今闽中造船用其式也。伦贵利者，广东澄海人，投附安南，与旧阮战有功，封侯。以巡海，私结闽盗来闽、浙劫掠。安南艇七十六艘，分前、中、后支，伦贵利统带后支。其铜印凡四，贵利自佩其一，余三印，三总兵，曰耀、曰南、曰金者佩之。耀已擒斩，南、金则均溺毙于海云。巡抚阮元磔贵利，而以供辞入奏。①

魏源在《嘉庆东南靖海记》也提到关于新阮吸收海盗筹办军饷一事：

> 康熙二十二年克台湾，平郑氏，二十四年大开海禁，闽、粤、浙、吴，航天万里，鲸鲵不波。及嘉庆初年而有艇盗之扰，艇盗者，始于安南。阮光平父子窃国后，师老财匮，乃招濒海亡命，资以兵船，诱以官爵，令劫内洋商舶以济兵饷。夏至秋归，踪迹飘忽，大为患粤地。继而内地土盗凤尾帮、水澳帮亦附之，遂深入闽、浙。土盗倚夷艇为声势，而夷艇恃土盗为乡导，三省洋面各数千里，我北则彼南，我南则彼北，我当艇则土盗肆其劫，我当土盗则艇为之援。且夷艇高大多炮，即遇亦未必能胜。土盗狡，又有内应，每暂遁而旋聚。而是时川、陕教匪方炽，朝廷方注意西征，未遑远筹岛屿，以故贼氛益恶。②

由于安南艇盗窜入中国东南沿海，海疆不靖的情形之下，嘉庆二年（1797年），嘉庆皇帝诏令浙、闽、粤三省督抚、水师提镇、安南官弁等，沿海

---

① 赵尔巽：《清史稿》卷五百二十七，《属国二·越南》，北京：中华书局，2006年，第14641页。

② 魏源：《嘉庆东南靖海记》，《圣武记》卷八，收录于《续修四库全书》第402册，第346～347页。载：嘉庆元年，福州将军魁伦、两广总督吉庆先后奏言获乌艚船海盗陈天保等，有安南总兵及宝玉侯敕印，敕安南国王阮光缵查奏，尚谓国王不知也。四年，安南农耐旧阮王与新阮交兵，擒送海贼莫扶亲观等，皆内地奸民，受安南伪封东海王及总兵。朝廷始知安南薮奸海盗之罪。五年六月，夷艇三十余，水澳、凤尾各六七十艘，皆萃于浙，逼台州，将登岸。巡抚阮元、提督苍保奏以定海镇总兵李长庚总统三镇水师。贼泊龙王堂松门山下，飓风雷雨大作，贼船撞破，覆溺殆尽，仅余一二艇漂出外海。其泅岸及附败舟者，皆为水陆官兵所俘，获安南伪侯伦贵利等四总兵，磔之。以敕印掷还其国。安南乌艚船百余号，总兵十二人，分前、中、后三支，每支四总兵，伦贵利等其后支也。会安南旋为农耐王阮福映所灭，新受封，守朝廷约束，尽逐国内奸匪。由是艇贼无所巢穴。其在闽者皆为漳盗蔡牵所并。

必须严加防守,擒捉夷匪,并立即正法。同时也饬令安南国王阮光缵(阮光平子)查缉海盗,要制止艇匪的袭扰。此时在福建洋面上,出现拥有安南官职的海盗情形,根据海坛镇总兵许廷进呈报:

> 洋匪黄文海率同内地盗伙及贵国弁目阮倍、喀礼、黎阿通等,前赴该镇舟次投首等情。随经饬提至省审讯,据黄文海供称,该犯原籍福建长乐县人,被李发枝纠上盗船,带入安南。后又随同盗首王信长,驶回内行劫,并邀族侄黄敬发入伙。嘉庆二年,该犯帮同贵国官兵与洞犽打仗,经贵国王给予总兵之职。本年五月,复令该犯与现在同投之阮信等,前往洞犽打仗。该犯心恋故土,起意窜回,商同内地伙伴……自粤抵闽沿途打劫……嗣因黄敬发等被获正法,该犯等畏惧,赴官投首等语。并据阮信供称,伊系安南都督,经贵国王派令,带同现在投首之喀礼、黎阿通等,与黄文海个伙伴前往洞犽打仗,被黄文海赚入内地,沿途打劫。今蒙准投首,遣发回国等情。质之黎阿通等,供亦同。并据黄文海、阮信缴出印信、执照,查验无异。饬将黄文海等,分别安插内地管束,所有贵国阮信等二十四名,同是缴印信、执照,并黄文海所缴总兵印信一颗、执照一张,一并移交广西巡抚,转行递回贵国王查收办理。①

清朝统治者接受了海盗黄文海以眷恋故土,返乡沿海打劫为由,并未继续清查是否为阮光缵下命筹办军饷之事。嘉庆六年(1801年)六月二十八日,两广总督觉罗吉庆等奏,根据龙门协水师副将舒万年称,安南国王阮光缵颁发诏书给盗首郑七,命郑七招集海盗准备收复富春一事。②此时的新阮西山政权已经是强弩之末之态,于是准备和旧阮进行最后决战,进行最后一搏。嘉庆七年(1802年)七月,阮福映派遣:

> 宋福标、阮文云讨海匪于万宁州,破之。先是齐桅海匪张亚禄伪称统兵,聚党洋外,劫掠商船,西贼尝借其力抗拒官军。自日丽之败,潜窜万宁洋外,肆行抄掠,安广镇臣以闻。帝命福标、文云率舟师讨之。至

---

① 中国社会科学历史研究所:《古代中越关系史资料选编》,北京:中国社会科学出版社,1982年,第582页。另外,根据赖淙诚:《清越关系研究——以贸易与边务为探讨中心(1644—1885)》,台湾师范大学历史学研究所博士论文,2004年,第227页。提到:洞犽疑为"农耐"之转音。

② 中国社会科学历史研究所:《古代中越关系史资料选编》,北京:中国社会科学出版社,1982年,第582页。顺化港为安南富春门户,富春为安南国王阮光平父子的国都。

云屯口,遇匪船十五艘,击破之,斩匪渠郑七及党伙甚众。俘获张亚禄等十一人,余党望风奔窜。帝以风水晚候,乃撤兵还,命沿海诸地方严加防备。寻令安南送俘于清钦州。①

关于新旧阮于富春之战,时任两广总督觉罗吉庆等向嘉庆皇帝报告:

> 窃据农耐国长阮福映,差遣吏官郑怀德等,缚送洋盗伪总兵莫观扶、梁文庚(千总、总兵)、樊文才(安南指挥、总兵)三名,当即饬发审讯。兹据广州府知府福明等审明,由按察使陈文审拟招解前来,臣等提犯亲加研鞫。缘莫观扶籍隶遂溪县……安南伪总兵陈添保招该犯莫观扶、郑七等投顺安南,封莫观扶与郑七为总兵与农耐打仗。……嘉庆元年,陆续劫得大、小船十七只,并招有伙党一千余人,与闽匪黄胜长争斗,杀死黄胜长各船上盗匪六百余名。安南知其骁勇,封为东海王,留与农耐打仗。嘉庆六年,该犯与梁文庚等,驾船九只在富春洋面,被农耐兵船拿获。②

农耐旧阮与新阮交战,擒拿了莫观扶等。经讯问后,得知都是广东省籍新阮"奸民",并接受新阮西山政权的官职,清廷才知道"安南薮奸海盗之罪",连刚驾崩的太上皇乾隆皇帝也曾经受骗。此事也影响到清廷对于新阮西山政权的信任,进而转向支持农耐旧阮的阮福映。嘉庆七年(1802 年),西山阮光缵兵败灭亡,阮福映向中国派出第一批朝贡使节团,其中贡品包括前几年捕获的海盗莫观扶、梁文庚、樊文才三人,嘉庆皇帝以"越南"为国名并册封之。越南建国后的嘉隆帝(阮福映,1762—1820 因得到嘉定、永隆兵力支持居多,乃取二省为年号),开始整顿广南、广安两省的海盗。与其说是围剿海盗,不如说是将海盗赶回粤洋洋面。海盗受到这一次越南水师的压迫后,产生了一个新的变化。曾经是西山政权下结为盟友的海盗们返回粤洋后,由于活动范围缩小,各股海盗意识到若要求生存,就必须要合作。于是在嘉庆十年(1805 年)共同签署了一份合约,签署之海盗头目分别为郑文显、乌石二、郭婆带、郑流唐、吴知青、李相清及梁保,组织成七旗的"粤洋海盗联盟"(参见表 4-4)。

---

① 《大南实录》正编第一纪,卷十八,第 5 页。

② 《吏部"前任两广总督觉罗吉庆奏农耐阮福映攻得安南全境前据贡使赍送安南敕印"移会》,《内阁大库档案》,嘉庆七年十二月,登录号 195354—001。

表 4-4　嘉庆十年(1810 年)粤洋海盗联盟组织

盗首	称号	旗色	规模与结局	部众
郑文显	郑一	红	船 600～1000 艘,盗众 2 万～4 万。最后由张保仔向两广总督百龄投诚	郑一嫂、张保仔、香山二(萧鸡烂)、郑三、郑国华、郑安邦、郑保养、亚选嫂
麦有金	乌石二	蓝	船 160 艘以上,盗众约一万。被降清红旗海盗张保仔所捕,被处决	乌石大(麦有贵)、乌石三(麦芝吉)、扬片容、周添、郑耀章、谋士海康生员黄鹤
郭学显	郭婆带 阿婆带	黑	船 100 余艘,盗众约一万。投诚	兄郭学明、郭就善、冯用发、张日高、阿甘、王阿满
梁保	总兵宝 总兵二	白	船约 50 余艘,盗众数不明。被许廷桂所击毙	温亚鹄、叶亚五、养子梁亚康
吴知青	东海霸 (八)	黄	投诚后,先囚禁后赦免遣归	李宗潮、游国勤、冯超群
李相清	虾蟆养	绿	见势孤,潜逸至吕宋	冯联贵
郑流唐 郑志同	郑老童 刘唐伯	不明	投诚时随带 388 人	义子陈(张)亚久、林成瑞(捐官五品知州)

資料来源:《宫中档嘉庆朝奏折》,档号 404011879、404012585、404014384、404014694、404014805、404014807;《明清史料》庚编第五本,第 479 页;朱程万:《己巳平寇》,郑梦玉修:《南海县志》卷十四,第 262～264 页;陈伯陶,《东莞县志》卷三十三,台北:学生书局,1968年,第 1184～1185 页。旗帮帮主姓名,各书记载不一。容安辑:《那文毅公奏议》卷十三(台北:文海出版社,1968 年)第 451 页亦提到:公立单尾注,奉主公命传谕及"天运乙丑"狂悖字样。

粤洋海盗联盟中,郑流唐被另一巨盗黄正嵩所遣之间细丢掷火药罐袭击,因而烧伤手臂及毁容,遂为最早向清廷投降的旗帮头目,所以实际上海盗联盟仅有六个帮众。海盗联盟公立单中虽提到以"天、地、玄、黄、宇、宙、洪"来区分船队,但最后却是用旗色来区分各帮。①

嘉庆十三至十五年(1808—1810)之间,清越两国严加防堵各自领海的海盗活动,越南嘉隆七年(1808年)三月,"齐桅匪船八十余艘为清人追捕,窜于安广洋外……匪犯白藤,逼攻安广镇,莅镇守黎文咏与阮文治击却之"。同年七月,嘉隆帝召"宋福梁来京,令北城送所俘海匪张亚二、业见生等三十七人于清"。嘉隆九月(1810年)五月,越南与两广总督共同合作,成功围堵窜于高、廉、琼、雷四府洋面的粤洋海盗联盟海盗成员,②并在清廷"剿抚兼施"之下,终使环东京湾洋面得到短暂的平静。

第三节　清越官方缉捕及移送海盗

公元1802年(清朝嘉庆七年,越南嘉隆元年),阮福映攻下河内,俘虏西山政权的光缵帝,结束长达三十年的西山军动乱。阮福映为了向清廷表示友善,开始扫荡越南境内的海盗。到了越南嘉隆九年(1810年),清越水师在交界处夹击粤洋海盗联盟的残余势力,在《大南实录》载:"齐桅海匪乌石二、东海八(霸)、李亚七等为清两广总督所困,窜于高、廉、琼、雷四府洋面。钦州移文北城(今越南河内)约发兵堵截。……乌石二等尽为清兵所获,李亚七及其党二十余人,亦诣我军降。"③嘉隆帝的强硬作风,一度让越南沿海的海盗消失无踪。自1830年起,清越洋面的盗风再炽,使清、越水师疲于剿捕,商渔船多为之梗阻(参见表4-5)。

---

① (清)卢坤、(清)邓廷桢主编,王宏斌等点校:《广东海防汇览》卷四十二,《事纪》,石家庄:河北人民出版社,2009年,第1035页;(美)穆黛安著,刘平译:《华南海盗(1790—1810)》,北京:中国社会科学出版社,1997年,第60页。

② 《大南实录》正编第一纪,卷三十四,第13页;卷三十六,第1页;卷四十,第24页。

③ 《大南实录》正编第一纪,卷四十,第24页。

뜨득 황제 인장 嗣德皇帝之寶
Ấn Triện

1848~1883년 (뜨득연간)

Ivory Seals of Emperor Tu Duc
1848~1883 (Tu Duc reign)

황태자 보좌 皇太子寶座
Ngai Thái Tử

황태자 용포와 신발 皇太子龍袍靴
Áo Long bào Hoàng thái tử·Hia

20세기(용포 : 복제)

Ceremonial Robe and Boots of the Crown Prince
20th Century(Robe : Replica)

图 4-5　阮朝嗣德皇帝之宝、皇太子宝座及龙袍

资料来源：National Palace Museum of Korea，Treasures of the Vietnamese Nguyen Dynasty 特展宣传单。

表 4-5　清越海盗侵扰越南领海事件

公元	越南	摘　要	资料出处
1810	嘉隆九年	齐桅海匪乌石二、东海八（霸）、李亚七等为清两广总督所困，窜于高、廉、琼、雷四府洋面。钦州移文北城约发兵堵截。……乌石二等尽为清兵所获，李亚七及其党二十余人，亦诣我军降	《大南实录》正编第一纪（40：24）
1824	明命五年	其忠（黄其忠，又名黄白齿）复阴诱清船百余艘，出没海阳洋外	《大南实录》正编第二纪（19：9）
1827	明命八年	广安海匪巴功用纠船五十余艘，掠先安州镇	《大南实录》正编第二纪（43：39）
		广安有海匪李公同纠合渔船数百艘，窃发于真珠洋外（同，清广东人，匪渠白齿黄其忠之党）	《大南实录》正编第二纪（49：38）
1828	明命九年	广安有匪伙五百人，自清钦州东兴汛来掠	《大南实录》正编第二纪（52：16）
1829	明命十年	广安有清渔船三百余艘，久站葛婆洋分。……帝谕曰："清船数百而我船仅三十余艘，设有反噬，何以敌之。可增派兵船，多运火器军需策应，如彼听命则已，不然即并力痛剿。官兵既至，渔船皆扬帆望东而去。"	《大南实录》正编第二纪（57：27）
		广安海匪蹶陆等纠船十余艘，围住商船于满土澳	《大南实录》正编第二纪（60：23）
1830	明命十一年	广平清义诸洋分有清匪邀掠商船	《大南实录》正编第二纪（66：14）
		阇婆海匪窃发于平顺扶眉洋外，抢掠商船。……嘉定城亦疏报边和、永清、河僊诸辖，皆有匪船往来掳掠人、船、财物	《大南实录》正编第二纪（68：25）

公元	越南	摘　要	资料出处
1832	明命十三年	广安逋渠阮保与清匪钟亚发纠集渔船，以东、西撞山为巢穴	《大南实录》正编第二纪(78:37)
		广安逋匪阮保纠清匪船十余艘，潜入真珠	《大南实录》正编第二纪(83:12)
1833	明命十四年	广安逋渠阮保纠结清匪船帮，出没于范封云屯洋外	《大南实录》正编第二纪(88:11)
		阇婆海匪窃发于河仙、龙川县辖，掠财捉人。……有清人从贼正犯陈淑恩(自称天地会授伪职……)	《大南实录》正编第二纪(110:7)
1834	明命十五年	广南有清匪船二艘窃发于大占洋分，邀掠商人财物，复登岸烧破民家	《大南实录》正编第二纪(121:13)
1835	明命十六年	广义有清匪船窃发于菜芹洋分	《大南实录》正编第二纪(143:24)
		顺安海口洋外有清匪船三艘，窃发邀掠商船	《大南实录》正编第二纪(150:20)
1836	明命十七年	广南有清匪船二艘邀掠商船于大压、小压汛分	《大南实录》正编第二纪(166:22)
		广安有清匪邀掠商船于云屯州洋分	《大南实录》正编第二纪(169:22)
		平定有清匪船三艘，窃发于金蓬洋分	《大南实录》正编第二纪(176:30)
1838	明命十九年	清匪船窃发于海云关洋分，掠取清溪渡船货而去	《大南实录》正编第二纪(190:23)
		广安范封洋外有清匪邀劫商船	《大南实录》正编第二纪(191:19)
		庆和洋分有清匪大船一艘(两边黑色，前鼻两脸赤色，后舵中板两边画龙头样，炮门二孔，各置大炮。)	《大南实录》正编第二纪(192:16)

续表

公元	越南	摘　要	资料出处
		清葩猗碧汛疕屿洋分复有清匪窃发,掠商船财物	《大南实录》正编第二纪(193:13)
		云屯州晕村闻倚琴山外,有清匪船五十余艘	《大南实录》正编第二纪(197:2)
1839	明命二十年	平定有清匪船窃发于施耐洋分,掠取商船而去	《大南实录》正编第二纪(202:8)
1842	绍治二年	南定广安患洋匪,商船多梗。……帝谓兵部曰:"海匪桀黠,本年为甚。"	《大南实录》正编第三纪(23:6)
		拿获清匪于清化洋分,清匪船站洋劫掠商船,河静以北诸洋面苦之	《大南实录》正编第三纪(24:18)
1843	绍治三年	有清匪船二十余艘,泊广南大占屿	《大南实录》正编第三纪(30:5)
1845	绍治五年	有清匪乘间出没于撞山洋分	《大南实录》正编第三纪(51:2)
1846	绍治六年	清匪郭有幅等窜于广安洋分	《大南实录》正编第三纪(58:17)
1849	嗣德二年	海匪船七十余艘捹到海阳洋分,登陆扰掠	《大南实录》正编第四纪(4:38)
1851	嗣德四年	海匪十余艘,抄掠昆仑堡	《大南实录》正编第四纪(6:17)
		海匪掠解运船于大压汛	《大南实录》正编第四纪(4:18)
1853	嗣德六年	海宁府兵船与清钦州捕弁会剿海匪于永植洋分	《大南实录》正编第四纪(9:32)
1854	嗣德七年	海匪杀掠商船于边和、隆兴汛,再劫掠代役船并商船于平顺、鸡觜溪洋分。又劫掠商船于潘里、汛赤几处洋分	《大南实录》正编第四纪(10:10)

公元	越南	摘　　要	资料出处
1855	嗣德八年	海匪船三艘入均墰处烧掠。……海匪烧掠商船于柑台汛,有杀毙者。……海匪劫掠商船三艘,曳过占屿	《大南实录》正编第四纪(12:24)
		官船、渔船捕获异样清船二艘于泳淋汛。省臣奏言:"一称汉大明参赞军机文雄镇黄耿功船,一称许天赏船均大将军黄国立标下。仍饬检,现载多系行劫凶器。"帝曰:"这船情属可疑,该船人等姑留监,俟办寻究无劫掠显状,放之。"(清国有朱天德贼自称明后,以复明为名,故号汉大明国。立乃其党也,辰被清兵剿逐,故窜往我海分)	《大南实录》正编第四纪(12:26)
		海匪邀掠商船,并载项船六艘于隆安汛洋分	《大南实录》正编第四纪(12:38)
1856	嗣德九年	海匪劫掠商船三艘于庆和芽敷汛分	《大南实录》正编第四纪(14:41)
		清船二艘驶入庆和省虬勋汛寄碇(一称忠义王林天文,一称成武大将军黄朱盛。)兵部奏言:"该亦系去年黄国立之党。"	《大南实录》正编第四纪(14:61)
1857	嗣德十年	海匪船劫掠商船于庆和柑榄汛。……该匪船查系黄朱盛,前者托称大明帅将,查非善类已逐	《大南实录》正编第四纪(16:2)
		海匪船七艘劫掠于沱瀼汛。……海匪船六艘劫掠代役船于渭泥汛	《大南实录》正编第四纪(16:25)
		海匪船劫掠商船三艘于安裕汛,分汛分及捕弁赴剿,护得二艘	《大南实录》正编第四纪(16:29)
		海匪船捉縻汛山汛守邓金忠,并劫掠商船	《大南实录》正编第四纪(17:31)

续表

公元	越南	摘　要	资料出处
1858	嗣德十一年	河仙领兵官阮由遇海匪船四艘于金屿洋外，攻获之	《大南实录》正编第四纪(18:5)
1859	嗣德十二年	海匪船九艘掠商船于潘切洋分	《大南实录》正编第四纪(20:40)
1862	嗣德十四年十二月	广安水匪(道长名长为伪谋主，推谢文奉，一作凤，为伪盟主，冒称黎后黎维明。匪约、匪叟等为伪渠目，后与海阳、北宁、山西、太原、宣光、清化、义安诸土匪，并清股匪相串通。)自秋初啸聚于海宁府、先安州诸洋分，劫掠水陆诸民	《大南实录》正编第四纪(25:30)
1863	嗣德十五年十二月	匪船自海岛戊芙蕾，副领兵官陈春光杀退之。辰匪洋船二艘、清船十艘协与匪船三百余艘	《大南实录》正编第四纪(27:28)
1863	嗣德十六年	辰匪明匪儒等以洋船二艘、清船十艘、匪船二百余艘入白藤，连旬拒战。射杀副领兵官范春光，遂取一字垒	《大南实录》正编第四纪(28:15)
1865	嗣德十八年	海匪船烧掠顺安汛，安禄、成功、泠水各注防汛守，救之不获，烧失四十四屋，伤三人	《大南实录》正编第四纪(31:23)
		海匪逼逐商渔船于云山洋	《大南实录》正编第四纪(32:20)
1869	嗣德二十二年	海匪船多于慈澳、罗屿等处泊，扰广平	《大南实录》正编第四纪(40:15)
1871	嗣德二十四年	葛婆澳海匪船(十八码海匪船二十余艘)扰掠洋外商船	《大南实录》正编第四纪(44:4)
		十八马海匪船复扰于海阳广安(匪渠清人崩牙雄、王益等犯)	《大南实录》正编第四纪(44:38)

公元	越南	摘　要	资料出处
1872	嗣德二十五年	义安艍船督兵谢现等,大破清汉匪船三十艘于邯江	《大南实录》正编第四纪(47:10)
1873	嗣德二十六年	海匪船六艘停碇于罗屿、慈澳,寻驶去	《大南实录》正编第四纪(48:10)
		海匪船六艘抵广南大压汛,掠富春、安和二社	《大南实录》正编第四纪(49:5)
1875	嗣德二十七年十二月	广安水匪名客工率船勇拿,获匪渠船炮	《大南实录》正编第四纪(52:32)
1875	嗣德二十八年	命广安、南定省臣设法拿获海匪。辰茶里汛聚匪与广安流民串结为海梗,令查拿以绝奸萌	《大南实录》正编第四纪(54:22)
1879	嗣德三十二年	我官兵会清弁攻三海匪巢,擒伪元帅钟万新、伪总管刘廷光、伪丞相李春芳、伪军师李世守、伪中军刘永胜、伪左先锋李杨佳、李世生,伪右先锋李世宣、李世彬,均交清派解回国	《大南实录》正编第四纪(61:40)
1883	嗣德三十六年	海匪扰破建瑞府饱掠,下船而去	《大南实录》正编第四纪(69:22)

一、清越合作缉捕海盗

　　清、越沿海的海盗活动范围,并无如陆地上有明显的界线,海盗飘浮在两国的海岸线上,有时又上岸据岛为巢。因此剿除海盗就需要清越两国双方面的合作,以致海盗问题成为必须经常交涉的公务(参见表4-6)。越南明命八年(1827年),越南广安河海盗纠合五十余艘船,掠夺先安州,结果被越南守军和居民所破。①本次邻近清越边境之海盗事件，经两广总督李鸿宾调查后，向道光皇帝奏称：

> 越南国夷匪巴荣等在该国水陆地方，肆行劫掠。粤东钦州及外海洋面，多与越南接壤，恐其窜入边界，当即飞咨水陆提督，拣派员弁防范堵御。现闻该国已将首匪捦获，仍令龙门协师船暂留防堵，俟越南全境无事，再行撤回。②

道光皇帝下旨令李鸿宾所属水陆文武，除了须严密防守清越边境外，并且要求在追缉海盗过程中，不准"喜事贪功"，避免与越南发生边境纠纷。

表 4-6　清越相互照会围剿海盗事例

西元	越南	官方公文往来摘要	资料出处
1810	嘉隆九年	齐桅海匪乌石二、东海八、李亚七等为清两广总督所困，窜于高、廉、琼、雷四府洋面。钦州移文北城约发兵堵截	《大南实录》正编第一纪（40：24）
1832	明命十三年	清钦州分州移书于广安，言海匪滋扰其国，有商船陈金发等情愿自备斧资，出洋缉捕。经给照，许以无分封域一律追拿。祈验明，无相拦阻	《大南实录》正编第二纪（83：16）
1842	绍治二年	南定、广安患洋匪，商船多梗。……帝谓兵部曰："海匪桀黠，本年为甚，此皆京派、省派巡洋不力之罪也。……"张登桂因请缮国书咨广东严拿，毋令越境滋事，或可少省。帝曰："此事已有办过，但嘉隆年间现获匪伙许多人，口有辞可执。今未曾一获，无确状可指，事体较前不同，事关外国一字，不可轻下。"因命礼部拟草咨文，明叙匪伙经补弁兜剿望东驶去，不便越境穷追，祈为严行戒饬，免致滋事等大意	《大南实录》正编第三纪（23：6）

---

① 《大南实录》正编第二纪，卷四十三，第 39 页。

② 《清宣宗实录》卷一百二十一，道光七年七月乙卯日，第 1036 页。

续表

西元	越南	官方公文往来摘要	资料出处
1843	绍治三年	清广东总督派委水师提督带领兵船巡缉海匪,移咨万宁州知会。……广安海阳各派兵船按辖防截……清匪船三艘为清师船追迫,舍舟登岸	《大南实录》正编第三纪(30:7)
		清国兵船驶来撞山洋分,移文称匪船分窜于本国十八码及昆仑岛,乞派堵拿	《大南实录》正编第三纪(33:26)
1847	绍治七年	广安有清匪数十人,劫掠安良庯。……移咨钦州协拿,以静边氛	《大南实录》正编第三纪(68:25)
1848	嗣德元年	清国洋分匪船滋扰,钦州知州员札知万宁州知州,多雇船勇于交界扼要处防堵	《大南实录》正编第四纪(2:38)
1849	嗣德二年	清国钦州帖报,州辖山匪千余人肆行劫掠,洋外匪船七十余艘徜徉滋扰。……命承天以北海疆诸省,按辖严防,又派巡洋船,严行兜剿	《大南实录》正编第四纪(4:20)
1871	嗣德二十四年	葛婆澳海匪船(十八码海匪船二十余艘),扰掠洋外商船。清两广总督咨祈会剿(葛婆洋与清国疆界毗连),帝曰:"我国与清国敦谊,凡事有应会办,我不可辞。"	《大南实录》正编第四纪(44:4)
1872	嗣德二十五年	帝命修国书二封,投递两广总督瑞麟及广西提督冯子材。先是海宁(属广安与钦州接壤)水陆诸匪肆扰,瑞督派雷将军前来会剿,略平	《大南实录》正编第四纪(46:36)

资料来源:《大南实录》。

　　清、越洋面承平日久,本次寇发让清越政府重新注意起边境海域。明命九年(1828年)后,清、越交界洋面的海盗活动呈现逐渐增加的局面。海盗李公同纠合渔船数百艘,劫掠越南广安河真珠社。李公同是广东人,为匪渠白齿、黄其忠的党羽。① 同年六月，越南广安河又有来自广东钦州的粤洋海盗肆虐，《大南实录》载：

> 广安有匪伙五百人，自清钦州东兴汛来掠。万宁堡守堡黄文礼等率乡勇拒战，斩匪数馘。匪退走，礼等不敢越境追捕。帖报汛守钟元亮、分州李鼎恬不查缉。又有清渔船潜入海阳，涂山澳汛守张文儒获之，船中检有长枪、锣鼓。……令移书于两广总督查办，所获渔船钟苏合等械送于钦州。②

当时的明命帝发现越南沿海海盗劫掠、"巢外"占据外洋岛屿等问题，日渐猖獗，于是严令越南官员主动查缉海盗，《大南实录》提到：

> 帝谓兵部曰："近来水匪为患，多自春季至秋初其间，必凭依岛屿以为巢穴。可传旨广平以北诸海疆地方，嗣后递年以三月起七月止，限两次量派兵船，向诸岛屿匪船可停泊之处，遍往搜索。如有异样清船潜伏情状可疑者，拿解地方官查办。再通谕城镇转饬清商胥相报告，嗣凡来商诸辖，必有货物方准入港，不准托言空船招客，以杜奸诈。违者罪之。"③

清道光、越南明命年间，由于海盗再度大举出现，地方上秘密会党活动逐渐严重，还有西方人的东来，清、越两国面临着贸易、鸦片走私、贩卖人口、宗教传道等跨国性的问题，使得粤洋与越南海盗的结构与活动，形成多样复杂的难题。如此情况，道光皇帝归咎于两广总督李鸿宾并予以痛斥："此等积猾奸民因壤地相接，越境行劫……总由李鸿宾辜恩溺职，延不查办，一至如是，可恨之至。"④于是两广总督一职改由卢坤接任。

明命十三年（1832 年）二月，广安逋渠阮保与清匪钟亚发共同纠集渔船，以东、西撞山为巢穴（撞山一名夹州，在大海中属云屯洋分，连接清国竹山白龙尾），趁机对往来船只进行打劫，为清、越商民所患（参见表 4-7）。《清宣宗实录》曾经记载：

> 卢坤奏：廉州、琼州二府所属外洋，毗连越南处所，聚有盗船，散出

---

① 《大南实录》正编第二纪，卷四十九，第 38 页。明命帝统治时期，可以说是越南海防军事、海洋主权、海洋贸易和海洋活动发展的高峰期。

② 《大南实录》正编第二纪，卷五十二，第 16 页。

③ 《大南实录》正编第二纪，卷六十六，第 14 页。

④ 《清宣宗实录》卷二百二十六，道光十二年十一月壬寅日，第 382 页。

劫掠。现饬堵捕,歼擒盗匪多名,务清洋面一折。据称廉州府知府张堉春禀报:探得越南红螺沙口白龙尾洋面,有匪船三十余只,盗匪数百人肆劫。越南国现有师船缉捕,难保不窜越内地。该督即咨行水师提督李增阶,并各该道府等会拿。嗣据代理钦州知州胡灿廷、思勒州判沈炳文禀称:在竹山洋面遇盗,督带水练兵勇渔船,擒获盗匪阮亚管等三名,格毙四名。合浦县知县翁忠瀚禀报:招募乡勇渔船,选派差役,巡至南澫外洋,遇盗截拿。该匪放枪抵御,适龙门师船及廉州营弁钦州兵差追至,格毙张亚四一名,溺毙六名,生擒李亚德等五名。起获枪刀、旗帜。该县访询绅耆澳甲,探得盗踪在孤悬海外之涠洲,即会同廉州营游击区成达,诣海口八字山等处演放炮位,以张声势,使盗匪不敢登岸。又令兵役渔船,在涠洲左近,佯作捕鱼诱缉,见大晙罟盗船,竖旗排列枪炮,正在抢劫商船。官兵四面兜捕,格杀盗匪三名,又格伤溺毙五名,将盗匪梁亚有等擒获,并获盗船一只及枪炮等械。①

就在粤洋西路的地方官员及士绅团练、澳甲等,联合广东水师来进行围捕阮保海盗集团,让海盗不敢登岸劫掠,并且救出被掳人质,得知该海盗集团大头目的身份。

又于另船生擒蓝亚晚等六名,被劫难民六名口。究出大头目杨就富、盖海老(阮保),盖海老系越南国人。又据李增阶咨称:副将李贤等巡至崖州三恶外洋玳瑁洲,与越南夷洋接壤。见匪船三只,每船约一二千人,当即追捕。记委陈鸿恩等被伤,兵役奋前施放枪炮,打沉匪船一只,击毙拒伤水手贼匪一名,溺死者不计其数,生擒朱恶二等十二名。该匪等现聚夷洋甲洲山岛护赃,与龙门协所属竹山不远,该署镇已飞饬龙门舟师,购线侦探。闻有匪船三十余只,常在马洲老鼠山甲洲等处踞占,时出游奕。今被廉州等处擒杀多名,已经丧胆,自不敢深入内地。现觅雇儋州红鱼船,配坐兵丁,行驶洋面诱缉等语。所办尚属妥协,惟华夷洋面虽连,而疆域攸分,必须确悉情形,方可计出万全。盗船在洋行劫,固应严密追擒,贼巢越在夷境,应密咨该国严饬夷官,多拨师船,厚集兵力,订期会剿,俾首尾牵制,并力歼除,肃清洋面。该督即饬李增

① 《清宣宗实录》卷二百二十六,道光十二年十一月壬寅日,第381~382页。

阶会同道府等分头堵捕,一面檄谕该国王合力同心,剿除净尽。①

上述的记载除了知道大头目是阮保和杨就富外,更可推估出其海盗规模,副将李贤遭遇的海盗船上,"每船约一二千人"的海盗。此外,李长庚的侄子广光水师提督李增阶合作的线人密报,该海盗集团至少拥有"匪船三十余只",可见其势力相当庞大。

另外,据《广东海防汇览》载:"越南奸民阮保变姓名陈加海……有内地人杨龙(就)富、林致云等往年遭风飘出外洋,流落越南为盗。阮保因其熟悉海道,推之为首,以林致云为主谋,设立总头目、大头目、分支头目各数十人,占据九头山、青蓝山等处洋澳,四出行劫。……(廉州)知府张堉春……分往合浦、钦州所辖之古里、北海、三娘湾、西洋鱼桶港等处,齐集大、小渔船,连络成帮,编列字号,归入本府团练,使之悉为官用,不致陷入贼处。……都司余清又察出,从前苦累渔户积弊,移府革除,渤石永远禁止。渔人益感激用命,所向有功,贼不得逞。"②

表 4-7　清越阮保海盗集团组织

阶　级	姓　　名				
首　盗	越南籍　阮保(陈加海、盖海老)				
大头目	杨就富	钟亚发	冯生疗痣	吴三狗	林致云(出海为盗主谋——军师)
小头目	王亚二	莫亚吉	梁尚添	段俚咸	黄矮二	吴亚麟	刘长兴(胜发)	黄亚长(虾兴长)

资料来源:《军机处档·月折包》,档号 065132,道光十三年七月三十日,两广总督卢坤奏折。《清宣宗实录》卷二百二十六,道光十二年十一月壬寅日,第 382 页。《大南实录》正编第二纪,卷七十八,第 37 页。

因事态严重,同年八月,越南广安署抚黎道广亲自统兵出洋捕匪。

兵次万宁茶古澫,探闻匪渠钟亚发与逋犯阮保为清捕弁哨拿,窜于

---

① 《清宣宗实录》卷二百二十六,道光十二年十一月壬寅日,第 382 页。道光皇帝痛斥两广总督李鸿宾:此等积猾奸民因壤地相接,越境行劫……总由李鸿宾辜恩溺职,延不查办,一至如是,可恨之至。

② (清)卢坤、(清)邓廷桢主编,王宏斌等点校:《广东海防汇览》卷四十二,《事纪》,石家庄:河北人民出版社,2009 年,第 1055～1056 页。

白龙尾竹山洋外。亲督兵船进至东撞山，匪大、小船二艘前来迎战，我兵冲击，保乘小船走脱，广廒军直向大船头拦阻，左右围住。云屯上目范廷盛跃过匪船，先斩亚发，兵勇乘之连斩十五馘，俘九丁，余赴海死。状闻，帝谕曰："黎道广前者自请督兵放洋捕匪，今果能调遣中机获此胜仗，捕务诚为出色，朕甚嘉之。"①

阮保逃过这次围剿后，于九月间，再次纠集清匪船潜入真珠社，在真珠岛岸争掘野芋，广安署抚黎道广、葛澳守安快堡阮文劝、知县裴允借共同率兵勇前来追捕。双方互有损伤，知县裴允借则为匪所戕，匪遂纵火烧毁民家，尽夺掠安快堡中炮械而去。② 十月，广安署抚黎道广在西撞山与阮保集团再次交战，阮保遗弃船六只，黎道广只俘获男妇六人，黎道广奏言："今匪巢已破，彼方切齿。若以限销撤回，则沿海之民必遭其毒。恳留洋旬日探捕，必灭此匪然后已。"③

清、越水师为整合战力，于是双方照会、移咨逐渐频繁。廉州知府张堉春先是接受原被海盗俘虏因工于书算，遂成为杨就富身旁心腹的黄三德投诚，张堉春下令黄三德擒贼自赎，计诱杨就富下山，派都司余清埋伏在鱼桶港准备拿贼。④ 道光十三年（1833年）三月，张堉春诱敌之计成功，顺利逮捕杨就富及将阮保集团击溃。卢坤奏：

> 越南国奸民陈加海与内地游匪杨就富、冯生疔痣、吴三狗，先在夷洋狗头山啸聚。因乏食出巢，图越内地劫掠，经副将李元、游击李凤仪等，率带兵船，驶赴夷洋交界白龙尾。各匪船十余号驶来，林凤仪等迎截驶拢围捕，枪炮并施，击破匪船一只，伙匪落海三十余名。都司余清，生擒大头目杨就富，并获伙匪炮械，余匪窜逃。官兵追至夷洋青蓝山，歼毙渠魁冯生疔痣及伙匪王恶狗等，又打破匪船三只，获船四只，生擒头目梁尚添等二十余名，击伤匪党李亚吉等落海淹毙。又据商船宋敬利等，追入夷洋，认系盗首陈加海船。越南夷目亦带兵船赶到，匪伙落海淹毙过半，追至雾水洲，陈加海船撞礁击破。杀著名凶盗吴三狗及段

① 《大南实录》正编第二纪，卷八十二，第28页。
② 《大南实录》正编第二纪，卷八十三，第12页。
③ 《大南实录》正编第二纪，卷八十五，第24页。
④ （清）卢坤、（清）邓廷桢主编，王宏斌等点校：《广东海防汇览》卷四十二，《事纪》，石家庄：河北人民出版社，2009年，第1055～1056页。

俚成,并余匪多名。陈加海带妻属伙伴十余人,逃入深山,其胜发、黄亚喜二船,打坏后,望南驶脱,该土目擒贼匪潘亚八取供移送。其盗首莫亚吉潜回东莞,亦经拿获解送。所办迅速可嘉,陈加海虽经逃逸,已如釜鱼阱兽,不日当可就擒。黄亚喜、胜发两船,虽被枪炮击伤,现已望南驶脱。除恶务尽,必须绝其本根,亦着随时侦拿,勿任漏网所有。卢坤照会该国王咨文,尚为得体。现将师船、渔船收回内地,照常各守边界。①

但阮保(陈家海、盖海老)趁乱逃逸,卢坤于是再发出照会给越南明命帝,希望能加强越南境内的搜索,务将阮保擒获。咨文记载:

> 粤东高、廉、雷、琼四府,所属外海洋面为本省西路,与贵境洋面毗连,其廉州所属钦州之竹山,更与贵国水陆接壤。……嘉在帝心,上年秋间本部堂承乏两粤,因西路洋面不靖,檄饬沿海文武整顿师船,各于境内严密巡缉,稽禁商、渔船只毋许越界站洋及以米谷军火济匪,违则察出严办。旋据廉州府禀报闻:有贵国奸民陈加海即盖海老,与内地游匪杨就富即周就富、冯生疔痔,混名三浪子等,先在贵境洋岛狗头山啸聚伙党,率其丑类,焚劫村庄,往来甲洲等处游奕。继以掳胁人口,不敷口食,分遣伙党驾船越入廉境内地肆劫。经我境文武节次歼获多名,即贵国兵船亦于本境攻戮不少,乃该匪等恃其巢穴介在外。……内地与贵境洋面毗连,而疆域悠分,必须照会贵国王,饬属订期会剿,内地师船严待境上,遏其窜越。……陈加海船已遇礁撞破,无处栖身……穷窜荒山。……贵国屯目正可乘此零匪窜伏之时,率领兵船,入山搜捕除根。设尚须我兵协捕,该屯目亦可就近知会……盖除恶期于务尽,斯联疆借以永绥(参见图4-6)。②

越南明命帝收到照会后,便严谕所属督抚,檄调诸州屯目,并且派拨兵船,按洋剿捕。道光十三年(1833年)正月,越南土目在雾水洲擒获阮保及该犯妻小、党羽共十二名。卢坤在奏折中报告:"陈加海撞礁击破,带妻属伙伴逃入深山。兹据奏称越南土目禀报生擒陈加海即阮保,并匪党阮文军等

---

① 《清宣宗实录》卷二百三十三,道光十三年三月癸巳日,第484~485页。载:谕军机大臣等。卢坤等奏歼擒盗首伙匪,洋面安静,及现在办理情形一折,览奏均悉。

② 《军机处档·月折包》,档号062728,道光年无日期,恭录照会越南国咨文。

男妇十一名口,押回州屯槛禁。"①阮保就逮后,明命帝于是呈覆两广总督的照会公文。该公文提及:

> 阮保即陈加海,及该犯妻小、党伙十二名氏,亦现于雾水洲就擒。且该犯乃本国奸民,结集洋匪恣行劫掠,确系罪不容诛。经交该署抚严审定拟,以正罪名,而昭国宪。接来文所叙剿捕海匪情形,与檄饬严兵按境遏截零匪窜路,足见宪台灼见,机宜严明。捕务原欲肃清,境内而联疆,亦保绥安芽。本国近来剿捕匪渠海氛已净,该恶伙无复遗孽。②

有趣的是,在清、越双方往来的公文之中,其内容语气都可感到两国情谊深厚,道光皇帝阅览越南明命帝呈覆两广总督的照会公文后,甚至称赞越南国王明命帝护送病故捕弁"恭顺可嘉之至"(图4-7)。然而在越南内部的官方记载中,明命帝似乎就不太认同清国水师,谓兵部曰:"此匪途穷皆我国乡勇之力,而清弁遂因以成功。"③认为击败阮保海盗集团的胜利,皆是由于先前广安署抚黎道广积极剿匪的功劳。

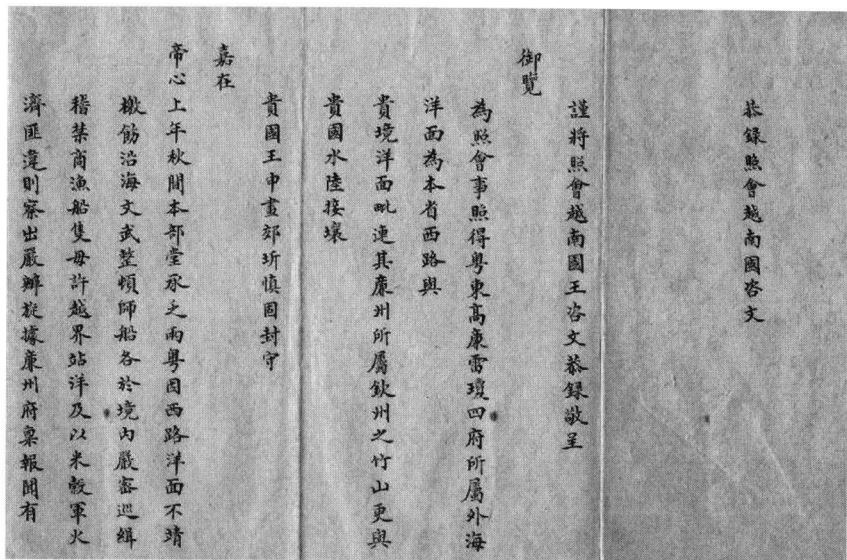

贵国奸民隶加海即盖老与内地逰匪杨就
富即周就富冯生疗悲混名三浪子等先在
贵境洋岛狗头山啸聚彩黨率其醜類焚㓨村
庄住往來甲洲等處逰英繼以媾有人多不數口
食分遣彩黨駕船越入庫瓊内地畔㓨經我境
文武即火蹙獲多名即

贵国兵船亦於本境攻戰不少乃該匪等恃其
巢穴介在外服易於通竄仍往來狗頭甲洲及
霧水等處乘閒窺伺出㓨擄迎民船八彩若不
搗穴擒渠恐㓨滋蔓難圖惟内地與
贵境洋面雖連而疆域攸分必須照會
贵国王飭屬訂期會勒内地師船嚴待境上過

其窺越
贵国兵船直擣賊窟驅逐出巢以收兩面夾擊
一鼓蔵擒之功當經咨行提鎮分佈舟師並檄
諭廉州雷瓊等道府督飭所屬各官圖結水練
以備過蔵先令欽州思勤州判就近移文
贵国萬寧州比目案敀本處上司凖備該屯目

亦有四連文移本部堂隨荅招荅

開欽荅

大皇帝明音諭令併力蔵除肅清洋面在内地固為
有益在
贵境亦免㓨掠之虞合力同心迅速蔵事則内
外永資綏靖此㦅

大皇帝回海一家之仁懷也本部堂正在欽遵照會
閒兹撥派出水師將升暨廉州府等稟該文
武於道光十二年十二月十三日在欽州界上
白龍尾洋面遇見匪船向内地映近經該員升
督率兵勇迎前圖捕各匪船竟敀併力抵禦經
官兵漁練鎗砲並花擊破賊船匪黨紛紛落海

大頭目楊就富當被生擒併獲彩黨沈光榮等
兼獲賊船砲械餘匪窜逃官兵漁練復於十五
日追至
贵境青監山洋面與匪船對仗瓒覽梁尠魁冯生
疗悲及黨匪王㐄茍等又打破匪船三隻獲船
四隻生擒頭目梁尚添等二十餘名擊傷匪黨

李亞吉等逃逸淹溺無算欽州庄練商船宋欽
利等亦於十二月十六日追入

貴境洋面該匪陳加海帶領匪船三隻彩黨百
餘人亡令奔逃我船奮力追趕

貴境屯日亦帶兵船趕到兩下夾攻矢發砲打
落海淹過半直追至露水洲陳加海賊船撞

礁擊破我兵過船會新克盜吳三狗段俚贓二
名併餘匪多人凍加海僅帶妻小斯彩伴共十

餘人炭水乔岸窩寔荒山剌有勝後黃亞喜二
船亦被擊傷望南駛脫

貴國屯日擒去賊匪潘亞八次日取供楊送欽
州思勤州判據稱匪多被毂落海該目已率兵

船於二十六日駛回州屯等情由該州判朦州
辨報前來本部堂查陳加海楊就富馮生疔疤

等為請聚匪頭日渠赶令楊就富等被擒馮
生疔疤等及其晚類殆覽就盡陳加海船已逃

礁撞破無處棲身僅帶妻小零匪十餘人窮竄
荒山四面大洋飛走路絕其望南駛走兩船如

竄入瓊崖我境文武現餚收回內地各守各界

按截甚嚴即可就擒倘或回投露水而彩眾已
殘亦難苟延殘喘

貴國屯日正可乘此零匪寔伏之時率領兵船
入山搜捕除根設尚須我兵谕捕該屯日亦可

就近知會思勤州判轉請撥助蓋除惡期於務

盡斯聯疆藉以永綏當亦

貴國王之所深願也除檄康州雷瓊等道府並
傳諭欽州正佐官遵照外合就照會為此照會

貴國王煩為查照飭下鎮目邊辨施行春和祥
洽緬維

嘉祉懇集為頌須至照會者

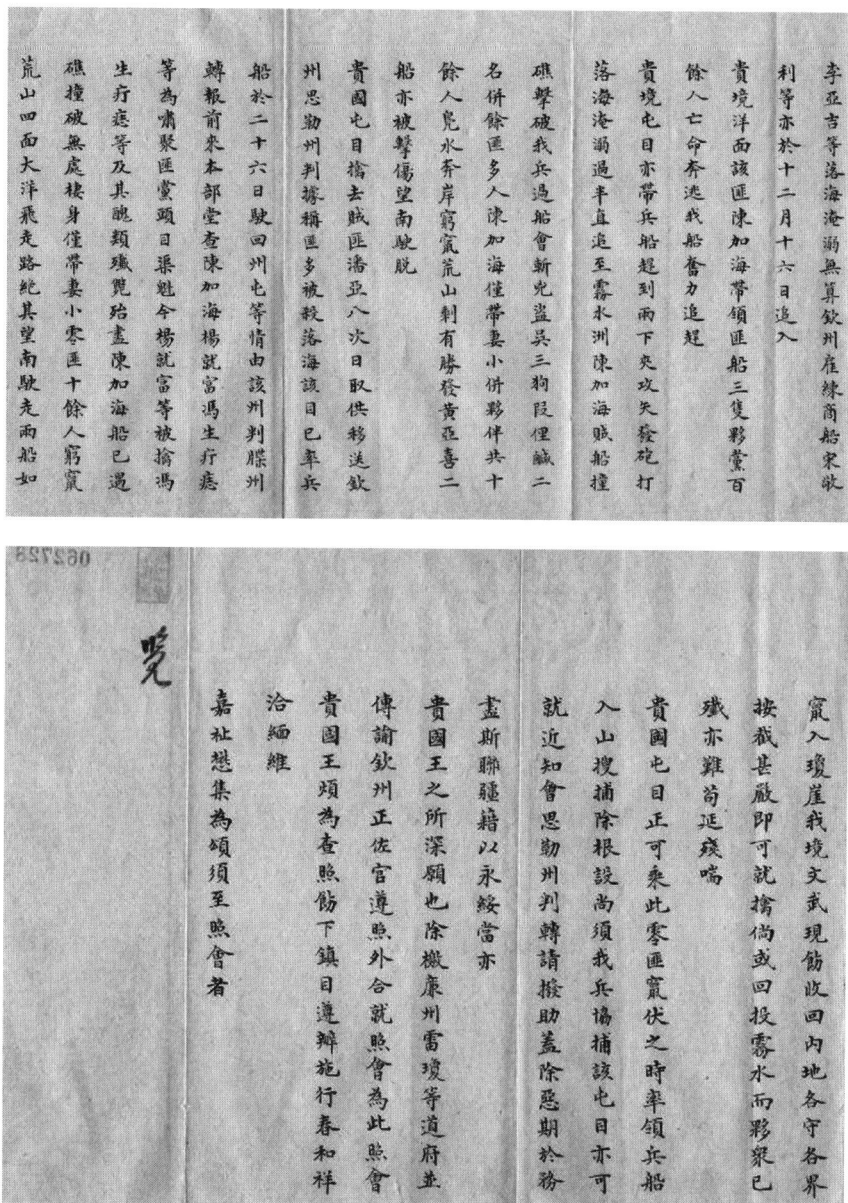

图4-6　照会越南国王咨文

资料来源:《军机处档·月折包》，档号062728，恭录照会越南国王咨文。

209

海氛扬波：清代环东亚海域上的海盗

清單

謹將越南國王呈覆賑會公文一件及遣使呈

遞公文兩件一併照錄原文恭呈

御覽

一越南國王呈覆咨文內開為呈覆事道光十

三年三月內准接照會內叙實轄西路與本

國洋面叱連上年因洋面不靖經實轄文武

巡捕剿次蕆薙海匪果蕩多名太國兵船在

於本境拴殘不少今匪果被拴兜類蕆始

盡陳加海僅帶零匪窮竄荒山剩有勝發黃

亞喜二船望南馳脫如宜入璚崖實輄文武

現飭收回按截甚嚴偹或回接露水洲則本

國屯日正可率領兵船入島搜捕揚須俟穴

須至咨呈者

一越南國王附咨內開為附咨事本國派出兵

船護送實轄摘弁梁國棟樊堪陞等兵船回

伍已將原委於本月十五日繕具公文交派

員齎遞方埃乘順放洋恩據波派員馳報稱

梁國棟於本月十三日緞感病症醫治朩痊

十九日加劇尋己因病逝逐等語念該員

因公漂泊兹屆回帆又不能親晗鄉里本國

珠深怊悼所營為加照顧以昭厚道徐經敕

有司支出錦緞布帛銀而直備辦棺柩瑱驗

仍交樊耀陞安置在該原船一併乘順駛回

俾遂首邱之願為此附咨備照須至咨者

謹將越南國護送員名人數開具清單恭呈

御覽

郎中黎文德

員外郎沉文章

主事陳維楨

司務李文觀

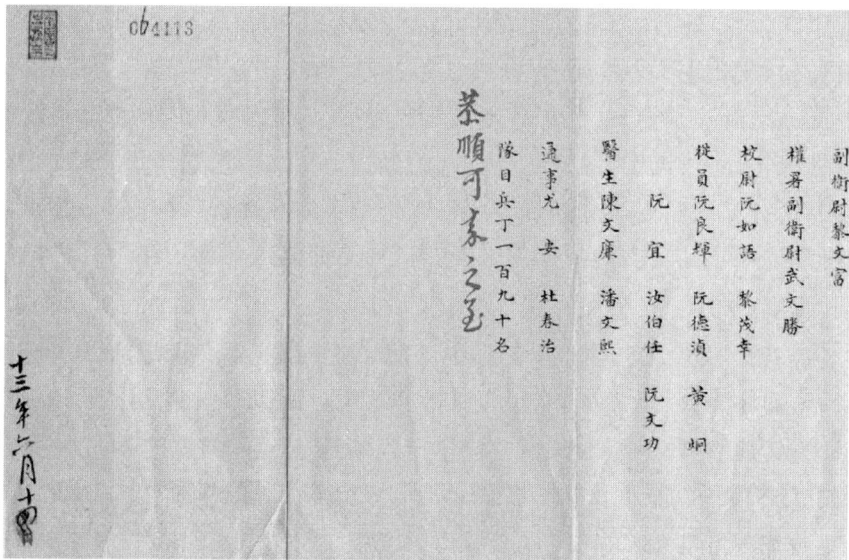

图 4-7　越南国王呈覆照会公文

资料来源:《军机处档·月折包》,档号 064113,道光十三年六月十四日,越南国王呈覆两广总督照会公文。道光皇帝称赞越南明命帝朱批:恭顺可嘉之至。

二、清越互助移送海盗

越南嘉隆九年(1810 年),海盗在清越两国强力的扫荡之下,海氛逐渐得到平静,此时因围捕海盗行动频繁,遭捕的海盗也随之增加。依两国的惯例,被逮捕的海盗,照其所属的国籍,须械送回原属国受审。嘉庆十五年(1810 年),清、越两国共同会合水师,进行剿灭粤洋海盗联盟的行动,就留下许多移送过程的记载。齐桅海匪(蓝旗)乌石二、(黄旗)东海八(霸)、(绿旗)李亚七等,受清朝水师围困,于是逃窜于高、廉、琼、雷四府洋面。钦州移文越南"北城"①,约期发兵共同堵截。蓝旗匪首乌石二、黄旗匪首东海八为

---

① 地处于红河三角洲西北方,越南古都河内城,河内是一座历史悠久的古城,原称"大罗",曾为越南李、陈、后黎诸王的京城。李朝(1009—1225)创建者李公蕴(李太祖)从华闾迁都至此,定名"升龙"。10 世纪以前,曾先后被改称"宋平"、"罗城"、"大罗城"。后"升龙",又称为"中京"、"东都"、"东关"、"东京"、"北城"。阮朝建国后,定都于顺化,又改回"升龙"。明命十二年(1831 年),因城市被环抱在珥河(红河)大堤之内,最终定名"河内"。

清兵所获,绿旗匪首"李亚七及其党二十余人,亦诣我军(越南)降。乃令城臣送俘于钦州。"①

又越南海盗黎悠、安温碧等啸聚棍徒与海匪张保仔、女海盗郑一嫂等,合党劫掠于洋外。因为受到越南水师的剿捕,势甚穷蹙,遂奔投于清。两广总督令送之返回越南,悠等托辞请留,遂定居在广东城。城内商人张进胜得知此情形,于是向越南通报。嘉隆帝知道后,"命城臣移书于两广总督,使之勒回,否则严加管束,毋令惹事。至是清人械送悠等三十余人于北城,悉诛之"②。由这两段记载可知,海盗应双方要求,依其所属之国籍械送回原属国受审;清朝廉州府所属的钦州与越南的北城(今越南河内),则是双方移送海盗、发送照会公文的主要对外窗口(参见表4-8),途中须经由越南陆路广安河来进行转送,但亦有以水路械送海盗之情形。而清越双方的正式解送规定,若逮捕到他国之海盗,即遣送该国受审。《道光朝上谕档》内据祁墳等奏称:

> 广东琼州、廉州一带,近接夷洋,嗣后遇有匪徒,请知照越南国员弁,一体堵拿等语。当交军机大臣,会同该部议奏。兹据奏称:夷洋交界处所,遇有盗贼游奕劫掠,即责成沿海文武员弁,认真督缉,尽力捕剿,不得意存观望。傥侦知窜入夷界,即行檄令擒获解回。其夷匪逃进内地,亦即拿解该国,自无虑其此拿彼审,着即照所议办理。至该前督等请知会越南国一体堵拿,是中国应行缉捕匪犯。借资外夷兵力,不但无此体制,且沿海兵船,恃有外夷协缉,转致懈怠军心,废弛武备,又安用设立水师将弁为耶?祁墳、程矞采所奏实属冒昧,着交部议处。③

但是,祁墳一味偏向与越南共同缉捕,被道光皇帝视为懈怠,于是被下令处分。

越南绍治二年(1842年),中英鸦片战争后,整个东南沿海的海盗作乱情形更为严重,海盗移送的次数,再次增加。绍治三年(1843年),粤洋海盗

---

① 《大南实录》正编第一纪,卷四十,第24页。
② 《大南实录》正编第一纪,卷四十一,第23页。
③ 《道光朝上谕档》,道光二十四年二月二十八日,第67页。

入侵广南,并且占领越南京师外海的大占屿,①两广总督则委派水师提督,带领兵船巡缉海盗,更咨文至越南万宁州,共同防截海盗。就在清、越双方联合打击海盗时,广东龙门协副将张斌在巡缉海盗时,竟反被海盗劫去火炮与关防。② 抢夺炮械关防的同伙海盗,则在越南被捕弁所拿获。由于水师被海盗抢走武装和印信,事态实属严重,关防与匪首的下落,须由越南捕弁所获之海盗中得到情报。因此清政府对于这次的海盗移送,格外谨慎。祁墳的《越南国捕弁拿获内地抢掠匪徒订期解审一折》中提到:

> 据称该国巡船捕弁,拿获匪船船只,内有炮械兵仗,已据匪目金二纪等供认,在洋抢劫属实。遣使请由水路解粤……览奏均悉,即着照所议办理,仍着密饬该员弁等小心防范,毋致疏虞。至该国拿获内地匪徒,解省惩办,实属深明大义,应如何酌加赏赉,以示嘉奖。着祁墳等于审明定案时,具奏请旨。将此谕令知之。③

《大南实录》也载:“命大理少卿张好合、太仆阮居仕乘青鸾大船,解洋匪清人金二纪等八犯如东。纪等久为清人患,去年为我官兵弋获,拘留之。至是始命好合,送交广督处治。”④这次越南拿获内地海盗,道光皇帝认为“实属深明大义”,所以要“酌加赏赉,以示嘉奖”,而这次越南由水路解送海盗来粤的船只,也携带了“压舱货物”,于是道光皇帝“恩免其纳税”,《清宣宗实录》载:

> 据称该国差官张好合等船只,业已护送进口停泊。将匪犯金二纪等,及枪炮押解至省审办。已据该匪犯等供认在洋行劫,抢夺师船炮位,飘至越南地方被获各情。……至该国王遣官解犯来粤,深明大义。该行价等所带压舱货物,着准其开舱起货,并加恩免其纳税,用示朕嘉惠远人至意。⑤

越南借由水路械送海盗至广东,于船上搭载“压舱货物”,随着押解船队

---

① 《大南实录》正编第三纪,卷三十,第 5 页。载:有清匪船二十余艘,泊广南大占屿。省派副管奇黎休巡洋与之遇,众寡不敌,引去。副领兵阮义闻报,即发兵船往剿。帝闻而讶之曰:清匪惯于洋面出没,为商船往来之梗,今乃敢越入占屿至数十艘。

② 《军机处档·月折包》,档号 008556,道光二十八年二月二十五日,萨迎阿折附张斌履历单。

③ 《清宣宗实录》卷三百九十五,道光二十三年闰七月癸巳日,第 1090～1091 页。

④ 《大南实录》正编第三纪,卷三十一,第 13 页。

⑤ 《清宣宗实录》卷三百九十五,道光二十三年闰七月戊戌日,第 1093 页。

前往广东贸易,并且因拿获海盗之功,得到货物免税的权利。械送海盗与护送风难船回清,[①]遂成为清、越双方另一种官方水路贸易的方式。[②]

表 4-8　清越相互移送海盗事例

西元	越南	海盗事件	资料出处
1810	嘉隆九年	李亚七及其党二十余人,亦诣我军降。乃令城臣送俘于钦州	《大南实录》正编第一纪(40:24)
1811	嘉隆九年十二月	清人送逋匪黎悠、安温碧于北城。先是悠等啸聚棍徒与海匪张保仔、郑一嫂等,合党劫掠洋外,为官军剿捕,势甚穷蹙,遂奔投于清。清两广总督令送之还,悠等托辞请留,乃居之广东城内大有仓,清商张进胜得其状,报于北城。城臣以闻,帝谓群臣曰:悠等自知罪恶,无以自容,故不敢归耳。命城臣移书于两广总督,使之勒回,否则严加管束,毋令惹事。至是清人械送悠等三十余人于北城,悉诛之	《大南实录》正编第一纪(41:23)
1828	明命九年	清渔船潜入海阳,涂山澳汛守张文儒获之,船中检有长枪、锣鼓。镇臣各以事闻,令移书于两广总督查办,所获渔船钟苏合等械送于钦州	《大南实录》正编第二纪(52:16)
1829	明命十年	(广安)匪渠蹶陆,寻为陈贵(贵,清人)所获,送于清	《大南实录》正编第二纪(60:23)

---

　　① 如《清宣宗实录》卷二百二十五,道光十四年八月庚申日,第 409 页。载:越南国护送广东遭风水师船弁回清一事,该国带有压舱货物及将来出口货物,俱着加恩免其纳税。

　　② 另外,清、越海上经济贸易之中,广东海南商船是值得一提的,琼州与越南地理位置接近,联系密切,因此越南给予减税的优惠。虽然后来越南官方调整了海南商船搭载省籍、货品数量等条件,不过对于"海南船"征收税钱依旧保有优待,使得琼州这条到越南的航道,商船往来频繁。而 19 世纪越南广安到琼州海峡这整个海域,海盗劫掠次数很多,相信与南海船税钱低廉,让许多其他省份商船纷纷冒充南海船,航行在琼州的航道上有关。

西元	越南	海盗事件	资料出处
1835	明命十六年	祁墳奏:越南国捕弁拿获内地抢掠商船匪犯梁开发等三名,遣使由水路解粤审办,并带有压舱土物,恳准销售,遵例报税。……越南毗连两广,向有陆路交易处所,非若他国远隔重洋,必须航海载运。若该国偶有挽越混入,必致滋生事端……着祁墳等传谕该国王,现据尔国解送匪犯来粤,业经奏明大皇帝,以尔国王久列藩封,素为恭顺,尔国地界毗连两广,向来入贡贸易等事,均由陆路行走。嗣后获解内地人犯,若航海而来,既与定例不符,又冒风涛之险。尔国王务须恪遵旧例,就近解交内地钦州地方,由陆路转解,毋再遣使涉海解送,以示体恤	《清宣宗实录》(道光二十三年闰七月戊戌日)(395:1093)
1836	明命十七年	清两广总督咨送盗赃于广安,言辖民李章胜等劫掠商船在尖波罗洋分,祈交事主照认清楚。省臣以奏,帝谕内阁曰:前者广南捕弁拿获洋匪钟开发等,会已送交查办,此外沿海地方亦无奏报,别有洋匪窃发。况本朝舆图原无尖波罗洋之地,则李章胜等之劫掠非在我洋分明矣。夫不远数千里发递盗赃,劳犹有限,欲于百万户查询事主,竟属无期,小民未必仰资,而先已拖累。清督此举可谓多矣乃令礼部撰文并将原赃还之	《大南实录》正编第二纪(171:4)
1842	绍治二年	匪目金二纪、从伙枚茂春八犯,屡于清国滋事,命生致阙下,与所获清炮寘沱灢汛,俟后送清国处治	《大南实录》正编第三纪(24:18)

续表

西元	越南	海盗事件	资料出处
1843	绍治三年	命大理少卿张好合、太仆少卿阮居仕乘清鸾大船，解洋匪清人金二纪等八犯如东。纪等久为清人患，去年为我官兵弋获，拘留之。至是始命张好合送交广督处治	《大南实录》正编第三纪(31:13)
1844	绍治四年	越南国王遣使张好合等，将拿获内地盗犯金二纪等八名，并炮械等项，驾驶兵船，解省审办。已有旨，将该行价等压舱货物，免其纳税矣。因念该国王拿获内地抢掠匪徒，遣使解审，深明大义，甚属可嘉	《清宣宗实录》(道光二十四年正月乙亥日)(401:3)
1845	绍治五年	清匪逸于广安洋分，万宁知州阮登接率民邀截，俘三丁……获犯交钦州处治	《大南实录》正编第三纪(38:15)
1846	绍治六年	清匪郭有幅等头窜于广安洋分，省臣闻报，遣虾罟帮长(清渔船帮)卢急喜出洋截捕。……所获清匪送钦州处治	《大南实录》正编第三纪(58:17)
1847	绍治七年	广安领兵陈宝书出洋巡哨，分委从九品百户杜绅拨夫巡探，撞遇匪船二艘与之恶战，斩获三馘，收获匪船器械。事闻……未几，清船三艘为钦州兵船逼逐窜逸于万宁州地面，所在民并力协拿，阵斩三馘，生获一丁。获犯解交钦州处治	《大南实录》正编第三纪(70:19)
1849	嗣德二年	海匪船七十余艘挽到海阳洋分，登陆扰掠……获犯陈晚等一百六十四丁并劫器，准解交清国钦州	《大南实录》正编第四纪(4:38)
1854	嗣德七年	海宁府兵船与清钦州捕弁会剿海匪于永植洋分，擒斩匪犯。……归清俘苏二等四犯于钦州，及其匪赃	《大南实录》正编第四纪(10:2)

续表

西元	越南	海盗事件	资料出处
1879	嗣德三十二年	我官兵会清弁攻三海匪巢,擒伪元帅钟万新、伪总管刘廷光、伪丞相李春芳、伪军师李世守、伪中军刘永胜、伪左先锋李杨佳、李世生、伪右先锋李世宣、李世彬,均交清派解回国	《大南实录》正编第四纪(61:40)

第四节　清人助越缉捕海盗

　　越南海域是驶往中国广东的一条重要贸易航线,自古即有许多商人往来于其间。而且环太平洋东亚、东南亚地区,海上天气复杂多变,除了一般季风气候与气流外,夏、秋之季台风频繁,以致经常发生船毁人亡的海难事件。这条航线除了风涛的袭击外,更有海盗的侵扰,让整个越南海域到处充满着危险因素(参见表4-9)。根据越南的官方记载,公元1848—1883年间,航行至京外①海域之各项船只共有11984艘,其中有851艘船因风难或海盗袭击而有人员损伤。例如绍治二年(1842年),曾发生一件越南水师官船遇盗的惨案,搭载着三百余官兵的水师船,正进行南巡戍边的任务,返航途中经过越南广义洋面,遭遇清人林璋海盗集团的攻击,全船仅剩51名兵丁幸免,但遭海盗掳掠至中国,其余官弁"死伤沉没殆尽",遭海盗掳掠至中国的兵丁后被清朝送还越南,越南官府则赠恤此次难弁。②在天灾与人祸的影响下,相信清越水师对于巡逻洋面、剿除海盗之事,应有所却步。

---

　　①　京外,即沱瀼,今岘港。越南中部对外贸易港口,法属印度支那改称为土伦(Tourane)。

　　②　《大南实录》正编第三纪,卷三十,第14页。

表 4-9　1848 年至 1883 年越南船只遇风盗失事统计

公元	京外各项船数	被伤坏船数	资料出处
1848	330	25	《大南实录》正编第四纪（3:46）
1849	476	24	《大南实录》正编第四纪（4:57）
1850	370	11	《大南实录》正编第四纪（5:46）
1851	540	34	《大南实录》正编第四纪（7:37）
1852	612	45	《大南实录》正编第四纪（8:38）
1853	613	46	《大南实录》正编第四纪（9:59）
1854	493	15	《大南实录》正编第四纪（11:41）
1855	650	17	《大南实录》正编第四纪（12:48）
1856	418	11	《大南实录》正编第四纪（15:46）
1857	330	36	《大南实录》正编第四纪（17:46）
1858	444	12	《大南实录》正编第四纪（19:36）
1859	298	25	《大南实录》正编第四纪（21:31）
1860	317	17	《大南实录》正编第四纪（23:44）
1861	583	50	《大南实录》正编第四纪（25:40）
1862	59	3	《大南实录》正编第四纪（27:29）
1863	290	45	《大南实录》正编第四纪（28:42）
1864	213	11	《大南实录》正编第四纪（30:50）
1865	96	17	《大南实录》正编第四纪（33:38）
1866	304	14	《大南实录》正编第四纪（35:62）
1867	362	52	《大南实录》正编第四纪（37:50）
1868	226	51	《大南实录》正编第四纪（39:63）
1869	249	9	《大南实录》正编第四纪（41:34）
1870	224	25	《大南实录》正编第四纪（43:41）
1871	224	25	《大南实录》正编第四纪（45:39）
1872	416	40	《大南实录》正编第四纪（47:37）
1873	324	20	《大南实录》正编第四纪（49:54）
1874	273	9	《大南实录》正编第四纪（52:45）
1875	403	9	《大南实录》正编第四纪（54:47）

公元	京外各项船数	被伤坏船数	资料出处
1876	458	22	《大南实录》正编第四纪(56:38)
1877	345	30	《大南实录》正编第四纪(58:34)
1878	150	10	《大南实录》正编第四纪(60:50)
1879	237	15	《大南实录》正编第四纪(62:37)
1880	156	10	《大南实录》正编第四纪(64:48)
1881	276	36	《大南实录》正编第四纪(66:42)
1882	156	11	《大南实录》正编第四纪(68:34)
1883	69	19	《大南实录》正编第四纪(70:25)
合计	11984	851	

越南在剿捕海盗的过程中,清人商、渔船帮也时常加入围缉行列,用以获取越南方面的奖赏(参见表4-10)。不过越南对于清人助剿的行为,是有所排斥的,并且认为这是侵犯越南领海的行为。明命十年(1829年),广安有清海盗蹶陆(李公同余党)纠合数百艘船只,于洋面肆行劫掠,"适有陈贵(贵,清人,以渔为业。去年捕海匪李公同解纳,蒙赏),以渔船二艘拜诉涂山洋外有水匪蹶陆等(公同余党)纠党劫掠,请自招渔船合剿"[1]。陈贵的请求,被越南明命帝所否决,谕之曰:"缉捕水匪已有官兵,岂可使此辈借口合伙越境占洋或致滋事。陈贵若能于海外或清国疆域撞遇匪党,生获以献,亦不妨从优奖赏也。"[2]由于越南担心陈贵借由剿捕海盗,纠合船帮,占洋滋事,只允许陈贵在越南领海外或是清领海域内进行围捕海盗,但陈贵并未遵从,仍于越南洋面捕盗,将匪渠蹶陆捕获,送回清朝受审。[3]越南的法令似乎无法约束清人船帮,让陈贵在越南洋面更加恣意妄为,行径如海盗一般。明命十二年(1831年),《大南实录》载:

广安洋分有清商陈贵者(年前以捕获海匪李公同受赏),领镇凭探拿海匪,多集清渔船占于葛澳。挟带军器,拐掠人口,养因其来谒,掩捕

---

① 《大南实录》正编第二纪,卷五十七,第27页。

② 《大南实录》正编第二纪,卷五十七,第27页。

③ 《大南实录》正编第二纪,卷六十,第23页。

之。生擒百余人，刺杀及落水死者甚众，获其船数十艘。事闻，下刑部议，处贵坐斩监候。其党发诸沿边屯堡为兵，附从者杖释。①

　　陈贵的案例使明命帝日后对审核清人申请助剿海盗更为严谨。明命十三年（1832年），清钦州移书于越南广安言："有商船陈金发等情愿自备斧资，出洋缉捕，经给照，许以无分封域，一律追拿。祈验明无相拦阻。"明命帝谕之曰："我国海疆虽与清国毗连，但封域截然，安得以无分。"②

表 4-10　清人协助越南捕剿海盗事例

西元	越南	捕剿海盗摘要	资料来源
1827	明命八年	有清人徐达魁遇匪于幽囊洋外，招渔船追捕，获匪七人，船一艘以纳，赏之钱一百缗	《大南实录》正编第二纪（43：39）
1829	明命十年	适有陈贵（贵，清人。以渔为业，去年捕海匪李公同解纳，蒙赏。），以渔船二艘拜诉涂山洋外有水匪蹶陆等（公同余党）纠党劫掠，请自招渔船合剿。……帝不许，谕之曰："缉捕水匪已有官兵，岂可使此辈借口合伙越境占洋或致滋事。陈贵若能于海外或清国疆域撞遇匪党，生获以献，亦不妨从优奖赏也。"	《大南实录》正编第二纪（57：27）
1832	明命十三年	有商船陈金发等情愿自备斧资，出洋缉捕，经给照，许以无分封域，一律追拿。祈验明无相拦阻。……帝谕之曰："我国海疆虽与清国毗连，但封域截然，安得以无分。"	《大南实录》正编第二纪（83：16）

---

　　① 《大南实录》正编第二纪，卷七十二，第21页。
　　② 《大南实录》正编第二纪，卷八十三，第16页。

西元	越南	捕剿海盗摘要	资料来源
1839	明命十九年十二月	海安总督阮公着巡捕兵船,在云屯洋分见清渔船开尾、虾嘼二帮,泰合利等将所获匪渠李公宋及其伙十六、俘五十余馘,并船艘炮械诣军献纳。言彼等本以渔商营生,近因此党掠商其所累,致并力捕获之,请以事转达,俾得于洋外攻鱼,受纳产税。公着即出花银一百元、粮米一百石赏给,令各回唐。彼等恳愿为氓与明乡同例	《大南实录》正编第二纪(197:2)
1842	绍治二年	匪目莫茂山散逸于广安洋分,邀夺官船炮械。……开尾、虾嘼二帮,并力兜剿,烧毁匪船二艘,匪多落毙	《大南实录》正编第三纪(24:18)
1846	绍治六年	清匪郭有幅等头窜于广安洋分,省臣闻报,遣虾嘼帮长卢急喜出洋截捕	《大南实录》正编第三纪(58:17)
1865	嗣德十八年	清国巡弁黄廷光射退海匪于平定、金蓬汛外,赏银钱(清国难弁廷光,原住平定修理巡船,数助剿海匪,故令省臣备办劳之)	《大南实录》正编第四纪(32:7)
1865	嗣德十八年	清帮船截攻水匪于海宁洋外,获伪右军才琴、赞襄范豚。督清帮船剿水匪于草屿洋外	《大南实录》正编第四纪(32:5)

　　不过,由于整个华南海域上的海盗肆掠活动日益严重,而且越南水师疲弱的症结越来越明显。早先越南本身因长期战乱,海洋的掌控权多把持在清人手中。阮福映统一越南后,开始整顿广南、广安两省的海盗,使得越南逐渐取回洋面的控制权。不过到了越南明命年间,海氛再度不靖,越南水师于是面临难以剿捕海盗的问题。明命十二年(1831年),越南洋面上海盗充斥,越南清葩总督段文长与布政使阮登楷就曾经上疏给明命帝,奏陈越南水

师与海盗作战的三项劣势。

第一，越南省辖水师约三百六十人，真正留在水师营伍者只剩下些许人，一艘捕务船上仅十余名水师兵丁，而且"只供柁工水手之用"，于船上负责攻击任务的却是不习水战的步兵与生手。在临阵时不知所措，虽是海盗当前，亦不能得胜。此为水师兵员的不便。

第二，越南省辖水师战船只有奠海十艘，乌梨船五艘。若是派乌梨此等小船巡洋，遭遇海盗船，其势已非能够抵敌；以奠海大船出击，则过于迟重，更无奈于"风力之不前进者"。此为水师战船的不便。

第三，洋面上有匪船滋事，辗转报省，需要半日途程。等到批准可以派出水师战船时，又得等待潮汛，"顺速则二三日，迟则六七日或十日"，才可以放洋。迁延旬日之间，海盗船安肯坐以待毙，一望官船模样则先举碇远窜远洋，虽然有"善水捕弁"，也是无能为力。此为洋面形势的不便。①

明命十七年（1838年），海盗所用之船只，规模变得巨大，甚至可以与水师相抗衡，《大南实录》载：

> 庆和洋分有清匪大船一艘，两边黑色，前鼻两脸赤色，后舵中板，两边画龙头样，炮门二孔各置大炮。与京派率队黎文细巡船相遇，交斗自午至酉，匪乘夜脱去。事闻，帝谓兵部曰：海疆辽廓，清匪往往乘间劫掠，但向来所见不过小船而已，今乃有此异样大船，敢与官船相拒，诚可怪也。②

"前鼻两脸赤色"的清匪船入亲庆和洋面，越南立即增派水师管卫一、率队一、弁兵五十、配以步兵率队一、弁兵三十、炮手八，乘平海号船一艘，带随大炮、水攻器具来对付这艘火力强大的粤洋海盗船，并且若能弋获真正大项匪船者，赏钱一千缗，次者五百缗。③ 海盗的实力增强，让越南水师头痛不已，也逼使明命帝派遣大规模的水师，来剿除在广安河和清、越交界的撞山洋面海盗，并且命令逐次清查此区域岛屿的各项地理环境。例如何处可以设立炮台城堡水澳，何处可以停泊兵船，何处有土可植，有泉可饮否，我民及清人居住就中自何岛屿，达岸是何方向，丈尺里数几何，海路萦迂何深何浅，山行曲径何易何难，清匪何处栖聚，官兵当从何路蹑剿，凡所在山形水势，每

---

① 《大南实录》正编列传，卷十三，《阮登楷传》，第5～7页。
② 《大南实录》正编第二纪，卷一百九十二，第16页。
③ 《大南实录》正编第二纪，卷一百九十二，第16页。

项详细绘成图本,递回呈进。①

嘉庆十五年(1810 年)以后,华南海盗主要的来源有三种:一是"本地海盗",二是"澳门海盗",三是"华越交界海盗"。② 其中"华越交界海盗",自乾嘉期间,就横行于清越边界的狗头山、阿婆万洋面。同治年间,经遭捕海盗供称,海盗巢穴多设在海上岛屿之中,海盗船只以百余艘或是数十艘为单位,有单一头目统率数船者,也有单一头目只统率一船者。里头最凶悍者,就属陈大(阳江大)、邓大仔、朱槐、高老青等四帮。每遇出洋劫掠之期,均由海盗头目招集流亡之人,其中钦州地处清越交界,两广游民多漂流当地,听到海盗招募的消息,无不"蝇聚蚁附",钦州居民亦多半以盗为生。故清朝水师必须联合越南水师,在此海域进行剿捕海盗的行动,虽有所擒获,不过因"水程纡回,径路险固,该匪等闻风窜匿,要不能净绝根株。迨官兵既回,贼迹旋聚。现在春秋之交,动皆扬帆内来行劫。摽括既饱,旋又扬去"③。让水师无法在清越交界洋面中取得作战要领。清、越水师面临"海盗难治"、"武备难敌"、"战略难成"的困境,使围剿海盗的行动受到限制。

其实越南水师疲弱的症结与清朝水师相仿,水师无法在洋面有效地打击海盗,以致海盗无所忌惮地在洋面劫掠往来船只,这是水师松懈下必然的结果。所以越南官方不得不倚重清人船帮的协助,④在审核态度上有所转变。明命十九年(1839 年)十二月,越南"海安总督阮公着巡捕兵船,在云屯洋分见清渔船开尾、虾罟二帮,泰合利等将所获匪渠李公宋及其伙十六,俘五十余馘,并船艘炮械诣军献纳。言彼等本以渔商营生,近因此党掠商为其所累,致并力捕获之,请以事转达,俾得于洋外攻鱼,受纳产税。公着即出花

---

① 《大南实录》正编第二纪,卷一百九十五,第 7 页。

② 徐赓陛:《筹议缉捕海盗禀》,盛康辑:《皇朝经世文续编》,台北:文海出版社,1972年,第 3301 页。

③ 徐赓陛:《筹议缉捕海盗禀》,盛康辑:《皇朝经世文续编》,台北:文海出版社,1972年,第 3304 页。

④ 事实上,清朝政府也曾想向越南寻求海上协助。清朝海防落后,于鸦片战争时,想利用越南的水师战船来增强本身实力,道光皇帝谕令两广总督祁墫密访越南船炮的情形。访查得知"该国向制巡洋大师船二只,悉令附近居民,合力采取坚巨大木,输纳改造,以铜包底,故俗呼为铜皮船。约载二百余人至三百人不等。此项船只,料件虽坚,滞笨不灵。"而且阮保海盗集团侵扰粤洋与越南海域时,越南曾"以兵力不足,请内地舟师前往帮捕",可知越南水师并不得力。《宫中档道光朝奏折》,档号 404000981,道光二十一年十二月二十八日,两广总督祁墫、署广东巡抚梁宝常奏折。

银一百元,粮米一百石赏给,令各回唐。彼等恳愿为氓与明乡同例"①。开尾、虾呇二帮助越南围剿海盗,得到了"花银一百元,粮米一百石"的赏赐。不过两船帮却想能够留在越南发展,明命帝对于清渔船开尾、虾呇二帮的归附,也抱着乐观其成的态度,认为:"彼之所愿如果出于肫诚,朝廷一视同仁,岂应拒绝。"于是开出四项条件:一、使彼挈眷偕来立庐舍,建村邑,设头目以率之。二、船头两脸令涂绿色(清国渔船匪船两脸多涂赤色,故绿以别之)。三、给以省牌,听出海攻鱼生业,船内并不得附带兵器禁物。四、倪匪伙啸聚在何岛屿或往来在何洋分,能出力拿解者赏之,通同容隐者罪之。②

清渔船开尾、虾呇二帮的归附,确实在洋面捕盗出力不少,例如绍治二年(1842年),"匪目莫茂山散逸于广安洋分,邀夺官船炮械。……开尾、虾呇二帮并力兜剿,烧毁匪船二艘,匪多落毙"③。绍治六年(1846年),"清匪郭有幅等头窜于广安洋分,省臣闻报遣虾呇帮长卢急喜出洋截捕"④。皆为清人开尾、虾呇二船帮助越南捕剿海盗的实例。嗣德帝(阮福时,第四任国王,1847—1883年在位)即位后,曾经下命聘雇清船来剿捕海盗,并与清船约定雇用护航相关费用。

> 复雇清船巡洋,护送北圻载船,命安静署督黄左炎饬属客彭廷秀主其事。原约船五艘,每月雇银二千一百两。今雇半年,每月一千五十两。⑤

为了要扫除海盗,嗣德帝选择以"花银"奖赏清人捉拿海盗和雇请清人武装船来协助越南官方巡洋,两者较每年用大量经费维修师船及培训水师弁兵来比,更具有经济效益。不过,在此情况之下,也显示着越南水师自从明命帝以后,除逐渐疲弱外,亦表示越南官府逐渐失去领海的控制能力。

---

① 《大南实录》正编第二纪,卷二百,第2页。以广东渔业船形制,粤东属包帆、横拖、开尾船,粤中属七艕,虾呇船,粤西属三角艇、外罗。文中虾呇、开尾两帮,同时捕鱼也协助越南护洋。

② 《大南实录》正编第二纪,卷二百,第2页。

③ 《大南实录》正编第三纪,卷二十四,第18页。

④ 《大南实录》正编第三纪,卷五十八,第17页。

⑤ 《大南实录》正编第四纪,卷三十二,第31页。

第五节　清越海防检讨

　　道光十九年(1839年),由于林则徐严禁鸦片的原因,清朝与英国的关系日渐紧张。同时,越南得知清、英开战在即,担心战事与海盗的侵扰,于是在越南京师外的沱灢汛,加派武装齐备的战船十艘(巨海导船五艘,海导船五艘)。① 从越南官方的动作,可知一旦粤洋洋面产生动乱,势必也将影响到越南洋面之上。道光二十二年(1842年),英国军舰在中国外洋与内河往来自如,清政府对于英军的入侵只能采取"羁縻"之计,道光皇帝以六百里谕令钦差大臣耆英说:"从前命琦善查办,原系朕慎重用兵之至意。闻该夷到粤后,更形骄傲,且所愿甚奢。……暂事羁縻。"②于是英军重挫清朝沿海海防,使得整个环东亚海域上的海盗活动大为猖狂。绍治二年(1842年),越南官方发现海氛逐渐沸腾之情形,顾命大臣张登桂(1794—1865)于是上奏,请缮国书致两广总督,期望能够会剿海盗。《大南实录》载:

　　　　南定、广安患洋匪,商船多梗。巡洋官兵……皆以防剿不力,为省臣所参,得降罚。帝谓兵部曰:"海匪桀黠,本年为甚,此皆京派、省派巡洋不力之罪也。着传谕以南以北诸兵船,各宜加心搜捕,以净海氛。若虚应了事,重治不贷。"张登桂因请缮国书咨广东严拿,毋令越境滋事,或可少省。帝曰:"此事已有办过,但嘉隆年间现获匪伙许多人,口有辞可执。今未曾一获,无确状可指,事体较前不同,事关外国一字,不可轻下。"因命礼部拟草咨文,明叙匪伙经补弁兜剿望东驶去,不便越境穷追,祈为严行戒饬,免致滋事等大意。③

　　从上述可知,鸦片战争让华南洋面海盗桀黠肆掠,清、越对于海盗的剿捕逐渐失去优势,与嘉隆年间重创海盗的情形相去天渊。由于海防不力,事关清朝国威及尊严,致使绍治帝(阮福暶,越南第三代君主,1841—1847年在位)因此下令礼部谨慎地向两广总督发出会剿海盗的咨文。

---

①　《大南实录》正编第二纪,卷二百一十五,第14页。

②　《清宣宗实录》卷三百四十二,道光二十年十二月癸亥日,第206页。

③　《大南实录》正编第三纪,卷二十三,第6页。

道光二十九年(1849 年)，清朝水师捕剿海盗失利，甚至师船遭到烧毁，道光皇帝盛怒之下，谕令清越水师进行扫除海盗行动。[①] 越南嗣德二年(1849 年)九月，广安外洋粤盗肆虐，广安布政使阮星昱督军在广安河海域，共击败来袭的七十余艘海盗船，斩馘生俘收获炮械无数，获海盗陈晚等一百六十四名，大炮五十六门，其余短炮、短刀、藤牌等劫器无以算计，全数解交于广东钦州。[②] 粤洋方面，两广总督徐广缙、广东巡抚叶名琛在进行缉捕海盗的行动中，歼灭、淹毙、生擒和应正法者，共计一千数百余名。清越水师的联合行动，可说是"大示惩创"海盗。[③]

越南官府由于意识到海防的落后，水师武装也开始走向西式装备。越南嗣德十二年(1859 年)，广安水匪群起啸聚，《大南实录》载："广安水匪(道长名长为伪谋主，推谢文奉，一作凤，为伪盟主，冒称黎后黎维明。匪约、匪叟等为伪渠目……并清股匪相串通。)自秋初啸聚于海宁府、先安州诸洋分，劫掠水陆诸民。……署督武仲平陈奏军务事宜：'其略言曰下。捕务系属海分，乘风破浪须有坚巨船舰，堪置大项炮弹，以为镇压。正兵再增援，渔船轻捷左右接应，以为差派奇兵方能得力。经派出清义二省大小船五十余艘，大小炮五十余辆，杆水师炮手柁工五百余员名。'又与胡炎商拟以节属，冬天官船高大进驶，不如民船之敏捷。业增拨渔船十四只，一面祈风，一面驾驶。……该匪船至二百只，就中亦有大船、大炮，而海省所拨民船均属细小，河内、北宁、兴安摘交过山、神功各项炮只七十辆杆，日下海、安二省大炮数少，该匪现于先安、海宁啸聚。倘一为官兵剿捕，势必奔溃，以海为依，不于撞山、撞东，必于幽囊、云海等处潜泊。则官兵穷追截拿，必需巨船大炮，方可对敌。……再照，阳之直葛清船聚泊商买，以千百计，虽经奉严禁，而法外营生，势亦不能遏止。臣访知该船每艘带随大项炮至十余辆，柁水精善，而海分岛屿均所谙熟。拟由海阳并钦派臣等饬属铺帮长催来厚雇一百一十艘，协从官兵征剿，实得力方可期及早藏事。"[④]此次黎氏后裔结合清海盗的叛

---

① 《清宣宗实录》卷四百七十二，道光二十九年九月戊午日，第 940 页。

② 《大南实录》正编第四纪，卷四，第 38 页。

③ 《宫中档道光朝奏折》，档号 409000048，道光三十年五月二十六日，军机大臣字寄徐广缙、叶名琛奏盗犯悔罪投诚酌拟安插并拨归营伍等事。载：头目张开平(张十五仔)等十一名，分别拨归营伍，借资钤制，责令捕盗自效……新任皇帝咸丰朱批：该督等务须推诚示信，俾不致故智复萌。

④ 《大南实录》正编第四纪，卷二十五，第 30 页。

乱,让越南官方认识到需要巨船大炮,方可使海防稳固。不过其初期改革海防主要的方式,是雇用火力强人的清船,为其扫除海面障碍。

越南的广安海盗同时也发觉到西方洋船的威力,嗣德十五年(1862年),广安海盗雇洋船二艘、清船十艘,并伙同匪船三百余艘,溯尧封进向广安河城。① 由于广安海盗依靠洋船势力,越南于是向法国请求援助,但被法国所婉拒。《大南实录》载:"(嗣德)帝以海匪滋蔓,欲雇火船助剿。复令舶臣潘辉泳移书富帅全权大臣,大略叙随宜相助之意,又命顺庆抚臣阮有机备土物往赠,好因及其事。富帅以官项不敢擅行,辞之。"②越南水师因长期争战,神蛟铜船、巡船等被海盗烧毁,所以师船多所欠缺。再加上法国决定不出"火轮船"助剿广安海盗,故让嗣德帝忧心忡忡。

> 帝谓兵部曰:"沿海诸省道,匪船较多,就中亦广安党逸为梗。海疆延亘,皆有民居,防则难周,委之不可。近日神蛟铜船、巡船等艘等,同辰失事。朕每萦怀,目今京船多缺,只三艘,无益于事。应由各省以兵船自守,随匪数出洋截捕,按陆防守,或饬诸省拣商渔船,暗伏弁兵炮仗,作商样,三四成团,诱彼入汛。惟在人善办则可,或再雇清船彭廷秀剿捕。"部臣奏言:"南哨铜船二艘,平洋未出海,而瑞鹭一艘,顾此失彼。北哨船巨海海运四艘,尚留汛俟顺,海面广漠,侥幸行险,想非万全。近来兵船失事,皆被匪掷火罐、火桶所致。"③

由于雇请清船对付广安海盗未能达到实质效用,嗣德十八年(1865年)起,决定开始向法国购买新式轮船,进行越南水师帆船的汰换。《大南实录》载:"敏妥气机大铜船,长十一丈二尺三寸,横一丈六尺九寸,价银十三万五千元,是成九万七千二百两。又增买随船物项银二万元,合共十五万五千元,成十一万一千六百两。帝留意海防,广安水匪、沿海海匪为梗,有妨载运。以火机船较诸船为尤得力,乃令商舶臣移书富帅……筹料式价,仍派工部员外郎黄文昶遵往雇造,驶回顺安汛停碇,赐名敏妥气机大铜船,置管督正副管。之后,剿海匪如东如西,与顺捷、腾辉二铜船数充派焉。"④虽然越

---

① 《大南实录》正编第四纪,卷二十七,第 28 页。

② 《大南实录》正编第四纪,卷三十一,第 27 页。越南称法国为"大富浪少",法国海军司令曾被称为"富帅",此时拿破仑三世领导的法国已经实质占领南圻六省。

③ 《大南实录》正编第四纪,卷三十一,第 31 页。

④ 《大南实录》正编第四纪,卷三十二,第 40 页。

南开始以裹铜蒸汽轮船用来对付海盗，但效果仍然有限。嗣德二十年（1867年）5月14日，根据澳门葡萄牙文报纸《人民回声报》译文报道：

> 上年越南南方总督向越南皇帝进贡时，他们乘5艘帆船出发，途中遭遇10艘装备精良的中国海盗船劫持。海盗们不仅抢掠了他们进贡的财物，还将这批越南人当作战俘卖给澳门各招工馆，因为语言不通，澳门方面亦无人知晓这批人的来历。后来越南教友用眼泪和哀求，打动了招工馆馆主，馆主就将这位教友交给澳门圣若瑟修院内刚刚恢复的耶稣会。消息传到了香港耶稣会，耶稣会又报告港督麦当奴。港督立即照会澳督苏沙（António Sérgio de Sousa），要求澳门政府找到这批越南人并遣释回国。香港各社会团体还为这批越南"猪仔"募捐，并购买了一艘船，将他们遣送回国。后来澳门政府亦抓获这一事件的主要肇事者，并将他们关进了澳门监狱。[1]

华南中国海盗船队肆行劫掠，连越南官船也抢。又嗣德二十八年（1875年），越南查出清海盗头目益贡生（全胜）、苏亚邓（苏四之子）、龙德子（姜龙德、姜逵川）等，聚集匪徒并连结广安流民于海上作乱。于是越南官府令海阳省臣商请西官（指占有南圻之法国人）派船助剿。不过越南水师依旧剿盗不力，反而由广安河的"向化里民"，向清、越海盗集团进行"阴集密谋攻杀之，又擒斩该党伙数多"[2]。由此可知，越南水师已形同虚设，剿除海盗的职责，再次转回民间防卫团体或是清人船帮来担任，越南水师建制新式轮船水师一事，可以说是宣告失败。

至于清朝海防方面，历经鸦片战争五口通商后，商人雇请护航业保护商渔船盛行的影响下，官方亦已开始使用火轮船于清、越洋面巡缉。同治十年（1871年），两广总督瑞麟奏报：粤洋钦州海面与越南狗头山等处毗连，此处海盗充斥，现饬大鹏协副将管带轮船前往剿捕，并且会同越南水师于狗头山亚婆湾外共同会剿。[3]从同治十二年（1873年）十一月、十三年（1874年）五月的两份奏折中可知，广东水师驾驶轮船分别在狗头山、亚婆湾洋面和白龙

---

① （葡）徐萨斯（Montalto de Jesus）著，黄鸿钊等译：《历史上的澳门》，澳门：澳门基金会，2000年，第156页；陈昕、郭志坤主编：《澳门全纪录》，上海：上海人民出版社，1999年，第254页。

② 《大南实录》正编第四纪，卷五十四，第27页。

③ 《军机处档·月折包》，档号106735，同治十年二月二十一日，两广总督瑞麟奏折。

尾洋面,共拿获海盗一百零七人,海盗船五十八艘,摧毁海盗船八艘,大炮洋枪一千余件,海盗被歼灭溺毙者无算,并救出被掳商船五艘,被掳禁男妇幼童等数十名。[①] 虽然清水师的轮船在打击海盗上,偶有佳作,旧式水师帆船确实无法与之匹敌,且无法立即全面更换,加上"(海)盗悍而多,沿海水师不兼带轮船者,势不能敌。……匪船驶赴浅沙港口,潜行避匿,轮船远在水深地方,可望而不可即,无如之何",[②]所以旧式帆船仍是水师所倚重的主力。

从 1860 年代开始,清、越双方强调的"坚巨船舰"来维护海防,一直到中法战争前夕,仍论述战船的重要性。"要之,海战惟恃船坚炮利,与断接济而已。循之则胜,违之则败"[③]。上述提到若要战胜海盗,就须加强武备,断绝接济。事实上,整个 19 世纪里,清、越政府确实坚持奉行"船坚炮利"与"断接济",但华南海盗仍旧难以阻绝,加上清、越统治者与士大夫无法摆脱守旧观念,无力应付与西方世界的冲突。接踵而来的失败,让海洋的控制更加束手无策,海盗的问题已非单靠水师力量即能解决。同时,外国势力向清、越挑战,招抚海盗的羁縻性措施,无法运用在西方国家身上,故只好与之一战,一旦与列强冲突,无论是清朝或越南的军队,便迅速瓦解,意味着与海盗长期的奋战中,什么教训也没得到。光绪十年(1884 年)六月,法国强迫越南签订第二次《顺化条约》,确立法国对越南的殖民统治。[④] 光绪十一年(1885年),琼山战争与台湾海战结束,清、法双方于天津签订合约,终止清越宗藩的关系。

---

① 《军机处档·月折包》,档号 112559、114997,同治十二年十月二十九日、十三年四月初六日,两广总督瑞麟奏折。

② 徐赓陛:《筹议缉捕海盗禀》,盛康辑:《皇朝经世文续编》,台北:文海出版社,1972年,第 3301~3305 页。徐赓陛认为澳门及华越交界洋盗利用季风和船型躲避查缉,应责成管带轮船及水师洋巡各员也要随着变通尽善!

③ 赵尔巽:《清史稿》卷三百五十七,《李长庚传》,第 9576 页。

④ 《清德宗实录》(光绪十年九月丁卯日),卷一百九十四,第 756 页。载:"越南国王阮膺登(建福帝)自尽,法酋立其弟,改元'咸宜'。"事实上,阮简宗阮福昊(阮福膺登)由于和法国政府签署了《顺化条约》,朝野认为是卖国之举,不久就被大臣所废。

第五章

海盗·水师·护航业：

咸同年间广艇海盗问题

嘉庆十四至十五年(1809—1810)间，清朝投入了大量的人力与物力，并且和越南与葡萄牙联合行动，剿抚兼施，终于击溃了蔡牵与朱濆的闽浙海盗集团以及张保仔和郑一嫂率领的粤洋海盗联盟，于是海氛逐渐安稳。直到鸦片战争过后(1842年)，在秘密会党与走私鸦片活动盛行下，"广艇海盗"①再度猖獗于渤海湾、山东、江、浙、闽、粤的海域之上。美国学者马士对此种情形曾载：

> 在1847年这个殖民地(香港)的海面充满着海盗，整个的广东和福建的沿岸实际上是在海盗党徒们管制之下，商船和渔船都向他们交纳经常的黑费。1848年在扬子江口，海盗行为依然还是当时的常态。②

海盗的再起引发了一种护航制度的组织，③它主要是由英国和葡萄牙两国私人出资成立的武装船队，对于需要保护的船只收取护航费，④甚至是以武力威胁，强取护航费，据何冠英奏报："夷人性本嗜利，又欲笼络人心，遂

---

① 关于艇盗的来源，魏源的《圣武记》载："及嘉庆初年，而有艇盗之扰。艇盗者，始于安南。"又艇的形制在《定海厅志》中载："吾郡先有广东艇之扰，艇形如蚱蜢，故滨海号蚱蜢艇。其舱面涂绿油，故亦呼绿壳。"深受艇盗之害的越南，在其皇室史书《大南实录》载："制二桅相齐，能使顺逆风，截劫商船。"越南官方称之为"齐桅艇盗"。艇盗之名由来，相信是因广东海盗多驶艇船之因。

② 马士著，张汇文等译：《中华帝国对外关系史》第1卷，上海：上海书店出版社，2000年，第455页。

③ 马士著，区宗华译：《东印度公司对华贸易编年史(1635—1834)》第3卷，广州：中山大学出版社，1991年，第7页。早在嘉庆年间，就有海盗护航业的出现。海盗船队于香山县周围水域护送运盐船，每船收取保护费200银元。

④ 关于护航业的相关资料，请参见陈钰祥：《清代粤洋与越南的海盗问题研究(1810—1885)》，东海大学历史学硕士学位论文，2005年，第137～138页、第145～147页。

向商船每只索洋银三百圆,代其护送至浙之宁波。由浙返闽,亦复如是。"①
由于获利优厚,他们便聚集在宁波口岸互相竞争。咸丰元年(1851 年),当
时广艇海盗(亦称为夹板船匪)势力最强的布兴有率领了二十几艘盗艇停泊
在宁波港外,一方面与清朝水师周旋,另一方面则使得竞争激烈的护航业更
加复杂化。

布兴有(1824—?),又名兴右、兴佑、星佑、阿北、阿伯,广东省香山县人。
汪度在《记海寇事》提及布兴有的出身,道光二十一年(1841 年),时林则徐
令造夹板船,招募布兴有等为水勇与英夷战。及林则徐"谴谪"以去,清政府
则任其漂流海上。至是北上浙江就食,三镇水师畏之如虎,更成为广艇海盗
的首领,拥有大型战艇五艘和十八艘小型广艇。② 受招抚后,最终官至从二
品水师副将。③ 历史上,布兴有只是一个微小的人物,不过却在咸丰年间掀
起了不小的波澜,虽然在与清政府谈判投诚时诡谲多变,但在入营投效后,
于浙江打击盗匪,与垄断护航业的葡萄牙人竞争以及对抗太平军,皆有所表
现。因此在清政府的眼中,成为一个海盗改过自新,"以盗制盗"的绝佳典
范。光绪十年(1884 年)刊本的《定海厅志・大事志》载:

> 吾郡(宁波)先有广东艇之扰,艇形如蚱蜢,故滨海号蚱蜢艇。其舱
> 面涂绿油,故亦呼绿壳。自咸丰初年,则游奕巨洋,行劫商旅,官兵莫能
> 制。咸丰元年六月,犯石浦,巡抚常大醇(淳)檄石浦知府罗镛赴象山筹
> 办。时盗艇已退,镛妄以募勇却贼功申省。已而广艇复至,巡抚怒,严
> 责镛。镛惧,以重贿招其魁布兴有降。十月,巡抚至宁波,兴有诣行台
> 降。巡抚受而慰谕之,给六品顶戴,以其艇泊鄞江中。明年,鄞县知县
> 段光清令率所部护商舶于海。④

对照相关文献史料后,可发现上文部分的误载,例如招抚布兴有者,主

---

① 何冠英:《奏闽浙商船多雇英轮护送片》,贾桢:《筹办夷务始末(咸丰朝)》卷三,第
60~61 页。
② 项士元:《海门镇志》卷五,《军事》,临海:临海市博物馆,1988 年,第 115 页。
③ 项士元:《海门镇志》卷五,《军事》,临海:临海市博物馆,1988 年,第 113 页。
④ 冯莹:《定海厅志》卷二十八,《大事志》,第 56 页。

要是当时的浙江巡抚常大淳①与苏松镇总兵叶绍春,布兴有并未因为投诚而立即被授予官职,段光清乃是私人出资,收编布兴有为地方团练等等。另外,章士晋的《布兴有部和太平军》,②文中除了误载布兴有为广东潮州人外,在许多史料引用处失当,且章先生主要是使用地方志乘来分析布兴有与太平天国之间的对抗,在内容与时间点上都有所欠缺。况且学术界关于清代海盗史的研究,多偏重于乾嘉之际的海盗活动,对于清嘉道以后的海盗事迹,则几近阙如。又19世纪中叶,各殖民势力非常关注布兴有的动向,故值得再进一步研究,来填补中国海盗史之空白。

鸦片战争后,随着中国五大口岸的开放,继而太平天国及上海小刀会起义,清政府自顾不暇,无力于领海打击海盗,让整个19世纪中叶,又造就出全新的环东亚海域上之"海盗黄金时代"。此时,海盗、水师、护航业是活跃在海面上三种主要的武装集团。而上述各角色彼此相生相克,错综复杂,互为依存,打破了旧有的海洋秩序,演绎出一场诡谲多变的海上纷争。笔者试图针对该三大群体关系的重组来进行讨论,了解于中国沿海抢劫的中外海盗为何选择加入清政府军队或水师,且同时从事有巨利可获的暴力掠夺式护航,让整个宁波的海上贸易"护航业"应运而生,并产生出中西混合式的"广艇(老闸船、夹板船)"船型及中国人首次以"火轮船"护航的事件。

---

① 常大淳为人过于善良,以致无法有效打击海盗,指挥水师部属。《清史稿》载:"常大淳,字兰陔,湖南衡阳人。道光三年进士,选庶吉士,授编修,迁御史。湖南镇筸兵变,戕营官,镇道莫敢谁何,大淳疏劾之。出为福建督粮道,署按察使。晋江县获洋盗三百八十余人,总督欲骈诛之,大淳力争,全活胁从者近三百人。司狱因满,大淳曰:'因不皆死罪,狱无隙地,疫作且死。'乃分别定拟遣释,囹圄一清。"赵尔巽:《清史稿》卷三百九十五,《常大淳传》,北京:中华书局,2006年,第11771页。

② 章士晋:《布兴有部和太平军》,《历史教学》1984年第9期,第55～56页。

表 5-1　布兴有年表

时　　间	摘　　要
咸丰元年(1851 年) 七月间	七月开始,正值南风兴盛,布兴有率广艇海盗驶至山东石岛洋面掳掠。登州水师船遭艇盗所劫,统带水师副将落水。盛京将军奕兴于是将由奉天水师委请登州水师守备黄富兴保雇的广船四只,派往山东剿办艇盗
七月初七日	石浦洋面有大、小夹板船十四只,均各安设炮位。船内之人口操粤音,称系黄富兴招赴山东保护(疑似布兴有广艇船队所伪装)
七月二十五日	布兴有于石岛洋面,占驾十余只清水师用船,伤毙兵勇
八月十一日	布兴有率广艇共十一只,在江苏与浙江洋面劫掳商船,声称欲驶至山东劫掠,并且与山东守备黄富兴决战
八月二十五日	布兴有率广东夹板船十二只,驶至石浦洋面
闰八月初五日	布兴有率广东艇船十四只,由东北外洋驶至花岗门外洋面窥伺
九月初四日	三省水师联合围剿,布兴有趁着早潮往东北洋窜逸
九月十六日	布兴有带着船队至沙埕洋面寄泊,并带戏班驾小船拢岸,至山脚边九使宫庙内焚香演戏。继又至该处天后宫内建醮
九月二十五日	布兴有带着船队驶至宁海茶盘山等处,于次日乘坐小船由僻处登岸,直至附近海边之沥洋村地方恐吓居民,索借水米财物
十月初二日	黄富兴统带兵船迅速移往宁波府,欲与三省水师会合围剿布兴有
十月廿四日	布兴有入寇浙江海门关,与居民偶发龃龉,遂焚民居千余间
十一月十四日	黄富兴与布兴有船队遭遇,江省勇首方翔向林正阳与黄富兴等人商量,暂勿开炮攻击。于是自驾小艇前往艇盗处晓谕投诚
十一月十五日	布兴有突袭黄富兴各船,江浙的水师兵船,因为正值涨潮,不能逆水向前营救。艇盗将黄富兴夫妻、所属兵勇、船只、炮械一并掳走
十二月初三日	布兴有率艇盗驶赴浙省临海县境,练勇奋力抵抗,共计打死艇盗十五名,打伤落水七名,击沉盗船一只,夺获炮位一座,击退艇盗
十二月初四日	布兴有遣其弟布良带,前往苏松镇总兵叶绍春船上"哀恳投首"

续表

时　间	摘　　　要
十二月底	布兴有投首共计缴出山东师船、勇船共二十一只，水勇二百余名，商船船户、水手共一百八十余名，并被掳难民全数送出，大小铁炮共三百余位，器械无数，艇盗六百二十四名。布兴有、布良带等二十名分别发拨营伍效力，交由浙江水师提督善禄留在宁波报效
咸丰二年（1852年）六月间	布兴有投诚以后，浙江水师认为艇盗难以管理，因此并未予以收编，只以"收营吃粮"。其盗党未遣回籍者，盘踞在宁波城中，扰乱地方安宁
六月间	宁波知府因此与布兴有商议："劝其捐船报效，再招广人百余名，每名定一月口粮十余两，有功必详抚台奏奖。"布兴有闻言后，便立刻返回广东备船募勇
咸丰三年（1853年）四月间	布兴有带领二只船舶，广勇一百二十名返回宁波。但是捕盗经费被浙江巡抚否决，段光清便与知府商量，先垫支洋银八百元，令布兴有迅速出洋捕盗。布兴有于海面旬日，逮捕海盗十七名，盗船二只。巡抚知道此事后，大为嘉奖，但广勇的口粮仍由段光清负责，广勇遂成为段的私人团练
咸丰四年（1854年）四月间	江苏巡抚许信臣的门生万藕舲任浙江学台，请求观看布兴有管带之船炮。段光清便趁机向万藕舲推荐布兴有，说："布氏纵横海上，时人呼此船为活炮台。"由于当时上海尚未收复，万藕舲于是向许信臣引荐布氏兄弟，段光清便立即命令布氏兄弟前往上海助攻，开始崭露头角
咸丰五年（1855年）十月间	布兴有因为助攻上海有功，又捕盗出力，被正式任命为水师千总一职
咸丰七年（1857年）六月二十六日	布兴有与布良带为了争夺宁波洋面的护航银，与葡萄牙护航船队发生了激烈争斗
咸丰八年（1858年）	布兴有因在史致芬之乱、太平军第一次对杭州的攻防战中，皆有所表现，因此被授予六品顶戴，署游击衔，也独自成为一个作战单位，号为"广济军"，不再是段光清的私人团练
咸丰九年（1859年）	布兴有假借收编招抚的名义，诱杀旧日同为广艇海盗首领的丁九，并与布良带率领广勇剿除丁九余党

续表

时　间	摘　　要
咸丰十年(1860年) 八月间	段光清与布兴有密谋在中秋时节,拐骗广东海盗头目高成前来赏月,于席中将之逮捕送往衙署,斩首示众
同治元年(1862年) 二月十四日	布兴有与弟布良带督率广勇,斩杀准备进犯定海的太平天国附天侯王义钧,并且歼灭余党,无一生还者
四月初八日	布氏兄弟协助陈世章与张景渠进攻镇海,守城太平天国将领范维邦开城请降。于是清军克复镇海
四月十二日	布兴有带随陈世章等亲督广济勇千人为先锋,布良带则负责攻击北岸与南岸之太平天国军的营垒,将宁波城收复,黄呈忠开城西逃
四月十六日	广济军兵力愈来愈强大,于是划分为三个部队,布兴有将中军,布良带将左,守备张其光将右
五月间	军机处质疑游击布兴有的身份,六百里谕令浙江巡抚左宗棠查明
夏	台州一降太平军王姓游击前来游说布兴有,被布灌醉后杀害
七月间	在收复镇海、宁波的功绩之下,布兴有由游击升迁为正三品水师参将
同治二年(1863年)	三月,布兴有助湘军进攻金华
同治三年(1864年) 三月间	蒋益澧派令记名提督高连升、洋将德克碑会同布兴有等水陆各军,进攻凤山门,梯城而登。共歼灭太平军数千名,太平天国归王邓光明遭炮火击毙,遂收复杭州

资料来源:《宫中档》;《军机处档·月折包》;段光清:《镜湖自撰年谱》,北京:中华书局,1997年;冯莹:《定海厅志》,光绪十年刊本,董沛:《明州系年录》;项士元:《海门镇志》;章士晋:《布兴有部和太平军》,《历史教学》1984年第9期,第55~56页。

第一节　扬帆聚劫：艇盗与水师的接仗

清代道光中叶以后,海盗再度大举出现,地方上秘密会党活动逐渐严重,加上太平天国运动和西方国家的入侵,中国面临了贸易、鸦片走私、贩卖人口、宗教传道等跨国性的问题。这些问题使得中国海盗的结构与活动,形成多样复杂的难题。道光皇帝与历任负责剿办海盗的督抚提镇,虽然依旧地认真巡缉海盗,但是基层的兵丁风气已经败坏,"巡船之设,原为捕盗堵私,近来各船只图收受地面陋规,并未缉获私匪,水陆营汛渐至有名无实"[1]。另外,清朝的水师"沿海各省战船,每届修造年份,承办各员通同作弊,不能如式制造,甚或以旧代新。又不勤加操驾,任搁沙滩,朽腐堪虞,破烂滋甚"[2]。由于各省武备废弛,中国水师可能连海盗都无法有效地对付,所以海盗更加能够横行于山东到华南洋面之上。

英国在侵占香港后,为维护海上贸易的利益,开始扫荡华南洋面上的海盗,进行所谓的海盗猎捕行动(Abuses in Pirate Hunting)。[3] 例如徐亚保和张十五仔的海盗集团,势力强大,徐亚保拥有部众近2000人,船只23艘,火炮18门;张十五仔拥有部众3000余人,船只64艘,火炮1224门。分别在公元1848年和1849年间被英国海军消灭。[4] 海盗受到严重的打击,所以不得不另外寻觅劫掠区域。又宁波与上海在鸦片战争后开辟为通商口岸,因此成为广艇海盗的新目标。咸丰元年(1851年)开始,广艇海盗不断地沿着广东、福建、浙江、山东洋面劫掠而上,威胁到京师的安全。七月间,正值南风兴盛,广艇海盗顺风驶至山东石岛洋面掳掠,登州水师船遭艇盗所劫,统带水师副将落水。咸丰于是谕令山东水师速往追剿,盛京将军奕兴、直隶总

①　《清宣宗实录》卷三百,道光十七年八月乙亥日,第676页。

②　《清宣宗实录》卷三百十一,道光十八年六月丁丑日,第843页。

③　Grace Estelle Fox, *British admirals and Chinese pirates*, 1832—1869, London: K. Paul, Trench, Trubner and Company Ltd., 1940, pp.126-127.

④　萧国健:《开埠初期之寇患》,《香港历史点滴》,香港:现代教育研究社,1992年,第72~73页。

督讷尔经额严守海口。奕兴于是将由奉天水师委请登州水师守备黄富兴保雇的广船四只,派往山东剿小艇盗。[①] 同时,两江总督常大淳奏报:广艇海盗巴搭带领十余艘船只,欲在普陀山"设坛打醮",但眼见水师进逼,于是开始往南逃窜。[②]

暂署闽浙总督的裕瑞见此情形,于是上奏咸丰皇帝,报告匪情与预计的作战方略,他于折中先讲述这一年广艇海盗作乱的过程:咸丰元年(1851年)七月初七日,石浦洋面有大、小夹板船十四只,均各安设炮位。船内之人口操粤音,称系黄富兴招赴山东保护。七月二十五日,荣城县石岛洋面,被盗船十余只占驾战船,伤毙兵勇。八月十一日,洋盗驾坐广艇等船共十一只,在南洋劫掳商船,称欲前赴山东行劫,与山东守备黄富兴对仗。八月二十五日,宁波府石浦洋面,复有大、小广东夹板船十二只。闰八月初五日,突有广东艇船十四只,由东北外洋驶至花岗门外一带洋面窥伺。[③] 裕瑞先后三次在浙江省石浦洋面与花岗门外洋,瞭望广艇海盗移动的情形,他推测现于宁波府石浦洋面上的广艇海盗极可能同占驾山东战船的海盗为同一盗帮。虽然此折并未载明这批盗帮的底细,但是从布兴有投诚时缴交的武装清单中,可以确定裕瑞所注意的就是布兴有率领的广艇海盗。[④] 与此同时,常大淳也查出艇盗首领的身份:"浙洋现有闽粤盗船游奕,已饬水师会剿。探明此次船内匪徒多系广东新安县人(投首名册为香山县),盗首姓布名阿北(布兴有浑号),即系新安蜑户,各船均归管领。"[⑤]

当裕瑞锁定了布兴有广艇海盗集团的位置后,立刻飞咨浙江水师提督善禄,并且札饬定海、黄岩二镇及乍浦协,迅速统带师船,配足军火炮械,会同温州镇水师兵船合力剿捕。另一方面咨行福建水师提督郑高祥和福宁镇

<hr>

① 《外纪档》,档号303000227,咸丰元年十一月初五日,奕兴、刘源灏奏折。折中载:守备黄富兴保雇广船四只,同奴才奕兴委员佐领王嘉德等,议明每船一只连水勇每月雇价一千两,雇用期一共是三个月,给雇价银一万两千两。

② 《咸丰同治两朝上谕档》,北京:中国第一历史档案馆、桂林:广西师范大学出版社,1998年,咸丰元年闰八月二十七日,第327页。

③ 《宫中档咸丰朝奏折》,档号406001194,咸丰元年闰八月二十四日,调任成都将军、福州将军暂署闽浙总督裕瑞奏折。

④ 《军机处档·月折包》,档号087793,咸丰元年十二月十六日,投首广艇海盗呈缴船只炮械清单。清单计有在山东石岛洋面被占驾的八艘水师船。

⑤ 《咸丰同治两朝上谕档》,咸丰元年九月十九日,第371页。

总兵孙鼎鳌酌带水师战船,驶赴闽浙洋面交界处,策应浙省水师。同时也分咨两江、两广各督抚,各自整合水师,于各省交界处一体截攻。① 可惜这次的联合作战,因为北风猛烈与海浪狂大的因素,无法有效地集结兵力,前往围剿。因此让布兴有能够于九月初四日趁着早潮往东北洋窜逸,就在检讨这次作战失败原因的同时,代理福鼎县知县李赓星于九月十六日报称:

> (福建省洋面)有艇船十三只由外洋驶至沙埕洋面寄泊,并带戏班,驾小船拢岸,至山脚边九使宫庙内焚香演戏。继又至该处天后宫内建醮,自来自去,居民照常安业。惟察看情形,迥非贸易商船可比。其是否匪船亦难悬指,稍涉轻率,窃恐迫之使变,随会同陆营镇静防御,并飞咨水师合力会捕。讵该艇船均于九月初四日开驾出洋。②

此事让裕瑞相当地震怒,他查出负责闽浙交界洋面的福宁水师总兵官孙鼎鳌并未认真的防堵,致使布兴有的广艇海盗能够明目张胆地泊船上岸,焚香演戏建醮,且地方官员"良莠莫辨",水师未到亦不敢轻率的举动,让广艇海盗能够来去自如。于是孙鼎鳌被降调台湾协水师副将,烽火门参将蔡润泽、陆路桐山营游击沙肇修暂行革职仍各留任责令戴罪缉拿,代理福鼎县知县永和里县丞李赓星、捕官福鼎县秦屿、巡检刘锡夔、署福宁府知府张元祥等交部议处。咸丰皇帝则在朱批中大骂这些疏忽的官员:"盗匪即在泊船海澳,演戏、设醮,毫无顾忌。怠玩习气,可恶之至。"③

在失去围剿布兴有海盗集团的良机后,裕瑞便开始探察其窜逃后之踪迹。九月十九日,裕瑞接到上谕,内容提到山东巡抚陈庆偕访查到广艇海盗主要是广东省香山县与新安县人,并且以广东省香山县的澳门、香港与浙江省的石浦、温州等地"销赃聚会",艇盗更可能伪装成商船驶赴各口岸销售。于是派出山东水师守备黄富兴统带向粤勇雇来的战船两只、艇船七只,往南跟踪追剿,谕令各督抚饬令所属水师将弁予以协助,倘有艇盗携带私货假充商旅,立刻按名擒拿严办。九月二十八日,又一道上谕,认为广艇海盗主要

---

① 《宫中档咸丰朝奏折》,档号 406001194,咸丰元年闰八月二十四日,调任成都将军、福州将军暂署闽浙总督裕瑞奏折。

② 《宫中档咸丰朝奏折》,档号 406001269,咸丰元年九月十八日,调任成都将军、福州将军暂署闽浙总督裕瑞奏折。

③ 《宫中档咸丰朝奏折》,档号 406001269,咸丰元年九月十八日,调任成都将军、福州将军暂署闽浙总督裕瑞奏折。

是广东省人,冬天必定返回其巢穴,谕令各省督抚调集师船捣穴擒渠,不可错失机会。裕瑞在探访后奏称:"粤省洋面系在闽洋之南,兹该匪艇既由东北窜驶,似仍赴浙窥伺,未必潜回粤省。"①并且折中提到温州知府裕禄禀报艇盗出现在江苏省洋面上,因此确定布兴有仍未返回粤省,而是在江浙洋面漂浮。在广东省官员方面,由于上谕内明指广艇海盗的巢穴在香港与澳门,使得两广总督徐广缙与广东巡抚叶名琛在《遵旨覆奏筹办堵缉洋盗情形》一折中战战兢兢地报告,广艇海盗四出流窜,山东到闽省洋面皆深受其害,艇盗甚至胆敢抢夺山东水师巡洋船、印信与枪炮,驶往闽洋山屿岛停泊。徐广缙认为是因为艇盗得到澳门、香港等内地奸民和蜑户接济,并且成为其销赃管道,致使艇匪充斥。折中并无提到布兴有确切之位置,可见艇盗应该并未潜回粤洋,粤省督抚只是一味地用会"严饬水师,认真防堵"的字句搪塞。②

咸丰元年(1851 年)十一月初,可能是因为闽浙总督交接的问题,或是地方官员的隐瞒,许多关于广艇海盗九月、十月的活动,甫回任的闽浙总督季芝昌奏报:

> 臣于十九日回任,即准浙江抚臣常大淳先后咨会以叠据。宁波道及宁海县陆续禀报广东匪艇前自闽洋窜抵石浦洋面劫掠商船,复于九月二十五日驶至宁海茶盘山等处,于次日丑刻乘坐小船由僻处登岸,直至附近海边之沥洋村地方恐吓居民,索借财物。迨闻该县会营前往,始各畏惧回船,于三十日复至石浦游驶。现在山东兵船九只业于十月初二日行抵镇海,江省兵船亦俱停泊岱山,不日即可到镇,惟定、黄、温三镇师船于匪艇回窜浙洋之后,经该抚臣咨催十余次,至今信息全无。③

本次联合作战,首先是确认了布兴有在宁波东南方的石浦洋面之上,且没有像上一次因风浪而无法集结各省兵船,山东、闽省、江省的兵船皆陆续到达。但是浙江所属之定海、黄岩、温州三镇总兵官却将浙江巡抚常大淳的调度置若罔闻,因此闽督请旨将三位总兵摘去顶戴,勒令迅速会剿。随后常

① 《宫中档咸丰朝奏折》,档号 406001377,咸丰元年十月初十日,调任成都将军、福州将军暂署闽浙总督裕瑞奏折。

② 《军机处档·月折包》,档号 087282,咸丰元年十月十五日,两广总督徐广缙、广东巡抚叶名琛奏折。

③ 《宫中档咸丰朝奏折》,档号 406001475,咸丰元年十一月初二日,闽浙总督季芝昌奏折。

大淳也立刻上奏参署定海镇总兵提标右营游击周士法、黄岩镇总兵汤伦、署温州镇总兵乍浦协副将池建功等镇"牵延观望，致广艇盗匪于九月十六日窜回石浦、宁海各洋面，掳劫商船，并在海石索借水米。该镇等所领舟师迟至十月内，叠次咨催，仍未赶至。跟踪攻击，实属牵延玩误"①。三位总兵交部议处后依"总兵闻报有贼，不即带兵进剿，降二级调用，不准抵销"。但是由于水师人才难觅，因此咸丰皇帝谕令："留于该省，责令戴罪堵拿，以观后效。"②

浙江省的三位镇总兵遭到严惩后，闽浙总督季芝昌开始筹划与广艇海盗布兴有的决战。季芝昌认为："山东、江南两省兵勇船只又俱先后至浙，闽浙舟师自宜克期进发会合兜拿，以为一举歼除之策。惟四省（江苏、浙江、福建、广东）兵勇同时云集，若或无人统驭，诚恐心志未齐，机宜坐失。抚臣常大淳议由提臣郑高祥节制调遣，洵为整肃军令起见。臣于准咨后，即飞咨该提臣查照办理，并令兼程行驶，一面严饬定、黄、温三镇迅速驶往会剿。"③如今，水师确认郑高祥为最高统筹指挥官，而四省水师也陆续抵达，围剿广艇海盗的行动，在清政府的眼中看似万事皆备，只欠东风了。

第二节　诡谲多变：布兴有投诚的过程

时间再拉回咸丰元年（1851年）十月初二日，当山东登州水师守备黄富兴统带兵船两只、勇船七只前来浙江镇海，并且迅速移往宁波府，禀告浙江水师提督善禄云："欲即日赴洋剿捕盗艇。"④但是当时闽省、江省、浙江三镇的水师均尚未到达，因此善禄批饬该员留于镇海内港，俟各路水师及添募船

① 《军机处档·月折包》，档号083082，咸丰元年十一月初三日，浙江巡抚常大淳奏折。
② 《外纪档》，档号303000227，咸丰元年十一月十二日，浙江巡抚常大淳奏折。
③ 《宫中档咸丰朝奏折》，档号406001475，咸丰元年十一月初二日，闽浙总督季芝昌奏折。
④ 《外纪档》，档号303000228，咸丰元年十二月初三日，浙江巡抚常大淳奏折。顺治元年（1644年）满人入关后，于登州设水师营守备。但是相较于东南沿海水师营，船只老旧外，水师战力也非常薄弱。

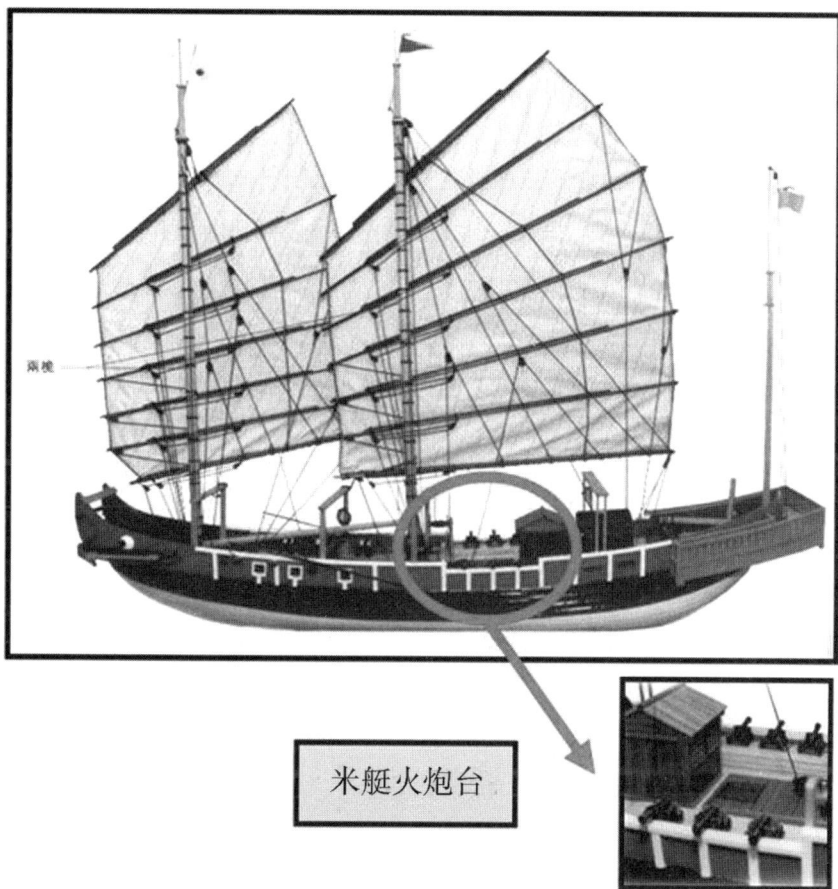

米艇火炮台

图 5-1　水师黄富兴雇用的广东米艇示意模型

资料来源:刘炜:《中华文明传真·清·中华民族新生的阵痛》,香港:商务印书馆,2004年,第60页;(清)文庆:《筹办夷务始末(道光朝)》,第213页。提到:"夷船以全条番木,用大铜钉合而成之。内外夹以厚板,船旁、船底,包以铜片。其大者,可安炮三层,而船身不虞震裂。其炮洞安于舱底,夷兵在舱内施放,藏身既固,运转亦灵。内地师船,广东名为米艇,船身较大;福建名为同安梭船,以集成字号为极大。然皆不敌夷船十分之五。"

勇齐集,再进行闽浙总督季芝昌所策划的围堵行动。可是最初艇盗在山东劫掠时,占驾了与黄富兴同为登州水师的战船,害其同袍统带副将落水,并且从围剿布兴有行动的开始,黄富兴就一直参与其中,所以黄富兴亟欲将布兴有的广艇海盗集团一举击溃。

图 5-2　清代外销画——广东水师用的捕盗米艇

资料来源：王次澄编著：《大英图书馆特藏中国清代外销画精华》第 1 册，广州：广东人民出版社，2011 年，第 124 页。原图题名为"捕盗米艇"，英文目录说明为："Rice transport boat for catching pirates"，画作年代：1800—1805 年，尺寸：41.6 × 53.6cm。此种艚船，原为运米的货船，但是使用便捷，航行迅速，为清政府采用，改造为水师捕盗之用。有时候捕盗米艇不敷使用，粤海关也会雇用米艇作为巡缉之用。但是弊端丛生，官府临时将商用米艇转化为捕盗船，行政作业一时来不及办理，让此船无编号可查。若被海盗抢占，即变成海盗用船。海盗甚至会将计就计，伪装成商用米艇，让清政府雇用，与官兵同船来打探消息。梁廷楠：《粤海关志》卷二十，台北：成文出版社，1968 年，第 1452～1453 页。

　　十一月十二日，江南（江苏省）勇头方朝到镇海，镇传述江南苏松镇总兵官叶绍春起程前来浙省洋面，会剿艇盗。于是浙江水师提督善禄派出署乍浦协副将林正阳、提标左营游击沈鸿宪、护理定标左营游击傅联辉等，带领浙江水师船前往迎护，黄富兴也趁此机会统带所属战船随着迎护船队出航。十一月十三日，迎护船队与黄富兴战船，先后于定海厅所辖岑港洋面（宁波府东方处）抛泊。十一月十四日，忽有艇盗四艘由全塘洋面驶来，江省勇首方翔向林正阳与黄富兴等人商量，暂勿开炮攻击。于是自驾小艇前往艇盗处晓谕投诚。① 结果盗首布兴有声称与黄富兴有仇,又可能由方翔口中探知黄富兴船队正于岑港洋面。因此是夜便集结艇船十余只,向黄富兴船队进行围攻。② 十一月十五日黎明时,黄富兴各船突然发现广艇海盗猝至眼前,并且发炮攻击,船上兵勇仓皇应战,江苏省与浙江省的水师兵船,因为正值涨潮,不能逆水向前营救,只能发炮遥攻,掩护黄富兴船队。双方被炸伤毙者皆数十名,艇盗开始丢掷火罐至黄富兴各船,引燃了船内火药桶而后爆炸,火势混乱了兵勇战心,也让指挥调度失灵。又因涨潮,船只不能逆水驶离,所以艇盗蜂拥跳入船中,将黄富兴与他的妻子还有所属兵勇、船只、炮械一并掳走。浙江巡抚常大淳得知此战况后,从逃回的山东水师兵勇卢长享、卢七带、水手梁天休等人讯供情形,便火速向上呈报。③

咸丰皇帝在得到兵船又被艇盗掳去的情形时,相当愤慨地说:"览奏忿懑已极。"因此在谕令中下旨严查惩办:

> 提督善禄何以一无调度,水师将领平日并不训练,临事退缩不前,已可概见。着将汤伦、池建功、周士法等惩处,令其戴罪自效。若诿云风色不顺,何以黄富兴勇船尚能出洋,匪船南北游奕自如,独三镇兵船逗留南洋未能追北,又安用此等懦怯将领为耶?前据裕瑞奏飞咨郑高祥统带兵船赴浙,此时计已可到,陈世忠计亦驰赴闽浙听候该督调遣,叶绍春所带之船当先已到浙,常大淳现驻宁波,即与各该提镇会商夹击痛加剿洗。现在该匪等如果将黄富兴送回,船炮呈缴,即着饬令镇将押赴上海,交陆建瀛察其情伪,酌量办理。④

咸丰皇帝的愤怒也不是没有道理的,早先浙江三镇总兵对于浙抚的命令完全置之不理,而后江苏与浙江省水师眼见黄富兴统带的兵勇船遭到围攻,却无能为力,只能眼睁睁看黄富兴所属的山东水师船被艇盗掳走,布兴有率领的广艇海盗却"南北游奕自如",可见清代中晚期的"水师废弛已极"。⑤

---

① 《外纪档》,档号303000228,咸丰元年十二月初三日,浙江巡抚常大淳奏折。

② 《咸丰同治两朝上谕档》,咸丰元年十一月十六日,第478页。

③ 《外纪档》,档号303000228,咸丰元年十二月初三日,浙江巡抚常大淳奏折。

④ 《咸丰同治两朝上谕档》,咸丰元年十一月十六日,第478页。

⑤ 刘锦藻:《清朝续文献通考》卷二百二十四,《兵考》,杭州:浙江古籍出版社,2000年,第9708页。

　　"岑港海战"对于布兴有而言，又是一次对清朝水师的大胜利，但其并未继续于海上与水师对抗，反而转向投诚谈判之路。这或许是布兴有风闻，咸丰皇帝已经下令："着江、浙、福建各省督抚迅筹添派，星驰赴援，并饬苏松太道添募水勇船只助剿。务期尽歼丑类，以靖海疆。"①由于广艇海盗已经成为众矢之的，水师全力搜捕的目标，使得称霸山东、宁波洋面的布兴有心意开始动摇。其实这并不是布兴有第一次想向官府投首，只是之前的两次投诚动作皆带着奸诈狡猾的成分在，第一次是在九月间，江苏省带兵把总蓝新恩、勇头王之敬等与布兴有相约在普陀地方投诚，但是探闻艇盗仍在洋面劫掠时，该把总再度前往艇盗船上诘询，结果布兴有要求赏银才肯投诚。②蓝新恩只好虚言至普陀再行商量办理，不过在此之前，艇盗已经和勇头王之敬约定在大羊山处投诚，双方说法不一，又并无一船一炮呈缴以示诚信，且普陀洋面系商船往来要道，难保艇盗不再肆行滋扰。因此被裕瑞认定是艇盗忧心被围攻，借此为缓兵之计。③第二次则是在十月初，布兴有率领艇盗由温州三盘洋面驶往闽洋岛屿停泊，江苏省水师守备周鳌统带勇头方翔、林龙义等前去追剿，盗首布兴有却向江省水师恳请投降，并且呈缴所夺印信、船只、炮械等，更约期在十月初四日，随同江省兵勇向两江总督陆建瀛投诚。不过稍后，艇盗仍然肆劫于洋面之上，投首的动作只是"苟延旦夕之计"。另外有趣的是，布兴有呈缴的印信竟然有广东省水师"碣石之都司印信"以及福建省水师"平海把总"之钤记，咸丰皇帝立即谕令两广总督徐广缙，查办两位水师将领的印信何时何地被艇盗所劫。④

　　正当布兴有思索着未来如何规划之时，在咸丰皇帝谕令中，向两江总督陆建瀛和浙江巡抚常大淳明确指示，用剿捕海盗的方式为优先，迫使布兴有

①　《咸丰同治两朝上谕档》，咸丰元年十一月十六日，第478页。此时，咸丰皇帝怒斥："(浙江)提督善禄何以一无调度，水师将领平日并不训练，临事退缩不前，已可概见。"

②　李若文：《海盗与官兵相生相克关系(1800—1807)：蔡牵、玉德、李长庚之间互动的讨论》，《中国海洋发展史论文集》第10辑，台北："中央研究院"人文社会科学研究中心，2008年，第474页，注19，转引自陈钰祥：《清代粤洋与越南的海盗问题研究(1810—1885)》，东海大学史研所硕士学位论文，2005年。

③　《宫中档咸丰朝奏折》，档号406001377，咸丰元年十月初十日，调任成都将军福州将军暂署闽浙总督裕瑞奏折。

④　《宫中档咸丰朝奏折》，档号406001475，咸丰元年十一月初二日，闽浙总督季芝昌奏折。《咸丰同治两朝上谕档》，咸丰元年十月初五日，第402页。由于水师将领印信被广艇海盗所劫，此事非同小可，咸丰皇帝于是将此谕令，由四百里加急，进行驿站传递。

"势穷蹙,悔罪投诚",也就是以战迫其投诚之计。

> 准其自首者,亦未始非相机设计权宜办理之法。……仍严饬师船
> 并力追剿。倘该匪等穷蹙投诚,即可将计就计,令将船炮缴出并将黄富
> 兴送还,再行奏明。①

十二月初三日,浙江巡抚常大淳奏称,根据宁台道府和黄岩镇总兵的报告,艇盗自从掳走黄富兴师船后,窜逃驶赴浙江省中部临海县境之岩头地方。该府与总兵督同当地居民奋力抵抗,虽然双方因开炮互击致炮火延烧房屋十余间,但是共计打死艇盗 15 名,打伤落水 7 名,击沉盗船 1 只,夺获炮位 1 座,成功地击退艇盗。常大淳认为此时正是以战迫其投诚之际,于是与水师提督善禄开始添雇水勇一千余名,大、小船只数十艘,并且飞咨定海、黄岩、温州三镇水师船与江苏省水师苏松镇总兵叶绍春前来洋面会合。是时,福建水师提督郑高祥已经带同海坛、福宁二镇统带师船进入浙江境内洋面,准备南北密定日期,协力夹攻布兴有率领的广艇海盗集团。②

布兴有眼见登陆临海县失利,接着南、北洋面均有水师前来阻挡去路,因此决心向清政府投诚。据推测,约在十二月初四日,布兴有遣其弟布良大(带)③前往苏松镇总兵叶绍春船上"哀恳投首",声称愿意将所有船炮呈缴。叶绍春于是邀请浙江巡抚常大淳到船亲见该匪,布良带又是跪地哀求,又是宣誓决无异说。两江总督陆建瀛听完叶绍春报告此一情形后,就立刻上折子给咸丰皇帝裁决。咸丰皇帝览阅奏折后,也迅速谕令说:

> 匪徒诡诈多端,难保不因我师四面夹击,穷蹙无路,诡词投首,以为
> 缓攻脱逃之计。前经谕令该督与常大淳密商合办,无分畛域,着即相度
> 机宜,察其真伪。如果该匪等实系畏罪投首,原不妨网开一面,准予自
> 新,令将船炮全行缴出,查明验收,酌核情形,奏明办理。倘稍有反复,

---

① 《咸丰同治两朝上谕档》,咸丰元年十一月二十日,第 482 页。

② 《外纪档》,档号 303000228,咸丰元年十二月初三日,浙江巡抚常大淳奏折、浙江水师提督善禄奏折。

③ 《咸丰同治两朝上谕档》,咸丰元年十二月初五日,第 512 页,记为布良大。按布良大应为布良带,根据《军机处档·月折包》,台北故宫博物院藏,未刊,档号 082783,咸丰元年十二月十六日,投首广艇盗匪姓名籍贯清册,赵尔巽《清史稿》卷四百三十四,《史致谔传》(台北:"国史馆",1992 年,第 10401 页),段光清《镜湖自撰年谱》(北京:中华书局,1997 年),皆记载为布良带。

仍即严饬各路水师合力进剿，务期力净根株，不可堕其奸计。①

陆建瀛与常大淳在接到同意将布兴有等免治其罪的谕旨后，便开始收编艇盗、船炮，释放遭掳之兵勇人质，并且将艇盗资料编册，咨呈军机处：

　　为咨呈事。窃照广艇盗匪布兴有等畏慑天威，凛遵谕旨，率伙将抢占山东船炮印信及黄富兴人船，并该匪船炮器械，尽行缴官验收，跪泣哀求，真心悔罪投首。现已将船上盗伙悉数点明，分别解回广东及暂留羁管，听候谕旨缘由。本部会同两江、闽浙督院于本年十二月十六日在宁波府城行馆恭折，由驿驰奏，请旨办理。所有各该犯姓名、籍贯相应造具清册咨送。为此，咨呈军机大人，谨请察照，备查施行，须至咨呈者，计送清册一本。②

近半年的布兴有广艇海盗集团之乱，就在宁波府和平落幕了。此次投首共计缴出山东师船、勇船共 21 只，水勇 200 余名，商船船户、水手共 180 余名，并被掳难民全数送出，大小铁炮共 300 余位，器械无数，艇盗 624 名，其中陈亚福等 569 名艇盗（皆广东省籍），责成署定海镇总兵提标右营游击周士法、黄岩镇总兵汤伦、署温州镇总兵乍浦协副将池建功等由海道解回广东，交给地方官员严行管束。另有浙江镇海县人升亚平、福建兴化县人林亚源二人，则分别递籍，令地方官员管束。剩余以布兴有为首的 55 名艇盗，其中两名病故外，布兴有、布良带等 20 名分别发拨营伍效力。原本是派往福建水师营，但是布兴有声称对于闽洋海势不熟悉，于是交由浙江水师提督善禄留在宁波报效。另外黄火船胜等 33 名，由于身体孱弱，或声称原籍祖墓需要照顾，所以免留营效力，仍发还广东省管束。③

就在分拨艇盗与接收船只、炮械后，清朝政府又陆续做了一些例行性工作，像山东守备黄富兴由于出洋追匪急躁轻进，因而失事，咎有应得，着从宽摘去顶戴，责令管带山东水师兵船回省，交山东巡抚陈庆偕差遣，以观后效。艇盗船只、炮械全部分配给浙江水师各营使用。④ 浙江巡抚常大淳奏报，趁布兴有广艇海盗投首之际，扫荡浙江沿海奸民，使其无法与外洋的海盗勾

---

　　① 《咸丰同治两朝上谕档》，咸丰元年十二月初五日，第 512 页。

　　② 《军机处档·月折包》，档号 082783，咸丰元年十二月十六日，兵部侍郎兼都察院右副都御史巡抚浙江等处地方提营军务节制水陆各镇兼管两浙盐政常大淳咨文。

　　③ 《军机处档·月折包》，档号 083913，咸丰二年四月初三日，浙江巡抚常大淳奏片；《咸丰同治两朝上谕档》，咸丰元年十二月二十八日，第 541 页。

　　④ 《咸丰同治两朝上谕档》，咸丰元年十二月二十八日，第 542～543 页。

串,出海私运米水接济,务必搜拿根净,以靖海氛。^① 另外浙江省这次办理广艇海盗布兴有投首一案,所有资遣难民,各首民饭食费,山东水师旅费粮草等各项,在司库共借支 12000 两,浙江巡抚常大淳规划回补中。^② 虽然这次的投首看似平静,但是其中许多地方仍充满了诸多疑点,咸丰皇帝的谕令中,也对于布兴有投诚的过程有所疑虑。^③ 以下就档案中对布兴有投降过程的疑点记载,予以分析。布兴有等艇盗在投首后,分别被浙江巡抚常大淳隔离讯问,广艇海盗皆供称:

> 先被黄富兴募赴山东帮拿洋盗,分给赏银不公,忿争成衅。嗣黄富兴回至广东,复宣言伊等在洋为盗,内怀仇恨,往寻报复而起,益无别情。^④

咸丰皇帝对于布兴有等所云:"分给赏银不公,忿争所致。"抱着怀疑的态度,要常大淳详查所言是否属实,抑或另有别情,随时确查具奏。^⑤ 另外咸丰皇帝也曾反驳说:"该匪等果与黄富兴挟有宿仇,何以不在江、浙、山东各督抚衙门具呈申诉? 乃敢占驾登州官船,窜回浙洋,肆行掳掠,索借水米。诡称投诚,已属居心叵测。"^⑥布兴有所言此点,确实有不合理之处,既然是应募至山东打击海盗,何以只因分银不公而怀怨肆劫,扬帆掳掠当起了真正的海盗,却不求正常的管道申诉。再者,艇盗为何屡次投诚失信,布兴有辩称:

> 盗匪陈成发恃系各船总管,从中阻挠,指使众伙,抢占滋事。现将陈成发砍伤捆缚交出。……其中阻挠之陈成发已戮首示众。^⑦

布兴有身为广艇盗帮之首,为何无法有效管制其部众,又陈成发似乎尚未审问,即行戮首,也可能因为被布兴有砍杀因而伤势过重,无法讯问,便成为布兴有的替罪羔羊。美国学者费正清对于布兴有为何向清朝政府投诚,提出了比较符合事实的看法:

---

① 《军机处档·月折包》,档号 082794,咸丰元年十二月二十八日,浙江巡抚常大淳奏折。
② 《军机处档·月折包》,档号 085047,咸丰二年六月十八日,浙江巡抚常大淳奏片。
③ 《咸丰同治两朝上谕档》,咸丰元年十二月二十八日,第 541 页。
④ 《军机处档·月折包》,档号 083913,咸丰二年四月初三日,浙江巡抚常大淳奏片。
⑤ 《咸丰同治两朝上谕档》,咸丰元年十二月二十八日,第 541 页。
⑥ 《咸丰同治两朝上谕档》,咸丰元年十一月十六日,第 478 页。
⑦ 《咸丰同治两朝上谕档》,咸丰元年十二月二十八日,第 542 页。

19世纪50年代初，由于臭名昭著的布兴有（英国：Apak，美国：Apuk，阿帕克、阿布仔）①率领二十几艘船只组成的广州海盗船队在宁波港外停泊，本来在护航业务上就已经相当剧烈的英、葡竞争被弄得更加复杂化了。虽然用惯常的收买办法把布兴有设法安插到了清帝国的水师里去，但他继续在护航事务中进行讹诈。不幸，中国地方当局未能使这些广东海盗与葡萄牙人互相火并而同归于尽，局势依然没有被控制住。②

我们从这段文字中可以发现，外国方面认为布兴有是被清政府所收买投诚的，前文也有记载，办理广艇海盗布兴有投首一案，各项费用总共是一万二千两。这些经费难保常大淳不挪作他用，成为收买布兴有款项中的一笔支出，毕竟布兴有手中握有380余多名人质，又在早先几次水战中获胜，广艇海盗仍是占着有利的位置。因此没有优渥的谈判条件，双方是不可能谈成的。最后，虽然从清代档案中，看不出布兴有与英、葡两国在护航业之间的竞争，但是从费正清一文中可知，就算是布兴有被安插于水师之中，依旧在中国商号船队护航业中讹诈及和葡萄牙人竞争，可见清朝政府还是无法有效控制广艇海盗首领布兴有的行动。

---

① （美）费正清著，刘广京编，中国社会科学院历史研究所编译室译：《剑桥中国晚清史（1800—1911）》，北京：中国社会科学出版社，1993年，第261页，载布兴有的英文名字为阿帕克（Apak）；另外《清穆宗实录》卷二十九，同治元年五月癸卯日，第781页，载布兴有称为阿伯。据笔者推测，可能是布兴有被称为阿布或阿布仔，因此有阿帕克与阿伯之读音。Grace Fox, *British admirals and Chinese pirates*, 1832—1869, London：K. Paul, Trench, Trubner and Company Ltd. , 1940, p.128. 载：美国人称布兴有为Apuk，旗下多艘船只就登记为美国船籍。

② （美）费正清著，刘广京编，中国社会科学院历史研究所编译室译：《剑桥中国晚清史（1800—1911）》，北京：中国社会科学出版社，1993年，第261页。

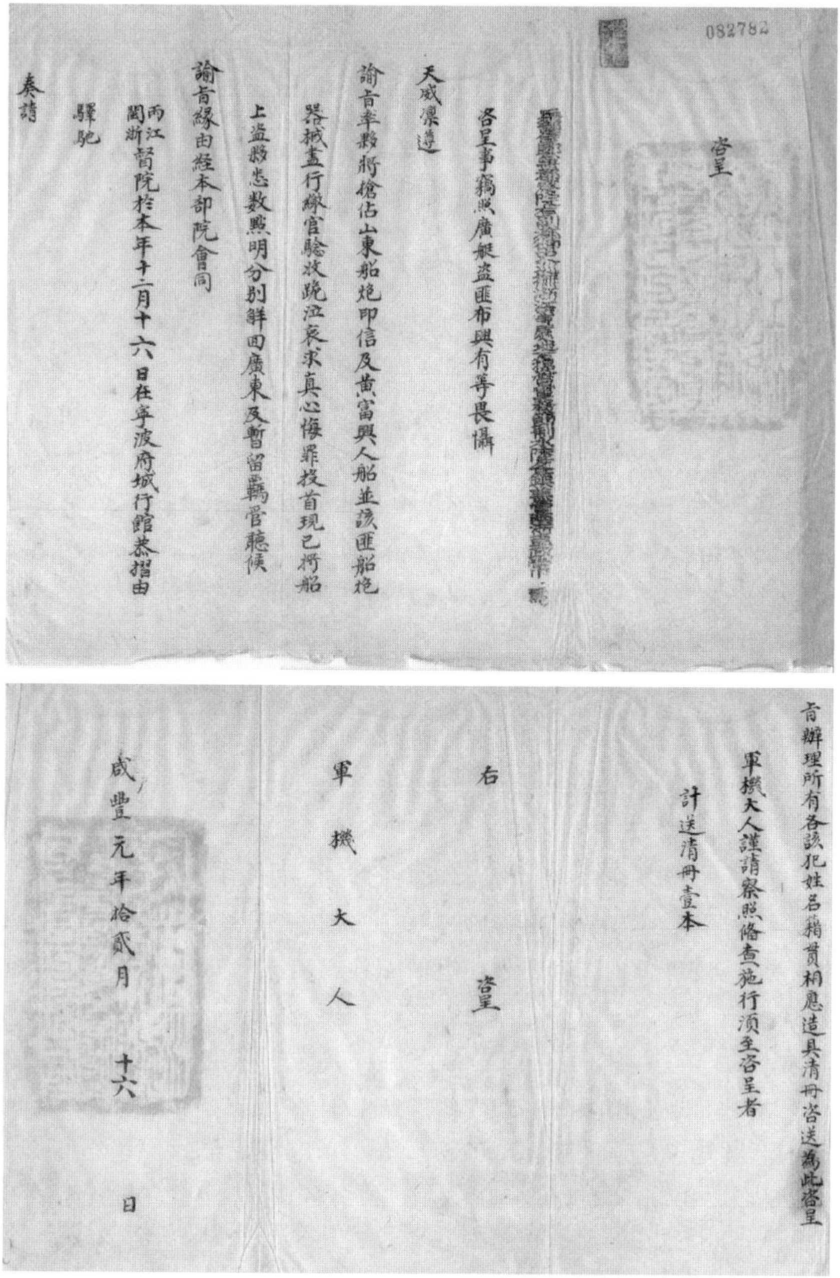
082782

咨呈

咨呈事竊照廣艇盜匪布興有等畏懾

天威凜遵

諭旨率夥將僭佔山東船炮印信及黃富興人船並該匪船炮

器械盡行繳官驗收跪泣哀求真心悔罪投首現已將船

上盜夥悉數點明分別解回廣東及暫留羈管聽候

諭旨緣由經本部院會同

兩江閩浙督院於本年十二月十六日在寧波府城行館恭摺由

驛馳

奏請

旨辦理所有各該犯姓名籍貫相應造具清冊咨送為此咨呈

軍機大人謹請察照備查施行須至咨呈者

計送清冊壹本

右 咨呈

軍機大人

咸豐元年拾貳月 十六 日

图 5-3 浙江巡抚常大淳咨文

资料来源:《军机处档·月折包》,档号 082783,咸丰元年十二月十六日。

第三节 巩固帮众:艇盗的武装、广艇 与籍贯年龄结构

一、艇盗的武装

自从嘉庆十五年(1810年)粤洋海盗联盟溃散后,广东海盗经过历年累积,逐渐储备了相当数量的武装。道光二十一年(1841年),中英双方签订《穿鼻草约》,香港割让给英国以后,香港沿岸与附近海域,时有大、小海盗出没,其中被香港视为抗夷英雄的徐亚保和张十五仔(张开平),就拥有众多的船舰与强大的火力。主要在粤洋中路劫掠的徐亚保盗帮,拥有部众近2000余人,大小船只23艘,火炮数十位;啸聚于高、雷洋面的张十五仔盗帮,则有海盗部众3000余人,大小船只64艘,火炮1224门。[1] 徐亚保帮每船平均搭载约100名海盗,武装较强盛的张十五仔帮,每船平均搭载近500名海盗,各船约装置20门的火炮。两帮配置如此大量的武装,让防守香港的英国水军疲于奔命。

道光二十九年(1849年)九月,越南的广安外洋有广东海盗肆虐,广安布政使阮星昱督越南水军与广东水师共同进剿,击败了拥有七十余艘海盗船的陈晚海盗集团,斩馘生俘收获炮械无数,获首盗陈晚等164名,大炮56门,其余短炮、短刀、藤牌等劫器无以算计,全数解交予广东钦州。[2] 另外咸丰二年(1852年)六月十日,两广总督徐广缙与广东巡抚叶名琛五百里驰奏,广东水师与地方团练分别在广西浔州上下游夹击“波山艇匪”,并且取得最后胜利,共烧毁贼匪大船45只、小艇31只,夺获大艇33只、小艇24只,生擒贼匪232名,击毙及淹死艇盗约1000余名,起获二盗三千斤与一至二百斤大炮共171尊,子母炮和小炮共33门,抬枪与鸟枪共5000多杆,火药

---

① 萧国健:《香港近代史——从开埠到回归》,《本地文物教育与初中中国历史科新修订课程》,第41~42页。

② 《大南实录》正编第四纪,卷四,第38页。

3600余斤,旗帜、军械、藤牌662件。① 从这些从海盗身上所起获的火炮枪械可知,海盗无论是活动在香港、越南、广西等海域之上,其集团的武装力量相当强大,足以抵抗清朝孱弱的水师。

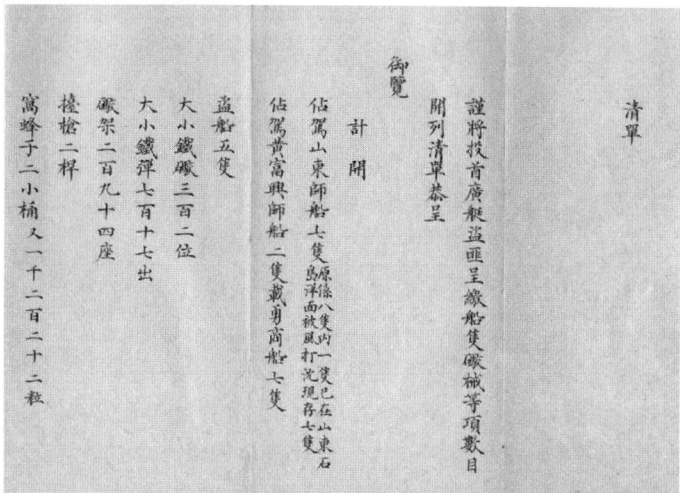

图5-4　投首广艇海盗呈缴船只炮械清单

资料来源:《军机处档·月折包》,档号082793,咸丰元年十二月十六日,投首广艇海盗呈缴船只炮械清单。

而这次咸丰元年(1851年)十二月十六日,浙江巡抚常大淳将投首的广艇海盗呈缴的船只、炮械等项目开列列表(参见图5-4),海盗的武装品目总计如下:

占驾山东师船七只(原系八只,内一只已在山东石岛洋面被风打沉,现存七只),占驾黄富兴师船二只,载勇商船七只,盗船五只,大小铁炮三百二位,大小铁弹七百十七出,炮架二百九十四座,抬枪二杆,窝蜂子二小桶。又一千二百二十二粒,火药一千六百二十余斤,又火药七箱计二百七十五包,火药火瓶三百五十九个,喷筒六十杆,子炮二个,长柄铁叉刺刀二十杆,铁头竹枪六十五杆,稻叉一把,铁挡叉一把,藤牌七十七面,长枪一百五十五杆,木柄长枪十六杆,竹长枪四十二杆,腰刀八

① 《军机处档·月折包》,档号085205,咸丰二年六月十五日,两广总督徐广缙、广东巡抚叶名琛奏折。

把,钩镰一杆,旗二面,火箭十支,牛皮二张。[①]

也许到了清代中晚期后,海盗配备数量惊人的炮械已经是一种稀松平常之现象,咸丰帝只在清单后朱批了"览"字,不若嘉庆十二年(1807 年)十月,两广总督吴熊光奏报获盗船 10 只,并起出 1000 斤大炮数座,火药 3000余斤等语,让嘉庆帝大感惊讶批示:"起获炮械火药如此之多,则其余各船以此类推,不可胜计。"[②]而在艇盗呈缴的兵器中,种类繁多,因此将其使用功能分类如表 5-2。

表 5-2　艇盗呈缴的兵器

兵器种类	品　名　与　数　量
冷兵器	长柄铁叉刺刀 20 杆,稻叉 1 把,铁挡叉 1 把,腰刀 8 把,钩镰 1 杆,竹长枪 42 杆,铁头竹枪 65 杆,长枪 155 杆,木柄长枪 16 杆
火兵器	大小铁炮 302 位,大小铁弹 717 发,抬枪 2 杆,窝蜂子 2 小桶,里头共有 1222 粒,火药 1620 余斤。另外尚有火药 7 箱计 275 包,火药和火瓶共 359 个,喷筒 60 杆,子炮 2 个,火箭 10 支
运输兵器	山东师船 7 艘,黄富兴师船 2 艘,载勇商船 7 艘,盗船 5 艘
防御兵器	藤牌 77 面,牛皮 2 张
其他兵器	炮架 294 座,旗 2 面

资料来源:《军机处档·月折包》,档号 082793,咸丰元年十二月十六日,投首广艇海盗呈缴船只炮械清单。

至于海盗是如何使用这些兵器的呢?其实无论是水师或是海盗在洋面上作战,其方式大致相同(图 5-5、图 5-6)。首先是先施放火炮,目的是将敌方船只上的桅杆击碎,并且迅速将本身船只靠拢至目标船边,用钩镶钩斩舵

---

① 《军机处档·月折包》,档号 082793,咸丰元年十二月十六日,投首广艇海盗呈缴船只炮械清单。

② 《清仁宗实录》卷一百八十六,嘉庆十二年十月辛巳日,第 455 页。

网,使之回倒不能驶去。再于近距离位置施放火枪,以牛皮当作防御工具。
(蔡牵就曾将船身重叠张牛皮、渔网,使得李长庚水师炮弹不得入)①当敌方
船只已经失去移动能力时,海盗还会丢掷火罐,引爆船上火药桶或是燃烧的
烟雾,造成船上人员混乱(布兴有就曾以火罐造成水师黄富兴调度各船失
灵),最后再由低层船员手持大刀和藤牌,上船与对方短兵相接,做生死搏
斗。火兵器在海盗的作战之中,主是被当作破坏船只以及迫使对方混乱的
用途,登船劫掠主要还是靠腰刀、挑刀、竹枪、铁叉等近身作战的冷兵器。②

图 5-5 清代水师与海盗船对仗画

资料来源:香港海事博物馆藏,编号 HKMM:2008.0080.0002,尺寸:43.4cm
×35cm。清末水粉彩外销画作,佚名画家。

---

① 王芑孙:《浙江提督总统闽浙水师追封三等壮烈伯谥忠毅李公行状》,贺长龄辑:《皇
朝经世文编》卷八十五,台北:国风出版社,1963 年,第 2211~2213 页。

② 关于水师与海盗在海上交战的情形,请参见《大南实录》正编第二纪,卷一百四十
三,第 24 页。

图 5-6　钦差大臣林则徐麾下的炮艇画

资料来源：香港海事博物馆藏，编号：HKMM2004.0043.0001，尺寸：34.5cm×30cm。1841 年水粉画作，托思哲奥古（J. Tonzeou）绘。拥有火炮的水师旗舰。

二、被历史忽略的中国船舶——广艇

　　1850 年代活跃于环东亚海域上的广勇水师、广艇海盗及中外护航船队，他们所使用的是一种被历史忽略的中国船舶——"广艇"。"广艇"被称为"铜底夹板船"，英文为"Lorcha"（又称老閘船）。因其配备中式帆具（rigging）、西式船身（木壳外覆金属铜皮）及武装，西方学者将"广艇"定义为中西混合式的帆船。广艇船体不大，排水量 40～150 吨，配备 4～20 门火炮，属于轻型武装快艇。广艇、夹板船"用番木制造，坚固不畏飓风。船底俱用铜板镶钉。底无龙骨，不畏礁线。……桅作三节，布帆三层。……以索抽帆，随手旋转，四面风皆可驾驶，巧捷无比。船舱第一层安放炮位十余门，鸟枪三四十支，器械甚精。其载货舱盖用铅熔贯其缝，不得启视。夷人色有黑白二种,白者为主,黑者为奴。闽人呼为番鬼"①。较武装及帆具皆有限制的中国帆船所不及。但是广艇也是有其弱点,"广南创为小船,名曰轧船……架巨炮于上,攻夹板船底,底破即沉"②。夹板船底部脆弱,一经打击,随即沉没。

船上的武装船员约50～70名,多由西方人及广东人组成,通常水手一般为华人,但船长通常为欧洲人。他们手持西式枪支及中国传统火兵器鸟枪三四十支,作战方式类似今日的海军陆战队。"广艇"在1850年代相当普遍,直到"火轮船"(蒸气轮船)普遍使用后,"广艇"虽比中国传统的木造帆船优越,但仍沿用风力,优势有限,才逐渐势微(广艇形制可参见图5-7、图5-8、图5-9,模型图5-10)。海洋史专家陈国栋教授曾提到:历史上最有名的一艘"广艇"为英法联军的"亚罗号"(the Arrow),出现在台湾的则有台湾道台徐宗幹离任返回大陆时所选搭的"铜底夹板船"。这种船造访台湾港口的情形并不普遍,时间也很短。③

游弋于中国东南沿海洋面上的海盗非常畏惧此款中西混合式的炮船,所以葡萄牙人垄断的护航事业,很快就受到中外商民的欢迎,甚至中国官员还雇请他们来剿灭海盗。短短几年内,以护航为业的澳葡海盗商人既赚取了护航费,又可向中国船商敲诈勒索。因此有越来越多的外商船只竞相经营这项一本万利的护航生意,让整个护航业发展快速发展。咸丰元年(1851年),澳葡的护航艇为60艘,到1855年已经达到200艘。特别是自香港至上海华南沿海一线,经常有英、葡、丹、荷、美等大批小型船只、双桅船和快艇为华商护航,其中以葡籍护航船最多。④

但是好景不长,咸丰七年(1857年)六月,担任清朝水师的布兴有将葡萄牙人的护航船队逼进了宁波内河,然后与法国人全力合攻,使得葡萄牙人死伤惨重,护航船队元气大伤,加上蒸汽明轮船巡洋的时代来临,让葡萄牙

① 周凯撰:《厦门志》卷五,《番船》,台北:台湾银行经济研究室,1961年,第181～182页。

② 刘良璧等纂辑:《重修福建台湾府志(下册)》卷十九,《杂记·红毛》,台北:文化建设委员会,2005年,第671页。

③ 陈国栋:《台湾历史上的贸易与航运》,邱文彦主编:《航运贸易新趋势》,台北:胡氏图书公司,2003年,第23页。

④ 张代春:《清末沿海航运中的海盗及海盗护航》,《兰台世界》2009年第7期,第68页。

图 5-7　1856 年航行于珠江上的商用广艇

资料来源:《伦敦新闻画报回溯数据库》,"*The Illustrated London News Historical Archive Online*,1842—2003",档号 ILN0 − 1857 − 0314 − 0002 − F,1857 年 3 月 14 日。

人"终于在两年后退出了曾给他们带来巨大利益的护航活动"①。"广艇"——"铜底夹板船"于是逐渐消失于武装护航的历史之中,仅仅剩下运输货物及捕捞的功能。②

---

① 陈昕、郭志坤主编:《澳门全纪录》,上海:上海人民出版社,1999 年,第 32 页。
② 河北省文物研究所近日公布 2013 年水下考古新发现:在河北省唐山市曹妃甸港区发现一艘铜皮夹板船,这艘木质船带有第一次鸦片战争期间由欧洲传入中国的造船技术……经过初步整理研究,基本可以确认东坑坨一号沉船,为一艘清代晚期至民国时期铜皮夹板船。铜皮包覆船体技术最早兴起于欧洲,包覆铜皮主要是为了防止海水侵蚀船底,延长船只的使用寿命。该沉船上发现载运瓷器,应该为运输船舶用途。华新网新闻,2014 年 4 月 6 日,http://news.xinhuanet.com/shuhua/2014−04/06/c126360395.htm。

EXTENSIVELY USED IN CHINA IN THE EARLY DECADES OF THE NINETEENTH CENTURY
BY FOREIGN SHIPPING FIRMS ENGAGED IN "OPIUM-RUNNING": A CHINESE LORCHA.

Formerly this type of fast sailing-vessel was found in considerable numbers in Far Eastern waters—notably
the coast of China. The hull was built locally, on European lines, and rigged in Chinese fashion for facility
of management by native crews. The sails were of the well-known balanced lug type, stiffened by battens
which kept them very flat, and enabled the craft concerned to sail very close to the wind. Lorchas were
used extensively in China in the early decades of the nineteenth century by foreign shipping firms engaged
in the lucrative practice of "opium-running," and were originally designed principally for speed; but later
they were built on fuller lines (as represented by this model) for legitimate trade, when speed became a
secondary consideration. They are seldom seen now, and, like Chinese sea-going junks, are rapidly being
superseded by steam- and motor-vessels.

图 5-8　19 世纪运载鸦片的中国广艇模型

资料来源:《伦敦新闻画报回溯数据库》,"*The Illustrated London News Historical Archive Online*,1842—2003",档号 ILN0-1938-1105-0017-F,1938 年 11 月 5 日。

图 5-9　中西混合式的广艇画

资料来源：《伦敦新闻画报回溯数据库》，"*The Illustrated London News Historical Archive Online*，1842—2003"，档号 ILN0－1934－0407－0014－F，1934 年 4 月 7 日。

三、艇盗籍贯和年龄结构

（一）艇盗籍贯

"同乡结合观念"在海盗帮众的组织发展里也是深远的影响之一。18世纪末到 19 世纪是中国东南沿海海盗盛行的时代，从天津外海延伸到越南南圻的海岸线，海盗活动日趋上升，这个情况是否能够将海盗视为单一团体？显而易见，海盗活动并不能混为一谈，操着粤语的粤洋海盗和使用浙江话、闽南话的闽浙海盗有着相当大的差异。再者，粤洋与越南海盗主要目标在于广州、澳门、琼州、越南沿海海岸线，闽浙海盗的眼光则放在台湾、琉球群岛周围的海域。这些现象让中国东南沿海的海盗活动，不能再被等同视

图 5-10　中西混合式的广艇模型

资料来源:长荣海事博物馆于 1996 年佳士得拍卖会中购得一艘 Lorcha 的模型,船艉有"顺风得利"的字样。此船为当时中西文化冲击之下,所产生出的过渡性船种。至于中国海盗船到底是什么模样,相信多数人都非常有兴趣。其实海盗所乘坐的船只,无论是结构或是外观上,都与一般的商、渔船无异。该模型船为典型的福船型,形制上有龙骨、挑高的船艉、方形的船艏及尖形船底,船艏两侧画有"龙目",用以"观渔路,识方向",并且产生吓阻敌人的效用。中西混合式的广艇模型,尺寸:68 cm×56cm×60 cm,长荣海事博物馆藏,编号:001337。

之。不过在清代海盗活动的历史上,粤洋与闽浙海盗集团在安南西山政权动乱期间,曾经短暂合作过。根据嘉庆三年(1798 年)浙江巡抚玉德的两件奏折中,可以发现安南匪船(即为被西山政权吸收的广东沿海海盗,亦称安南艇匪)由粤东窜入闽浙海域,并且由当地的盗匪做向导。因此玉德随即咨文给定海镇总兵李长庚,并联合温州镇总兵林起凤及黄岩镇总兵岳玺所属水师,共同迎击安南海盗,在一次于普陀外洋和海盗作战时,从被击毙的红衣盗首邱扶(福建籍)身上搜出安南伪印照票三张,分利股单一纸。据遭捕的海盗供称:

> 嘉庆二年正月内,邱扶等同帮六船,从广东起身,驶至安南,即与该处艇船议定,照依船只大小派定股份。如伙同劫得银钱,按股均分,其余股份仍送安南大艇船收用。立有合同议单一张。①

到了嘉庆五年(1800年),接任浙江巡抚的阮元向嘉庆皇帝奏报,因为积极围剿艇盗,使得艇船匪徒损伤过多,现今已离开浙江省水域,并且"遭水师追赶到闽缘"。阮元也在奏折中为两大海盗集团合作的原因做出一个解释,他认为往年原本艇匪与土盗为仇:

> 近来则土盗恃艇匪为倚靠,艇匪以土盗为向导,艇匪船大炮大足以牵制兵船。兵船不能更有余力追捕土盗,土盗乃得肆出抢劫,艇船坐分其肥。②

而甫升任为闽浙总督的玉德在同年二月间上奏,艇匪由于被闽浙水师的追剿,现已窜回粤洋的南澳镇。③ 由此可知,闽浙海盗想借着与加入安南西山政权的粤洋海盗合作,来取得安南强大的船舰与武装;粤洋海盗则趁这个机会,得到从闽浙沿海往上到达天津外海的劫掠航线。但是此次的合作,因为清朝水师在闽浙水域的防守战获得胜利以及安南西山政权覆灭(1802年)而告一段落。

清代环东亚海域上的海盗集团多由原籍招募同样方言的乡亲入伙,像是乾嘉时期,"大出海"蔡牵(福建省同安县西浦乡籍)海盗集团中的26位成员资料可知,有23位与蔡牵同为福建省籍,仅有2位广东省籍和1位浙江省籍。④ 从表5-3粤洋海盗集团籍贯中能够发现,集团里同样是属于广东省籍的海盗占了97.45%,非广东省籍的只占2.55%。若是再从咸丰元年

---

① 《宫中档嘉庆朝奏折》,档号404004104,嘉庆三年七月初五日,浙江巡抚玉德奏折;档号404004217,嘉庆三年九月初四日,浙江巡抚玉德奏折。

② 《宫中档嘉庆朝奏折》,档号404004765,嘉庆五年一月十五日,浙江巡抚阮元奏折。

③ 《宫中档嘉庆朝奏折》,档号404005108,嘉庆五年二月十九日,闽浙总督玉德奏折。

④ 上海中国航海博物馆编著:《新编中国海盗史》,北京:中国大百科全书出版社,2014年,第268~269页。

(1851年)十二月十六日,广艇海盗首盗布兴有率众投诚一案中来分析(图5 11),海盗的"同乡结合观念"更加明显。

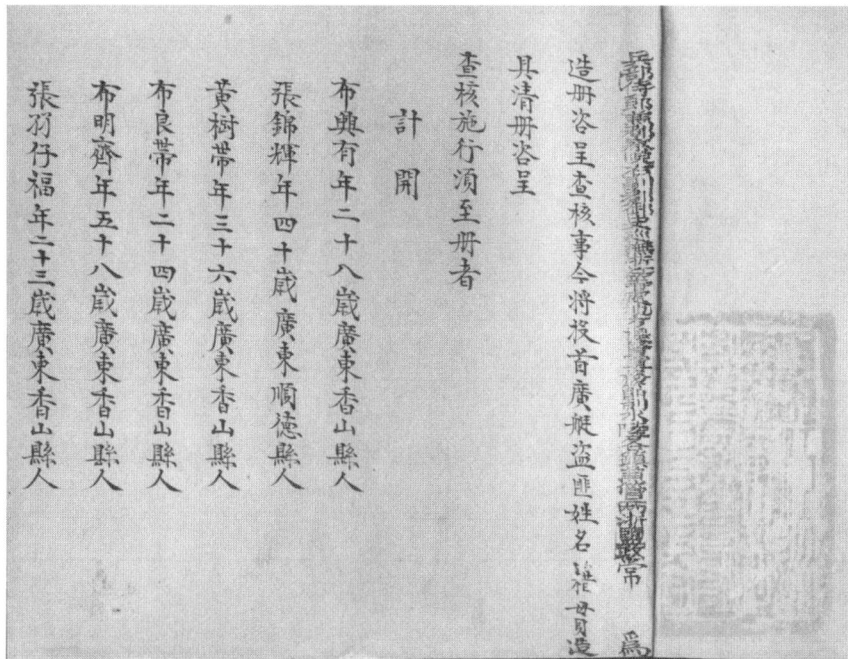

图 5-11　投首广艇盗匪籍贯年龄清册

资料来源:《军机处档·月折包》,档号 082783,咸丰元年十二月十六日,投首广艇盗匪籍贯、年龄清册。

表 5-3　1810—1885 年粤洋海盗集团籍贯分布

籍贯	人数	籍贯	人数
香山	257(26.14％)	吴川	3(0.31％)
顺德	126(12.82％)	茂名	3(0.31％)
清远	101(10.27％)	高州府	2(0.20％)
番禺	92(9.36％)	潮州府	2(0.20％)
新安	87(8.85％)	合浦	2(0.20％)
东莞	62(6.31％)	海南	2(0.20％)

续表

籍贯	人数	籍贯		人数
英德	36(3.66%)	高要		2(0.20%)
新宁	34(3.46%)	遂溪		1(0.10%)
电白	32(3.26%)	连州		1(0.10%)
潮阳	25(2.54%)	铜山		1(0.10%)
阳江	22(2.24%)	长乐		1(0.10%)
新会	19(1.93%)	海阳		1(0.10%)
雷州府	10(1.01%)	澄海		1(0.10%)
南海	9(0.92%)	福建	海澄	7(0.71%)
钦州	7(0.71%)		漳浦	5(0.51%)
归善	6(0.62%)		兴化	5(0.51%)
文昌	6(0.62%)	浙江	镇海	5(0.51%)
廉州府	5(0.51%)	越南		3(0.31%)
总计	983(100%)			

资料来源：《宫中档》奏折；《军机处档·月折包》奏折录副。

表 5-4　咸丰元年(1851年)广艇海盗投首籍贯分布

籍贯	人数	籍贯	人数
香山	196(31.41%)	归善	4(0.64%)
顺德	81(12.98%)	吴川	3(0.48%)
番禺	73(11.70%)	高州府	2(0.32%)
新安	71(11.39%)	潮州府	2(0.32%)
东莞	59(9.46%)	海南	2(0.32%)
新宁	34(5.45%)	合浦	2(0.32%)
电白	26(4.17%)	茂名	1(0.16%)
阳江	22(3.53%)	遂溪	1(0.16%)
新会	15(2.40%)	连州	1(0.16%)
南海	10(1.60%)	铜山	1(0.16%)
文昌	6(0.96%)	长乐	1(0.16%)

续表

籍 贯	人数	籍 贯	人数
廉州府	5(0.80%)	浙江镇海	1(0.16%)
钦州	4(0.64%)	福建兴化	1(0.16%)
统计	624(100%)		

资料来源:《军机处档·月折包》,档号 082783,咸丰元年十二月十六日,投首广艇盗匪姓名、籍贯清册。

表 5-5　咸丰元年(1851 年)广艇海盗投首年龄

年　龄	人　数	附　注
15 岁以下	3(0.48%)	15 岁 2 人,14 岁 1 人
16~29	366(58.65%)	首盗布兴有 28 岁
30~39	205(32.86%)	
40~49	43(6.89%)	
50~59	7(1.12%)	58 岁 1 人
总计	624(100%)	平均年龄约 29 岁(28.57)

资料来源:同表 5-3。

　　首盗布兴有二十八岁,是"广东省香山县籍",[1]在表 5-4 之中,与布兴有同是香山县的海盗就占了 31.41%,可知同籍贯的海盗是团结盗帮的力量。此外布兴有的广艇海盗集团中分别各有一位浙江与福建籍的艇盗(浙江镇海县人升亚平与福建兴化县人林亚源),便极有可能是指引广艇海盗进入闽浙水域的领航员。

　　海盗除了重视"同乡观念"外,"家族组织"也是巩固盗帮的力量之一,例如道光年间隶籍广东省新安县的何大来与何大然、[2]王亚观与王亚丁等兄

---

　　[1]　《军机处档·月折包》,档号 082783,咸丰元年十二月十六日,浙江巡抚常大淳投首广艇盗匪籍贯、年龄清册。

　　[2]　《宫中档道光朝奏折》,档号 405003287,道光十九年四月二十五日,两广总督邓廷桢等奏折。

弟档海盗,①及本章研究的香山县布氏家族海盗集团。

(二)广艇海盗的年龄

　　海盗郑文显(郑一)旗下管理财务的黄德兴曾经供称:郑一、乌石二的海盗,年纪约在廿上下。② 据表 5-5 广艇海盗投首年龄表的统计,有 91.51% 的海盗年龄是生命中的黄金时期 16～39 岁之间,不过也有未足岁的幼童与接近花甲之龄的海盗,③例如未足岁的幼童有吴亚良,香山县籍,14 岁;彭亚体,番禺县籍,15 岁;黄成祥,香山县籍,15 岁等 3 名。接近花甲之龄有吴福至,顺德县籍,58 岁。在"投首广艇盗匪姓名、籍贯清册"统计出的数字来看,广艇海盗并非是一群老弱残兵,而是平均约 29 岁的精壮集团。若是配备起火力强大的武装,相信日渐衰弱的清朝水师兵丁是无法抵抗的。呼啸来去,追逐着商船,干起掳人勒赎的广艇海盗,如同《定海厅志·大事志》记载,广艇海盗船队其船形如蚱蜢一般,船身舱面漆上绿油漆,所以被滨海居民称之为"绿壳"。根据民间说法,"绿壳"在东南沿海地区的方言中就成了形容一个人很凶狠的样子的专用词。比方说,你这个人像绿壳,或者你这个人眼神像绿壳一样凶。在 19 世纪中叶的中国东海岸,"绿壳"这个词肯定会引起某种不愉快的联想,一群群海盗打着尖利的呼哨,杀人越货,无恶不作。④ 这些年轻的广东籍的海盗比起四十年前张保仔的七旗盗帮,更加凶狠且贪婪狡诈,被洋人认为恶名昭彰的海盗头子"阿伯"的广艇船队,孱弱的清廷水师完全无力制服,只能消极接受"投首"。

---

　　① 《宫中档道光朝奏折》,档号 405004387,道光二十一年十月二十四日,两广总督祁墳等奏折。

　　② 容安辑:《那文毅公奏议》卷十三,《剿抚洋盗》,台北:文海出版社,1968 年,第 452 页。

　　③ 赵尔巽:《清史稿》卷一百二十八,《食货志》,第 3441 页,载:编审之法,核实天下丁口,具载版籍。年六十以上开除,十六以上添注。

　　④ 赵柏田:《纵横四海——海盗布兴有事迹考》,《西湖》2007 年第 11 期,第 82 页。

第四节　官盗合一:布兴有的双重角色

　　咸丰二年(1852 年)六月,自从布兴有投诚以后,浙江水师可能考虑到艇盗难以管理,并未真正予以收编,只以"收营吃粮"。其盗党未遣回籍者,按咸丰皇帝的谕令是一律入营报效的,但是这些艇盗"既未资遣,亦未收编",于是盘踞在宁波城中。当时的宁波府鄞县知县段光清,认为招抚艇盗后:"浙境自此不得安靖矣。"① 又:"广人本滥吃滥用,而盗党尤甚。自布兴有兄弟及头目数人尚衣食丰足,不足为非,余皆凿用一空。又不肯守苦,盘踞城中,肆行不法。"② 未被收编的艇盗在城中为非作歹的情形,让段光清相当地苦恼,于是命令差役,邀请布兴有到县衙商谈如何妥善安顿这些艇盗。段光清开头就问:

　　广人昔日皆尔手下伙党,今居城中胡行如此,何以处之?

　　布兴有于是答曰:

　　广人胡为已惯,今岂能猝然安驯? 旧约原许不回籍者收入营中吃粮,吃粮出息已属有限,乃营中更要每名送洋四十元方准入册。因此不能吃粮,用度益见不敷,胡为愈甚。大老爷尽管以法办之,伊等亦不敢为乱。③

　　段光清担心布兴有存心放纵旧部属肆行不法,无法管理只是推诿之词,所以委派与布兴有同为广东籍的县衙典史,私下前往询问。布兴有告诉典史说:

　　(未收编之广东籍海盗)伊等胡行,不办则胆愈大,我刻下又无钱可

　　① 段光清:《镜湖自撰年谱》,北京:中华书局,1997 年,第 50 页。段光清(1798—1878),字俊明,号镜湖,安徽宿松人。咸丰三年(1853 年),在太平天国运动的影响下,浙江省全境动荡不安,段光清招募广勇为地方团练,抵御盗匪,因此受到赏识。历任知县、知府、道台、盐运使、按察使等。书中虽多为追捧自己的功绩,但是其中内容记载到鸦片战争以后和太平天国时期的浙江省情形,相当地完整,另外也提到许多关于布兴有相关的资料。

　　② 段光清:《镜湖自撰年谱》,北京:中华书局,1997 年,第 70 页。

　　③ 段光清:《镜湖自撰年谱》,北京:中华书局,1997 年,第 71 页。

以供养。办之不加死罪,决不至有事。①

有了布兴有的保证后,段光清开始于市中逮捕横行无忌的广人,皆判处重刑,并且加以管押,最后再递解回广东省。又示谕乡人可以捕捉违法的广人,因此这些未被收编的艇盗,纷纷逃离宁波地区。

后来的宁波知府眼见洋面海盗充斥,商旅往来皆苦之,认为布兴有兄弟纵横海上多年,必定能够扫荡海盗,因此想要收编成为宁波府的地方团练。由于布兴有投诚时船炮皆已呈缴,部属也已经解散,又只以"收营吃粮",并没有在水师营伍中拥有实际职位。宁波知府因此与布兴有商议:"劝其捐船报效,再招广人百余名,每名定一月口粮十余两,有功必详抚台奏奖。"布兴有闻言后,便立刻返回广东备船募勇。② 到了咸丰三年(1853 年)四月,布兴有带领 2 只船舶,广勇 120 名返回宁波。宁波知府遂向浙江巡抚禀报:

> 布氏兄弟捐船二只,招勇一百二十名,来宁盘费皆行自备。今自到宁之日始,请给口粮每名一月十二两。若无别款,请自马额裁减后,存银不少,即求饬司将是项银两拨发,以养广勇,捕盗必能得力。③

浙江巡抚则批示曰:

> 尔一知府,竟盘查司库,岂部中不知此款?广勇来宁,并未捕一盗,何以必知得力,口粮乃如许之重。④

由于请款遭到驳回,所以知府只好请布兴有管带原船回广东,段光清知道此事后,于是往见宁波知府,询问缘由。知府说明事情始末后,段光清便推测是巡抚顾虑到增加广勇的经费,必要减损水师营的支出,担心招到将士的怨恨,因此拒绝发款。段光清便与知府商量,先预支广勇出洋之经费,其余款项日后再筹措,知府担心日后请款还是不通过,所以请段光清先行支付。段光清回到县衙后,先垫支洋银 800 元,令布兴有迅速出洋捕盗,布兴有于海面旬日,逮捕海盗 17 名,盗船 2 只,巡抚知道此事后,大为嘉奖,但广勇的口粮仍由段光清负责。从此布兴有的广勇遂成为段光清的亲信团练,段光清对于此事这样讲述:

> 布氏兄弟之在宁波,前以常抚军招之。其未经遣散之勇,经余而始

---

① 段光清:《镜湖自撰年谱》,北京:中华书局,1997 年,第 70 页。
② 段光清:《镜湖自撰年谱》,北京:中华书局,1997 年,第 72 页。
③ 段光清:《镜湖自撰年谱》,北京:中华书局,1997 年,第 78 页。
④ 段光清:《镜湖自撰年谱》,北京:中华书局,1997 年,第 78~79 页。

能尽散,后以毕本府用之。其新招之勇,非余而几至难留。人但知布氏兄弟乐为余用,而不知其原非始于余也。①

咸丰三年(1853 年)九月,在太平天国运动和福建小刀会起义的影响下,宁波北方的重镇上海被小刀会所占领。到了咸丰四年(1854 年)四月,段光清已由鄞县知县、宁波知府,升任至杭嘉湖道。时江苏巡抚许信臣的门生万藕龄任浙江学台,请求观看布兴有管带之船炮。段光清便向万藕龄介绍布兴有的旗舰"金宝昌",此船原是布兴有呈缴官府者,后被分配到定海镇水师营,但经年失修,船炮皆已腐朽,是其筹款使船整修完善,仍然交给布兴有管带。当万藕龄登船时,广勇发炮迎接。阅毕,叹曰:"船坚炮利。"段光清则说:"布氏纵横海上,时人呼此船为活炮台。"当时上海尚未收复,万藕龄于是向许信臣推荐布氏兄弟,许信臣因此致信给浙江巡抚,请求布兴有前来援助。浙江巡抚将信示段光清,段光清便立即命令布氏兄弟前往上海助攻,开始崭露头角。② 咸丰五年(1855 年),英国的鸦片商人、怡和洋行在宁波的代理人帕德里奇的"宝得来"号,于镇海被舟山帮海盗劫持,布兴有率领船队,夺回了商船,"他们也为(段光清)道台带回四个人头和七八个犯人。这些犯人都被钉在木板上,钉子钉在拇指和食指之间的肉上,所以不怕它们逃跑"③。同年十月,因为捕盗出力,布兴有终于被正式任命为水师千总一职。④

布兴有逐渐聚集了一定的实力后,似乎仍不忘重操旧业,继续在海面与洋人争夺护航事业的利润。护航的收益有多庞大? 从以下的记载就可以知道:

> 在这些年中,葡萄牙人对于整个宁波的中国海上贸易进行了全部的保护。他们对于所有在这个口岸进出的船只以及在邻近海上航行的船只,发给了保护证并且征收保护捐。他们一年之中从渔船征收来的护航费数达 50000 元,从运木船只以及其他与福州贸易的船只征收到的数达 200000 元,从其他各种船只征收到的捐数目每年也不下

---

① 段光清:《镜湖自撰年谱》,北京:中华书局,1997 年,第 79～80 页。

② 段光清:《镜湖自撰年谱》,北京:中华书局,1997 年,第 94～95 页。

③ (英)赫德(Robert Hart)著,(美)费正清主编,傅曾仁等译:《赫德日记:步入中国清廷仕途(1854—1863)》,北京:中国海关出版社,2003 年,第 161～162 页。

④ 《清文宗实录》卷一百八十一,咸丰五年十月辛亥日,第 1023 页。

500000元。葡萄牙虽然不是一个条约国家，葡萄牙领事却漫无限制地行使了领事裁判权：在宁波，一般都认为他的司法判决总是这样，就是要把最大多数的钱送进葡萄牙人的口袋里。①

咸丰七年(1857年)六月二十六日，布兴有与布良带为了争夺宁波洋面的护航银，与葡萄牙护航船队发生了激烈争斗。

葡萄牙人犯罪并不严加追究，宁波的官吏和商人于是采取了聪明的步骤，用黑费条件同一个侵入宁波水上的力量雄厚的广东海盗头子接洽。这班海盗变为相当忠诚，开始在护航和保护事业上与葡萄牙相竞争抗衡和冲突，随之发生，开始了狗咬狗的勾当，并且经过三年的竞争之后，在一八五七年六月发生了危机，广东海盗集结了他们的武力，打了一场胜仗，把逃跑的葡萄牙舰队追逼到宁波内河。六月二十六日，在那里展开了战斗，其他中国人和其他外国人都是中立的观望者。在这次战斗中，葡萄牙人遭遇了可耻的失败。②

从文中的记载可以知道，是官府同意让布兴有在洋面索取护航费，用睁一只眼，闭一只眼的方式，让布兴有与葡萄牙人发生冲突，也因为这样默许的行为，使得布兴有能够一方面替宁波官府打击盗匪，另一方面则继续在洋面讹诈护航费，成功地扮演着一个亦官亦盗的角色。像是布兴有借着打击海盗的名目，进而对付在宁波洋面竞争护航事业的对手之例相当多。例如咸丰九年(1859年)，布兴有假借收编招抚的名义，诱杀旧日同为广艇海盗首领的九丁，并与布良带率领广勇剿除九丁余党。③ 咸丰十年(1860年)，段光清与布兴有密谋在中秋时节拐骗广东海盗头目高成前来赏月，于席中将之逮捕，送往衙署，斩首示众，党羽尽皆逃散。④ 上述行动确实使宁波洋面逐渐摆脱复杂的恶性竞争，却也让布兴有成为环东亚海域最强的中方海上势力。

---

① 马士著，张汇文等译：《中华帝国对外关系史》第1卷，上海：上海书店出版社，2000年，第458～459页。(1银元＝0.7两白银)

② 马士著，张汇文等译：《中华帝国对外关系史》第1卷，上海：上海书店出版社，2000年，第459～460页。

③ 冯莹：《大事志》，《定海厅志》卷二十八，光绪十年刊本，第56～57页。

④ 段光清：《镜湖自撰年谱》，北京：中华书局，1997年，第176～178页。时驻扎在宁波的浙江水陆提督陈世章，与海盗头目高成皆为广东同乡，高成可自由出入官衙，鸥张自踞。宁波人都谓高成认提督做义父，所以无不咬牙愤慨。

表 5-6 　《申报》记载广勇滋事要览

《申报》刊载日期	报道内容
1882 年 6 月 19 日第 2 版第 3279 期《殴弁续述》	宁波江北岸有广妓向与夹板船之外国人交好,讵广妓近又交接红单船之广勇张某。廿八夜,张在广妓家,适被外国人撞见,始而口角,继则斗殴。外国人力不能敌,乃招同伴二人帮殴。张被殴倒地,复被踏伤,太阳穴血流如注,外国人始释手逸去。当由张某之同船友闻知,急延伤科医治。次早,招集同船广勇二十余人,齐至县署喊报请验。经朱邑尊往验属实,而行凶之外国人已经查获,交美领事署管押
1884 年 5 月 30 日第 2 版第 3996 期《温州近闻》	温郡近到福建之升班行头之新角色之多,实非本地戏班所能及。上月十八、十九两日,在东门外闽帮会馆开戏。二十日又在东瓯王庙唱演,有道署王姓,因台下无可驻足,站立台上观之。其时适有广勇数人,手执皮鞭,向王乱打。台下看戏人,咸抱不平,齐声吆喝,将广勇围住。遂同王某扭至镇署,喊请镇宪讯办,镇署巡捕人等,将各人并王某先行劝回,一面将广勇留住。旋闻镇宪张军门诣道署面陈一切调处,寝息矣
1884 年 12 月 29 日第 2～3 版第 4209 期《瓯东纪要》	迩来温郡花会甚炽,间阎之受其害者,指不胜屈。下河乡石坛花会帅夏某纠集亡命之徒,明目张胆,在该处开场纠赌,迄今愈聚愈盛。甚至数十里外之人,莫不趋之如鹜。驻扎状元桥之练军及广勇屡欲前往诈索,无如若辈耳目甚灵,得信后即预作准备。上月二十四日,该勇等一抵其处,两下即相械斗,有练军三四人身受刀伤,广勇亦伤数人,夏右手被砍几断,其党受伤者亦十有余人。然开赌固属违禁,而图诈亦犯营规,是以两造各自罢手,均不鸣官云
1885 年 1 月 19 日第 3 版第 4230 期《东瓯琐志》	前报所载:广勇练军与石坛花会帅夏某械斗一节。兹闻广勇练军本驻扎状元桥,而茅竹岭一带,实系往来要道。夏某于二十四日,纠集多人在该处守候。是日适值广勇后哨杂长路经此处,夏某等竟敢拦路殴击,将该杂长打得遍体殴伤,并将衣服剥尽。杂长归郡,遂邀多勇,各携洋枪、短刀前往寻仇。想管带及各哨官闻之,必早为禁止也

续表

《申报》刊载日期	报道内容
1885 年 5 月 11 日第 2 版第 4335 期《兵勇滋事汇述》	温郡驻扎之广勇，终日在街上闲游，往往向烟馆滋闹。若至僻巷小街，见妇女站立门前，辄敢胡乱闯撞。前日柴桥头某甲家有女客三人在厅堂闲话，适有广勇三人往过其处，当即闯进卧房，并有一勇竟将妇女抱住。各女乃呼救命，邻右齐出，始将勇等赶散。……东瓯人庙现有练车旗兵驻扎，二十晚，纸业在庙演戏，两家均系妇女观看。适有广勇数人在妇女身旁，任意戏谑。练军旗兵见之，代抱不平，以致两下互相斗殴。……登选坊浆烟馆郎某与五马街孙某，因对换铜洋起衅，孙某遂邀练军旗兵多人将郎某拖出乱殴，顿受重伤。郎某被殴后，即纠广勇多人，赴至孙处寻衅。孙见势凶猛，即投地保许以赔烟数十两，并药酒花红等项，其事始寝
1885 年 5 月 14 日第 1 版第 4338 期《论兵勇滋事》	福建所拨之援浙各营，本以浙海被侵时事急迫，故调此援兵以相救。应今则中法和议，已有端倪，浙防稍松，故援兵止于温郡，而不复前行。大约请闽中大宪军令再定行止此路，援兵多系广勇与温郡之练兵、旗兵，素未浃洽，一遇细故，口角相争，渐至用武。此本意计中事，况据称广勇之滋事者，不止一二次，如闯入人家闺阃以图奸淫，挨身于妇女杂沓之区，以图调戏此等事。旁观者见之，必将大抱不平，无怪练勇旗兵之愤气勃发也
1885 年 5 月 22 日第 2 版第 4346 期《兵勇滋事续述》	温郡驻扎各营勇，惟广勇最为凶悍。遇有买卖口角，动辄拔刀相向。上月二十八日，有广勇火夫在瓦市殿巷口，以购买烧鹅起衅。遂将熟食摊捣毁罄尽，复邀十余人汹汹滋闹，路人咸为不平，而该摊主忍气吞声，不敢与较。该火夫尚不满意，竟赴县诬称被摊主殴伤。周邑尊验得该火夫并无伤痕，遂给大钱二千，并谕嗣后不准在外滋事。于是议有咸服

《申报》刊载日期	报道内容
1885 年 5 月 22 日第 2 版 第 4346 期 《兵勇滋事续述》	广勇与援浙福字恪靖营勇丁,在大南门外花柳塘杨大王庙内,因看戏起衅,互相斗殴。广勇将该营亲兵某甲殴伤,该营驻扎白马庙,相离不远,当即邀集多人,将广勇获住二名,欲同殴伤勇丁送至开元寺,请营官刘军门严办。广勇见之,亦即纠集多人,携带器械,如临大敌,各哨官赶来弹压,亦无所惧。遂禀请张、刘两军门,各带亲兵数十人,手持令箭,驰至花柳塘。始将各勇喝散,少顷张军门趋至考棚面见统带刘观察调处,寝息立将广勇释放。次日,恪靖营勇复往杨大王庙戏场寻觅广勇,将作复仇之计。……督带广勇朱游戎亦已查出滋事之勇王杜定、梁耀、徐某等三人,重加惩责斥,革口粮。其余或系冒充或系游勇,因无可稽查,只得作为罢论。自此以后,各营官约束愈严,巡查愈密,各勇亦不敢在外滋事
1885 年 9 月 14 日第 2 版 第 4461 期 《括州丛话》	驻温之援浙楚军,福字中营暨广勇振字营,均已奉文裁撤。上月初十夜,管带振字营朱游戎亲督广勇百数十名,附永宁轮船,驶赴上海,转送粤东。各勇于上船时,逃去二十余名,逗遛在外,将来或至滋扰事端,殊可虑
1894 年 9 月 10 日第 2 版 第 7683 期 《兵农交哄》	宁波访事人云:日来四野农民,纷纷舁草龙求雨。初四日,东乡求雨农民数百人来自江东,将过老江桥,突有广勇二名,头戴草帽,贸贸然来。乡人求雨最忌戴帽张盖,见即呵。广勇不肯让,以致互殴。勇势不能支,奔赴大教场,号召司伍若干人,各带短刀前来助手。乡农手无军械,致被广勇砍倒二名,各店铺见此情形,深恐酿成巨案,哗然大噪,一律闭门。适江东皆安水龙局团勇入城,协同各乡农,齐心御侮。广勇惧,抛弃号衣而遁,当场仅获一名
1895 年 4 月 15 日第 2 版 第 7895 期 《接厦门信述澎湖失守情形》	倭舰十二三艘在妈宫、赤嵌、大城北各岛,往来开炮。炮台上燃大炮遥击,忽见一倭舰触于礁石,炮台复放炮击之,遂致沉没。廿八日,倭人以小船载兵登岸,朱幼懋太守督率楚兵接仗。正在鏖战时,后路周镇军所带广勇数百名,忽反戈相向,攻击楚勇,致朱太守腿受弹,伤兵心惶乱,纷纷奔溃。澎湖各炮台一时寂不闻声,而倭兵已列队登陆

续表

《申报》刊载日期	报道内容
1895 年 4 月 25 日第 1～2 版第 7905 期《广勇滋事》	上月中旬有后营勇丁数名行抵淮城,即奴馆作狎邪游。龟鸨见其凶悍异常,且来势过猛,暗令诸校书藏诸复壁中,以避其锋。女班子又接待迟延,故意刺以冷语,各勇不甘受侮,登时怒发冲冠,各出短棍,左冲右突,以致粉盒脂衾抛散满地。龟鸨遂出外纠集流氓二十余人,与各勇共决一战。是晚上灯前,各整枪械如临人敌,行人里足不敢过。既而有一勇丁于路侧拾取方砖一块,向流氓某甲迎面掷去,甲未遑避让,致将头颅击破,鲜血如注,脑浆迸流,须臾命返。泉台事为军门所闻,赫然大怒,即饬该营管带及各哨官驰往弹压,岂知勇等横行无忌,手执利刃,砍毙哨官二名,杂长一名。军门得信后,督带卫队三百名,亲往拘拿。无如后营勇丁呼啸一声,召得同营健儿三百名与卫队大动干戈,各持洋枪互相恶战。历一时之久,枪毙后营勇丁数十名,并生擒为首者十余名,其余各勇知事不得了,纷纷逸去,如黄鹤之高翔。军门遂乘舟至清江谒见漕帅面禀一切,漕帅即发令箭,将为首各勇枭首示众
1895 年 4 月 30 日第 1 版第 7910 期《论散勇难于招勇》	广东则为广勇,浙江则为台勇。分防各口充塞行间,和议一成势不能不为遣散,虽新招之勇戎行未久,有大半未经见仗者,似易于遣散,不知好勇斗狠、酗酒闹事,勇之常技也。留营之时尚不敢十分放肆,若一无管束,不几如脱缰之马、出笼之鸟,一放而不可收拾者哉。前报载广勇滋事一节,以冯宫保之威望统率,而该营甫离主营开差北上,即沿途骚扰,寻花问柳,甚至妓馆邀集流氓,如临大敌。管带率兵弹压,胆敢号召同营执械拒敌,刃伤哨官杂长。夫此方得开差之勇,已如此目无法纪,若遣散之后,更不知如何放肆扰害地方

续表

《申报》刊载日期	报道内容
1895 年 5 月 30 日第 2 版第 7940 期《广匪抢土》	江西省垣下游五十里,有华元街焉。为早程扎道铺户数十家,俨成市集,行旅多出其途,酒饭生涯亦颇热闹。虽无佐贰驻扎,而派有马兵守汛防范维严。上月初七日,有挑洋烟土客多人投宿该处,某饭铺夜半突有匪徒数十人撞门而入,乱抛火蛋哨包,强抢烟土。马兵闻知势孤不敢出捕,猱升屋脊大叫捉贼,合市声应如响。该匪慌张仅抢四挑,奔跑有一土客胆壮力大手扭一匪不放,被匪燃火蛋烧其一脚,忍痛不住,始行释手。顷刻铺户皆起数十人,一路尾追,该匪随抛大土一件以缓之计,检回十八件,并遗有匪鞋,系广东式。或谓上月镇江私斗杀哨官杂长某字后营广勇犯事后,逃回广东,道出此间,强枪烟土作盘费,情势颇合,尚非妄猜。次日省垣闻之,卽派兵差飞往吉赣等处追拿,当不难悉入罗网也
1896 年 5 月 20 日第 1 版第 8292 期《勇丁肇祸》	缉捕营归陈军门广才统带,军门向在外洋逻缉,是以麾下广勇居多。迨去年挑选若干名带之来省,此辈皆年少苗壮,勇力过人,浮躁木橛,强悍特甚。本月初四日午前,刘、朱二勇相约至养育巷福音堂对门怡昌祥广货铺购取香水二瓶,至午后复来调换。铺伙验得香水业已倾去其半,入以茶水,是以不允。所求二勇勃然大怒,突拔利刃向柜上乱砍,时观者虽众,皆不敢上前排解,盖恐伤及己身也。正哄闹间,适督粮道陆春江观察呵殿而过,问知情节,喝令差役拘拿,当场获住朱姓一人,刘则乘间夺取朱手中利刃而逸。观察即饬将朱解送吴县署讯惩,不料刘逃回本营,纠合同类十余人,蜂拥至铺中,各出军器挥洒,汹汹之势见者,莫不寒心
1907 年 7 月 17 日第 11 版第 12299 期《太湖并无枭船》	太湖查探之哨弁等,回称前月十七日有官快与湖北鸭艄船共十四只,停泊西山东宅河岸。按此项船只实系浙江所派之卢管带名凤翔,广西人。此次带船各处暗巡,恐枭匪识破,故将旗帜、大炮藏于舱内。地力居民见其形迹可疑,随即禀报靖湖厅,派人上船盘诘。而卢管带之船广勇居多,因人地生疏,疑为光蛋探信,不问情由,竟将盘诘之人遽行殴打

续表

《申报》刊载日期	报道内容
1909 年 12 月 24 日第 11 版第 13252 期《彻查台洋水师索诈商船》	台属绅士黄葆元等日前联名具禀抚辕，以台洋水师包管带所统之扮商巡船（即浙洋水师巡船之一种，所部以广勇居多数）。杂长弁勇借词查验漏海私米为词，在温台洋面滋扰商船，任意堵诈，并将闽商梁德泰货船伙友私刑吊打不法情形，商旅怨声载道。前由绅等电禀提宪查办，迄已兼旬，而该师船之横行滋扰如何，环乞宪恩严电彻查，□顿约束以安商旅等情到院。兹闻增中丞以该绅等所禀词出一面，殊难凭信，惟事关营弁索诈，虚实均应澈究。现已电咨海门镇秉公查办矣

布兴有接下来在咸丰八年（1858 年）的史致芬之乱、咸丰十年（1860 年）的太平军第一次对杭州的攻防战中，皆有所表现，[①]因此被授予六品顶戴，代理游击职务，也成为一个独立作战的单位，称号为"广济军"，不再是段光清的私人出资的团练。咸丰十一年（1861 年）九月，太平天国侍王李世贤率领数万名军队，准备一举席卷浙东。九月二十八日陷绍兴，十月二十二日陷余姚，二十四日陷奉化，十一月初六日陷镇海，初八日攻陷宁波，护理浙江提督陈世章、宁绍台道张景渠、署宁波知府林钧等逃往定海（舟山岛）避难。[②]同治元年（1862 年）二月十四日，太平天国附天侯王义钧带领千余人，由柴桥掠民船，准备进犯定海。当时游击布兴有与弟布良带随着张景渠驻守定海，于是布兴有督率广勇与沿海义民奋力抵抗，斩杀王义钧，并且歼灭余党，无一生还者。四月初八日，陈世章与张景渠率领布氏兄弟乘坐炮船，进攻镇海，守城太平天国将领范维邦开城请降，于是清军克复镇海。[③] 驻防宁波的戴王黄呈忠，听闻镇海已失，更加强化守备。为维护宁波租借利益，时英、法两国军舰停泊于三江口外观望。四月十二日，布兴有带随陈世章等亲督广济勇千人为先锋，把总王建功督海山勇 500 人做后援，浙省团练自陆路进攻

---

① 段光清：《镜湖自撰年谱》，北京：中华书局，1997 年，第 128～136 页、155～173 页。

② 冯可镛：《前事》，《慈溪县志》卷五十五，台北：成文出版社，1975 年，第 1185～1186 页。

③ 冯可镛：《前事》，《慈溪县志》卷五十五，台北：成文出版社，1975 年，第 1186 页。

镇海,布良带则负责攻击北岸与南岸之太平天国军的营垒。正当清兵攻城之时,太平天国发炮还击之炮弹不慎落在英、法两国船队之中,于是英、法两国船队遂发炮相助攻击,自辰至申时,终于在布兴有和洋人的猛攻下,将宁波城收复,黄呈忠开城门向西逃窜至慈溪县。① 四月十六日,李鸿章派遣洋将华尔(因战功卓著,已由水师炮船雇员升为副将,赏戴四品顶戴花翎)领军的常胜军,前来宁波助阵,让驻扎在宁波的清军士气大振,此时宁波诸军划分"广济军为三,布兴有将中军,布良带将左,守备张其光将右,都司杨应龙号忠勇军,守备梅有元号劲义军……多者千余,少者二三百"②。整备粮草辎重后,准备收复浙江全境。

同一时间,清政府收到了两份奏报,一份是已革提督陈世章称亲督布兴有克复宁波的奏片,另一份则是总理各国事务衙门的奏折,内容是宁绍台道张景渠带同水师阿伯,前往收复宁郡。军机处于是质疑阿伯与游击布兴有是否为同一人,以六百里谕令浙江巡抚左宗棠查明具奏。③ 虽然布兴有的身份受到了军机处的质疑,但仍无法抹去其功绩。浙江巡抚左宗棠于是上奏,认为克复宁波多为布兴有、布良带之功。中央因此谕令:"布兴有等颇能

① 冯可镛:《前事》,《慈溪县志》卷五十五,台北:成文出版社,1975 年,第 1186～1187页。另外,关于洋人对宁波城开炮之事,根据(澳)雪珥:《大国海盗》,太原:山西人民出版社,2011 年,第 182～183 页。载:布兴有为了将英国军舰拖进战争,遂同英国领事帮办陈阿福密谋,假扮太平军向英国军舰开炮,英军于是向宁波城开炮还击。

② 冯可镛:《前事》,《慈溪县志》卷五十五,台北:成文出版社,1975 年,第 1188 页。

③ 《清穆宗实录》卷二十九,同治元年五月癸卯日,第 781 页。提及:"另片奏:已革提督陈世章亲督布兴有等攻剿定海贼匪获胜,并官军与外国师船克复宁波府城等语。并据总理各国事务衙门奏:收复宁郡,张景渠等带同水师阿伯前往。阿伯一员,本系何名,现充何职,庆端所奏署游击布兴有,是否即阿伯其人?着左宗棠查明具奏,将此由六百里谕令知之。"由于当时另有洋将美国人华尔约同英国水师提督"何伯"、法国水师提督卜罗德,各带中外枪炮队伍并炮船轮船,于江浙一带对抗太平军。(美)费正清著,刘广京编,中国社会科学院历史研究所编译室译:《剑桥中国晚清史(1800—1911)》(北京:中国社会科学出版社,1993 年,第 261 页)载布兴有的英文名字为阿帕克(Apak)、Grace Fox , *British admirals and Chinese pirates*,1832—1869, London:K. Paul, Trench, Trubner and Company Ltd. ,1940,p.128. 称之 Apuk;此外,《清史稿》卷四百三十五《华尔传》(第 12364 页)载:"华尔、戈登先后领常胜军,立功江、浙,世称'洋将'。"《清史稿》卷四百三十四《史致谔传》(第 12350页)载:"又以广勇溃散,虑为贼用,招之回,令洋将布兴有、布良带,守备张其光分统之。"综合上述史料记载,可能因此清政府在布兴有的名称上有所混淆。

剿贼，不妨奏请奖叙，借以收拾人心，不至气竭情涣。"①就在成功收复镇海、宁波的功绩之下，布兴有遂升迁为正三品水师参将。

同治元年（1862年）六月，由于曾国荃围困天京，侍王李世贤奉命回援，整个浙江的太平天国守军大为减少。因此到了年底，清军已经陆续克复浙东余姚、慈溪、奉化、绍兴等地，布兴有在这些战役里，皆有参与其中，并且有所表现。而左宗棠在浙西方面也顺利收复失土，并且于同治二年（1863年）三月初二日时，拿下太平军在浙江的重镇—"金华"。同年五月，此时太平天国气数已尽，湘军准备全力进攻杭州，而富阳又是到杭州的必经之路，于是将目标先锁定在富阳，但是由于"富春江下潮汐甚大，现制长龙战船未成，舢板身轻，不能压潮驶运，乃调宁波水师布兴有等艇船……驶入钱江（钱塘江）助剿"②。可知在这场重要的杭州城攻防战中，布兴有受到相当程度的重视。到了同治三年（1864年）三月，蒋益澧派令记名提督高连升、洋将德克碑（法军）会同布兴有等水陆各军，进攻凤山门，梯城而登。共歼灭太平军数千名，太平天国归王邓光明遭炮火击毙，遂收复杭州。③

清军克复杭州后，整个浙江境内除湖州等数县外，已无太平军的踪迹，浙东所有正规部队和地方团练皆划归左宗棠调遣。七月，天京陷落，太平天国覆灭，各省开始解散私人武装团练，自此关于布兴有的记载，不复有闻。至于布兴有的结局，根据《慈溪县志》载同治元年（1862年）七月："会广勇与法兵酉抵捂，持械寻斗，广勇数百人去而投贼。"县志引《系年录》载投贼者为："我广济、靖逆二军。"④又据《李文忠公朋僚函稿》载："粤人与法兵争斗，致戕兵头，布兴有溃勇，旋即降贼。"⑤从文意上似乎是布兴有与法兵争斗，兵败后，加入了太平军。事实不然，其所记载的意思应为布兴有所管带的广济军与法人持械互斗，溃败的广勇因而加入了太平军。且直到同治三年（1864年），布兴有仍在清军阵营中，与太平军交战，所以布兴有加入太平军一事，是不可能成立的。只是自从咸丰二年（1852年）布兴有率领的广艇海盗集团于浙江被招抚后，海盗成员的广勇由于强悍好斗，善于征战，因此江

① 《清穆宗实录》卷三十五，同治元年七月丁未日，第941页。
② 汪文炳：《兵事》，《富阳县志》卷十四，台北：成文出版社，1983年，第1183页。
③ 杜文澜：《平定粤匪纪略》卷十六，上海：上海古籍出版社，1995年，第214～215页。
④ 冯可镛：《前事》，《慈溪县志》卷五十五，台北：成文出版社，1975年，第1188页。
⑤ 李鸿章：《致左季高中丞》，《李文忠公朋僚函稿》，上海：上海古籍出版社，1995年，第382页。

浙各督抚道县、军营将弁和地方士绅招募一批又一批广勇新血,来到江浙一带,进行护航及对抗地方叛乱和太平军。曾国藩就曾经称许广勇:"楚军异日暮气不可用,则可用广勇。诚以粤东滨海人情强悍,用之为兵,可以为楚军之后劲。"①直到1880年代,浙江台州及温州本地水师废弛已久,形同虚设,水师将弁仍须倚靠广勇缉捕海盗。

光绪十四年(1888年),管带台防水师新前营吴喜祥游戎,以商船一艘藏匿广勇于其中,舱面仍以商人驾驶。于九月十九日,由海门驶往外洋巡缉海盗,是夜路经锦屏山,途遇盗船三艘。该盗等以为商船,正可行劫。遂将其船驶拢,意图围住抢劫,各广勇早作整备,觑定盗船相离不远,立即出舱,将火药包、火药罐等物抛去,适中一盗船之火药桶。该盗船头篷等处,登时火发,各盗忙乱,均各纵身落水。其余二盗船一见广勇,亦即转舵潜逃。其时吴游戎以一船不能分追,况在黑夜之中,遂令各广勇速过焚烧之盗船,搜寻落舱余盗。当即斩获首级六颗,活拿海盗四名,典衣四大包,带回海门,送交海防总捕府审问。供出温郡永嘉场、恒泰聚源各店与鼎盛衣店被劫之案。吴游戎将首级六颗,匪盗四名,典衣四大件,于廿八日解送来温,归案研讯。②

此外,光绪十五年(1889年),浙江温州水师亦以相同方式捕盗。

周静山镇军督带红单船,广勇装扮商船,驶往玉环所辖洋面,遇见盗船三艘,开炮攻之,拒敌多时,盗船后篷并舵房猝由火药包燃着。盗慌忙逃,命镇军即令各广勇奋力攻剿,另一盗船亦即扬帆逃遁。是役也,拿获盗船两艘,盗匪十一人,中有三盗身受重伤,其余落水身死。经潮冲去者,约有二十余名。红单船上被盗弹伤一弁一勇,延医救治,谅无性命之虞。其拿获三名,讯得均福建人,于二十七夜二鼓后,送交永嘉发监收禁。闻永嘉监中两月内,新收海盗共四十余名云。③

然而,事实上广勇被公认为"怯于公战,勇于私斗"④。广勇于19世纪

---

① 《合论近日报纪童子无知勇丁肇祸两事》,《申报》1896年5月23日第1版,第8295期。

② 《详纪温台捕盗情形》,《申报》1888年11月16日第1~2版,第5597期。

③ 《温州新语》,《申报》1896年1月7日第3版,第5649期。

④ 《合论近日报纪童子无知勇丁肇祸两事》,《申报》1896年5月23日第1版,第8295期。

末，由于中法战争及甲午战争的爆发，驻扎于沿海各重要城镇，在地方上四处滋事，衍生出许多的问题，除了目无法纪，游手好闲，酗酒闹事，公然斗殴，骚扰商家和调戏妇女等情事外，还有逃兵为盗，杀害官军，更甚者为临阵倒戈。上述的各种情形，皆可说是布兴有和广勇所带来的连锁效应（参见表5-6《申报》记载）。

至于布兴有的结局，相关的史料文献记载，仅至同治三年（1864年）提到他持续与太平天国交战。不过，从光绪三年（1877年）《申报》刊载三则海盗案件的小报道中，虽然无法得知布兴有的后续生活，却能够看出布氏家族不忘其老本行的端倪。本海盗案件为一名十六岁叫作夏林的年轻人和他的船主陈德，于浙江石浦洋面被广东籍海盗掳押上绿皮广艇船。后来船主陈德被海盗"用刀戳其喉弃于江"，夏林趁夜抱着水桶，脱逃游回岸上报官。多日后，在路上遇见广东籍海盗于商店购物，于是赶紧请水师营前往捉拿，绿皮广艇上共有四人，妇女二口被捕，并有身着花衣（官服）者，完全不理会处理刑事的师爷，仅"略讯数语收禁"。几日后，镇海水师参将罗春亭先至浙江提督衙署禀报，后又到道署商陈，像是在协助海盗关说脱罪。[1] 此事引起了《申报》记者的注意，隔两天再次报道事情始末。

> 六月二十六日，镇海口外绿皮广艇所获海盗一事，其船主为花翎参将衔都司布良材也。布广东人，系咸丰时浙江提标水帅右营参将布良带之胞弟。且于二十六日上午，曾穿花衣拜会于印波大令及罗春亭参戎，二公接见，揖送升舆。讵下午已逮至案下，于大令乃单命布良材花厅相见，立谈数语。以相处已久，竟不知如此行为。即发捕厅看管，一面详请省宪委员审办。余三男二女，俟花衣期满再讯。刻下又备文详请，先行革职，以便讯供也。[2]

浙江镇海县令于印波，似乎受到《申报》媒体公开报导案情的压力，针对本案只能够公事公办，将此海盗同伙被称为"参将衔都司布良材"革职审

---

[1] 《海盗迭劫》，《申报》1877年8月11日第2版，第1625期。

[2] 《海盗补述》，《申报》1877年8月13日第2版，第1626期。清朝徐珂在《清稗类钞》服饰类中写道：蟒袍，一名花衣，明制也。所谓的花衣期是指朝中有喜庆之事，例如皇帝的的寿诞的前三后四七天中，朝中大员都要身着喜庆的朝服，在满人的习俗中，叫做花衣。按照惯例，在这几天的时间中，外省有诸如官员出缺、省内有灾情之类的事体都是要押后陈奏的。

办。几日后,上海《申报》报馆接到一封信函,提及希望要更正布良材姓名和亲属关系 事。

月之初五日,本报所列镇海县地方,破一盗案。盗系花翎参将衔都司布良材,即咸丰时浙江提标水师右营参将布良带之胞弟云。旋据本馆在宁之卖报人函称,近为三品衔候补都司现署提标右营水师参将布小岑,即布良带之哲嗣,来与剖辩。谓其父只有胞兄布兴右一人,并无胞弟等语。本馆诚恐有悟,然卖报人不与采访之事,爰复请访事者。计查知前日所获者,实姓布名材锦,为布良带之堂弟,并悉其生平一切。事前报似不甚错误,特胞弟、堂弟略有分别,小岑参戎正无须喷喷为也。①

布兴有的侄子布小岑向宁波卖报商申诉辩解,其父布良带仅有布兴有一位亲兄弟,怎会多出一位布良材。后经《申报》记者访查后,始知其盗伙实名为布材锦,是布良带的亲堂弟,所以特别登报更正海盗姓名和关系。但记者也暗讽布小岑,胞弟、堂弟虽然略有分别,然海盗还是海盗,布材锦被革职查办是属实,记者希望水师参将布小岑不用如此争辩。所以可知廿年后,布氏一族仍是官盗合一的身份,并未改变。

第五节 护航火轮:护航业与宝顺轮

1842年五口通商之后,走私偷税之风益炽,特别是鸦片。洋商于各海口设有囤积鸦片的趸船及运送的"飞剪船",香港之外,以上海为最。一般商品亦大量漏税,如经破获,领事反予包庇,海关收税仅及进出口货的二分之一或三分之一。澳门及香港政府复借名"护航",将当地夹板船及浙海盗船编为"护航划艇",配置枪炮,勒索中国商船。更惨暴的行为是掠卖人口,鸦片战争前澳门已常有此类事件,战后扩大至广州、厦门等地,公然绑架,大都运往拉丁美洲,被虐待而死者甚多,即所谓"苦力买卖"。名为华工,实不如牛马。② 例如清同治十一年(1872年),南洋大臣何璟由日本带回被拐骗往秘鲁当华工的难民,资遣回籍中有:"何绍光,南海县大沙村人,年二十四岁;

---

① 《更正盗名》,《申报》1877年8月23日第2版,第1635期。

② 郭廷以:《近代中国史纲》上册,香港:香港中文大学出版社,1980年,第77页。

黄木庆,广东肇庆府新兴县人,年二十五岁;龚亚信,新宁县望吴村人,年二十八岁;罗德,东莞县江泾人,年二十五岁;陈亚四,新宁县人,年三十五岁;刘松,年二十三岁,嘉应洲兴宁县人;陈兴,漳州府诏安县人,年三十六岁;胡福,嘉应州长乐县人,年二十岁;林香,归善县三洲村人,年二十五岁。"多是被匪徒或广艇海盗拐骗搭乘夹板船至澳门的难民华工。[①] 另外,洋氛不靖,外国商旅船队亦深受其害,像 1841 年 3 月 26 日,海盗成功地攻击了英国商船"布伦汉姆"号,造成英国海员一死二失踪。[②] 1840 年代中后期某年九月,英国来华收集情报的施嘉士(John Scarth)在从宁波前往乍浦途中遭受海盗侵扰,尽管他们搭载的中国帆船上船员众多,武装完善(14 门炮管),却以能够逃脱追击为幸事。[③] 1847 年 8 月 19 日,美国传教士娄礼华所乘船只在镇海洋面突遇海盗的抢劫,他本人被海盗首领瘦子老大下令抛入大海中淹毙。[④] 1855 年,美国传教士丁韪良于普陀山度假,因海盗袭扰舟山洋面而提前结束。丁韪良利用举行乡试的机会,将散发宗教丛书的小贩派往杭州,办妥后,返回普陀山时,遭到七艘广东海盗平底船抢劫,一位年轻英俊的海盗小头目曾于广州听过传教士传播福音,认为丁韪良是好人,于是释放了他们。[⑤]

"海氛鲸鲵扬波"的情况之下,以致中国东南沿海中外海盗林立,海盗护航业也就"应运而生"。19 世纪中叶,海盗祸害相当严重,《六合丛谈》曾记

---

① 何璟:《南洋大臣何璟为由日带回难民资遣回籍并查询供词等事致总署咨文》,同治十一年十月二十二日,收录于陈翰笙主编:《华工出国史料汇编》第 1 辑第 3 册,北京:中华书局,1985 年,第 382 页。

② 张西平主编:《中国丛报》第 10 册,1841 年 5 月,桂林:广西师范大学出版社,2008 年,第 297 页。

③ John Scarth, *Twelve years in China：the people，the rebels，and the mandarins*(施嘉士:《旅华十二年》),Edinburgh：Thomas Constable and Co. ,1860, pp. 22-23.

④ 吴义雄:《美国传教士娄礼华在华活动述论》,《中山大学学报》1998 年第 4 期,第 44 页;沈国威编著:《六合丛谈(附题解·索引)》第 1 卷第 4 号(10b—11),咸丰丁巳年五月朔日,第 579 页,刊载《麦都思行略》中提到:"译圣经,宁波则举娄君……娄君自沪至宁为海盗所杀,后乃举美魏茶代之。"

⑤ (美)丁韪良著,沈弘等译:《花甲记忆:位美国传教士眼中的晚清帝国》,桂林:广西师范大学出版社,2004 年,第 81~84 页。

载英国从 1854 年至 1856 年间,就颁发剿除中国洋面海盗奖金共五万三千两。[1] 正因海盗活动猖獗,清政府无力应对,由此衍生出一种另类的海盗护航,时任宁绍台道的段光清认为:

> 从前水师巡洋,商贾往来平安,渔人出洋捕鱼亦蒙其惠。每年渔人孝敬水礼,所以报其功德,后营中援以为例,竟成陋规。然果能使盗贼敛迹,即每年出巡洋规费数万串,渔人亦肯集腋以成裘,乃自夷祸中国以来,水师之势日衰,谁复讲求巡洋? 渔人更苦洋面盗贼,不得不自雇西夷广艇,以巡渔汛。广艇本与盗贼为邻,自渔人雇之巡洋,更屡受其害,见真盗亦不敢捕,反致诬商旅为盗贼,而渔人更苦矣……夫一巡洋也,始而水师,继而西夷,终而广勇,渔人已不堪其扰。今自长发贼扰,广勇非遣散,即入营矣,渔汛亦不知谁巡。[2]

此时,有温、陈、郑三位广东海盗头目前来宁波投诚,道台段光清禀告浙江巡抚黄宗汉让他们去金陵大营协助攻打南京城的太平军。但是大营认为广勇口粮太重,因而将他们发回浙江。三姓广东海盗返回宁波途中,做起了海盗勾当,一个福建商人遭到打劫,闽商被赎回后到达宁波,认出身份变回水师的三姓海盗头目,双方相仇日深。闽商认为他们有八帮水手众多,广勇虽仅数百人但剽悍,双方于是在宁波城内互斗,波及宁波居民。巡抚黄宗汉、段光清因此请布兴有出面调停,"勿与闽帮人争"。布兴有回到宁波,把广勇船队移往北方,停止双方的争衅。[3] 此次闽广商民互斗事件,也成为宁波船帮购置新式轮船来护航的契机。

咸丰五年(1855 年)二月,宁波海运开兑,宁波两大船帮,称为"南号"和"北号",南号经营由定海南下的南洋航运,而北号经营由定海北上的北洋航运,但都深受海盗所苦。驻守宁波镇海口的水师畏惧洋盗,不敢出洋护送商船。段光清于是亲自前往浙江提督叶绍春旗舰中,对着提军说:"水师真可废矣!"叶绍春恼羞成怒,不知是真是假,声称自己有足疾,跛着脚厉声说:

---

① 沈国威编著:《六合丛谈(附题解·索引)》第 1 卷第 5 号(8b-12),咸丰丁巳年五月朔日,第 595 页,刊载《泰西近事述略》中提到:"英师船于中国洋海缉盗除患,议院赏银五万三千两。自乙卯四月至七月,师船德腊轶轲歼中土海盗殆尽,予赏有差,共得银九千两。自甲寅六月初三日至丙辰二月二十四日,师船必吨除盗有功,赏银二万七千两。自甲寅三月二十三日至九月二十二日,师船入洋擒盗,赏银一万七千两。"
② 段光清:《镜湖自撰年谱》,北京:中华书局,1997 年,第 96~97 页。
③ 段光清:《镜湖自撰年谱》,北京:中华书局,1997 年,第 97~99 页。

"谁人不敢出洋!"但事后又差人通知段光清,水师只是希望能够略求赏赐,等风浪平静后,便护船出洋。① 可见清朝水师已经完全无法堪用。于是段光清与南北号商人开会,便说:"水师既不堪用,广勇尔等不信,护洋一节,只好尔等自筹。"②其后,南北两船帮各出三万串钱,雇用夷人兵船来护航,福建商船队才得以南归。不过,事后北号船帮不信任南号船帮,因为北号只负责出资,由南号统筹接洽洋人护航之事,洋人护航船队仅偏重浙江定海南下的南洋海运,且账目不清,于是北号商人自行商议要购买外国蒸汽轮船进行护航。③ 事实上,这不是中国人第一次使用外国船只,早在第一次鸦片战争期间,被称为"近代中国睁开眼睛看世界第一人"林则徐于道光二十年(1840年),向美商旗昌洋行购买了原购自英人并曾参与九龙之役的"甘米力治号(即剑桥号,Cambridge,1060 吨,34 门炮)"兵船,用来加强广东海防,抵御英军侵扰。④ 另外,道光二十二年(1842 年)十一月,"广东省绅士潘仕成,造成大号战船四只……参用夷式及本省师船式样,与米艇迥不相同。……又仿照美国兵船式样造成一只,其长宽高深丈尺,与所造大号战船相似,而制度式样各异。……又六品军功监生冯椿等,捐造裹铜加料大米艇一号"⑤。仿造的战船,甚合道光皇帝之意,并均着照议办理:

> 奉上谕,奕山等奏制造战船一折,据称快蟹、拖风、捞缯、八桨等船,仅可用于江河港汊,新造之船,亦止备内河缉捕,难以御敌。惟在籍郎中潘仕成捐造之船,极其坚实,驾驶演放炮手已臻娴熟,轰击甚为得力。并仿照咪唎坚国兵船,制造船样一只,现拟酌照英夷中等兵船式样制造,并将年份例修师船暂停,节费为改造大船之用各等语。朕思防海事宜,总以造船制炮为要,各省修造战船,竟同具文。以致临时不能适用,深堪愤恨。此次所造各船,自不至拘守旧日式样,有名无实。据奏停造例修师船,改造战船,所办甚合朕意,均着照议办理。惟海船大炮,系属

---

① 段光清:《镜湖自撰年谱》,北京:中华书局,1997 年,第 100～101 页。隔天,提军着人来署,自言昨日之事,谅吾兄必不见怪,但水师略求赏赐,风定即护船出洋。段光清命镇海县筹钱二百千,当作是赏犒,可见水师的孱弱。

② 段光清:《镜湖自撰年谱》,北京:中华书局,1997 年,第 99 页。

③ 段光清:《镜湖自撰年谱》,北京:中华书局,1997 年,第 101 页。

④ 季云飞:《林则徐与晚清军事变革》,《军事历史研究》2005 年第 2 期,第 95～96 页。

⑤ 昆刚等修:《钦定大清会典事例》卷九百三十八,《战船三·道光二十四年》,收录于《续修四库全书》第 811 册,第 339 页。

悬放,火药发时,势必向后坐掣,如何得有准头。现据该督等奏,业已娴熟得力,着将如何施放之处,再行详悉贝奏。所进图说各五件,着再缮就三份,咨交江苏、福建、浙江督抚。本日已有旨,谕令各就该省洋面情形,详加履勘,何者合用,奏请制造。并将原件发给讷尔经额转交托浑布阅看,如果合用,将来均需粤省制造,分运各省。据奏潘仕成所捐之船,坚实得力,以后制造船只,即着该员一手经理,断不许令官吏涉手,仍致草率偷减。所需工价,准其官为给发。[①]

鸦片战争过后,中国沿海防务的决策者——道光皇帝急着想找出创新图强的方法,可惜不到一个月,急功近利的心态中断了仿西式兵船的建造。两江总督耆英接到两广督臣祁墳缮绘图说:

> 当即会同臣尤渤,督饬水师镇将,就江苏省江海情形,悉心筹度,意见既各不同,且亦不能确有把握。遂来苏州,与臣程矞采复加筹度,内惟在籍郎中潘仕成,捐造之船,似尚合用,然仍不敢遽定。适浙江提臣李廷钰,迎奉朱批南回,道出苏州。臣等因其籍隶同安,来自广东,熟悉船政水务,向其咨访。据称潘仕成捐造之船,于海防虽堪制胜,似不若闽省之同安梭船,冲风破浪,可以操纵自如。又在籍员外郎许祥光捐造之多桨船只,于江防亦属相宜。惟该提督前曾坐驾多桨船数月,知其不甚灵便,且此船上身既重,吃水过浅,易于敧侧。江省水师,未经历练,恐其胆怯误事。其余三船,于江苏内江外海,均不合用。至同安梭船,其涉历重洋则可远贩东西两洋。其经行内港,则可直抵宁波上海。实为防海防江,悉称适用之船等语。臣等以洋面有南北之分,以大江为界,江以南为南洋,水深而多暗礁,利用广东之米艇、福建之同安梭;江以北为北洋,水浅而多暗沙,利用江南之沙船。……今该提督又称江苏内江外海,均利用同安梭。臣等再四思维,惟有钦遵训谕,不敢稍存迁就。所有粤省寄到船图,应请暂缓照式兴办,另造同安梭船,以资利用。[②]

耆英与江苏巡抚程矞采皆曾亲历鸦片战争,深知英国战船的实力,原本

① 《宫中档道光朝奏折》,档号405007167,道光二十年十一月二十日,两广总督革职留任祁墳、广东巡抚革职留任梁宝常及广东水师提督吴建勋奏折。

② 文庆:《筹办夷务始末(道光朝)》卷六十四,收录于《续修四库全书》第415册,第610页。

一度认为潘仕成战船（图 5-12、图 5-13）"似尚合用"，但就在其犹豫不决之际，浙江提督李廷钰的建议促成耆英上奏暂缓仿照西船，选择了同安梭船。同时间，浙江巡抚刘韵珂上折："中国既鲜坚大之材，又无机巧之匠，勉强草创，断不能与夷船等量齐观。况舵水人等，与船素不相习，于一切运棹折戗之术，俱所未谙。即使船与夷船相埒，而人不能运，亦属无济于事。"①中国东南沿海地区的督抚提镇，如刘韵珂、耆英等都明确地意识到仿造西洋先进武器的必要性，但却多次在奏折中表示仿造西洋战船，缓不济急，只有等战事结束后，才能从容置办，图谋长久之计。不过，随着第一次鸦片战争的结束，危机的解除，他们很快又回到清朝政府战前因循守旧的松懈状态，当道光帝下令各省官员讨论新式战船式样时，原本道光皇帝和封疆大吏们都有选择仿造西洋战船的可能性，却是在重重困难面前选择了逃避与固守，而不是学习效法来迎头赶上。道光三十年（1850 年），两广总督徐广缙、广东巡抚叶名琛竟用何能以我短，效他人之长为理由，奏请裁撤潘仕成仿西之"贞吉战船十二只"。② 可见守旧官员迂腐不堪。

正当浙江北号船帮商议要购买外国蒸汽轮船来进行北洋商船护航时，19 岁的英国人赫德刚到中国，于宁波领事馆担任翻译和助理，他就曾在日记里提到，才刚把广勇船队移往北方洋面的布兴有，替道台段光清租来一艘与英国 500 吨级船一样长的海盗船，只是赫德并未说明这艘船是不是北号船帮所要购买的护航船只，或是布兴有用来打击葡萄牙人护航船队的武装船。赫德记载：

> 浦新玉（布兴有）的船队开到北门一带已有一些时候了，人员全在船上——武器弹药正在准备，等等。今天晚上一艘大海盗船——据说是浦新玉为道台租来的——已经开来。这艘船和英国的 500 吨级船一样长，一样高，漆成黑色，带有一道红线，装载有大批火炮和人员。浦新玉（布兴有）把一只大船队弄到这里来，为的是用它达到个人目的，这并不是毫无可能。在镇海聚集了大批上海的叛乱者；我们预料宁波城会

---

① 文庆：《筹办夷务始末（道光朝）》卷六十五，收录于《续修四库全书》第 415 册，第 626 页。

② 贾桢：《筹办夷务始末（咸丰朝）》卷三，收录于《续修四库全书》第 416 册，第 338 页。

图 5-12 潘仕成出资仿制的西洋战船图

资料来源:朱诚如主编:《清史图典·道光朝》,北京:紫禁城出版社,2002 年,北京大学图书馆馆藏,第 172 页。

很快处于非常不利的地位。[1]

关于浙江北号船帮认购买英国船舰护航一事起因,英国施嘉士(John Scarth)也曾经记载:据闻宁波商会曾请求以每船 1000 元的报酬,希望护航船队能够协助船队安全。但护航船队却提出双倍的价格,令商会无法接受。[2] 于是在咸丰五年(1855 年)春天,北号船帮慈溪县费纶鋕、盛植管和镇海县的李容共同提议,购买"夷船为平盗计"。由于购买轮船金额颇巨,于是段光清出面协调,海运局出资 40000 两银元,议定每年北号商船水脚项下

---

① (英)赫德著,(美)费正清主编,傅曾仁等译:《赫德日记:步入中国清廷仕途(1854—1863)》,北京:中国海关出版社,2003 年,第 113 页。

② John Scarth, *Twelve years in China : the people , the rebels , and the mandarins*(施嘉士:《旅华十二年》),Edinburgh:Thomas Constable and Co. ,1860,p. 245.

图 5-13　广州知府易长华出资仿制的西洋战船图

资料来源:朱诚如主编:《清史图典·道光朝》,北京:紫禁城出版社,2002 年,第 173 页。

(海运总收入)抽成支付,[①]北号船帮出资 30000 两银元,总共用 7 万两银元(施嘉士记载为£23000 英镑)[②]向广东英国洋行购买了一艘火轮船,命名为"宝顺轮",并设立庆成局管理该船,延聘鄞县卢以瑛主持,以慈溪县张斯桂担任管带,镇海县贝锦泉掌管炮舵,全船人员共 79 名。船员薪资及衣粮、弹药诸经费,则由浙江船帮商号"计数捐厘"支付。[③]

此时仍有 30 余艘的广艇海盗依旧在闽浙洋面进行疯狂肆掠,并航行至浙江北洋与其他的海盗会合。管带张斯桂于是在六月急驶宝顺轮出洋,七月七初日"在复州洋轰击盗艇,沉五艘,毁十艘。十四日在黄县洋、蓬莱县洋复沉四艘,获一艘,焚六艘。余盗上岸逃窜,船勇奋力追击,毙四十余人,俘

①　段光清:《镜湖自撰年谱》,北京:中华书局,1997 年,第 101 页。

②　John Scarth, *Twelve years in China :the people , the rebels , and the mandarins*(施嘉士:《旅华十二年》),Edinburgh:Thomas Constable and Co. ,1860,p. 245.

③　董沛:《书宝顺轮船始末》卷二十二,收录于《续修四库全书》,第 1558 册,第 407~408 页。

三十余人。十八日在石岛洋沉盗艇一艘,救出江浙回空运船三百余艘,北洋肃清"①。短短的十天,宝顺轮就将北洋的海盗全部肃清。同一时间,定海镇水师总兵官坐船驶往宁波港边时,船上火药突然爆炸,将浙江旧式水师营战船数十艘,全数烧毁,这让水师打击海盗的能力雪上加霜,更遑论是出洋协助宝顺轮围攻海盗及护航商船了。② 接着张斯桂将目标转向浙江南洋海面,"轮船回上海,二十九日巡石浦洋,盗船二十三艘在港停泊。轮船率水勇船进扼洞下门,两相攻击,自卯至未,盗船无一存者。余盗窜黄婆岭,追斩三百余级。九月十三日在岑港洋沉盗船四艘,十四日在烈港洋沉盗船八艘,十八日复在石浦洋沉盗船二艘,十月十八日复在烈港洋沉盗船四艘,南界亦肃清。三四月间,沉获盗船六十八艘,生擒盗党及杀溺死者二千余人,宝顺船之名震于海外"。③

虽然宝顺轮和同时期的水师捕盗成效比较之下,战果可说是傲视旧式水师战船,但是有功桑梓的护航火轮,却不容于清廷官员。咸丰五年(1855年)六月二十九日,两江总督怡良、江苏巡抚吉尔杭阿上奏咸丰皇帝说:英国人想要助剿洋盗,让浙江往北路洋面的货物得以贩运。此事被怡良拒绝,并认为山东石岛洋面的艇盗,只要水师兵船加强查缉,不日自可肃清。并提到上海捕盗局想要按照宁波商人捐买蒸汽轮船护航之事,怡良认为轮船仍是夷人所用,往北航行护船实为不妥,饬令苏松太道道台赵德辙还需筹议并向英国人谕令毋庸前来护航。咸丰皇帝于是朱批:

> 所办甚妥! 英夷之船,岂能任其各处游奕,以捕盗为名,将又他有觊觎。④

同一时间,于山东省福山县芝罘岛海面上,突然出现了居民从未见过的三桅火轮船 1 艘、两桅夷船 2 艘和无桅火轮船 1 艘,先后驶至。其中有船的两侧各安装了 2 个巨大车轮,并且不停地转动着。七月初二日,山东巡抚崇恩经过调查,船内的通事、夷目呈出船照及苏松太道谕帖之后,旋即驶往北方奉天。崇恩原本想要追阻,水师战船却赶不上。于是汇整资料后火速上奏,此奏折触怒龙颜,咸丰皇帝下令要查明严参:

---

① 董沛:《书宝顺轮船始末》卷二十二,收录于《续修四库全书》,第 1558 册,第 408 页。
② 段光清:《镜湖自撰年谱》,北京:中华书局,1997 年,第 102 页。
③ 董沛:《书宝顺轮船始末》卷二十二,收录于《续修四库全书》第 1558 册,第 408 页。
④ 《宫中档咸丰朝奏折》,档号 406006307,咸丰五年六月二十九日,两江总督怡良、江苏巡抚吉尔杭阿奏折附片。

有三桅火轮船一只、两桅夷船二只、无桅火轮船一只,先后驶至芝罘岛海口。据船内通事、夷目等,皆称上海、宁波公雇火轮船一只,外借夷船二只,并呈出船照,及苏松太道谕帖。旋即驶往奉天。追阻不及等语。英夷通商船只,止准在五口往来,山东、奉天洋面,皆非该夷应到之地。火轮船虽由商雇,究属夷船,岂可任听商民驾驶北行,致令夷船混迹。怡良等既经谕知该夷领事,着即饬令将北驶船只迅速追回,即商雇之火轮船,亦一体撤回,不准擅向北洋开驶。宁波雇备此船,何以未据奏报,辄即给照开洋,苏松太道谕帖,既系给与勇船,何以又入夷目之手。宁波所雇火轮船,既系一只,何以北来之船竟有四只。种种影射,此端一开,该夷任意游行,何所底止。且内洋盗匪,自有师船勇船剿捕,何必借助外夷,致令将来借口。着怡良、吉尔杭阿即饬前调拖曾各船,迅速北上,与奉天、山东合力剿办。严谕商民,不准率行借用夷力,一面将苏松太道谕帖原委,据实查明具奏。宁波雇备火轮船,系由何人擅自给照,着何桂清查明严参,不得曲为解释。此项夷船,如仍在奉天洋面,即着英隆、恒毓妥为晓谕,令其恪遵成约,克日南返。傥有邀求,务宜正言拒绝,不可稍事迁就。如现已驶至东洋或山东洋面,再有续来夷船,即着崇恩饬令登州镇道,一体谕令南还,勿再任其北驶。①

宝顺轮往北航行护航一事,咸丰皇帝认为此事相当严重,毕竟这是洋人之船从第一次鸦片战争进到天津大沽口后,②再次闯进北洋,京师门户可说是近在咫尺。额尔金伯爵(The Earl of Elgin,1811—1863)也说自五口通商经商议后,英国商船不准驶越北纬32度的长江出海口,违反者将罚款10000元,船主监禁2年一事。③ 所以咸丰皇帝要浙江巡抚何桂清查明是谁发给宝顺轮船照,并要求护航船队立即从山东省登州洋面返航,分饬沿海各口岸守军,严密防范该批"夷船"为最要紧之事务。④

接到廷寄的谕旨后,何桂清于是惶恐上奏:"该船执照系该道段光清所给,其给照之由,实缘宁郡海关为商船聚集之所,向由该道衙门按船给照,年

---

① 《咸丰同治两朝上谕档》,咸丰五年七月初十日,第259页。

② 《清宣宗实录》卷三百三十六,道光二十年七月庚子日,第111页。

③ John Scarth, *Twelve years in China:the people, the rebels, and the mandarins*(施嘉士:《旅华十二年》),Edinburgh:Thomas Constable and Co.,1860, p.246.

④ 《咸丰同治两朝上谕档》,咸丰五年七月初十日,第259页。

更年换,所以查验商船、盗船。今火轮船为宁商所买,即属商船,该道一体给照,所以分别夷船、商船,并以分别征收夷税、商税。此该道给与执照之原委也。"并且一方面向咸丰皇帝保证未来宝顺轮"除东南洋面准其行驶外,臣当钦遵谕旨,不准擅向北洋开驶";另一方面,令段光清火速飞饬宝顺轮折返宁波。① 但是幸亏何桂清在宝顺轮出洋护航前,就可虑到轮船究竟对于北洋所属罕见,所以有先奏明咸丰皇帝并咨文照会盛京将军、直隶、山东、奉天各督抚、府尹等知悉,并希望将轮船护航一事,转发给沿海各省水师一体知照,②更于回复查明轮船给照事由折中再次提起。经过一番解释后,皇帝阅奏,仅仅朱批"知道了",并未大加责难(见图5-14)。③

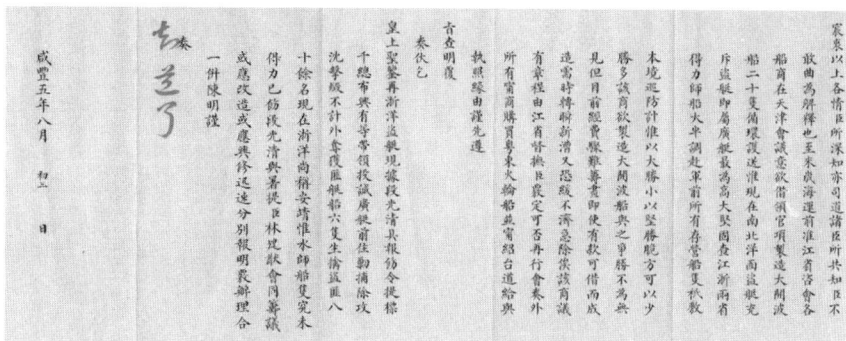

图 5-14　浙江巡抚何桂清奏折

资料来源:《宫中档:咸丰朝奏折》,档号 406006496,咸丰五年八月初三日,浙江巡抚何桂清奏折。

上海商人听闻宁波船帮购买轮船护航成效颇丰,想仿效办理。何桂清认为轮船为中国商人自有船,漕船为该商承运之船,以轮船保护漕船已成为趋势,发照护航断难以阻禁(见图5-15)。趁着咸丰皇帝能理解自购轮船护航的原因情形下,上折讲江浙两省海运船商禀陈来年募勇自卫拥护漕,且上海商人亦捐资购买火轮船一只,拟于明年与宝顺轮共同北上护漕,其中一艘

---

① 《宫中档咸丰朝奏折》,档号 406006496,咸丰五年八月初三日,浙江巡抚何桂清奏折。

① 《宫中档咸丰朝奏折》,档号 406006496,咸丰五年八月初三日,浙江巡抚何桂清奏折。

② 《宫中档咸丰朝奏折》,档号 406006365,咸丰五年七月初十日,浙江巡抚何桂清奏折附片。

③ 段光清:《镜湖自撰年谱》,北京:中华书局,1997 年,第 103 页。

289

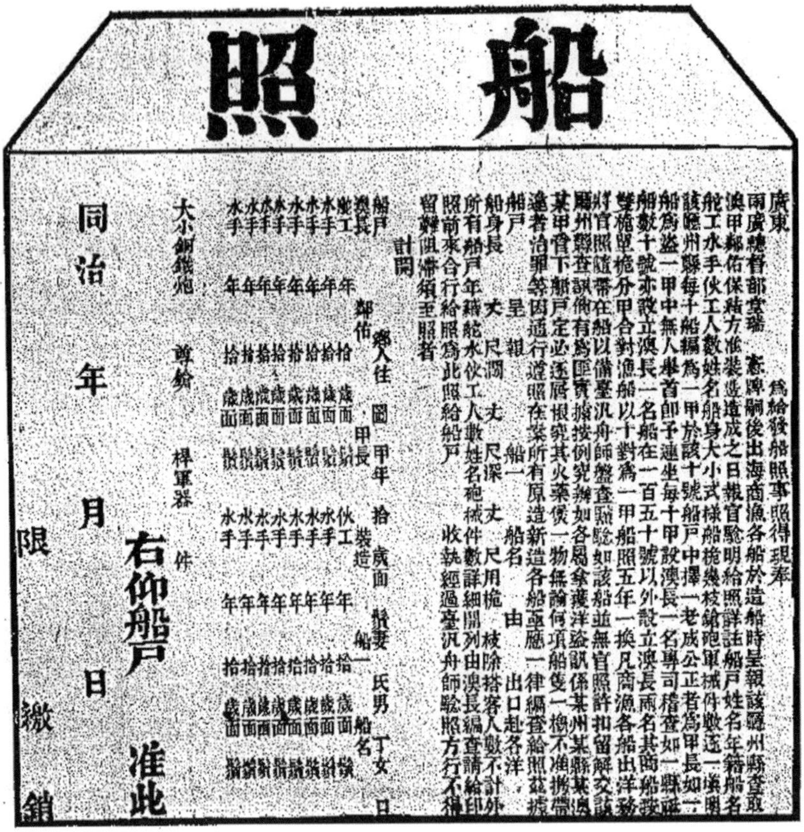

船照

廣東　為給發船照事照得現奉
兩廣總督部堂瑞　憲牌嗣後出海商漁各船於造船時呈報該州縣查取
澳甲鄰佑保結方准裝造造成之日報官驗明給照詳註船戶姓名年籍船名
舵工水手伙工人數姓名船身大小式樣船桅幾枝鎗砲軍械件數逐一填明
該廳州縣每十船編為一甲於該十號船戶中擇一老成公正者為甲長如一
船為盜一甲中無人舉首即予連坐每十甲設澳長一名專司稽查如一縣祗
船數十號亦設立澳長一名船在一百五十號以外設立澳長兩名其商船裝
雙桅單桅分甲合對漁船以十對為一甲船照五年一換凡商漁各船出洋務
將官照隨帶在船以備臺汛舟師盤查驗驗如該船並無官照許扣留解交該
廳州縣查訊倘有為匪實據按例究辦如各局拿獲洋盜訊係某州某縣某澳
某甲管下船戶定必逐層根究其火藥僟一物無論何項船隻一槪不准攜帶
逸者治罪等因遵行遵照在案所有原造新造各船亟應一律編查給照茲據
船戶　呈報　船一　船名　由　出口赴各洋
船身長　丈　尺闊　丈　尺深　丈　尺用桅　枝除搭客人數不計外
所有船戶年籍舵水伙工人數姓名砲械件數詳細開列由澳長編查請給印
照前來合行給照為此照給船戶　收執經過臺汛舟師驗照方行不得
留難阻滯須至照者
計開
船戶　鄉人住　圖　甲　年　拾　歲　面　鬚　妻　氏　男　丁　女　口
澳長　鄰佑　甲長　裝造　船一　船名
舵工　年　拾　歲　面　鬚
水手　年　拾　歲　面　鬚
水手　年　拾　歲　面　鬚
水手　年　拾　歲　面　鬚
水手　年　拾　歲　面　鬚
水手　年　拾　歲　面　鬚
水手　年　拾　歲　面　鬚
伙工　年　拾　歲　面　鬚
水手　年　拾　歲　面　鬚
水手　年　拾　歲　面　鬚
水手　年　拾　歲　面　鬚
水手　年　拾　歲　面　鬚
水手　年　拾　歲　面　鬚
水手　年　拾　歲　面　鬚
大小銅鐵炮　尊　鎗　桿　軍器　件
右仰船戶　准此
同治　年　月　日
限　繳銷

图 5-15　清代同治年间船照

资料来源：Grace Fox，"*British admirals and Chinese pirates*，1832—1869"，London：K. Paul，Trench，Trubner and Company Ltd.，1940，p. 182. 根据 Grace Fox 记载，宝顺轮建造于 1851 年，为三桅帆船，带有蒸汽机驱动明轮，排水量为 386 吨，为宝顺洋行所注册，注册地为伦敦。

轮船驻泊山东槎山洋面，守住北洋门户；另一艘轮船则在南洋梭织巡护，俾使盗船不能飞越北上。最后并向皇帝提议："臣以为来岁海运，保护漕粮，舍火轮船亦别无良策。"[1]咸丰皇帝最终同意何桂清"即照所议办理"，并且增

[1] 《宫中档咸丰朝奏折》，档号 406006695，咸丰五年九月十一日，浙江巡抚何桂清奏折。

加指示将两艘轮船"照江海师船式样书写记号,不与夷船相混"①。

山东巡抚崇恩最初所见到的二桅火轮船一只、两桅夷船二只和无桅火轮船一只,据中外资料记载,应为宁波北号船帮购买的宝顺轮,上海商会向美国洋行购买的天平轮,由宁波商人出资 20000 元聘请的英国战船鸬鹚号(H. M. S. Bittern)以及孔子号(Steamer Confucius)。1855 年 9 月 18 日,中英联合船队于浙江石浦海域以北的巡洋任务中,共击沉 32 艘海盗船舰,歼灭约 1000～1200 名海盗,所向无敌。眼见如此,广东华商亦仿效购买轮船来参与护航。②《遐迩贯珍》则报道宣扬此次《北方剿灭海贼事》:宝顺轮带领着船队,甚至驶至辽东、北京直隶、天津和山东登洲洋面,摧毁拥有外国逃亡水手,炮击技术纯熟的海盗船队,救回 70～80 艘避贼的货船。③ 宝顺轮更在太平天国军攻打金陵时,被征调用于戍卫长江。④ 1883 年,中法战争爆发,船龄已三十余年的宝顺轮,全船锈迹斑斑,航速蹒跚。宁波知府宗源瀚为巩固江防,阻止法国军舰驶入镇海口,以一千四百至一千五百银元之间的价格,买下宝顺轮,并于其船舱内装满石块,准备计划沉于镇海口,用来阻止法国舰队进入。后法军战败提出停战,薛福成"拟请宪台电覆总署,告以向留宝顺轮船阻口门尚未沉下,今即拽开,已让船路"⑤。此后,宝顺轮便被

---

① 《咸丰同治两朝上谕档》,咸丰五年九月二十四日,第 349 页。

② 马士著,张汇文等译:《中华帝国对外关系史》第 1 卷,上海:上海书店出版社,2000年,第 457 页;John Scarth, *Twelve years in China: the people, the rebels, and the mandarins*(施嘉士:《旅华十二年》),Edinburgh: Thomas Constable and Co., 1860, pp. 246-248;《遐迩贯珍》,香港公共图书馆藏数字图像文件,第 9 号(1855.9);"中央研究院"近代史研究所编:《官有船炮》,《海防档·甲购买船礮》第 2 册,台北:"中央研究院"近代史研究所,1957 年,第 721 页。提到:天平轮船一只,原名可夫止,改名天平。系天平架单烟囱明轮船……咸丰五年,因江浙洋面不靖,南北商旅裹足不前,当由上海众船号,商禀准自行捐资。即于是年六月间,向洋商樵处葛来议明购买。Robert Fortune, *A Residence Among the Chinese: Inland, on the Coast, and at Sea: Being a Narrative of Scenes and Adventures During a Third Visit to China, from 1853 to 1856*, (ambridge: Cambridge University Press, 2012, p. 226. 苏格兰植物学家福钧提到:原本航行在福州及台湾间的美国 Steamer Confucius 于 1855 年 4 月,被满大人雇来上海,进行护航,打击海盗。

③ 香港中环英华书院:《遐迩贯珍》,香港公共图书馆藏图像文件,第 10 号(1855.10)。载:击灭贼船皆坚固非常,炮多且大……宝顺轮等船队官兵,此役未折损一人。用轮船来剿灭海盗,简直易如反掌。

④ 董沛:《书宝顺轮船始末》卷二十二,收录于《续修四库全书》,第 1558 册,第 408 页。

⑤ (清)薛福成:《浙东筹防录》,收录于沈云龙主编:《近代中国史料丛刊》第 96 辑,台北:文海出版社,1976 年,第 216、414 页。

史书遗忘在镇海口。确实，"中国之用轮舟，自宁波宝顺船始也"，①轮船护航的优势，让清中叶的众多海盗集团被剿除。但是更重要的是，新式轮船在缉捕海盗和重要战役中的运用，较旧式水师战船的效能高出许多，使得清朝统治者和士大夫不再有所恐惧与排斥。从此角度上来说，布兴有的广艇海盗集团以及中外护航业的兴起，无形之中成为晚清现代化进程中一项重要元素，同时亦开启洋务运动的帷幕。

① 董沛：《书宝顺轮船始末》卷二十二，收录于《续修四库全书》第 1558 册，第 407 页。

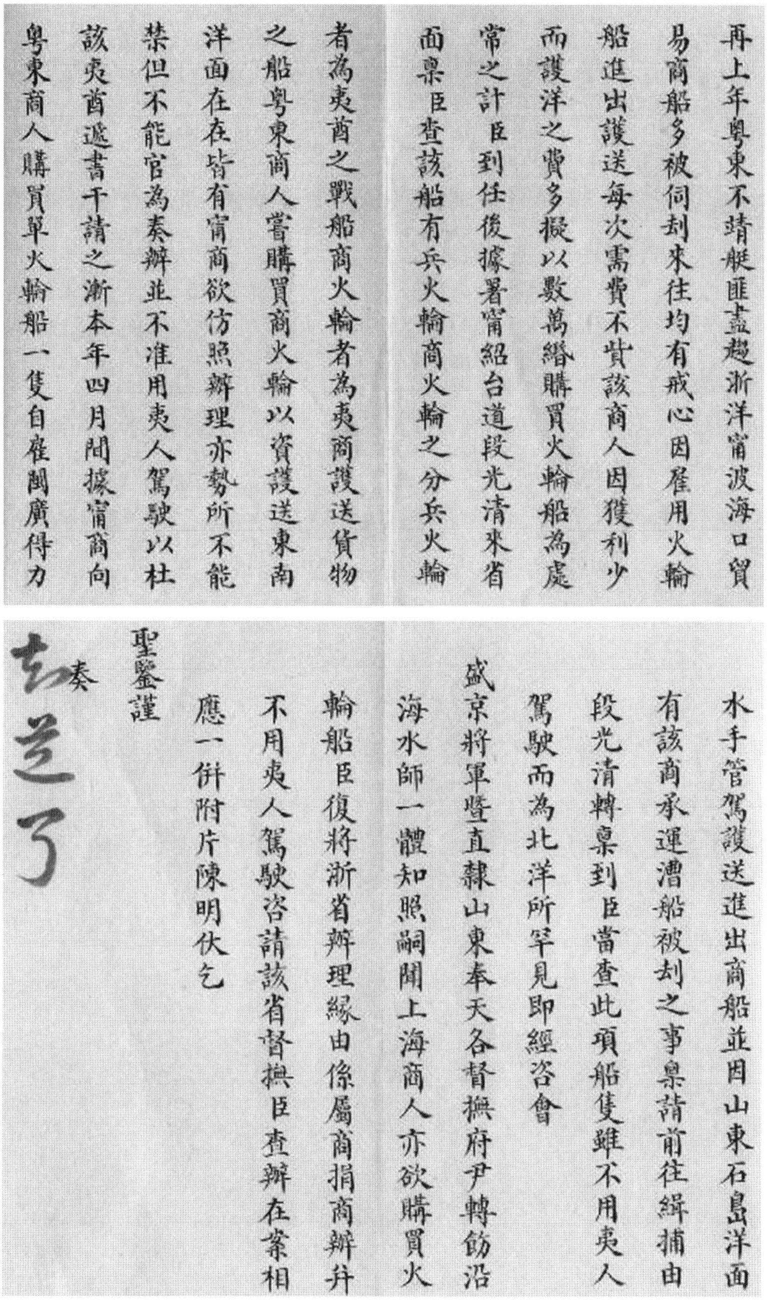

再上年粤東不靖艇匪盡趨浙洋甯波海口貿
易商船多被伺刼來往均有戒心因雇用火輪
船進出護送每次需費不貲該商人因獲利少
而護洋之費多擬以數萬緡購買火輪船為虚
常之計到任後據署甯紹台道段光清來省
面稟臣查該船有兵火輪商火輪之分兵火輪
者為夷酋之戰船商火輪者為夷商護送貨物
之船粤東商人嘗購買商火輪以資護送東南
洋面在在皆有甯商欲仿照辦理亦勢所不能
禁但不能官為奏辦並不准用夷人駕駛以杜
該夷酋遮書干請之漸本年四月間據甯商向
粤東商人購買單火輪船一隻自雇閩廣得力

水手管駕護送進出商船並因山東石島洋面
有該商承運漕船被刼之事稟前往緝捕由
段光清轉稟到臣當查此項船隻雖不用夷人
駕駛而為北洋所罕見即經咨會
盛京將軍暨直隸山東奉天各督撫府尹轉飭沿
海水師一體知照嗣聞上海商人亦欲購買火
輪船臣復將浙省辦理緣由係屬商捐商辦並
不用夷人駕駛咨請該省督撫臣查辦在案相
應一併附片陳明伏乞
聖鑒謹
奏

图 5-16　上海商人欲购火轮船何桂清奏折附片

资料来源:《宫中档:咸丰朝奏折》,档号 406006365,咸丰五年七月初十日,浙江巡抚何桂清奏折附片。

第六章

大门口内外的敌人：

殖民者处理海盗问题实况

历史在特殊原因的发展下，东亚海域上的闽浙、琉球、台湾、越南、广东、香港、澳门等区域成为近代中外关系史内容的一部分。多数学者充分地注意到了上述地方的特殊关系，对彼此关联性进行考察研究，但往往将其嵌入中外关系史的大框架，突显的是中葡、中英、中法、中日之间，国与国的政治经贸往来或是文化交流等面向。① 台越港澳因自从落入清朝大门口外的敌人——西方殖民者、日本帝国主义之手后，变成不受原统治者法律约束的灰色真空地带，然而此区域海洋地理上非常邻近，居民语言可以相通，习俗雷同，海上来往频繁，近代以来仍一直保持着密切联系。盗匪们也利用该灰色地带的关系，能够轻易向国外购买先进的武装，且将台越港澳海上岛屿变成策划劫掠活动的根据地，躲避朝廷缉捕的避风港。光绪十五年（1889 年），两广总督张之洞的《请定获盗奖励章程折》中，反映出海盗"巢外"、拜会结党、领海权管控等复杂的因素，增加了清朝水师在华南海域缉捕海盗的困难度，张之洞奏曰：

> 伏查广东盗匪素多，近海地方为甚，近年情形尤有不同，迭经臣奏明在案。大率以香港、澳门为老巢，各有头目，分立堂名，遣人四出打单。凡乡镇富商、僻静砖窑、沙田业户，皆为打单之所及，按时收取巨

---

① 以海盗的面向讨论清代中外关系的研究有松浦章：《日治时期台湾海峡の海贼》，《台湾学研究通讯》创刊号（2006 年），第 1～19 页；村上卫：《19 世纪中叶华南沿海秩序的再编——イギリス海军と粤海盗》，《东洋史研究》第 63 卷第 3 号（2004），第 71～106 页；林延清：《嘉庆朝借西方国家之力镇压广东"海盗"》，《南开学报》1989 年第 6 期，第 65～71 页；许雪姬：《日治时期台湾面临的海盗问题——以澎湖振成利号为例》，林金田主编：《台湾文献史料整理研究学术研讨会论文集》，南投：台湾省文献委员会，2000 年，第 27～82 页；陈钰祥：《清朝与越南边境的海盗情形》，"航海：文明之迹"，2012 年 5 月，第 93～130 页；刘敏：《嘉庆朝清政府为剿除华南海盗对澳门的管理》，《澳门历史研究》2010 年第 9 期，第 88～100 页。

资,名曰"行水"。以重资为贿买洋界巡役,置备炮械、抚恤伙党伤亡等费,余始分赃。其根蒂深稳,伙党众多,与别处盗贼首伙临时凑集,得赃随手耗散。有窝可缉、有巢可破者,其情事迥不相同。雇船无从禁,军火无从绝,接济无从断,加以海面辽阔,内河纷歧,每一出掠,无不结队连艘。船则置有大炮,身则怀有连响洋枪。兵勇追捕,冒死拒斗。有时盗虽被执,其在前弁勇亦必身受多伤,甚至立时殒命。或动杀事主,或放火延烧,或掳其子女。海盗或动将全船商民溺毙,良民受害,实堪发指。及合力寻踪追捕,则已遁归港、澳,窜入一步,捕之无从,击之不可。该匪等恃以无恐,不啻形同叛逆。迭经臣严饬地方文武暨缉捕员弁……近年以来,陆续平毁匪巢,捕斩首要不下数百名。所有东江、西江、北江各府县以及海北廉、钦、海南琼州之内地,盗风大减,商民安业。从前一县岁出盗案百余者,今则每年不过数起,或竟无一案。凡系近内地方无所牵制者,似已均有实效,惟广州府及沿海地方锢结已久,迄未止息。……在昔不过拒伤事主,今则屡屡杀伤弁兵;在昔不过夺犯伤差,今则已获之盗,公然由香港洋官行文索回;在昔或行劫三次以上,或脱逃二三年以为重情,今则首要之盗行劫百余次、漏网十余年者有之。在昔间有拜会结盟,今则港、澳道匪大率皆系三合会,并且立有堂名,如巨匪曾亚杰、曾鲈鱼全称为联义堂,李亩、李安称为隆义堂,王观称为新隆义堂,黄有成称为联胜堂。自曾亚杰被获,曾鲈鱼全逃往洋界,其党复与黄有成合称义胜堂之类,是凶焰较昔尤甚。[①]

张文襄公的奏折,将盗匪流窜问题所衍生出来的中外关系,记载得非常清楚。而关于此议题,在过去的研究中,关注力并不够。所以笔者将以海盗问题作为视角,探讨疲弱的清政府如何一方面要维护国家的领海权,另一方面又需与各殖民国家联系共同打击海盗,还有海盗在这法律灰色之间的流动性及其对该区域社会的影响。

16—19世纪,葡萄牙、西班牙、荷兰、英国和法国等西方殖民者不断向东方扩张侵略,中国东南沿海地区深受其害。在西方殖民者侵略中国的同一时间,这些国际势力也开始与中国海盗开始有了接触。明正德十二年(1517年),葡萄牙人侵入东莞,占据屯门岛,剽劫往来商船,把中国海边的年轻女子

---

① 《月折档》,光绪十五年九月二十九日,两广总督张之洞《请定获盗奖励章程折》。

掳走，载往印度与欧洲充当奴隶，并且企图征服整个中国沿海。① 嘉靖年间，葡萄牙船舰屡次驶进琼州铺前港内，进行抢劫与走私，引起琼州人民不满。嘉靖四十三年(1564年)五月，葡萄牙3艘船舰泊于铺前港，粤洋海盗施和，率众攻击葡萄牙船舰，《琼州府志》载："佛朗机夷船三只泊铺前港，海盗施和率众攻之，佛朗机桅折避入港。"②明代粤洋海盗施和突袭葡萄牙人的行动，正式开启了中国海盗与西方殖民者之间复杂的关系，清代诗人程秉钊则用赋诗歌颂，来纪念海盗在琼州铺前港击败葡萄牙船舰的事迹："孙恩设计未全非，不学弦高犒乘事。犹有中朝雄武气，夷船能破佛朗机。"③

有明一代，因海盗活动而生出的国际问题还有相当多例子，像明代海盗首领林凤闻知西班牙人侵占吕宋，辱待侨居华人，甚为气愤，即决定出动船队远征讨伐西班牙人，率领舰队62艘，武装丁壮4000人，妇女1500人，从澎湖县扬帆，直指菲律宾，欲据为海外基地。④ 崇祯六年(1633年)六月初，荷兰军舰二十余艘进犯南澳，接着攻击离南澳二天航程的中左所，又从料罗进窥海澄，犯铜山。郑芝龙与张永产集合舟师御敌，郑芝龙从广东率船队返闽，与中左所(厦门)和各路官兵，共同击退荷兰船队。荷兰人从此"不敢正视中左"，到了九月下旬，荷兰"零寇南奔"。是役，郑芝龙所部舟师焚毁荷兰船舰十余艘，生擒"红夷"163名，福建巡抚路振飞向崇祯皇帝题报"郑芝龙剿夷之功，为海上数十年奇捷"⑤。若是基于政治因素，海盗对抗殖民者的例子，是值得于史书上记下一笔。然海盗与国际势力之间复杂的关系，并非纯粹仅仅是出于爱国心来抵制殖民国家，海上秩序与贸易上的利益冲突，相信才是真正主因。从鸦片战争前后期来看，开战前英国人积极吸收海盗作为内应，鸦片战争结束后，则为了维护本身贸易权益，便剿除海盗。从另外的角度来看，海盗需要生存，往来在中国沿海的朝贡船、贸易商船、捕捞船等船队，自然而然成为海盗觊觎的目标。这些被劫掠的船队所有国，受到了

---

① 黄庆华：《中葡关系史》上册，合肥：黄山书社，2006年，第89页，注1。葡国御用药师皮雷斯(Thomas Pores)于1515年著的《东方志》载：马六甲的印度总督，带上10艘战舰就可以征服整个中国沿海。

② 明谊：《琼州府志》卷十九，《海黎海寇》，台北：成文出版社，1967年，第426页。

③ 程秉钊：《琼州杂事诗》，台北：新文丰出版公司，1985年，第316页。

④ 郑广南：《中国海盗史》，上海：华东理工大学出版社，1999年，第366～367页。

⑤ 《兵部题行"兵科抄出福建巡抚路振飞题"稿》，《明清史料》乙编第七本，台北："中央研究院"历史语言研究所，1972年，第661～663页。

损失,贸易航线受到了阻碍,便会倾全力剿捕海盗。于是清政府、殖民势力、海盗、贸易利益,形成一种错综复杂的关系图(见图 6-1)。

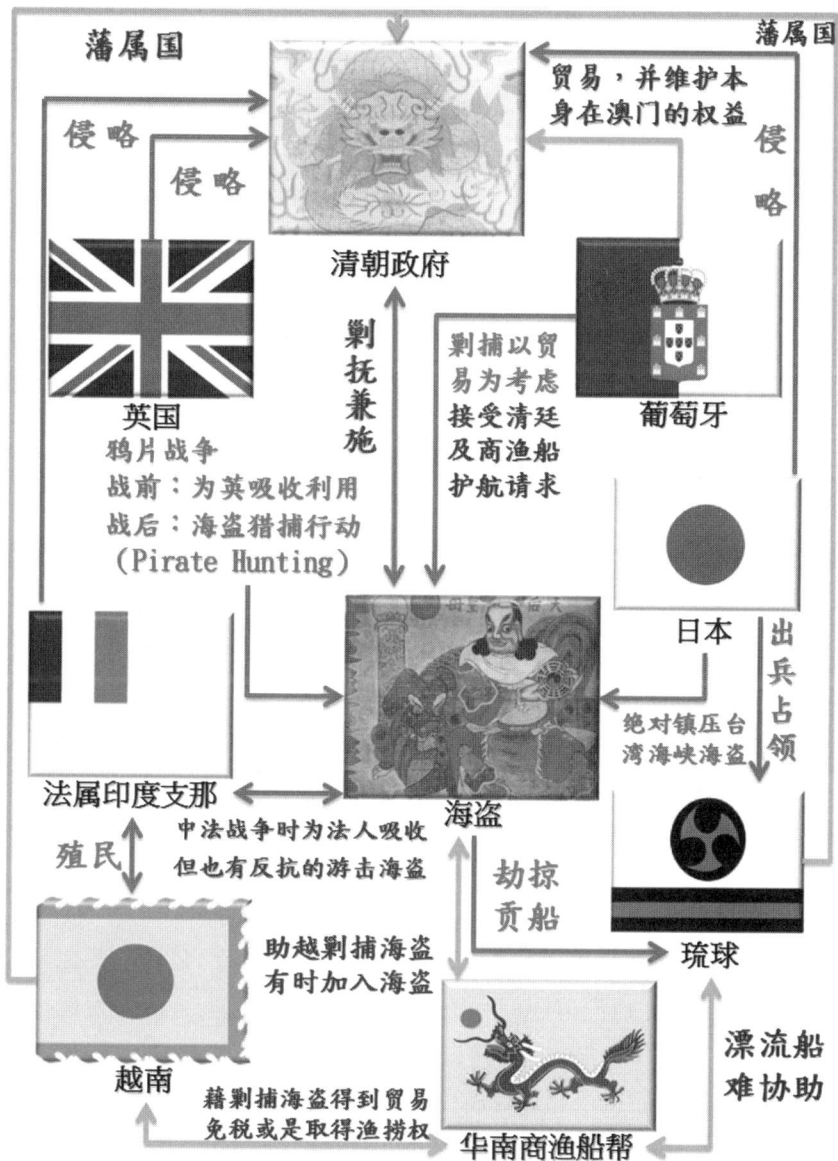

图 6-1　清代海盗与国际关系图

资料来源:笔者整理。

第一节　帮同捕盗:澳葡政府助清朝剿抚海盗

　　斯当东(Sir George Staunton,1737—1801)著书记载:"两个世纪以前,最初来到中国的是葡萄牙人。在葡萄牙全盛时代以及以后的年代,葡萄牙人经常来到中国沿海一带经商。他们为中华帝国尽了很大义务,结果,他们在中国的最南端获得了一个安全港口来建立商埠并享受一些附随的利与益。虽然随着时代的进展,葡萄牙的势力逐渐衰微,所享受的特殊利益逐渐被剥夺,但由于他们和中国的长期往来关系,比起其他欧洲各国,中国人对葡萄牙人总还是更亲近一些,葡萄牙在中国还是处在比较优先的地位。"①关于澳门葡萄牙人在 1557 年如何从当时明朝广东政府取得澳门的居住权,在很多的原因之中,助剿海盗是一个重要的议题。然而也有很多两岸学者皆反对所谓的"驱盗得澳"的说法,但是葡人留居澳门与助剿海盗确实是有重要关系。因为澳葡政府认为协助剿捕海盗来讨好明清统治者,正是他们能够长期获得澳门居住权的一种策略。加上乾嘉年间,华南海盗猖獗,清政府无力剿灭海盗。海盗的劫掠影响到澳葡往来的商船,又嘉庆初年,英国人试图占据澳门,②并向清政府请求协助出洋剿除海盗,趁机谋得葡萄牙人于澳门的地位。上述种种,皆使得澳葡政府必须持续与中国统治者合作,于洋面进行剿除海盗活动,进而维持葡萄牙人在澳门特殊地位,及其自身的商业利益。同时,清政府为加强对澳门的主权,亦利用澳葡剿盗。

　　由于清代档案文献关于澳葡协助清朝剿灭海盗的记载不多,而葡萄牙人多夸大该国于助剿海盗中的作用,将华南海盗的剿除,归功于葡萄牙人之手。为此,本节研究拟澄清澳门相关的史实,阐明澳葡直至清末为何仍积极

---

　　①　斯当东著,叶笃义译:《英使谒见乾隆纪实》,香港:三联书店,1994 年,第 1 页。

　　②　嘉庆七年(1802 年),英国舰队以抗击法军对葡的侵略为借口,出兵入侵澳门未遂。嘉庆十三年(1808 年),英国舰队再度入侵澳门,占领 5 个月之久。后在清朝抗议下被迫撤退。《内务府大臣苏楞额奏据西洋人索德超呈有英国战船逼近澳门蓄谋叵测折》,中国第一历史档案馆、澳门基金会、暨南大学古籍研究所合编:《明清时期澳门问题档案文献汇编》第 1 册,北京:人民出版社,1999 年,第 625 页。

处理海盗问题,并试图探讨清政府在剿盗过程中对澳门的管理,和澳门葡萄牙人所处的国际环境。

一、澳葡助清剿抚乾嘉年间的海盗

环东亚海域之海盗活动一直是明清两代沿海地方官府不能够掉以轻心的问题,《新修香山县志》曾经提到澳门在粤东海防的重要性:

> 粤东海防,以广州为中路,而广州海防又以香山为中路,左则东莞、新安,右则新会、新宁,必犄角之形成,应援之势便,然后近足以严一县之锁钥,而远足以立一郡之藩篱。……海防之防海寇也,地递变则忧递纡;海防之防澳夷也,时愈久则患愈迫。……广州海防以香山为要,而香山海防,尤以澳门为要。[①]

此外,卢坤在《广东海防汇览》中也提到:"他省海防止防海寇,粤省则兼防夷人。故就通省之形势论,则香山最要;就香山之情事论,则澳门最要。"[②]可见澳门其海防的重要性。然而华南各路海盗不仅劫掠中外过往商船只,打单勒索,并会经常骚扰滨海居民。澳葡政府和其他西方商旅,更是将海盗问题视为重要的威胁。

香山沿海及所属之澳门,自古以来一直是海盗的逋逃渊薮。葡人入居澳门后,海盗活动依然活跃,葡萄牙就曾经帮助明朝政府攻剿海盗"香山贼"何亚八、张西老,浙江宁波双屿的林剪及巨盗曾一本等。清代时,葡人仍然继续助剿海盗,例如公元 1655—1656 年,澳门葡人更前往广东上川岛剿盗。[③] 1713 年 5 月 20 日,根据澳门总督晏多尼(António de Siqueira de Noronha)的建议,议事会决定派出武装船只,驱赶在澳门邻近海域出没的海盗船,并决定为此建造一艘火力强大的战船。为建造该艘船只,动用了澳

---

① 祝淮:《新修香山县志》卷四,《海防》,台北:学生书局,1975 年,道光七年刊本,第 619~628 页。

② (清)卢坤、(清)邓廷桢主编,王宏斌等点校:《广东海防汇览》卷三,《舆地》,石家庄:河北人民出版社,2009 年,第 75~78 页。

③ 汤开建:《佛郎机助明剿灭海盗考》,《澳门开埠初期史研究》,北京:中华书局,1999 年,第 113 页。

门财政的 1‰ 资金。① 后来，澳葡政府因协助征剿海盗之功，便开始向清廷提出特权需求。1717 年 6 月 15 日，澳门议事会在有马玉（Francisco de Alarco Sotto-Maior）总督参加的会议上建议，鉴于正在准备接待两广总督来访，通过来者向中国皇帝赠送两艘配备人员和兵器的战船以抵御海盗，指望以此要求皇帝豁免本市每年缴纳的地租银和不再对其船只进行丈量。② 1718 年 12 月，澳门议事会通过北京的耶稣会向康熙帝呈献奏章，请求豁免地租银，并承诺澳门武装两艘船只以消灭海盗。③ 尽管如此，葡萄牙人仍未取得更一进步的澳门主权，直到 1783 年 4 月 4 日，葡萄牙海事暨海外部部长马尔丁略·卡斯特罗（Martinho de Meloe Castro，1716—1795）为拓展在澳门的主权及商业利益，遂以葡萄牙女王玛丽亚一世（Portrait of Maria I of Portugal，1734—1816）的名义，向果阿的印度总督发布《王室制诰》，④ 单方面宣布澳门为自由港，授予澳门总督必要的权力。其中第三十八条提及：

> 军事防卫问题，总督及大臣应小心谨慎为之，首先应让议事会及其居民了解该城所面临的被海盗攻掠的危险性。鉴于各国之间的和平已告终结并已处于战争之中，因此，将在中国海及澳门海岸出现大量这些及其他国家的战舰与商船。最令人担心的是，这些船只的一部分或因需要，或借某一借口前往澳门港，使澳门及其居民受到凌辱、抢劫及侵害，而（澳门）又无防卫能力可以抵御之，正像当年荷兰人对澳门之所作所为一样。⑤

《制诰》颁布前后，葡萄牙王室才开始关注澳门，并试图突破与中国讨论居留澳门权利问题。葡萄牙里斯政府趁乾隆皇帝派员至澳门征选西洋传教士入宫当差的机会，遣方济会汤士选（D. Alexandre Gouvea）担任北京主教，意图使清廷承认澳门为葡萄牙王室所有。不过，汤士选到达北京后，发

---

① 吴志良、汤开建、金国平：《澳门编年史》第 2 卷，广州：广东人民出版社，2009 年，第 781 页。

② 吴志良、汤开建、金国平：《澳门编年史》第 2 卷，广州：广东人民出版社，2009 年，第 803 页。

③ 吴志良、汤开建、金国平：《澳门编年史》第 2 卷，广州：广东人民出版社，2009 年，第 812 页。

④ 吴志良、汤开建、金国平：《澳门编年史》第 3 卷，广州：广东人民出版社，2009 年，第 1118~1126 页。

⑤ 吴志良、汤开建、金国平：《澳门编年史》第 3 卷，广州：广东人民出版社，2009 年，第 1125 页。

现根本没有机会向清政府表达"澳葡事务"。至于澳葡首次公开向清朝提出澳门的主权要求,反而是发生在嘉庆十五年(1810 年),海盗张保仔率众投诚,两广总督百龄宣布洋面肃清之后。又从第三十八条款的内容可知,海盗日益猖獗,葡萄牙人甚至可以从殖民地印度的果阿部队中,抽调步兵部队及炮队保护之。但遇海盗案件时,澳葡理事官仍须遵守先向清朝香山县丞禀报,再由县丞根据情况的严重性,转发给广东省各级官员处理,不能够私自越级上报。[①]

(一)澳葡助剿海盗事例

根据清代档案的记载,葡萄牙船只若是在洋面遭遇海盗时,应先向香山县丞禀报,请求转详督抚大宪,饬令清朝水师前往救援。打从乾隆晚年起,航行于澳门的船只遭到海盗洗劫之情形逐渐增多。例如乾隆五十八年(1793 年)五月,澳门的小船海上之花号(Flore do Mar)被中国海盗抢劫,船上水手四人泅水逃遁,船长及其余人等,在海盗占有全船后,均被杀害。[②]同年七月,香山知县许敦元禀报,外洋的海盗行劫澳门葡人斐哩嘶船,并杀害船上水手,击伤广海寨营水师官兵。许敦元于是会同水师出洋追捕,缉获海盗陈劝复等 14 名,全部斩首后,将首级送往澳门、广海等处示众。[③] (澳葡遇盗事例,参见表 6-1)澳葡政府因葡萄牙商船屡屡遭受海盗抢劫,发生船员毙命事件,澳门议事会于是通过葡萄牙自备三艘武装船,愿意向海盗宣战。[④] 不过,澳关委员王文辅却通告澳门议事会:"夷人出洋拿盗之处,须俟

---

① 刘芳、章文钦主编:《葡萄牙东波塔档案馆藏清代澳门中文档案汇编》上册,澳门:澳门基金会,1999 年,第 813 件,第 411~412 页。乾隆五十八年(1793 年),《香山县丞朱鸣和为呈禀理事官谕》:该夷目遇有呈禀上宪事件,必先禀本分县,以凭转禀。定例如此,相沿已久……夷船出洋捕盗一事,该夷目只禀军民府宪暨本县,而本分县衙署并无只字禀闻,殊违定例。

② 马士著,区宗华译:《东印度公司对华贸易编年史(1635—1834)》第 2 卷,广州:中山大学出版社,1991 年,第 530 页。

③ 《香山知县许敦元为将抢劫澳蕃斐哩嘶船海盗枭示事下理事官谕》,刘芳、章文钦主编:《葡萄牙东波塔档案馆藏清代澳门中文档案汇编》上册,澳门:澳门基金会,1999 年,第 864 件,第 446 页。

④ 吴志良、汤开建、金国平:《澳门编年史》第 3 卷,广州:广东人民出版社,2009 年,第 1191 页。

派有官兵，方可一同出洋，此刻断不可私自出洋拿贼，大干未便"①。予以婉拒。嘉庆二年四月十五日（1797 年 5 月 8 日），督理濠镜澳事务西洋理事官喽嚟哆通知香山县丞，现据贸易额船第十三号船主万威·列味·西华（Manuel Leme da Silva）投称：

> 华船往哥斯达贸易回澳，于本月十二日辰刻至老万山对面处所，遇见寇船两大只。每只约数百人，身带腰刀，持乌枪大炮，将华船□（拦）住攻打。华与对敌，虽炮伤强寇数人，终是船小，若非借此风顺至澳，定必人货□□（俱失）。仰（似）此强寇，每于夏秋洋船回帆之时，商船来往之际，蜂屯蚁聚，拦截劫掠，实为心腹大患。且夷等栖居澳土，无田可耕，唯赴洋贸易，以资生活。此等海寇不除，商船遭殃，将见坐困待毙。为此，通知老爷转详大宪，饬兵擒拿，俾得商船便于来往贸易沾恩等情□□。据此，合就据情通知老爷，转详大宪，饬兵擒剿，俾海上平宁，民夷得便，奕世沾恩。②

葡萄牙的第 13 号贸易额船③驶往哥斯达（Costa，即印度西部海岸）贸易后返回澳门，航行至澳门外海老万山群岛④洋面时，遇见两艘大型海盗船，拦截第 13 号贸易额船进行劫掠。后因季风，将船吹回澳门，方始人货无损返航。

华南海盗势力日益强大，多次劫掠澳门商船和来澳各国船只。海盗活动猖獗，危及到葡人在澳门的发展，并严重损害葡人赖以谋生的对外商船贸易，澳葡当局于是迫切地要求参与清政府剿除海盗的行动。然而番船（葡萄

---

① 《澳关委员王为奉宪谕捕盗番船须与官兵一同出洋事下理事官谕》，刘芳、章文钦主编：《葡萄牙东波塔档案馆藏清代澳门中文档案汇编》上册，澳门：澳门基金会，1999 年，第 933 件，第 475 页。

② 《理事官为十三号船在洋遇劫事呈香山县丞通知》，刘芳、章文钦主编：《葡萄牙东波塔档案馆藏清代澳门中文档案汇编》上册，澳门：澳门基金会，1999 年，第 866 件，第 447 页。

③ 陈文源：《清中期澳门贸易额船问题》，《中国经济史研究》2003 年第 4 期，第 111～120 页。提到：雍正三年（1725 年），清政府立例限定澳门贸易额船为 25 只，并进行严格的管理。这一措施延续至鸦片战争后，历百余年不变，其间贸易额船的兴衰变化，客观上反映了澳门经济形态的转变。

④ 澳门基金会：《珠海、澳门与近代中西文化交流——"首届珠澳文化论坛"论文集》，澳门：澳门基金会，2010 年，第 82 页。位于珠江口的万山群岛，葡萄牙人称之为"Ladrone Islands"，"ladrone"为西班牙语"ladrón"（盗贼）的意思，用以形容当时大量海盗出没于万山群岛的情况。

牙武装船)若要出洋捕盗,须与广东水师一同出洋,不可私自缉捕。帮同捕盗,仍须按照程序上禀,报告广东上宪。海盗事件应先禀明香山县丞,然后转呈。由于清朝水师无力剿盗,且怀疑葡萄牙人的真正用意,于是处处钳制的澳葡武装船未经广东官方核准,仍擅自"出洋捕盗"。乾隆五十八年(1793年)七月,《葡萄牙东波塔档案》载:

照得该夷目□(等)因夷船被劫,派拨兵船,出洋捕盗。本县诚恐夷兵人等不能分别良歹,混行攻击,特雇诚实引水,为巡夷船指引,并派官兵船只协同巡缉。该夷兵等遇有船只经过,自应向引水查询,如果认明实系盗船,会同官兵奋勇擒捕。其余商船渔艇,均当听其往来,不容错误攻击。今查本月初八日,有左翼镇宪兵船,由十字门巡往大屿山,值该夷兵船湾泊老万山旁,一见兵船驶过,辄放大炮攻打,幸而人船均未损伤。又十二日夜三更时分,有福建商船一只,由九洲洋驶进澳门,该夷兵等遇见,亦即施放火炮,以致将船打损。查镇宪师船竖有旗帜,可以一望而知,福建商船亦与贼船不同,何得误疑盗艘,混行攻打?倘或伤人坏船,天朝法律甚严,岂但该夷目等不能当其重咎,即本县亦大干未便,合亟谕饬。谕到该夷目,即转各夷兵知照,伊等在洋巡缉,遇有经过船只,必须嘱令引水,细加识别。如果实系盗船,方可攻击擒捕,切勿遇见船只辄即放炮,以致误及商船渔艇,致干重谴。仍须会同官兵船只巡查缉捕,庶几彼此照应,不致舛误,毋违!速速!特谕![①]

另对有关捕盗船只号令旗色在《清军捕盗师船有关号令旗色的规定残件》规定:"一座驾航船上桅尾插镶黄旗,其余各船桅尾中股黄旗,□□□□□股红旗。一日间开船,座驾船尾插五色旗,各船插本股旗号。夜间开船,座驾明灯三盏,各帮总领船明灯三盏,各随师船明灯一盏。一座驾船传头锣,各船应锣起篷,二锣起徒,三锣开行,各船务要归股联踪行走。一日间夜间驶船在洋,座驾如吹海螺,各股船亦应海螺,即归帮连络行驶。一要收澳,座驾船日间插五色旗,各船插本股旗号。夜间座驾船放火号三支,各总领船应火号两支,各船应火号一支。一各船日间先遇见匪船者,船尾高插红、黑旗二面,大篷尾仍扯三角旗,以便后船观看,速进攻击。一夜间驶

---

① 《香山知县许敦元为饬番船捕盗毋得误伤商渔船艇事下理事官谕》,刘芳、章文钦主编:《葡萄牙东波塔档案馆藏清代澳门中文档案汇编》上册,澳门:澳门基金会,1999年,第934件,第475页。

船，先见贼船者，即放火箭三支，号炮一声，以便接应。一夜间遇贼打仗，各船尾亮连珠灯三盏。如要收队，座驾船尾加点高灯一对，临阵时小心认明，以免错误。一若日□（间）盗船去远，座驾船轮转五色旗，各船收队。遇夜间将灯笼绕转，放起火三支，各船应一支，亦是收队。一献纸，座驾船举灯三上三下，招各船一齐鸣金鼓献纸。若暗献□□□□□占先落后。一各船派拨兵丁支更瞭望，船头鸣金，船尾应梆。夜间有船驶来，望见者，鸣金一通，各船预备攻击，不得偷安误事。一遇黑夜间驶船，诚恐各船驶散，座驾船放起火两支，各船俱应起火一支，即归帮跟踪驾驶。一驶船若遇蒙雾，座驾船点鼓吹海螺三声长，系船头向外行驶，各船亦点鼓吹海螺三声长，相应跟踪。座驾船点鼓吹海螺三声短，系船头向内行驶，各船亦点鼓吹海螺三声短，相应跟踪。若座驾船传锣放炮一口，则系抛碇，各船亦鸣金相应，各归股抛碇，务须听认号令，毋得舛错。一兵船内有米艇、盐船、拖缯、料船四样船式，查匪船亦有各船式样，即兵船号令旗色，匪船每有假冒式样希图混乱，务须留心认明，详细观听，庶免错误。"

《香山新会两县捕盗船只有关号令旗色的规定》规定："香山县先配淇澳（今珠海）船十五号，缯船五只。每船大桅上有黄布大旗一面，船尾有高灯一对，灯上画有双如意。委官座船，每船有五色尖角旗五面。其余各船，每船有五色长方旗五面。轮换竖插，以为号令。如要行船，插白旗。赶贼，插绿旗。与贼打伏，插黑旗。收兵，插红旗。传各船人役谕话，插黄旗。又各船如遇夜行，每船桅上点号灯一个。遇见贼船，点号灯二个。收兵，点号灯三个。大盐艚船七号，每船头桅有黄布方旗一面，大桅有蜈蚣旗一面。船尾有高灯一对，五色旗五面。如遇贼，传令船头插五色令旗一面。若欲添传人役问话，加插小白旗一面。遇夜，官座船点连珠灯三盏，余船点一盏。新会县大料船四只，缯船十只。大料船上，每船有黄布大桅旗一面，高灯一对，俱画双如意。缯船每船插小黄布旗一面，灯笼一个，上画双如意。遇夜，官座船点桅灯三盏，各船放火箭为号。"①

在香山知县许敦元的谕文中，以"错误攻击"作为澳葡当局的理由，推测是广东仰赖与澳葡政府合作，不便予以追究的说法。然葡萄牙时已寓居澳门已达二百五十年之久，且知县特雇引水人协助指引辨识。澳葡对于水师

---

① 刘芳、章文钦主编：《葡萄牙东波塔档案馆藏清代澳门中文档案汇编》上册，澳门：澳门基金会，1999 年，第 906 件，第 466 页；第 907 件，第 466～467 页。

官船、商渔船及海盗船的船型,应该非常熟稔,可见是葡萄牙人亦有从事海盗劫掠,对中国船只持报复的心态。

嘉庆三年(1798年),澳门第七号贸易额船从安南购买槟榔返航,于新安县洋面,遭海盗洗劫。针对此事,澳门理事官气愤禀称,往来无论任何船只,只要停靠在澳门海口,一律开炮以求自保。若是误击民船,不负任何责任,《葡萄牙东波塔档案》载:

> (第七号船)本年四月间在安南置买槟榔数千担,本船载满,所剩槟榔数百(担),就在该处另买小艖船一只,装泊回澳。大船先行,该船在后。船上及水手、黑奴,并有唐人厨子三人,于本月初十日回至新安县胆港(担杆)海面,适遇寇船擒获过船,戕杀黑奴两个、水手三人,并杀唐人厨子三人,将货劫掠,止留空船几人逃回。哆等忖思栖居澳地,无田可耕,唯靠船贸易以资生业。而海寇每在洋船回之时围在澳口,夷等洋船屡受其害。哆等屡年禀请驱逐,至今更胜,无法可驱。又奈民船与寇船无从分别,不敢拒炮,实为心腹大患。哆等难以长忍,只得禀明,往后凡有洋船出入澳口,或遇寇船、民船,即以拒炮保命,免受寇害。恐有误伤民船,与哆无干,实出于无奈。

澳葡政府提出如此荒谬的防卫海盗措施,被香山知县李德舆反驳:

> 查该艖船系于何日到澳?其被杀黑奴两个、水手三人、唐人厨子三人是何姓名?现在逃回几人?被劫货物共有若干?曾否赴失事地方官禀报?均未据分晰声明,合亟谕查。谕到该夷目,立即查明该艖船系于何日到澳?被杀黑奴、水手、唐人厨子系何姓名?现在逃回几人?被劫何项货物?共有若干?曾否赴新安县禀报?刻日确查明白,据实禀复,以凭移会失事地方官勘报详办,毋得迟延。至据称往后凡有洋船出入澳口,或遇寇船、民船,与尔等无涉等语。海洋盗匪现奉大宪派拨师船兵弁梭织巡拿,不难净尽。尔等船只出入澳口,或间遇匪船窥伺,固应并力抵御。倘系民船,与尔等并无干碍。若一概施放枪炮,伤毙民命,应问抵偿。天朝法律森严,何得任意妄为,漫无区别?所禀实属冒昧,合并严饬。特谕。①

---

① 《香山知县李德舆为饬查覆七号船带回艖船遇盗劫杀事下理事官谕》,刘芳、章文钦主编:《葡萄牙东波塔档案馆藏清代澳门中文档案汇编》上册,澳门:澳门基金会,1999年,第455件,第247~248页。

即便香山知县如此严饬,澳葡误击商渔船、水师战船之事,仍经常发生(参见表 6-2)。

表 6-1　乾嘉时期华洋船舶在澳门洋面遇盗事例

日　　期	摘　　　　要	出　　　处
乾隆五十八年五月二十七日(1793/7/4)	澳门的小船海上之花号(Flore do Mar)被中国海盗抢劫,船上水手四人泅水逃遁,船长及其余人等,在海盗占有全船后,均被杀害	《东印度公司对华贸易编年史(1635—1834)》第 2 卷,第 530 页
乾隆五十八年七月二十六日(1793/9/1)	照得本年入夏以来,南风盛发,有盗匪船只来自夷洋,行劫澳夷斐哩嘶洋船,杀毙水手,并拒伤广海寨兵丁。先奉大宪饬委本县,会同营员,派拨兵役,出洋追捕,并奉通饬各路舟师堵截围擒。随经西路官兵拿获洋盗陈劝复、陈亚亮、黄明富、陈亚保、梁亚复、罗悦光、金亚二、李亚东、李亚勤、李亚复、王亚大、陈亚二、卢亚秀、陈亚金,押解到省,审据供认在洋叠次行劫,伤毙水手,兵丁不讳	《香山知县许敦元为将抢劫澳蕃斐哩嘶船海盗枭示事下理事官谕》,《葡萄牙东波塔档案》上册,第 864 件,第 446 页
嘉庆元年八月十八日(1796/6/18)	查琉球国难夷锦芳大滨当日并未供报在澳门外洋遇掳捉难夷西表情事,并无讳匿缘由。奉批:据禀已悉,仰东按察司核明饬遵。仍饬移行严密堵缉,将各匪船务期弋获。讯究本案正盗,跟追难夷西表下落具报	《香山县丞贾奕曾为饬查明琉球难番被海盗掳捉事行理事官牌据香山县具禀》,《葡萄牙东波塔档案》上册,第 865 件,第 446～447 页
嘉庆二年四月十五日(1797/5/11)	华船往哥斯达贸易回澳,于本月十二日辰刻至老万山对面处所,遇见寇船两大只。每只约数百人,身带腰刀,持鸟枪大炮,将华船□(拦)住攻打。华与对敌,虽炮伤强寇数人,终是船小,若非借此风顺至澳,定必人货□□(俱失)	《理事官为十三号船在洋遇劫事呈香山县丞通知》,《葡萄牙东波塔档案》上册,第 866 件,第 447 页

日　　期	摘　　　　要	出　　处
嘉庆二年 （1797/6）	一艘从马尼拉经澳门的英国散商船肯尼特号（Kennett），当在航行途中，在万山群岛之间被二十六艘中国帆船的船队袭击，经过几个小时的战斗后被俘获。船上人员除四人外，全部被杀。抢劫后，放火烧船	《东印度公司对华贸易编年史（1635—1834）》第2卷，第601页
嘉庆二年闰六月 十八日 （1797/8/10）	现据该夷目禀称：查亚南果，系夷人，名俺哆呢，在澳门蟾蜍石地方居住，现有亲兄、亲戚在澳。于本年五月初二日，同哪喃嚟十人坐驾三板船，出十字门洋面接船讨信，遇贼掳掠等情。并具甘结前来。惟查其亲兄、亲戚是何名字？同坐三板出洋之哪喃嚟等遇贼之后曾否回澳？未据声明。且所缴结禀□□□转送，合再谕查。谕到该夷目，立即查明亚南即俺哆呢亲兄、亲戚是何名字？同坐三板出洋之哪喃嚟等遇贼之后曾否回澳？克日再加确查明白，另具切结禀复，以凭转禀	《署香山知县尧茂德为再饬确查蕃梢亚喃即俺哆呢在洋被掳杀贼事下理事官谕》，《葡萄牙东波塔档案》上册，第453件，第246～247页
嘉庆二年闰六月 二十二日 （1797/8/14）	一艘从交趾支那返回澳门的葡萄牙船在澳门东部海面被海贼登船抢劫，船上除华人外，全部被杀死	《东印度公司对华贸易编年史（1635—1834）》第2卷，第601页

续表

日　期	摘　　要	出　　处
嘉庆十年六月二十四日（1805/7/20）	查有夷船嗢哝，由越南新置有椰华小夷船一只，装载槟榔、红木、洋鱼、树皮、米物来澳。于五月初十日到老万山外洋被盗船围劫，掳去船上夷人九名、民人四名。随后放回民人二名，持盗匪字单回澳，说知船主索赎，不法已极。附海盗勒索单抄件：尔有小船一只，装载槟榔、木、米等货，要银壹千五百圆，绉纱一匹，匹头四匹，限十五日到广州湾赎水。至期不到，连人货一去。郑一哥快艇公先生单。 另有赎水单：□□叽五匹，黑白黄绿各样二匹，片坭一箱，花红水礼在外	《香山知县彭昭麟为饬查嗢哝船被掳劫事下理事官谕》，《葡萄牙东波塔档案》上册，第875件，第451～452页
嘉庆十年九月初四日（1805/10/25）	现据该夷目禀报：安南买回小船一只，被贼船人尽掳一空案。兹于八月二十一日，船主方济各乘贼不备逃回。……据此，查本案先经会勘通报。兹据前情，所有船户方济各合提查讯核详。谕到该夷目，立刻交出船户方济各	《香山知县彭昭麟为查讯澳蕃方济各船被掳劫事下理事官谕》，《葡萄牙东波塔档案》上册，第882件，第455～456页
嘉庆十年九月二十八日（1805/11/18）	（吕宋夷船）六月内驶到万山南边夷洋被贼船围劫，伊等船上共有二十二人，因炮少不能抵敌，被贼杀死十二人，走脱七人，不知下落。伊等三人被掳过船，到九月十三日，贼叫伊等驾三板拢岸取水，乘间逃走	《香山知县彭昭麟为饬将遇盗难番等查明事下理事官谕》，《葡萄牙东波塔档案》上册，第883件，第456页

日　　期	摘　　　　要	出　　　处
嘉庆十一年 二月初九日 （1806/3/28）	案照高州府会营拿获洋盗陈亚五、窦亚进等一案。经本司审拟招解院宪审明正法在案,合札遵照。备札行府,仰县即饬洋商,前发夷人（葡萄牙人）等三名,点交委员李星文查收,及拨妥役,随同押解赴香山县,转交澳门夷目收管。附搭便船回国,将起程日期具报	《香山知县彭昭麟为饬将遇盗难番做者收管事下理事官谕》,《葡萄牙东波塔档案》上册,第888件,第459页
嘉庆十一年八月二十八日 （1806/10/9）	香山县正堂彭谕夷目唛嚎哆知悉:照得本县现准顺德县札知,拿获贼匪梁亚细、张亚法（即郑亚法）。讯据供认在香山倒流河面掳捉夷人买办,勒银取赎。……查该犯等供认,此案未据该夷目具禀,合谕饬查。谕到该夷目,即速查明,有无买办在倒流河面被贼掳捉勒索之事。刻日禀复本县,以凭核办	《香山知县彭昭麟为饬查买办被贼掳捉勒索事下理事官谕》,《葡萄牙东波塔档案》上册,第889件,第459页
嘉庆十二年三月二十三日 （1807/4/30）	饬将海丰县鹅埠司巡检拿获盗犯张海周等案内被掳难夷番鬼四、哪唠送至香山县,转交澳门夷目收领	《香山知县彭昭麟为饬查买办被贼掳捉勒索事下理事官谕》,《葡萄牙东波塔档案》上册,第891件,第460页
嘉庆十二年四月二十四日 （1807/5/31）	照委员等拿获洋盗郑荣全、容贵平等,究出在洋叠劫,并行劫西洋夷船一案。据吴川县将夷人等四名（Vicente、José Maria Gomes、Paulo、Spada）递送到省……移送澳门,交该夷目收管。饬令附搭便船回国	《香山县丞吴兆晋为发回被盗西洋船难番事下理事官谕》,《葡萄牙东波塔档案》上册,第893件,第460～461页

续表

日　期	摘　　要	出　　处
嘉庆十二年九月十九日（1807/12/19）	澳额二十五号夷船于嘉庆十一年九月内在哥斯达回帆。十月十一日被风飘至晏洲（近广东陵水，今海南岛东南部），被贼掳劫	《香山知县彭照麟为饬查询二十五号船遭风被掳事下理事官谕》，《葡萄牙东波塔档案》上册，第 468 件，第 253 页
嘉庆十二年八月二十六日（1807/9/27）	案照敝县雇募缯船，于本年八月初十日在大衿洋面生擒盗犯邓亚十等十八名，现在解省审办。所有被掳夷人二名，合就移回交管。希将解来后项夷人查收，转发该夷目收管约束	《香山县丞吴兆晋为饬将遇盗难番唎啰唎等收管事下理事官谕》，《葡萄牙东波塔档案》上册，第 894 件，第 461 页
嘉庆十四年三月十三日（1809/4/27）	查有一起西洋国难夷唵哆呢等十名，俱在大西洋船主红发的唵哆哩嗒景船内充当水手，该船主本国领有船牌到澳门贸易。嘉庆十一年正月内，在澳门装载缸瓦、果子等货出口，到吗神地方把货卖清，买有青盐、沙藤等货要回澳门。因风不顺，驶到硇洲洋面，因无淡水，该船主夷人、汉人共十四人，携带船照、舱口簿，开驾三板上岸，投营求引汲取淡水。唵哆呢等在船等候，突被盗船数只，连船货掳劫过船。唵哆呢等不甘从盗，先后凫水逃走上岸。内唵哆呢、哆唎哂、唵哩啊哆啰三名，亚长、亚番二名，先后据琼山、文昌二县恤给口粮，护送赴琼州府讯明，转递赴省……（被掳葡萄牙人）均经南海县先后传唤通事讯明，委系同帮被盗掳劫，不愿从盗，并无别故。业经分起递至香山县，转交澳门夷目收领安顿	《广东巡抚韩崶题报嘉庆十三年分发遣难番归国日期》题本，中国第一历史档案馆、澳门基金会、暨南大学古籍研究所合编：《明清时期澳门问题档案文献汇编》第 1 册，第 727～730 页

表 6-2　澳葡诬良为盗、误击水师战船事例

日　期	摘　要	出　处
乾隆五十八年七月十八日（1793/8/24）	查本月初八日,有左翼镇宪兵船,由十字门巡往大屿山。值该夷兵船湾泊老万山旁,一见兵船驶过,辄放大炮攻打,幸而人船均未损伤。又十二日夜三更时分,有福建商船一只,由九洲洋驶进澳门,该夷兵等遇见,亦即施放火炮,以致将船打损。查镇宪师船竖有旗帜,可以一望而知,福建商船亦与贼船不同,何得误疑盗艘,混行攻打?倘或伤人坏船,天朝法律甚严,岂但该夷目等不能当其重咎,即本县亦大干未便,合亟谕伤。谕到该夷目,即转各夷兵知照。伊等在洋巡缉,遇有经过船只,必须嘱令引水,细加识别。如果实系盗船,方可攻击擒捕,切勿遇见船只辄即放炮,以致误及商船渔艇,致干重谴。仍须会同官兵船只巡查缉捕,庶几彼此照应,不致舛误。毋违	《香山知县许敦元为饬番船捕盗毋得误伤商渔船艇事下理事官谕》,《葡萄牙东波塔档案》上册,第 934件,第 475 页
嘉庆九年七月初十日（1804/8/14）	据捕盗洋船在十字门海面见有渔船一只,内华人三名放火箭为号,当即盘拿,理合禀送审办。连解贼人三名、字纸一束到厅。据此,当经讯,据王成利、万亚叶供称:实因本年五月驾驶料船前往新宁高冠海面贩鱼腌制,被贼劫去,伊伴万亚长、万亚保二人。王亚玉身带船照,凫水逃走,亦被淹毙。这林亚灵系在高冠缯棚搭船回港,本月十一日二更时候驶到万山里海,被贼追逃。旋被洋船拿送,并无为匪情事	《署香山县丞李凌翰为审办番船所获海盗疑犯事再下理事官谕》,《葡萄牙东波塔档案》上册,第 870 件,第 449 页

续表

日　期	摘　　要	出　　处
嘉庆十年二月二十四日（1805/3/24）	澳夷人坐驾洋船，出海缉捕盗匪。本年二月十二日，在伶仃洋面拿获黄亚好、吴亚恩、孙亚飞等三名……查黄亚好等既系良民，应即省释。……将所获黄亚好等船只、盐斤及船照、旗程、合同、书信等件就近呈送戎厅衙门投收，以凭给领。释放开行，毋得迟违干究	《署香山知县彭昭麟为番船误拿遇盗良民事下理事官谕》，《葡萄牙东波塔档案》上册，第 871 件，第 449～450 页
嘉庆十年六月初三日（1805/6/29）	兹讯据王亚远等供称：伊系盐船水手、船户，雇坐纪有得等艇只，欲回省城借取米饭银两，即被夷人拿解，并无为匪及通盗接济情事。并据各船主及铺户地保到案讯，供称：王亚远等及船户纪有得等俱系良民	《香山知县彭昭麟为饬发还番船误拿艇只事下理事官谕》，《葡萄牙东波塔档案》上册，第 987 件，第 498 页
嘉庆十年闰六月初六日（1805/7/31）	吧喇吥洋船在西边海面拿获刘绍如等八名解县究办一案。当即讯，据刘绍如供认：伊子刘美就盐船被贼掳劫赎回，又被夷船拿住，搜去银两、盐包、衣物。伊等实系良民，并无为匪情事。……毋再借词查缉，扰累商民，致干咎戾	《香山知县彭昭麟为发还番船误拿盐船财物事下理事官谕》，《葡萄牙东波塔档案》上册，第 878 件，第 454 页
嘉庆十年七月十三日（1805/9/5）	夷船协同缉捕，原系派拨兵役在船主持。今则夷船自己巡缉，性情挚骜悍，言语不通。间有获益之功，难免陷良之罪。现如该县禀报：刘绍如被盗劫掳，措银赎回，复遭夷船擒捉送官。迨至审明有释，业已拖累无穷。……钦奉谕旨，现有舟师捕盗，不令夷船协缉。设或疑盗误拿，伤毙良民，又将如何办理？……实系盗匪，方准获解。如涉怀疑，不得混行盘诘滋事	《香山知县彭昭麟为吧喇吥船妄拿遇盗良民事下理事官谕》，《葡萄牙东波塔档案》上册，第 997 件，第 503 页

日　期	摘　　要	出　　处
嘉庆十年十一月初八日 （1805/12/28）	夷目将师船拿获,匪犯梁意、蔡亚谷、吴亚二、谭亚福四名,交差黄充押解到县。……据蔡亚谷供:小的香山县人,与吴亚二、谭亚福受雇在王亚赞艇内贩卖鱼虾。本年十月十一日,师船何老爷带同王亚九,雇请王亚赞艇只,载送王亚九往寻贼头香山四投诚。……十四日,驶到白藤洋面,突有另帮贼船把小的与吴亚二们连艇掳捉,带到荷包环洋面。该贼头亚蒂……留王亚九在船上作按,限十六日买物回交。逾期不到,把王亚九杀死。……小的与吴亚二们把艇开行……驶到灯笼洲洋面,被夷船拿获,亚蒂所交番银二十圆皆被搜去	《香山知县彭昭麟为审办番船拿获海盗疑犯事下理事官谕》,《葡萄牙东波塔档案》上册,第 885 件,第 457 页
嘉庆十二年六月二十五日 （1807/7/29）	夷目禀称:捕盗夷船获得小船一只,接济匪犯五人,并银两、衣物,合将该犯等解候严究。……据姜耀冲等供:小的们都是新安县人……夷人开三板将小的们拿解案下,的实没有接济洋盗的事,乞着夷目将小的船只、银物给领。	《香山知县彭昭麟为饬将误拿民船银物给还事下理事官谕》,《葡萄牙东波塔档案》上册,第 1009 件,第 507～508 页
嘉庆十二年七月初三日 （1807/8/6）	兵船由磨刀口巡出,驶近夷巡船。夷船只更并不认明兵船号灯,竟装弹放炮二口,幸未伤兵船。随令兵船转帆远避,始无放炮。……有船尾灯一个,或二个或三个,则系兵船。如遇夜间打贼,三桅上点有九连灯为号,务宜小心认明。此项船只即系兵船,慎勿草率,妄放炮位。倘致伤兵船错误,大干查究未便	《广州海防营把总黎为饬番船认明师船旗灯号以免误伤事行理事官移》,《葡萄牙东波塔档案》上册,第 922 件,第 471 页

　　澳葡兵船除了经常性发生误击商渔船、水师战船的事件外,更会假借派遣兵船出洋帮捕之名,实则行阳奉阴违之事。两广总督倭什布于嘉庆九年(1804年)初上奏《筹办洋匪章程》,准备全力迎击海盗。① 澳葡议事会得知此事后,向澳门同知禀报:"愿拨定大船二只,配足炮械军火,出洋帮捕。听闻大宪即拨兵船五十余只,伏乞迅为转禀,速驾官兵船只,番船即可一齐出洋追逐,放炮攻击,擒捕贼船净尽。"澳门同知则回复此事需经广东巡抚核办,并要求澳葡先提交"船二只,船身长短高大若干? 能配炮械军火多少? 每只驾驶约若干? 逐一详晰,星飞禀复本府。"② 不久,高州知府、香山知县、香山县丞和南海县丞分别行文给澳葡理事官喥嚟哆,择定本月初五日卯时祭江开行:"奉督宪批开,据禀澳门夷目预备大船,配足炮械军火,出洋迎护回澳洋船,请饬兵船带同出洋擒捕贼匪。"③ 结果,"夷船出洋帮捕,并不随同官船行走。探闻新安九龙、佛堂等处有贼,兵船开行追捕,而夷船竟抛泊伶丁洋面。即遇彼船商议,令其同到新安缉捕,而夷船满口应允。及到大澳,又将船抛泊,止以师船先行,商船等候风顺。……可见夷人阳奉阴违,并不认真帮捕"④。耽误本次联合作战的先机,致使海盗趁机登陆劫掠新会县沿海村落。嘉庆皇帝下旨,倭什布降级留任及多位广东地方官员被惩处。⑤ 同年九月,喥嚟哆再度请求派遣兵船随师捕盗。双方巡至电白洋面寄泊,遭遇大风。等到风势稍息时,澳葡兵船已经消失。⑥ 经过八个多月,香山县官

---

　　① 《清仁宗实录》卷一百二十八,嘉庆九年四月甲申日,第735～736页。

　　② 《澳门同知叶为覆禀请番船出洋捕盗事下理事官谕》,刘芳、章文钦主编:《葡萄牙东波塔档案馆藏清代澳门中文档案汇编》上册,澳门:澳门基金会,1999年,第937件,第477页。

　　③ 刘芳、章文钦主编:《葡萄牙东波塔档案馆藏清代澳门中文档案汇编》上册,澳门:澳门基金会,1999年,第938～940件,第477～478页。

　　④ 《澳门同知叶为饬番船随师船缉捕事下理事官谕》,刘芳、章文钦主编:《葡萄牙东波塔档案馆藏清代澳门中文档案汇编》上册,澳门:澳门基金会,1999年,第952件,第477页。

　　⑤ 《清仁宗实录》卷一百二十八,嘉庆九年四月戊寅日,第732～733页。惩处名单尚有水师提督孙全谋,总兵魏大斌、李汉升,香山协守备谭璋、守备吴阳春、外委刘定邦、副将周自超、游击德昌、新会知县孙树新、巡检蒋福基着革职留任,协缉海盗。守备曹守仁革职,枷号两个月,发往伊犁效力。

　　⑥ 《香山知县狄尚絅为饬查渗漏番船是否修整完竣等事下理事官谕》、《署澳门同知邹为助剿番船在电白遭风被飘事行理事官牌》,刘芳、章文钦主编:《葡萄牙东波塔档案馆藏清代澳门中文档案汇编》上册,澳门:澳门基金会,1999年,第967～968件,第489～490页。

员访查后,才探知二船是因风漂流至安南和马六甲,①可能是擅自驶往南洋进行通商贸易。接任两广总督的那彦成就认为:"此二只洋船,迄今无踪,亦实无遭风失事等事。细揣其情形,不过借协捕为名,可以免此二船出入纳税。"②

(二)澳葡剿抚粤洋海盗联盟

18 世纪末起,华南沿海活动的海盗急剧增多,尤其是广东珠江口洋面,澳门受到中国海盗的严重骚扰,可说是达到空前的程度。到了嘉庆十年(1805 年)六月,广东海盗在失去新阮西山政权的庇护以及遭受清朝水师的围攻,海盗头目们为了生存,在幸存的郑一(郑文显)、乌石二(麦有金)、吴知青(吴智清)、金古养(李相清)、郑老童(郑流唐)、郭婆带(郭学显)、总兵保(梁保)等七位海盗首领会同众议下,成立"粤洋海盗联盟"。③ 随即郑老童在内部纷争中降清外,其他六支海盗则分成红、蓝、黄、青、黑、白六色旗帮,联合出海劫掠,④从"小打小闹"演变成具有足以对抗朝廷水师的海上力量,使得华南海盗势力愈发强大,于是进入了所谓的嘉庆朝海盗之"黄金时期"。嘉庆十二年至十五年间(1807—1810 年),澳门葡萄牙武装船队与横行港、澳海域的"粤洋海盗联盟"发生多次的激战。当时澳葡当局仅拥有两艘武装船,能守卫澳门的港湾,却不足以捍卫澳门附近的水域。在珠江口一带,海

---

① 《香山县丞衙门关于捕盗遭风番船回澳等事禀稿》,刘芳、章文钦主编:《葡萄牙东波塔档案馆藏清代澳门中文档案汇编》上册,澳门:澳门基金会,1999 年,第 988 件,第 498~499 页。

② 《嘉庆十年三月十三日两广总督那彦成奏折》,中国第一历史档案馆、澳门基金会、暨南大学古籍研究所合编:《明清时期澳门问题档案文献汇编》第 1 册,北京:人民出版社,1999 年,第 643 页。

③ 叶志如:《嘉庆十年广东海上武装公立约单》,《历史档案》1989 年第 4 期,第 19 页。原粤洋海盗联盟编组是以"天、地、玄、黄、宇、宙、洪七支,各支将行网、花名登簿列号"当成船只的区别。

④ 朱程万:《己巳平寇》,郑梦玉:《南海县志》卷十四,台北:成文出版社,1989 年,第 21~22 页。提到:郭婆带"领船百余,号众万余人,旗包黑,曰黑旗帮";张保原是郑一义子,郑一死后,与郑一嫂共掌余部,"领船二百余号,众二万余人,旗色红,曰红旗帮";梁保"船差少,附于张保,旗色白,曰白旗帮"。红黑白三股"分据东中两路,有急则互相救护,互为首尾者也"。西路则有吴知青、李相清、乌石二分别统管黄、绿、蓝三旗,其中蓝旗乌石二势力最为强大,"敛财物岁计银不下十万两,而涠洲、阑洲孤悬海外,遂据为巢穴。李相清、吴知青又朋比以益其势,由是东、中、西三路俱扰,中外商民不安业者弥年矣"。

盗不仅在澳门炮台射程范围内劫掠中国商船,还打劫外国的舢舨小船,绑架外国商人。

　　嘉庆十二年(1807年)二月十四日的深夜,一队海盗直接偷袭澳门。他们自澳门半岛北部登陆,企图占领可以控制全澳的东望洋山炮台。守卫炮台的士兵发现后,迅速以毛瑟枪射击,将海盗驱离。[①] 4月,因澳葡船只不断遭受粤洋海盗联盟之击劫,议事会遂决心成立三艘兵船组成的海岸防卫队。一艘重120吨,配有16门火炮的"卡洛塔公主"(Princesa Carlota)号;二是"尤利西斯"(Ulisses)号;三是三桅帆船"老虎"(Leo)号,装备有旋转式火炮4门,榴弹炮1门。船队由澳门土生土长的卡洛斯(António José Gon alves Carlos)指挥。5月6日,澳葡小舰队巡洋时,于澳门附近海域上和张保仔辖下的五十艘红旗海盗船正面遭遇。红旗海盗在人数及船只数占有绝对优势,澳葡小舰队则善于使用火炮、火枪,与红旗海盗历经一个小时的海上激战,海盗被击败,四处逃遁。海盗趁乱向"卡洛塔公主"号投掷火药桶,船上指挥官瓦斯康塞洛斯·巴雷托(Francisco José de Victoria Vasconcelos Pereira Barreto)飞快地将火药桶扔进大海,巴雷托与30名船员跳上红旗海盗其中一艘头目船,用剑与海盗格斗,海盗尽皆被砍死,其头目则跳海溺毙,海盗于是称巴雷托为"海上猛虎"。[②] 这次恶战后,粤洋海盗联盟暂时停止了对澳门的直接骚扰,洋面经过一年多的平息,不久又恢复了在澳门附近的活动。《东印度公司对华贸易编年史(1635—1834)》载:

　　　　海盗愈来愈猖獗,蔑视中国官厅对他们清剿的无效行动。1809年2月间,他们由于俘获一艘悬挂葡萄牙旗的外国双桅船而声威大著。4月间,他们将该船装备并向东游弋。但9月间,留在该船工作的原来的船员五人,驾驶该船逃回澳门。6月间,据说由于缺少大米,驱使海盗

---

　　① 马士著,区宗华译:《东印度公司对华贸易编年史(1635—1834)》第3卷,广州:中山大学出版社,1991年,第31页。此事之后,澳门理事官让巡街葡兵装备鸟枪,嗣后遇有此等奸匪暗用石击,即将枪射。后被香山知县彭昭麟下谕禁止。《香山知县彭昭麟为禁蕃兵巡街放枪伤人事下理事官谕》,刘芳、章文钦主编:《葡萄牙东波塔档案馆藏清代澳门中文档案汇编》上册,澳门:澳门基金会,1999年,第846件,第433页。

　　② 黎小江、莫世祥主编:《澳门大辞典》,"海盗袭击澳门"条,广州:广州出版社,1999年,第81页;(葡)徐萨斯(Montalto de Jesus)著,黄鸿钊等译:《历史上的澳门》,澳门:澳门基金会,2000年,第153页;李长森:《明清时期澳门土生族群的形成发展与变迁》,北京:中华书局,2007年,第306页。

深入内河,他们并抢劫了在广州二十英里以内的一个相当大的市镇。7月21日,澳门听见紧密炮声,是由于"一队约二十六艘官舰的船舰与一队相当大的海盗武装船交战,结果完全有利于后者"。于是海贼驶入磨刀门,并扬言进攻香山,除非他们收到一笔相当巨额的现款及供应品作为赎金——这些是照付了。在8月间,他们的艇队到处破坏,抢劫放火,甚至蔓延到广州的四英里或五英里之内。该月23日,他们在澳门海面攻击美国船"阿塔瓦尔帕"号。在19日,行商在广州购了108吨的不列颠双桅帆船"伊丽莎白"号,打算装备该船并驶往清剿海盗。据确实的消息说,皇上已下令对海盗进行最为有效的清剿,甚至授权外国人加入帮助此事。下列海盗猖獗的消息,使委员会深受震动,因为9月21日"伊利侯爵"号的四副格拉斯普尔(R. Glasspoole)及小艇水手六人,派往雇请引水,被海盗绑架,并索款100000元,作为上述个人的赎金。①

嘉庆十四年(1809年)上半年,粤洋海盗联盟再度侵扰澳葡船只,一艘从印度果阿返航的葡萄牙双桅帆船在离澳门不远处遭海盗袭击,大部分船员被杀。海盗们把这艘船拖到澳门海域游行,还把葡萄牙国旗拖到海面上,以此来夸耀他们的"胜利"。仓皇之间,澳葡当局急于向海盗报仇,随即派出3艘冰船迎击,却被海盗击溃。②7月20日,虎门总兵许廷桂率35架水师米艇与白旗梁保海盗集团于洋面相遇,许廷桂成功击毙白旗头目"总兵宝"及黑旗头目郭婆带的父亲。③ 但不幸的是,"旋因盗首张保仔匪船300余只蜂拥前来,帮同抵拒。贼多兵少,被盗船占据上风,乘势下压,以致许廷桂身受多伤,被戕落海"④。9月15日,澳葡当局与红旗海盗船队再度遭遇,双方激战,各自都受到很大的损失,葡萄牙兵船多处被击伤,已无法继续作战。通过多次与海盗的较量,葡萄牙人明白单靠自己的力量是不可能排除海盗侵扰的。葡萄牙人对于海盗的侵略,感到无法忍受,再加上,两广总督百龄感

① 马士著,区宗华译:《东印度公司对华贸易编年史(1635—1834)》第3卷,广州:中山大学出版社,1991年,第114页。

② 吴志良、汤开建、金国平:《澳门编年史》第3卷,广州:广东人民出版社,2009年,第1302页。

③ 朱程万:《己巳平寇》,郑梦玉:《南海县志》卷十四,台北:成文出版社,1989年,第21~22页。

④ 《清仁宗实录》卷二百一十五,嘉庆十四年七月戊辰日,第890页。

到澳葡兵船于洋面剿盗不甚得力,考虑同英国人合作。澳葡当局因此主动向清政府提出消灭海盗计划,11月底,澳葡判事官眉额带历和理事官若阿金·巴洛斯(Joaquim Barros)与百龄达成协议,由清政府提供8万两白银作为经费,向葡萄牙人承租6艘100吨以上的大船参与剿灭海盗。[①] 此协议也吹起粤洋海盗联盟同中葡兵船在大屿山赤沥角海战的序曲。

11月4日,粤洋红旗海盗与中葡兵船于大屿山赤沥角洋面首次遭遇;10日,双方展开激战,张保仔大败葡萄牙船;17日,澳葡当局六只兵船正式出洋剿捕。18日,水师提督孙全谋率领60艘水师米艇,配备1200百门火炮和近2万名水师官兵赶至赤沥角海域准备迎战;20日清晨,水师向海盗发动突袭,"连打两昼夜,不分胜负"。27日,海上刮起猛烈的北风,孙全谋决定用火船围攻被困住的张保仔船队,然而因风向的改变,于是宣告失败。29日午后,南风大作,张保仔同郑一嫂率数百艘船只突围而逃,葡萄牙兵船不断放炮追击,亦无功而返。[②] 大屿山赤沥角海战实际上并未成功,但是在两广总督百龄上奏给嘉庆皇帝的奏折中,夸大歼灭海盗之功绩:

> 官兵歼擒匪伙二千四百余名,匪帮穷蹙远遁一折……此次张保仔匪船在香山县属大黄埔围劫之时,经百龄派拨兵船在东西两港口堵住,运石堵塞。一面预备火攻,并另派兵一千名占住山梁下,放炮下压,断其汲水路,贼匪四路断绝……(嘉庆上谕)如果水师官兵人人效命,何难一鼓歼除,立歼巨憝,永靖海疆。乃因水师恇怯无能,纷纷躲匿,以至贼匪乘间逃脱,功堕垂成,实为可恨。[③]

在大屿山赤沥角海战中,黑旗帮头目郭婆带并未出兵救援遭受围困的

① (葡)徐萨斯(Montalto de Jesus)著,黄鸿钊等译:《历史上的澳门》,澳门:澳门基金会,2000年,第156页;陈昕、郭志坤主编:《澳门全纪录》,上海:上海人民出版社,1999年,第26页。此外,《署澳门同知朱为饬番船赴新安剿捕事下判事官谕》,刘芳、章文钦主编:《葡萄牙东波塔档案馆藏清代澳门中文档案汇编》上册,澳门:澳门基金会,1999年,第1013件,第433页。提到广东官方提供给澳葡当局出兵剿盗的资源:添配该夷兵船二只,曾经本分府会同香山县发借银三千两在案。今准广州府宪来信,据尔等恳借银四万一禀,知尔等踊跃急公,甚属可嘉。但查新安赤沥角洋面现有匪艇游弈,该夷兵船宜速备齐炮火,前往新安剿捕。如能捉获匪船,上宪必有厚恩,即照尔所禀请银两发给,并先发给银一万圆,以作该夷兵炮火、工食之用……谕到该番差,即速将兵船四只,星夜赴新安剿捕,务须勇往上前。如果能出力捕获匪船,立即禀报本分府查核转禀,并将蒙上宪允准,赏借银一万圆。
② 袁永纶:《靖海氛记》下卷,道光十年(1830年)刊本,法国国家图书馆藏,第4~7页。
③ 《清仁宗实录》卷二百二十一,嘉庆十四年十一月乙亥日,第980页。

海氛扬波:清代环东亚海域上的海盗

红旗海盗,况且郭婆带素来就不服后来居上的张保仔。新仇加上旧怨,终于在 12 月 12 日,张保仔在虎门外洋向郭婆带发起攻击。此仗郭婆带大胜,而郭婆带早有向清廷投首之意,遂委托澳门澳葡判事官眉额带历向百龄投诚。[①] 1810 年 1 月 13 日,海盗黄金时代接近了尾声。两广总督百龄至归善县,接受黑旗郭婆带及黄旗冯超群的投诚。两位海盗头目共计交出 5578 名海盗,800 名妇女儿童,113 艘帆船和 500 门火炮。[②] 大屿山赤沥角海战之中侥幸脱逃,郭婆带的投诚,让张保仔的心中也产生"投首反正"的动摇意念。

事实上,不久前,受到重创的张保仔已先向澳葡方示好。嘉庆十四年(1809 年)12 月,赤沥角海战后,红旗海盗派出两艘满载货品的帆船交给澳葡当局,提出和平的建议,并允诺不再抢劫澳葡船只。此两艘帆船是葡属帝汶总督从槟榔屿购得,用来运送在果阿沉船泰瑞莎(Theresa)号所载的货物,被红旗海盗掠去。张保仔因此将两艘船归还,作为谈判的见面礼。[③]

另一方面,1810 年 1 月 21 日清晨,红旗海盗反而向停泊于大屿山洋面的澳葡船队展开突袭。葡方记载:"敌军有 300 多艘船,1500 门炮,20000人,而葡萄牙海军中队只有 6 艘军舰,118 门炮,730 人。……张保仔……把自己的舰队分成 6 个分队,每个分队包围一艘葡舰。……葡军的排枪射击可以击退敌人,葡军的大炮威力更大。而敌方帆船围成圆圈,反而给自己造成混乱,他们每一炮都可能打到己方船上。……卡洛塔公主号……舰上卡罗沙发现了敌方的浮塔,决定不顾一切去摧毁它,因为浮塔的神谕在决定敌方命运中起着重要作用。敌人的几艘船护卫着他们神圣的浮塔,但葡方的火力异常猛烈,终于击沉了它。敌人失去了赖以取得胜利的浮塔,不禁沮丧万分,军心大乱,一部分敌舰开始逃跑,其余的也跟着跑了。"据闻,该具有神圣象征意义的浮塔乃红旗海盗的信仰中心,上搭载了有"僧侣及巫师","张保仔的塔船时刻陪伴着他,他秘密培植授意的僧侣,在他采取任何重大的决

---

① (美)穆黛安著,刘平译:《华南海盗(1790—1810)》,北京:中国社会科学出版社,1997 年,第 145～146 页。

② (美)穆黛安著,刘平译:《华南海盗(1790—1810)》,北京:中国社会科学出版社,1997 年,第 146 页。

③ (葡)施白蒂著,小雨译:《澳门编年史:19 世纪》,澳门:澳门基金会,1998 年,第 13页。

定之前对祈求神谕的解释始终对他有利,利用死党们的迷信思想,来达到他的目的,使他的死党们对他忠心耿耿"。尽管有许多海盗船尽力护卫来自惠州的三婆神像,但是澳葡船舰猛烈的炮火还是将这艘"海上浮塔"击沉。① 霎时,海面上漂浮起一批大声呼救的和尚和涂金着彩的神像。

澳葡官方趁胜向张保仔发函招降,张保仔则回复说他正统治着一个海洋帝国,而且为了离间葡方与清廷的关系,他还郑重许诺,宣称假如葡萄牙人能支持他 4 艘军舰,他能够建立起一个中华王朝,并赐给葡萄牙人二到三个省份。至于要他向一个鞑子投降——永远不行。② 信中倨傲的文字,似乎在做投降前最后的挣扎。此时,"郑一嫂见郭婆带之降而得官,艳之。亦稍自敛,思以就降。常曰:'我众十倍于郭,我若降,朝廷相待,岂止如郭者'"。③ 刚好两广总督百龄正委托澳葡判事官眉额带历出面招安张保仔,④ 眉额带历于是发招安书信致张保仔,请求商谈投诚的具体事宜:

> 嘉庆十五年三月初□□(日)(下缺约二十字)。窃为英雄处世,义气为先。豪杰相□(交),忠信为本。故夷(下约缺十二字)乎西域。前闻足下投诚有□(意),本(下约缺十六字)疑未定,自到虎门。再三□□,□(本)使深愿代为图全。但彼此来得具(下缺数字)足下信爱相托,且奉督宪面谕真情。故尔屡觅线人,传□(旨)劝处。此皆本使诚心一片,实可以对天人。屡接来书,知足下所议章程已定,惟是胜和亚四,虽任往来,但其为人鲁钝,多恐传说未真,□(以)致宪谕、呈词格格不□(甚)相入。兹有李汉华兄,与澳商朱梅官、蔡保官相处甚厚。今其由省来澳,忠厚诚实,素有善名,故特托其持书拜候。请问足下底细情形,尊眷有无送省?□后所禀督宪章程如何? ……□□□□□□决者,即可详悉妥缮一□(折),或具禀督宪呈词,实托本使代求,俾得□□□下

---

① (葡)徐萨斯著,黄鸿钊等译:《历史上的澳门》,澳门:澳门基金会,2000 年,第 151～162 页;高美士:《张保仔船队的毁灭》,《文化杂志》1987 年第 3 期,第 15 页。张保的信仰可参见本书第二章。

② (葡)徐萨斯著,黄鸿钊等译:《历史上的澳门》,澳门:澳门基金会,2000 年,第 151～162 页。

③ 袁永纶:《靖海氛记》下卷,道光十年(1830 年)刊本,法国国家图书馆藏,第 15 页。

④ 《判事官受托招安盗首张保仔事呈两广总督百龄禀》,刘芳、章文钦主编:《葡萄牙东波塔档案馆藏清代澳门中文档案汇编》上册,澳门:澳门基金会,1999 年,第 1018 件,第 512 页。

人凭本□□当合具禀词。随请督宪早日驾临,以免牵延时日,本使亦即代足下亲赴台前,力承担保,务祈(下缺)。[①]

张保仔回复给眉额带历,表示愿意投诚,并让郑一嫂赴省城商谈投诚事宜。

　　　中外本无二志,为情为(下约缺十三字)贤使。捧谕宣扬百大人保民若赤之心,使我们回□□□□□□仁人之用者也。但愚前□□□□□太平,满拟回头是岸,□□□事不果行,徒自怆怀,至蒙屡经□□指点迷津。今又蒙着李汉华兄持大札,捧诵顿芳,臆是即将遣贼眷赴省成信。倘大人如前召问旧因,从中□□得蒙,俾以成就此番美举。素心千古,亦无负大人万家生佛一盂□□,活涸鱼,感德无涯! 余不赘,即当面讨。端此布达,并候近祉不一。[②]

最终,张保仔于香山县城附近的芙蓉沙,率领共 17318 名海盗,226 艘帆船,1315 门火炮及 2798 件其他武器向两广总督百龄投诚。[③] 葡萄牙摄政王唐·若奥五世(Dom João V)为表彰澳葡政府在张保仔海盗事件中取得的功绩,于 1810 年 5 月 13 日发敕书,同意澳门议事会前加上"忠贞"字样。[④] 同时也宣告华南海盗黄金时代的结束。

二、澳葡武装护航船队

在清朝和澳葡水师船队合作之下,为害甚烈的粤洋海盗得到了重创,张保仔率众向清政府投诚,也让澳门得到了暂时的安宁。不过在鸦片战争前后,澳门海域的海盗活动仍旧频繁,例如道光九年(1829 年)4 月,70～80 名

---

① 《判事官为招安事致张保仔信札》,刘芳、章文钦主编:《葡萄牙东波塔档案馆藏清代澳门中文档案汇编》上册,澳门:澳门基金会,1999 年,第 1020 件,第 513 页。

② 《张保仔为受招安事覆判事官信札》,刘芳、章文钦主编:《葡萄牙东波塔档案馆藏清代澳门中文档案汇编》上册,澳门:澳门基金会,1999 年,第 1021 件,第 513 页。

③ (美)穆黛安著,刘平译:《华南海盗(1790—1810)》,北京:中国社会科学出版社,1997 年,第 150 页。

④ (葡)施白蒂著,小雨译:《澳门编年史:19 世纪》,澳门:澳门基金会,1998 年,第 14 页。给澳门此殊荣是为表彰澳门葡人在打击威胁殖民地利益的海盗张保仔行动中,取得的功绩和澳门在很多危急时刻向印度提供的重要救护。

海盗进犯澳门。澳葡检察官通报香山县丞请求援助和追击海盗。[1] 道光十年(1830年)二月,一艘海盗船在伶仃洋东边海面劫夺一艘葡人贩鸦片之货船,将船上6名夷人及1名华人先后打死,丢弃下海,并劫其烟土14箱。此艘海盗船之盗匪,全部来自澳门,其中华人11名,有一位叫张润胜,在澳门当雇工。葡萄牙人3名,黑人1名。可知当时的海盗亦有澳葡居民合流者。[2] 根据以下张润胜的供单,即知那时海盗集团的成员背景。

张润胜供:年卅四岁,是归善县人。父母已故,并没兄弟,娶妻曾氏。平日在于拖船佣工,上年七月才到澳门,现在并无工雇。本月十六日,有素识不知姓之豆皮光,来到新围,叫小的去发财,小的应允。适有亚黑仔、刘亚海同落划艇,那艇有水手嘛啰、亚掌、亚六及不知姓名共八人,并有西洋鬼子三名、黑鬼一名,连小的们总共十五人。艇内有藤牌四面,挑刀□支,大顺刀二对。

划艇即于十六日开行,驶至十字门海面,望见口洲沙沥有夷人三板艇一只,装运货物。小的们划艇就尾跟其后,忘记十九、二十日定更时候,驶至伶丁东边洋面。小的们就将划艇拢近,那豆皮光、刘亚海、亚黑仔各持藤牌,小的持挑刀,其余鬼子、嘛啰各水手,一齐持有刀械过艇,将三板夷人六名、华人一名先后打死,丢弃下海。抢得烟土十四箱,抢后就将三板击沉下海。那三板只有小炮二口,没有搬到。小的们就将划艇驶回南湾抛泊。那划艇鬼子三名共得烟土七箱,小的们华人十二名只得七箱。小的们华人将七箱分开十八份,每份分得烟土四十斤,小的分得一份,该烟土四十斤。随将烟土二十斤付交豆皮光、醉幽二人代卖,又将烟土二十斤送与豆皮光、醉幽二人,作为酬劳邀叫的。

那亚黑仔、豆皮光所得烟土六□贮在醉幽处。那醉幽有馆一间,在新围尾。那豆皮光是澳蛋(蜑)民,年约卅余岁。刘亚海,不知何处人,年约卅余岁。亚黑仔是澳蛋民,年约廿余岁。嘛啰,年约四十余岁。亚掌,年约廿余岁。亚六,年约廿余岁,有麻子,约是蛋民。这郭亚运系划

---

① (葡)施白蒂著,小雨译:《澳门编年史:19世纪》,澳门:澳门基金会,1998年,第45页。

② 《张润胜为勾串蕃梢出洋抢劫三板杀人夺烟事供词》,刘芳、章文钦主编:《葡萄牙东波塔档案馆藏清代澳门中文档案汇编》上册,澳门:澳门基金会,1999年,第634件,第344页。张润胜原是广东省归善县人,后移往澳门,加入海盗集团。可惜档案中无张润胜的结局记录。

艇工人,那鬼叫他过去别艇,没有同去抢夺。后来分赃,预分郭亚运半份,至有无收到,小的没有看见。今奉直讯,只得据实供明,求开恩。正月廿九日供。[①]

在张润胜的供词中,可知盗案虽属小规模,但能说是当时的海盗缩影。组织内有洋人、黑人及华人,海盗年龄在二十至四十余岁之间,乃一群无业水手和渔民所组成。

道光十一年(1831)7月,东印度公司炮兵队长威廉·莱斯特(William K. Lester)从广州伶仃洋改乘一艘澳门黑人驾驶的葡萄牙艇前往澳门,途中遭遇海盗的袭击。海盗把艇上1名澳门水手杀害了,并抢走船上运载的2箱鸦片,还劫走莱斯特现金800元及一些贵重物品。[②] 道光二十六年(1846年)7月,一艘武装私掠双桅帆船从香港出海后,被海盗劫持至横琴岛。船上两名英国水手及时跳海逃命,后被一艘舢板救到澳门。[③] 不过在鸦片战争过后(1842年),在秘密会党与走私鸦片的盛行下,海盗猖獗于浙江宁波洋面之上。同时间,原本扮演转运港口角色的澳门,因五口开港通商后,迅速失去其国际重要商埠的地位。上述因素使得澳葡当局在财政上陷入困境。澳葡当局从1826年就曾经记载澳门议事会所负债务超过122000两。到了总督亚马留(João Maria Ferreira do Amaral)在任期间(1845—1851),则公共财政空虚,负债累累,仅凭葡萄牙拨给的津贴维持日常开支。[④] 当时由于中国东南沿海海盗充斥,对于自卫能力不足的中国贸易船队造成严重的威胁,中国商人无武装护航,便不出洋航行。葡萄牙遂抓住此一机会,借以护航的理由,向中国商船索取高额的利润。

道光二十七年(1847年),澳葡方首度有7艘葡萄牙三桅帆船自告奋勇前往剿灭宁波水域海盗的记录。经过一番浴血奋战,他们完成了这一艰巨

---

① 《张润胜为勾串蕃梢出洋抢劫三板杀人夺烟事供词》,刘芳、章文钦主编:《葡萄牙东波塔档案馆藏清代澳门中文档案汇编》上册,澳门:澳门基金会,1999年,第634件,第344页。本案中有核心海盗及业余海盗,年龄在廿至四十余岁之间。

② 马士著:区宗华译:《东印度公司对华贸易编年史(1635—1834)》第4卷,广州:中山大学出版社,1991年,第284页。

③ (葡)施白蒂著,小雨译:《澳门编年史:19世纪》,澳门:澳门基金会,1998年,第92页。

④ 吴志良、汤开建、金国平:《澳门编年史》,广州:广东人民出版社,2009年,第3卷,第1446页;第4卷,第1747~1748页。

任务,缴获了丰厚的战利品,清政府官员给予褒奖。12 艘参加护卫商船的三桅帆船在台风中遇难。[①] 道光二十八年(1848 年),60 艘清政府的水师船云集宁波,5 艘葡萄牙三桅船到达宁波后,督同清水师船队向象山(Hie Shan)之海盗巢穴进攻。在一场激烈的鏖战之后,象山岛被攻克——从上海和乍浦(Chaposy)来的清军水师船进攻象山岛,却屡次被海盗击败。葡萄牙人在宁波赢得了当地人民的信任。当英、法等国的护船艇来抢生意时,宁波的商民表示,他们只要葡萄牙人护航。[②] 由于澳葡当局大量建造护航快艇,为中国商船出海护航。葡萄牙的快艇船体坚固,船速很快,再加上配有西式火炮,使得海盗感到相当害怕。澳葡当局的护航业起初非常受到中国商船的欢迎,中国商人纷纷雇请,连宁波府也雇用他们来镇压当地的海盗。

咸丰元年(1851 年),福建巡抚徐继畬上奏给咸丰皇帝,报告澳葡护航之情形:

> 又南屋停火轮船五六只,向商船每只索洋银三百元,代其护送,往来闽浙一节。臣查此项夷船并无火轮,系篾篷而非布篷,伪名假夹板,系住澳门之大西洋,即葡萄牙国因英夷新开香港马头。其澳门房屋无人租赁,贫窘无聊,因制小夹板数十只,编列号数。每船配夷人五六名,广东水手十余人,安设夷炮数门,护送商船往来各省港口业已数年。洋盗最畏夹板,望辄避去。各商船借此壮胆,每在上海、宁波、福州、厦门各港口雇觅护送,俱系随时讲价,出自情愿,并非强行勒索。遍查通商条约,并无夷船不准护送华船之文。骤然禁止,未必即肯停歇。况闽、浙、江苏三省洋面数千里,水师即巡缉无懈,终难保无盗船出没。设一旦将护商夷船概行查禁,无论夷人不肯听从,且恐各商闻之反生怨望,尤多未便。止可稽查弹压,勿令滋事而已。[③]

咸丰二年(1852 年)二月,澳葡护航业又做起"诬良为盗"、"阳奉阴违"

---

① (葡)徐萨斯著,黄鸿钊等译:《历史上的澳门》,澳门:澳门基金会,2000 年,第 242～244 页。

② (葡)徐萨斯著,黄鸿钊等译:《历史上的澳门》,澳门:澳门基金会,2000 年,第 244 页。

③ 《福建巡抚徐继畬密奏奏片》,中国第一历史档案馆、澳门基金会、暨南大学古籍研究所合编:《明清时期澳门问题档案文献汇编》第 2 册,北京:人民出版社,1999 年,第 592 页。

之情事。两广总督徐广缙等奏报："小西洋夷人累丝等在宁波滋事，委员递回广东，饬交夷目领回处治。"①9 月，葡萄牙护航快艇在宁波海上捕获一艘运糖的船只，清朝当地官员经过调查后，认为该船是为自卫而武装起来的商船，而葡萄牙领事却单方面宣称它是海盗船，同时也是葡萄牙人合法的战利品。葡人遂宣布将船占为己有，而把船上的货物亦分给捕获者。② 咸丰四年（1854 年）6 月，闻宁波道宪前在海面招到船一帮（也是恶名昭彰，官、盗、护航业集于一身的布兴有海盗集团），其船人原系在附近一带洋面行劫者，曾与澳门葡人欺侮交击，结有根隙。21 日，澳门葡萄牙人遂派兵船，赴彼声讨其罪。道宪则置之不理。葡船向布兴有船队开始发动攻击，并不分青红皂白地向炮击岸上炮台及房屋。③ 咸丰五年（1855 年），宁波等地的商人撇开葡萄牙人，私底下以重金雇用粤洋海盗来为自己护航。粤洋海盗和葡萄牙人双方很快就成了竞争对手。同年（1855 年）5 月，宁绍台道道台针对葡萄牙人发布了"严禁购买女童告示"。由于澳葡护航业受到竞争者挤压，反而干起了贩卖人口的勾当，及垄断中国东南沿海的少女买卖。其中澳门葡商维森特·佐治（José Vicente Jorge）和阿利诺·恩卡纳卡奥（Alino de Encalacao）就是这批人口贩子头目。④

咸丰五年（1855 年）12 月，环东亚海域上的海盗日益横行，再加太平天国运动对于沿海地区的影响，海上航行对葡萄牙人的护卫舰队需求更大，澳门的三桅帆船至这年已经增加至 180 艘。⑤ 布兴有与澳葡于宁波洋面的护航业竞争，可以说是已经到达白热化，一触即发。马士的《葡萄牙人在宁波护航》一文中提到：

（清朝官员）对葡萄牙人犯罪并不严加追究，宁波的官吏和商人于

---

① 《两广总督徐广缙等奏片》，中国第一历史档案馆、澳门基金会、暨南大学古籍研究所合编：《明清时期澳门问题档案文献汇编》第 2 册，北京：人民出版社，1999 年，第 596 页。

② 马士著，张汇文等译：《中华帝国对外关系史》第 1 卷，上海：上海书店出版社，2000年，第 458 页。

③ 松浦章、内田庆市、沈国威编著：《遐迩贯珍（附解题、索引）》1854 年第 9 号（No.14），第 617 页。

④ 吴志良、汤开建、金国平：《澳门编年史》第 4 卷，广州：广东人民出版社，2009 年，第1702 页；《遐迩贯珍》，香港公共图书馆藏图像文件，第 8 号（1855.8）。

⑤ （葡）徐萨斯著，黄鸿钊等译：《历史上的澳门》，澳门：澳门基金会，2000 年，第 242页。

是采取了聪明的步骤,用黑费条件同一个侵入宁波水上的力量雄厚的广东海盗头子接洽。这班海盗变为相当忠诚,开始在护航和保护事业上与葡萄牙相竞争抗衡和冲突,随之发生,开始了狗咬狗的勾当,并且经过三年的竞争之后,在一八五七年六月发生了危机。广东海盗集结了他们的武力,打了一场胜仗,把逃跑的葡萄牙舰队追逼到宁波内河,六月二十六日在那里展开了战斗,其他中国人和其他外国人都是中立的观望者。在这次战斗中,葡萄牙人遭遇了可耻的失败。在六月间,葡萄牙人捕获了一只法国船,而法国帆船巡洋舰"加布里苏号"(Capricieuse),就在这个战斗期间载着从上海上船的领事到达宁波。它参与了防止葡萄牙领事馆劫掠的行动,并且搭救了葡萄牙舰队的幸存者们到舰上,把他们送到澳门作为海盗加以审判,并且还向中国当局要求那只被葡萄牙捕获后又被中国人夺去的法国船上的财物。当时停泊在口岸的葡萄牙炮舰"孟德果号"(Mondego)曾被警告说只要它一开火,它就会被毁灭,于是它一炮不发便离开了。三只葡萄牙的快艇,真正的商船,却并未受到任何的阻挠。①

从马士的记载中能够得知,澳葡从事护航业的好景不长,一些拥有护航快艇的葡萄牙人暴露出他们贪婪的一面,为了捞取更多的钱财,葡萄牙人竟不管中国商船是否愿意,一律对出海船只发保护证,征取保护费。葡萄牙人这种对中国出海船只变相勒索的做法,事实上已与海盗无异。咸丰七年(1857 年)6 月,布兴有旗下的广艇海盗将葡萄牙人的护航船队逼进了宁波内河,然后全力合攻,使得葡萄牙人死伤惨重,护航船队元气大伤,"终于在两年后退出了曾给他们带来巨大利益的护航活动"②。

三、清末林瓜四与海盗攻占路环案

正当澳葡从事护航事业的前后,海盗持续充斥于凼仔、路环以及大、小横琴之洋面上。葡方多次以海盗事件作为借口,来继续其扩张澳门的地界。宣统元年(1909 年),澳葡当局尚无法对偏远的路环建立起有效的统治,而

---

① 马士著,张汇文等译:《中华帝国对外关系史》第 1 卷,上海:上海书店出版社,2000年,第 459～460 页。

② 陈昕、郭志坤主编:《澳门全纪录》,上海:上海人民出版社,1999 年,第 32 页。

是到清末海盗攻占路环案后，才有所转变。道光二十九年（1849 年），澳门总督亚马留与两广总督徐广缙，针对澳门的管辖权双方有强烈的冲突，剑拔弩张，岂料在同年 8 月，澳督亚马留却被海盗沈志亮暗杀身亡。[①] 澳葡政府借此事件夺取澳门的主控权。咸丰元年（1851 年）4 月，葡舰"若奥一世"号在澳门河道里，拿获两名著名的海盗头目。据传，该海盗曾杀死过 60 名中国水兵和一些官吏。两人都懂葡萄牙语，其中一人请求护卫舰司令给他居住在澳门的母亲送上 30 两银子。最终，两位中国海盗于狱中服毒自尽。[②] 8 月，新任澳葡总督贾多素（Francisco Antoio Goncalves Cardoso）更下令占领了"破碎的凼仔"。该区域远离澳门市中心，经常发生海盗的袭击，于是应当地居民和船民的要求，贾多素总督采取了上述行动并设立检查哨所。此后，海盗反而退据南方的路环岛，使得路环岛成为海盗新的"逋逃渊薮"之地。[③]直到清末，澳葡亦以同样理由占领路环。

咸丰四年（1854 年）11 月，澳葡所属的"亚马逊"号轮船，在广州海湾出口处被许多海盗船拦截。当时，港口外面泊有四艘英国船和一艘美国船。次日，"亚马逊"号开始炮轰海盗们在海边构筑的堡垒，以保护英、美联军登陆。海盗们往山上逃窜，联军缴获 22 件武器，其中最大口径为 12 寸，烧毁60 艘大小不一的海盗船，捣毁 4 座海盗营寨。[④] 咸丰六年（1856 年）2 月，葡萄牙双桅帆船"决心"（Resolução）号离开澳门前往哈瓦那（Havana），船上载有 350 名华工。16 日晚上，混入船上的华人海盗突袭夺船。当时，许多被官府通缉的海盗会乔装成出洋华工，他们决定充作移民者出国谋生来逃避追捕，然后驾驶劫来的船接应海盗同伙。[⑤] 咸丰七年（1857 年），葡萄牙蒸气

---

① 姚楠，《南洋华侨通史》，重庆：商务印书馆，1943 年，第 155 页。提到："澳门总督为海盗杀害。"

② （葡）施白蒂著，小雨译：《澳门编年史：19 世纪》，澳门：澳门基金会，1998 年，第107～108 页。

③ （葡）施白蒂著，小雨译：《澳门编年史：19 世纪》，澳门：澳门基金会，1998 年，第 109页。

④ （葡）施白蒂著，小雨译：《澳门编年史：19 世纪》，澳门：澳门基金会，1998 年，第120～121 页。

⑤ （葡）施白蒂著，小雨译：《澳门编年史：19 世纪》，澳门：澳门基金会，1998 年，第 126页。

明轮上的三名水手因与中国海盗相勾结,从事抢劫活动而被判刑。^① 咸丰七年(1857 年)8 月,海盗已成为笼罩澳门居民生活的噩梦。澳门政府发布的训令要求所有居民做好相应准备,以采取一切手段还击海盗袭击。各居民点须在做好自卫防范的同时,一旦发现海盗出没的情况应立即报告政府。^②

同治三年(1864 年)11 月,路环岛居民请求澳葡政府派遣军队驻扎,以保护他们免受海盗骚扰。10 名巡捕即开赴路环荔枝湾,首次在该地建立军事据点。^③ 同治七年(1868 年)2 月,管理华人事务官向香山县官府通报说"贾梅士"炮舰根据澳门政府的命令,在 Tai-Lan 港捕获三艘海盗船,处死一些首领后,其他人被释放,并重申澳门政府将一如既往地与中国官府合作,协查罪犯。澳门政府这样做的出发点是基于双方的良好关系,基于对文明及法律的尊重。^④ 同治十年(1871 年)11 月,澳葡当局的港口快艇巡逻队攻占横琴岛(Uong-K'am),摧毁当地的海盗据点。^⑤ 同治十一年(1872 年)9 月,澳葡官方致函香山县令,拟与粤省共同围剿大横琴岛(Montanha)上的海盗。^⑥ 同治十三年(1874 年)9 月 22 日夜至 23 日,超级台风"甲戌风灾"袭击澳门,各路海盗趁机袭击澳门。^⑦ 光绪六年(1880 年)9 月,13 名划艇的海盗至小横琴岛登岸,劫掠鲫鱼湾(Chai Ngui Van),凼仔炮台司令官派兵捉拿。后两广总督请求将中国海盗引渡回广州审判。^⑧ 光绪九年(1883 年)5

---

① (葡)施白蒂著,小雨译,《澳门编年史:19 世纪》,澳门:澳门基金会,1998 年,第 131 页。船上的三名海盗分别为佩雷拉、卡内罗和格雷罗。

② (葡)施白蒂著,小雨译:《澳门编年史:19 世纪》,澳门:澳门基金会,1998 年,第 132 页。

③ 吴志良、汤开建、金国平:《澳门编年史》第 4 卷,广州:广东人民出版社,2009 年,第 1757 页。

④ (葡)施白蒂著,小雨译:《澳门编年史:19 世纪》,澳门:澳门基金会,1998 年,第 171 页。

⑤ (葡)施白蒂著,小雨译:《澳门编年史:19 世纪》,澳门:澳门基金会,1998 年,第 185 页。

⑥ (葡)施白蒂著,小雨译:《澳门编年史:19 世纪》,澳门:澳门基金会,1998 年,第 189 页。

⑦ (葡)徐萨斯著,黄鸿钊等译:《历史上的澳门》,澳门:澳门基金会,2000 年,第 263 页。

⑧ (葡)施白蒂著,小雨译:《澳门编年史:19 世纪》,澳门:澳门基金会,1998 年,第 220 页。

月,为防止海盗侵袭凼仔,澳葡在此地增加驻军和建立炮台,加强葡萄牙人对于凼仔的控管。7月,海盗再次乘台风袭澳,至大横琴岛的银湾上岸大肆行劫。[①]

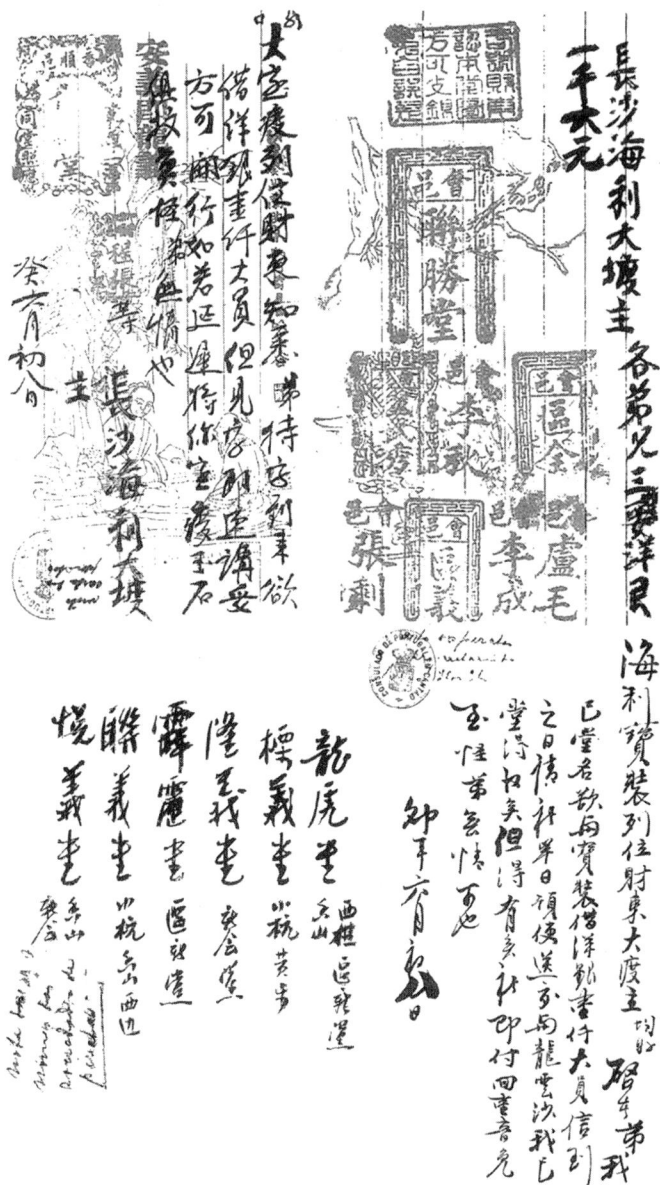

---

① 　资料整理自陈昕、郭志坤主编:《澳门全纪录》,上海:上海人民出版社,1999年,第30～37页;(葡)施白蒂著,小雨译,《澳门编年史:19世纪》,澳门:澳门基金会,1998年,第230页。

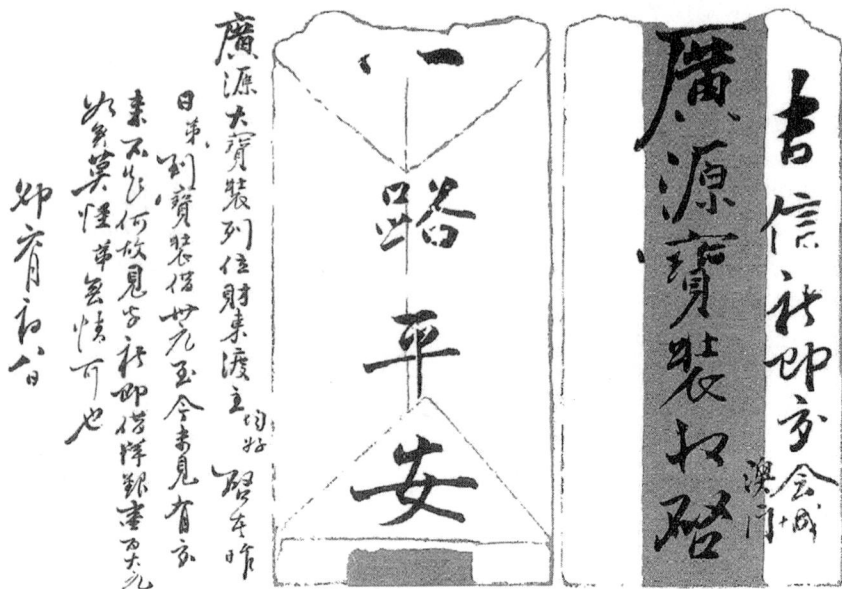

图 6-2　匪徒勒索函、匪徒堂号名单

资料来源：《匪徒勒索函·匪徒堂号名单·六月初八日匪徒勒索函并信封》，葡萄牙外交部档案馆、澳门基金会、广东省立中山图书馆、澳门大学图书馆合编：《葡萄牙外交部藏葡国驻广州总领事馆档案·清代部分》第 9 册，广州：广东教育出版社，2009 年，第 315～321 页。

直至 19 世纪末，澳门海盗结党打单勒索，仍无恶不作（参见图 6-2 澳门海盗勒索信件），两广总督岑春煊更开列出三十一名水陆著匪名单，希望澳葡官方能够协助捉拿归案（参见图 6-3 广东著匪名单）。

（一）香山大盗林瓜四

光绪二十五年（1899 年）十月，澳门《知新报》刊登着一篇文章《纪粤盗愤言》载："地球各国盗贼之多，以中国为最；中国盗贼之多，以广东为最。粤盗之案，其不报不详者且勿论，即如报章所载，几于无日不书，无地不有。墨为之罄，笔为之秃，已令人可惊可骇。……纳行水于盗，而盗保其不失，且能赔偿。是商信官不如信盗之足恃也！"①正因清末广东盗贼猖獗，外务部右

---

① 《纪粤盗愤言》，《知新报》光绪二十五年十月二十一日，第 106 期，第 1～3 页。

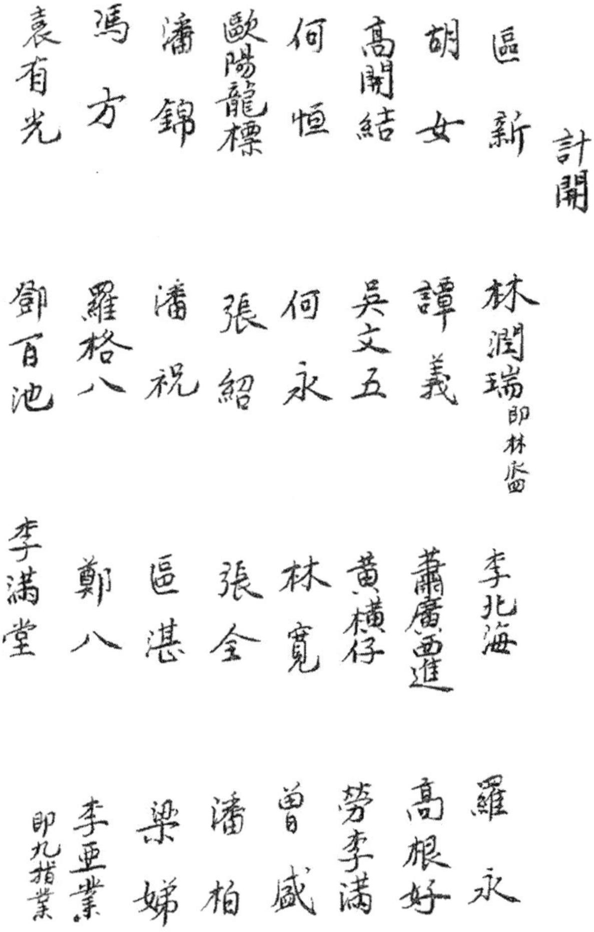

計開

區新　胡女　高開結　何恒　歐陽龍標　潘錦　馮方　袁有光

林潤瑞即林醬　譚義　吳文五　何永　張紹　潘祝　羅格八　鄧百池

李北海　蕭廣進　黃橫仔　林寬　張全　區湛　鄭八　李滿堂

羅永　高根好　勞李滿　曾盛　潘柏　梁娣　李亞業即九揩業

图 6-3　岑春煊开列之三十一名广东著匪名单

资料来源:《岑春煊开列之著匪名单》,葡萄牙外交部档案馆、澳门基金会、广东省立中山图书馆、澳门大学图书馆合编:《葡萄牙外交部藏葡国驻广州总领事馆档案·清代部分》第 9 册,广州:广东教育出版社,2009 年,第 343 页。前三名海盗区新、林瓜四、李北海皆被广东水师提督李准所捕获。

侍郎伍廷芳等联衔奏请,饬两广总督岑春煊、广东巡抚张人骏实行"清乡"事宜。[①] 清末广东清乡之法概括为:"水陆分防严密,复设各处行营为办匪机关,委用熟悉缉捕能员,分带土著营勇。同时大举按乡清办,随时随地购线

---

① 《清穆宗实录》卷五百三十四,光绪三十年八月甲戌日,第 119 页。

踪缉,遇有大股匪徒,则会合剿捕。仍责成旧日正绅与各属商会,同负保民攻匪之责。编查各乡村保甲,举出房、族正副,密报匪名,到拿捆送,以清内匪,并给械办团,以辅兵力之不逮。内清外捕,则思过半矣。凡此数端,皆属清乡要素。"①此时,广东省香山县著名大海盗——林瓜四,自然成为首要目标。

林瓜四又名林润瑞,又号卓之,②香山大涌安堂人,乃清末香山著名沙匪的首领,"号称海上天子,每次外出打劫,必先使部下用粗竹竿沿街拖过,以此响声为召唤暗号,各匪闻声则群集起来。然后半夜出动,盘踞板芙、四沙一带,后来还扩张至金斗湾"。并且在香山、顺德一带沿海的沙田区,"向各围口勒收行水,在澳门开平馆。各围须向平馆交行水,否则就放火烧围馆,拘捕围馆伙记去作人质,以索赎金"。此外,林瓜四"还专在伶仃洋截劫顺德运蚕茧去香港之茧船,回来即在安堂养靖祖祠分赃,不须计数,任由每人用竹罉笠(竹帽),盛满一笠银,瓜四在门口看过便算。他还专在广福沙与疍船开战。因此,后来有出粤剧名叫《林瓜四大闹广福沙》"。③

光绪三十年(1904年),《申报》刊载林瓜四集团于香山白蕉洋面上,与广东统巡各江水师道台李准管驾的广安兵轮船作战,并击毙水师兵丁多名,内容说:"林瓜四等招集羽党数百人,设立堂名,四出劫掠,商民受害,莫不忍气吞声。前经统巡李观察准督带勇丁第十六营及广安兵轮船,赴大黄埔围捕。曾获被掳商民二名,匪党一无所获。而勇丁之中枪、溺水死者,则有一十六名。彼处绅耆易宝昌等,心焉忧之,因联名具禀督辕,请早设法扑灭。当奉督宪岑云帅批示云:'香山素多沙匪,近来著匪林瓜四等复纠集党羽,设立堂名,四出打单掳掠,更为民害。……广东营务处兼缉捕局会同按察司,

---

① 《总商会详陈清乡办法(续)》,《香港华字日报》1913年9月23日。转引自何文平:《清末广东的盗匪问题与政府清乡》,《中山大学学报(社会科学版)》2008年第1期,第95页。

② 《署理两广总督岑春煊为抓捕林瓜四等贼匪事致葡总领事穆礼时照会·附匪名单》,葡萄牙外交部档案馆、澳门基金会、广东省立中山图书馆、澳门大学图书馆合编:《葡萄牙外交部藏葡国驻广州总领事馆档案·清代部分》第14册,广州:广东教育出版社,2009年,第419页。

③ 余和宝:《清末民初的香土匪》,《中山文史》第54辑,2006年,第4页。载其卖咸鱼出身……澳门买咸鱼挑回家,挑至三乡马径,被匪截劫。瓜四叹曰:"人能劫我,难道我不能劫人?"遂起贼心,聚众为匪。

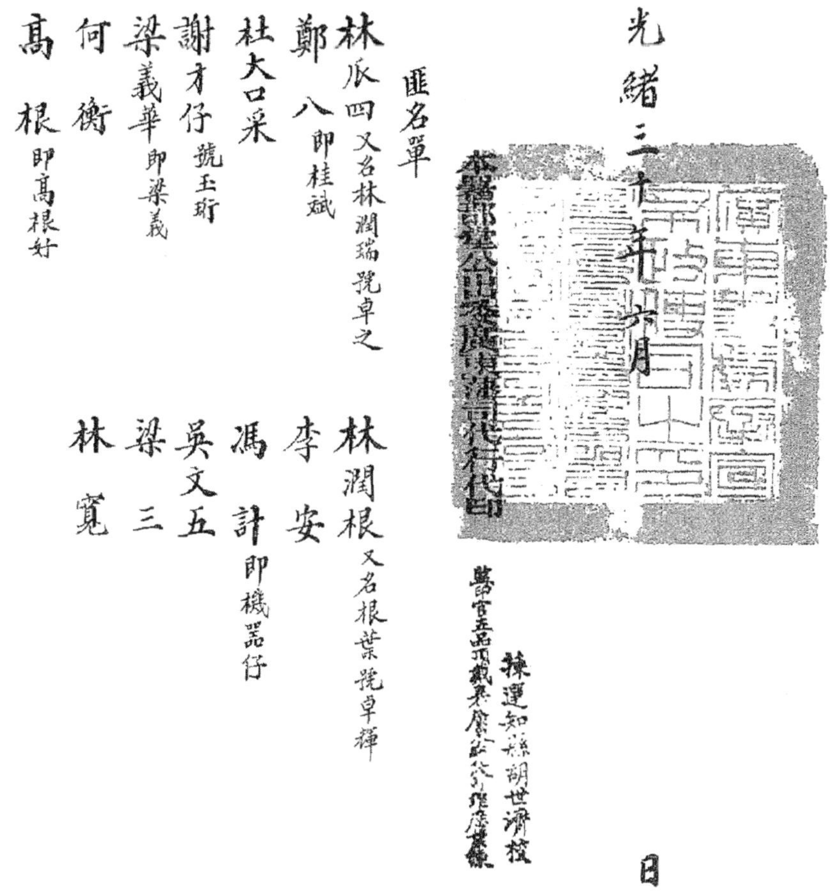

光緒三十年六月 日

辦理知縣胡世澤校

匪名單

林瓜四 又名林潤瑞 號卓之

鄭八 即桂斌

杜大口采

謝才仔 號玉珩

梁義華 即梁義

何衡

高根 即高根好

林潤根 又名根葉 號卓輝

李安

馮計 即機器仔

吳文五

梁三

林寬

图 6-4　著匪林瓜四海盗集团通缉名单

资料来源:《署理两广总督岑春煊为抓捕林瓜四等贼匪事致葡总领事穆礼时照会・附匪名单》,葡萄牙外交部档案馆、澳门基金会、广东省立中山图书馆、澳门大学图书馆合编:《葡萄牙外交部藏葡国驻广州总领事馆档案・清代部分》第 14 册,广州:广东教育出版社,2009 年,第 419 页。

移行李道香山县赶紧督率各营严密围捕,务将首要各匪悉获惩办,毋任滋蔓。'"[①]夏六月十九日,林瓜四再度纠党数百人,窜往蕉门大冲沙东围洋面,适遇李准统领的广安兵轮船,双方开炮相攻,毙匪多名,[②]林瓜四也受了伤。

① 《香山匪患》,《申报》1904 年 8 月 19 日第 2 版,第 11257 期。

② 《广州杂志》,《申报》1904 年 8 月 22 日第 9 版,第 11260 期。

隔天黎明，广东水师驾长龙艇继续追击林瓜四至大、小横琴岛洋面（属香山县），突然有澳葡官兵出来阻挡，谓："此地为葡属地，华兵不应过界击匪。"李准言："澳门仅濠镜一隅，为租借地，何得侵及横琴？"葡兵则说："葡国已派老更（警察之别名）于此数十年矣，中国官吏向不过问。"①双方相持半日之久，最终仍让林瓜四成功逃脱回澳门。

李准经查，发现林瓜四的巢穴是在澳门过路环（路环古称）等处藏匿，于是上书给两广总督岑春煊，陈述此事经过，并请求与澳葡划清界限，收回领土。岑春煊致澳门总督照会中，则希冀澳葡官方能够协助缉拿，并依照两国在天津互换条约中的第四十五款："交犯一节，除中国犯罪民人有逃至澳门地方潜匿者，由两广总督照会澳门总督，即由澳门总督仍照向来办法，查获交出等情"章程将林瓜四等海盗罪犯提解回广东审判。② 澳门总督收到照会后，立即派差查拿。或许林瓜四已经买通澳葡警察，事先闻风藏匿，仅拿获其党羽林和、杜华、萧犬、彭社益和梁创之等五名。③ 关于双方罪犯的解交移送，依照两国的惯例，广东官府须在时限内，提供各该犯的犯罪案由及证人姓名录提交给澳门。最后，再由广东派员及证人前往提解。岑春煊于是照会给葡萄牙总理事官穆礼时，附上各犯详细的犯案经过以及八名证人的清单，并委派李准、克虏船管带李炎山和雷虎船管带曹汝垣，带同证人到澳门提前项要犯质讯，然后交解回省审办。同时，亦请澳葡总督饬属带同李准所觅的线人，继续查缉林瓜四。④

---

① 李准：《任庵自定义年谱》，光绪三十年（1904 年）甲辰，三十四岁，影印本，未刊。

② 《署理两广总督岑春煊为中葡两国解犯条约事复葡总领事穆礼时照会·附匪名单》《署理两广总督岑春煊为缉拿著匪林瓜四事致澳门总督墨照会抄件》，葡萄牙外交部档案馆、澳门基金会、广东省立中山图书馆、澳门大学图书馆合编：《葡萄牙外交部藏葡国驻广州总领事馆档案·清代部分》，广州：广东教育出版社，2009 年，第 14 册，第 410 页；第 4 册，第 439 页。

③ 《署理两广总督岑春煊为押解林瓜四党羽事致葡总领事穆礼时照会·附匪犯犯罪案由等》，葡萄牙外交部档案馆、澳门基金会、广东省立中山图书馆、澳门大学图书馆合编：《葡萄牙外交部藏葡国驻广州总领事馆档案·清代部分》第 14 册，广州：广东教育出版社，2009 年，第 436～439 页。

④ 《任庵自定义年谱》，光绪三十年（1904 年）甲辰，三十四岁。载线人为余启福。

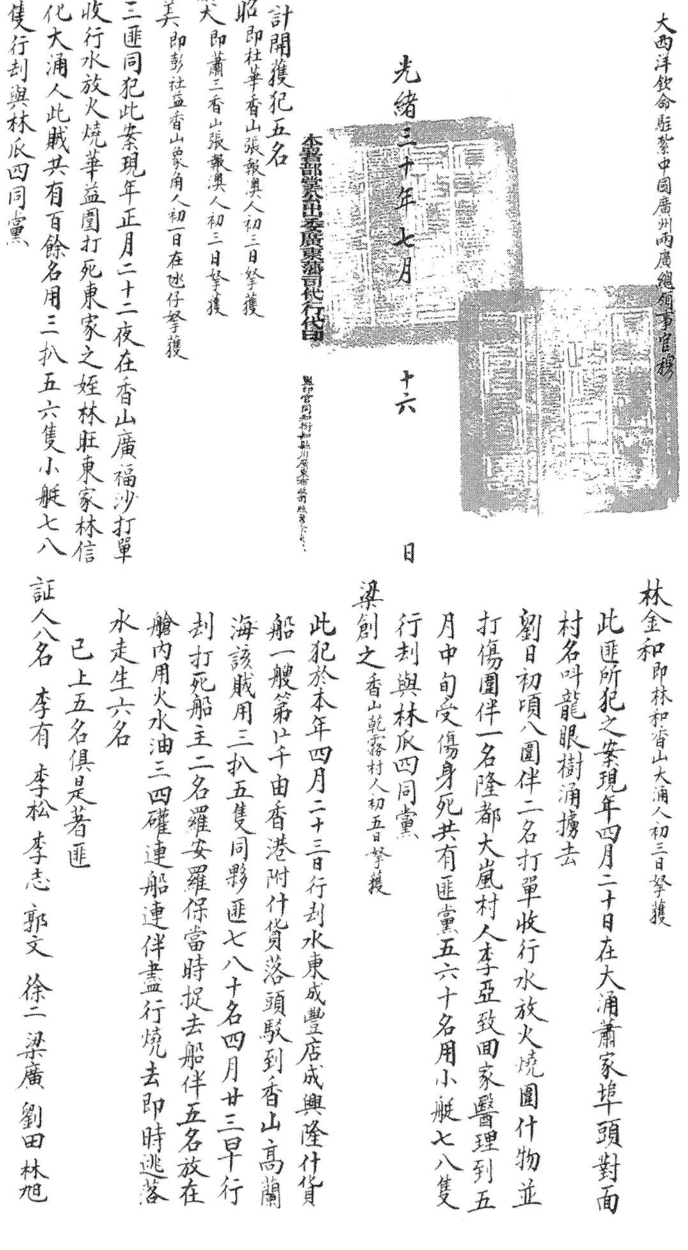

大西洋钦命驻紮中国广州两广总领事官楷

光绪三十年七月 十六 日

本部堂出示广东澄海行船日

林金和即林和香山大涌人初三日拿获

此匪所犯之案现年四月二十日在大涌萧家埠头对面
村名叫龙眼横涌抢去
刘目初顷入圍伴一名打單收行水放火烧圍什物並
打傷圍伴一名隆都大崗村人李亞致回家醫理到五
月中旬受傷身死共有匪黨五六十名用小艇七八
隻

梁創之香山乾窖村人初五日拿获
行刬與林欣四同黨

此犯於本年四月二十三日行刬水東成豐店成興什貨
船一艘第七千由香港附什貨落頭駛到香山高蘭
海該賊用三扒五隻同影匪七八十名四月廿三早行
刬打死船主二名羅安羅保富時捉去船伴五名放在
艙內用火水油三四罐連船伴盡行燒去即時逃落
水走生六名
已上五名俱是著匪
証人八名　李有　李松　李志　郭文　徐二　梁廣　劉田　林旭

計開獲犯五名
杜眙即杜華香山派敷奧人初三日拿獲
萧犬即萧三香山張敷奧人初三日拿獲
彭英即彭社盖香山象角人初一日在逃仔拿獲
三匪同犯此案現年正月二十二夜在香山廣福沙打單
收行水放火烧華益圍打死東家之姪林莊東家林信
化大涌人此賊共有百餘名用三扒五六隻小艇七八
隻行刬與林欣四同黨

图 6-5　林瓜四党羽犯罪案由及证人名单

资料来源：葡萄牙外交部档案馆、澳门基金会、广东省立中山图书馆、澳门大学图书馆
合编：《葡萄牙外交部藏葡国驻广州总领事馆档案·清代部分》第 14 册，广州：广东教育出
版社，2009 年，第 436～439 页。

李准认为若是由澳葡政府出票拘拿,因路环警察多与匪通,必先通报林
瓜四,使之躲藏他处。乃私下派出香山都司李炎山及李耀汉、何庆、翟汪和
线人余启福等驻澳,访查林瓜四踪迹,知其在过路环自行开设的新昌祥杂货
铺楼上养伤,并开始记录其作息时间,林瓜四每晚在楼上吸食洋烟至三四点
钟,日则睡至十一点钟始起。① 掌握林瓜四行踪后,李准更用金钱贿赂买通
澳葡之当事者,不使其让警察知情,让李炎山等持拘票,假扮葡兵,乘夜至路
环,先使线人余启福陪林匪"烧烟",等到林逆就寝,乃出告炎山等,林逆睡楼
之窗及门均虚掩而未加链。李耀汉等爬树上楼入屋,林正惊觉,耀汉已执其
两手,无法持手枪还击。隔天准备拘上粤省兵舰,路环之葡兵齐集,认为林
瓜四必先解送至澳门法院审明再行引渡。② 于是岑春煊与澳葡政府经过一
番照会公文往来,才在光绪三十一年(1905 年)二月,澳门议事会才同意林
瓜四及其五名党羽,交解回粤。③ 岑春煊罗列林瓜四所有罪状,让香山县人
为之大快。

> 林瓜四,又名林润瑞,又名林老四,系大匪党之头人。其党有四十
> 头目,都归林瓜四所管,听其指挥。每一头目又各有党羽数十人,时时
> 练习枪法,所以一出行劫,动辄聚至千余匪之众,且皆悍不畏死之流。
> 故林瓜四一匪为香山县地方最出名之匪首,人人侧目。历经多年,县属
> 地方之被劫、被掳、被戕杀者,不知凡几。其党内有名之匪及历年所犯
> 之案,实属书不胜书。且该林瓜四胆敢向县属民家勒收规费,以为供养
> 其身及党羽之用……又该匪党常向商家、民家或有产业之富家及各乡
> 耕种之农家打单勒收行水……其最凶恶者,莫如劏人一事(传闻路环竹
> 湾有块专杀无人赎取的肉票或奸细的劏人石),香山合属之民家,无有
> 不寒心者。至于近三年内各官兵之被林瓜四拒捕伤毙者,亦已有数百

---

① 《署理两广总督岑春煊为提解匪首林瓜四及其党羽回粤审理事致澳门总督墨照会
抄件》,葡萄牙外交部档案馆、澳门基金会、广东省立中山图书馆、澳门大学图书馆合编:《葡
萄牙外交部藏葡国驻广州总领事馆档案・清代部分》第 4 册,广州:广东教育出版社,2009
年,第 442～443 页。

② 李准:《任庵自定义年谱》,光绪三十年(1904 年)甲辰,三十四岁。

③ 《署理两广总督岑春煊为提解林瓜四等贼匪事致葡总领事穆礼时照会》,葡萄牙外
交部档案馆、澳门基金会、广东省立中山图书馆、澳门大学图书馆合编:《葡萄牙外交部藏葡
国驻广州总领事馆档案・清代部分》第 14 册,广州:广东教育出版社,2009 年,第 445～449
页。

名。……四月二十三日,有来往香港及新宁海晏之饷渡一艘,驶至三灶附近之高兰海面,被该匪截劫。不独货物银两抢掠一空,而且枪毙船伴五名,并将搭客四十余人锁闭舱内,随即驶往斗门。……适遇官兵到捕,林瓜四随令用火水倾注船内,放火焚烧。其时船内被禁舱内之四十余名客,迫得凿穿该船一穴,以图走出。然逃免者仅十七人,其余尽被焚死矣。又前六月十九,林瓜四率党在西海百蕉地方行劫,与官兵相遇鏖战。该匪被官兵枪弹中其左腿,因此始逃至过路湾避匿医治。当在白蕉拒捕时,其手下党羽尚二百余众也。今承大西洋澳门总督及华民政务官严密查缉,多设善法卒能,幸将该匪拿获……道达感谢之忱。①

光绪三十年(1904 年)冬十月,当林逆就擒之后,其弟林瓜五和党羽等,尚以龙凤堂旗幡向东西二海河上打单。李准督率水师于三墩河清剿,击毙100 余人,生擒 300 余人,全股殄灭。② 光绪三十一年(1905 年)3 月 6 日,纵横粤东的强人林瓜四及其党羽萧三等 6 名,由广东水师统巡李准从澳门提解回省。③ 事后,葡萄牙总领事穆礼时特别电文给广东政府,询问林瓜四一案。新任两广洋务差使高而谦于 3 月 29 日回复:"林瓜四一犯,查系谋反大逆,业经按照律法惩办,凌迟处死!"④海盗头目林瓜四才在 3 月 6 日押解回广东,于 29 日前,由于罪证确凿,已被清政府速审速决,执行凌迟处死,让澳葡政府无法继续干预此案。正是如此,光绪三十一年(1905 年)底,已获被

---

① 《署理两广总督岑春煊为提解匪首林瓜四及其党羽回粤审理事致澳门总督墨照会抄件》,葡萄牙外交部档案馆、澳门基金会、广东省立中山图书馆、澳门大学图书馆合编:《葡萄牙外交部藏葡国驻广州总领事馆档案·清代部分》第 4 册,广州:广东教育出版社,2009 年,第 443～445 页。另一种说法,根据郑炜明:《清末(澳门)路环海盗及其与同盟会之关系》[吴志良等:《澳门人文社会科学研究文选·历史卷(含法制史)》上卷,北京:社会科学文献出版社,2009 年,第 26 页]引口述历史路环岛的余刚强说:"林瓜四,住在小横琴,外父名余老二……勾结西洋人……乃制一边有毒一边无毒的月饼,于八月十五日预约西洋人派船突袭小横琴。他则与林畅饮,骗他吃下月饼,这样西洋政府才成功地捉了林瓜四及其在小横琴的一伙人。林被捕后,先带回路环,然后解上广州交清廷发落,竟因此获得中国政府的赞许。路环岛黑沙村张标说勾结葡人是林的'契家婆'。"

② 《任庵自定义年谱》,光绪三十年(1904 年)甲辰,三十四岁。

③ 吴志良、汤开建、金国平:《澳门编年史》第 4 卷,广州:广东人民出版社,2009 年,第 2127 页。

④ 《高而谦为处决林瓜四事复葡总领事穆礼时函并名片》,葡萄牙外交部档案馆、澳门基金会、广东省立中山图书馆、澳门大学图书馆合编:《葡萄牙外交部藏葡国驻广州总领事馆档案·清代部分》第 14 册,广州:广东教育出版社,2009 年,第 450 页。

处决的林瓜四兄弟,清廷悬红奖金 1000 银元的香山县隆都大涌人海盗林佩南(又名林大、林亚大、高佬大)在澳门门牌 47 号处被捕。于是澳葡方此次在司法交涉中多方刁难,如公文错字的更正,甚至要求多达 8 名证人指认,①才能交解回省。双方针对签订移交犯人的条文解释,反复行文照会,经过 6 个多月才得以结案。

(二)海盗攻占路环案

明清以来,广东香山县与澳门的地界与领海权,长期属于模棱两可的状态。光绪十三年(1887 年),《中葡和好通商条约》签署后,葡人利用条约中"澳门及属澳之地"并未明确划清界线,于是以澳门半岛为中心,来扩张澳门领地。例如湾仔、银坑交界一带海岸及外洋交界之马骝洲、青洲、大小横琴岛、舵尾山、凼仔和路环等处,澳葡以保护当地居民为由,开始兴建炮台,成立哨所,并向村民收税和建立公共设施。宣统元年(1909 年)7 月 15 日,两国代表终于在香港进行划界谈判。但因葡方所提之方案,是原居留地的三十倍,故被清廷极力否决。至于澳葡在凼仔、路环两岛占地建造炮台,则被允许居留,但不作为属地。② 结果,厘清界线之事,仍是无疾而终。11 月,数百名广东水师至小横琴洋面围捕海盗,澳葡总督即发电文向两广总督抗议,认为该洋面属澳葡管辖,认为中方是越界行为,要求交还被俘虏的海盗及九艘盗艇。两广总督袁树勋则回复,该洋面系属中国辖境,在辖境捕匪乃是中国行政事务,而不予理会。③ 如此模糊灰色的海域地界,使得华南洋面的海盗肆行劫掠,仅凭中葡官方的缉捕已经无法有效吓阻,致使海盗悬赏的花红奖金越发越高(参见表 6-3)。

---

① 《提解林亚大等案犯》,葡萄牙外交部档案馆、澳门基金会、广东省立中山图书馆、澳门大学图书馆合编:《葡萄牙外交部藏葡国驻广州总领事馆档案·清代部分》第 8 册,广州:广东教育出版社,2009 年,第 15～180 页。

② 吴志良、汤开建、金国平:《澳门编年史》第 4 卷,广州:广东人民出版社,2009 年,第 2170 页。

③ 《署理两广总督袁树勋为华兵在小横琴岛捕匪事致复葡总领事穆礼时照会》,葡萄牙外交部档案馆、澳门基金会、广东省立中山图书馆、澳门大学图书馆合编:《葡萄牙外交部藏葡国驻广州总领事馆档案·清代部分》第 4 册,广州:广东教育出版社,2009 年,第 414～416 页。

表 6-3　光绪三十三年(1907 年)金生隆货船劫案悬赏奖金

海盗姓名	海盗别号	籍　贯	悬赏奖金
黄玉堂	万初、刘生	钦　州	1600 两
黄之妻	花名大痹六	北　海	
陈四	单眼七	钦　州	600 两
蒋兰芳	老　兰	钦　州	600 两
蒋之妻	花名沙虫仔	北海高德	
黄瑞祥	黄　五	北　海	600 两
黄子登	不　明	阳　江	3000 元
关　安	两　田	阳　江	1000 银元

资料来源:《两广总督周馥为提解黄玉堂等照会·附劫匪名单》《两广总督张人骏为提解刘生等照会》,葡萄牙外交部档案馆、澳门基金会、广东省立中山图书馆、澳门大学图书馆合编:《葡萄牙外交部藏葡国驻广州总领事馆档案·清代部分》第 4 册,广州:广东教育出版社,2009 年,第 69 页、第 103 页。

路环距离澳门约四英里(约 6.5 公里),早先澳门划界会议时,清廷原本欲将此地收回管理,而葡官不允,遂迄无成议。是地素为盗贼渊薮,以掳人勒赎为事。[①] 宣统二年(1910 年)三月,新宁县东坑、白石两间小学堂学生陈洪嗣等十八名,被安义堂梁义华等海盗(路环九堂)掳至路环马料河的蚝墟内,[②]向事主勒索赎金三万五千元。被绑学童家长陈典策先禀告两广总督袁树勋,但是袁树勋考虑到"澳界尚未勘定,既不能照会澳督往拿,承认为彼之属地,又未便派兵往缉,致启交涉"[③]。陈某只好转求澳门律师司路华转知于澳葡总督。[④] 五月三十日(7 月 6 日),澳督才派兵四十名至路环查办。关于这起案件的详细原委,《申报》曾转载澳门葡萄牙文报纸刊登的贼魁梁

---

① 问天:《中国大事记——宣统二年六月中国大事记:初六日在广东澳门之萄萄牙官遣兵攻剿过路环海盗》,《东方杂志》第 7 卷第 7 期,1910 年,第 90~92 页。

② 《过路环事之痛定思痛》,《申报》1910 年 9 月 8 日第 10 版,第 13501 期,载清军作为:葡兵围剿路环匪即四散,随由吴副将敬荣过港知会英官,派差截获逃匪十余名。方以为惩一儆百,崔苟敛迹。

③ 《再志葡军大战海盗详情》,《申报》1910 年 7 月 23 日第 4 版,第 13454 期。

④ 《再志葡兵炮攻过路环海盗详情》,《申报》1910 年 7 月 29 日第 4 版,第 13460 期。

义华及梁大振所致新宁县东坑等村乡耆老之信,三函内容译文。

其首函略云:三月二十六晚,本堂兄弟到贵乡掳得学童十八名,特字通知。若欲救回该童,须交上海银纸三万五千元,否则置诸死地云云。末署庚年三月某日安义堂梁大振、梁义华。

其次函略云:掳到学童已经多日,至今未见有人到议取赎,不知缘是何故?若果耆老欲行报官,料想官府必不敢干预我等。兹再限期尔礼拜交银,或着人到议取赎,否则将童杀害云云。末署庚年四月十一日安义堂。

其三函略云:去年东坑等三乡父老欲捉我等兄弟,故我兄弟忿怒掳取学童。若尔等欲将童取回,限两礼拜内备银相赎,迟则即将童灭却并要攻毁三村。祈为思之等语。末署庚年四月十五日堂名贼名。①

原来,光绪三十三年(1909年)时,两广总督周馥就曾以清乡名义,发文至澳门,要通缉梁义华及梁大振堂兄弟。② 东坑等三乡的民勇因要捉拿梁氏兄弟,使得海盗挟怨掳童作为报复,进而衍生出"路环惨案"和划界谈判问题。

宣统二年六月初二日(1910年7月8日),虽然袁督否决出兵剿盗,但仍令广东水师提督李准带领炮船15～16艘,均备有各式快炮,驶往过路环洋面。③ 由于澳葡官方未请求广东水师协助,所以船上兵勇并未登岸协剿,仅能防止海盗船驶入粤省洋面。7月12日凌晨4时,澳葡总督马奎斯遂派遣两支步兵部队、"祖国"号炮舰及"澳门"号炮舰进攻路环。④ 此后,连日配合水陆各军全力合攻,两艘炮舰、路环炮台总计开炮四百余次,海盗之村庄均为击毁,并放火烧去村庄之一部分。海盗于是抛弃所占村落,逃往山内,藏于窟中。⑤ 但因路环各村落居民为盗所挟,更有不愿迁避者,在葡兵玉石

---

① 《葡兵搜查海盗巢穴纪详》,《申报》1910年8月4日第4版,第13466期。

② 《两广总督周馥为协缉著匪梁华义等事致兼葡总领事满思礼照会》,葡萄牙外交部档案馆、澳门基金会、广东省立中山图书馆、澳门大学图书馆合编:《葡萄牙外交部藏葡国驻广州总领事馆档案·清代部分》,广州:广东教育出版社,2009年,第4册,卷宗二八七,第29～36页。

③ 《葡军大战海盗详纪》,《申报》1910年7月21日第5版,第13452期。

④ (葡)施白蒂著,金国平译:《澳门编年史:20世纪(1900—1949)》,澳门:澳门基金会,1999年,第42页。

⑤ 《葡军大战海盗详纪》,《申报》1910年7月21日第5版,第13452期。

俱焚式的炮击下,导致良民死伤,"各村房屋毁于炸炮者不可胜数,村人大忿助匪拒战,投以礌石"之情事。[①] 7 月 19 日,澳葡军方全面出击,至路环山中巢穴,许多海盗乘着夜间暴风雨窜逃,多人因而丧生。总计共救出 18 名人质,其中成人 7 名,儿童 11 人。[②] 最终,葡兵搜围海盗接近尾声,共获海盗三百余人,其中有多数是良民为贼等威逼以抗葡兵者,造成澳葡的监狱不敷使用。[③] 关于此案,经澳葡总督召开军法会议后,有 8 名首盗被判刑流放葡属南非洲 28 年,前 10 年囚禁于监中,罚作苦工,俟期满再行察看释回。[④] 这与清代海盗律法相较之下,减轻许多。

事后,袁树勋电请外务部:有约百名前往路环剿盗之葡兵,救出学童人质后并未撤出路环。根据双方签订之条约,在未定界以前,不得有任何增减改变之事,于是电请清廷诘令葡使退兵。另外,旅港勘界维持会也上书袁督,抗议澳葡占领原属清朝的路环,致使该地成为海盗的逋逃渊薮。且据西报统计,近十年来,光是澳门一地,已走私进口 50 万支枪械。海盗自恃武器精良,因而酿成今日巨案。又澳葡在剿盗过程中,不分良莠,不分皂白,概指坊人是贼,乱开大炮轰击,倒塌铺户房屋,打死良民无数,甚至有避难民船被葡舰轰沉。船上良民男女老幼共 38 人,弃水登岸者仅 4 人,澳葡炮台上仍继续开枪追击。最后能够逃登葡兵船者仅剩 3 人,亦被当成海盗拘留。维持会盼望广东政府能够保国卫民,维护疆界。[⑤] 清政府鉴于中国人民强烈要求废除条约收回澳门的压力下,于是派驻法大使刘式训赴里斯本,再次提出划界线谈判,但最终仍是不了了之。澳葡政府则是在当地建立"打海盗纪念碑",除了纪念葡兵成功地将中国海盗驱逐出路环外,同时也代表着对于路环岛的占领和控制(见图 6-6)。

---

① 《再志葡兵炮攻过路环海盗详情》,《申报》1910 年 7 月 29 日第 4 版,第 13460 期。

② (葡)施白蒂著,金国平译:《澳门编年史:20 世纪(1900—1949)》,澳门:澳门基金会,1999 年,第 42 页。

③ 《葡人治兵大攻海盗近状》,《申报》1910 年 8 月 1 日第 6 版,第 13463 期。

④ 是我:《本国大事记:杂事:海盗结局》,《南报》1910 年第 3 期,第 29 页。

⑤ 《中国大事记补遗:澳门葡官攻剿海盗余闻》,《东方杂志》第 7 卷第 8 期,1910 年,第64~66 页;《再志葡兵炮攻过路环海盗详情》,《申报》1910 年 7 月 29 日第 4 版,第 13460 期。

图 6-6　路环"打海盗纪念碑"

资料来源：笔者摄于澳门路环圣方济各圣堂前"打海盗纪念碑"。碑文上刻有中文：攻战于路湾，壹仟玖佰壹拾年柒月拾贰、拾三。

图 6-7　1910 年葡兵捕获之路环海盗

资料来源：吴志良、汤开建、金国平：《澳门编年史》第 4 卷，广州：广东人民出版社，2009 年，第 2182 页。

图 6-8　20世纪初著名澳门女海盗赖财山手持葡制之毛瑟枪

资料来源：Richard Garrett，*The Defences of Macau：Forts，Ships and Weapons over 450 years*，Hong Kong：Hong Kong University Press，2010，pp.133-134.该长枪为驻扎澳门之葡兵标准配备毛瑟枪（款式：Mauser-Vergueiro rifle），并从军中流出，落在著名澳门路环女海盗头目赖财山（Lai Choi San）及其部众之手。可见清末澳门走私进口50万支枪械，所言不假。

第二节　大炮打鸟：英国皇家海军与东亚海盗的海上博弈

自16世纪新航路及新大陆相继发现之后，欧洲各国莫不竞向海外拓展，以争夺殖民地与海外贸易市场。其中英国在七年战争（1756—1763）中获胜，随后在1805年特法拉加海战（War of Trafalgar）中击败强敌——法西联合舰队，阻止拿破仑进军英国本土的野心。英国势力如日中天，成为名符其实的"海上霸王"。英国殖民地遍及于世界五大洲，而有"日不落国"之称。到了19世纪，西力东渐，中国门户大开，中外通商与传教等活动日益频繁，西方各国为了维护本身在华利益，纷纷派遣海军来华，其中英国的铁甲、巡洋、快船、汽艇以及炮船等各类战船无不齐备，战斗力最为强大，因此确立了英国人在中国沿海的地位。"道光以后，以海军强大著称的大英帝国从东南亚渐入远东地区，在新加坡建立基地后，以其强大海军力量，扫除了横行

图 6-9　1835 年至 1869 年中国舰队巡弋之海域范围

资料来源：Grace Fox, *British admirals and Chinese pirates*, 1832—1869, London：K. Paul, Trench, Trubner and Company Ltd., 1940, pp. 64-65. 中国舰队（China Station），其前身即为 1831 年建军的东印度及中国舰队。第二次鸦片战争结束后，英军为有效保护该国商船及炮舰外交的推动，于 1865 年将东印度舰队与中国舰队的编制分开。中国舰队总司令部则设置于香港添马舰上，另外在新加坡及威海卫亦设有皇家海军基地。

马六甲海峡当地的海盗"。① 此力量即为中国舰队（China Station），其前身即为 1831 年建军的东印度及中国舰队（East Indies and China Station）。英国殖民者更通过中国舰队来进行炮舰外交（Gunboat Diplomacy），整个环东亚海域、中国内陆河流、西太平洋及荷属东印度一带，直至清末皆属其控管范围（参见图 6-9）。

英国在中国豪取强夺的同时，亦面临到中国海盗猖獗的问题。嘉庆元年（1796 年）九月，两广总督吉庆奏称一位在浙江省台郡被粤东海盗劫持的英国人。因为口音各不相通，于是带往广东省进行翻译，始得知其姓名为唤·远览味，于本年七月被洋盗所劫掠，并呈附英商的供词称："我是英咭唎国人，带有洋糖、洋油、黄豆、谷物，由小吕宋国到澳门发卖。船内共有十人，今年七月内在大洋遇见匪船，被害六人。其余四人用绳捆住，分载四船，那三船不知去向。匪船驶至外洋，被大风击破，我抱板漂至山边，有贼匪八人同时漂至。适遇官兵拿获，所供是实。"② 此前，英国仅仅是偶尔于中国内河、大洋上与海盗短兵相交，尚未大规模围剿阻碍远东利益的海盗。

一、漠不关心：1848 年以前英国的海盗政策

自从统治法国的拿破仑称帝后，英国便参与对拿破仑战争（1803—1815），并且英方为能够在中国取得贸易据点，加上担心法国抢占澳门，动摇其在远东的贸易地位，即曾两次欲占领澳门："嘉庆七年（1802 年）春，英吉利来兵船六，泊鸡颈洋，淹留数月，有窥澳门意。协办大学士两广总督吉庆，饬洋商宣谕回国，以是年六月去。去之日，特遣其夷陈谢，谓佛兰西欲侵澳门，故辄举兵来护也。……嘉庆十三年（1808 年）……英吉利复续来兵船八，每船番梢六七百，泊鸡颈九洲洋。"③ 被称作日不落的大英帝国无法夺取澳门，认为其在远东发展尚未稳固。因此，初期在面对中国海盗的问题上，采取了消极的"羁縻"政策，并不太理睬小规模的中国海盗活动。此前，围剿

---

① 古鸿廷：《论明清海寇》，《海交史研究》2002 年第 1 期，第 26 页。

② 台北故宫博物院：《清代外交史料·嘉庆朝》第 1 册，台北：成文出版社，1968 年，第13～14 页。

③ （清）魏源：《海国图志》卷三十五，《英吉利国广述》，台北：成文出版社，1967 年，第1923～1927 页。

华南海盗最为卖力的是澳葡政府，也是因为要维持其在远东地区的商贸利益，才如此卖命。除上述外，英国初期亦非常信任清朝官方处理海盗案件的效率。1836年，英国驻华商务监督德庇时（Sir John Francis Davis，1795—1890，1844年担任第二任香港总督）记录清政府打击海盗的铁腕事迹。

> 侨居中国的欧洲人普遍有感受的是，在保护财产免受暴力侵害方面，中国跟世界上任何其他地方一样安全。在一两起公然抢劫并且杀人的案件中，巡捕们用一种非常引入注目的方式展示了自己的效率。而这种效率证明了，政府不仅希望并且还能够做得到，迅速地将他们绳之以法。①

先是嘉庆二十一年（1816年）某日，载有鸦片的美国商船"沃巴什号"（Wabash）在澳门遇劫。结果大多数海盗被中国当局迅速逮捕，立即处以死刑。他们的头颅被摆在澳门附近岩石上的笼子里，以儆效尤。道光八年（1828年），法国商船"航海家号"之案子更引人注目。有关这件事情的资料，几乎全部来自装有18门火炮的"宠爱号"护卫舰其舰长拉普拉斯之叙述，船只在接近澳门万山洋面时被劫杀一空。该案件惊动了道光皇帝，在严厉的谕旨下，广州官方当着欧洲人的面进行了审理。24位海盗中，有17位被判斩立决，而海盗首领则在欧洲人面前被凌迟处死。②

再者，英国无法有效处理粤洋海盗联盟的问题，使得1848年以前，英国以消极的态度来面对中国海盗。嘉庆十四年（1809年）十月初三日，粤洋红旗帮海盗在势力范围——广州湾海域与珠江内河附近，与英国船舰有所冲突，郑一嫂（石氏）于是率领红旗帮海盗，在珠江口外海上对英国船舰发动攻击。《广州府志》提到：

> 石氏之令贼入内河也，自乘大舰浮于海，而据守港口，防官军掩袭。时有夷船三艘归其国，遇之，贼击获一船，杀夷人数十。其二船逃回，遇香山知县彭恕率所募胍船百艘，夷人与约同击贼，又自雇夷船六艘。觇石氏舟少，往围之。石氏偃旗息鼓，使长龙船入内河，呼张保出港合战。

---

① （英）约翰·弗朗西斯·戴维斯著，易强译：《缉匪：高效而不公》，《崩溃前的大清帝国——第二任港督的中国笔记》，北京：光明日报出版社，2013年，第282页。自己起的中文名字叫德庇时。

② （英）约翰·弗朗西斯·戴维斯著，易强译：《缉匪：高效而不公》，《崩溃前的大清帝国——第二任港督的中国笔记》，北京：光明日报出版社，2013年，第282~284页。

十月初三日,内河贼船尽退,夷船与保战,大败,�船尽逃。①

英国船队受到粤洋海盗的痛击,乃向清政府提出:"情愿带护货巡船五艘,就近随往攻击泄忿。"②嘉庆皇帝考虑到有侵犯到中国领海主权之嫌,于是断然拒绝英方的请求。嘉庆十四年(1809年),华南海盗势力强大,屡屡和清朝水师正面开战。英国人发现珠江地区的海盗侵扰日益严重,东印度公司的大班在一份报告中称:

> 我们很遗憾地宣布,由于拉德龙斯海盗势力的增大,我们的鸦片及所有其他商品的贸易很有可能遭到更大损失。在过去的三四个月时间里,海盗势力大增,胆气更壮,不间断地四出袭击。其情形比我们迄今为止所目睹的更为严重。③

该英国东印度公司的档案,拿来对照《广州府志》提及嘉庆十四年(1809年)十月初三日,粤洋红旗帮海盗于广州湾海域与珠江内河上,击垮英国船舰。④ 又清政府严加否决英国军舰打击海盗的计划,使得早期的英国殖民当局对海盗肆虐束手无策,让鸦片战争前,整个环东亚海域的海盗得以持续苟延残喘,等待时机再起。

华南海盗活动影响到英国的进出口贸易,以及海盗对于人质使用不人道的私刑,自然而然让英国人对于海盗恨之入骨。张保仔曾掳获自印度东来的港脚洋船一艘,掳有英船员二名。其后此二名英船员,曾为文记载被掳受刑的经过:

> 先将受刑者剥去衣服,然后将他的双手反缚在背后,用一根长绳,从桅杆顶上吊下来,将这人凌空吊起,离甲板约三四尺高。然后由好几名小海盗,用根藤枝扭成的藤棍,轮流的加以毒打,将这人打得半死。

① (清)戴肇辰:《广州府志》卷八十一,《前事略》,上海:上海书店出版社,2003年,第406页。

② 台北故宫博物院:《清代外交史料·嘉庆朝》,台北:成文出版社,1968年,第1册,第292页。

③ 《广州商务档》,1809年10月3日。转引自(美)穆黛安著,刘平译:《华南海盗(1790—1810)》,北京:中国社会科学出版社,1997年,第138页。拉德龙斯为葡萄牙语,意指海盗或土匪。澳门葡萄牙人用于指称在南中国海遭遇的海盗,英国人则沿用之。

④ 戴肇辰:《广州府志》卷八十一,《前事略》,上海:上海书店出版社,2003年,第406~407页。

然后将他吊到桅杆顶上，在那里吊了一小时……直打到他服从或气绝为止。①

虽是如此，英国仍选择按兵不动。到了嘉庆十五年（1810年），粤洋海盗联盟在清朝水师与葡萄牙船队剿抚政策之下瓦解，海盗纷纷受到逮捕或是投诚，让粤洋得到短暂的平静，英国人才开始逐渐加强对中国洋面的控制。德庇时认为："长期在广东一带为患，却未被正面击败过的海盗们的存在，也充分说明了这一点。以至政府不得不采取招安的办法，授予海盗首领官职，才最终将他们收服。"②事实上，海盗还是存在着，清政府仅是以粉饰太平的方式，将海盗危害洋面的问题暂时掩盖。

道光十五年（1835年），名为"特劳顿"号（Troughton）的英国籍三桅帆船遭海盗劫掠。该船之中国籍船员被杀害，中国海盗因为中国官员的纵容，而未受到《大清律例》的制裁，引起英商抗议，广东巡抚兼署两广总督祁𡎴只好命广东的红顶商人赔偿英方损失的5万英镑。③英国、法国、澳葡及美国政府面对海上非法暴力的威胁，依旧保持沉默。鸦片战争期间，中国粤洋海防可以说是处于真空状态，海盗不断侵扰欧洲贸易船队，其中道光二十一年（1841年）3月26日，海盗攻击英国商船"布伦汉姆"号（Blenheim），造成英国船上主管 Mr. Field 和两名船员失踪。④

东印度公司复仇女神号（Nemesis）舰长威廉·霍尔（William Hall，1797—1878）因此提出了警告："中国广东沿海的渔民（fishermen）都是恶棍无赖（rogues）、海盗和走私分子（smugglers）。简单地说，他们时刻寻找机

---

① 胡洁榆：《西营盘与张保仔祸乱之平定》，罗香林编：《一八四二年以前之香港及其对外交通》，香港：中国学社，1959年，第162页，注8。另外，关于海盗制造本身凶残的名声，尚可以参见张西平主编：《中国丛报（Chinese Repository，1832—1851）》第3册，1834年6月，桂林：广西师范大学出版社，2008年，第69～89页。Edward Stevens 在 1834 年发表一篇长达约 20 页关于中国东南沿海海盗的文章《中国海盗（Chinese Pirates）》，曾被张保仔俘虏的英国港脚船（country ship）"特伊号"（Tay）的船长特纳（John Turner）和"艾利侯爵号"（Marquis of Ely）的格拉斯普尔（Richard Glasspoole）的记述。

② 戴维斯：《腐朽的军队》，（英）约翰·弗朗西斯·戴维斯著，易强译：《崩溃前的大清帝国——第二任港督的中国笔记》，北京：光明日报出版社，2013年，第164页。

③ 张西平主编：《中国丛报》第4册，1835年9月，桂林：广西师范大学出版社，2008年，第253页；1835年10月，第300页。

④ 张西平主编：《中国丛报》第10册，1841年5月，桂林：广西师范大学出版社，2008年，第297页。

图 6-10　1842 年英国皇家海军德鲁伊号船上小艇,遭受三艘中国海盗船夹击

资料来源:英国国家海事博物馆藏,编号 PW6126,尺寸:23 cm×37.6cm。十九世清代水粉彩外销画作,Admiral M. O'Reilly 绘。英国皇家海军德鲁伊号船上中型小艇,遭受三艘中国海盗船夹击。

会来狠捞一票。首先,他们可能会表现出相当友善的态度,如果海盗发现你的船只尚未准备抵抗或者实力不如他们,海盗们便会毫不犹豫地趁机劫掠。千万不要自己到中国任何一个陌生的地方,除非你的衣服口袋内至少带着一把双管手枪(double-barrelled pistol)。若是周遭海域有许多中国渔船,更不能允许中国人登船,以防止中国人里应外合,在船上叛变。"[1]

　　道光二十二年(1842 年)8 月,根据中英《南京条约》,清政府将香港岛永久割让予英国治理。同年 10 月,英国人在香港兴建的新监狱启用,立即关满准备受审的中国海盗。根据统计,1843—1844 年间,每个月要审判 60～90 名中国罪犯,其中绝大多数为海盗罪(guilty piracy)。[2] 1844 年,香港岛虽说已经易主,但对于海盗而言,似乎未造成任何影响。此时的香港聚集了

---

[1]　William D. Bernard, *Narrative of the voyages and services of the Nemesis*, *from 1840 to 1843*, London:H. Colburn, 1844, Vol. 2, pp. 485-486.

[2]　Grace Fox, *British admirals and Chinese pirates*,1832—1869, London:K. Paul, Trench, Trubner and Company Ltd. , 1940, p. 91.

150 艘海盗船队,并向往来船只散发勒索信(blackmail)。^① 海盗首领徐亚保在赤柱洋面,更是洗劫英国军队全数的薪俸,并在行动中杀死两名英军。^②海盗甚至袭击绑架镇守虎门寨(the Bogue)的水师官员,割掉他的耳朵,夺取他的官印,再向清廷索取 6 万元的赎金。原本非常信任清朝水师捕盗效率的德庇时,此时正担任香港总督,因一再亲眼见到海盗们不仅攻击中国船只,对英国船只也毫不手软。1844 年 7 月 18 日,德庇时写信给英国舰队司令托马斯·柯克伦(Thomas Cochrane),表示在本年 5—7 月间,华南海盗三度袭击英国人。德庇时更说,两广总督很明白地表示中国水师已无能为力对付两国共同的敌人——海盗。^③

此前,1842 年,首任香港总督璞鼎查(Henry Pottinger,1789—1856)同闽浙总督讨论华南海盗问题,随后下令,除非中国海盗当场攻击英国船只,否则英国皇家海军不能够巡缉嫌疑海盗船。璞鼎查更向钦差大臣耆英保证,英国皇家海军也不会主动干预任何中国船只。^④ 如此政策方向,让海盗更加肆掠海上,欧洲商船在航程中,随时子弹上膛,枪上刺刀。港英殖民政府于是开始采取一系列打击海盗的措施:

1. 建立华人水陆警察部队,但是因为中英语言沟通不良,暂时无打击海盗的能力。

2. 购置炮船剿灭海盗的计划,在英国军官指挥下,却由华籍水手为主来操作的炮船,也因为语言的隔阂下,使得炮船战斗力极低。

3. 成立华人"普查及注册公署"(Census and Registration Office),针对香港辖区内的华人船只实行注册制度,船主须将注册号标记于船艏。该公署在管辖区域内拥有执法权力,可对华人任何房屋和船只来进行调查。^⑤

---

① Grace Fox, *British admirals and Chinese pirates*,1832—1869, London：K. Paul, Trench，Trubner and Company Ltd. ，1940，p. 92.

② 香港海事博物馆:《海盗与张保仔的世界:香港海事博物馆一周年特别展》,香港:香港海事博物馆,2006 年,第 37～39 页。

③ Grace Fox, *British admirals and Chinese pirates*,1832—1869, London：K. Paul, Trench，Trubner and Company Ltd. ，1940，p. 92.

④ Grace Fox, *British admirals and Chinese pirates*,1832—1869, London：K. Paul, Trench，Trubner and Company Ltd. ，1940，pp. 97-98.

⑤ Grace Fox, *British admirals and Chinese pirates*,1832—1869, London：K. Paul, Trench，Trubner and Company Ltd. ，1940，pp. 92-93.

CAPTURE OF A NOTORIOUS CHINESE PIRATE, CHANG YEH, AT HONG KONG
"GOING TO HIS DEATH"

图 6-11　香港海盗受审及押送处刑

资料来源：臭名昭彰的海盗 Chang Yeh 被喹喀兵押送处刑。*The Illustrated London News*，1887 年 7 月 2 日，香港海事博物馆藏，档号 JHKMM2010.0274.0002。图内四名被香港法院判处绞刑的海盗，Anthony King 藏，Admiral Edmund Dayrell(1835—1909)于 1862 年绘。

4. 雇用线人来刺探华南海盗的动向。然而线人多从海盗出身，素行不良，常利用密报特权，对受害者敲诈勒索，亦向港英当局提供假情报，导致众多无辜者被当成海盗而被逮捕。其中过去曾为海盗的华籍线人 Too Apo 和 Ma-chow-wong 等两名，即因敲诈勒索而被香港法院判决入狱。[①]

5. 对于海盗的刑罚采用流放政策。可是在 1848 年 1 月 2 日，运送华籍流放犯至马来亚槟榔屿（Penang）的"伍德将军"号（General

---

① *China Mail*(《德臣日报》)，28th January，1858. Grace Fox，*British admirals and Chinese pirates*，1832—1869，London：K. Paul，Trench，Trubner and Company Ltd.，1940，p. 121.

Wood)，于航程中发生暴动，让多数犯人成功脱逃，[①]致使海盗得以在新天地里发展。

港英殖民政府对付海盗的初期策略，可说是不太成功。环东亚海域上的海盗势力在英国皇家海军的消极政策下，实力迅速膨胀，中外商客船不断地被海盗侵扰，因此，该段时间被港英当局视为"海盗活跃期"。[②]

1846 年 1 月，首艘由香港制造的西式纵帆船"天体"号，于澳门洋面受两艘海盗船劫持，停泊在大屿山大小磨刀门洋面。[③] 同年 6 月 14 日，鸦片走私船"比里华沙"号遭遇海盗，船长及部分船员因反抗而被杀害，船上 202 箱总价值 120000 银元的鸦片被劫走。后来，主嫌陈天宋(Chun Teen Soong)于香港销赃时被捕。1847 年 1 月 14 日在香港金钟法院开庭，由香港海事法庭进行审理，陈天宋坦承犯下多起海盗案件，当中 9 宗涉及谋杀。陈天宋海盗罪名成立，遂被判处环首死刑，于隔天公开执行。[④] 同时间，当闽浙总督刘韵珂从台湾视察返回福州的航行中，船上载满了米粮及贡物，居然被消息灵敏的海盗得知，并且偷袭，劫走米粮。刘韵珂严令水师缉捕海盗，水师战船总计抓获 60 名海盗，其中 40 人被斩首。据说在海战中最活跃的是一位仅 16 岁的男孩。[⑤] 英国人自己垄断的大规模中、印鸦片走私贸易，其赚进的白银是数倍于英伦本土贸易，鸦片贸易产生的暴利，已令香港海域成为海盗和走私者的巢穴，致使海盗日益猖獗，让中国商人更倾向雇佣澳葡武装船队来进行护航。

眼见如此态势，加上港英殖民政府在远东的地位趋近稳固，英国对付中国海盗的态度也开始转变为更加积极。但是在鸦片战争以前，打遍世界的英国海军其实并不敢贸然去招惹华南海盗，因为在英国人的眼中，海盗的实

---

① Grace Fox, *British admirals and Chinese pirates*, 1832—1869, London：K. Paul, Trench, Trubner and Company Ltd. , 1940, p. 97.

② 香港海事博物馆：《海盗与张保仔的世界：香港海事博物馆一周年特别展》，香港：香港海事博物馆，2006 年，第 39 页。

③ 香港海事博物馆：《海盗与张保仔的世界：香港海事博物馆一周年特别展》，香港：香港海事博物馆，2006 年，第 39 页。

④ *China Mail*《德臣日报》，21th January, 1847. 香港海事博物馆：《海盗与张保仔的世界：香港海事博物馆一周年特别展》，香港：香港海事博物馆，2006 年，第 39 页。

⑤ 张西平主编：《中国丛报》第 16 册，1847 年 11 月，桂林：广西师范大学出版社，2008 年，第 518 页。

力远远强过清朝水师。① 况且,如本书第六章提过的布兴有原先乃受林则徐招募来打击英夷,这些拥有战斗力的团练在解编后遂成为海盗的最佳招募群体,让1850年代的海盗活动,往往掺杂着反英的民族情绪,使港英政府感到十分棘手。此时,英国外交大臣巴麦尊(Henry John Temple,1784—1865)认为与清朝合力于打击横行海上的海盗,是有助于改善中英两国之间的关系(Anglo-Chinese relations)及提高英国的尊严。于是中国和马来亚海盗的清剿,成为英国皇家海军的首要任务。同时,巴麦尊亦主张在中国沿海保留一支小型舰队,由清朝政府支付舰队费用,专门对付海盗,②更为日后同治年间,首任海关总税务司李泰国斡旋的阿思本舰队(Anglo-Chinese Fleet)埋下伏笔。

二、“海盗大猎捕”行动

公元1825年6月,英国即通过《捕获或摧毁海盗船只的奖励条例》(*An Act for Encouraging the Capture or Destruction of Piratical Ships and Vessels*),在英国皇家海军里的海军、船员和任何雇员,于同海盗作战中,无论是俘虏或是格毙海盗,每名的奖赏都是20英镑。③ 又港英高层转变对于缉捕海盗的态度,捕拿海盗遂成了真正的“猎头生意”。1848年,英国皇家海军便开始主动出击,根据哨兵号(H. M. S. Scout)船长Loring报告:首仗逮捕臭名昭彰的海盗首领Lin Kan及82名海盗,第二次拿获85名海盗和6艘海盗船,第三仗则带回准备袭击厦门运糖船的36名海盗和2只海盗船,最后全部移送至清朝厦门审判。④ 武力清剿海盗成为英国皇家海军的方针。

1850年代左右,广东治安日渐败坏,加上太平天国结合会党起事,英国治理下的香港海域,海盗趁势再度兴起作乱。张保仔投降后,虽然海氛日趋平静,但因张保仔旧有的部属被解散后,仍寄居于香港或广东沿海地区。这

---

① (澳)雪珥:《大国海盗》,太原:山西人民出版社,2011年,第207页。

② Grace Fox, *British admirals and Chinese pirates*,1832—1869, London: K. Paul, Trench, Trubner and Company Ltd. , 1940, pp. 103-104.

③ Grace Fox, *British admirals and Chinese pirates*,1832—1869, London: K. Paul, Trench, Trubner and Company Ltd. , 1940,pp. 85-86.

④ *China Mail*《德臣日报》,15th June, 1848.

些过去以劫掠为业的海盗及其后裔，因处境特殊，遇到地方多事，较易群起为乱。1849年，著名两股势力强大的海盗为香港赤柱黄麻角的徐亚保（Chui-Apoo）和基地在广东电白的张十五仔（Chang Shap-ng-tsai）两股海盗集团，[①]英国皇家海军于是将炮口转向徐张海盗集团。其中徐亚保拥有部众近1800人，约500吨船只23艘，每船配备12～18门火炮。1849年2月25日，徐亚保曾于赤柱杀了2名调戏妇女的英军科士打上尉和戴亚中尉，于是被重赏500英镑通缉（参见图6-12）。张十五仔拥有部众3000余人，船只64艘，火炮1224门。1848年，第三任香港总督文翰（George Bonham，1848—1854）眼见海盗人多势众，请求中国舰队派遣舰队予以协助。该年秋天，英军出动Nemesis、Phlegethon、Columbine、Fury等军舰与清朝水师共同围捕海盗。遂在9月于大亚湾打

CHUI-A-POO, THE CHINESE PIRATE.—(SEE NEXT PAGE.)

图6-12　海盗徐亚保及浙江通缉英军画像

资料来源：《伦敦新闻画报回溯数据库》，上图1851年6月14日，下图1857年4月25日。

---

① 香港海事博物馆：《海盗与张保仔的世界：香港海事博物馆一周年特别展》，香港：香港海事博物馆，2006年，第37页。另可参见本书第三章图3-11张十五仔所使用的海盗旗。

败徐亚保的海盗集团(参见图 6-13)，①1800 名部众中有 1400 名被杀，23 艘船队根据地，3 艘新建船只及 2 座拥有相当可观军需品的船坞，全被英军炮火毁灭。② 不久，英军联合 8 艘中国水师战船，在 10 月于越南东京湾重创张十五仔。其旗下 64 艘船队中有 58 艘被摧毁，700 名海盗被击毙，而且当海盗想上岸逃亡时，有约 1000 名海盗被陆上的越南军队所杀(参见图 6-14)。③ 两广总督徐广缙、广东巡抚叶名琛奏报咸丰皇帝，在缉捕海盗的行动中，歼灭、淹毙、生擒和应正法者，共计一千数百余名。认为清、越水师是"大示惩创"海盗，奏折中却未提及英军一字。张十五仔眼见大势已去，于是转向罗定知州史朴投诚，④改名为张开平。⑤1850 年，英国舰队在大鹏湾与徐亚保遭遇，再度大败之。徐亚保也萌生归顺之心，想效法张十五仔，遂轻舟赴粤投诚，途中为被英军引诱的部下执献英军。⑥ 香港法庭最终判处徐亚保无期徒刑并流放至澳大利亚，徐亚保在狱中不堪其苦，因而自缢身亡。⑦

———————————

① 张西平主编：《中国丛报》第 18 册，1849 年 10 月，桂林：广西师范大学出版社，2008 年，第 564～565 页。其中 Columbine 舰长报告该船战果，该船至少击毙 310 名以上海盗，英军则有 3 人阵亡，并提到徐亚保身受重伤。

② 《伦敦新闻画报回溯数据库》，*The Illustrated London News Historical Archive Online*，1842—2003，档号 ILN0－1851－0614－0006－F，1851 年 6 月 14 日。

③ 香港海事博物馆：《海盗与张保仔的世界：香港海事博物馆一周年特别展》，香港：香港海事博物馆，2006 年，第 37 页。

④ 《清史稿》卷四百五十二，《史朴传》，北京：中华书局，2006 年，第 12575～12576 页。载：史朴，字兰畦，直隶遵化州人。以进士用知县，分广东，历惠来、乳源、南海等县，所至有威惠。潮阳盗郑段基承前令，朴莅任，立捕诛之。晋罗定知州，留省捕剧盗刘亚才及余盗九百，并置诸法。粤省海盗久为患，朴航海往剿，降盗魁张十五仔等，尽散其党数千，有不受抚者剿平之。擢知府。

⑤ 《宫中档道光朝奏折》，档号 409000048，道光三十年五月二十六日，军机大臣字寄徐广缙叶名琛奏盗犯悔罪投诚，酌拟安插并拨归营伍等事。载：头目张开平(张十五仔)等十一名，分别拨归营伍，借资钤制，责令捕盗自效……新任皇帝咸丰朱批：该督等务须推诚示信，俾不致故智复萌。

⑥ 《伦敦新闻画报回溯数据库》，*The Illustrated London News Historical Archive Online*，1842—2003，档号 ILN0－1851－0614－0006－F，1851 年 6 月 14 日。

⑦ 萧国健：《开埠初期之寇患》，《香港历史点滴》，香港：现代教育研究社，1992 年，第 72～73 页；香港海事博物馆：《海盗与张保仔的世界：香港海事博物馆一周年特别展》，香港：香港海事博物馆，2006 年，第 37 页。

图 6-13　英国皇家海军炮击徐亚保海盗船队画作

资料来源：上图：*H. M. S. Columbine Attack on the pirate squadron of Chui-apoo, of Tysami, China, on the night of the 28th Sep. 1849 by Edward H. Cree.* 中图：*Destruction of Chui-apoo's pirate fleet at Bias Bay, 30th Sep. 1849 by Nam-Sing.* 下图：*Destruction of the pirate squadron commanded by Chui-apoo, in Byas Bay, China, 1st October, 1849, by Edward H. Cree.* 英国国家海事博物馆藏。

图 6-14　英国皇家海军重创张十五仔海盗船队画作

资料来源：上图：*Attack on，and destruction of，part of the pirate squadron of Sha-ng-tsai，in the gulf of Tonkin，on the 21st October* 1849，*by Edward H. Cree.* 英国国家海事博物馆藏。中图：*Destruction of Sha-ng-tsai's fleet in the Tonkin River by Edward H. Cree.* 下图：张十五仔海盗想上岸逃亡时，被陆上的越南军队所杀。Edward H. Cree 绘。中、下图 Edward H. Cree，*The Cree Journals*，UK：Webb & Bower Publishing，1981，pp. 198-199，p. 201.

英国皇家海军的船坚炮利，让香港沿海的海盗祸患得以平息。不过紧接着在咸丰年间爆发的广艇海盗之乱，让整个山东到越南沿海，处处为广艇所扰。英国与葡萄牙人见此情形，于是兴起了一种私人的护航业。据何冠英奏报：

> 据闽督刘韵珂屡报水师巡缉出力，闽、浙洋面盗匪肃清，乃近闻闽省南台常有火轮船五六只停泊。询因近日洋盗充斥，水师望风先逃，行旅往往失事。该夷人性本嗜利，又欲笼络人心，遂向商船每只索洋银三百圆，代其护送至浙之宁波。由浙返闽，亦复如是。是商船被害之少，适见夷船获利之多。乃该督以夷船护送之故，全谓为水师巡缉之功，竟不虞该夷可以护送商船，即可以潜谋不轨。其邀功之滥，防患之疏，均可概见。①

由于清朝水师无力剿盗，遭遇海盗时"望风先逃"，让洋人借着保护往来船只的机会，进而"获利之多"。反观闽浙总督刘韵珂，不知整顿水师，加强巡缉，更不担心洋人的"潜谋不轨"，却将洋盗劫掠案件减少的功劳，归属于自己统辖的闽浙水师，无怪乎清朝水师日益败坏。两股海盗的覆灭，使华南海域大为绥靖，当时《德臣日报》曾经报道，中国村民们满含热泪地请求英军继续追击海盗，救回被掳的亲人。② 香港的英国商人则给参与行动的每艘军舰的舰长们，赠送每人一面奖牌。对东京湾张十五仔的攻击中，英国政府就发出 42425 英镑的奖金，③ 1849—1851 年根据英国的厦门领事估计，至少有 3000 名中国海盗活跃在福建沿海。于是英国炮舰正式进行巡航，追捕海盗，在 4 年内，捕获约 139 只海盗船，7000 多名海盗被杀或是遭到逮捕（参见图 6-15），英国官方以 1 个海盗人头发放奖金 20 英镑（参见表 6-4）。④ 英国船舰在中国领海围剿海盗，代表着清朝领海权逐渐丧失，这与嘉庆元年（1796 年），嘉庆皇帝悍然拒绝英国协同缉捕海盗的情形比较，意味着中国的制海权慢慢被英军取代。又英国与海盗的实力相较之下，简直能够说是

---

① 何冠英：《奏闽浙商船多雇英轮护送英人并枪伤幼孩片》，《筹办夷务始末（咸丰朝）》卷三，页 95 页。

② *China Mail*（《德臣日报》），29th November，1849.

③ Grace Fox，"*British admirals and Chinese pirates*，1832—1869"，London：K. Paul，Trench，Trubner and Company Ltd.，1940，pp.109-112.

④ （美）费正清著，刘广京编，中国社会科学院历史研究所编译室译：《剑桥中国晚清史（1800—1911）》，北京：中国社会科学出版社，1993 年，第 260 页。

英军拿着"大炮打小鸟"。

表 6-4　1840 年至 1850 年皇家海军剿获海盗数及发放奖金

日　期	皇家海军船舰	击毁俘获海盗船数	海盗总数		海盗总数	发放奖金
			击毙或被捕	逃亡		
1840 年 7 月 29 日	HMS Pylades	3		48	100	£1200
1844 年 2 月 5—2 月 12 日	HMS Plover	2	41	5	46	£845
1847 年 5 月 13—6 月 26 日	HMS Pilot	9	250	33	283	£5165
1847 年 3 月 10—8 月 26 日	HMS Scout	14	280	77	357	£5985
1848 年 6 月 1 日	HMS Scout	2	152		152	£3040
1849 年 5 月—10 月	Pilot、Canton、Medea、Fury Columbine、	57	1143	1894	3037	—
1849 年 9 月 8 日	HMS Medea	5	50	180	230	£1900
1849 年 9 月 8 日—9 月 14 日	HMS Amazon Steamer Canton	6	61	226	287	£2350
1849 年 9 月 28 日—9 月 29 日	HMS Columbine	4	310		310	£6200
1849 年 10 月 1 日	HMS Columbine HMS Fury HMS Hastings	26	400	1400	1800	£15000
1849 年 10 月 18 日—10 月 22 日	HMS Columbine HMS Fury HMS Hastings Steamer Philegethon	58	1845	1105	2950	£42425
1850 年 3 年 3 日—3 月 6 日	HMS Medea HMS Hastings	13	240	660	900	£8100
1850 年 3 月 22 日—3 月 24 日	HMS Reynard	2	29	27	56	£715
总　计		201	4801	5655	10508	£93005

资料来源：Grace Fox, *British admirals and Chinese pirates*, 1832—1869, London：K. Paul, Trench, Trubner and Company Ltd.，1940，pp. 110-111. 张西平主编：《中国丛报》第 18 册，1849 年 10 月，桂林：广西师范大学出版社，2008 年，第 565 页。

第六章　大门口内外的敌人：殖民者处理海盗问题实况

图 6-15　一整船被英军俘虏的海盗无赖

资料来源：Edward H. Cree，*The Cree Journals*，UK：Webb ＆ Bower Publishing，1981，p. 201.

　　1850 年起，广艇海盗游走在山东、闽浙、粤洋与越南洋面劫掠，英国人眼见中国水师无法剿灭海盗，为了保护本身利益并且赚取优厚的佣金，于是逐渐发展出护航队。私人的护航船队，是在香港取得英国通航证的武装船只，例如 105 吨的斯帕克号（Spark）双桅纵帆船，长 70 英尺，宽 19 英尺，深 8 英尺，上有单层甲板和 2 根桅杆，它配备着 9 门炮，23 支毛瑟枪，5 支手枪，10 把弯刀，4 支长矛和 5 根梭标，并有 11 名水手。此船归宁波的威廉·戴维森所有，悬挂英国旗，带着由香港总督签发的有效期为一年的通航证。[①]英国私人护航队拥有火力强大的配备，确实非中国水师所能及的。此外，中国方面也记载着英国官方剿捕广艇海盗的情形，咸丰十一年（1861 年），通商大臣薛焕奏报：

　　　　据吴煦禀称，正月二十二日有英国领事官麦华陀遣翻译官阿查理来，面称该国商人费理查德，由汉口雇船装货回沪，经过福山迤西三十里地方，被南岸逆匪所泊广艇截留。现经水师提都（督）何伯督带炮船驰往该处，本回货船将贼船五只全行焚毁，逆匪均已窜遁。擒获逆首林

　　① （美）费正清（John Fairbank）著，刘广京编，中国社会科学院历史研究所编译室译：《剑桥中国晚清史（1800—1911 年）》，北京：中国社会科学出版社，1993 年，第 260～261 页。

朝光,伪印三颗,送呈查验发还,并请速派兵船注泊该处。何伯亦派炮船前往会同往来巡哨,以杜该逆侵犯等语。臣查长江本有水师炮船防守要隘,以地形延袤,该逆出没靡常,致有占泊口岸阻截商船之事。兹英国武员焚毁贼船,并愿派船协同巡哨。固为保护洋商起见,亦足见其助顺之诚。^①

由此奏折可知,驻守在长江口岸的清朝水师,无法有效地吓阻海盗,反而需要英国水师提督何伯亲率炮船前往围剿广艇海盗,何伯更提出会同巡哨的建议。此动作侵犯了中国的主权,但在当时却被认为是"助顺之诚"。

同治十三年(1874 年)8 月 22 日,英国轮船"斯巴达克"(Spark,与上述斯帕克号不同)号在开往澳门途中被海盗洗劫。海盗装扮成普通旅客,自广州上船。该船的船长、大副、二副、事务长等均被杀害,唯一的一个外国旅客也受重伤,中国人也死了好几个。轮船被占约 6 小时之久,船上被搜遍,稍值钱的旅客行李都被抢走。他们抢劫的动机据说要抢一个中了闱姓彩票(Weising Lottery)的中国人。此人拟于是日携带 18000 元现款去澳门,而当时确实在船上,但被搜去的现款与海盗所期望的数目相差甚远。海盗离船后,此船由中国轮机员等开到澳门。澳门总督尽了最大努力抓这些亡命之徒,结果约 20 人被抓获并被处决。^② 光绪十一年(1885 年)10 月 19 日,澳门辅政司安东尼奥·贾多素给海岛市(今凼仔)行政长官发出电报,提醒他注意一艘英国轮船被驶往澳门方向的海盗船袭击的情况,呼吁搜寻并缉捕企图在澳门登陆的海盗。24 日《独立报》报道:"发生一起极其大胆的骇人听闻的海盗行劫案,香港、北海、海口和澳门等航线的英国鬣狗(Greyhound)号轮船惨遭洗劫。"海盗扮成旅客登船,造成多人死亡。香港政府提醒澳门当局共同注意海盗动向,他们迅速抓获这批海盗并找回部分赃物。^③ 1890 年 12 月 10 日,德忌利轮船公司(Douglas Steamship Co.)的"南武"(Namoa)号轮船从香港启程开往汕头,船上乘客多为美国华侨。伪

① 《咸丰十一年二月十六日通商大臣薛焕折》,《洋务档案》,北京:新华书店,2004 年,第 263 页。

② 《突发事件》,《1874 年广州口岸贸易报告》,收录于广州地方志编纂委员会、广州海关志编纂委员会编译:《近代广州口岸经济社会概况——粤海关报告汇集》,广东:暨南大学出版社,1995 年,第 120~121 页。

③ (葡)施白蒂著,小雨译,《澳门编年史:19 世纪》,澳门:澳门基金会,1998 年,第 242 页。斯巴达克号船东乃恶名昭彰的鸦片走私商安迪科特,见第五节。

装乘客的海盗持枪械占据驾驶台、机房、船长室,强迫护航人员缴械,船长、二副及一洋人旅客被杀害。海面上则有 6 艘海盗船接应,将船上价值55000 元的财物运走后,扬帆而去。劫匪熟知船客的活动和轮船的路线,技术老练,计谋周全,组织完善。香港当局请求中国政府帮助缉盗,约半年后,以黎亚七为首的 20 名海盗先后被捕,并押往九龙城斩首(图 6-16)。据报道,聚集在香港的知名海盗和山贼已达 2000 余名。①

图 6-16　九龙域大鹏协副将方裕处决劫持南武号轮船的海盗

资料来源:(英)何伯英著,张关林译:《旧日影像——西方早期摄影与明信片上的中国》,上海:东方出版中心,2008 年,第 81 页。

英国除积极剿灭海盗外,亦将海盗作为利用的工具。第一次鸦片战争期间(1839—1842),漂浮在粤洋,缺乏"国家民族之意识"的海盗为了生存,随时可为洋人雇用。清朝政府亦看出这点,认为与其被洋人所利用,不如将其招募,训练成水勇,用来"以毒攻毒"。"所为勇者,大抵沿海游手之人,奸

---

① 莫世祥、虞和平、陈奕平编译:《近代拱北海关报告汇编:1887—1946》,澳门:澳门基金会,1998 年,第 25 页;(英)何伯英(Grace Lau)著,张关林译:《旧日影像——西方早期摄影与明信片上的中国》,上海:东方出版中心,2008 年,第 81 页。

民盗贼无赖。为我用则用之攻夷，为夷用则导之以击我，我多一勇，夷少一奸。练十万之勇，沿海亦因之稍安。此勇之用，不但攻外，且可清内也"。①在林则徐的家书中，对这场中英之战，英国人利用"汉奸"在战时所扮演的角色，描述得相当生动。

> 本月十五日，逆夷突率多船，来攻沙角炮台。后面有二千人，用竹梯爬上后山。……后队逆夷并汉奸，复拥而进。打至申刻，我兵止六百名，彼有五倍。……并汉奸船数十只。……此次爬沙角后山之人，大半皆汉奸。……本日早晨，督署接到廷寄，琦相即来拜。……琦相仍一意主和，力言大不可打战之故，名为来此面商，实则封钳其口。无庸与之细说，即使极力与辩，伊必恨我阻其和议。……奈何！奈何！此次廷寄此间，竟不敢转变。然随处皆有汉奸，探听事情。②

逆夷利用盗匪的情形，让林则徐感到万般无奈。另外，王庭兰致曾望颜的书信中，也提到英船进入珠江口是由汉奸所引导，并且将巢穴设在香港，逃避中国官军的追缉，受到英方的保护："夷船之至省河也，用汉奸之引导，实由我无备使然。……贼踞香港，大盖帐棚一百余间，并设有伪官。"③被英国利用的海盗当中，也有因与英人合作而致富的情形。在第一次鸦片战争中，充当英船买办，替英军筹办粮食的卢亚贵，原本只是黄埔一个贫穷蜑家。战后，获得港英当局给予下环一带大幅土地，并且拥有开设赌场、妓院、专卖鸦片的权利。不过后来被港府当局控诉，卢亚贵有勾结海盗并拥有强大的船队，控制着香港海域，强征通行税的情形。香港人谣传说卢亚贵是"海上国王"，因此众人对他相当畏惧。④ 事实上，1840—1850 年的中国沿海民众，无论是"奸民"或是"义勇"，大多数皆欠缺"国家民族意识"，特别是许多的海盗，"为夷用则导之以击我"，中国官方则称之为"汉奸"；"为我用则用之攻夷"，就成为了正式水师及"义勇"。不过这些由三教九流组成的兵勇，"往往

---

① 《英咭唎说》，佐佐木正哉编：《鸦片战争之研究·资料篇》，东京：近代中国研究委员会，1964 年，第 275 页。

② 《林则徐家书》，佐佐木正哉编：《鸦片战争之研究·资料篇》，东京：近代中国研究委员会，1964 年，第 261～264 页。

③ 《王庭兰致曾望颜书》，佐佐木正哉编：《鸦片战争之研究·资料篇》，东京：近代中国研究委员会，1964 年，第 286～287 页。

④ 蔡荣芳：《香港人之香港史（1841—1945）》，香港：牛津大学出版社，2001 年，第 25 页。

兵勇互斗，放火杀人。……城中逃难之民，或指为汉奸，或夺其财物"。① 吸收海盗作为"以毒攻毒"的方针，却是造成内部更大祸患的来源。在第一次鸦片战争期间，中国方面也有延揽往日海盗首领郑一嫂，希望利用她的旧日威望，吸收海盗的实际例子，传说："辛丑夷变，当道延之出赞军务。一嫂曰：'出仕后，党羽久散。今老矣，无能为也。'请辞，再三强之，卒不出。"②关于此事尚待考证，但是当时确有许多海盗受到中英双方所吸收。

英国人对于海盗的政策，除了剿捕与利用以外，海盗在侵华活动与对付竞争对手的事件上，同样扮演着重要的角色。香港华人苏亚成拥有"亚罗船"（the Arrow）划艇，曾向港英政府注册登记，悬挂英国国旗。公元 1856 年 10 月 8 日，该船停泊在广州海珠炮台附近。中国水师疑船上藏匿海盗，登船搜索，扯下英旗，将船上水手十二名，全数捕拿入城。英国驻广州领事巴夏礼（Sir Harry Smith Parkes，1828—1885）向两广总督叶名琛抗议，认为中国水师侮辱英国国旗，且违反中英条约，"凡英属船只，无论在通商五口何地，皆归该口英领事官办理"。但叶名琛则谓："此划艇系中国人苏亚成所造，用洋银一千员，买得牌照，假借贵国旗号。"③事实上，当时英国国会尚未准许香港政府让中国船只在香港注册，即使准许，"亚罗船"注册的有效期限也已超过了十一天。当时，英国政府为了想进一步扩张在中国的权益，便趁"亚罗船事件"，借题发挥，对中国发动侵略战争。《清文宗实录》载：

> 谕军机大臣等，据叶名琛奏，九月中因水师兵勇在划艇内拿获盗匪李明太等，夷领事官吧嘎哩借端起衅，辄敢驶入省河，将猎德炮台肆扰，又在大黄窖炮台开放空炮。自九月二十九日至十月初一日，攻击城垣，纵火将靖海门、五仙门附近民房尽行焚烧。初一日，又纠约二三百人扒城。经参将凌芳与绅士欧阳泉等迎击，跌毙。初九日，该夷由十三行河面驶至，直扑东定台。经兵勇轰坏兵船，并毙其水师大兵头……夷匪伤亡四百余名。④

1857 年 12 月，在汉奸的协助下，英法联军攻陷广州，叶名琛被捕并送

---

① 佐佐木正哉编：《鸦片战争之研究·资料篇》，东京：近代中国研究委员会，1964 年，第 289 页。

② 陈徽言：《南越游记》，《岭南丛书》，广州：广东高等教育出版社，1990 年，第 201 页。

③ 佐佐木正哉编：《鸦片战争之研究·资料篇》，东京：近代中国研究委员会，1964 年，第 420～422、430 页。

④ 《清文宗实录》卷二百十二，咸丰六年十一月辛未日，第 343～344 页。

往印度囚禁。第二次鸦片战争期间(1856—1860),清英两国时而厮杀,在对付海盗上,却于华南海域上并肩作战,可说是战争史上的奇观。战争结束后,中英签订《天津条约》,海盗问题被写进第 19 款及第 52 款条约内。第 19 款规定:"英国船只在中国辖下海洋,有被强窃抢劫者,地方官一经闻报,即应设法查追拿办。所有追得贼物,交领事官给还原主。"第 52 款则规定:"英国师船,别无他意,或因捕盗驶入中国,无论何口,一切买取食物、甜水(fresh water,饮用水),修理船只,地方官妥为照料。船上水师各官,与中国官员平行相待。"让英军能以打击海盗的名义,自由进出中国内河、港口。[①]

咸丰八年(1858 年)10 月 16 日,英国船队停泊于广东省汕头著名的海盗之乡——潮阳浦(Sow-ah-pow)小渔村外洋,准备要索拿上个月英国商船 Pantaloon 号被海盗劫走的怡和洋行(Jardine Matheson)2200 包白糖。海盗原不交出货物,英船以优势火力炮击渔村,使损伤惨重的海盗于 19 日清晨归还货物。英军报告中载,海盗有多人被击毙,英军则仅有两人受伤。[②]虽然从此案即可看出英国皇家海军与中国海盗的实力差距,但是英国慢慢地发现,海盗反而越剿越多,全权谈判代表额尔金(The Earl of Elgin,1811—1863)就深切反省地认为:或许正是英国政府直接发放奖金的做法,让原本单纯的海盗猎捕行动变质成滥捕(Abuses in Pirate Hunting),甚至养盗自肥,制造出更多的海盗(参见表 6-5)。《德臣日报》更是批评该情况根本是英国咎由自取,英国皇军海军玩忽职守,为了高额的奖金,剿盗治标不治本。此外,港英当局贪图经济利益,滥发船照,让海盗船也堂而皇之地领到执照,加上英国政府对鸦片贸易的鼓励,正是导致环东亚海域海盗猖獗的根本原因。[③]

---

① http://zh.wikisource.org/zh-hant/中英《天津条约》。英国得以自由进出中国内河港口直至 1947 年,"紫水晶"号事件(Amethyst Incident)又称扬子江事件后,才代表英国炮舰外交的终结。(访问时间:2016 年 1 月 6 日)

② Grace Fox, *British admirals and Chinese pirates*,1832—1869,London:K. Paul,Trench,Trubner and Company Ltd. ,1940,pp. 131-133.

③ Grace Fox, *British admirals and Chinese pirates*,1832—1869,London:K. Paul,Trench,Trubner and Company Ltd. ,1940,pp. 126-127. (澳)雪珥:《大国海盗》,太原:山西人民出版社,2011 年,第 168 页。

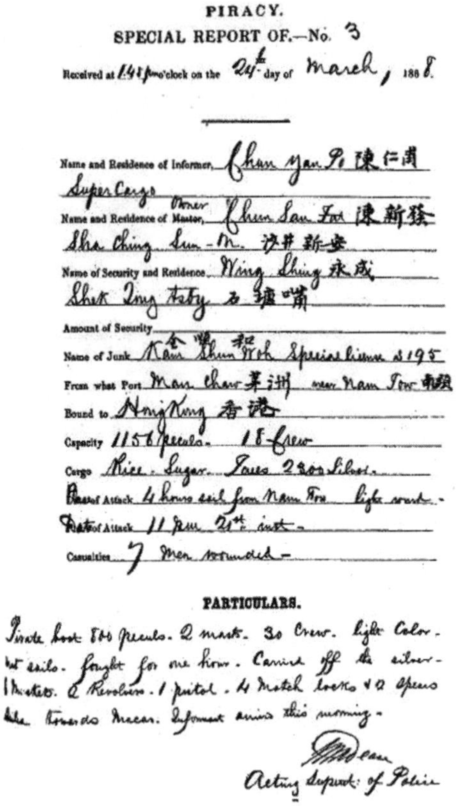

PIRACY.

SPECIAL REPORT OF.—No. 3

Received at _____ o'clock on the 24th day of March, 1888.

Name and Residence of Informer _Chun Yan Pi_ 陈仁闱
Super Cargo

Name and Residence of Master _Chun San Fui_ 陈新臻
Sha Ching Sun-n 沙井新安
Name of Security and Residence _Wing Shing_ 永成
Shek Ing tsty 石塘嘴
Amount of Security

Name of Junk _Kan Shun Woh_ 合顺和 Special licence £195
From what Port _Mau chau_ 茅洲 _near Nam Tow_ 南頭
Bound to _Hong Kong_ 香港
Capacity 1157 peculs. 18 Crew.
Cargo _Rice. Sugar. Toes 2300 Silver._
Place of Attack 4 hours sail from Nam Tow, _light winds._
Date of Attack 11 P.M. 21st inst.
Casualties 7 Men wounded —

PARTICULARS.

Pirate boat 800 peculs. 2 masts. 30 Crew. Light Colored sails. Fought for one hour. Carried off the silver. 1 Rester. 2 Revolver. 1 pistol. 4 Match locks & 2 Spears like towards Macao. Informant arrive this morning —

Acting Supdt. of Police

图 6-17　香港海盗项目报告

资料来源：Grace Fox, *British admirals and Chinese pirates*，1832—1869，p. 157. *China Mail*，9th May，1850. 据香港警局统计，海盗的战利品有时是 3000 颗鸡蛋、10000 元现金，或 3 担家禽。*China Mail*，3rd July，1851. 海盗在一次绑架怡和洋行的员工，勒索到 150 箱鸦片。

表 6-5　《遐迩贯珍》刊载中国海盗事件

期　号	内　容
1853.08 第 01 号	粤东洋面，近日盗贼无数，每有良民运货出口，辄被劫掠。财命两葬，殊堪悼惜。…… 福建洋面有盗匪，经英国师船将其拿获，具解交地方官衙门讯治正法
1853.09 第 02 号	八月初五，英船于电白洋面缉拿海盗，摧毁海盗船 12 艘、炮 70 余门，救放商船数艘。十二日，英船亚勒顿亚卜驾，船内中国水手十余名子刻，砍杀熟寐的英国船主等六人，弃尸于海，夺走财物。英国悬赏正凶潘亚验花红 500 银元，其余 100 元
1854.01 第 03 号	十月，英船从厦门驶往福州时，被海盗打劫。英兵船前往攻剿，击毁 40 余艘海盗船
1854.04 第 03 号	去岁年底，英国火轮船间顿于珠江洋面，援助被海盗攻击的暹罗船蔡兴昌号，共救起 52 人。另外，香港龙船湾有民船被海盗掠劫，3 日后，英差在赤柱逮捕主嫌归案

期　　号	内　　容
1854.07 第 07 号	四月,火轮船于台湾洋面救援被 6 艘海盗船围攻的潮州米船。中葡英美巡缉东南洋面海盗,皆有所斩获。广东提宪招募外国水手,并于东西两路增设炮台,打击海盗
1854.08 第 08 号	五月,中国货船由海南驶往香港被海盗劫持,英国派兵船将之救回。六月,平海洋面有中国盐船被海盗抢走一万八千担的盐。英军与清水师于珠江逮捕 40 名海盗,福州官府送回从上海驶往福州中被海盗掠劫的英国划艇上船主与乘客
1854.09 第 09 号	布兴有受招抚后,与葡萄牙人于洋面开战。海盗趁副将出洋巡缉时,袭击九龙炮台
1854.12 第 12 号	九月,美国火轮船于港澳洋面打击海盗失利,遂请英军协助,英军击毁 17 艘海盗船及岸上放置火药军械的基地。中国商民携带酒肉感谢英军为其除害
1855.08 第 01 号	正月,舟山洋面有红头贼船劫掠米船,中英火轮船前往救护,获头目 11 人并送往上海正法。中英 2 艘货船和价值三万银元的货物被海盗夺走,往厦门的英兵船协助夺回,并逮捕 9 名海盗。二月,英火船往担杆头洋面,获贼船 3 只,击沉 2 艘
1855.10 第 10 号	宝顺轮带领着船队,甚至驶至辽东、北京直隶、天津和山东登洲洋面,摧毁拥有外国逃亡水手,炮击技术纯熟的海盗船队,救回 70～80 艘避贼的货船
1856.01 第 01 号	闽浙总督王懿德奏报:海坛镇水师船 5 只于鼓屿洋面,被艇盗 20 艘围攻

资料来源:香港中环英华书院,《遐迩贯珍》,香港公共图书馆藏图像文件。

表 6-6 《伦敦画报》刊登中国舰队剿除海盗事件

《伦敦画报》刊登之内容
1849 年 12 月 8 日,档号 ILN0－1849－1208－0004－F
Capture of Chinese Piratical Junks by H. M. S. Medea

1850 年 1 月 26 日,档号 ILN0－1850－0126－0004－F

Destruction of Shap-Ng-Tsai's piratical fleet，by the British，in the Gulf of Tonquin

《伦敦画报》刊登之内容

1850 年 2 月 2 日,档号 ILN0—1850—0202—0009—F

Destruction of apiratical Chinese fleet at Pinghoy

1850 年 5 月 18 日,档号 ILN0—1850—0518—0008—F

Capture and destruction of thirteen piratical Chinese junks,
in Mir's Bay, by H. M. Steamer Medea

第六章 大门口内外的敌人:殖民者处理海盗问题实况

续表

《伦敦画报》刊登之内容

1850 年 6 月 8 日，档号 ILN0－1850－0608－0016－F

H. M. S. Reynard capturing two piratical junks off Hong Kong

1851 年 10 月 4 日，档号 ILN0－1851－1004－0001－F

Attack on a Chinese piratical fleet by H. M. S. Cleopatra, in Bias Bay

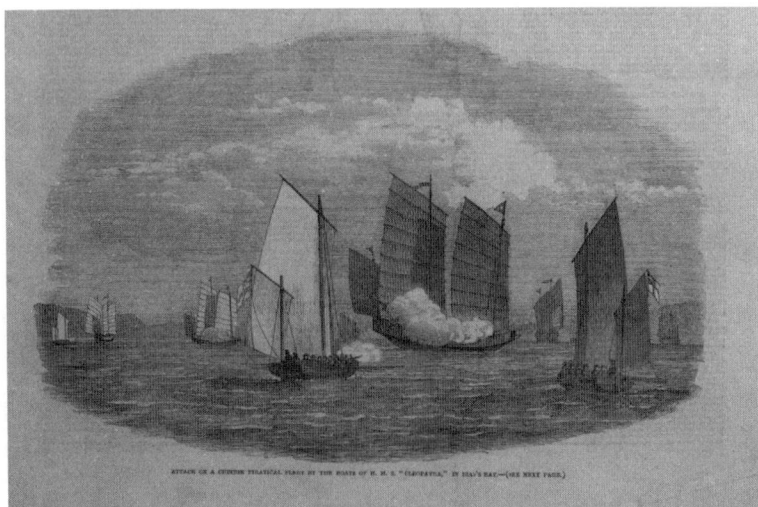

《伦敦画报》刊登之内容
1855 年 11 月 3 日,档号 ILN0－1855－1103－0031－F
Pursuit of a Chinese pirate by H. M. S. Racehorse,in Pinghai Bay

1857 年 3 月 14 日,档号 ILN0－1857－0314－0021－F
Chinese smuggling craft,strait of Formosa

CHINESE SMUGGLING CRAFT, STRAIT OF FORMOSA.—SEE PAGE 252.

续表

《伦敦画报》刊登之内容
1857 年 3 月 28 日，档号 ILN0－1857－0328－0005－F
Fleet of Chinese pirate preparing to attack

1865 年 4 月 22 日，档号 ILN0－1865－0422－0004－F
The crews of H. M. S. Pelorus，Flamer， and Janus attacking the Chinese Pirates at Kwantsiu，near Amoy

《伦敦画报》刊登之内容

1865 年 10 月 28 日,档号 ILN0－1865－1028－0013－F

Fleet of Chinese junks，with H. M. S. Opossum. Preparing to attack pirate at How-Chow

1866 年 9 月 29 日,档号 ILN0－1866－0929－0021－F

Osprey and Opossum destroying Chinese pirate junks in Sama Bay

H.M.S. OSPREY AND H.M.S. OPOSSUM DESTROYING CHINESE PIRATE JUNKS IN SAMA BAY.

第三节　汉奸与海盗：法国与清越海盗之关系

　　法国人如同英国对付海盗的政策,除剿捕与利用以外,海盗在 19 世纪中晚期,法国在越南进行殖民统治的侵吞活动中,对付抵抗者的事件以及清政府的招抚下,同样扮演着重要的角色。清道光至清末年间,中国沿海的居民,无论是"奸民"或是"义勇",大多数皆欠缺"国家民族意识",特别是活动于环东亚海域上的海盗,他们多"为夷用则导之以击我",清朝史书则称之为"汉奸",例如法国方面,在中法战争期间,有许多沿海"奸民"为法人所用,港澳与南洋一带,多数华人被法人雇用为密探、兵卒、佣工,也有华人被迫充当奴隶,法国主要是以吸收盗匪的做法来对付中国及越南的起义军。此外,若海盗"为我用则用之攻夷",就成为大清正式水师及"义勇"。虽然存在着"为害"本质的海盗,从横行海上到投效水师,却也有成功被转化成抗击殖民国家力量的案例。浙江台温洋面海盗首领"金满"(又被称黄金满、金峨大王、①王金满、金满叔、金满相、金满大老、金满大人和金满大王)②,即是当中之例子。

　　金满为临海桐树山人,③清廷在武力围剿无果的情况下,最终由浙江巡

---

　　①　宁波甬报馆编:《甬报月刊(*The Ninpo News*)》,宁波:美华书馆,1881 年,"中央研究院"人文社会科学研究中心图书馆藏,光绪七年(1881 年)三月第三卷缩微胶卷。

　　②　宁波甬报馆编:《甬报月刊(*The Ninpo News*)》,宁波:美华书馆,1881 年,"中央研究院"人文社会科学研究中心图书馆藏,光绪七年(1881 年)九月第九卷缩微胶卷。

　　③　喻长霖纂:《台州府志》卷一百三十六,《大事略》,台北:成文出版社,1970 年,第1824~1826 页。

抚的刘秉璋出面招抚。① 光绪九年(1883年),正值法军攻陷越南北宁(北圻远征),金满于是随同彭玉麟赴广东办理防务。传闻海盗金满武艺高强,且拥有新式武器,《清稗类钞·盗贼类》内有《黄金满有大王之称》一文介绍金满之事迹:

> 光绪初,台州巨盗黄金满啸聚北岸之桐树坑,专与官军为难,温、台间人呼之曰金满大王。省吏严饬温、台二郡文武合剿,金满不能拒,遁入海。水师踪之,金满乃率其悍党四十人走乐清湾……时火器入吾国未久,而金满所携之枪,皆毛瑟、利明登之类,极快利。官兵数逾千人,畏其枪械,不敢逼。……金满飞行绝迹,来去如风。一日,某守赴圣庙拈香,见大成殿上新悬一额,字大于斗,其署款则黄金满也。而窗棂尘封如故,不知其何自来,而何自去也,一城为之大骇。金满常年借宿人家,使其徒党爇香寸许,握之于手,徒党有倦而思卧者,火灼其肤。以是终夜戒严,得不为捕者所算。……后为彭刚直公玉麟所抚。癸未冬,调金满赴广东,随营效力,遂官至参将衔守备。②

充满传奇色彩的海盗金满在中法战争中,抗击法军,表现优异。后又与彭玉麟巡阅长江水师,官至水师参将衔。其杰出的表现与被吸收的华人汉奸,形成强烈的对比,而在清政府的眼中,金满遂成为"以盗制夷"最佳的范例。

---

① 刘体智:《异辞录》卷二,台北:文海出版社,1968年,第171页。载台匪(黄)金满,逸盗也。盗既逸出,天涯地角、海澨山陬,无不可以容身,虽欲缉获,无克期必得之理。当时大乱初平,人心未静,不逞之徒,辄假之为标帜,江浙两省每遇盗贼之案,均用影射,甚至苏州文庙以金满名易入神位,尤为骇人听闻。先文庄任浙抚,诏旨督捕甚严,复使彭刚直往浙,专治其事,而渺不可得。会旧部文员中徐春荣,杭人也,与天台县廪生谢梦兰习,令梦兰入其穴,招之来降。问以近日江浙两省事,均茫然不知所以。春荣引之入见,乃一委琐不堪之贼也。文庄谓曰:"为盗而枭首于吾辕下者,不知凡几尔。犯罪累累而许以不死,何其幸也。"金满作向前势,曰:"抚台命我前进几步。"即上前几步,又作向后势,曰:"抚台命我退后几步。"即退后几步。文庄曰:"如此,良佳。"及刚直入粤督师,携金满往,且为之娶。至粤,来书曰:"金满又纳妾,从此不思为贼矣。"同时清议颇不以招降为然,文庄于始早为之计,令台绅请于刚直,刚直许可,乃会闽督何小宋制府衔入奏,而言路弹章仍复不免。一日,文庄至幕客文芸阁孝廉室,见一简,为盛伯羲祭酒书。论及金满案,言一劾不许必再,再劾不已必三云。及时过境迁,皆知金满无贰。甲午之役,将用以拒敌,皆曰:"彭刚直招降之功也。"

② 徐珂编:《清稗类钞》第十一册,《盗贼类》,北京:中华书局,1968年,第5317~5318页。

一、东京捕盗:中法战争前法国与海盗

法国割取越南南圻(Cochin-chine)之际,正值清朝面临太平天国运动,处于一个内忧外患的局面,清廷对于法国蚕食鲸吞藩属国——越南的行为,完全不知情。同治九年(1870年),清朝官方才始有所闻,但是对于法国是占领北圻或南圻尚不知情。直到清廷谕广西巡抚苏凤文派员前往越南调查后,才确知法人所占为越南南圻。[①] 法国为探勘越南通往中国西南的道路,法人安邺(Francis Garnier,1839—1873)于同治五年(1866年)参与的法国勘察团,发现湄公河不能通航,同红河连结的元江,才是越南进入云南的要河道。[②] 法国欲占领越南南圻六省后,积极探勘中越地理环境,之后再行吞并越南北圻东京,进而完成将法国殖民势力延伸到中国西南内陆的野心。

此时,曾任职于汉口火药局的法国军火商涂普义(Jean Dupuis,1828—1912,清方亦称为堵布益)得知安邺的探勘结果后,决定借由法国武力,来打通越南到云南的航道。然而正值法国于普法战争(1870—1871)中战败,无力军援涂普义,法国临时政府海军殖民部长播多(Pothuan)写信告知涂普义:"法国现尚被德国军队占据,在此情形下,我们只能祝愿你的计划成功……不加赞成,亦不反对。……但是你或是你带去的人如被杀戮,我们不能出面为你报仇。"[③]同一时间内,云南正值发生杜文秀回民起义,虽然法国政府无法支持涂普义的计划,但是因为云南战事吃紧,涂普义于是能够和云南巡抚岑毓英谈妥条件,协助从元江入滇来运送清军所需军火,更从两广总督领到战事所需武器的款项,并取得云贵总督刘岳昭所发出之公文,让涂普义能够在越南交涉通行事宜。[④] 由于法军不能提供兵员、船炮,所以涂普义先到上海收购英国籍两艘炮舰,再前往香港招募奸民和匪徒加入,其中共有西洋人27名,中国及其他亚洲人共125名(越南史书记载有清、法、英、吕宋和

① 《同治十年正月庚子广西巡抚何凤文折》,《筹办夷务始末(同治朝)》,第7357~7362页。
② 季平子:《从鸦片战争到甲午战争》,台北:云龙出版社,2001年,第464~465页。
③ 堵布益:《东京问题的由来》,中法汉学研究所编:《法汉学研究所通检丛刊》,台北:成文出版社,1968年,第391~395页。
④ 《同治十二年八月壬午刘岳昭岑毓英折》,《筹办夷务始末(同治朝)》,第8418~8421页。

黑人等)。① 同时间,在法国购买的枪炮也运抵至香港。② 真正目的是要入侵云南,行动形同海盗的涂普义船队,于同治十一年(1872 年)十二月,便打着清朝官府授权的名义,船舶上皆悬挂着"大清云南提督马(如龙)旗号",③朝越南出发。

涂普义船队从越南溯红河而上,进入元江,驶往云南。同治十二年(1873年)三月,到达昆明时,杜文秀战事已被清军平定,所以涂普义船队返回越南,并驻扎在越南北圻东京地区,在法国交趾支那总督默许下,持续进行运越盐入滇,满载云南的铜锡而去,图此长期的河运收益。同时,涂普义、交趾支那总督游悲黎和三圈官安邺④等三人为了商业和殖民版图,更共同谋画侵略越南北圻地区。但是越盐本是越南官府的主要收入来源,加上涂普义的商团在河内胡作非为,于是跟越南河内总督官府起了冲突。⑤ 西贡总督则派上尉安邺率领船队"驶往北圻沿海诸洋分",以"探拿海盗"当借口,⑥袭夺河内,连陷附近各城。又法军为牵制抗法的刘永福黑旗军,于是勾结当时在越南保胜与河内间作乱的黄旗军黄崇英,助以饷械于黄旗军,冀望黄旗军能够牵制住黑旗军。黑、黄旗原是以太平天国余部、广西会党为主而组成的兵团,原本共有为五旗,此后所存者唯黄、黑两旗。⑦ 永福统帅的黑旗军,因据有红河上游保胜,以征收过往船只税捐为生,跟涂普义贸易船队产生利益冲突,故深恶法人,便率部袭击法军,在"纸桥之役"中袭杀安邺。⑧ 此事让法国暂时停止海盗式侵略越南,由于云南回民战事始定,大批清军屯驻于清、越疆界附近的北

① 《大南实录》正编第四纪,卷四十七,第 24 页。
② 《大南实录》正编第四纪,卷四十九,第 7 页;季平子:《从鸦片战争到甲午战争》,台北:云龙出版社,2001 年,第 468 页。
③ 《大南实录》正编第四纪,卷四十七,第 24 页。
④ 越南官方称安邺为"三圈官安业"。《大南实录》正编第四纪,卷四十九,第 13 页。
⑤ 郭廷以:《法侵北圻》,《近代中国史纲》上册,香港:香港中文大学出版社,1980 年,第 239~240 页。
⑥ 《大南实录》正编第四纪,卷四十七,第 24 页。
⑦ 《照录越南侦探委员候选盐大使马复贡来禀》,"中央研究院"近代史研究所编:《中法越南交涉档》,台北:"中央研究院"近代史研究所,1959 年,第 218 页。法属印度支那殖民当局原想效法清廷以盗制盗,怎料最终黄旗残部反而袭击法军。
⑧ 《大南实录》正编第四纪,卷四十七,第 33 页。载:刘团就城下挑战,辰安业方与陈廷肃住署会议,未及提说,忽报有兵来攻,即走向率部属出城迎战。该团佯走,安业策马追至纸桥,该团袭杀之。此次斩获五馘,三圈一即安业,并二圈一、一圈一、无圈二。刘永福也因是役获颁三宣副提督一职。

宁,法国考虑若继续对河内用兵,势将引起与清军的冲突,决定以外交方式应付。广州法国领事馆于是照会两广总督瑞麟,要求撤回越南北圻境内所有的清军,瑞麟却仅回复法国领事:"该处粤军亦不向河内辖境前进,免至互启猜疑,有伤和好。"①法越于同治十三年(1874 年)签订《西贡条约》(《法越和平同盟条约》),开河内等处为通商口岸,法船可航驶红江,以越南为保护国。此条约让法国势力开始伸进越南北圻。

光绪七年(1881 年),法国人再度谋取越南北境并且欲通商云南,曾纪泽在《覆陈法国大概情形疏》内提到:"越南向隶藩服,为滇、粤二省屏蔽。法人据其西贡一带,现复以东京捕盗为名,添置兵船,并欲由红江通商云南。计殊叵测,该国积弱已久,若任其侵削,则滇、粤藩篱尽为他族逼处,后患不可胜言。"②继同治年间的入侵后,法国再度以"东京捕盗"的借口进兵越南。由于越南是中国滇粤两省的屏障,所以清政府格外注意此次的侵略行动。同年 10 月 22 日,《申报》刊登《海防邮音》载:

> 苏芝轮船自海防到港,携有西字邮筒,言海防居民现甚惶恐。盖因传有海贼一千余人在距海防约十三西里肆行骚扰也。贼魁二人曾受法国武弁之职,先是法人为黑旗所败,拟募兵勇以收臂指之助。二人先至应募,法人大喜,授以官职,俾广招徕,即所称黄旗之党也。及至海贼乘间蜂起,法人命其往招抚海贼后闻,黄旗业经裁撤,二人以法人二三其德,遂统其众,以劫掠为生涯也。现法兵之驻海防者为数无多,惟防守则极为严密,昼夜巡逻不敢少懈。又拨有炮船,由河内前回以资守御地勒。炮船则于十七日由西贡至海防,据传有水师兵一队,不日由河内调回,以备海贼矣③

黄旗军、海防海盗原本是被法国招徕对付刘永福黑旗军,结果被法人裁撤后,便率众于越南洋面肆行劫掠,使得法国腹背受敌。如此状况,让法军处境艰难,香港西字报云:法军近日军粮颇忧匮乏,已有两礼拜口粮不曾发

---

① 《清穆宗实录》卷三百六十二,同治十二年正月丁巳日,第 795 页。

② 《光绪七年十月十五日军机处交出》,"中央研究院"近代史研究所编:《中法越南交涉档》,台北:"中央研究院"近代史研究所,1959 年,第 180 页。疏中提及涂普义:西贡总督所派守备嘎业为越南人所杀,商人堵布益所赍成本亦致亏折数百万佛郎。该商归向法廷索取,法廷许以俟定计占取东京之时给予补偿。

③ 《海防邮音》,《申报》1883 年 10 月 30 日第 1 版,第 37730 期。

给。倘法延再不添饷、增兵,越事将不可问也。又云:法兵近与海盗接战,海盗多系华人,两相攻击,法兵有一人受伤,该盗党亦有一人为驻兵所获,即行带回海防斩决矣。[①]

图 6-18　东京捕盗行动——处决海盗

资料来源:Stéphane Moulin, *La Tonkin*, Paris:Ch. Delagrave, 1888, p. 337.

12 月,河内守城之兵仅有步兵一队,而且炮兵亦寥寥无几,海龙湾处虽有炮船数艘,然相距甚远,恐怕无济于事。现法国政府与轮船公司租有窝路加轮船,来载运粮饷及军火前来越南,已于 19 日抵达海防。现在海防、海东以及红河河道现在多萑苻(海盗)出没。18 日,法国鲁尼马鲁轮船驶入内河至距海防约五西里处,见有海盗约四百之多,聚于海滨。19 日晚间,海盗则施放火炮来恐吓法船。[②] 法军由于所雇之军队多利用华匪、越南土人与阿非利加籍人,一旦遭遇海盗,越兵在火轮铁甲船上一无所长。至于非洲佣兵,虽然矫健猛捷,但在洋面则无所用处。[③] 故法军无力对付原系招募的海盗,让越南沿海城市饱受其害,其中海东本系大埠华商在彼营运者甚多,嗣经前此海盗攻劫之后,地方焚毁殆尽,成为一片瓦砾之场。[④]

---

① 《越事近闻》,《申报》1883 年 11 月 11 日第 2 版,第 3792 期。
② 《法越军信》,《申报》1883 年 12 月 4 日第 2 版,第 3825 期。
③ 《中法战局论下》,《申报》1883 年 12 月 5 日第 1 版,第 3826 期。
④ 《海东来信》,《申报》1884 年 3 月 21 日第 1 版,第 3926 期。

图 6-19　越南东京村落遭逮捕的海盗头目并处决

资料来源：L. Huard, *La guerre du Tonkin*, Paris：s. n.，1890，pp. 1090-1187. 左：Des marins français arrêtant un chef pirate supecté dans un village Tonkinois. 右：L'exécution d'un chef des pirate à Hanoi.

图 6-20　东京捕盗行动——审判并处决海盗

资料来源：（左图）Édouard Hocquard, *Une campagne au Tonkin*, Paris：Hachette et Cie，1892，p. 117，p. 251. （右图）Alfred Barbou, *Héros de la France et les Pavillons-Noirs au Tonkin*, Paris：A. Duquesne，1884，p. 161.

图 6-21　于东京湾被法国驱逐舰击沉之华人海盗船和海盗

资料来源：（左图）Alfred Barbou, *La chasse aux pirates par un aviso fran-çais*, "Héros de la France et les Pavillons-Noirs au Tonkin", p. 165. （右图）Édouard Hocquard, *Pirates chinois*, "Une campagne au Tonkin", p. 417.

LA PIRATERIE AU TONKIN. — Le bourreau prend son sabre à deux mains. (Page 55, col. 3)

LA PIRATERIE AU TONKIN. — A l'extrémité d'une longue perche la tête est exposée. (Page 55, col. 3)

图 6-22　海盗于法属印度支那东京枭首示众

资料来源：*La Piraterie Au Tonkin*，"Journal Des Voyages"，Pairs：A La Librairie Illustree et Aux Bureaux du，1891，26 July 1891，上 p. 56，下 p. 57.

由于法国反复无常的态度,反而使得黄旗军及海盗余党,转头支持在东京地区被法官悬赏五千大员的黑旗旗主刘永福,并在海上抵抗法军。法国加理边号炮船与黄旗海盗于洋面相持互相炮击,光在法船上即拾得弹丸共一箩筐之多,更打伤舵工八人。法人认为此等海盗火力强大,乃黑旗军外另一劲敌,因此持续增派兵船至海防增援守军和打击海盗。根据上海圣教会创办之《图画新报》刊载:

> 有一处名曙东,村落栉比,屋宇星罗。投入黑旗之黄旗党,恐碍于战,悉纵火焚烧,民皆号哭逃避。有一广厦,距此颇远,难民暂避其中,不料法军轰以炸炮,屋倾而数百人悉遭覆压。黄旗复乘势纵火,曙东一隅,竟成瓦砾之场。货物财贿,付之一炬,亦云惨矣。……巴黎斯新闻言:法军攻夺越南顺化都城时,水师兵逢人便砍,有三百家逃避于某海湾,尽被所戮,无一存者。又有一百五十家,避匿船中,悉受骈诛,惨忍已极。又士日报谓:提督拔孤当时并未纵兵杀人,其在某海湾所杀之一千二百人,乃与法国为敌者(海盗)。[①]

越南东京河内地区,战情混乱,甚至有不知何方势力,持新式武器的四五千名华人,搭乘小火轮前往越南参战。然而,法国在同刘永福黑旗军、黄旗及海盗在多方的攻防过程中,最受到伤害且无辜的还是越南人民。

回顾第二次鸦片战争期间,中国沿海有许多"汉奸"、海盗,曾为英、法两国所雇用。在中法战争期间,还是有许多"奸民"为法人所用,根据当时广东出版的《述报》报道:沿海与南洋一带,有华人被法人雇用为密探、兵卒、佣工,也有华人被迫充当奴隶。[②] 由于沿海盗匪多为法人所吸收,两广总督张之洞注意到该情形,他提到法国的七千名军人中,只有两千人是法国籍,其他都是吸收于中、越地区的盗匪。[③] 光绪十年(1884 年),张之洞更发布《禁汉奸受雇当兵及为法人修船示》:

> 照得法人叠犯闽疆,戕害生灵,残虐不道,天人共愤。凡有血气之伦,莫不切同仇而思敌忾矣。闻香港、澳门一带,向有汉奸串诱多人,给

---

① 《越事近耗》,《图画新报》第 4 卷第 6 期,1883 年,第 64~66 页。

② 广州述报馆编:《述报》,台北:学生书局,1965 年,甲申年十二月二日(1885 年 2 月 6 日),乙酉年一月十六日(1885 年 3 月 2 日),乙酉年一月十九日(1885 年 3 月 5 日),乙酉年二月四日(1885 年 3 月 20 日)。

③ 张之洞:《张文襄(之洞)全集》卷七,台北:文海出版社,1970 年,第 726~727 页。

予厚值，或骗往雇工，或给为服役。一经上船，便迫令为兵，置之前驱，死亡夷伤多系此等。亦有凶悍悖逆之徒，贪图重值，甘为效力，尤属异常悖谬。……是以中华之人而害中华，以广东之人而攻广东，致尔之乡井因尔而荡为丘墟，尔之亲邻为尔而惨罹锋镝。清夜自思，忍乎否乎。[①]

另外，清廷在《为法人谋占越南北境遵旨豫筹办法》提到："风闻该国积匪有勾结海盗，欲据越南北圻等省。以窥边关，亟应严防。"[②]另外，法国除了吸收海盗为兵外，也将原本是海盗巢穴改造成法军基地。清朝派驻越南的侦探马复贡报告中提到：

> 敬密陈者。海防本地从前土匪滋多，大都以狗头山（山在海防东边洋面去此百九十里，向为盗薮）、阿婆湾（该处在狗头山之西去海防百里一带）为巢穴。近法人通商，盗迹渐少，数月前法人即于此二处探测水道，规画地形，为屯兵泊船之地。[③]

法国以盗制清的做法，是让清、越沿海，港澳与南洋一带的海盗，为其所用，并使越南店家制作海报，宣传"东京捕盗"的正当性(图6-23)。国家认同的观念，虽然在被吸收的海盗心中，荡然无存，但在中法战争期间，亦有响应清政府的号召，加入水师的海盗。光绪十年(1884年)四月二十八日，彭玉麟的《筹办广东守御情形疏》载：

> 阳春县知县萧丙堃招抚海盗梁辉、刘开、黄六、崔仕等头目三十九名，随带散盗二百余名。其人均剽悍轻趫，习于战斗。而濒海瘴雨炎风，出没潮汐，又其性所能耐。……将该投诚梁辉等编为靖海营水师，以防堵海口要隘，自较新募勇丁尤为得力。借此羁縻，不使为盗，兼可作眼线缉拿平时盗案，以靖地方。[④]

上述习于海战的海盗，能够改过自新，如同金满投诚效力之事，使得清

① 张之洞：《张文襄(之洞)全集》卷一百一十九，台北：文海出版社，1970年，第8541～8543页。《综论法人残暴》，《申报》1885年3月27日第1版，4290期。法兵伤亡数，其实十分之九皆华人与越南土兵，真正法人几乎无损伤。

② 《为法人谋占越南北境遵旨豫筹办法》，"中央研究院"近代史研究所编：《中法越南交涉档》，台北："中央研究院"近代史研究所，1959年，第192页。

③ 《照录越南侦探委员候选盐大使马复贡来禀》，"中央研究院"近代史研究所编：《中法越南交涉档》，台北："中央研究院"近代史研究所，1959年，第217页。

④ 王云五：《道咸同光四朝奏议》，台北：商务印书馆，1970年，第2527页。

朝水师于中法战争期间,得到一批新力军,也让广东的海上治安威胁能够稍微减低。

二、越南安世海盗——黄花探

越南西山省人黄花探(Hoàng Hoa Thám,1858—1913,见图 6-24),原名张文探,绰号提探(Dê Thám),[1]中国称之为黄提参。关于黄花探在清朝官方文献记载不多,其身份在《台湾日日新报》曾载黄花探乃是海盗的首领：

> 最近法国大使馆：近来有"戎那吕梨梨觅"之杂志,报云叛徒黄提采者,曾为旧海贼之巨魁。印度支那政府,千八百九十七年,准其归顺,封以"烟梯"之地。后纠合党徒而谋不轨,辄侵略附近之民。民不堪其扰,请保护,政府征罚。去一月下旬,遂派兵伐之,破其巢窟,诛其牙爪。故乌合之众,皆鸟兽散。而于不逞之徒,犹陆续捕之,颇称奏效。此际土民亦有投军致力者。及镇定后,复向政府歌颂讨伐之军,不外为警察的之举动也云。[2]

"海盗巨魁"黄花探曾经于越南富商霸福家中放牛,光绪十一年(1885年),参加霸福于北江省安世县(Yen-Thè)武装抗法行动,后与霸福加入越南起义军黄廷京麾下,黄花探被封为督兵,并把张姓改为黄姓。光绪十四年(1888 年),黄廷京被法国派出之奸细给暗杀身亡,黄花探与霸福又转到义军提楠(梁文楠)帐下。光绪十八年(1892 年)四月,提楠被叛徒杀害后,黄花探遂成为安世起义军的首领,并以根据地安世为中心,到光绪十九年(1893 年)初,抗法军势力已扩大到十总(越南数乡为一总)的范围。[3]

光绪二十年(1894 年),黄花探同华南海盗打单勒索一样,在谅山绑架法国富商、安世大地主、谅山至河内铁路线的大股东,同时也是《北圻的将来报》(L'-avenir du tonkin)主编雪诺(Chesnay)以及其他随员。要求法方交

---

① 范宏贵：《黄花探领导的抗法斗争》,《东南亚纵横》1988 年第 3 期,第 24～27 页。Spencer C. Tucker, *Encyclopedia of the Vietnam War：A Political，Social，and Military History*，USA：ABC-CLIO，2011, p. 288："Death Date：February. 10. or. March. 18. 1913. Vietnamese nationalist hero who led an uprising against the French. De Tham, also known as Hoang Hoa Tham, was born in 1858 as Truong Van Nghia. . ."

② 《安南不稳》,《台湾日日新报》1909 年 5 月 18 日,第 3310 号。

③ 范宏贵：《黄花探领导的抗法斗争》,《东南亚纵横》1988 年第 3 期,第 24 页。

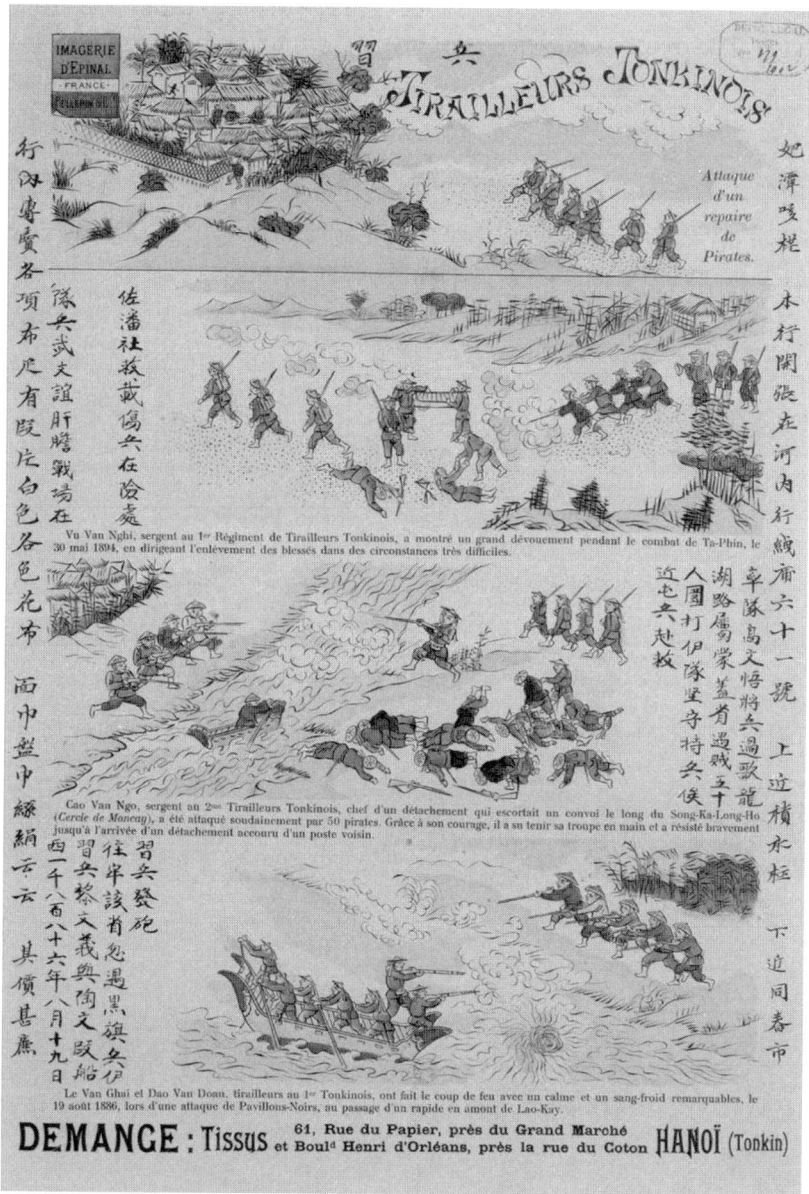

图 6-23　越南布店宣传单——法军搜剿东京地区海盗

资料来源：*Tirailleurs tonkinois attaque d'un repaire de pirates*，Hanoi：Pellerin
& Cie，1902，BnF 藏。

付 15000 两白银，法军撤出安世地区。同年 10 月 26 日，双方谈妥条件，部分领地作为抗法军的自治区,且不向法国殖民政府缴纳租税,抗法军则不破坏河内至谅山铁路为条件,释放人质。①

光绪三十二年(1906年),黄花探加入越南爱国志士潘佩珠的反法组织维新会,并支持孙中山的革命党,对流亡到越南北部的革命党人给予了庇护。例如法军在东京地方搜捕海盗时,见有数十位革党携带枪械,双方经过枪战后,遭捕革党里有5位中国籍的新党志士也参与越南抗法活动。② 黄花探将海盗活动提升至越南革命的使命,使得越南人响应甚众,清朝官方则称呼黄花探为越南革党。

> 越南革党黄提参,聚党甚众,声势浩大。时与某国防军为难,现粤边文武有电来省,略言:黄提参于某日与某国开仗,占据数省地方,该处甚为惶恐。我国边军已一律严加戒备云云。大宪接电后即通饬两省边军加紧严防,以免窜越。③

法国自1893年与黄花探交战以来,兵员损伤惨重,印度支那总督统计法军死伤人数为1893年/203人(内士官10人),1894年/255人(内士官4人),1895年/211人(内士官11人),1896年/165人(内士官10人)。关于印度支那总督对于黄花探剿抚政策一事,寄居南圻法人普那翁氏,在1909年10月13日于河内府《卓奇新闻》内发表一论,认为法国宁用威压黄花探为妙。即曰:

> 前印度支那总督波尔罗明氏,于公历一千九百九年载一篇文字于丹马报上,详述镇抚目下跳梁黎坦(黄花探)党徒之策,极夸示当时自定怀柔策之成功。……黎坦贼徒之强为盗并杀人劫抢等案,殆无日不有。军人虽少被害,而人民被害,则不胜枚举。……罗明氏不灭贼徒之祸根,乃与以铳器,给以巨资,听彼等安居其家。……彼时黎坦隐然自居为贼徒之大将军,而罗明氏则报告本国政府曰:余已降服黎坦矣,何其夸张之甚耶! 盖罗明氏乃以笼络瞒贼为自得者也。普那翁结论更曰:自今以后,可以用为印度支那之政策者,决须用捕获或杀戮之法,以绝

---

① 范宏贵:《黄花探领导的抗法斗争》,《东南亚纵横》1988年第3期,第25页。

② 范宏贵:《黄花探领导的抗法斗争》,《东南亚纵横》1988年第3期,第26页;《革党战退》,《台湾日日新报》1909年12月18日,第3493号。

③ 《越南革党声势之浩大》,《申报》1909年8月31日第11版,第13137期。

其祸根。苟欲为法国全其在印度支那之名誉,则欲不咸黎坦不可矣。①

光绪三十四年(1908年)六至七月间,黄花探对法军制造一系列恐怖攻击,包括河内投毒事件、河东省一辆运载法军火车出轨以及在法军食品中下毒,上述事件震惊了法国。于是法军于宣统元年(1909年)一月二十九日,更下定决心要消灭黄花探的安世起义军,不再与黄和谈,派遣出共计15000名法军、非洲雇佣兵和越南蓝带军(以腰系蓝带得名),对安世军发动总攻击。② 直到六月起至九月,法国与安世军展开激烈攻防战,"茄伦东北途中,尸横遍野,无人收埋。盖自六月以来,革党死于战者"。③

法军锐意先剿平黄花探儿女亲家且为同党——窦锴,④其部众约有三至四千名,均配戴利刃精器,新型枪炮。双方于八月对仗于南狼河边,法军生擒海盗头目龙刀毒等5名,部众30余名,其中有1名少妇(黄花探妻)性悍不肯供出窦锴下落。时闻窦锴已受伤遁去。法军阵亡18人,伤者50余名,其中陆军少将葛来森身受重伤。法国上将巴尼夫称:"越南革党之用兵,甚为敏捷,较诸东三省胡匪,有过之无不及也。"其中尚有能讲法语的首领龙登基,和窦锴相互接应。九月,法军追击窦锴海盗集团至"河流横亘"的方兰地区,法军令越南土人多备船只,以便进行水战。⑤ 同时,另外一方面,黄花探的海盗集团持续战胜法军,《台湾日日新报》刊载:

> 粤省特派越南侦探员,近有密电云:革党黄提参本越南人,与法官兵构衅年余,十战九胜,败亡法三四画官,先后共以数十计,法越兵则不计其数。阴历七月某日复在广福省开战,越兵及越人附从益多,擒去法使(瓦莹)一员,卒赎五千金。现法官见屡败亡,业已电法巴黎调大兵,不日将到。惟刻下有与黄提参讲和,奈其志在恢后宗社。又闻有廉、钦

---

① 《法人治安南之怀柔论与威压论》,《台湾日日新报》1910年6月8日,第3634号。关于初期法属印度支那总督处理海盗黄花探的问题,如同清廷羁縻性的海盗政策,如出一辙。另载:据此表观之,罗明氏赴任前,每年百五十名自二百名之被害。及其赴任后,用其怀柔政策,至无一人被害者。氏之怀柔手段,如墨洛士中佐,身无寸铁,单身(携夫人及令息同行)访党营,招抚巨魁。使彼绝无狐疑,是即可知其政策之一斑矣。罗明氏于黎坦党徒,今尚主张其政策之足以镇抚。

② 范宏贵:《黄花探领导的抗法斗争》,《东南亚纵横》1988年第3期,第26~27页。

③ 双方自六月起至九月的作战过程,可参见《安南革党与法兵交仗》,《东方杂志》第6卷第11期,1909年,第384~386页。

④ 《安南革党与法兵交仗》,《东方杂志》第6卷第11期,1909年,第494页。

⑤ 《安南革党与法兵交仗》,《东方杂志》第6卷第11期,1909年,第385页。

首逆梁建葵,近逃入黄党。现法又议令黄梁攻陷廉、钦,入商宁之说。谅黄意不向内地,断不为所惑等语。现粤省据报,已严饬沿边防守。[①]

8月中旬,黄花探则在福安河击败并擒杀越南按察使许某的讨伐军。加上越人因恨法人禁制之苦,相趋附黄党,[②]让战况优势一度站在黄花探这边。同时,广西省左江陆镇荣廷总兵探察此消息后,亦电禀两广总督张人骏关于法军有意要让黄花探攻陷广东廉钦两州,让北圻东京地区战事平息,并误认边境广西客民为同党海盗之消息。

谓得接探报法与黄提参战事暂停商议,尚未解决法兵之围,黄者亦未收队。惟法人近将在船头等处寄居之客人数十名,悉予拘押。客人请于法员,云愿招大桥四、唐浦珠等以为赎罪,法员遂允释放。此辈乘机攻入东潮,夺法快枪四五十支,逼码(子弹)十余管。法现与约准其人住东潮,止须不扰百姓,逼码悉不追缴。众客民疑惧,尚未签字认可等情。至分驻各防队,迭经饬令严防,断不敢稍涉疏虞至劳宪厪,先将情形电陈。[③]

然而在11月,法国巴黎大军已调至越南,清法边界的广宁省芒街驻兵,也尽调至敌前。[④]再加上黄花探的第四养子,率党羽四人出外参神,为法兵侦悉派队困之,黄子被法军掳走并诱令投降,授以副提督衔。于是黄子引法兵在福安河,分兵三路包围黄花探,党羽伤亡众多,黄花探败逃后藏匿于山中。[⑤]

黄花探虽然逃入太原的深山内,法军仍持续调动军队马匹入山作战,但是法方战情吃紧,若再不胜,则有再与黄花探谈和的念头。

法人准于上月廿七日发大队往攻黄提参,因提参退缩入太原之深山,时出扰乱,无出不胜。故拟此次起大队要刻平之,如此次不胜,则直

---

① 《革党荮毁》,《台湾日日新报》1910年11月5日,第3457号。

② 《匪势浩大》,《台湾日日新报》1910年11月21日,第3471号。

③ 《电禀法剿越匪情形》,《申报》1909年8月6日第10版,第13112期。关于法人沿海搜索黄花探同党海盗之事,在下述报章内也有刊载。《和战情形》,《台湾日日新报》1910年12月19日,第3494号;《广西:电报法人与革党和战情形》,《广益丛报》1910年第224期,第7页。

④ 《匪势浩大》,《台湾日日新报》1910年11月21日,第3471号。

⑤ 《革党锁事》,《台湾日日新报》1910年12月12日,第3488号;《安南革党与法兵交仗》,《东方杂志》第6卷第12期,1909年,第447~449页。

与提参讲和,免致法兵日久,耗费巨款。故着人交马二百匹,俾得入山之用。……自廿七早四点开仗,至晚方收兵,计法弁死了四十余,而越土兵则有一二百名阵亡。于廿八日晚,有火船装回被伤者亦不少。廿九日早,复有法兵数十下船,并运大炮二尊,亦是往战地者。想法人以南地有此深虑,谅亦不敢远侵西粤、滇中,因其兵力无多,且不敢信用土兵也。①

署两广总督袁树勋据河内探报,得知法兵失利后,法人假借提议赔偿黄花探白银六万元以议和,暗地却派法兵突袭。不料黄花探已经察觉准备,再度击败法军。②关于此战之描述,钦廉道道台郭人漳电称《黄提参战胜法兵》:

> 据驻越探报称,法近仍陆续添调大兵,意在围剿,绝其接济。提参察觉,于阴历正月初七夜,四出抢劫法营,为法兵侦悉,施放开花炮。该党无路可逃,枪毙四五十人,抵死猛进,抢得法营一座,得饷械不少。战至天光,彼此收队。开仗之处,系越境南坡地方等情。查南坡,均近东西沿边,请转饬各营严密防备,以杜败窜。……飞电沿边文武营防,加紧堵御。③

然而,事实上黄花探抵抗法军的战况并未像郭人漳禀报的如此乐观。从清廷持续加强边防、官员担心黄花探败逃窜入疆界可知,战情仍然不利于安世军。加上郭人漳假借安报越党黄花探战胜法兵,以防堵革命党名目,加强清、越边界军力,冀望边防告警,能够得以巩固自己之权位地位,更有越界搜剿和法军产生冲突之情形。法国人即照会清朝外务部,责郭人漳轻用欺诈人员,不慎双方邦交等语。郭人漳得知此消息后,立刻遣密探回省奔走解释,仍然被袁树勋除去其廉钦边防要差,郭人漳后来则自愿留下帮助广东水师提督李准,进行清乡剿灭海盗的行动。④

此后,双方转变为小规模作战。《台湾日日新报》载:"革党黄提参,在安

---

① 《革党与法兵交战》,《台湾日日新报》1910年12月19日,第3494号。

② 《桂边严防越乱情形》,《申报》1910年1月18日第10版,第13277期。又据廉钦道郭人漳电禀,顷据驻越探报保胜地方越同起叛乱,督饬广西省边界各营严加巡缉,并添派探线,随时密探具报。

③ 《黄提参战胜法兵》,《台湾日日新报》1910年3月13日,第3561号。

④ 《郭省运动》,《台湾日日新报》1910年3月29日,第3573号。

南福安一带地方,与法越官兵迭次抗战。……探得黄提参等,在越境内,现系分布在福安险隘共五六处。自前次安隆战事后,以后即与法越兵队,互相抗持,惟不时有小兵队相遇冲突,并无大战事。"①此后,安世军逐渐被法军击溃,②1913 年 2 月 10 日,黄花探被法国间谍暗杀。③ 越南革命家胡志明即十分崇拜黄花探,1890 年出生于越南的艺静,七八岁时,就常常替他的父亲传递秘密信件,联络附近革命家,因而在青年时代,就看过黄花探领导的反法起义、1909 年东京法兵营毒杀案及 1912 年 3 月 23 日的堤岸炸弹案的相关资料。④ 故越共对于抗法英雄黄花探给予很高的评价。今越南河内市有一条街道就被命名为黄花探路,以纪念其抗法事迹。

黄花探的第三任妻子邓夫人(**Đặng Thị Nhu**,? —1910,见图 2-25),同时也是一名著名的越南女海盗。1909 年,法军全力搜捕黄花探,她劝丈夫退入深山内,对法军进行游击战。同年 8 月底,法军在与邓夫人率领之清越革命党的作战中,付出惨痛的代价。战后,邓夫人和她的部属 30 余名众遭到俘虏。法军陆军少将葛来森身受重伤。法国上将巴尼夫称许邓夫人用兵敏捷,比中国东三省的胡匪,有过之无不及也。⑤ 1910 年,经过法院的审判后,邓夫人涉及武装抗法及河城(河内)投毒案件,所以法国判决将邓夫人和她与黄花探的孩子,一齐被流放到南美洲的法属圭那亚,并关禁于航行至日本的法船舱内,《台湾日日新报》记者就曾经形容邓夫人:

> 印度支那有海贼三十四名,时出劫掠法人。此次竟为法国官吏捕
> 获,以官舱押送于本国,中有女杰一名,为头目之眷属,群贼奉之如女
> 王。于舱中特设一位,以供其卧起。有给以饮食者,则持交于女前,待
> 其分配。生杀与夺,皆操掌握,无敢抗者。女容貌华丽,而凛如霜雪,嫉

---

① 《越境战事》,《台湾日日新报》1910 年 3 月 9 日,第 3557 号。

② 河城投毒后,法军大举追击黄花探。1909 年 1 月至 11 月,双方打了近 11 场仗,黄因而实力大伤。

③ 范宏贵:《黄花探领导的抗法斗争》,《东南亚纵横》1988 年第 3 期,第 27 页。另外,关于黄花探结局的说法众多,如:(1)黄花探劫持了三艘船只,欲逃亡海外。途中醉酒杀死两名亲信,部将自危并出卖黄花探,被法人杀于太原。(2)被原本黑旗军部将所暗杀。(3)法国仅将黄花探头颅示众二日,就马上浇油烧毁,亦无公布图像。根据黄花探的保镖说法,头颅并无黄花探拥有的长胡须,认为是被掉包。后黄花探隐居民间而病故。(4)法国人派三名间谍伪装成黄花探部众,趁其熟睡时,下手暗杀。

④ 《胡志明的轮廓》,《申报》1947 年 10 月 5 日第 9 版,第 25015 期。

⑤ 《安南革党与法兵交仗》,《东方杂志》第 6 卷第 11 期,1909 年,第 385 页。

图 6-24　海盗巨魁黄花探及安世海盗集团

资料来源：Claude Gendre，"*Le Dê Tham*（1853—1913）：*Un résistant vietnamien à la colonisation française*"，Paris：L'Harmattan，2007. 拍摄于东京安世地区。

法人如仇。然最崇敬女巫，诸贼皆如之。女名"哥觅"云。[1]

同年12月25日，驶往南美的航程中，邓夫人从船上投海自尽，真可谓

---

[1] 《女贼》，《台湾日日新报》1910年7月24日，第3673号。

是海贼女王。

图 6-25　越南海贼女王邓夫人

资料来源：https://vi.wikipedia.org/wiki/*Đặng Thị Nhu*，访问时间：2016 年 1 月 6 日。

第四节　海贼取缔：日据初期台湾海峡的海盗活动

光绪二十年（1894 年），清朝与日本因为朝鲜主权问题而爆发甲午战争。甲午战败后，清廷于光绪二十一年（1895 年）签订《马关条约》，割让台湾、澎湖予日本。此时，东亚海域中的台湾海峡，浮游于上的海盗，原本就是清朝在海洋事务上所面临的严重的问题。现在，对于统治台湾的总督府而言，以台湾海峡为中心的海域出没的海盗，"海贼取缔"一事更成为两国间的国际事务。光绪二十四年（1898 年），《台湾日日新报》刊登了一篇《远商载德》的文章，透露出中国与台湾之间，清廷无力控管海盗的清况：

清国对岸船只,其与我台湾贸易者,往来如织,每月中国船入港约以百计。但近来福建、广东等处,海寇充斥,盗贼洋面劫掠商旅,成切戒心。而清国官场各事废弛,又未能捕贼追赃,因此商船皆随带铳弹以资洋面自卫。日前有清国商船入港,曾将随带铳弹,呈报淡水税关在案。而后泊宿大稻埕,适巡吏瞥见船上藏有铳弹,实犯禁例。因将船主扣留候查,该船主以淡水税关报出等情,乞求明察,当即移咨海关,果系曾报者。翌日即行释放,并将铳弹还付。即此一事,亦可见我税关之体恤远商者,诚惠周无外矣。闻近日众中国船商议送匾于税关,以志盛德。[①]

自从日本占领台湾后,清朝来台湾贸易船只,每月仍有上百航次,不过因为闽粤海盗充斥于台湾海峡洋面上,所以属于清国商船多会携带武器防卫海盗。而负责台湾北部沿海治安的淡水税关,也多会通融体恤此情形,故有清朝商人送日税关匾额一事。1896 年 8 月的报纸上首见。鹿港警察署的三位巡查患病需转院疗养,搭乘戎克船(中式帆船)出航,在苗栗后垄海面遭遇海盗攻击,所幸最后毫无损伤,于旧港(新竹)平安登岸。新闻中也强调从中国来到台湾海峡的海盗特别多的观点。[②] 海盗于台湾海峡上的袭扰,台湾总督府方面绝不可能坐视不管,于是"取缔海贼"成为日据初期总督府的重要课题。笔者通过爬梳《台湾日日新报》和日本国立公文书馆历史资料中心在线数据库档案,将日据初期台湾海峡上的海盗活动情形做简单的述介。

一、台湾海峡上的海盗活动

1898 年 1 月,《台湾日日新报》提醒台湾的商船,近来福州洋面上海盗经常扮成清朝官员,假借侦防巡逻的名义,登船行劫一事。[③] 同年 7 月,中国金德兴号空船航行至淡水港,淡水税关海上巡回监吏上船检查载多少谷物返回淡水。该船船长于是向日本官员申诉:上个月 25 日从鹿港出发,途中要到新竹港卸货,结果在凤鼻庄外海洋面上,海盗突然前来袭击,船上货

---

① 《远商载德》,《台湾日日新报》1898 年 5 月 1 日,第 22 号。

② 《后垄の海贼》,《台湾日日新报》1896 年 8 月 24 日,第 14 号。

③ 《海贼の出没》,《台湾日日新报》1898 年 1 月 14 日,第 400 号。

物被劫掠一空。^① 此后，台湾海峡上之洋面，海氛逐渐转为不平静。同年 7 月，东港小琉球的货船船主蔡大憨要驶往打狗港，结果在凤山附近洋面被七八名"竹筏仔贼"开枪追击，船员并被弯刀砍伤，全船损失现金四十五圆，货品估价三百余圆。^② 同月 26 日，艋舺北郊洪合益商号建造的保益号可载二千石的米船，于泉州牛内洋面受到二艘约二十余人的海盗船攻击，船伙郭锡一眼遭海盗炮击受伤，后船上仅靠配发的四发铳弹退贼。关于此事，《台湾日日新报》提及牛内洋面距离泉州仅二更航路，然而附近陆路的头北居民因生性强悍，在风平浪静时遇商船往来，便会摇橹前去打劫，商船也多会准备钱财给予海盗，让其成功得手。福建水师提督就曾经派兵缉捕，却一无所获。^③ 8 月，台中大安港两艘载满米粮二百余石，^④另有梧栖港有合荣号商船搭载一百二十石米北上，全部被海盗抢劫掠走。《台湾日日新报》于是疾呼："噫！海面如此骚扰，闻者每裹足不前，其防害商务也，匪轻。为今之计，似宜派气船巡察，庶盗贼敛迹，而商贾无抢劫之患，则海宇可以庆升平矣。"^⑤要求台湾总督府派出蒸气轮船，出洋缉捕海盗。

同年 12 月，厦门人到澎湖买米，在航行到泉州贩卖白米的过程中，遭到海盗打劫，白米全被抢去。《台湾日日新报》报导中记载：

> 厦门某甲，自澎湖采办白米六百余包，装南澳帆船。本拟载至金门贩卖，嗣闻泉州米价现大起色，遂改道前往。在平林洋面搁浅，旋被该处海贼各驾小船前来，将米抢劫一空，帆船亦被劫去，惟舵人素谙水性，凫水逃回金门，投控金门协台。立即(派)勇前往，拿获海贼三人，并原船一艘，带至厦门，禀明提督、道台，严行讯办。^⑥

关于白米被劫一案，系清属厦门某甲前往日本统辖的澎湖购买白米，再返回清属泉州贩卖。海盗事件发生后，是向金门协衙门副将控诉，亦由清朝水师直接出兵拿缉，最后送往厦门，让福建水师提督及厦门道台审办，尚不至于引发国际交涉事件。直到 1899 年年初，厦门洋面海盗劫案引发了中日

---

① 《中国形船海贼の袭击に逢ふ》，《台湾日日新报》1898 年 7 月 14 日，第 59 号。

② 《海贼出没》，《台湾日日新报》1898 年 7 月 31 日，第 74 号。

③ 《海贼骚扰》，《台湾日日新报》1898 年 8 月 17 日，第 88 号。文中另载日本总督府允许：大型船配发 12 响铳弹，中型船配发 8 响铳弹，小型船配发 4 响铳弹来防御海盗。

④ 《米船被劫》，《台湾日日新报》1898 年 8 月 12 日，第 84 号。

⑤ 《海贼猖獗》，《台湾日日新报》1898 年 8 月 24 日，第 94 号。

⑥ 《米船被劫》，《台湾日日新报》1898 年 12 月 20 日，第 190 号。

两国首次合作捕盗：

> 日前台南商家德昌号并和兴号两行，由厦门分载木棉二千捆，雇有
> 帆船三只分载，向台南运送出口。后恰风色不顺，危浪叠起，该帆船即
> 向金门屿塔仔脚小港碇泊，以避一时危机。不料夜晚突来小艇数只，盗
> 贼数十人刀锐并举，跳登该船掠夺。所载船夫见其凶猛，不敢与较，任
> 其抢载而去。询查失去木棉数百捆，该商即至厦门禀诉。帝国上野领
> 事府即由领事照会厦道并提督杨西园（杨歧珍），即派军舰一艘并铜山
> 参将、南澳镇军督率办勇到该洋搜索追查，获到赃物计木棉三十四捆，
> 盗贼尚未就擒。访闻该盗皆系广潮饶平县上底乡人，现出关文向该乡
> 捕拿云。想借帝国商民经领事保护，而清国官吏当尽力缉捕，水落石
> 出，实难膜视，希图了案耳。①

本案是由台南商家德昌号并和兴号被劫，因此是日本领事馆官方出面
照会福建厦门道台和福建水师提督请求缉捕追赃，清方也立即查出海盗为
邻近福建的广东潮州饶平县人，并准备前往逮捕，形成一种双方合作捕盗的
模式。

1899 年 9 月，《台湾日日新报》曾记：闽省南日海面海盗横行，暗无天
日，盗案百出，经福建某大员于福清与莆田两县督办各营勇，缉获著名海盗
二十余人。可是福建按察使却仅批准两名海盗死刑，某大员以乱世必用重
典，在与臬司讨论后，始增加至六名海盗处斩。② 而在台湾总督府文书之
中，台湾本岛也开始出现海盗罪犯处刑的记录。例如，1900 年，籍贯在台北
县基隆玉田街八十九番户的"二十三岁赖海贼"；③1902 年，嘉义厅大槺榔西
堡蒜头庄的农夫"三十八岁黄海贼"，皆被处以死刑。④ 同时间，台湾海峡上
亦发生了两件重大的海盗案件，皆有海盗被处决以及引发中日两国公文照
会往来和外交交涉谈判处理。其中之一为 1902 年"澎湖振成利号"海盗案，

---

① 《厦洋海盗》，《台湾日日新报》1899 年 3 月 2 日，第 247 号。按：光绪十三年（1887
年），杨歧珍（字西园）任浙江海门镇总兵兼台防统领，亲自指挥打击海盗，擒拿海盗一千五
百多名，肃清海盗。

② 《海盗正法》，《台湾日日新报》1899 年 9 月 1 日，第 401 号。

③ 《赖海贼死刑执行》，《总督府公文类纂》第 24 卷，1900 年 3 月 6 日，台湾文献馆藏。

④ 《黄海贼死刑执行》，《总督府公文类纂》第 24 卷，1902 年 3 月 19 日，台湾文献馆藏。

关于此案件，台湾史学者许雪姬教授已有专文介绍。[①] 另一案件则为 1899 年 11 月"台南住民陈炳如的海贼遭难"案。

或许台南郊商陈炳如是个倒霉的商人，关于案情的发展，先是在 1900 年 6 月的《台湾日日新报》上刊载之《福洋海贼》中，提及台南县同昌益商店主人与陈炳如共同经营合益昌海船一艘，该船满载货品被海盗劫掠，损失资本一万三千余元，船员四名被害。[②] 另外，陈炳如本身经营的金成号商船，也被该批海盗所抢，损害资金二万九千四百余元，两名船员毙命。两船劫案，都是在福州经厦门间的南日、红日岛附近洋面发生。于是受害商人向厦门日本领事通报此情事，并照会该县县令速派兵勇缉拿海盗，并要求追究地方官府责任和赔偿事宜。不久，陈炳如福州代理野吕百藏赴日本领事馆请丰岛领事移牒予闽浙总督许应骙。当时，日本南清警备舰须磨号正停靠在南日岛洋面，并且探知南日汛地官外委刘国香已经接到福州洋务局之公文，提到闽督已经遣福建水师提督杨歧珍统辖五百名水师，登上靖远号军舰，向南日岛进发，准备讨伐台海海盗的大巢穴——南日岛。[③]

随后，1902 年的《台湾日日新报》刊登《福建总督の海贼讨伐》一文中，讲到陈炳如及陈培年、吴方两人的商船于前年年底在福建省福清县南日岛洋面也被海盗掠夺的情事。陈炳如乃台南县大西门外北势街的二十七番户，主要从事砂糖及杂货贸易。1900 年 11 月，陈雇用清国籍黄朝莽及赵营二人，前往宁波购置价值一万九千四百五十银圆的杂货，并装载于清国民船金成发号内。同年 12 月 5 日，却在清朝管辖的福清县南日岛洋中被海贼抢劫，黄朝莽及赵营二人则被海盗杀害。又同年 9 月，同样的海域上，台南县人陈培年及吴方共同经营的台湾籍民船金合益号，被海盗袭击，杀害三名水手并烧毁船只及总价一万二千四百三十六银圆的货物。1901 年 4 月，上述

---

① 许雪姬：《日治时期台湾面临的海盗问题：以澎湖振成利号为例》，林金田主编：《台湾文献史料整理研究学术研讨会论文集》，南投：台湾省文献委员会，2000 年，第 27～88 页；《福州の海贼》，《台湾日日新报》1902 年 2 月 11 日，第 1132 号。载：澎湖西屿缉马湾乡四番户，中国形船新成利号乘组员船手潘支外十九名在 1 月 22 日午前十时，在福州府海山桥南日岛附近洋面，受一百二十余名海贼炮击。船员二死一伤，船上货物全被掠夺。另外，相关资料尚有《海贼船·成振利丸的航路·遭难当时的模样》，《台湾日日新报》1902 年 2 月 22 日，第 1141 号；《海贼船·清国官吏の无情·遭难の场所と荷物の价格》，《台湾日日新报》1902 年 2 月 23 日，第 1142 号。

② 《福洋海贼》，《台湾日日新报》1900 年 6 月 15 日，第 635 号。

③ 《讨伐海贼》，《台湾日日新报》1900 年 7 月 7 日，第 654 号。

商人于是向领事馆投诉并同清方洋务局发出盗案照会公文,清政府故命福清及莆田知县担任捕盗委员,指挥小炮舰二只、兵船四只和厦门二百名楚勇。船队在 6 月下旬驶往南日岛、小日岛洋面出发捕盗。历经一个半月,捕获岛上海盗头目郭乌涨、余牛尾、陈恰生、王旺吓、郭蕃薯潘、郭大目生、施八、郭生茂生和郭炮生等九名,并立即就地正法。其他七名部众亦被处刑,另有十余名与本案有犯罪关系者则被处以监禁。因上述被抢之赃物大多已经在兴化府被卖出,于是两知县持续于兴化府追赃并逮捕购买赃物者。

　　事后,于 1902 年 12 月,清朝政府向台南郊商陈培年和吴方赔偿货物损失一千八百弗[①],陈炳如二千二百弗。至于受害者遗族的扶助金,属于台湾籍共三名,每人为五百弗,清国籍则是每人二百五十弗。闽浙总督并针对南日岛海盗的肆掠情形,命令福清县知县施行新的保甲制度,若再发生海盗劫案,全岛居民需要共同担负连带责任,期许将来能够根绝南日海盗之患。[②]

二、台湾海峡海盗的特色

　　清末到民国建立初期的这段时间,虽然台湾海峡上的海盗活动仍是层出不穷,但清朝与日本两国官方已建立起一套海贼取缔的模式,尚能处理缉拿审办海盗事件。[③] 辛亥革命爆发后,尤其是 1912—1913 年间,台湾本岛沿海的海盗船只出没频繁,横行无阻,劫掠手段更加残忍。因此将日据初期台湾海峡的海盗情形,亦纳入讨论。对于清末民初,海盗横行,日本政府对此曾经感慨地认为:辛亥革命爆发以前,清朝官宪对于"海贼の取缔",颇为用心,更使用严刑峻法来杜绝海盗踪迹。中华民国成立后,政府命令无法贯彻至地方,使得沿海秩序大乱,如同无政府状态,中国沿岸的无赖之徒更趁

---

　　① 弗为西班牙费迪南德七世国王像之银元,台湾人称为佛头银或佛银,清代中叶后至割台初期,台湾多通用佛银。

　　② 《福建总督の海贼讨伐》,《台湾日日新报》1902 年 2 月 22 日,第 840 号;《台南县住民陈炳如等海贼遭难ノ件福州领事通报》,《总督府公文类纂》第 13 卷,1901 年 2 月 1 日,台湾文献馆藏。不同国籍的受害者家属的抚慰金,在外交谈判交涉中,结果金额相差甚大,属于日本国籍的赔偿金额竟是清朝国籍的两倍之多。

　　③ 光绪二十二年(1896 年)中日双方签订的《中日通商行船条约》,其中第十九款规定:"日本船只被中国强盗海贼抢劫者,中国官员即应设法将匪徒拏办追赃。"(清)许同莘等编:《清历朝条约》第九册,台北:文海出版社,1988 年,第 1218～1219 页。

机结党于海上肆劫牟利,使得台海海盗行为严重地影响到海上贸易的进行。日本政府于是派遣装设石油发动机的快速巡漕船五六只,并配备精锐武器,巡逻台湾岛沿岸,被捕获的海盗必照国际法规来加以严惩。[①] 台湾总督府、报纸便纷纷开始针对为数众多的厦门、台海海盗之特性进行调查,像《台湾日日新报》就曾记录过厦门洋面活动的海盗年龄,主要都在二十四五岁到三十四五岁之间,身强体壮的男子,[②]并首次刊登疑似中国海盗的"兰重兴号"于淡水港碰泊的照片(见图6-26)。

兰重奥號

图 6-26　疑似中国海盗的"兰重兴号"照片

资料来源:《台湾日日新报》1913 年 9 月 5 日,第 4759 号。

---

① 《海贼取缔に就て》,《台湾日日新报》1913 年 8 月 29 日,第 4753 号。李文沛:《国际海洋法海盗问题研究》,中国政法大学国际法学所博士学位论文,2008 年,第 9 页。提到:"当时构成海盗罪的国际法理论众多,被称为现代国际法之父的荷兰人格老秀斯(Hugo Grotius,1583—1645)认为:'只有一群人纯粹为犯罪而组成的社会方能成为海盗社会。'即海盗罪必须有为了犯罪的预谋行为。"另外,19 世纪美国法学家惠顿(Henry Wheaton,1785—1848)认为:"至于海盗,则为万国之仇敌,有能捕之诛之者,自万国所同愿,故各国兵船在海上皆可捕拿,携至疆内,发交己之法院审断,然此例,专言公法之所谓海盗也,若各国律法另设何条,指为海盗,则不归此例。"(美)惠顿著,(清)丁韪良译:《万国公法》卷二,北京:崇实馆,1864 年,第 49~50 页。国际法经典《奥本海国际法》中则对海盗行为所下的定义为:"海盗行为,依照它的原始和严格意义,是指一艘私有船舶在公海上以劫夺的意图对于另一艘船舶所作的任何未经授权的暴力行为。"(英)詹宁斯·瓦茨修订,王铁崖等译:《奥本海国际法》,北京:中国大百科全书出版社,1998 年,第 174 页。

② 《海贼船の续出》,《台湾日日新报》1913 年 7 月 9 日,第 4703 号。

同时,总督府民政部警察本署汇整出《台湾ニ于ケル海贼卜南中国卜ノ关系》、《台湾卜南中国卜ノ关系》等文件,向台湾总督进行报告台湾沿海海盗的情形。文件的附表中,日人则详细罗列闽浙沿岸各大港口主要使用中式帆船的形制、构造、颜色,并绘制出的中国海盗船样式,提供给税关和警察辨别(参见表6-7、图6-27)。

表6-7 中国沿海各种戎克船形态

地 区	船 型	色 彩	载 重	其 他
汕 头 (潮州)	曾 船 (缯船)	曾船上部颜色很多,有红、绿、黑、青色等。五十吨以上为黑色,五十吨以下为白色	大 型 三 百吨、小 型 五十吨以内	多数中式帆船属于此款
厦 门 (漳州、石码、泉州、獭窟) (古波、头北、萧厝、崇玉)	曾 船 开 角 船 四角头	开角船上部颜色为白、青色,下部为白色,少数为黑色。四角头颜色与开角船相同	开 角 船、四角头多为六十吨以下	限定此三种厦门船驶来
福 州 (海山、兴化、枫亭、南日)	曾 船 乌艚船 角板船 (西 洋形) 印缆船 四角头	角板船船身颜色为黑色,有的是灰色,构造与西洋船形相似,多使用活动索具。乌艚船船艄为绿色,船身其他处全部为黑色。印缆船船身两端为红色,并搭配青、绿色等,船身其他处全部为黑色	中式帆船最大型者为乌艚船,载重二百至三百吨。角板和乌艚相同。印缆船为一百吨以下小型船	福州驶来的大致为大型中式帆船
温 州 (海山、兴化、枫亭、南日)	开 角 船 曾 船 四角头	以上属于小型船,船身下部都是白色,上部则有各种色彩	载重皆为六十吨以下	温州驶来的大致为小型中式帆船
宁 波 (镇海)	乌艚船 角板船	参照前记	参照前记	多为大型船

资料来源:台湾总督府民政部员警察本署:《台湾ニ于ケル海贼卜南中国卜ノ关系》,图像文件号:B03041650800,外务省外交史料馆藏。

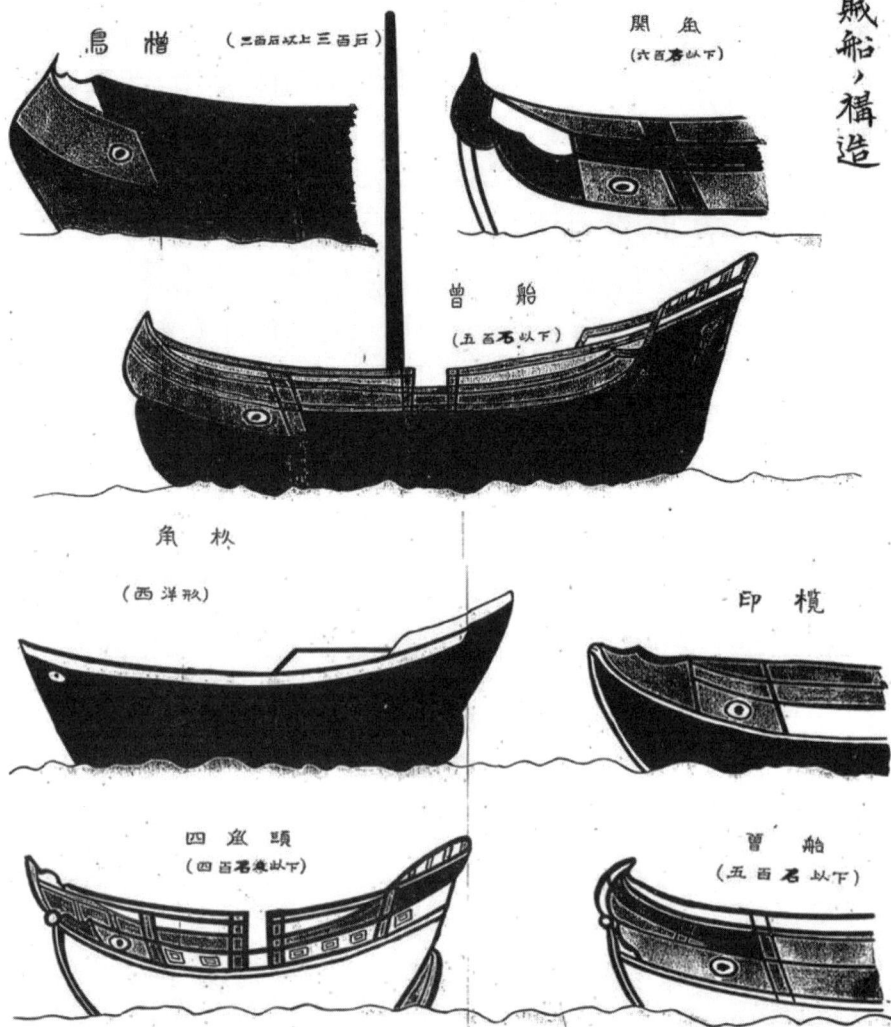

图 6-27　中国海盗船构造

　　资料来源:台湾总督府民政部员警察本署:《台湾卜南中国卜ノ关系》,图像文件号:B03041652800,外务省外交史料馆藏。关于日人绘制之"海盗船构造图",另于《台湾二于ケル海贼卜南中国卜ノ关系》,图像文件号 B03041650800,《台湾卜南中国卜ノ关系及现在ノ施设并将来ノ方针》,图像文件号 B03041652300,皆有类似的绘图版本。

由于航行于台湾海峡的台湾籍商渔船,往往是在南日岛洋面遇劫,根据《南日岛志》描述:"兴化洋外,群岛星罗,其最大者有四,曰平潭,曰江阴,曰南日,曰湄洲。南日土质硗薄,耕田稀少,全区丁粮共只一百零两,人民贫困,多海盗。任何商船经南日岛,必栗栗危惧,不敢久泊。"[①]另外,《台湾日日新报》更直指海盗利用农历三到七月间,伪装一般贸易商船,出没于台湾沿岸,其根据地即在南日岛和附近陆地的头北。[②] 1902 年,"澎湖振成利号"海盗案亦发生在南日岛洋面(此案绘制有示意图,见图 6-28),所以台湾总督府便彻底投入海盗根据地的搜查。

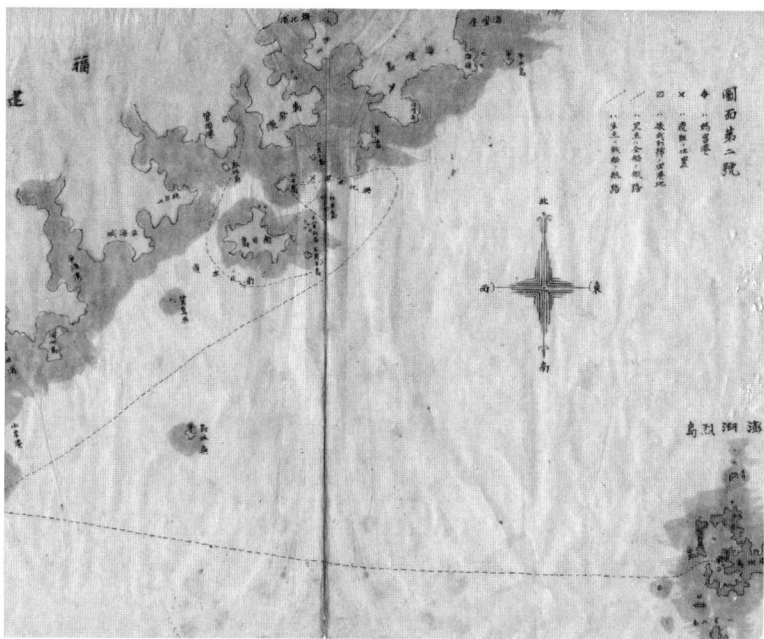

图 6-28　澎湖西屿商船振成利号在南日岛附近遭劫示意图

资料来源:《澎湖岛住民彭有外数名南日岛附近ニ于テ海贼被害ノ件》,《总督府公文类纂》第 22 卷,1902 年 2 月 1 日,台湾文献馆藏。

---

　① 萨福榛纂:《南日岛志》第一章《沿革》,《中国地方志集成》本,上海:上海书店出版社,1992 年,,第 897 页。

　② 《海贼船と根据地》,《台湾日日新报》1913 年 8 月 16 日,第 4740 号。

1917年,台湾总督府民生部警察本署发布的《台湾卜南中国卜ノ关系及现在ノ施设并将来ノ方针》,其中认为盘踞在南中国沿海的海盗,至今仍于台湾海峡出没,袭击船舶和沿岸居民。他们利用6到9月的夏天季风,对往来台湾和中国海面上的船舶恣意劫掠。海盗特别是以福建省沿岸萧禧、湄洲、大乌龟、小乌龟、南日岛等地方作为巢外的根据地。台湾总督府苦于海盗的防卫,但是他们可说是神出鬼没,捉拿不易。① 1919年3月10日,由台湾总督府警部的富井藤平、细井鹤三郎共同整理出的《南中国沿岸二于ケル海贼船占拠地搜查状况复命书》,让台湾总督府更加了解中国海盗根据地的情况。该复命书主要目的是搜查中国华南沿岸海盗船的根据地,2月12日,从澎湖马公搭乘秋津洲号军舰出发,经南日岛、兴化浦、大西洋岛、铜盘岛、台州列岛、高岛、牛头山岛、金门岛以及浙江石浦洋面间进行搜查,2月24日返航至基隆。其中在第三意见的第二点"海贼ノ占据地"中,提到台湾海峡上的海盗有两种类型:第一种是出没于台湾本岛近海,威胁掠夺属于台湾籍的船舶。第二种则是占据华南沿岸,对于主要属于中国籍并往来华南和台湾之间的船舶,进行胁迫。

一种是出没于台湾近海的海盗,威胁掠夺台湾沿海船只(台湾船籍);另一种是占领华南沿岸岛屿的海盗,在海上胁迫沿岸航行的船只以及华南和台湾之间的交通运输船舶(主要是中国船籍)。②

前者海盗主要是以十八日群岛(即南日岛及附近群岛)及乌坵屿作为巢穴基地;后者海盗是以浙江、福建两省的各离岛和沿海陆地作为巢穴基地,浙江省的中式帆船常受海盗肆行劫掠,海盗头目以下多以沿岸作陆路为根据地,离岛则仅做海盗劫掠行动的据点。

而前项海盗其根据地即在乌丘屿、南日岛及附近群岛,后者的海盗是以大陆内地当成根据地,海上的岛屿只是海盗行动的巢外据点。最后,再提及台湾海峡的海盗,为何将南日岛视为主要根据地的原因。

海盗占领南日岛及其附近群岛主要考量点,乃是南日岛和淡水同

---

① 台湾总督府民政部员警察本署:《台湾卜南中国卜ノ关系及现在ノ施设并将来ノ方针》,1917年,国立公文书馆藏,图像文件号:B03041652300。

② 《南中国沿岸二于ケル海贼船占据地搜查状况复命书·台湾総督府警部富井藤平外二名》,《公文雑纂·海外视察复命》第18卷,1919年3月10日,国立公文书馆藏,图像文件号 A04018155200。

纬度,夏季时节,中式帆船航行约 10 小时即达桃园与新竹沿岸。南日岛周围距离约 40 哩的大岛,较其他地区农产品多,住家华丽。政府管辖不及又有适合海盗的天然良港。浙江省的海岛面积小且物产缺乏,仅适合当作联系之用。[①]

可见海盗活动的舞台是在台湾海峡,而其根据地则主是在福建省莆田县的南日岛及附近群岛。特别是南日岛是和台湾的淡水处在相同纬度之位置,当夏季顺风吹起的时期,中国式帆船航行大约 10 个小时就能够到达航程距离最近的台湾西北部沿海之桃园与新竹洋面。另外,南日岛周围面积约 52 平方公里的大海岛(约 40 哩),当地农产丰富,住家壮丽,是福建其他之地区无法比拟的。况且政府命令没有办法传达到此,是最适合成为海盗根据地的良港。反之,浙江省管辖范围内的海岛,面积不够大,且物产亦少,不适合作为海盗头目的住地,只能当成跟内陆联系的据点。

《南中国沿岸二于ケル海贼船占据地搜查状况复命书》中也调查出南日岛约有 20 个村落,人口共计 1 万余人,各个村落之中皆住有一到数名海盗,平时佯装成从事农渔业的良民。海盗之间相互紧密地连络,并要严守秘密,若有泄密者,则会被施以残酷的刑罚。在南日岛北方的离岛中,以赤山、罗盘、鳌山岛上的海盗最多。其中鳌山岛的人口约三百名,居民可以说全部是海盗,而且最为凶猛。白沙洋的东边有片宽广之浮斗地,住户有数百余户,算是南日岛内最繁华的地方,又是帆船停泊的天然良港。海面上有两艘中式帆船穿梭巡逻,猜测此地属于海盗大头目的据点。此外,在台湾总督府民政部员警察本署的《台湾卜南中国卜ノ关系》报告书中,引述某舰长于 1913年 10 月的通报,关于福建省沿岸萧禧、湄洲、大乌龟岐、小乌龟岐和南日岛的海盗情形,当中的南日岛可以说是全岛皆为海盗,其次才是湄洲与萧厝港。又关税长官则提到,新竹厅沿海海盗情形严重,主因是南日岛近距离新竹厅约 90 海里(166.68km,1 海里=1.852km),若在风向潮流的助力之下,海盗船很快就能抵达桃竹苗海域对往来船只进行劫掠,并驶回巢穴。[②]故福

---

① 《南中国沿岸二于ケル海贼船占据地搜查状况复命书·台湾総督府警部富井藤平外二名》,《公文雑纂·海外视察复命》第 18 卷,1919 年 3 月 10 日,国立公文书馆藏,图像文件号 A04018155200。

② 台湾总督府民政部员警察本署:《台湾卜南中国卜ノ关系》,图像文件号 B03041652800,外务省外交史料馆藏。

建的南日岛周围海域及岛屿被日本总督府官方视为海盗最主要的根据地。

三、浙江海盗王项永恩

除闽省的南日岛外，浙江省的温州、台州洋面也被台湾总督府认定是海盗犯罪的温床，经常骚扰往来台湾海峡之船舶。福建省政府曾于民国七年（1918年）5月咨文给浙江省省长齐耀珊，表示此前洋面平静，近年来海盗却是漫延劫掳，尤其是两省间浙属北关凤凰洋面、福建的三沙洋面，海盗皆出没无常，所以电请浙江派军舰巡防沿海与福建军警协同拏办，期许让海盗敛迹。[①] 横行在台湾、浙江和福建海域的海盗中，被日本总督府视为"海盗王"，浙江政府认证为著名海盗的项永恩，其浑名"项星虎"、"项义虎"、"道惠"、"项得虎"和"项国礼"，临海县人，年龄不详，即在这三区洋面行劫，为非作歹。民国六年（1917年）2月，项义虎（即项永恩）海盗集团因舟山群岛附近的庙子湖岛上劫案，而被浙江省长公署正式发布通缉令。[②] 该案有50余家被抢劫财物，房屋40余间被焚毁，团勇3名被击毙，1名妇人被掳走。依据当时的重大海盗案件规定，需先依照《积盗巨匪悬赏购缉办法》，将被该政府认定为历年来的著名海盗——项义虎即道惠悬赏400元，部属王士龙、老冬即老林等二名悬赏200元，两人亦为临海县人，赏金则由定海镇税收项下拨给。[③] 到了1918年7月，警视总长汤地幸平报告，活动于温州澳山岛洋面的海盗王项星虎（即项永恩）、小头目杨麒麟和郑德龙海盗集团，于6月劫掠台北厅基隆街土名石牌20番户陈兆齐经营的金春顺号，并劫走船上所有船员、鹿35头、石炭及其他总价值19000余圆的杂货。该船是从基隆港出帆，原本是准备驶往宁波镇海港贸易的，没想到竟被浙江海盗劫持，项永恩另向船主陈兆齐要求3000圆赎金。[④]

此案经过日方调查，海盗王"项星虎"在不久前的4月，也曾经抢劫过英国船只和杀害数名船员和传教的姜教士，英国政府于是向中方要求务必将

---

① 《训令》，《浙江公报》1918年5月26日，第2216号，第12页。

② 《训令》，《浙江公报》，1917年2月16日，第1765号，第6页。

③ 《训令》，《浙江公报》1917年4月1日，第1809号，第8～9页。

④ 汤地幸平：《中國並中國人ニ関スル報告（第五十五報）》，1918年7月22日，影像档号B03041653300，外务省外交史料馆藏。

该海盗缉拏归案,并引渡受审。① 关于英船被劫及姜教士被杀一案,1918年6月,浙江省长公署即按获福建省长咨文,表示有商人李彩顺报称,4月15日李船与一艘英籍船舶同在大仓山洋面被海盗抢劫,李船货物被搬空后即被释回霞浦县三沙洋面,船上船伙胡司等7人则被海盗带到温州释放,但胡司有记下3艘海盗船停泊的孤屿水势;福建政府后来根据胡司的线索查出海盗帮众称呼首领为王老板,盗船位置即是浙江温州平阳县所管辖,希望浙省速派员至沿海孤岛僻澳严查盗贼巢穴,务将首盗缉拿归案。② 不过,在同年8月7日,上海《申报》却报导着一则《枪毙戕害英教士之剧盗》的新闻,内容为:

> 镇海著名盗魁项永恩(即项星虎)率众纠党在洋行劫,久为海上巨患。阳历四月间悔过自新,请求投诚外海水警第二区。卢区长为安靖洋面保护渔商起见,具呈上峰,请予准其投诚,于是项永恩遂率党众王如魁(即王老五)等四十二名投诚水警二区。现闻阳历二月间,福建福鼎县属之三沙洋面英国教士姜牧师被劫并被盗戕毙一案,经英国兵舰党卡得墨司及福建永绩、汪亨两兵舰,浙江外海水警第三区永靖兵舰四处搜缉,至王成畴(即王老四)家搜出外国留声机器及姜教士照相等物。当将王成畴及其妻王李氏连同赃物带回海门讯。据供,系项永恩等所为。水警卢区长暨宁台镇守使闻悉之下甚为震怒,当将项水恩等各投诚人立时拘管,并将项永恩、王如魁两名发交临海县审,讯得姜教士被劫一案确系项永恩等所为。姜教士被毙,亦确系项永恩党伙带同投诚之王如魁所击,业经临海县讯明判决,将项永恩、王如魁(即王老五)两名各处死刑,于7月24日执行。同案之张小梅、王成畴(即王老四)、王李氏分别判处徒刑,并闻水警二区暨临海县署均已分呈各上峰矣。③

原来,项永恩海盗集团在犯了杀害姜教士一案后,可能担心被英中两国全力缉捕,早就率42名海盗部众向浙江省政府投诚,并成为浙江水警,另一边却仍在海上肆行劫掠,做起黑白两道的勾当;然而,当时的浙江省政府尚未查出英船被劫一案为项永恩所为。不久,在英国、福建和浙江的搜捕之

① 汤地幸平:《中國並中國人二関スル報告(第五十五報)》,1918年7月22日,影像档号 B03041653300,外务省外交史料馆藏。
② 《训令》,《浙江公报》1918年6月25日,第2245号。
③ 《枪毙戕害英教士之剧盗》,《申报》1918年8月7日。

下,在项永恩的部属王成畴家中搜出该案赃物且供出是项永恩等所为。最后,项永恩、王如魁在汤地幸平调查报告出炉的后二日(7月24日)被执行枪决。

历史总是吊诡,浙江省高等检察厅检察长陶思曾在民国八年(1919年)5月26日,在项永恩被枪决后再次发布对项永恩的通缉令,悬赏金由400元提高到500元,项永恩并改名为项得虎或是项国礼,并与旧部属杨小扁嘴和郑德龙仍旧同为海洋巨患。[①] 笔者推测或许项永恩透过黑白两道的关系,以替身躲过极刑。该情形如同19世纪被捕的华南海盗的总数中,有高达50.57％的海盗"于狱中病故";这是因为水师捕务废弛,让清朝地方官员多以"获盗搪塞",先声明盗犯"带病进监",最后再报称已在狱中病故,让真正的盗犯仍然逍遥法外;[②]两者方式虽然不同,但海盗被逮捕后所衍生出来之弊端仍是相当地严重。

眼见海盗活动炽盛,台湾总督府于是下令严加搜查往来台海的船只,在基隆港发现泉州府惠安县食堂乡庄荣发所拥有的金顺发号船上,带有"项星虎"海盗集团发出的各项"掠夺免除证明名片"及海盗旗帜(见图6-29)。同时访查出温州洋面除"项星虎"外,尚有"施乡"、"卢秋三妹"等其他海盗集团。航行于浙江洋面的船主,每年被海盗强制规定缴交两期掠夺免除金,冬季先交30圆、到春季再缴20圆。[③] 浙江海盗集团成员会使用台湾话,其中也有说泉州、福州、广东话的海盗。由于浙江海盗所乘之帆船,与一般贸易的中式帆船无异,识别上有其困难度,后来日方发现,通常商渔船的航线为直线,忽左忽右的航行,即可怀疑是海盗船;而且,浙江省洋面的海盗除使用旧式小枪外,更有新式五连发枪械。可见时浙江海盗的嚣张跋扈。

---

① 《训令》,《浙江公报》1919年5月30日,第2570号,第9页。

② 毛鸿宾:《变通办理盗案片》,毛承霖编:《毛尚书奏稿》,台北:文海出版社,1972年,第1085～1086页;陈钰祥:《清代环东亚海域海盗之研究》,成功大学历史学博士学位论文,2016年,第111～112页。

③ 汤地幸平:《中國並中國人ニ関スル報告(第五十五報)》,1918年7月22日,影像档号:B03041653300,外务省外交史料馆藏。此案为台湾总督府警视总长的报告,起因是于中国镇海被海盗劫持的基隆陈兆齐商船一案,并意外查出海盗王"项星虎"的掠夺免除证及海盗小旗等史料。

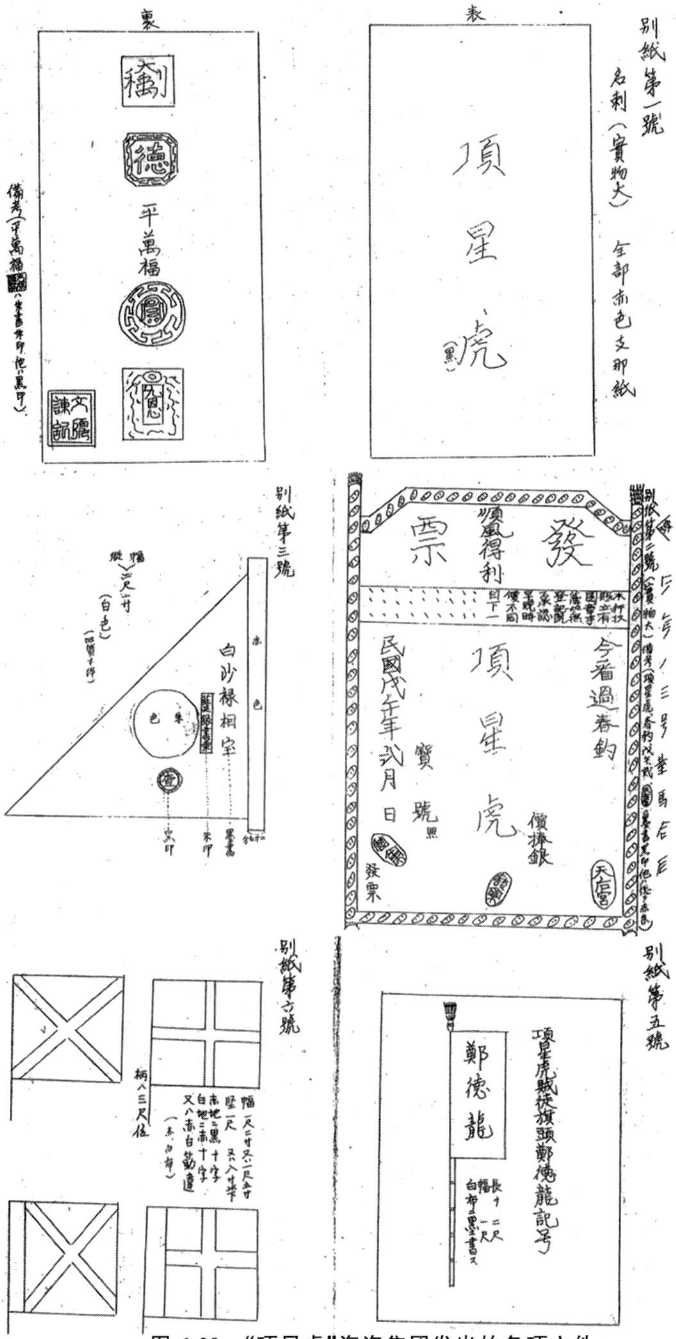

图 6-29 "项星虎"海盗集团发出的各项文件

资料来源:《中國并中國人二关スル报告》,1918 年 7 月 22 日,影像档号 B03041653300。

表 6-8　海盗劫掠事例表

序号	案发时间	被害船只	船籍	被害海域	受损情形	海盗船形制
1	1898 年 6 月 25 日	金德兴号	不明	凤鼻庄外海	货物全被劫掠	
2	1898 年 7 月间	东港小琉球的货船	东港	凤山洋面	现金 45 円、货品估价 300 余円	竹筏形制
3	1898 年 7 月 26 日	保益号	艋舺北郊	泉州牛内洋面	船伙郭锡一眼遭海盗炮击受伤	搭乘 20 余名海盗的中式帆船
4	1898 年 8 月间	2 艘运米粮船	不明	台中大安港	米粮船 200 余石被劫掠	
5	1898 年 8 月间	合荣号	不明	台中北上洋面	120 石米被劫掠	
6	1898 年 12 月间	中式帆船	南澳港	平林洋面	白米六百余包，帆船亦被劫掠	小船，海盗 3 名，被清水师逮捕
7	1899 年 年初	中式帆船	中国厦门	金门屿塔仔脚小港	木棉数百捆	广潮饶平县上底乡海盗，被清水师逮捕
8	1899 年 6 月 6 日	顺万益号	大安港	中港	中国人 1 名被杀，船夫 2 名重伤，玄米 90 石，杂货数样	
9	1900 年 6 月间	合益昌号	台南	南日、红日岛附近洋面	损失资本 13000 余円，船员 4 名被杀	

序号	案发时间	被害船只	船籍	被害海域	受损情形	海盗船形制
10	1900 年 9 月间	金合益号	台湾籍	南日、红日岛附近洋面	3 名水手被杀、船只烧毁及价值 12436 银圆的货物被劫掠	
11	1900 年 12 月 5 日	金成发号	中国	南日岛洋面	杂货价值 19450 円	
12	1901 年 6 月 11 日	金顺利号	大安港	塭寮冲	玄米 75 石,寝具	
13	1911 年 7 月 30 日	金隆顺号	十块寮港	盐水港庄冲	货物价值 334 円,现金 190 円	
14	1912 年 8 月 12 日	金荣发号	澎湖	新竹冲	玄米 90 袋,土豆油 1200 斤,现金衣服价格 2000 余円	
15	1912 年 8 月 25 日	金成春号	新竹	旧港冲	货物价值 182 円	
16	1912 年 8 月 25 日	金顺兴号	台南	新竹冲	货物价值 118 円	
17	1912 年 9 月 10 日	金合益号	中国	香山冲	交战 3 小时,海盗船脱逃	
18	1912 年 9 月 8 日	金保全号	台南	大安港冲	货物全被劫掠	
19	1912 年 8 月 8 日	金振升号	中国	厦门淡水间	玄米、衣服等	
20	1913 年 6 月 9 日	顺泰号	台南	红毛港冲	玄米 1 石 5 斗,盐 200 斤,衣服、碇、麻网 3 筋,臼 1 个	

续表

序号	案发时间	被害船只	船籍	被害海域	受损情形	海盗船形制
21	1913年7月2日	金义龙号	台南	旧港冲	食盐45000斤，锚，绳，麻布，航海灯，衣服，现金273円，共价值540円	
22	1913年7月8日	福连顺号	中国	厦门冲	船花银纸400捆价值450円，木材650支价值130円，苎油250斤价值60円，锚1个10円，木制枕70个价值63円，兔肉2筋价值20円	
23	1913年7月15日	金福发号	北门屿	中港冲	兔肉价值60円，衣服价值100円，现金13円	
24	1913年7月24日	金成发号	旧港	白沙岬	脱逃成功	
25	1913年7月25日	金胜兴号	淡水	旧港冲	警察搭乘船内与海盗船冲突，后海盗船逃离	
26	1913年8月2日	金锦发号	台中	香山冲	脱逃成功	
27	1913年8月5日	金成发号	澎湖	通霄冲	木锚、钢锚9件价值172円	

序号	案发时间	被害船只	船籍	被害海域	受损情形	海盗船形制
28	1913 年 8 月 13 日	金利兴号	澎湖	香山冲	脱逃成功	
29	1913 年 8 月 13 日	金仁发号	不明	新竹冲	被海盗船追踪，后脱逃成功	
30	1913 年 8 月 13 日	金财发号	中国	新竹冲	脱逃成功	
31	1913 年 8 月 15 日	金万益号	中国	南日乌龟冲	船员 1 名被杀，2 名重伤，3 名轻伤，货物全被劫掠	
32	1913 年 8 月 21 日	金合顺号	中国	通霄冲	脱逃成功	
33	1913 年 8 月 21 日	金庆顺号	新竹	福德港冲	玄米 133 袋，现金 62 円，钢锚、红色毛布及衣服被劫掠	
34	1914 年 8 月 19 日	金万福号	新竹	中港冲	脱逃成功	
35	1914 年 9 月 9 日	金顺胜号	北门屿	中国浮斗冲	船员肉搏时受伤，现金 280 円及衣服被劫掠	
36	1915 年 6 月 24 日	新日发号	桃园	福德港冲	玄米 127 俵，衣裤 30 件，木绳 5 捆，锭 1 个，帆 3 张，现金 240 円，总价值 650 円	3 支桅杆，船身上红下白，300 石中式帆船

续表

序号	案发时间	被害船只	船籍	被害海域	受损情形	海盗船形制
37	1915 年 7 月 12 日	金顺兴号	澎湖	大安港冲	食盐 55000 斤，锚、网、帆、现金等总价值 1300 余円被劫掠	船身白色，中式帆船
38	1915 年 7 月 13 日	某渔船	台中	下见口冲	粮米 2 斗 5 升价值 5 円被劫掠	2 支桅杆，船身白色，中式帆船
39	1915 年 7 月 20 日	金晋顺号	嘉义	梧栖港冲	脱逃成功	2 支桅杆，船身白色，150 石中式帆船，搭载 15 名海盗
40	1915 年 7 月 22 日	金复胜号	中国	中港冲	双方应战 2 小时，水手 1 名被杀	2 支桅杆，船身下方白色，上方四角有白色斑点，帆布花褐色
41	1915 年 7 月 28 日	金芳安号	台中	湾里港冲	脱逃成功	2 支桅杆，船身白色，左右有四个白色斑点，中式帆船
42	1915 年 7 月 30 日	金合光号	澎湖	香山冲	脱逃成功	2 支桅杆，船身白色，50 石中式帆船
43	1915 年 8 月 4 日	金顺吉号	台南	通霄冲	脱逃成功	2 支桅杆，船身下白色，200 石中式帆船
44	1915 年 8 月 4 日	金顺兴号	台南	苑里海岸	脱逃成功	2 支桅杆，船身下白色，200 石中式帆船

序号	案发时间	被害船只	船籍	被害海域	受损情形	海盗船形制
45	1915 年 8 月 5 日	金荣锦号	不明	白沙墩冲	双方应战 2 小时,水手 2 名受伤	船身水平线上为白色,130 石中式帆船
46	1915 年 8 月 18 日	金宝兴号	澎湖	通霄冲	脱逃成功	2 支桅杆,船身白色,150 石中式帆船
47	1916 年 6 月 21 日	金兴顺号	中国	离旧港约 100 海浬	脱逃成功	船身彩色,2 支桅杆
48	1916 年 6 月 22 日	金联和号	中国	白沙墩冲	金纸 200 包,麻布 30 捆,锚 2 个,大麻绳 5 捆,小铳 6 挺,弹药 20 发,米 3 石,时钟 1 个,蓑衣 19 件,金戒指 1 个,船员衣物等被劫掠	船身上方红黑相间,下方白色,2 支桅杆,搭载 30 余名海盗
49	1916 年 7 月 4 日	船名不详	不明	离旧港约 5 海浬	脱逃成功	2 支桅杆,船身白色,150 石
50	1916 年 7 月 4 日	泉泰号	台中	离白沙墩 4 海浬	警戒船只的巡查 2 名落海,西瓜 7000 斤,木炭 12000 斤被劫掠	2 支桅杆,船身下白色
51	1916 年 7 月 5 日	金合升号	中国	旧港冲	现金 250 円,白米 3 石,衣物 12 件,布匹 5 件,火柴 300 斤	2 支桅杆,船身白色,150 石

续表

序号	案发时间	被害船只	船籍	被害海域	受损情形	海盗船形制
52	1916 年 7 月 10 日	金源顺号	中国	白沙墩冲	脱逃成功	船身彩色，3 支桅杆
53	1916 年 9 月 3 日	金莲美号	台中	南日乡近海	木材总价约 1067 円，船员衣物价值 402 円，船及附属品价值约 2716 円被劫掠	海盗船 3 艘

资料来源：台湾总督府民政部员警察本署，〈台湾卜南中国卜ノ关系〉，图像文件号：B03041650500，外务省外交史料馆藏；《台湾日日新报（汉珍版）》，elib. infolinker. com. tw。

第五节　西方殖民国家处理东亚海域海盗问题

根据"新加坡国家航运协会"（Singapore National Shipping Association，SNSA）统计，东南亚地区七大海盗为患之处就有 5 处位于南海。[①] 2000 年 2 月，"环球火星号"（MT Global Mars）行经马来西亚水域时失踪。据了解，该艘 3279 公吨的商船装载着 6000 公吨的椰子油，在航行中遭遇海盗，海盗头戴面具并手持自动步枪及刀械将 17 名船员挟持，且以渔船将商船上之货物装载运走，船员则被放置在一艘小型救生艇上，任其自生自灭。整起案件在同年 5 月被中国公安在珠海海域查获，此时这艘商船已

---

① 此七大海盗危害之处为：(1) the Strait of Malacca（马六甲海峡）；(2) the northern tip of Sumatra , near the Benaaten Strait（苏门答腊北端海域）；(3) the Phillip Channel and waters near to the Riau Islands（菲律宾海峡）；(4) the South China Sea, near to the Anambas Islands（靠近印度尼西亚的亚南巴岛之南中国海区域）；(5) the South China Sea, east of Pulau Tioman, near to Mangkai（马来西亚刁曼岛之南中国海区域）；(6) the South China Sea, near to Pedra Branca/Pulau Batu Puteh（白礁岛之南中国海区域）；(7) the Bangka Strait.（印度尼西亚班卡海峡）资料转引自戴宗翰：《由国际法论海盗行为防制之研究：兼论亚太区域合作之模式》，文化大学政治学研究所硕士学位论文，第 1 页。

被改名"黄金号"(Bulawan)且重新油漆并注册为洪都拉斯籍,被抓的 20 名海盗有 9 名缅甸人,其余为菲律宾人,该案属于跨国性海盗组织所犯。① 全球海盗案件依然层出不穷,国际海事组织(International Maritime Organization,IMO)公布最新全球海盗案件于 2015 年至 2016 年间共有 456 件,其中发生在东亚海域上的就有 292 件。② 从清代嘉庆年间,大海盗蔡牵被清水师剿灭、粤洋海盗联盟张保仔率众向清政府投诚,距离今日已经两百余年,全世界上的海盗侵扰,仍然似乎永无安宁之日。③

清朝中叶后,各个殖民国家④亦面临着跨国性的海盗问题,尤其在中英鸦片战争之后,东亚海域的海盗活动更加严重。海盗的活动范围,并无明显的界线,海盗飘浮在东亚海域上,西方殖民为维护在华商业利益,必须追缉海盗,以致海盗案件产生司法管辖权与领海权等问题。19 世纪至 20 世纪初期的东亚海域中,特别是南海的航运,英国可说是维持其执牛耳地位,其在华贸易面临最大的问题即是海盗侵扰;又,日本殖民统治台湾初期,日本总督府亦在台湾海峡面临着相同的困扰。上述两国在处理海盗问题之相关

---

① 戴宗翰:《由国际法论海盗行为防制之研究:兼论亚太区域合作之模式》,文化大学政治学研究所硕士学位论文,2002 年,第 2~3 页。

② 笔者统计自国际海事组织网站,https://www.imo.org。

③ 沙特阿拉伯石油公司营运之极大型油轮(VLCC)天狼星号,运载沙国每日原油外销量的 1/4 共 200 万桶,价值 1 亿美元的原油,被索马里海盗劫持。2012 年索马里海盗共造成 61 亿美元损失。

④ 大航海时代中,葡萄牙首开印度洋的东西新航线,垄断东方贸易,于 1553 借口占领澳门。西班牙人发现新大陆,控制美洲后,在 1571 年顺利将马尼拉变成西班牙在菲律宾的统治中心;从此,开启所谓的"太平洋贸易"。马尼拉成为重要贸易据点后,中国、日本人不断涌入从事对西班牙人的贸易。17 世纪起,荷兰成立东印度公司,简称 VOC,循着西班牙的航道来到东亚海域,1619 年在印度尼西亚巴达维亚建立总部,1624 年荷兰人占领大员(台湾),VOC 成为 17 世纪世界最大的商业贸易机构。1805 年,英国于特法拉加海战(War of Trafalgar)中击败法西联合舰队,此后势力如日中天,其殖民地遍及五大洲,号称"日不落国";19 世纪中叶,西力东渐,中国门户大开,殖民国家为维护本身在华利益,纷纷派遣海军来华,陆续发生香港割让给英国、法国对越南蚕食鲸吞及清末台湾割予日本,让殖民国家称霸于东亚海域。加上英军在新加坡建立海军基地,使得英国通过炮舰外交(Gunboat Diplomacy)将整个环东亚海域、中国内陆河流、西太平洋及荷属东印度一带纳入其控管范围。

研究,已有诸多研究成果,故不再赘叙。① 因此,笔者就学界较少碰触之殖民国家与海盗议题作一初探。如美国官方眼见的海盗危害和美籍海盗与华人海盗的勾结,德国欲助清政府征剿海盗一案和东南亚海域上的菲律宾和马来海盗等。此外,"罗伯特·包恩"(Robert Bowne)号华工反抗船主事件,美国不顾国际法的规定,意图以预谋的海盗罪行,要求中方并寻求港英政府进行司法审判,中美两国在司法和外交上争锋相对,因此纳入讨论,希冀能用国际法对于海盗罪行的角度来看此事件。

一、美国与海盗的关系

美国在独立战争(1775—1783)中,13 个美洲殖民地组成的大陆军团抵抗英军,殖民地代表在 1776 年 7 月 4 日签下了《美国独立宣言》。独立战争后,双方于 1783 年签下了《巴黎条约》,正式承认美国的独立。美国独立后,纽约商人于来年派出中国皇后号(Empress of China)来到广州,开启中美通商的历史,并在 1844 年,清政府和美国签订第一个不平等条约《望厦条约》。美国对清朝的贸易逐渐频繁,同时,美国驻厦门领事馆亦经常报告海盗危害洋人商业利益之情形。而美国与环东亚海域上海盗之间的关系,如同美国众多的传奇般,充满着故事性。

香港开埠初期,当时尚处于贱民地位的蛋家人,经常替外国人进行补给的工作。不少疍家女因受到西方人的照料,常发展出不寻常之关系,这些女性被称为"受保护"(protected women)的妇女。游走在海盗及走私贩之间的吴阿娇,正是"受保护"的女性。1842 年,美国麻省丹佛市的商船文华号(Mandarin)安迪科特(James B. Endicott,1815—1870)船长,来华途经印度

---

① 相关研究可参见:(美)安乐博著,张兰馨译:《南中国海:海盗风云》,香港:三联书店,2014 年;(日)村上卫:《海の近代中国——福建人の活动とイギリス·清朝》,名古屋:名古屋大学出版会,2013 年;应俊豪:《英国与广东海盗的较量——1920 年代英国政府的海盗剿防对策》,台北:学生书局,2015 年;许雪姬:《日治时期台湾面临的海盗问题》,收录于林金田主编:《台湾文献史料整理研究学术研讨会论文集》,南投:台湾省文献委员会,2000 年,第 27~82 页;江定育:《民国东南沿海海盗之研究(1912—1937)》,"中央大学"历史学研究所硕士学位论文,2012 年;陈钰祥:《清代环东亚海域海盗之研究》,成功大学历史学研究所博士学位论文,2016 年;Grace Estelle Fox, *British admirals and Chinese pirates*,1832—1869,London:K. Paul, Trench, Trubner & Co. Ltd.,2011.

尼西亚爪哇时遇风搁浅。后安迪科特至广州出任依莎贝拉罗拔逊号（Isabella Robertson）的船长。在广州勾留期间，他出钱买下蛋家女吴阿娇。1848年，吴阿娇透过安迪科特购置八箱鸦片，准备走私贩卖，但却被海盗抢去。吴氏前往海盗巢穴，经过两次商讨，吴阿娇反而带回六艘满载粮油食品的武装船只，预料当起海盗及走私鸦片的女首领。然而，武装船只于回程中，引起香港水域附近的英国船长怀疑。经搜查后，发现船上的棉花和货品来历不明，于是通知港英殖民当局查办。吴阿娇当机立断，先令六艘船只驶往灰色地带的澳门，并由安迪科特负责卸货，她自己的两艘船则停泊于汲水门附近等候调查。翌日，一艘美国双桅船将吴阿娇及随从带往澳门。驻澳门的美国官员判定船上货物是抢自英船，于是将船只、赃物移送给港英殖民政府。香港法院认为此案不是发生在香港领海之内，况且吴阿娇非香港居民，故港英政府无权处理该事件。吴氏的海盗及走私案件遂不了了之。①曾经是Lorcha船长的张十五仔也和吴阿娇及被称阴险狡诈的美籍鸦片走私贩子安迪科特船长（Captain Endicott）短暂合作过，张十五仔在珠江口一处叫金星门的鸦片趸船停泊处，将抢来的财物与吴阿娇交换烟土（鸦片）和船上必需品。②

美国海军将领马休·培里（Matthew Calbraith Perry，1794—1858），因为率领四艘黑船打开德川幕府锁国时期而闻名于世。当他的旗舰"密西西比号"（USS Mississippi）于1853年抵达广东时，发现海盗已经蔓延整个珠江三角洲，各岛屿上处处是海盗的巢穴，渔民偶尔成为海盗的同盟，他们不害怕清朝水师于珠江沿岸建立的炮台，而大胆地肆行劫掠。若攻击的是外国人，海盗会群起合作，将外国人杀害，夺走财物。"密西西比号"从澳门驶往黄埔（Whampoa）途中，即曾经遇有中国船船主希望能够搭上"密西西比号"来躲避海盗的追击。而在"密西西比号"停泊香港期间，几乎不停地自舰

① 刘咏聪主编：《中国妇女传记辞典：清代卷，1644—1911》，悉尼：悉尼大学出版社，2010年，第119～120页；*Friend of China*（《华友西报》），12th October，1849. Carl T. Smith，*Ng Akew，One of Hong Kong's Protected Women*，Chung Chi Bulletin 46（June 1969），pp.13-17. 吴氏与詹姆斯分手后，改于香港炒地皮。

② Beresford Scott，*An account of the destruction of the fleets of the celebrated pirate chieftains Chui—apoo and Sha-ng Tsai，on the coast of China，in September and October* 1849，London：Savill and Edwards，1851，pp.234-239. John C. Dalrymple Hay，*The suppression of piracy in the China Sea* 1849，London：Stanford，1889，pp.13-14.

上开炮威吓海盗,但海盗仍多次危害中外商旅船只。又待在陆上的海盗就像是纽约和伦敦的盗匪一样,相当熟悉偷窃和抢夺。船上一名海军上尉于傍晚时欲回到舰上,在搭乘雇用小艇时,被一群海盗包围,想要抢走他口袋中的怀表,因其肥胖的身形而无法得逞,不过怀表的链子却被海盗抢走。①

英国《泰晤士报》著名特派记者库克(George Wingrove Cooke,1814—1865),曾经报道第二次鸦片战争期间,英国炮艇在1857年于香港附近海域捕获一艘中国海盗船。船上有两名俘虏,当时他们被钉在甲板上,脖子上都绑着一枚臭气弹(海战中掷于敌舰甲板上之用),而且引线正点燃着,所幸被英军拯救。而库克写到此残暴之事时,就让他想起臭名昭彰的海盗伊拉·波斯(Eli Boggs)。伊拉·波斯属美国籍,是19世纪中叶活跃于中国珠江三角洲一带的海盗。库克更形容他:"站在甲板上,像是一位小说中英俊又忧郁的英雄。拥有女性的面容,明亮且大的双眼,乌黑的头发,脸上带着灿烂的笑容,双手纤细又白皙。"难以想象他是杀人无数的凶残海盗。②

1852年,伊拉·波斯与香港当地海盗勾结,拥有30艘海盗船队。伊拉·波斯其手段相当残酷,例如他曾把捕获的中国商人身体切成小块,并把肉碎放在水桶中送到岸边作为反对干涉他的犯罪活动的警告。伊拉·波斯于1857年被捕,据说是被另一名美国海盗布利·希斯(William Henry "Bully" Hayes,约1829—1877)黑吃黑所擒获,布利·希斯事后更获得港币1000元赏金。伊拉·波斯则于法庭上为自己辩护,躲过了死刑,遭到法官判处有期徒刑3年,最后从中国被驱逐回到美国,结束其海盗生涯。③ 而生于美国俄亥俄州克里夫兰的布利·希斯,于1856年在香港偷走雇主的船只,自此开启他的海盗生涯。并经常于中国东南沿海掳劫当地百姓,当起了

① Francis L. Hawks, *Narrative of the Expedition of an American Squadron to the China Seas and JapanPerformed in the Years* 1852, 1853 *and* 1854 *under the Command of Commodore M. C. Perry, United States Navy*, London:Trafalgar Square, 2005, pp. 137-138.

② George Wingrove Cooke, *China:Being The Times Special Correspondence from China in the Years* 1857—1858, London:Routledge, 1858, p. 68.

③ 香港海事博物馆:《海盗与张保仔的世界:香港海事博物馆一周年特别展》,香港:香港海事博物馆,2006年,第35页。George Wingrove Cooke, *China:Being The Times Special Correspondence from China in the Years* 1857—1858, London:Routledge, 1858, pp. 68-69.

人口贩子,把这些无辜的人民卖到纽西兰、南海诸岛当苦力。最终,布利·希斯于 1877 年在一次争执中被手下海盗所杀,尸体则被扔进大海之中(图 6-30)。①

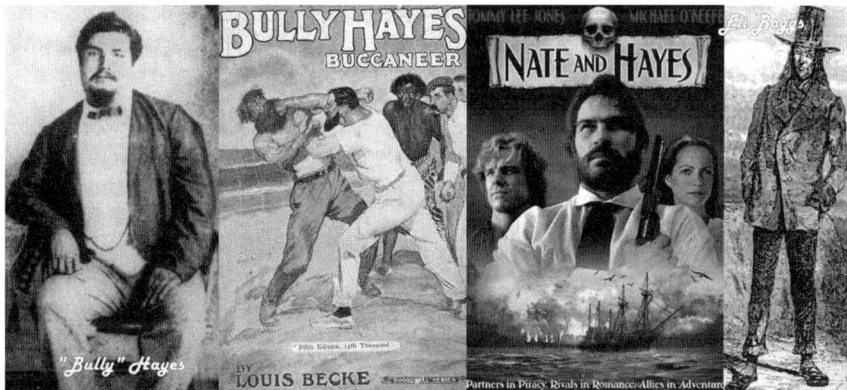

图 6-30　臭名昭彰的两名美国籍海盗

资料来源:香港海事博物馆:《海盗与张保仔的世界:香港海事博物馆一周年特别展》,香港:香港海事博物馆,2006 年,第 35 ～ 36 页;Louis Becke, *Bully Hayes*:*Buccaneer*(Sydney:N. S. W. Bookstall, 1923), cover illustration. 右二图为 1983 年,好莱坞明星汤米·琼斯主演的"Nate And Hayes"(中译:"野蛮岛")的电影海报,片中即饰演英勇的 Bully Hayes 船长。在欧美世界里,总会将臭名昭彰的海盗视为英雄人物,并塑造出其冒险犯难的精神。

1850 年代起,海盗的猖獗引发出一种新型态的护航组织,它主要是由英国和葡萄牙两国私人出资成立的武装船队,对于需要保护的中国商船收取护航费。美国在此时期也想试图在中国海捞一笔,美国在 1854 年发布法令,任何一名美国公民只要宣誓说他拥有一艘中国船,这艘船即能够获得美国领事馆颁发的执照,并悬挂美国国旗。此条款让海盗有机可趁,已经投诚为清朝水师的海盗布兴有(Apuk)旗下多艘船只就登记为美国船籍。由于布兴有护航船队在上海、宁波洋面横行无阻,中外许多商船皆深受其害,极可能出现打着星条旗的海盗船劫掠美国籍船只之情形。翌年,美国驻上海领事向美国国务院投诉,在已经发出的 14 张商船执照中,只有 2 艘是真正

---

① 香港海事博物馆:《海盗与张保仔的世界:香港海事博物馆一周年特别展》,香港:香港海事博物馆,2006 年,第 35 页。

为美国公民所持有。领事馆于是强烈要求白宫立即取消该制度。①

二、德国欲助征剿海盗案

1858 年,中英双方签订《天津条约》后,借着打击海盗问题,英国便将势力范围延伸,进入长江流域。德国于 1871 年统一后,就开始积极向外扩张,并且投入与列强在中国的沿海港湾和海军基地的争夺和角逐。1897 年 11 月 1 日,两名德国传教士在山东被杀,德国趁机派军舰于 11 月 14 日占领胶州湾。1898 年 3 月 6 日,中德两国签署《胶澳租界条约》,胶州湾租予德国 99 年。瓜分中国起步较晚的德国人并不满足山东的殖民区域,加上 1900 年起,世界各强权争相展开海军军备竞赛,因此德国更想从英国人的手上取得长江流域的洞庭湖和鄱阳湖区,当成德国在中国的海军基地。德国遂以欲协助中国征剿海盗为借口,和清朝政府展开谈判。

光绪三十一年(1905 年)二月,德国钦差驻扎中国便宜行事大臣穆默(Alfons Mumm von Schwarzenstein,1859—1924)发出照会公文给军机大臣庆亲王奕劻,声称:"本国大皇帝特颁章程,所有管带德国兵船各官,对中国海盗如何办法一节。按此项章程内与咸丰十二年(误)间,本国与贵国定立通商行船条约第三十三款相符,如中国官员已力不足剿灭海盗,则令管带德国兵船各官,相帮相应,照会贵亲王。"②随后,由于德国颇重视该问题,德国驻华公使夏礼辅(Emile Krebs,1867—1930)发文更正条约年份应为咸丰十一年(1861 年)。③ 关于此事,清政府回复说:"本部查原约第三十三款,内开凡布国暨德意志通商税务公会和约各国船只,在中国洋面被洋盗打劫,地方官一经闻报,即应设法查拿,照例治罪。所劫赃物无论在何处搜获及如何情形,均缴送领事官转给事主收领。倘承缉之官或不能获盗,或不能全起赃物,照中国例处分,但不能赔偿赃物等语。是该疑所载并无中国官员已力不

---

① Grace Fox, *British admirals and Chinese pirates*,1832—1869, London：K. Paul, Trench，Trubner and Company Ltd.，1940，p. 128.

② 孙学雷、刘家平主编:《国家图书馆藏清代孤本外交档案》,北京:全国图书馆文献缩微复制中心,2003 年,第 43 册,第 18003 页。

③ 孙学雷、刘家平主编:《国家图书馆藏清代孤本外交档案》,北京:全国图书馆文献缩微复制中心,2003 年,第 43 册,第 18004 页。

足剿灭海盗,令德国兵船各官相帮之意。贵国锁定章程,显与条约不符,断难允认。"①此时,清朝为维持制海权,加上经查明合约里并无德国所提及之内容,便回复缉捕海盗系中国自有之主权,即为中国地方官应办之事,仍应按照原约自行设法尽力办理,他国兵船各官毋庸干预相应为由,于是向德国回绝助剿海盗之请。

穆默收到复文后,再次照会清政府,称他在看了内容后,"展阅之余,曷胜诧异"。穆默认为庆亲王似乎以中国海盗章程有干预中国自主之权,该章程仅仅是在中国官员无力剿盗并求助之下,德国才会出兵压制海盗。德国大皇帝颁布此章程"实出厚情",不解清政府为何误会此章之意。况且德国兵船协助消灭凶恶海盗,借以保护无力自保的商渔船的生命和财产安全,实乃推布仁人之心。难道要德国转而袖手旁观,见死不救?又数十年前,英国已签订剿灭中国海盗的章程,德国认为清朝对于德英两国有"厚薄轻重之不同"。最后,穆默还是辩称:"中国政府如能详细查阅此章,则必能明系良法美意,并足以挽回庆亲王来文内所露之责备,转似德国欲干预中国自主之权。似此责备,本大臣不免微觉诧异也。"②从本次中德两国往来的照会公文中,能够看出庆亲王与穆默在做领海权的政治角力。但是从另一方面来看,清朝的严刑峻罚和水师已经无力阻止海盗的泛滥,中外商渔船队,仅能够依靠西洋海军力量、武装船队来进行护航。不过,关于德国欲协助征剿海盗一案,于第一次世界大战(1914—1918)爆发前,德国军备将重心放在欧陆发展,无力东顾,最终不了了之。

三、菲律宾与马来海盗

"东南亚"这名词是新出现的,在第二次世界大战期间,蒙巴顿勋爵(Lora Louis Mountbatten)的东南亚指挥部,统辖北回归线以南的领土,它才流行起来。③"东南亚"包含了上述的越南以及缅甸、泰国、马来西亚、新加坡、文莱、印度尼西亚、寮国(老挝)、柬埔寨、菲律宾等国。其中菲律宾和

---

① 孙学雷、刘家平主编:《国家图书馆藏清代孤本外交档案》,北京:全国图书馆文献缩微复制中心,2003年,第43册,第18005~18006页。

② 孙学雷、刘家平主编:《国家图书馆藏清代孤本外交档案》,北京:全国图书馆文献缩微复制中心,2003年,第43册,第18007~18009页。

③ 萨德赛著,蔡百铨译:《东南亚史》,台北:麦田出版社,2002年,第5页。

马来人入海为盗者最多,其所属海盗均以勇敢凶悍著称于当时。菲律宾群岛中有民达那峨岛(Mindanao),其居民为"剌敦"种人(Lanun),与在苏禄群岛(Sulu)中之"巴剌尼尼"种人(Balanini),亦被西方人称之为"摩洛"人(Moros)、"伊拉诺"人(Iranun),[1]皆为"东南亚"海盗的主要来源。在殖民时代,西方人口中所称之马来人、摩洛人和伊拉诺人等,皆是海盗的同义词。公元1820年,荷兰官员艾劳特(C. T. Elout)即认为:"所有的马来人都是海盗。"相对地,在菲律宾殖民的西班人,则将附近海域的海盗称之为"摩洛人"。[2]

菲律宾海盗行劫时使用之快船,约四十吨至一百吨之间,搭载四十到六十人之间。快船狭而长,以摇橹方式前进,船上海盗皆用木板夹护前后胸,亦有身穿藤甲者。这些海盗的武器主要为传统的冷兵器,甲、盾、矛、枪等,火兵器则居少数。摇橹者通常以海盗捕捉俘虏者为之,若是力竭无法胜任者,则用鞭打和胡椒擦眼来让俘虏警醒。其外出打劫,以数艘船只为一队并设总司令一员,全队进退方针皆由总司令下达。船上立一管带和三职员,其余皆是登船作战的低层海盗。菲律宾海盗出海劫掠时,必先至婆罗洲之西北岸港口"淡帕萨"(Tampassuk)做补给。此港为菲律宾海盗的中途接济之处,补给完毕后则分途出发。菲律宾海盗的劫掠路线计有四条:环绕婆罗洲全岛顺道至西里伯士及新几内亚岛;循马来半岛东岸直至暹罗湾沿岸;直达廖内凌牙群岛越马六甲海峡至吉打槟榔屿;经由第三条航线直趋仰光。当南洋群岛吹起所谓之"海盗风"(Pirate Wind),海盗便循固定航线往来海上。菲律宾海盗所得盗赃,不计其数,盗赃则汇集于苏禄群岛,贩卖给西里伯士岛之布基士土人(Bugis)与中国商人。苏禄岛苏丹对这些海盗盗赃抽取十分之一的税,若是海盗船只需要粮食饮水,则抽百分之二十五。故苏禄岛苏丹可谓是海盗之大窝主。[3] 而上述的布基士人,他们把时间分为做生

---

① (英)霍尔(D. G. E. Hall)著,中山大学东南亚历史研究所译:《东南亚史》第2册,北京:商务印书馆,1982年,第618页。

② (美)安乐博著,张兰馨译:《海上风云:南中国海的海盗及其不法活动》,北京:中国社会科学出版社,2013年,第90～91页。摩洛人一词,源于住在北非地区,出没于地中海一带,以海上抢劫为生,不信奉基督教的回教徒。

③ 苏禄岛的苏丹如同越南西山政权的阮光平父子一般,招徕海盗劫商船,以佐国用。资料整理自姚楠:《南洋华侨通史》,重庆:商务印书馆,1943年,第149～150页。

意和做海盗两个部分,据说是一个"唯利是图,嗜血成性,毫无人性"的族群。① 大致来说,西方的海盗概念在此并不存在,东南亚民族则将海上劫掠活动视为传统的习惯,乃不同于苏丹王国与部落间的勇士战争。

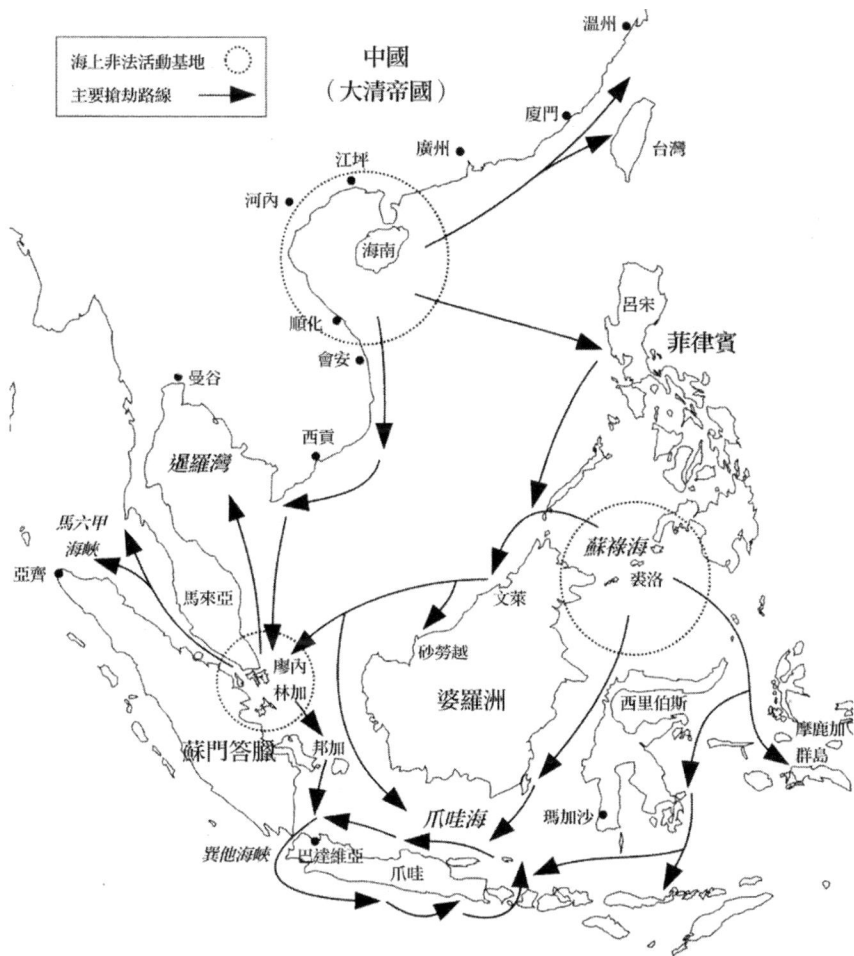

图 6-31　南中国海海上非法活动航线(1750—1850)

资料来源:(美)安乐博著,张兰馨译:《南中国海:海盗风云》,香港:三联书店,2014 年,第 117 页。

---

① (英)安格斯·康斯塔姆(Angus Konstam)著,杨宇杰、赵国梅、董燕译:《世界海盗全史》,北京:解放军出版社,2010 年,第 275 页。

表 6-9　英国皇家海军打击婆罗洲海盗事件

1845 年 8 月 19 日，Edward Cree，*The Cree Journals*，p. 167.

英国皇家海军攻击婆罗洲马鲁都湾（Marudu Bay）的海盗村落

1846 年 1 月 15 日，Henry Keppel，*The expedition to Borneo of H. M. S. Dido for the suppression of piracy*（New York：Harper，1846），pp. 8-9 插画附图．Henry Keppel 为 "迪多"号舰长

英国皇家海军"迪多"号（H. M. S. Dido）上的小艇围攻婆罗洲 Sirhassan 海域上的"海上 达亚克"人海盗船队

续表

1846 年 1 月 16 日，Henry Keppel，*The expedition to Borneo of H. M. S. Dido for the suppression of piracy*，pp. 52-53 插画附图

英国皇家海军"迪多"号（H. M. S. Dido）攻击婆罗洲帕迪（Paddi）"海上达亚克"人的海盗村落

1852 年 4 月 24 日，《伦敦新闻画报回溯数据库》，*The Illustrated London News*，文件号：ILN0－1852－0424－0004－F

英国皇家海军保皇者号（Royalist）在巴拉望岛（Palawan Island）海域遇马来海盗

第六章 大门口内外的敌人：殖民者处理海盗问题实况

菲律宾人深知水性,也是英国护航船队上主要的成员,费正清提到:

> 一百零五吨的斯帕克号双桅纵帆船,长七十英尺,宽十九英尺,深八英尺,上有一层甲板和两根桅杆,它配备着九门炮、二十三支毛瑟枪、五支手枪、十把弯刀、四支长矛和五根梭标,并有十一名水手。此船归宁波的威廉·戴维森所有,悬挂英国旗,带着由香港总督签发的有效期为一年的通航证。船长、大副和炮手是英国人,但大多数水手是马尼拉人。斯帕克号不怕中国船只,可以为所欲为,但是它不得不依赖中国人去分辨海盗与合法渔民。①

当时的护航船队的船长、大副和炮手虽然都是英国人,但是大多数的水手是菲律宾马尼拉人,再加上领航和辨别海盗与合法渔民的中国人,组成英国护航船队的成员。

除了菲律宾海盗外,马来人主要也是以海盗为业。其海盗船略比菲律宾海盗船小,由六吨至廿吨间,船上搭载约三十至一百人等。主要使用武器为冷兵器,亦有土人自制之小手铳等火兵器。马来人海盗船约有三四百艘,分为若干队,每队有总司令一员、领队一人,副领队二人,余者都为低层海盗。马来人海盗的劫掠路线分为东、西二路,东边航线为沿马来半岛东岸由丁家奴至吉打,西边航线则肆劫于霹雳、吉打槟榔屿一带。马来人海盗掠得而来之盗赃,则于廖内凌牙群岛中之加利门岛(Carimon)上贩卖,由于廖内凌牙群岛也是菲律宾海盗的活动范围,因此双方时常相互攻击于洋面之上。② 另外中国海盗劫得货物之后,往往运往"东南亚"销赃。反之,"东南亚"海盗则将盗赃运往香港处理。这样子往返之间,造成海盗充斥于粤洋通往南洋海面之上。由于海盗猖獗的问题,影响到港英政府的治安与贸易,因此该局记录下许多当时海盗作乱的事迹,并且从这些记载中得知中国海盗经常与马来人海盗合作。如:

> 公元 1841 年 4 月间,星加坡政府闻报有海盗在港外,乃派炮舰一

---

① (美)费正清著,刘广京编,中国社会科学院历史研究所编译室译:《剑桥中国晚清史(1800—1911)》,北京:中国社会科学出版社,1993 年,第 256 页。另提到:(斯帕克号)不可避免地被卷入中国人的纠纷之中,使英国旗帜被私人目的所利用,但船长、大副和炮手对此并不一定反感。

② 姚楠:《南洋华侨通史》,重庆:商务印书馆,1943 年,第 150 页。廖内凌牙群岛(Riau-Lingga)亦翻为廖内林嘉群岛。

艘前往搜查。至罗敏尼亚地角(Point Bomania),见有盗艇多艘,乃发炮两响,各盗均弃艇避入林内。此队海盗约二十五人,中国人二十名、马来人五名。公元1843年,有安南船到星加坡抵瞥打拉布兰卡(Pedra Branca)地方,为海盗所袭,此队海盗亦中国人与马来人。5月中,有帆船一艘往星加坡到亚苛岛(Pula Aor)附近,被三艘中国海盗船所劫,掳去货物5000元。公元1844年5月中,有安南船往星岛,在罗敏尼亚地角附近被三盗艇袭击,二艇马来人,一艇中国人。[①]

可见当时的海盗充斥在南中国海、越南和星马等附近海域,难以消灭。

1786年开始,英国建立起海峡殖民地(Straits Settlements),并展开与荷兰之间的婆罗洲(Borneo)之争,也凸显出东南亚海域的海盗猖獗问题。海峡殖民地最初主要包括槟城(Penang)、马六甲(Malacca)和新加坡(Singapore)。由于1824年英荷双方签订条约,明确划分各自于马来群岛的势力范围。而该时期,海峡殖民地所面临的主要问题就是处理内部各苏丹国的矛盾及剿灭周遭海域上的东南亚海盗,根据英荷条约第五条的规定,双方保证"同心协力来有效地消弭"海盗活动,[②]可知当时海盗的危害程度。于是新加坡的商号们联名上书给英国东印度公司,要求海峡殖民当局能够扫荡猖獗的海盗。但是英国东印度公司基于缺乏海事法律条文依据,再加上英国、中国舰队(China Station)力量不足以把东南亚海盗全部绳之以法。荷兰在1837年打击廖内林嘉群岛(Riau-Lingga)及奥浪人(Orang Laut)海盗上,引起英国恐慌,担心荷兰进一步扩展势力,威胁到新加坡。英国政府最终授权给海峡殖民地政府和荷兰连手出击,并进行东南亚海盗的扫荡与推行船舶通行证制度,让海上贸易得以顺利进行。[③]

此次英荷打击奥浪海盗非常成功,还得归功于被称为柔佛的海盗王子(Pirates Prince of Johor)——天猛公伊布拉欣(Temenggong Daeng

---

① 香港初期政治报告附录于 *The Colonisation of Indo-China*。转引自姚楠:《南洋华侨通史》,重庆:商务印书馆,1943年,第154页。

② (英)霍尔著,中山大学东南亚历史研究所译:《东南亚史》第2册,北京:商务印书馆,1982年,第617页。

③ Cynthia Chou, *The Orang Suku Laut of Riau, Indonesia:The Inalienable Gift of Territory*, UK:Routledge, 2009, pp. 56-58. Carl A. Trocki, *Prince of Pirates:The Temenggongs and the Development of Johor and Singapore*, 1784—1885, Singapore:NUS Press, 2007, pp. 75-77.

Ibrahim，1810—1862）。天猛公伊布拉欣原是为东南亚海盗提供情报，并且协助各马来海盗的头目提供保护，使得海盗王子伊布拉欣的势力逐日扩张。1836 年，英国海峡殖民地总督文翰（George Bonham，后担任第三任香港总督，1848—1854）于是决定以黑吃黑的方式，跟海盗王子天猛公合作，一方面压制海盗，另一方面如同清政府接受海盗投首，安排他们在新加坡安家落户。接任的总督巴德沃尔（William Butterworth）仍与伊布拉欣继续合作打击海盗，天猛公亦得到英国的支持，遂能够成为柔佛黑白两道的领袖。①

此外，关于婆罗洲洋面的海盗，则被拉惹·布鲁克所镇压。砂劳越（Sarawak）首任"白人拉惹（Rajah，封王）"英国探险家詹姆斯·布鲁克（James Brooke，1803—1868），1839 年以他父亲的遗产，购置了一艘 142 吨级的保皇党号（Royalist）快艇前往婆罗洲探险及科学研究，并参与平定砂劳越达亚克人（Dayak）的叛乱，②文莱苏丹便于 1841 年任命布鲁克统治砂劳越。布鲁克开始在英国皇家海军迪多号（H. M. S. Dido）舰长凯博尔（Henry Keppel）的协助下，剿灭海盗。在 1843 年至 1844 年间，给了婆罗洲海盗最沉重的打击。③1849 年，布鲁克在镇压海盗活动中，一次就击沉海盗船 87 艘，杀死近 500 人，重伤数百人，并焚烧了他们居住的村庄。④ 如此，当地的海盗活动数量大为下降，暂时稳固了布鲁克对砂劳越的统治。

随后，因中国舰队的力量不足以调遣至东亚各海域打击海盗。又"中国人的海盗活动开始达到难以对付的规模，大约从 1840 年到 1860 年，海峡殖民地的国内贸易，遭到他们大型的武装齐全的中国帆船的袭击，它们甚至袭击欧洲人的船只"⑤。虽然姚楠曾于《海盗之蔓延南洋》讲："俟轮船出，汽机行驶迅捷，至 1860 年，然后香港与南洋间之海盗始戢也。"⑥不过，事实上进

---

① Carl A. Trocki, *Prince of Pirates：The Temenggongs and the Development of Johor and Singapore*, 1784—1885, Singapore：NUS Press, 2007, pp. 81-85.

② （英）霍尔著，中山大学东南亚历史研究所译：《东南亚史》第 2 册，北京：商务印书馆，1982 年，第 621 页。

③ （英）霍尔著，中山大学东南亚历史研究所译：《东南亚史》第 2 册，北京：商务印书馆，1982 年，第 621～622 页；Spenser John, *The life of Sir James Brooke, rajah of Sarwak, from his personal papers and correspondence*, London：Edinburgh, 1879, pp. 72-98.

④ 梁英明：《东南亚史》第 1 册，北京：人民出版社，2010 年，第 116 页。

⑤ （英）霍尔著，中山大学东南亚历史研究所译：《东南亚史》第 2 册，北京：商务印书馆，1982 年，第 623～624 页。

⑥ 姚楠：《南洋华侨通史》，重庆：商务印书馆，1943 年，第 155 页。

入 21 世纪后,南中国海,"东南亚"的马六甲、新加坡及苏禄海域的海盗依旧
为患未哀。然而,原本将海上掠劫视为光荣且是与生俱来的权利的苏丹、酋
长们,①伴随着西方殖民势力的对外拓展,进行各项改善海盗猖獗的措施,
反而成为促进东南亚现代化的途径。

四、罗伯特·包恩号事件

"罗伯特·包恩(Robert Bowne)"号事件是发生在咸丰二年(1852 年),
一艘美国籍载运中国华工船从厦门出发,准备前往美国旧金山,途中华工因
受到虐待且不堪其辱,遂于琉球附近洋面发起暴动。事后,美英先以武力侵
犯琉球的领土管辖权,日本萨摩藩亦以默许作为响应,清廷同美国则在司法
和外交上争锋相对。美国意图以"海盗"罪名处决暴动华工,清朝经调查后
认为无此罪行,双方于是产生严重的歧见,此事件可说是对东亚国际秩序上
的一大考验。琉球国自从明朝洪武年间开始,两国正式确立以"封贡"为核
心的交往关系。按照册封惯例,当琉球国王薨后,即位者仅能暂称世子,并
遣使到中国请求册封后,方可称王。崇祯十三年(1640 年)五月初四日,琉
球国中山王尚丰薨,其子尚贤即位,称世子。崇祯十五年(1642 年)三月初,
世子尚贤遣使蔡锦等人赴明朝请封。② 但是明末流寇之乱,满清入侵,财政
拮据和局势混乱,遣明使赴琉球国行册封之礼,具有相当的困难度,最终崇
祯皇帝未准许世子尚贤的请封。崇祯十七年(1644 年)二月底,世子尚贤再
次遣金应元等人出使明朝,请求册封、按期朝贡和祈请互市白丝。③ 然当金
应元抵达福州时,北京政局已变,先是李自成攻克北京,崇祯皇帝煤山自缢,
后吴三桂引清摄政王多尔衮入关并打进北京。五月十一日,南明福王朱由
崧于南京称帝,年号弘光。金应元便放弃原本至北京的计划,改赴南京后,
受到弘光帝的热情接待,开启琉球国与南明的首次接触。

---

① Nicholas Tarling, *Piracy and politics in the Malay world : a study of British im-
perialism in nineteenth century South-East Asia*, Nendeln:Kraus Reprint, 1978, p. 15.

② 冲绳县立图书馆编:《历代宝案(校订本)》第 1 册,那霸:冲绳县教育委员会,1992
年,第 446、682 页。

③ 冲绳县立图书馆编:《历代宝案(校订本)》第 2 册,那霸:冲绳县教育委员会,1992
年,第 129 页。

到了南明永历元年（1647年）九月十五日，世子尚贤因届朝贡之期，特遣蔡祚隆等人"坐驾土船一只，运载硫磺、马匹、螺壳等方物"，赴福州朝贡。不料，蔡祚隆的朝贡船队不幸迷失方向，漂至浙江温州外山被"海贼残破"，未完成使命，即"愁极还国"。① 而世子尚贤在蔡祚隆出使的第七天，尚未得到册封为王，就"辞世薨逝"。② 后由尚贤之弟尚质即位，按例自称世子。后琉球国经历与南明弘光、隆武和监国鲁王三个政权有过往来关系，但此时中国局势已定，顺治六年（1649年）九月，清廷命通事谢必振为"招抚使"，出使琉球。不久，世子尚质遣使至北京，上呈"投诚表文"。③ 从此，清朝与琉球确立了正式的"封贡体制"关系。清朝嘉道后，沿海私人海上非法贸易量增多，海盗劫掠事件伴随而生，其中往来中琉的封贡船队也不能幸免于难。例如咸丰四年（1854年）八月，闽浙总督王懿德奏报：琉球人蔡克让等二十二人所乘船只在洋遭遇暴风，吹折大桅，随风漂流，十四日漂至福鼎所辖洋面，遭遇海盗船三艘，被劫去物品计有："铁锚一门，银簪子五条，手箱十五个，烧酒三十一埕，盐七十七包，黑糖七埕，蕉布十匹，麻八百斤，茶叶一包，粮食七包。"④幸遇广东华艇救护，琉球难民后被带到福鼎县衙门，受到清朝官员给予优厚安抚、赔偿。

然而，"罗伯特·包恩"号的海盗事件与上述情形迥异，属于国际纠纷。该船于1852年3月21日，运载19名船员，410名中国华工驶往旧金山。⑤ 这些华工主要来自福建省泉州府、漳州府、汀州府等处人民，根据福建省永兴县人21岁的罗福安供称该事件的大概经过：1852年3月9日，客头陈阿贵介绍他到美国船上工作，每月工资4元。船上华工绝大多数都是受各客

---

① 冲绳县立图书馆编：《历代宝案（校订本）》第2册，那霸：冲绳县教育委员会，1992年，第502页。

② 冲绳县立图书馆编：《历代宝案（校订本）》第2册，那霸：冲绳县教育委员会，1992年，第502页。

③ 冲绳县立图书馆编：《历代宝案（校订本）》第1册，那霸：冲绳县教育委员会，1992年，第693页。

④ 中国第一历史档案馆编：《清代中琉关系档案选编》，北京：中华书局，1993年，第950～952页。

⑤ 陈翰笙主编：《华工出国史料汇编》第3辑，北京：中华书局，1981年，第123页。另外，球阳研究会编：《球阳》卷之二十二，《尚泰王》，东京：角川书店，1972年，第499页，载为四百五名。《华工出国史料汇编》第3辑，第145页，载为四百七十五名；第130号文件，第147页，则确认是四百一十人。

头欺骗而上船,并被关禁在船只底舱,美国人发给每个华工一人一张卖身契约,不签名辄遭鞭责,所有人不得不签立该契约。船只航行至琉球国附近时,美国人忽将全部人拉到甲板上,剪掉发辫。其中好几十人卧病不起,这时美国人不是把他们打死,不然就是将之抛弃大海。中国华工们见此情形感到惊恐并群起鼓噪,华工纷纷站起来反抗。船主见状跳水逃亡,水手则攀登到船桅高处躲避。① 同样,美国幸存的船员法兰亭也作证说:船长布莱生为了保持清洁,把很多华工的辫子强行剪去,并要他们到甲板上来,用冷水全身冲洗,水手们同时使用大扫把在他们身上扫刷,华工们对于失去辫子感到难受,很多人都哭了。② 暴动后,船长、大副、二副和四名水手则被华工所杀害。③ 由两国证人的证词中可知,"罗伯特·包恩"号事件,乃是船长下令虐待华工而引发的一场暴动。

华工控制船只后,要挟剩下船员将船驶向台湾,途中都在逆风行船,接着船只触礁搁浅,约有 300 名以上华工弃船登岸。"罗伯特·包恩"号上有9 名船员则将船驶离马吉科西马群岛(Madgicosima,即八重山群岛),并把船上留下的 21 名中国华工当成罪犯,移送给厦门海防同知。④ 随后美国驻华公使伯驾(Peter Parker,1804—1888)协请英国共同追捕"海盗"归案。⑤ 1852 年 5 月,英军舰队便进军八重山群岛,大肆捕捉华工,大部分的逃脱者躲进岛上的森林之中,被捉拿华工当中,陈得利等 17 人则被美国当局视为海盗首犯。⑥ 逮捕行动结束,美国首先要面对的是司法管辖权问题,伯驾认为罗伯特·包恩号事件:"是美国政府管辖范围内海盗史上没有前例的一个新奇案件。这是在美国商船上面发生的海盗行为,但不是本船的人,也不是由另一只船只干的,而是以旅客身份登上该船的,属于另一国家的一些人干的。"⑦况且,案发地点距离美国遥远,"海盗"也未全部捕获,更何况美国任何法院都没有懂华语的翻译人员。所以他认为移送给清朝广东省官员来审判,这样做较符合国际法,也最为洽当。6 月 14 日,伯驾在致两广总督徐广

① 陈翰笙主编:《华工出国史料汇编》第 3 辑,北京:中华书局,1981 年,第 145 页。
② 陈翰笙主编:《华工出国史料汇编》第 3 辑,北京:中华书局,1981 年,第 127 页。
③ 陈翰笙主编:《华工出国史料汇编》第 3 辑,北京:中华书局,1981 年,第 140 页。
④ 陈翰笙主编:《华工出国史料汇编》第 3 辑,北京:中华书局,1981 年,第 123~125 页。
⑤ 陈翰笙主编:《华工出国史料汇编》第 3 辑,北京:中华书局,1981 年,第 130~131 页。
⑥ 陈翰笙主编:《华工出国史料汇编》第 3 辑,北京:中华书局,1981 年,第 144~146 页。
⑦ 陈翰笙主编:《华工出国史料汇编》第 3 辑,北京:中华书局,1981 年,第 138 页。

缉的照会中称："美国船只发生的这种海盗行为，是在公海上，因而海盗不论属何国籍，均应受美国法律制裁。但目前情况，美国驻中国海海军司令奥利克同意，愿放弃这一权利，将主要人犯送交贵国政府，按贵国法律审讯惩办。……由于军舰上不便于长时间关押人犯，我们要求早日答复，以便立即将该犯人移交尊处。"①早先美国是想寻求第三方司法单位来审判，认为较具公信力。6月8日，奥利克曾在拜会英国香港总督后，通知伯驾说："根据我同他关于这件事的非正式会谈……（港英）能够根据国际法确定他们犯了海盗罪……香港（英国）当局将毫不迟疑地接受此案，加以审讯并惩治其罪行。……最好把这些罪犯交给香港审判……越快越好。"②但是不久，此建议就被奥利克自己否决掉，因为香港法庭不久前在判决法国船亚尔伯特号船上华工谋杀和抢劫案件时，认为根据国际法，这种情况不算海盗行为，不予受理。因此，此案就不必再找他们了。③

6月底，美国将预审中被判处有罪的17名华工和相关证词，引渡至广州府审讯。徐广缙经过查看后，认为此事实属"贩卖猪仔"而非海盗案件。且关于美国水手证词中提及华人蓄辫，多生虱虫，为了卫生考虑，剪掉约200人的发辫，他认为此说法更为荒诞："我等从未见任何中国人因生虱虫而剪去发辫者，何况按中国旧例，剪去发辫无异砍掉脑袋。可见该船长为人暴戾无疑。"本大臣等熟思此17人既无任何人对质，又毫无证据，鉴于彼等所受虐待，且经严刑审讯，确属无罪。④7月12日，伯驾有鉴于此，故而要求两国在黄埔停泊的美国旗舰上进行会审，幸存船员和4名证人也将出庭与嫌犯对质。⑤此建议却被中方婉拒，根据两国条约内容，如此之审讯是没有先例。7月21日，徐广缙、柏贵致伯驾照会，先细数美方证据的疑点，并提出最后通牒，三日之内若美方不让4名证人来广东府指认作证的话，就会将17名华工送回原籍，取保开释。⑥7月22日，伯驾终于屈服，不仅同意证人

① 陈翰笙主编：《华工出国史料汇编》第3辑，北京：中华书局，1981年，第140～141页。
② 陈翰笙主编：《华工出国史料汇编》第3辑，北京：中华书局，1981年，第139页。
③ 陈翰笙主编：《华工出国史料汇编》第3辑，北京：中华书局，1981年，第141页。
④ 陈翰笙主编：《华工出国史料汇编》第3辑，北京：中华书局，1981年，第144～145页。
⑤ 陈翰笙主编：《华工出国史料汇编》第3辑，北京：中华书局，1981年，第148页。
⑥ 陈翰笙主编：《华工出国史料汇编》第3辑，北京：中华书局，1981年，第149、150～152页。

出庭对质,并让"罗伯特·包恩"号幸存船员与被捕华工对质。①4名证人出庭后,只指认出1名华工苏有曾经参与了暴动行为,拿刀刺伤一名美国人,使其跌落海中,而对剩余15名华工均不能指认。②最终审判结果,根据署闽浙总督有凤的奏报:

> 陈得利并无得受夷人身价、杀害夷人及抢去夷船银物情事禀报。……陈得利当时在船并未伤人。内有海定即苏有,致伤夷人一名,失跌落海。所有罗(福)安等十四名,均讯无为匪伤毙夷人情事。……其解来人犯十七名,除陈燥病故,陈得利、苏有二名留粤复讯。罗幅(福)安等十四名,即饬递回原籍。③

伯驾不满意广东此判决结果,仍持续提出抗议及请求美国政府出兵交涉,但均未得到响应,伯驾最终只能默默接受。事后,美国则向清廷要求50万银元的赔款。④

此事在国际法上认定的司法管辖权上,伯驾不断地对中方的司法管辖权进行干涉是无所依据的。《万国公法》曾提到:"自主之国审办犯法之案,尽可自秉其权,不问于他国,此大例也。"⑤美国考虑后不将华工交给港英政府审判,转而交由中方管辖后,照理说美国政府即自动丧失管辖权,不能对清朝政府的司法主权加以干涉,伯驾甚至还请求美方派遣海军来胁迫中方已达到其目的。⑥况且,《望厦条约》中明文规定:"嗣后中国民人与合众国民人有争斗、词讼、交涉事件、中国民人由中国地方官捉拿审讯,照中国例治罪;合众国民人由领事等官捉拿审讯,照本国例治罪;但须两得其平,秉公断结,不得各存偏护,致启争端。"⑦此条约虽然让清政府失去对美籍民众在中国犯罪的管辖权,却未失去对本国人民对美国人犯罪的管辖权。国际惯例上,当条约与一般法律抵触时,依特别法优于普通法之原则,此时清政府对

---

① 陈翰笙主编:《华工出国史料汇编》第3辑,北京:中华书局,1981年,第152页。

② 陈翰笙主编:《华工出国史料汇编》第3辑,北京:中华书局,1981年,第154页。

③ 贾桢:《筹办夷务始末(咸丰朝)》卷七,咸丰四年正月己巳日,第14~15页。

④ 陈翰笙主编:《华工出国史料汇编》第3辑,北京:中华书局,1981年,第53~54页。

⑤ 惠顿著,丁韪良译:《万国公法》,北京:中国政法大学出版社,2003年,第108页。

⑥ 陈翰笙主编:《华工出国史料汇编》第3辑,北京:中华书局,1981年,第159页。伯驾致美国国务卿韦伯斯特函:"建议派遣美国海军迅速开到中国海面,用以加强我们同中国政府交涉的地位。"

⑦ 全国人大常委会办公厅研究室主编:《中国近代不平等条约汇要》,北京:中国民主法制出版社,1996年,第22页。

于被捕华工是具有司法管辖权。据此两广总督徐广缙与广东巡抚柏贵致伯驾的照会中称："来照所提各节，符合贵我两国所定条约，具见贵使头脑清晰，明辨事理。本大臣及本巡抚至为钦幸。"①认为美方是遵照条约移交。

留在八重山石垣岛的华工，在美英船舰离开后，先后返回到岛上原先居住之地，琉球国仍旧提供华工米粮和医疗资源。此时，琉球国担心岛上华工迟未送回，会产生逆心，但又担心若遽行护送，诚恐夷船复来，追捕无踪，会滋生事端。于是决定先咨请福建布政司，转详两广总督协请照会在粤夷酋和厦门领事，准其拨船护送，再将华工遣返。咸丰二年（1852年）十月初五，为护送岛上华人之事，琉球"饬令本秋赴闽，王舅、大夫等赍捧咨文，投请布政司。俟其咨覆而后拨船护送"。②翌年五月，闽省官员赏琉球国商船一艘，琉球王世子亦派拨海船一艘，特备咨文护照，将华工林玉等175名护送回闽；石垣岛死去的华工，则由琉球官员葬于当地，共300余人。③（见图6-32）然而，幸存华工于返途中又遭遇海盗掠夺，抢走船上军械、公私银两、大小货物、簪子及衣服等项，琉球国所带咨文则向海盗讲情才得以取回。结果，实存128名华工抵达福州，经审讯均无伤毙夷人之犯与粤省咨覆相符，似属可信，将难民分别递回原籍各县。④英美殖民国家以武力进犯琉球主权，清政府仅和美国进行司法谈判，⑤虽然徐广缙等广东官员尚能据条约内容拒绝美方无理要求，但是却未能探究国际法规定，对本国人民被误指为海盗、琉球主权和非法"猪仔贸易"提出严正的抗议，亦从未有任何单位关心受到海盗袭击后的难民安置，足见清朝官方采取一贯性的羁縻态度。

---

① 陈翰笙主编：《华工出国史料汇编》第3辑，北京：中华书局，1981年，第141～142页。

② 球阳研究会编：《球阳》卷之二十二，《尚泰王》，东京：角川书店，1972年，第500页。

③ 张希哲：《琉球石垣市唐人墓史实考》，《侨协杂志》第45期，1994年，第52～55页。

④ 《筹办夷务始末（咸丰朝）》卷七，第16～17页；《球阳记事》卷之二十三，《尚泰王》，第36～56页。

⑤ 西里喜行：《清末中琉日关系史研究》，北京：社会科学文献出版社，2010年，第789～790页。

图 6-32　八重山石垣市唐人墓

　　资料来源："中央研究院"人文社科学研究中心朱德兰教授提供。原唐人墓历经二战战火的洗礼,已残破不堪。1971 年,石垣岛居民和华侨出资重修该墓。原墓碑收藏于八重山博物馆。

第七章

结　论

　　综观碧波万顷的环东亚海域，众多依靠海洋的国家，在其海洋发展的过程中，总是伴随着海盗产生的社会问题。有清一代，"康雍乾盛世"持续了百余年，国力达到鼎盛，能够说是中国历史上时间最长久的一个盛世，但是，之后清朝却开始走向衰微，人口扩张、土地兼并和各项民变等社会问题日益严重。乾隆晚年到嘉庆上半叶，清政府对于沿海地区社会控制力的下降，众多华南沿海居民下海为盗，统治者更将此"东南海事"列作和"黔楚苗乱"、"川陕教匪"为三大威胁清朝的势力，其中"东南海事"持续蔓延到清末，可说是影响甚大。清朝初年时，以海为生的讨海群体，在面对清政府的海洋政策驰禁变化，造成其生活艰辛，无法单靠渔捞及商业航贸时，总会选择下海劫掠，铤而走险的维生方式。然而这些非法活动多是暂时性，通常在获取利益后，便转回原本合法的身份。乾嘉之后，在安南西山政权（1771—1802）吸收零散中国海盗的影响，导致后来具有一定规模的海上武装集团之形成，在海上所从事的活动，也不再单纯仅是为了生存的抢劫行为，而是职业化的海上非法活动。

　　随着世界贸易航线之延伸与拓展，海盗便此起彼伏，直至今日，海盗的问题依然存在。近期，马六甲海峡和索马利亚海盗日益猖獗，引起各国的重视，为防止海盗活动的蔓延，于是先后派遣军舰进行护航，保护往来亚丁湾的商船和货船。这使得海盗事件产生出跨国性的问题，让海盗的研究逐渐升温和新进展。根据清朝官方记载，律例规定将海上抢劫、抗官的武装活动一律视为海盗罪刑。中国海盗的历史虽然被传统的士大夫认为是社会的渣滓[1]，但是重新检讨海盗问题，并不能说是无益的。季士家在《近八十年来清代海盗史研究状况述评》中，认为清代海盗史研究，偏重于乾嘉之际的海盗活动，并冀望借由该文推动学界重视其他的海盗史议题。[2] 然而清代海盗历史的研究，并非仅仅是海盗编年的记载，主要是要摆脱过去海盗研究只集中于乾嘉之际粤洋与闽浙海盗之上，并试着突破官方记载的偏见与缺陷，不再着重于讨论海盗与清政府的关系。本书使用"从下往上看"的历史观，从海盗"供单"、文人笔记、报章杂志或西方档案等文献里，试着"趋近"海盗原本的社会组织、经济来源、生活特性及信仰等面貌外，更能够发掘清代海盗与各项国际事件的连结，希冀能够跳脱传统"乾嘉海盗"的核心议题，另辟新的海盗研究领域。

　　本书主体部分首先讨论的是海盗活动的产生背景及其背后一只看不见的手。明末清初，中国东南沿海的海商、海寇进行走私非法的活动逐渐兴起，发展出"海寇商人"的形态，他们在官、商、盗之间，出现一种错综复杂的三角关系。以郑芝龙为代表的"海寇商人"海上势力，威胁到明朝华南沿海的统治，最终让官方做出让步，招抚郑芝龙，并使其成主导和建立海洋的新秩序。直到清廷入关之后，领有台湾之前，尚无法完全掌握浙江以南的海域，加上八旗军不熟稔海战，海上掌控权方面，仍在郑氏集团成员的手上，更拥有可随时上岸劫夺的陆寇与海盗的双重身份。清初施行海禁后，沿海私人海上非法贸易量增多，海盗劫掠事件伴随而生。康熙年间，其中往来中琉的封贡船队也不能幸免于难，让此航程成为一趟危险的封贡之旅。琉球船只在闽浙海域遇到海盗劫掠，乾隆皇帝深感愤怒，认为"不成事体"，并给予琉球难民赔偿和安抚，这些措施及时保护清琉两国通商和友好往来途径的顺畅和安全。而在中琉封贡的航道上，最为强大的即为闽浙海盗。乾隆末年，台湾因为爆发林爽文事件，闽浙水师驰援台湾，造成海防空虚，海盗遂将目标转向闽浙，尤其是浙江台温一带海域。此时，越南夷盗、闽浙海盗与浙

---

① 王宗曾：《论防海》，邵之棠辑：《皇朝经世文统编》，台北：文海出版社，1980年，第3309页。提到：寇船进口，该弁兵并力防剿……夺获船只器械财物，准听该屯在事弁兵瓜分。如是则屯兵皆视寇船为利薮。

② 季士家：《近八十年来清代海盗史研究状况述评》，《学海》1994年第5期，第84~88页。

江土盗互相联合，却在一场突如其来的台风而宣告瓦解。嘉庆十三年（1808年），朱渍中炮身亡；十四年（1809年），蔡牵畏罪自炸座船而死。象征着闽浙海盗的末日，不再能与粤洋、港澳海盗相抗衡。

粤洋三路如此错综复杂的水上世界，乃是海盗的"逋逃渊薮"，海盗的寇发必须伴随着季风的助力，所以选对了季风与洋流，在天时、地利之下，让华南海盗成为靠着海洋地理与季节性的职业。此外，由于19世纪中国爆发了人口膨胀的问题，广东省人口在嘉庆十七年（1812年）飙升至18900608人，引发出许多的社会经济问题。米粮缺少，所以价格攀升，从越南走私稻米可获倍利，让走私商船兴起，同时海盗的目标也投向这些走私商船，使得缺粮、走私与海盗，彼此关系密切。还有海南商船往越南所缴税钱低廉，使清朝他省商人多假冒海南船航向越南，让整个19世纪从琼州海峡到越南广安的航线，洋盗充斥。19世纪中期，单是在广州附近水面就生活着大约八万名船上居民，这只是广州的资料而已，整个广东洋面上有更多的船上居民，他们过着穷途潦倒的生活。生活不济是他们入海为盗的主因，官商勾结的高利贷放款、广东的赌风盛行，还有以宗教信仰为号召的推波助澜之下，让19世纪的广东海疆洋氛大炽。上述因素都让清朝统治者大伤脑筋，无力阻断海盗的持续增加。

清朝与越南边境的海盗问题方面。道光十九年（1839年），清朝与英国的关系日渐紧张，越南得知清英开战在即，担心战事与海盗的侵扰，于是在越南京师外的沱瀼汛，加派武装齐备的战船。从越南官方的动作，可知一旦粤洋洋面产生动乱，势必也将影响到越南洋面之上。清政府对于英军的入侵却采取"羁縻"之计，使得海盗活动大为猖狂。鸦片战争的爆发更让华南洋面海盗桀黠肆掠，清越对于海盗的剿捕，逐渐失去优势。越南意识到海防的落后，便开始逐步革新水师武装，越南明命帝即强调以"坚巨船舰"来维护海防，嗣德十八年（1865年）起，开始向法国购买新式轮船——"敏妥气机大铜船"，进行越南水师帆船的汰换。然而蒸汽轮船用来对付海盗，效果有限，更何况去应付与西方世界的冲突，接踵而来的失败，让南中国海的主权控制更加束手无策，海盗的问题已非单靠水师力量即能解决。到了光绪十一年（1885年），越南谅山战争与台湾海战结束，清法双方于天津签订合约，终止了清、越长久以来藩属国的关系。

虽然国家无法阻挡法国的殖民统治，此时却有力量微小的海盗集团挺身而出。原本是法国吸收用来对付黑旗军的黄旗军跟抗法英雄黄花探，皆在海上或是在沿海地区袭击法国人,被法属印度支那殖民当局视为海盗。其中海盗首领黄花探更暗中结合并资助清末革命党员,反而被清政府加以防范,同法属印度支那殖民当局共同防堵黄花探海盗集团,让黄花探最终以失败收场,其抗法事迹亦未曾受中方史书重视。

图7-1　闽浙同安船与广东乌艚船图画

资料来源:上图同安船:《军机处档·月折包》,档号050792,嘉庆二十二年七月十七日。下图:乌艚船,王次澄编著:《大英图书馆特藏中国清代外销画精华》第1卷,第242页。另外,陈国栋,《好奇怪喔!清代台湾船挂荷兰国旗》,《台湾文献别册》2005年第14号,第6～10页提及:16世纪,荷兰成为海上霸权国,于是在闽浙沿海一带的船只,无论是海盗或是贸易船,皆喜挂荷兰国旗,用以威吓敌船。例如海盗李旦、郑芝龙也曾经悬挂荷兰国旗。18世纪时,英国记者曾经在台湾港边发现该现象。然而此习惯经过了近二百年,仍表现在福建制造的同安梭船图之上。直至清末,广东海盗经常使用的乌艚船,亦保有此美丽的错误传统。

1842年中英鸦片战争过后,在秘密会党与走私鸦片情形的盛行下,布兴有率领的"广艇海盗"猖獗于海面之上,更引发出一种护航制度的组织,它主要是由英国和葡萄牙两国私人出资成立的武装船队,对于需要保护的船只收取护航费,甚至是以武力威胁强取护航费。由于获利优厚,他们便聚集在宁波口岸互相竞争。历史上,布兴有只是一个微小的人物,不过却在咸丰年间起了不小的作用,虽然在与清政府谈判投诚时诡谲多变,但在入营投效后,在清政府的眼中,布兴有是海盗改过自新的例子。然而,布兴有集团成为一个半官方且地位模糊的军事单位,一方面能够继续在宁波洋面讹诈护航费,另一方则借由剿除海盗的理由,击倒其他护航事业的竞争对手。看来清政府对于海盗"投首"的政策,让布兴有能够纵横黑白两道,失去了原本嘉庆皇帝接纳海盗"投首"的意义。又布兴有代表的广勇集团,强悍好斗,善于征战,江浙各督抚道县、军营将弁和地方士绅遂招募一批又一批广勇新血,来到江浙一带,进行护航及对抗地方叛乱和太平军。然而,广勇驻扎于沿海各重要城镇,却在地方上衍生出许多违法犯纪的情事,皆可说是亦盗亦官亦商的布兴有所带来的连锁反应。

鸦片战争过后,道光皇帝急于找出创新图强、逆转情势的办法,于是就想仿效布兴有所引发的建置西洋轮船来打击海盗护航一事。但是最终道光皇帝和封疆大吏们却是在重重困难面前选择了逃避与固守,而不是学习效法来迎头赶上。直到咸同年间,轮船护航的优势才使得清朝统治者和士大夫不再有所恐惧与排斥,只是为时已晚。从另一角度来看,布兴有的广艇海盗集团以及中外护航业的兴起,无形之中成为促进晚清现代化的重要因素之一,同时亦开启洋务运动的帷幕,是有其因果关系。

国外的海盗传奇,总是使人着迷,海盗与西方文化紧紧地结合,并被视为光荣事业,甚至成为他们津津乐道的故事或画作记录(图7-2、图7-3)。但在中国传统儒家社会中,或统治者的立场,海盗却被当成匪类,也因为如此,反在外国留下许多海盗的图像及记录。环东亚海域上的闽浙、琉球、台湾、越南、广东、香港、澳门等海域,往往被嵌入中外关系史的大框架下研究,较少以海盗的角度来作为彼此关联性的考察研究。特别是中葡、中英、中法、中日和中美之间,曾经共同处理过许多的海盗事件。而台越港澳因自从落入清朝大门口外的敌人——西方殖民者、日本帝国主义之手后,变成不受原统治者法律约束的灰色真空地带。然而此区域海洋地理上非常邻近,居民语言可以相通,习俗近同,海上来往频繁,近代以来仍一直保持着密切联系。盗匪们也利用该灰色地带的关系,能够轻易向国外购买先进的武器,且将台越港澳海上岛屿变成策划劫掠活动的根据地,躲避朝廷缉捕的避风港。例如嘉庆初年,澳葡当局向清政府请求协助出洋剿除海盗,趁机谋得葡萄牙人于澳门的地位。澳葡政府必须持续与中国统治者合作,于洋面进行剿除海盗活动,进而能维持葡萄牙人在澳门特殊地位,及其自身的商业利益。同时,清政府为加强对澳门的主权,亦利用澳葡剿盗。清末更因海盗林瓜四事件演变成澳门领土主权之争，可见海盗与国际事件的重要关联性。

Shanghai —A Terrorist Captured. Oct 21，1906

French people attacked by Chinese pirates near Yungki，China. Jun 22，1913

Chinese women pirates attacking ships in the Yellow Sea. Nov 27，1921

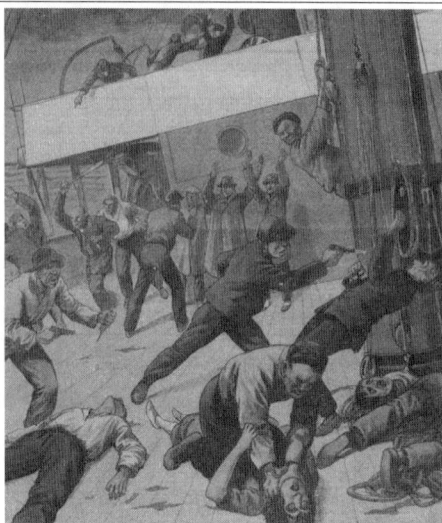

Attack on a British passenger steamer by Chinese pirates, in the South China Sea. Feb 1st, 1925.

Presentation of a flag stolen from Chinese pirates by the French army, at the Hotel des Invalides. Aug 12, 1928

图 7-2 《法国邮报》刊载的中国海盗图像

图 7-3 德国画家笔下的 19 世纪香港海盗街景

资料来源：Patricia Lim，*Forgotten Souls：A Social History of the Hong Kong Cmetery*，Hong Kong：Hong Kong University Press，2013，p. 310. 画作主题："Hongkong Piratenstrasse"，作者：Eduard Hildebrandt(1818—1869)，年代：1867 年。

海氛扬波：清代环东亚海域上的海盗

环东亚海域的海盗自古以来持续地存在着,其活动规模尚且控制得住,乾嘉时期,粤洋海盗在越南西山政权的庇佑下得到发展的契机。新阮视中国海盗为不可缺少的海上力量,海盗亦从西山政权那取得精良的武器及装备,得以壮大声势。不过随着西山政权的垮台,嘉隆帝主张驱逐境内海盗,海盗只能返回中国东南沿海。再者清政府打出以投首海盗来以盗制盗的大旗,中国人自古又重视功名官衔,故该政令一出,让海盗乐于投诚,而非实力穷蹙时的被迫选择。清朝在长期肃清海盗的行动中,总是未对沿海海防进行检讨补强,官僚们粉饰太平在一种虚假的安全感中渡过。不久,清廷发现除内部叛乱的动荡外,外来洋人的压力也逐渐加大,形成大门口内外都有敌人的局势。事实上,在整个 19 世纪里,清朝政府确实坚持奉行"船坚炮利"与"断接济"等二项原则,但海盗问题仍是难以阻绝。再加上清政府脱离不了传统的中国思维,亦无力脱困于与西方世界冲突的境地,接踵而来的失败让统治者对于海洋的控制更加束手无策,于是一旦与列强交战,便迅速土崩瓦解,得不到一丝丝的教训。

参考文献

一、档案资料

《宫中档康熙朝奏折》，台北：台北故宫博物院，1976 年。

《宫中档雍正朝奏折》，台北：台北故宫博物院，1977 年。

《宫中档乾隆朝奏折》，台北：台北故宫博物院，1983 年。

《宫中档嘉庆朝奏折》，台北故宫博物院藏，未刊。

《宫中档道光朝奏折》，台北故宫博物院藏，未刊。

《宫中档咸丰朝奏折》，台北故宫博物院藏，未刊。

《宫中档光绪朝奏折》，台北：台北故宫博物院，1973 年。

《军机处档·月折包》，台北故宫博物院藏，未刊。

《清国史馆传稿》，台北故宫博物院藏，未刊。

《乾隆朝上谕档》，北京：中国第一历史档案馆，1998 年。

《光绪朝朱批奏折》，北京：中国第一历史档案馆，1995 年。

《剿平蔡牵奏稿》，北京：国家图书馆藏历史档案文献丛刊，2005 年。

《台湾道任内剿办洋匪蔡牵赛将军奏稿》，收录于陈支平主编：《台湾文献汇刊》第六辑，北京：九州出版社，厦门：厦门大学出版社，2005 年。

《台湾道任内剿办逆匪蔡牵督抚等奏稿》，收录于陈支平主编：《台湾文献汇刊》第六辑，北京：九州出版社，厦门：厦门大学出版社，2005 年。

《嘉庆道光两朝上谕档》，北京：中国第一历史档案馆，桂林：广西师范大学出版社，2000 年。

中国第一历史档案馆：《咸丰同治两朝上谕档》，桂林：广西师范大学出版社，1998 年。

中国第一历史档案馆：《光绪宣统两朝上谕档》，桂林：广西师范大学出版社，1996 年。

（清）文庆：《筹办夷务始末（道光朝）》，台北：国风出版社，1972 年。

（清）贾桢：《筹办夷务始末（咸丰朝）》，台北：国风出版社，1972年。

（清）宝鋆：《筹办夷务始末（同治朝）》，台北：国风出版社，1972年。

《明清史料》，台北："中央研究院"历史语言研究所，1960年。

"中央研究院"历史语言研究所编：《明清史料戊编》第五本、第六本，台北："中央研究院"历史语言研究所，1957年。

中国第一历史档案馆、澳门基金会、暨南大学古籍研究所编：《明清时期澳门问题档案文献汇编》（全六册），北京：人民出版社，1999年。

张伟仁编：《明清档案》，台北：联经出版事业公司，1995年。

台北故宫博物院：《清代外交史料·嘉庆朝》，台北：成文出版社，1968年。

台北故宫博物院：《清代外交史料·道光朝》，台北：成文出版社，1968年。

陈翰笙主编：《华工出国史料汇编》第3辑，北京：中华书局，1981年。

陈龙贵主编：《院藏剿抚张保仔史料汇编》，台北：台北故宫博物院，2015年。

葡萄牙外交部档案馆、澳门基金会、广东省立中山图书馆、澳门大学图书馆合编：《葡萄牙外交部藏葡国驻广州总领事馆档案·清代部分》（全十六册），广州：广东教育出版社，2009年。

刘芳主编：《汉文文书：葡萄牙国立东波塔档案馆庋藏澳门及东方档案文献》（档案目录），澳门：澳门文化司署，1997年。

刘芳、章文钦主编：《葡萄牙东波塔档案馆藏清代澳门中文档案汇编》（上下册），澳门：澳门基金会，1999年。

莫世祥、虞和平、陈奕平编译：《近代拱北海关报告汇编》，澳门：澳门基金会，1998年。

蔡铎等编：《历代宝案》，台北：台湾大学，1972年。

《点石斋画报》，上海：上海画报出版社，2001年。

上海申报馆编：《申报》，台北：学生书局，1965年，影印本。

松浦章、卞凤奎：《清代帆船东亚航运史料汇编》，台北：乐学书局，2007年。

松浦章、内田庆市、沈国威编著：《遐迩贯珍：附解题·索引》，上海：上海辞书出版社，2005年。

张西平主编：《中国丛报（*Chinese Repository*，1832.5—1851.12）》（共

二十册),桂林:广西师范大学出版社,2008 年。

伦敦新闻画报回溯数据库,*The Illustrated London News Historical Archive Online*,1842—2003,台北:飞资得知识服务股份有限公司。

二、史籍方志

《清实录》,北京:中华书局,1986 年。

《钦定大清会典事例》,台北:新文丰出版公司,1963 年。

《清朝文献通考》,台北:新兴书局,1963 年。

(清)赵尔巽:《清史稿》,北京:中华书局,2006 年。

(清)卢坤、(清)邓廷桢主编,王宏斌等点校:《广东海防汇览》,石家庄:河北人民出版社,2009 年。

(清)刘锦藻:《清朝续文献通考》,杭州:浙江古籍出版社,2000 年。

(清)贺长龄:《皇朝经世文编》,台北:国风出版社,1963 年。

(清)葛士浚:《皇朝经世文续编》,台北:文海出版社,1972 年。

(清)盛康:《皇朝经世文续编》,台北:文海出版社,1972 年。

(清)陈忠倚:《皇朝经世文三编》,台北:文海出版社,1972 年。

(清)何良栋:《皇朝经世文四编》,台北:文海出版社,1972 年。

(清)邵之棠:《皇朝经世文统编》,台北:文海出版社,1980 年。

(清)容安:《那文毅公(彦成)奏议》,台北:文海出版社,1968 年。

(清)何嗣焜:《张靖达公(树声)奏议》,台北:文海出版社,1968 年。

(清)王树柟:《张文襄公(之洞)全集》,台北:文海出版社,1968 年。

(清)毛承霖:《毛尚书奏稿》,台北:文海出版社,1972 年。

(清)袁永纶:《靖海氛纪》,伦敦:大英博物馆影印本,未刊。

(清)焦循:《神风荡寇记》,收录于《他山之石》卷四,东京:早稻田大学,未刊。

(清)温承志:《平海纪略》,收录于《丛书集成续编》第 25 册,台北:新文丰出版公司,1989 年。

(清)梁廷楠:《粤海关志》,台北:成文出版社,1968 年。

(清)梁廷楠:《夷氛闻记》,北京:中华书局,1997 年。

(清)魏源:《圣武记》,台北:文海出版社,1970 年。

(清)段光清:《镜湖自撰年谱》,北京:中华书局,1997 年。

(清)屈大均:《广东新语》,北京:中华书局,1997 年。

（清）阮元：《广东通志》，台北：中华丛书编审委员会，1959 年，同治三年刊本。

（清）瑞麟：《广州府志》，台北：成文出版社，1966 年，光绪五年刊本。

（清）王之春：《潮州府志》，台北：成文出版社，1967 年，光绪十九年刊本。

（清）刘澍年：《惠州府志》，台北：成文出版社，1966 年，光绪七年刊本。

（清）王霁：《高州府志》，台北：成文出版社，1967 年，光绪十五年刊本。

（清）雷学海：《雷州府志》，上海：上海书店出版社，2003 年，嘉庆十六年刊本。

（清）明谊：《琼州府志》，台北：成文出版社，1967 年，光绪十六年刊本。

（清）周硕勋：《廉州府志》，收录于《故宫珍本丛刊》第 204 册，海口：海南出版社，2001 年，乾隆二十一年刊本。

（清）董绍美：《钦州志》，收录于《故宫珍本丛刊》，第 203 册，海口：海南出版社，2001 年，雍正元年刊本。

（清）冯莹：《定海厅志》，光绪十年刊本。

（清）孙铸：《电白县志》，光绪十年刊本。

（清）汪文炳：《富阳县志》，广州：岭南美术出版社，2009 年，光绪十八年刊本。

（清）冯可镛：《慈溪县志》，台北：成文出版社，1975 年，光绪二十五年刊本。

（清）田明耀：《香山县志》，上海：上海书店出版社，2003 年，光绪五年刊本。

（清）郑梦玉：《续修南海县志》，台北：成文出版社，1989 年，同治十一年刊本。

（清）陈寿祺：《福建通志》，台北：华文书局，1968 年，同治十年刊本。

（清）周凯：《厦门志》，台北：成文出版社，1967 年，道光十九年刊本。

（清）林焜熿：《金门志》，台北：台湾银行经济研究室，1960 年，道光十六年刊本。

（清）汪祖绶：《青浦县志》，上海：上海书店出版社，2010 年，光绪五年刊本。

（清）郭汝诚：《顺德县志》，台北：成文出版社，1967 年，咸丰三年刊本。

（清）孙尔准：《道光重纂福建通志》，南京：凤凰出版社，2011 年，同治十年刊本。

（越）张登桂：《大南实录》，东京：庆应义塾大学语学研究所，1972 年。

吴锡璜：《同安县志》，台北：成文出版社，1967 年，民国十八年刊本。

吴馨：《上海县志》，上海：上海书店出版社，2010 年，民国二十五年刊本。

项士元：《海门镇志》，临海：临海市博物馆，1988 年。

球阳研究会编：《球阳》，东京：角川书店，1972 年。

蔡温：《中山世谱》，那霸：冲绳县教育委员会，1987 年。

三、学术专著

蔡石山：《海洋台湾：历史上与东西洋的交接》，台北：联经出版事业公司，2011 年。

曹小曙：《话说海盗》，广州：广东经济出版社，2011 年。

曹永和：《中国海洋史论集》，台北：联经出版事业公司，2000 年。

陈国栋：《东亚海域一千年》，台北：远流出版社，2005 年。

陈龙贵主编：《顺风相送：院藏清代海洋史料特展》，台北：台北故宫博物院，2013 年。

韩英鑫、吕芳编译：《海盗的历史》，香港：文汇出版社，2007 年。

黄启臣：《广东海上丝绸之路史》，广州：广东经济出版社，2003 年。

黄庆华：《中葡关系史（1513—1999）》，合肥：黄山书社，2006 年。

李其霖：《见风转舵：清代前期沿海的水师与战船》，台北：五南出版社，2014 年。

李若文：《海贼王蔡牵的世界》，台北：稻香出版社，2011 年。

李庆新：《濒海之地——南海贸易与中外关系史研究》，北京：中华书局，2010 年。

林仁川：《明末清初私人海上贸易》，上海：华东师范大学出版社，1987 年。

聂德宁：《明末清初海寇商人》，台北：杨江泉发行，2000 年。

上海中国航海博物馆编著：《新编中国海盗史》，北京：中国大百科全书出版社，2014 年。

王次澄编著：《大英图书馆特藏中国清代外销画精华》，广州，广东人民出版社，2011 年。

王宏斌：《晚清海防：思想与制度研究》，北京：商务印书馆，2005年。

王宏斌：《清代前期海防：思想与制度》，北京：社会科学文献出版社，2002年。

吴志良、汤开建、金国平：《澳门编年史》，广州：广东人民出版社，2009年。

席龙飞：《中国造船史》，武汉：湖北教育出版社，2000年。

萧一山：《清代通史》，北京：中华书局，1985年。

萧国健：《香港古代史》，台北：商务印书馆，2008年。

萧国健：《粤东名盗张保仔》，香港：现代教育研究社，1992年。

香港海事博物馆：《海盗与张保仔的世界：香港海事博物馆一周年特别展》，香港：香港海事博物馆，2006年。

徐有威等编：《洋票与绑匪——外国人眼中的民国社会》，上海：上海古籍出版社，1998年。

许文堂、谢奇懿：《大南实录清越关系史料汇编》，台北："中央研究院"东南亚区域研究计划，2000年。

许雪姬：《清代台湾的绿营》，台北："中央研究院"近代史研究所，1987年。

许可：《当代东南亚海盗研究》，厦门：厦门大学出版社，2009年。

许毓良：《清代台湾的海防》，北京：社会科学文献出版社，2003年。

杨彦杰：《荷据时代台湾史》，台北：联经出版事业公司，2000年。

叶灵凤：《张保仔的传说和真相》，香港：中华书局，2011年。

郑永常主编：《海港·海难·海盗：海洋文化论集》，台北：里仁书局，2012年。

郑广南：《中国海盗史》，上海：华东理工大学出版社，1999年。

（美）安乐博（Robert Antony）著，张兰馨译：《海上风云：南中国海的海盗及其不法活动》，北京：中国社会科学出版社，2013年。

（美）安乐博著，张兰馨译：《南中国海：海盗风云》，香港：三联书店，2014年。

（英）必麒麟（W. A. Pickering）著，陈逸君译，《历险台湾：回忆在满大人、海贼与"猎头番"间的激荡岁月》，台北：前卫出版社，2010年。

（美）丁韪良（William A. P. Martin）著，沈弘等译：《花甲记忆：一位美国传教士眼中的晚清帝国》，桂林：广西师范大学出版社，2004年。

（美）费正清（John Fairbank）著，刘广京编，中国社会科学院历史研究所编译室译：《剑桥中国晚清史（1800—1911）》，北京：中国社会科学出版社，1993年。

（英）赫德（Robert Hart）著，（美）费正清主编，傅曾仁等译：《赫德日记：步入中国清廷仕途（1854—1863）》，北京：中国海关出版社，2003年。

（美）马士（Hosea Ballou Morse）著，张汇文等译：《中华帝国对外关系史》第1卷，上海：上海书店出版社，2000年。

（美）马士著，区宗华译：《东印度公司对华贸易编年史（1635—1834）》，广州：中山大学出版社，1991年。

（美）穆黛安（Dian Murray）著，刘平译：《华南海盗（1790—1810）》，北京：中国社会科学出版社，1997年。

（葡）施白蒂（Beatriz Basto da Silva）著，小雨译：《澳门编年史：19世纪》，澳门：澳门基金会，1998年。

（葡）施白蒂著，金国平译：《澳门编年史：20世纪（1900—1949）》，澳门：澳门基金会，1999年。

（葡）徐萨斯（Montalto de Jesus）著，黄鸿钊等译：《历史上的澳门》，澳门：澳门基金会，2000年。

（澳）雪珥：《大国海盗：浪尖上的中华先锋》，太原：山西人民出版社，2011年。

（英）约翰·弗朗西斯·戴维斯（Sir John Francis Davis）著，易强译：《崩溃前的大清帝国——第二任港督的中国笔记》，北京：光明日报出版社，2013年。

Aleko E. Lilius, *I sailed with chinese pirates*, Hong Kong: Earnshaw Books, 2009.

Beresford Scott, *An account of the destruction of the fleets of the celebrated pirate chieftains Chui-apoo and Shap-ng Tsai, on the coast of China, in September and October 1849*, London: Savill and Edwards, 1851.

Charles Fried Neumann, *History of the pirates who infested the China Sea from 1807—1810*（翻译自袁永纶，《靖海氛记》）, London: Lincoln's Inn Fields, 1831.

Charles Grey, *Pirates of the Eastern Seas, 1618—1723: A Lurid Page* of History，London：S. Low，Marston，& Co.，Ltd.，1933.

Edward H. Cree，*The Cree Journals*，UK：Webb & Bower Publishing，1981.

Grace Estelle Fox，*British admirals and Chinese pirates*，1832—1869. Reprint of the 1940 ed. published by K. Paul，Trench，Trubner & Co. Ltd.，London，2011. Originally presented as the author's thesis，Columbia. Vita.

John Scarth，*Twelve years in China：the people，the rebels，and the mandarins*（施嘉士：《旅华十二年》），Edinburgh：Thomas Constable and Co.，1860.

John C. Dalrymple Hay，*The suppression of piracy in the China Sea 1849*，London：Stanford，1889.

Robert Antony，*Like Froth Floating on the Sea：The World of Pirates and Seafarers in Late Imperial South China*，USA：The University of California，2003.

Richard Garrett，*The Defences of Macau：Forts，Ships and Weapons over 450 years*，Hong Kong：Hong Kong University Press，2010.

（日）村上卫：《海の近代中国——福建人の活动とイギリス・清朝》，名古屋：名古屋大学出版会，2013 年。

（日）村上卫著，王诗伦译：《海洋史上的近代中国——福建人的活动与英国、清朝的因应》，北京：社会科学文献出版社，2016 年。

（日）丰冈康史：《海贼からみた清朝：18—19 世纪の南シナ海》，东京：藤原书店，2016 年。

（日）松浦章：《中国の海贼》，东京：东方书店，1995 年。

（日）松浦章：《中国の海商と海贼》，东京：山川出版社，2003 年。

（日）松浦章：《东アジア海域の海贼と琉球》，东京：榕树书林，2005 年。

（日）松浦章：《清代帆船东亚航运与中国海商海盗研究》，上海：上海辞书出版社，2009 年。

（日）松浦章著，卞凤奎译：《东亚海域与台湾的海盗》，台北：博扬文化出版社，2008 年。

四、文集和期刊论文

白斌：《清末浙江海盗治理——以清廷处置台州海盗黄金满为例》，《社会科学战线》2012年第7期，第114～117页。

陈国栋：《好奇怪喔！清代台湾船挂荷兰国旗》，《台湾文献别册》第14号，2005年，第6～10页。

陈孔立：《蔡牵集团及其海上活动的性质问题》，《中国古代史论丛》第2辑，1981年，第420～430页。

陈启汉：清代乾嘉时期朱濆海上起事考辨》，《广东社会科学》2010年第3期，第109～115页。

陈在正：《蔡牵海上武装集团与妈祖信仰——读谢金銮〈天后宫祭文〉》，《台湾研究集刊》1999年第2期，第75～79页。

陈亚宁：《从清代前期的海防政策看海盗蔡牵与闽台间的海上交通》，《松高学报》1998年第1期，第69～75页。

戴裔煊：《关于澳门历史上所谓赶走海盗问题》，《中山大学学报》1957年第3期，第143～166页。

戴宝村：《台湾海洋史与海盗》，《宜兰文献》第16卷第1期，1995年，第3～8页。

古鸿廷：《论明清海寇》，《海交史研究》2002年第1期，第19～35页。

关文发：《清代中叶蔡牵海上武装集团性质辨析》，《中国史研究》1994年第1期，第93～100页。

黄典权：《蔡牵朱濆海盗之研究》，《台南文化》第6卷第1期，1958年，第74～102页。

黄鸿钊：《嘉庆澳门葡人助剿海盗初探》，《文化杂志》1999年第39期，第93～97页。

吉辰：《鸦片战争后的海盗问题与轮船的引进》，《河北师范大学学报》2015年第4期，第10～14页。

季士家：《近八十年来清代海盗史研究状况述评》，《学海》1994年第5期，第84～88页。

季士家：《清军机处"蔡牵反清斗争项"档案述略》，《历史档案》1982年第1期，第115～119页。

季士家：《略论蔡牵的反清斗争》，《南京大学学报》1982年第1期，第

117～121页。

季士家：《蔡牵研究九题》，《历史档案》1992年第1期，第93～97页。

季士家：《蔡牵论述》，《清史论丛》第9辑，1993年，第97页。

姜修宪、王列辉：《开埠初期闽浙沿海的海盗活动初探》，《安徽史学》2006年第2期，第94～100页。

柯兰（Paola Calanca）：《面对蔡牵海盗活动的台湾防卫》，《淡江史学》2007年第18期，第143～149页。

李一蠡：《重新评析明清海盗》（上、下），《炎黄春秋》1997年第11期，第74～77页；第12期，第68～73页。

李金明：《清嘉庆年间的海盗及其性质试析》，《南洋问题研究》1995年第2期，第54～47页。

李若文：《海盗与官兵的相生相克关系（1800—1807）：蔡牵、玉德、李长庚之间互动的讨论》，汤熙勇主编：《中国海洋发展史论文集》第10辑，台北："中央研究院"人文社会科学研究中心，2008，第467～525页。

李若文：《蔡牵集团的妇女——兼论女海盗的意义》，收录于《嘉义研究学术研讨会——王得禄时代的嘉义会议论文集》，2005年10月，第277～298页。

李若文：《飙风战海女英枭——论蔡牵妈》，《台湾文献》第57卷第1期，2006年，第193～223页。

李庆新：《16—17世纪粤西"珠贼"、海盗与"西贼"》，《海洋史研究》第2辑，2011年，第121～164页。

林玉茹：《清末北台湾渔村社会的抢船习惯：以〈淡新档案〉为中心的讨论》，《新史学》第20卷第2期，2009年6月，第115～165页。

林延清：《嘉庆朝借西方国家之力镇压广东"海盗"》，《南开学报》1989年第6期，第65～71页。

廖风德：《海盗与海难：清代闽台交通问题初探》，张炎宪主编：《中国海洋发展史论文集》第3辑，台北："中央研究院"中山人文社会科学研究所，1988年，第191～214页。

刘平：《乾嘉之交广东海盗与西山政权的关系》，《江海学刊》1997年第6期，第117～123页。

刘平：《清中叶广东海盗问题探索》，《清史研究》1998年第1期，第39～49页。

刘平:《论嘉庆年间广东海盗的联合与演变》,《江苏教育学院学报》1998年第3期,第105～111页。

刘平:《关于嘉庆年间广东海盗的几个问题》,《学术研究》1998年第9期,第78～84页。

刘平:《嘉庆时期的浙江海盗与政府对策》,《社会科学》2013年第4期,第150～160页。

刘佐泉:《清嘉庆年间雷州海盗初探》,《湛江师范学院学报》1999年第2期,第25～29页。

刘序枫:《清政府对出洋船只的管理政策(1644—1842)》,刘序枫主编:《中国海洋发展史论文集》第9辑,台北:"中央研究院"人文社会科学研究中心,2005年,第331～376页。

刘序枫:《清代档案与环东亚海域的海难事件研究——兼论海难民遣返网络的形成》,《故宫学术季刊》第23卷第2期,2006年,第91～126页。

刘敏:《嘉庆朝清政府为剿除华南海盗对澳门的管理》,《澳门历史研究》2010年第9期,第88～100页。

聂德宁:《明清之际郑氏集团海上贸易的组织与管理》,《南洋问题研究》1992年第1期,第98～105页。

潘敏德:《明代中期以后中国沿海的海盗活动》,《史绎》第15期,1978年9月,第110～140页。

蔡蕙如:《海盗·宝藏——林道乾、蔡牵的宝藏传说之研究》,成功大学人文社会科学中心2010年海洋文化学术研讨会,2010年10月,第385～401页。

苏同炳:《海盗蔡牵始末(上)》,《台湾文献》第25卷第4期,1974年,第1～24页。

苏同炳:《海盗蔡牵始末(下)》,《台湾文献》第26卷第1期,1975年,第1～16页。

谭世宝、刘冉冉:《张保仔海盗集团投诚原因新探》,《广东社会科学》2007年第2期,第110～116页。

汤熙勇:《清代台湾的外籍船难与救助》,汤熙勇主编:《中国海洋发展史论文集》第7辑,台北:"中央研究院"人文社会科学研究中心,1999年,第547～583页。

汤熙勇:《清顺治至乾隆时期中国救助朝鲜海难船及漂流民的方法》,朱德兰主编:《中国海洋发展史论文集》第8辑,台北:"中央研究院"人文社会科学研究中心,2002年,第105～172页。

王日根:《清嘉庆时期海盗投首问题初探》,《社会科学》2013年第10期,第133～141页。

王世庆:《蔡牵》,《台北文献》直字第61期、第62期合刊,1983年,第1～19页。

王亚民、任艺:《清初知县蓝鼎元与潮普地区海盗治理》,《吉林师范大学学报》2014年第2期,第86～88页。

王华锋:《18世纪初期(1708—1717)的海盗问题初探》,《兰州学刊》第162期,2007年,第148～150页。

王华锋:《18世纪福建海盗抢劫活动探析》,《学术评论》2012年第3期,第72～76页。

王华锋:《乾隆后期(1786—1795)福建海盗问题初探》,《兰州学刊》第170期,2007年,第176～179页。

王华锋:《颠簸:政权真空下的民众生活——以18世纪福建沿海民众与海盗关系为中心》,《福建论坛(人文社会科学版)》2010年第9期,第81～85页。

吴建华:《海上丝绸之路与粤洋西路之海盗》,《湛江师范学院学报》2002年第2期,第24～28页。

吴彦儒:《从亡命到归降:朱渍、朱渥海盗集团的起落》,《故宫文物月刊》第365期,2013年,第58～67页。

萧国健:《香港早期海盗史略》,《广东文献》第8卷第4期,1978年,第17～20页。

萧国健、卜永坚:《(清)袁永纶〈靖海氛记〉笺注专号》,《田野与文献:华南研究资料中心通讯》第46期,2007年1月,第1～49页。

谢贵安、谢盛:《从〈清实录〉看海南的航海与海盗问题》,《新东方》2011年第3期,第12～16页。

许雪姬:《日治时期台湾面临的海盗问题》,林金田主编:《台湾文献史料整理研究学术研讨会论文集》,南投:台湾省文献委员会,2000年,第27～82页。

杨国桢、张雅娟:《海盗与海洋社会权力——以19世纪初"大海盗"蔡牵为中心的考证》,《云南师范大学学报》2011年第3期,第1～8页。

叶志如:《从吴淞等地劫商看蔡牵海上反清的正义性质》,《档案与历史》

1989 年第 5 期,第 42～48 页。

叶志如:《乾嘉年间广东海上武装活动概述——兼评麦有金等七帮的〈公立约单〉》,《历史档案》1989 年第 2 期,第 96～101 页。

叶志如:《试析蔡牵集团的成分及其反清斗争实质》,《学术研究》1986 年第 1 期,第 84～89 页。

叶志如:《嘉庆十年广东海上武装公立约单》,《历史档案》1989 年第 4 期,第 19 页。

叶志如:《蔡牵攻打大小担清军炮台史料》,《历史档案》1986 年第 3 期,第 17～20 页。

叶灵凤:《张保仔的传说和真相》,《叶灵凤文集:香港掌故》第三卷,广东:花城出版社,1999 年。

衣冠城:《从宫中档看清代乾隆福建地区的海盗》,《人文及社会学科教学通讯》第 8 卷第 2 期,1997 年,第 97～114 页。

曾小全:《清代前期的海防体系与广东海盗》,《社会科学》2006 年第 8 期,第 144～156 页。

曾小全:《清代嘉庆时期的海盗与广东沿海社会》,《史林》2004 年第 2 期,第 57～68 页。

章士晋:《布兴有部和太平军》,《历史教学》1984 年第 9 期,第 55～56 页。

张中训:《清嘉庆年间闽浙海盗组织研究》,《中国海洋发展史论文集》第 2 辑,台北:"中央研究院"三民主义研究所,1986,第 161～198 页。

张代春:《三十年来清代广东海盗研究综述》,《广州航海高等专科学校学报》2010 年第 2 期,第 47～49 页。

张代春:《清末沿海航运中的海盗及海盗护航》,《兰台世界》2009 年第 7 期,第 67～68 页。

张彬村:《十六至十八世纪中国海贸思想的演进》,《中国海洋发展史论文集》第 2 辑,台北:"中央研究院"三民主义研究所,1986 年,第 39～57 页。

张雅娟:《19 世纪初东南海商与海盗、水师的关系》,《中国社会经济史研究》2011 年第 2 期,第 34～39 页。

张雅娟:《近十五年来清代乾嘉年间海盗问题的研究》,《中国史研究动态》2012 年第 2 期,第 42～49 页。

郑永常、李贵民:《瞬间的光芒:越南阮朝裏铜船之制作与传承》,《南方大学学报》2014 年第 2 期,第 65~89 页。

　　郑炜明:《清末(澳门)路环海盗及其与同盟会之关系》,吴志良、林发钦、何志辉主编:《澳门人文社会科学研究文选·历史卷(含法制史)》上卷,北京:社会科学文献出版社,2009 年,第 14~30 页。

　　郑瑞明:《讨论越南华人在新旧阮之争中所扮演的角色》,《越南、中国与台湾关系的转变》,台北:"中央研究院"东南亚区域研究计划,2000 年,第 1~36 页。

　　郑广南:《关于我国历史上海盗活动若干问题的探讨》,《福建师范大学学报》1986 年第 4 期,第 47~74 页。

　　郑镛:《明清时期漳州的海商与海盗论略》,《海交史研究》2014 年第 2 期,第 99~115 页。

　　朱德兰:《清初迁界令时中国船海上贸易之研究》,《中国海洋发展史论文集》第 2 辑,台北:"中央研究院"三民主义研究所,1986 年,第 105~159 页。

　　庄吉发:《清代台湾自然灾害及赈灾措施》,《清史论集》第 6 辑,台北:文史哲出版社,2000 年。

　　庄吉发:《从故宫档案看清代的连江县及马祖列岛——以〈宫中档〉奏折与〈军机处档〉奏折录副为例》,《清史论集》第 12 辑,台北:文史哲出版社,2003 年,第 287~312 页。

　　(美)安乐博:《罪犯或受害者:试析 1795 年至 1810 年广东省海盗集团之成因及其成员之社会背景》,汤熙勇主编:《中国海洋发展史论文集》第 7 辑,台北:"中央研究院"人文社会科学研究所,1999 年,第 439~451 页。

　　(美)安乐博著,王绍祥译:《中国海盗的黄金时代:1520—1810》,《东南学术》2002 年第 1 期,第 34~41 页。

　　(美)安乐博:《南洋风云:活跃在海上的海盗、英雄、商人》,《海洋史研究》第 1 辑,2010 年,第 153~170 页。

　　(美)安乐博:《中国南方的海盗活动及影子经济(1780—1810)》,《海洋史研究》第 2 辑,2011 年,第 183~201 页。

　　(美)穆黛安著,张彬村译:《广东的水上世界:它的生态与经济》,汤熙勇主编:《中国海洋发展史论文集》第 7 辑,台北:"中央研究院"人文社会科学研究所,1999 年,第 145~170 页。

　　(美)欧阳泰(Tonio Andrade):《荷兰东印度公司与中国海寇(1621—

1662)》,《海洋史研究》第 7 辑,2015 年,第 231～257 页。

Dian Murray, "One woman's rise to power:Cheng I's wife and the pirates", *Historical Reflections*, Vol. 8, 1981, No. 3: pp. 147-161.

Dian Murray, "*The China Review:An Interdisciplinary Journal on Greater China*", Hong Kong:The Chinese University of Hong Kong, fall 2003, 3:2, pp. 185-187.

A. D. Blue, "Piracy on the China Coast", *Journal of the Hong Kong Branch of the Royal Asiatic Society*, Vol. 5, 1965, pp. 69-85.

（日）村上卫:《闽粤沿海民的活动与清朝——以鸦片战争前的鸦片贸易为中心》,汤熙勇主编:《中国海洋发展史论文集》第 10 辑,台北:"中央研究院"人文社会科学研究中心,2008 年,第 361～417 页。

（日）村上卫:《19 世纪中叶、华南沿海秩序の再编——イギリス海军と粤海盗》,《东洋史研究》第 63 卷第 3 号,2004 年 12 月,第 71～106 页。

（日）村上卫:《19 世纪中叶华南沿海秩序的重编——闽粤海盗与英国海军》,《中国史研究》第 44 辑,2006 年,韩国大邱:中国史学会,第 131～148 页。

（日）松浦章著,刘序枫译:《清代的海上贸易与海盗》,《史联杂志》1997 年第 30 期、第 31 期,第 89～96 页。

（日）松浦章著,李小林译:《明清时代的海盗》,《清史研究》1997 年第 1 期,第 10～17 页。

（日）松浦章:《日治时期台湾海峡的海难与海盗之缉捕》,《台北文献》第 145 期,2003 年,第 57～81 页。

（日）松浦章:《日治时期台湾海峡の海贼》,《台湾学研究通讯》创刊号,2006 年 10 月,第 1～19 页。

（日）松浦章著,陈小法译:《20 世纪 20 年代的浙东沿海海盗》,《浙江海洋文化与经济》第 3 辑,2009 年 8 月,第 1～19 页。

（日）松浦章:《『甬报』に见る浙江沿海の海盗》,《或问》第 19 期,2010 年,第 1～9 页。

（日）松浦章:《清代内河水运中的河盗、湖盗、江盗》,欧阳恩良主编:《近代中国社会流动与社会控制——中国近代社会史研究集刊》第 4 辑,北京:社会科学文献出版社,2010 年 11 月,第 260～272 页。

（日）真荣平房昭:《清代中国における海贼问题と琉球——海域史研究

の一视点》,《东洋史研究》第 63 卷第 3 号,2004 年 12 月,第 456～490 页。

五、硕博士学位论文

陈钰祥:《清代广东与越南的海盗问题研究(1810—1885)》,东海大学历史学研究所硕士学位论文,2005。

陈钰祥:《清代环东亚海域海盗之研究》,成功大学历史学博士学位论文,2016 年。

江定育:《民国东南沿海海盗之研究(1912—1937)》,"中央大学"历史学研究所硕士学位论文,2012 年。

李贵民:《越南阮朝明命时期(1820—1840)海军与对外贸易》,成功大学历史学研究所博士学位论文,2012 年。

李其霖:《清代前期沿海的水师与战船》,台湾暨南国际大学历史学研究所博士学位论文,2009 年。

林伟盛:《荷据时期东印度公司在台湾的贸易(1622—1662)》,台湾大学历史研究所博士学位论文,1998 年。王声岚:《清朝东南沿海商船活动之研究(1644—1840)》,台湾师范大学历史学研究所硕士学位论文,2001 年。

张雅娟:《清代嘉庆年间海盗问题研究》,厦门大学历史学系博士学位论文,2011 年。

后　　记

　　本书是在博士学位论文《清代环东亚海域海盗之研究》的基础上修改完成的。而论文及本书得以发展，完全承蒙两位恩师庄吉发教授和刘石吉教授多年来之悉心教诲，从选题、收集资料、构思、写作到定稿，都是两位先生给予的方向与启发下进行，在此谨致上最高敬意与谢忱。

　　庄吉发老师曾说："海盗研究，千万别成为流水账。"然而，清代档案，浩如烟海，所幸是庄老师教导在那里找档案，如何运用档案，并提供海盗研究的新见解，才建构出本书的基础。此外，庄老师丰富的人生阅历，也是学生所学习效法的对象。庄老师身体强健，虽年事已高，却不畏风寒，一年四季都穿着短袖衬衫，即使连续讲课好几个小时，依然是声如洪钟。况且庄老师已经退休多年，每日仍骑着脚踏车到故宫图书文献馆从事研究，孜孜不倦的精神，激励学生追求学问永远不可懈怠，繁忙的工作之余，仍须持续收集材料努力研究，庄老师的学问人品永远是学生的楷模。

　　刘石吉老师知识渊博，亲切幽默，说起话来旁征博引，常让学生陶醉其中；而刘老师心中庞大的历史地理知识，则启发本书中海盗区域分别的研究。平时，刘老师常会介绍中外著名学者让我认识，拓展学术人脉，并无私地提供最新的中国海洋发展史研究专书和论文，使我能增广见闻，随时把握最新资料。除学术指导外，身为台南人的刘老师，曾经相当热血地骑着摩托车，载着我参访讲解台南重要古迹建筑及碑刻，品尝台南小吃，闲聊家常。返程时，刘老师直到确认我搭上回台北的车，才骑着摩托车回家，让自己留下最深刻的印象。

　　求学过程中到毕业后，"中央研究院"人文社会科学研究中心提供了海洋史研究专题博士培育计划的奖助机会和博士后研究工作，让我能身处在良好的研究环境和利用丰富的研究资源，使本论文于完成后还能在结构还是论证上都有较大的修改，史料也有所更新，令人铭记在心。本书的完成，得到众多"中研院"师长的指导和关怀,张彬村教授、陈国栋教授、朱德兰教授、汤熙勇教授和刘序枫教授皆给予很好的建议和帮助,从每位老师身上学习到令人敬佩的学术研究态度使我受益匪浅,而在阅读各老师的著作、聆听演讲或学术讨论中,宽广了研究视野,每位老师提出宝贵的修改意见及诸多指正,更让本书臻至完善,特此致以最衷心的感谢!还有淡江大学历史学系的李其霖教授,以其在清朝水师和战船的研究经验,提供本书不同角度的观点,并经常受邀品尝淡江大学周遭美食、时时关心本书撰写进度,更承蒙其霖老师的器重,受邀至该校讲课,增添实际课堂的授课经验,并给我诸多的协助和照顾,感激万分。

此外,必须特向中山大学历史学系世界史学科、广州口岸史研究基地团队:江滢河教授兼历史学系副主任、范岱克教授、黄普基研究员、侯彦伯副研究员、刘璐璐副研究员及黄超博士致上最大的感谢,有幸能够参与团队课题的研究工作,来自两岸、美国和韩国的成员们相互合作,感觉得到我们是一个紧密的团队,不分彼此,让我的学术之路充满着无限的温暖。

受厦门大学王日根教授之邀,本书忝列厦门大学海上丝绸之路研究丛书,是给予我极大的荣誉,特此向王日根教授和厦门大学出版社致谢。王日根教授在中国社会经济史、明清会馆、会社、家族、河海盗及海洋文化都曾下过扎实的工夫,有其独到之见,皆是本书学习参考的方向。

谨此向所有指导和帮助过我的师友们致以诚挚的谢意!由于学识有限,本书涉及的很多问题还没有深入探讨,书中内容也有不少错误和疏漏,这完全由我自己来承担。期待方家批评指正,以使海盗史的研究趋于完善。

最后要深深感谢我的家人,特别是父母、岳父母和妻子懿婷对我无微不至的悉心关怀,长期的宽容和鼓励支持着我,让自己能够完成一个湛蓝无际的海洋梦想。

陈钰祥 谨识于
长荣海事博物馆